但燾譯

清朝全史

中華書局印行

弁言

中。國。立。國。甚。久。史裁。至。備。源流。派。別。可得。而。徵。一曰。正。史。以別。於。裨。官。野、乘。自漢。司。馬。遷。作。史。記。剏紀。傳。體。後世。宗。之。者。凡。二。十。三。家。一曰。編。年。以年。爲。綱。庶事。爲。紀。漢荀。悅。綜。輯。漢。書。成。漢。紀。爲。編。年。體。之。嚆。矢。一曰。紀。事。本。末。綜括。一。事。之。起。訖。研究。其。治。亂。得。失。之。原。宋。之。袁。樞。取司。馬。溫。公。通。鑑以一。事。爲。一。篇。各詳。其。終。始。嗣是。以。后。遂以。紀。事。本。末。得。名。近世。國。家。於典。章。制。度。法。令。皆以。有、司。典。編。纂。之。事。每一。官。署設文。史。之。科、日積。月。累。卷帙。如。毛。稍加。鉤。稽。便成。史。料、（如各種案牘、及考察、報告、統計、會議錄之類）故於。史。官。獨。從。闕。如。正。史。之。稱。寂焉。無。聞。有由。來。矣。在三。派、中。惟。紀。事。本。末。差。

近宇內文化日進事物繁賾逐事紀載有待專書（如西力東侵史萬國郵政制度之類）此體可名爲別史而非所論於通史新史則兼三者之長而無其短然吾於史宬尤喜讀外人所著者以其大公無我舉凡族類之競爭朋黨之甚詬民治帝制之是非忠邪順逆之畛域皆如蛟蚋交鬨曾不足當其一盼用能據事直書發爲公論取材六合垂鏡千秋可謂盛矣日本稻葉君山研究清史凡十餘星霜頃著一書曰清朝全史起於明末訖於宣統凡數十萬言本末俱備煥然大文足備學者觀覽歲甲寅余養疴滬濱諸同志取而譯之囑余訂正因書所感以代弁言

蒲圻但燾識於歇浦寓廬

編輯大意

一是書爲日本稻葉君山原著。本年四月出版。東瀛嘖嘖。風行一時。著者博采覃思。閱十餘歲之星霜。擷數百種之載籍。一旦殺青。蔚成巨帙。吾國清史。尙在編纂。亟爲迻譯。餉我學人。

一清史取材。淵源東華。蔣王二家。要皆采自實錄。據著者稱今本實錄。乾隆以後。一經重修。頗有諱飾。太祖太宗世祖三朝。日本別有傳抄本三朝實錄。紀載迥殊。清初之事。多所采輯。故是書之翔實。較諸吾國前此官本。實越其右。

一天聰十稔。大清建號。由斯以前。概稱大金。吾邦耆獻。夙有考論。著者據撫近署書。刺麻碑誌。斷定滿洲國號。太宗僞撰。書中分年記事。前金後清。不從追改之名。彌見書法之正

一明清之際。紀載或誣。朝鮮介居其間。故書野乘。往往徵實。是書所述朝鮮之戰。前後兩役。固不俟論。卽如薩爾滸之戰。寧遠城之戰。以迄世祖擁立。睿王輔政。異聞軼事。不一而足。著者於三韓文獻。鉤治靡遺。取精用宏。斯亦一例。

一是書引用。取塗廣博。原例謂官私文書。東西載記。凡屬舊著。概不標錄。惟今代諸家。甄綜尤夥者。據所存目。清朝史講義。矢野仁一 清朝衰亡論。內藤虎次郎 蒙古及蒙古人。蒙古文學博士波茲托納烏

臺灣諸島誌。(小川琢治)滿洲地誌。(森田利遠)湘軍志。(王闓運)孔子改制考。(康有爲)新政通詮。(何啟胡禮垣)清朝開國期史料。(內藤虎次郎)清朝姓氏考(前人)清朝國號考。(市村瓚太郎)四庫全書與文淵閣(前人)明太后贈羅馬敎皇文(箕作元八與田中義成)明龐天壽致羅馬敎皇書(桑原隲藏)中國辮髮之歷史。(前人)清朝佛敎與大居士彭際清(妻木直良)俄國黑龍江侵略史。(烟山專太郎)太平天國革命意義。(田中萃一郎)平定回匪紀事。(前人)備揭於此。藉溯淵源。

一西力東漸。實始通商。乾隆以還。備極轇轕。鴉片一戰。情見勢絀。有清盛衰。此爲樞紐。原書記載茲事。詳盡無與倫匹。所引西籍。則有(A)盧賓氏之至中國之第一公使。Our First Ambasador to China (B)譔爾氏之中國與寰球各國之關係。The International Relations of the Chinese Empire (C)科爾秋氏之十七十八兩世紀歐人在中國出版書籍之目錄。Bibliographie des ouvrages publiés en Chine par les Européens an XVII et an XVIII Siécle (D)科爾秋氏之中外交涉案。Histoire des relations de la Chine avec les puissances Occidentales 原書第三十七章取材於(C)。第五十四章取材於(A)。第五十五、五十六、五十七、五十八、五十九、六十各章取材於(B)。間有損益。第六十章亦取材於(D)。惟採自歐文。敍述汗漫。往往而有。且薄物細故。無關閎恉者。時或攙入。茲譯稍加理董。爲施斧藻。豁然易觀。庶符信雅。

一是書瑣聞軼談。吾國士夫所不經見。殆十之五。其間傳述之畸異。與責備之過實。雖挹其博聞。仍訂其泰甚。又著者每搆一論。回翔審顧。就事迹之系統。爲憑臆之斷制。茲譯於商略口吻。悉皆曲摹。以期存眞。

一原書人名地名。有附西文者。茲仍其舊。原無者闕。譯音之處。舊譯所有。概從舊譯。舊譯所無。乃始創譯。惟期與原音合符。俾便稽覈。

原序

予不自揣綱羅愛親覺羅氏十二朝之大事都爲一書顏曰清朝全史抑每紀一事綜其始末蒐羅剔抉鉅細不遺則非淺學固陋如余者所能任矣然則敝敝焉勞翰墨災梨棗是亦不可以已乎曰否余不得已也明治四十四年之春（宣統三年）友人有西浮大江北登長城而歸者謂禹域風雲急迫鼎革之期當在不遠予感其言曾著『顚覆清朝之思想』一篇投於『日本及日本人』雜誌時初夏間事耳迨至八月始行揭載不幸拙稿之露布未及其半而革命旗幟已飛舞於漢水秋風中矣回憶明治四十一年時清國怵於日俄戰爭之已事謂島邦獲勝肇端立憲因而上下一致熱心憲政如飢者之索食痿者之思起政府亦公布立憲綱領以平等自由餉國民顧余所聞中國政府之決策由於考察本邦憲政某大臣之力而某大臣疏陳之意見則我國朝野人士又實相與上下其議論余當時喟然有感曾寄一稿於『日本及日本人』雜誌文曰『何哉所謂清國立憲者』嗣又有『警誡北京朝廷之輕躁』一篇公之於世其大要曰『此次之欽定憲法已伏永久紛爭之種子回首西鄰自茲多事一切悲劇皆循繞於欽定憲法之一幕而生而二三操觚者流謂日本憲法實垂之範不然則清國之立憲無自而成以此爲日本憲法學者功并謂清日之國

交亦將由是而愈形親睦嗚呼何其傎也夫日本憲法爲日本歷史之特產他國不得擬今清國憲法綱領取則於我削足適履而於彼之歷史事實曾不一省視吾恐國內紛爭之種子自此萌而大革命之慘禍或亦將由此而促進也』吾爲此言吾非謂日本憲法家不當指導清國特彼輩以萬世一系皇帝神聖等項博彼國宮庭之歡殊不值識者一哂耳當時錚錚有聲之政客盛稱清廷措置因應咸宜以爲國會早一日成立則紛爭永釋萬年有道之基由茲而不拔其於事情不亦太遠矣哉予非好爲此吹求也不見夫樂觀者之口沫未乾而試問今日之域中竟是誰家之天下乎

予之研究清史也志在瞭解中國之情事耳譾陋之才亦自知於學界無裨補顧念中國之事相不可徒爲法理之解釋而當孳孳於繁瑣之事實與成例之分解余不自揣輒欲以特別之研究暨觀察之基礎也然則余何以舍唐宋元明而獨取清代哉區區微意固自有在中國伊古以來以外族主中華惟元與清先後相望而其統治得宜享國歷年之久則清室迴非元之所得同日語蒙古部族之源流由來甚遠迄於世祖上襲成吉思汗父子之威望遠懾世界故回其馬首而東取宋人之半壁江山也有如拾芥清朝則大異是其祖若宗之發揚不能逾明代仙女朱果皆後世史家獻諛之譚羌無事實予嘗於明治三十八年春神武天皇祭日從陸軍中將男爵阪井重季之幕解鞍於太祖崛起之興隆街其地即所謂永

陵者也。展謁愛親覺羅氏之祖塋。登太祖老城。長空遙矚。天氣清新。風和日麗。李花漸綻。榆柳纔舒。穆然想見興王之氣象。時復跨馬向永陵之西。得得而行。過乎夏園。則廢垣頹址。觸緒愁人。風景不殊。舉目有山河之感矣。俯視馬蹄之下。淙淙不絕。西流如注者。非蘇子河耶。仰觀煙筒山。一望在目。巉巖欲墜。不猶昔耶。余於是有感於所謂寧古塔貝勒 Ninguta Beile 者。及縱覽峽谷。則鼠壤瘠土。所在而是。益不能不疑彼等之先祖。何以竟攻取中國本部。如反手也。予於是而始有研究清史之志矣。陳書發篋。積十餘星霜之劬勞。馬跡蛛絲。差得髣髴。貿焉殺青。但篇幅有限。不能臚列。以廣乞大方家之是正。爲耿耿耳。大正二年十月。印行之『南滿洲鐵道會社報告書』中。滿洲歷史第二卷『建州女眞之本地及原住地』『明代遼東之邊牆』『清初之疆域及附圖』皆爲余研究中之一部。世之君子。以覽觀焉。

宋人之漢族本位思想。入元代而中衰。及朱明興於南方。則河出龍門。又一瀉而千里。予以此說證之史事。歷歷不爽。舉彼以往。方之將來。若合符節。寧猶俟論。憶昔明治三十二年冬。余以貴族院議員野崎武吉之力。留學北京。瀕行。陸羯南君介余見副島蒼海伯爵。予自少即欽慕伯爵。恨不得一親光霽。以爲人類之有蒼海伯爵。猶吾日本之有富士峯也。伯爵爲使清之第一任大使。曾收兩屬之琉球。置爲藩王。因征韓論不相容。與西鄉南洲。翻然掛冠下野神龍見首想望丰采余慕之敬之嗟夫『功高不言賞賞重亦復辭雖古知名將何以能加之隱居寫梅花眞成高士姿使人時觀此倍增貞白思』非先生題湘軍名將彭玉麟畫梅之詩乎『嗚呼岳公何早死若不早死國之祉中原可復敵可殲王室豈至咏如燬奸人誤國古來同忠而得死不獨公惟公之死尤慘怛惟公之忠尤大忠帝鑑孔彰靈在天墓木南向非偶然鼓厲天下忠義氣後賢矩矱須前賢千載之下欽高義自東海來表敬意維時十月天如拭湖山呈送清明色』非先生訪岳武穆墓述懷之作乎余以無限之感慨訪伯爵於府下千駄谷邸初晤面卽詢伯爵曰聞閣下曩見李鴻章於天津李頻歎國勢不振閣下謂中堂誤矣中堂既絕滅髮賊而今日乃歎國勢之不振夫亦晚矣此言有諸乎伯爵曰然余爾時尙諷李中堂謂日本比中國大中堂色不懌予曰敝國人口三千餘萬貴國四萬萬其爲數甚相懸絕而余之所以有此說者敝國三千萬人一心而貴國四萬萬人四萬萬心也孰大孰小不言而喻中堂乃顧而言他云揣伯爵之意以漢人如李中堂不能利用其可恢復之地位徒供滿人之驅使故發爲此言以針砭之耳然近代中國人之思想求如伯爵之晶瑩純潔豈復可得惟是計較利害揣摩禍福利之所在不惜棄其生平之操守故彼等行動常出於吾人意料之外豈非其國之民情習慣使然哉以余所聞明治十八年伊藤全權晤李於天津某日李告伊藤曰予之與北京朝廷猶之貴國往年幕府與京師予於

并伊大老不能無一掬之同情語終憮然者久之李爲此言寓意如何惜今日已不能起此老於地下而問之矣予固不能信勸學篇所臚舉之清朝善政然如新政眞詮之所批評則又不免失之過酷要之外族入承大統果爲禹域蒼生之幸耶抑李鴻章一流人物果能悉舉中國人之思想而代表之耶此必不然者也故所謂漢族本位思想者遂爲中流之一柱而三百年之間清朝歷代之英主賢相汲汲以融和此思想爲急務卒之滿漢齮齕迹不可掩演繹而成歷史則吾今此書之所爲作也

予之研究清朝史也史材所關則文學博士內藤虎次郎之指示備極周詳且彼以明治四十年七月由朝鮮至滿洲採訪軼聞余實隨之并由北京赴盛京游開鐵統計前後雖祇半載未可云久然使予於清朝史之研究得增益其樂味與勇氣者未始非此行之賜也迄今思之予等乘輕便鐵道由安東赴奉天當黑坑嶺頂上汽車脫綫命繫懸崖不絕如線既而鈔史於盛京宮殿訪柳條邊牆於開原威遠堡外尋李成梁看花樓遺址於鐵嶺展視太宗遺甲於黃寺樓上拓遼陽刺麻墳碑而碑面沃水凍結斑駁成龜文爇膏粱火之凍解乃得施墨凡此事迹今猶歷歷在心目中也博士嗣後數有大連旅順之行余未能追隨深以爲悵明治四十一年以後予受南滿洲鐵道會社之命探索滿洲歷史其間辱文學博士白鳥庫吉君等之提撕得至今日此又不能不特表感謝之忱者也昔邵陽魏源著聖武記付梓

後閱二載。頗覺舛疏。復行删改。當重訂本發刊時。慨然曰。『學問之境無窮。未審將來心目又復奚似。災梨之悔。豈有既哉』旨哉斯言。今予之著此。或取材於古人。或乞助於先輩。或參考於西籍。著錄所無。補以臆斷。大雅宏達。幸舉本書謬誤之處。不吝敎正。固予之所祈禱不置者也。

著者識於東京小石川原町之寓廬

清朝全史 上卷

目次

第八章　奴兒哈赤勃興於建州

第九章　金可汗之創業

第二十八章　明末清初時日本之位置

第二十九章　睿親王之死

第三十章　三藩之平定

第三十一章　臺灣入清領

第三十二章　創業期之財政

第三十六章　剌麻教之利用

太宗起嘛哈噶喇樓　西藏之教王　達賴剌麻及班禪額爾德尼　剌麻教入外蒙古　達賴剌麻關於哲布尊丹巴之宣言　格根之權利擴大　格根求北京之保護　格根奉支那之正朔　康熙帝對於呼圖克圖之關係　格根還喀爾喀　呼畢爾罕之選定權移於清廷　乾隆帝減格根之權力　喀爾喀人失格根之推選權　喀爾喀人之觖望　庫倫與額爾德尼招

第三十七章　西洋文明東漸

外國人之傳道事業　幾何原本之譯述　利瑪竇說明帝　加特力教與北京傳道　邪教之禁　銃礮之需要　湯若望入北京　順治帝采用西法　湯若望幽憤而死　康熙帝親政與曆法恢復　觀象臺之造成　鑄礮及測繪地圖　明清間在中國之教士及著書一覽表

第三十八章　外人傳道事業之失敗

傳道方法與中國思想　宣教師大起內訌　羅馬教皇使者次魯囊幽憤而死　傳教之方法一變

第三十九章　康熙朝之庶績

十三衙門之撤廢　封爵制度之創置　黃河之潰決　康熙帝之治河事業　滿洲之防備　長白山之定界　封禁與柳條邊　皇位承繼之紛爭　皇太子被廢　康熙帝痛哭仆地　諸王之朋黨　皇太子再廢

第四十章　雍正帝禁抑宗室

清朝全史 下卷

目次

第五十七章　英國之沈默政略及其放棄

第五十八章　鴉片問題

續　葉利我妥得英政府承認後之行動　佐治葉利我妥之東來　宣戰與懸賞及其評論　占領舟山島　琦善與英國全權之會晤　鎭江休戰之宣言　香港割讓之要求與開戰　草約之蓋印　英政府否認草約　葉利我妥對於草約之意思　清廷否認草約　戰爭之再開及虎門礮臺之占領　通商再活　戰爭再起　草約之蓋印　香港爲自由港　璞鼎查之東來　通商依然行於廣東　占領厦門定海寧波　英人組織香港行政部　英之難船被屠於臺灣　英國增發援軍　乍浦之激戰　上海鎭江之占領及滿洲兵之全覆　南京條約蓋印

第六十一章　學風詩文繪畫及戲曲小說之變遷

宋學之頽廢　學問之趨古　浙西學派爲學術之淵叢　顏李學流再起　桐城派之學風及其文章　常州學派公羊學之勃興　彭尺木之儒佛混合　公羊派之佛說　研究墨學　詩風之變遷　文章之變遷　畫風之變遷　戲曲之變遷　小說之變遷　批評小說之金聖歎

第六十二章　太平軍之大起

叛亂之起因　繼續之內地叛亂　趙金龍之亂　廣西叛亂之繼續　官軍之司令官　洪秀全之學識　洪秀全爲基督之弟　永安占領及國號之制定　授位之宣言書　太平軍由永安向南京　太平黨北伐之第一軍　太平黨之第二軍　清軍司令官之後繼者　廣東廣西之叛亂　各地形勢之動搖　太平天國初次宣言書　太平軍之組織及其軍制　南京之共產主義　頒布新曆　變體基督教之宣傳　西人

第一章　總說

滿洲部族之概說　長白山之嵯峨。黑龍江之瀲灩。似語吾人以紀元前數世紀。卽有民族生息於其間也者。就吾人所知。周秦之際。則有肅愼氏。此族大概據有今吉林省之東北。及牡丹江流域。惟知其曾以楛矢石弩貢於中國。此外在歷史上亦無特殊影響。暨於漢代。各種部族。割據四方。據有今長春附近地方者。爲夫餘。據有鴨綠江之上流者。爲高句麗。而肅愼氏故地。則有挹婁之部族。其南爲朝鮮之咸鏡道。則有沃沮。漢人汎稱之曰濊貊。考彼部族四方割據之情形。可以想見其習俗之差池。然漢種自周秦以至漢代。向東北發展之事實。固有不可忘者。當戰國時。先開拓遼河流域。爲燕國。燕國以昭王之時爲最盛。賢將秦開以善用兵。鬪其在直隸方面。則踰長城。卻東胡於東北數百里之外。在滿洲方面。則奪遼東遼西二郡地。建襄平府於遼陽。以經略各地。徵之史籍。可知今鐵嶺開原附近。爲漢種與外族接觸之地。其地似設有一長塞也者。秦併燕國。承其行政區域。漢踵秦起。漢人文化。遂移植於遼河流域。漢人爲開拓而來者。亦衆滿洲舊時種族之濊貊。與移住之中國人相接。盛於此時。物品之貿易。智識之交換。亦咸在此處。此等事實。至後漢益彰。其後自三國迄於晉代。則高句麗首處優勝地位。西屛中國主權於遼河之外。東出兵踰長白山併呑諸部。更南下朝鮮半島。略今京城以南之地。高句麗所以保此景象歷時甚久者。固由中國本部騷亂。彼得受閒接之利益。然亦可知彼等文化去漢族不甚遠也。高句麗前鋒西渡遼河侵入內地。與漢種已成宿仇。及後中國本部統一之業成。遂統大兵長驅入遼東。如隋煬帝及唐太宗之師。當爲滿洲部族與漢種戰役之最大者。高句麗之態度。當時不免出於消極。然彼等歷時兩朝。屢卻漢種大軍。因之滿洲部族自負之心。勃然而生。不獨高句麗爲然。卽居住北部滿洲之部族。亦多抱獨立之感。高句麗滅亡後。粟末靺鞨之衆。建渤海王國於今寧古塔地方。北壓黑水部於今黑龍江地方。復西侵遼河流域。與契丹部族對峙。此非明證耶。史家雖稱彼等爲海東之盛國。然所謂高句麗與渤海王國者。其舉動囿於一隅。無關東洋之大勢。可斷言也。

滿洲部族之自負　渤海王國之衰亡也。契丹起於西喇木倫河。出兵滿洲。呑併諸部。爲滿洲一大變局。各地方之習俗。乘戰勝餘威。混入於長白山南北者。從此時代爲始。然契丹本非純粹蒙古種。其文化多受漢人之陶冶。滿洲部族轉而學契丹。每比諸逕學於漢種者。成績更佳。惟時至今日。契丹文獻之存者甚尠。欲與當時滿洲文化一較短長。夫亦難矣。當十一世紀之初。金人崛起於今哈爾濱東北之阿什河上。其部族以反抗契丹著。然其文化亦有賴於契丹。試考彼等所創造之宗教文學以及制度等。多踵契丹之舊。迄今猶斑斑可考也。金之初起中國本部。有趙宋朝廷通好於金。以共討契丹。迨契丹亡。燕京附近割予契丹者。已爲金所得。於是與宋之土地相接。與宋之交涉亦繁。金朝至此。不徒爲滿洲一隅之主人。其舉動關於東洋之大勢矣。詎意蒙古勃起北方。僅數十年。完顏氏之社稷已蹂躪於成吉斯汗馬蹄之下者。亙數世紀之久。女眞人之自負雄心。卒未稍衰。則金代之歷史有以使然。且彼等之文化。無非金代所扶植。種族之能力。亦多由此時代所培養而爲後代之淵源。此不可掩之事實也。

清朝史之發軔　金朝旣墟。滿洲部族。復爲外族所統治。斯時也。元室起於漠北。東鄰諸族。均俯首就範。女眞人受元朝風俗之感染。雖信仰起居之微。殆無不取法於蒙古。乃元祚不永。洪武二年。明兵攻北京。元主遁於沙漠。翌年秋崩於今之達里泊地方。而漢兵早至遼東僅故元將軍納哈出。據有今奉化懷德境上之金山。此外已無復蒙古勢力。明兵追奔逐北。戰勝攻取。李文忠藍玉等北逐蒙古兵於闊灤海子。征遼軍復長驅而進。東入松花江。元於是日卽於亡。據史所言。女眞人當是時頗思奮起。建立王國。所謀未遂。遽移於朱明統治之下。則漢人用兵神速有以致之也。由是女眞人受明人羈縻亙三世紀之久。其散在各處之部族。對於明室。奉令惟謹。閱時旣久。部族之間。爭奪頻仍。漸就團結。武備財賦日有增長。遂一再犯邊狡焉思啟矣然明邊吏之態度不正亦所以搆女眞人之怨恨況漢族不逞之徒遁入彼族爲其謀主反噬宗國毫不爲怪者亦復不少耶要之明與女眞兩族接觸雖久而漢族國力長居優勢女眞人曾不能參與中原之大勢間爲漢族累者不過勾結西北蒙古助其侵略而已明人常稱外患爲北虜南倭虜卽北部之韃靼倭卽日本之海寇而曾不一及女眞可見吾人解說之信而有徵矣然所謂國家之兩大患者倭自文祿以降卽形收斂韃靼則自俺答汗之死后亦漸就明廷之羈縻朱氏社稷宜可以長治久安矣孰意無端災禍發於長白山以南曾未幾時而遼東之疆圉毀撤殆盡炎炎赤舌大有席捲北京宮庭之勢時乎命乎清朝史之發軔當以此爲第一步矣

明朝邊備之破壞　明朝之保持遼河流域以爲東藩也前已言之漢族威力至此大爲恢復卽隋唐盛時亦無此鉅觀明代政治家常注意於此方面可以想見及其弊也宦官干預政事卽在此新版圖內亦所不免至靈敏之漢種常欺女眞之樸訥以肥私腹猶其小焉者初漢種欲保守遼河豐沃之流域因建築長城以防之乃歷代地方官不遵祖制聽其廢圮歪久而基址莫辨開原城且陷於外夷城外數里卽有賊寨貢使所過輒被掠奪此明中葉正德時事也自是予外族以可乘之隙者不知凡幾而當時尙未遽釀大事不可謂非明之幸然自他方面觀之其統御女眞之政策亦未始不得要領也當時明之遼東承文錄役之

後。邊疆守備。不似正德時之廢弛。所謂宿將謀臣。尚未絕跡。滿洲起於女眞衰微之際。一蹴破遼河以東不出三十年。遂入中國奠都燕京。其勇敢誠令人歎服。此中原因至爲複雜。因何能破漢族數百年之防備。是不得不求之清史矣。

滿洲部族之能力　明代女眞人。以其祖先在金代時曾統御中國幅幀之大部。甚爲自負。及清朝崛起。此種自負心。不僅屬諸空想。且竟顯諸事實。當太祖徽時。常欲統一其部族爲一赫赫女眞之首領。迨彼自呑明廷。始悟如是者徒託妄想。彼一般無智之長白山東西部族。更何足云哉。雖然事勢之來。非可逆料。太祖子孫希望可汗之位者。倏臨朝稱帝。至其曾孫。略雲南平兩廣。以漠北蒙古爲藩籬。劃阿爾泰山爲鴻溝。藉固邊圉。除蒙古初期外。漢族朝廷。均莫與比。據漢族解釋。依長城南北爲區別。號稱中國。清朝不以此爲足。欲究黃河之源。探崑崙之墟。撤去華夷之界。進游大同之宇。吾人雖不信長白山下之一部族。能挾此偉抱而來。而實副其名。固亦無如何者。滿族由金以來。自負雄心。至此已爲滿足。然從一方面觀之。爲亞洲之主人翁。任漢種之保護者。固由其能力所致。非屬偶然。第滿洲能否長保此地位。天是否獨加以眷愛。此則將來歷史上之問題也。

種族觀念之調和　外族入主中國。多屬割據。成雄絕少。統一世期。自二世紀末。竊據者史不絕書。然實可分爲二種。其一、在趙宋以前。則爲拓跋魏遺裔之鮮卑種。其二、在趙宋以後。

則爲入御中國之元淸兩朝。此爲最大者。是等區別。非指統治範圍之廣狹。與含包種族之多少而言。乃以被治者之漢族心理爲標準。約而言之。漢族對於種族之觀念愈深。則影響於統治之狀態者益鉅。趙宋時代。頗能注意及此。而元不審是。惟知重用族人。此其所以速亡也。蓋漢族始雖屈服。一遇武備廢弛。往往漸露頭角。因其數千年固有之文化。不能與征服者混合。故調和此種情事。爲統治中國之一大要件也。側聞淸初君主對此煞費經營。頗收成效。迨至末造。在朝要路。悉以親貴濫竽。無復顧及此事。則其衰亡原因。雖非出於一途。然其缺滿漢之融和。固無可諱言者也。

思想之變遷與種族之自悟　當淸之世。最足令人注意者。卽對外觀念之變遷是也。康熙朝與俄結尼布楚條約。雍正朝復結恰克圖條約。兩國使臣。或在漠北。或在黑龍江上流會合。蓋待歐洲諸國爲夷狄。謂天壤間更無他國可與比竝。乾隆朝英國使臣馬加尼macartney。帶重命來中國。待以屬國之禮。英使臣抗禮不下。查其所賫還之國書。仍係對屬國王勅諭。可知當時淸朝之人心。尙保持舊時之思想也。嘉慶朝尙依然未改。至一八四二年八月。結江寧條約。淸朝歷久所保之名譽。一旦大受毀壞。始覺宇內尙有對等之國家。此不獨打破淸朝之迷夢。實警醒中國千餘年之思想也。總理各國事務衙門。於是時創設。吾人對之頗覺奇異。何則。淸朝祖先。非所謂夷種者耶。中國非呼彼爲東夷者耶。當其始入北京。君臨中國之時。最感統治之困難者。實由漢種之視彼爲異種。彼等祖宗因昌言漢種所崇拜之舜爲東夷之人。文王爲西夷之人。在德不在種。並附會漢族所崇拜之泰山爲長白山之支脈。以鼓吹中外一家滿漢合同之理想。然漢種風俗習慣爲力甚强。雖對於武力不能不臣事滿人。而承平日久。人皆修文。則滿人思想亦不能不服從漢種。法國詩人波路德所謳歌管領錦繡山河之乾隆帝時代。在清朝號稱郅治。其思想亦復與漢人同化。雖曰中外一家。而主客之界自分。以滿洲入馭中國。反客爲主。則人事變幻。不亦極耶。夫清朝之衰亡。詎待宣統朝而始決哉。自江寧條約以后。清廷雖未猛醒。而外人待以不良之態度。加以種種之壓迫。漢人思想頓起反感。一般先覺。遂提倡生存競爭弱肉强食之論。其歸結則在改造國家。鼓吹革命。卒以復漢排滿之名相號召。得大多數之同情。是足耐人尋味者。清朝史對於此事不能不爲適當之論列也。

第二章　明代對於滿洲之策略

明初經略滿洲　遼河流域多屈曲。西發源於內蒙古之克什克騰部。東北流經杜默特旗之北境。折而南下。從開原北境向西疾趨。入於遼東之海。明初從山東渡海入遼東。奪取遼河沃土。此洪武四年春事也。從北京之東北出喜峯口。更進而北略遼河之上源。前元之故府大寧治今察罕城。明以常勝之勢攻掠此等地方。遼河流域之首尾皆爲漢族所得。然其中部地方。卽今朝陽府東北。爲其經營所未及。當時國力之强盛。於此可以想見。

明旣取燕京。洪武四年。納元平章劉益降。置遼衞於今之得利寺附近。定遼東都司於今之遼陽。二十年夏。納前元將軍納哈出之降於金山。當時所在之處。不無反側。然開原以南。皆帖首內嚮。明馭滿州之基礎。實定於此。

太祖經略之情形。略可推知者。先封燕王於北京。使治理北方。又封韓王於開原。寧王於今喀喇沁之新城。似以控馭遼河之首尾。更封遼王於廣寧。扼東西遼河之孔道。此種設備。無非保護遼河流域之開拓。以堵韃靼女眞之內犯。其初寧王府之兵力。不獨對於遼東。爲連絡之計。西與宣府及大同之守備。亦相應援。此可考見者也。太祖爲邊防處置。對於北方勁敵。卽蒙古之集團。所謂朶顏三衞者。遠卻之於西喇木倫河北。命其遊牧。其用意可謂周密以太祖之鞏固東北邊防如此。就吾人觀之。較後世論遼東經略者。徒爭遼河東西之地。以繫邊陲之安固。其深謀遠慮。殆不可同日語矣。

永樂帝之雄圖。 永樂元年。明太宗遣行人邢樞於黑龍江流域。撫視江南北各地方。更招致今樺太之居民。此可驚異之事也。

黑龍江一帶地方。當時名曰奴兒干。在元設征東元帥府。或曰三萬戶府。世祖忽必烈東征時。因樺太地方。可爲戰艦之根據地。以一軍征服之。據元史所載。當時元兵先占樺太之北部。爲島上之土人所苦。不果達其目的。因此之故。永樂帝知懷柔此土之必要。先遣使者。帝曾謂侍臣曰。朕非冀併黑龍江南北之地。蓋因散居是地之人民昔擾邊徼。宋時徒賂金幣。卒爲大患。今彼族有來歸之機。欲從其所欲。量授官職。給予賜賚。所謂捐小費而彌重患也。觀是言。可窺測帝之用心矣。

帝之招撫黑龍江也。非不輔以兵力。從遼東至奴兒干之滿涇站。置驛站四十餘所。依於前代之站。亦在今吉林省城地。造戰艦。創設巨大船廠。其兵力若何。雖難盡悉。然據洪熙元年十一月記錄。述官兵歸來者一千五百餘名。則當時用兵之巨。可以想見。此等兵卒。以黑龍江野人所見嘗攜無數之武器而往。帝一爲誇耀軍容。一爲招撫彼等。既而知此政策。久難爲繼。幸未遇蒙古兵之阻礙。至永樂七年。得設奴兒干都司於黑龍江口。此逐韃靼名酋阿魯臺於捕魚泊北之前一年春也。

永樂帝對女眞之策　永樂帝之黑龍江招撫軍。分道而出。及於長白山東北之地。此可推知者。朝鮮北部咸鏡道之地。久爲元朝領土。洪武二十一年。劃咸興一帶之沃土。屬於鐵嶺衞管領。鐵嶺以朝鮮之鐵嶺關得名。遼東都司更設東寧衞。從鴨綠江之谿谷入朝鮮之江界。置七十餘站。據明之實錄所述。洪武二十一年。乘鐵嶺關設站之勢。北抵豆滿江之河谷。惟其地距遼陽甚遠。糧餉難繼。遂退軍。明之得知豆滿江。實以是時爲始。迄太宗永樂十年。

設建州左衛於今會寧府之河谷。此時明人所行之道。由開原繞松花江上源。出於今間島以東地方。明人足跡洵遍於滿洲之山川矣。清朝學者。鮮有是說。明初疆圉。東至於開原、鐵嶺、遼、瀋、海。國初之烏拉、哈達、葉赫、輝發諸國。及長白山之訥殷、東海之窩集等部。皆明人勢力之所及。永樂九年。遣將將水軍駕巨艦至混同江上。招集女眞諸部落。於是女眞悉境內附。置尼嚕罕都司。授其封爵。兼分置衛所、城、站。以授其部族。又置馬市於開元城。俾貢馬給値。賜賚以時。爲遼東外蔽。

明廷據投誠滿人之口供。及出使行人等之報告。故授與官職。因衛所、站地面。而各分階級。各賜以指揮、千百戶、鎭撫等之璽書。明人記事。初凡一百七十九。正統中。復增置五衛。其後代有添設。萬歷中。多至三百八十餘衛。明時最初衛所之名稱。均指定一定之土地。若彼等部族。欲由此地移居他地。須受明廷指揮。及威力既衰。則土地移動。殆無關於朝廷。而官府惟認璽書勅道之例文耳。此勅道爲滿族享受禮遇及貿易權利之證。故彼等相互間。常以此爲爭奪之目的也。然明廷利之。特多頒勅道於各地。以任其紛擾。近求其例。殆與清康熙帝懷柔喀爾喀時。分一土謝圖汗爲七旗之多。無異也。

遼東之防備　明初對於遼東。無甚防備。蓋在洪武時。祇須布置大體。然爲其所敵者。因於時代而異其勢。永樂八年。太宗親征蒙古。逐敵酋阿魯臺等至斡難河以北。十二年。北征瓦瓦剌。追敗瓦瓦剌於土剌河。二十年復征蒙古獲其輜重於殺狐原至此韃靼人已覺膽落矣。當時與彼等共行動者爲兀良哈。兀良哈乃朶顏、福餘、泰寧三衞之統名。屬蒙古別種。永樂二十年。太宗以征蒙歸途。大破其衆於屈烈河。三衞之徒頓首乞降。當靖難之初。太宗曾利用其兵力。爾後雋驁不馴。且地據今科爾沁境土。動輒通款滿族。故遼東之防備。先謀所以對兀良哈者。不得已也。明人曾仿秦築長城之計。利用遼河水險。排列木柵於其內岸。復築土壁。此遼東第一步之防備。實英宗正統七年所創也。嗣以水險難恃。遂西自山海關東抵開原以北。興起巨工。當時國祚方危。所稱遼河套今新民府一帶之地。竟委諸敵。誠恨事也。至於由開原抵撫順轉抵安東。卽東方一帶防備之事。比西邊後二十餘年。至成化初。始亦築設長柵。此種邊牆爲遼東防備之主體。吾人不可不別爲縝密之考察也。

西邊之守禦　西邊乃包括遼河流域之邊牆者。形多屈曲。可名曰凹字形邊牆。約說其原因。明之遼東都司。不欲兀良哈三衞之南下。始利用遼河之水險。設防以阻之。因此防禦計畫。遼河套一帶之沃地。遂不得不放棄。遼河套今爲新民府全境。其面積東西二百七十里。南北四百里。明廷雖夙知其弊。歷年思有以改革之。終不能實行。試究其原委。成化十二年。兵部侍郎馬文升疏請在海州（今海城）經牛莊驛通遼西三岔河之處。建設浮橋。疏載於皇明從信錄。略曰。遼東地方三面受敵。故分兵三路防備。三路者中路爲廣寧東路爲開原及遼陽。西路爲前屯及寧遠錦州義州。以臣愚見遼東之西一百六十里廣寧之東二百里。有遼河一道。分遼東遼西。當結冰時。人馬往來不便。一旦開冰。倘此流域爲敵所據。我雖有渡船。難以猝濟。東西勢隔。不能相應。殊恐誤事不少。正統十四年。我先據渡河之處。旣有成效。予今造大船十艘。橫列河上。各以鐵索相連。上加木板。縮爲浮橋。西岸竪木爲柱。總繫船纜。遣兵護守其地。則東西之聲勢相連。不至誤事云云。此蓋從兵略上計畫。可見橫斷邊牆中央凹處之遼河。每資敵人以利。文升此議。不無可採。朝廷依議施行。是明之政治家。對於西邊形式。固確見其不完全也。

鄧玉及李善籌邊之意見　顧祖禹讀史方輿紀要。述將軍鄧玉之意見。有曰。邊牆西起山海關。東抵開元。延袤二千餘里。東西闊絕。兵事上難於應援。成化二十年。邊將鄧玉言永樂時。築邊牆於遼河之內地。從廣寧東抵開元。延長七百餘里。若從開元西方經三岔河。逕抵廣寧。不過四百餘里。以七百里之塹寨。移守四百里之邊土。卽逢外敵入寇。應援甚易也。

馬文升之政見。僅計東西連絡之靈活。鄧玉之說。更進而論邊牆之弊端。圖根本上之改革。不外欲發展西邊。占據遼河套以爲內地。此說爲當時識者所許。不待言也。後此九年。至弘治六年。二月。巡撫山東監察御史李善。提出關於遼東邊事意見書。明代談遼東事情者。必援爲論證。則當時政治家籌邊之意見。於此可窺見其梗概矣。其書曰。臣至遼陽開原。詢諸故老。皆謂宣德年間。遼東未設邊牆。惟遠置烽堡。嚴行瞭望。海運直通遼陽鐵嶺。以達開原。開原城西有考米灣。又舊行陸路。從廣寧直至開原。僅三百餘里。前年燒邊外荒地。東西兵馬。會合於基盤山。由此而東北。達於近開原之平頂山。中間有顯州廢城。肥地萬頃。自畢恭築邊牆之後。遂以此等土地。置諸境外。邇來三衞夷人。肆意南侵。漸入遼河套等處。假名牧畜。乘隙入寇。爲邊牆害者。較昔尤甚。且沿邊牆一帶。地多平漫。土脈鹹鹵。每年春秋。徵人夫四五萬名。費糧餉萬石以上。無益邊防。徒勞人力。雖最初之計畫。恃遼河爲險。然夏旱水淺。敵騎得渡。冬寒冰凍。如履坦途。抄掠人畜。無敢耕作。遂至田野荒蕪。邊儲虛耗。不得不仰給北方之轉運。現今路隔遼河。又自盤山至牛莊各地。雨多水漲。行旅阻隔。萬一開原有警。錦州義州及廣寧之兵。何以應援。且遼東孤懸一方。女眞蒙古及漢人雜處。倘遼河失守。則遼陽不支。遼陽不支。則畿輔之地。詎能宴安。臣慮及此。不能不爲寒心者也。計今若開復舊路。則墩、空、城堡、及瞭守之官軍。往來道里。可減三分之一。其山澤之利。舟楫之便。及肥饒之田。不可勝言。又就形勢之大略言之。則錦州義州爲西路。廣寧爲中路。遼陽爲東路。開原爲北路。酌量遠近。聯絡聲勢。隨機應變。彼此相援。如常山蛇。首尾相應。可奠邊疆於磐石之安也。

李善擬開復廣寧至開原西北之舊道。使邊牆伸出於西方。若其政見實行。則今新民府疆域法庫廳一部。收入於遼東內地可知矣。惜此建築因兵力單薄。成爲空談。遂使遼河右岸一帶之沃地。莫能開拓。遼河水道。暴露敵前。則交通機關已失矣。且商事農事共受影響。兵事上之根本成算。反成爲退守政策。明之遼東疲於西方之邊防。東邊外敵乘隙而起。於是舉全疆域委之敵手矣。

明初之東邊　東邊之邊牆。比西邊更有伸縮。在淸河城之南鴨綠江口以北。其最著者也。

當洪武及永樂盛時。國勢方隆。遠及於東北豆滿江地方。其確爲明朝領土。與中國本部同設政治機關者。止於遼東都司所轄之地。其西邊限於遼河。如前所述。考其東邊。東北則盡有撫順關淸河城一帶。東南則限於連山關。連山關以南。尙多村落。然設備有驛站。充朝鮮來使之用。但遼陽之東寧衞。實掌連山關及淸河城以外之土地。而採取人參。事實上女眞居之。從事耕作。亙正統景泰。大抵無甚變遷。明倪謙東使朝鮮著朝鮮記事大意如下。

景泰元年正月十日。發遼東。遼陽都司。令東寧衞指揮一名。率百戶四名。軍馬二百四護送。鎭守御史李純。巡按御史劉孜。左都督守遼都司等。皆出城設餞。自遼東至鴨綠江。計有八站。今廢。故護送官員。悉齎帳房隨行。經高麗衝、頭館站、車嶺、至浪子山。宿於民家。十一日自浪子山起程。過背陰山盤道嶺至辛寨宿焉。十二日宿東山關口。東關者、實華夷之界限也。（下略）

按此記所謂東山關者。即今之連山關無疑。東山者土稱也。今遼東人亦指鴨綠江上流為東山。倪謙所至。即其地。明代蓋以此邊關為中外之界限也。遼陽副總兵題名記有曰我成祖建都燕京。遼東遂為東北之巨鎮。景泰年間。外寇頻至。遂於遼陽依河設邊牆焉舊止於連山關。今有靉陽諸城。以扼千里之險。東山關之地。有大摩天嶺起伏之險隘。鴨綠江及遼河之大分水嶺所劃地。是為境界要之。明得遼東約八十年。東南僅得地八十里。東北亦僅抵於二百五十里之清河城。當時并無邊牆之設置。僅於通路口各置關門。如連山關者。可謂完全獨立而築設者也。

拓地之要求　成化三年以降。始築設邊牆。已如前述。此役動機。固由於女眞侵略。然亦以遼東都司。欲拓土地。是役也。明獲勝。歸得遼陽以東之地三百六十里。以迄於鳳凰山遼東都司所領之疆域。幾二倍於前。然自連山關至鳳凰山中間地味磽瘠。不能耕作。吾人以據此地形。劃為第一防禦線。為對女眞之用。斯有適當。雖然。僅足為兵要上之防禦地。而不無遠於當時所行屯田軍制之便。蓋此制永樂以後。既行寓兵於農。中國古代之政策也。顧惟豐沃之區。其招集誠爲易事。若瘠薄谷地。必生阻障。成化三年十二月。李秉上疏略曰。從蓋州復州廣寧屯衛中。摘發兵卒戍鳳凰山。恐安土重遷。人情多不樂從。天啟元年遼東經略熊廷弼與友人書。論此地情形亦詳。

遼東山脈。發自東北之長白山。迤西南而止於旅順海口。其枝脈所分。皆成峪地。每峪一河流水。淙淙白石齒齒。不能屯田。居民依山而住。鑿山而耕。一年而地力盡。來年復安得空地耶。

據此則李秉所奏之實情。可以知矣。然在此方面。又不能無所經營。遂不得不採救濟方法。此殆遼東都司之宿題也。職是之故。乃要求開拓鴨綠江西岸之沃土矣。

寬甸平野之開拓　鴨綠江下流。爲今安東縣附近。漢人所耕。自嘉靖三年前後始案成化三年以降。所築邊牆之南端。止於鳳凰山附近。嘉靖二十五年。始置江沿臺堡於今九連城。以前則以湯站堡爲限也。此堡之設。不知何時。要不越成化十六年前後時。明人知鴨綠江下流有沃壤。咸往居焉。蓋湯站堡導之也。熊廷弼勘查遼東邊地界疏略謂嘉靖十六年以前。鴨綠江之西。湯站堡之東北。九連城之南北。順江一帶。遼東人與朝鮮人雜居之。嗣因朝鮮御史之請求。禁軍民居此。亦不許朝鮮民越江。後乃有日本人居於此。建鎮江城於九連城址者。大抵由此而來也。據此事實。遼東都司久欲開拓鴨綠江沿岸。可以想見萬曆元年。參將李成梁與巡撫張學顏。謀實行計畫。卽寬甸六堡之徙築也。

六堡之徙築　今佟家江南迄鳳凰城東。與鴨綠江接壤之地。是謂寬甸。觀張學顏遼東善後策。知嘉靖二十五年所築險山堡轄地過於曠漠。建州女眞遂得以寬甸爲根據地。時犯邊牆。不能制禦。嘉靖四十四年以降。累被侵害。遂伸展邊牆。奪敵根據地。決行屯田。與李成梁併力驅敵於寬甸以外。而築六堡。卽寬甸長甸永甸、大甸、新甸、及張其佮刺甸是也。其建設之次序。卽以從來沿邊之六堡。徙築於六甸。如徙險山堡於寬甸。徙孤山堡於張其佮刺甸。爲皇明從信錄所已載。記者李成梁之拓邊界而築寬甸等堡也。北隣王杲之部落。東隣王兀堂之部落。距靉陽二百里。當築十岔口寬甸堡時。張學顏往視。王兀堂等數十人跪迎。請修塞道。誓不向內地射獵。惟求貿易鹽布。張學顏上疏報可。以其市稅充女眞人之撫賞。自此開原以南。撫順清河靉陽寬甸皆有市場。悉從明約束。由是觀之。可知從鎌城南至鴨綠江江沿臺一帶邊牆。必有移動。雖李成梁當時之實錄不記邊牆之築設。然按東夷考畧。及籌邊碩畫各附圖。皆列寬甸等六堡城於邊牆中。而邊牆之一部。有通夷關之孔道在焉。自成化三年行第六次拓邊。約及百年。更爲第二次拓邊。其東邊始達佟家江右岸。但六堡之中。以孤山堡之移築工程較爲完全。據明之記錄所載。萬曆三十年前後。六堡戶數增加。總數達六萬餘戶以上。若明果能維持此沃土。以加强壓於建州女眞諸部落。此亦一最有興味之問題矣。

東邊之極限　佟家江。明時呼爲婆豬江。或曰横江。其流域包括今之懷仁縣境。地最豐沃。久爲女眞人所耕種。且其有名部族。皆以此流域爲兵賦所出之原。後清太祖敗明軍於渾河下流之薩爾滸山附近。所率重兵。即此流域董鄂部之子弟居多。彼佟家江被明壓迫之女眞人。果受李成梁之約束。坐觀六堡之發達乎。此事實上有難信者。據東夷考略。萬曆七年。建州酋長王兀堂漸逼邊牆。八年。屢犯靉陽永奠諸堡城。李成梁追擊之至邊牆外二百餘里之鴨兒匱。鴨兒匱亦曰鴉兒濟。卽佟家江支流之大小鴉兒河附近。彼此頻年戰爭。李成梁屢次喪師。而清太祖奴兒哈赤收合餘燼。頻略渾河上源。南占佟家江流域。此萬曆十六年事也。明廷因與女眞部落接觸。苦於戰事。復用李成梁議。再廢六堡。退還靉陽以西。於萬曆三十三年。强迫寬甸一帶明人遷徙。於是東邊疆域大生變遷。邊牆再復成化三年之舊址。轄地或較舊且隘。當時明兵科給事中宋一韓。痛劾李成梁等。大旨謂寬甸一帶之喪失。必爲將來大禍。慨乎言之。欲復萬曆三十三年以前之舊。明廷深韙其說。乃使熊廷弼巡視遼東。其復命雖與宋疏略有差異。而大致與宋論相同。時李成梁於雲頭裏鴉鶻等處。建設關隘。其鴉鶻關有新舊二處。雖於清河城方面略有展拓。然寬甸之沃土。遂全爲女眞射獵之場。經泰昌、天啟、崇禎三朝。莫能恢復。雖靉陽東北之新孤山堡地方。經清太祖送還。然不過一狹隘山谷。不適耕作。而清河城方面。仍全歸女眞。撫順關北威遠堡一帶。且於萬曆四十一年。與女眞爭界。致移動邊牆。明遂不能維持。但亦傾圮已甚。無可爲用矣。

遼東之地方行政　遼陽政廳之組織。與內地州縣異。專以軍政區分地方。此可注意者。據明史地理志。洪武四年七月。置定遼都衞而統治焉。六年六月。置遼陽府縣。八年十月。改都衞爲遼東都指揮使司。廢府縣。制定二十五衞。後無變更。二十五衞中。惟遼陽城內之東寧衞。專以內附之女眞戶口充之。不使與漢人混處。明史謂此衞爲東寧南京海洋草河之女眞五千戶所成。故任務與他衞殊。通人亦多出其間。此亦讀史者所可注意者也。永樂七年。黑龍江方面之遠征軍奏效。因更增二州。一曰自在州。一曰安樂州。皆置於開原城內。後徙自在州於遼陽。此二州皆收容新附之女眞戶口。此永樂帝之政策也。

遼東之兵力　漢種在遼東之實勢如何。此亦吾人所當論及者。偉據官府報告觀之。嘉靖十六年前後人口總數。計二十萬五千一百五十五口。四十四年前後。增至三十八萬一千四百九十六口。此足徵明代之極盛矣。其新附女眞戶口。此兩時代。亦無大差。安樂自在二州各一千五六百。共計凡三千上下。至於兵數。則常備官兵越九萬五六千。蕞爾遼東。乃養如此大兵者。蓋當永樂帝時採用屯田制之結果也。案屯田制度。平時多不講武。故兵額雖逾九萬。實際難應緩急。萬曆初年。名將李成梁。屢樹邊功。不倚官軍。實惟家丁。是賴家丁者。生殺與奪之權。操於主將之手。平日練武講兵。精銳遠出於屯田軍上。則李氏兵出。女眞震慴。名酋授首者。固其宜也。但此制久行。易滋驕惰。遼東守備之張弛。李氏兵勢實始終之。

第三章　女眞種族之遷徙

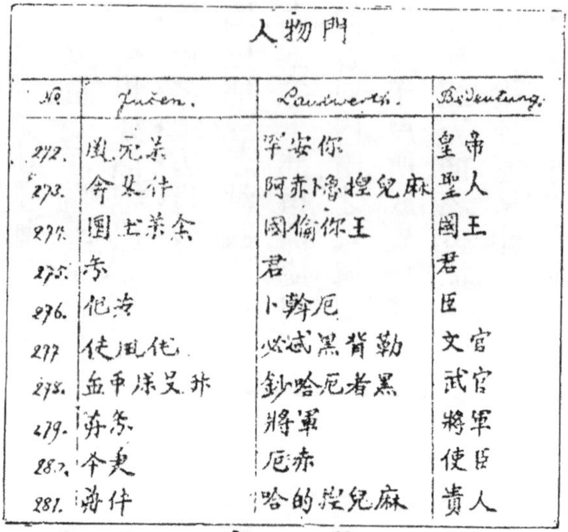

女眞文字

三種之女眞　女眞卽明代所稱女直也。分爲三部。曰建州女眞。曰海西女眞。曰野人女眞。建州海西之稱。乃因女眞居地名之。而野人之稱。似以其文化粗野名之。明初爲滿洲部族之主人者。必不外建州海西二部。大明會典記有東北夷之條。略曰。女眞有三種。居海西等處者。爲海西女眞。居建州毛鄰等處者。爲建州女眞。各衞所外。尙有地面有站有寨。建官賜勅。一如三衞之制。其極東之野人女眞。去中國甚遠。不常朝貢。海西建州。則歲一遣人朝貢焉。可知野人勢力。當時極其微弱。明初朝廷。不以重要族部待之。比至正統景泰。黑龍江南北形勢一變。東北部族。多向西南滿洲移動。其原因。以明之奴兒干都司。卽黑龍江口政廳廢弛。地方視爲無統御者。而多數野人部落。遂謀南侵。野人之强。可見一斑矣。

建州爲女眞本部 § 建州之稱。不能斷爲一地。明所稱之建州。實承自元。元之建州。卽以今之吉林省城爲中心。此徵諸當時史志而無疑者。明一統志引用開原新志逸文。以上京之南爲建州。又西爲黃龍府。上京卽今哈爾賓東之白城。黃龍府又在長春西邊。以上是明之建州。亦不出吉林省城矣。明拔女眞頭目阿哈出爲建州衞指揮使。在永樂元年之冬。此與奴兒干征討之功也。然阿哈出所統率之部族。固不在吉林省城附近。實居牡丹江口。卽富兒哈江大水東合流於松花江之東岸。今求其地點。三姓之府城。是爲此部所居地。居渤海之濱。黑水靺鞨之居城在焉。當金盛時。早爲完顏女眞所據。不獨阿哈出爲火兒阿之酋長而居此地也。永樂十年。建州左衞指揮使之猛哥帖木兒。亦據三姓對岸之斡朶里。此外二城之東。距松花江下流不遠之地。有托温城。塞元時總稱爲三省。名三萬戶府。考此知建州女眞之本地。必以三姓附近爲根據矣。明廷對建州衞賜賚甚厚。且加以賜姓之榮典。故頭目阿哈出。改名李思誠。沒後其子釋家奴。襲職。改名李顯忠。部下千戶官咎卜。改名張志義。百戶官阿剌失。改名李從善。可揑。改名郭以誠。明實錄嘗記此事。以爲從征之功。所謂征者。非僅指黑龍江一役也。永樂八年秋。亦有事焉。嗣至十年冬。建州衞女眞。始去其本地而遷居於今吉林省城附近。

豆滿江之女眞部落　阿哈出既遷同爲三萬戶之一。所謂斡朶里者。究何往考之文獻。不足徵矣。就事實揣之。大抵於永樂八年前後。遷住於豆滿江平野。今之琿春河附近。殆爲彼等卜居之地。於琿春對岸劃爲李氏朝鮮之國境。究其原因。蓋朝鮮太祖李成桂時。未能致力北略。至太宗時。遂欲領有豆滿江河谷。時値明永樂初年。亦欲占有頭滿江。明固早有此志。於洪武末年。曾從鴨綠江上源進兵咸鏡道。直抵豆滿江。乃還師。前已言之。惟欲領此谷地。實憂兵力不繼。乃使斡朶里部族。散居此地。以爲羈縻之計。或謂此非永樂之雄圖。實爲朝臣之策。於是永樂十年。明廷遂命猛哥帖木兒由對岸入會寧之谷地。立建州左衞。此谷地在阿木河流域。故朝鮮指此部落爲阿木河。亦曰吾音會。

建州左衞之創置　本衞創建於永樂八年至十年之間。大明一統志謂永樂十年。置建州左衞。其實尚在以前。皇明實錄永樂十四年二月條文曰。

　賜建州左衞指揮猛哥帖木兒等宴。

據此則建州左衞之名。於此始見。猛哥帖木兒、至宣德八年冬。尚生存也。

建州左衞最初之位置　建州左衞始建之位置。據朝鮮記錄東國輿地勝覽曰。

　本高句麗舊地。胡言斡木河。本朝太宗朝。斡朶里童孟哥帖木兒、乘虛入居。世宗十五年。兀狄哈殺孟哥父子。斡木河無酋長。十六年。遂移石幕寧北鎭於伯顏愁所。尋以斡木河西北當賊衝。且斡朶里遺種所居。特設城堡。令寧北鎭節制使兼之。然其地距鎭阻隔。聲援懸絕。是年夏。別置鎭於斡木河。以豐山、圓山、細谷、宥洞、高郎岐、阿山、古富居釜回還等地爲界。稱會寧鎭。

據此記錄。童孟哥帖木兒。卽見於明代記錄之猛哥帖木兒。內籐教授曰。童、佟也。蓋姓也。

又燃藜室記述更詳。摘錄如下。

太宗十年。女眞入寇孔州。韓興富戰死。郭承佑敗。因遷兩陵於咸州。徙民戶於鏡城。其地遂空虛。時朝臣有謂孔州爲四散之地。防守極難。不若革罷爲愈。或又曰。棄境內數百里之地。以與夷狄。敵必相率而入。處處不可。太宗曰。國家疆域之內。使夷狄居之。固不可。隨而黜之。有何不可。卒從革罷孔州之議。後聞大明建衛於孔州。朝議大駭。太宗十七年。丁酉。卽進慶源於富居。割鏡城之豆龍耳以北地爲都護府。設柵屯兵以守之。

據此則孔州地方。曾爲朝鮮領域。以永樂八年。一旦棄與女眞。孔州者、不僅指今慶源一地。茂山嶺以東北。臨豆滿江一帶皆屬焉。卽所謂會寧谷地。亦包括此名稱之內。朝鮮既放棄豆滿江一帶之地。女眞入其空虛。聚族於斯。明乃因其酋長斡朶里之猛哥帖木兒。置建州左衛於此空虛之地。合前東國輿地勝覽所述觀之。確無疑矣。明一統志謂永樂十年始置此衞。是卽朝鮮太宗十三年。約在放棄孔州二年後。則建州左衞。實創建於豆滿江之沿邊明矣。然定其地點。究在何處。試檢皇明實錄正統六年朝鮮國王李裪之奏中有曰。

二月丁酉。凡察舊居鏡城阿木河。卽太祖皇帝賜服之地。

所謂鏡城之阿木河者。以鏡城爲朝鮮當時最東北首班之官衙。故槪稱之也。阿木河、卽今之會寧。凡察、爲孟哥帖木兒之弟。但文稱爲太祖所賜。可知爲成祖之誤。據此可信之記錄。阿木河之地。卽賜給凡察等部族者。是明之建州左衞。實建設於會寧府之谿谷。猛哥帖木兒究從何地轉入於此。盍於其未入阿木河以前。已離其原居地之後。考之東國輿地勝覽曰。

訓春江。源出女眞之地。至東林城。入於豆滿江。斡朶里野人所居。

訓春江、卽今之琿春河。東林、在慶源之東。豆滿江沿岸。據此則斡朶里部族。既離三姓附近之原居地。而南移於琿春河之谿谷矣。此時斡朶里非地名。乃一種部族名稱。由此推之。猛哥帖木兒於永樂十年以前。早已離其舊地而移於豆滿江左岸。至朝鮮撤慶源一帶之防。彼等乃易入於阿木河之谿谷。此證諸事實而易明者。

海西之女眞。海西。元之舊稱也。明初稱今之阿勒楚喀附近。曰海西。鄭曉之吾學篇曰。開原之北松花江附近曰山夷。海西有山夷。卽熟女眞完顏之餘種也。倚山作寨。亦曰山寨夷。自阿勒楚喀至西南烏喇城附近。皆呼海西。稱海之意義。非必謂水量最大。如松花江水大地方不稱海亦無害也。今科爾沁之東。大抵爲此名之起原。考朝鮮史書。松花江下流爲海西江。海西土地肥沃。古史載之。可以無疑。明人記事。以建州海西全爲別種。建州爲渤海大氏之裔。而海西則黑水靺鞨之裔也。可否如此區分。姑勿具論。唯當時海西之部族。對於建州確無爭奪之事。而黑龍江方面之野人。稱爲江夷者。常挑百數戰爭。且海西土地寥闊。人口繁多。可以耕織。婦女喜飾金珠。其富饒可想見矣。唯明初用兵於奴兒干。曾驅多數部民於此。獨不聞有名酋挺生其間。嘉靖中葉。此部族似尚留本地。漸以北方野人之壓迫。始移駐於南開原之邊外、所謂哈達部族者。卽代表此部族者也。

野人女眞之南侵　野人女眞。一曰生女眞。又呼爲忽刺溫野人。以此部族皆行獵於黑龍江支流之忽刺溫江沿岸。故得是名。據朝鮮人之記錄考之。彼等額上皆刺墨云。此族不解耕稼。雖有遊牧者。然究多以射獵爲生活。其於明初納貢明廷。是實可疑。明之用兵於黑龍江。以永樂宣德兩朝爲最。至正統初年。議多不行。據實錄所紀。於永樂盛時。奴兒干政廳屢屢陷於外夷。可想而知矣。生女眞本好掠奪。間亦激於漢人之譎詐。舉動致成怨恨。受漢人保護。被其誅求。彼蓋已自厭其愚矣。明國勢衰。漢種之跡稍稀。而此慓悍之足。必向滿洲南部之山川。故自宣德末迄正統初。生女眞之馬蹄。乃現於長白山之西隅海西建州諸女眞。於防堵彼等之踐蹂。備嘗艱苦。乃欲倚明廷之威力。冀緩忽刺溫之侵掠。然多無效。故謂建州海西之南遷。一出於野人壓迫。亦事實也。忽刺溫之離本地而南徙也。實在正統時代。彼等既西取海西。復南進而犯吉林。因建州衞之南徙。而遂據其地。建州衞之退也。初思溯輝發江。乃亦不能安居。更越分水嶺而遷住於鴨綠江支流所謂婆猪江者焉。婆猪江。卽今之佟家江也。然忽刺溫猶侵害不已。建州衞乃更擇安固之地。而居於明之寨下。爾時忽刺溫之大部族。遂徙今吉林東北之大烏喇城而據之。

建州衞遷住之位置　宣德元年前後。建州衞自其創始之地。遷於西南。其原因甚多。明記錄亦不甚詳。惟皇明實錄正統元年六月條文有曰。

閏六月壬午。勅遼東總兵都督同知巫凱等曰。今得建州衞都指揮僉事李滿住奏。原奉恩命。在婆猪江住居。近被忽刺溫野人侵害。欲移居遼陽草河。朕未知有無妨礙。爾等宜計議安置所。毋弛邊。毋失夷情。

據此。則李滿住從吉林附近遷於婆猪江明矣。惟建州衞從初地漸移西南。必爲是年以前之事。及定居於婆猪江平野。其間曾經幾許歲月。則不得而考矣。

建州衞既遷於佟家江之平野。究以何地爲根據。考西征錄有曰。

據將軍李藏之報告。李滿住居吾彌府。入吾彌府凡三道。一由江界涉婆猪江。直入吾彌府口。一由理山涉婆猪江。經兀剌山之東而入吾彌府西邊。一由理山涉婆猪江。經兀剌山之南折西而入焉。

考此記事中之婆猪江。可解爲鴨綠江之訛。吾彌府亦曰吾彌府洞口。據東國輿地勝覽。斡眉府去理山二百四十韓里。此斡眉府卽吾彌府可知。然則定吾彌府在今滿浦鎭對岸洞溝之谿谷間。當無大差。

兀剌山城之位置。不能確指所在。據東國輿地勝覽。謂去朝鮮之理山二百七十韓里。由央土口子地點。北渡鴨綠婆猪二江。有城在大野之中。名兀剌山城。四面壁立。惟西方可上。正統二年。朝鮮兵攻此城時。從山羊會渡鴨綠江。再渡佟家江。乃至此城。是李滿住之居城兀剌山在鴨綠佟家二江間可知矣。而由理山（今楚山）考其里程。不得不求之今懷仁縣城附近。據理以推。兀剌山大抵爲李滿住之根據地。吾彌府爲對朝鮮之要砦地。然亦兩國往來之門戶也。

建州左衞之傾覆　忽剌温野人之南侵也。滿洲部族乃大變遷。就松花江方面之事實言之。建州左衞。逢此意外之襲擊。遂覆其本根。據明朝及朝鮮之紀載。事在正統之始。卽宣德八年十月所稱之兀狄哈。或七姓野人。忽剌温之別名也。其首領爲楊木答兀。本開原之叛夷。建州左衛之頭目猛哥帖木兒。自設衛以後。佩都督印綬者十餘載。其部下有指揮僉事。有同知。有千戶百戶。圖明廷之眷顧。幾擧家授首。其誠也亦其愚也。忽刺温鹵獲幾何。雖不得知。而明於此方之威力已墮。可想見矣。其得免於難之二三宗族。遂流寓於豆滿江上流之東良。後乃越長白山赴婆猪江。而依建州衞。朝鮮則利用此變。以展其邊疆焉。

黑龍江政廳之末路。　野人女眞得勢。明廷在滿洲之威力以墜。其所以致此者。非一朝一夕之故也。奴兒干政廳在永樂時代。即不能有安全之保證。前已言之矣。此後則時見於事實。宣德末年。遠征軍在黑龍江市場。與女眞交易。毆殺市人。女眞銜之。扼明軍歸路。殺八九百人。中官亦失哈等使奴兒干。歸時中途被其抑留者五百人。其於特林建永寧寺。立豐碑。勒明功。且謂北海之苦夷皆內附。殆誇詞也。惟以佛教傳布野人。欲以稍和人心。然卒無效。至正統初年。遂撤退奴兒干該都司之同知。退守遼東之鐵嶺衞焉。

第四章　女眞叛服之大略

建州女眞之合同。　建州衞之去松花江流域。踰分水嶺而移於鴨綠江谷地也。事在宣德末年。其後敗於豆滿江左衞之餘衆。不耐朝鮮之壓迫。亦入鴨綠江谷地。受建州衞之保護。究其原因。彼建州女眞因忽刺温野人之逼迫。乃欲倚賴漢種之威信。託命於寨下。雖亦事實之一端。然性情終不契合。加之明廷對滿政策。在使女眞分離。漸露破綻。建州女眞既分爲兩衞。卽令出於殘敗之餘。合兩部族居於一地。非明邊徼之幸也。時建州衞之頭目。卽李滿住。其祖阿哈出受賜於明廷。故姓李氏。滿住漢其姓而名不改。亦一創例。大抵是時明室多事。恩賜不及於邊夷乎。滿住者。文珠之轉音也。爾時毛憐之頭目。有滿答失里者。亦文珠師利之轉音也。此建州酋長對明之態度。頗覺放縱。彼始居佟家江。正統二年春。移居蘇子河之谿谷。蘇子河者。渾河之支水也。李滿住所統之部族。居於河之上流。竄突山南。據明廷爾時賜遼東之敕書。蓋謂彼等受朝鮮之迫害。不得安居。乃要南徙。明廷許其請。可否姑勿論。惟從佟家江移於蘇子河。則日與明之邊徼逼近。固可知矣。彼等遂依此爲根據。勤其耕牧。此正統初年事。生聚二十年。部落繁衍。遂西犯撫順。南侵淸河暨鳳凰城。與瓦剌也先可汗通聲氣。使爲先導。出遼東半島。時李滿住漸老。有左衞頭目董山者出。崛强態度。遠越前代矣。

建州衞三遷之地位　正統三年六月。建州衞重遷。其故無非爲朝鮮所迫。皇明實錄曰。

正統三年六月。建州衞掌衞事都指揮李滿住。遣指揮趙歹因哈奏曰。舊住婆猪江。屢被朝鮮國軍馬搶殺。不得安穩。今移住竈突山東南渾河上。仍舊與朝廷效力。不敢有違。又奏。故叔猛哥不花。任都督同知。曾掌毛憐衞事。其衞印。被指揮阿里占藏不與。今猛哥不花男撒滿答失里襲職。仍掌衞事。乞給與印信。以便朝貢奏事。事下行在禮部兵部議，渾河水草便利。不近邊城。可令居住，阿里見住毛憐衞部下人衆。宜與印信。撤滿答失里住建州衞與毛憐衞隔遠。又無部下。難與印信。其朝貢奉事宜令李滿住給與印信文書爲便。上從之。

按此則李滿住從婆猪江移住渾河流域可知矣。渾河。流經今撫順而入遼河之水道也。其河源有二。一曰英額河。今本流稱之。一曰蘇子河。於營盤東與英額河會流。蘇子河之名稱。明代即知之。第言渾河。則不知其究係何水。唯明言係竈突山東南渾河之上。則知其爲今興京西面之呼欄哈達。蓋呼欄哈達。於滿洲語作竈突山解也。今再述他種記錄以補證之。

遼東志韓斌傳。永樂年間。酋長李滿住。求居於邊牆附近。乃許其移就蘇子河流域云云。此記事誤爲永樂年代。皇明實錄爲渾河。此爲蘇子河。則李滿住移居之地。非英額河流域明矣。

淸太祖實錄曰。肇祖孟特穆。誘世仇四十餘人至蘇克蘇滸河虎欄哈達山下黑圖阿喇地方誅戮其半。以報祖仇而索舊業。此地距俄朶里城千五百餘西里。即今之興京老城也。

建州左衞遷住之位置　宣德八年冬十月。猛哥帖木兒被兀狄哈之楊木答兀襲殺。斡朶里部族。一時喪其酋長。其弟凡察及董山。欲擇鏡城某地以居。又見拒於朝鮮。不得已乃駐於朝鮮新設之會寧。然仍不耐其壓迫。遂出於遼東地方。

當時朝鮮頻謀加兵於建州衛之李滿住。而斡朶里部族之出遼東。乃非其意。故遣人抑留之。皇明實錄記曰。

正統二年十一月丁酉。建州左衛都督猛哥帖木兒子童倉奏。臣父爲七姓野人所殺。臣與叔都督凡察及百戶高早化等五百餘家。潛住朝鮮地。欲與俱出遼東居住。恐被朝鮮國拘留。乞賜矜憫。上勅毛憐衛都指揮同知郎卜兒哈。令人護送出境。毋致侵害。

此請求約在猛哥帖木兒死後二年提出。彼等意向欲移住於建州衛明矣。明廷似不明其要求之眞相。斯時朝鮮遂出兵於婆猪江。李滿住乃遷於蘇子河流域。而斡朶里部衆亦逃出會寧境。潛向遼東。從會寧至遼東有兩道。一經長白山東南。一由松花江之上源。皇明實錄曰。

正統六年二月丁酉。朝鮮國王李裪奏。近日凡察等奏臣追殺其部落。又阻留一千七十餘家。蒙朝廷勅臣放與完聚。臣聞命兢惶。不知所措。……彼凡察舊居鏡城阿木河。卽太祖高皇帝賜服之地。其親兄猛哥帖木兒等。被深處兀狄哈攻刼。不能自存。臣祖憫之。授以萬戶職事。爲作公廨。給以婢僕衣糧鞍馬。撫綏備至。至臣父。又俾以上將軍職事後被七姓野人攻殺之。并殺其子阿古悉焚掠其房屋財產。凡察等俱各失所。臣撫恤之一如先臣。撫恤其兄既得所矣。忽於近歲先以耕農打圍爲由。移住本國邊陲東良地面。後乃潛逃與李滿住同處。此時不及知安有追殺之事。其在此留住者。或因婚姻懷土不去。或被同類開諭而還。非臣阻之也。

據此則斡朶里部族之去會寧也。曾先移於東良矣。東良卽今之茂山。故知彼等曾由長白山東南出豆滿江之上源。既由東良則出遼東經路。須由今帽兒山附近。出佟家江上源而繞松花江上源地。以達興京附近。據皇明實錄。正統五年十月條、文時凡察等所率。不過四十餘戶。其事實當在正統四年至五年之間。

斡朶里遺衆既抵遼東。明廷乃命居新地。皇明實錄載其事如下。

正統五年十月己未。勅諭建州左衞都督凡察等曰。嚮已勅爾等回朝鮮鏡城居住。今總兵鎭守官又奏爾等已離鏡城。與原叛土軍馬哈剌等四十餘家來至蘇子河。家口糧食艱難。今已勅遼東總兵官曹義等於三土河及婆猪江迤西冬古河兩界間安插。汝等同李滿住居處。若果糧食艱難。卽將帶回男女婦口數。從實報與總兵鎭守官給糧接濟。聽爾自來關給。

三土河、卽今海龍城附近與輝發河會流之三屯河。冬古河、乃在懷仁縣西與佟家江會流之董鄂河也。
明廷安插凡察等之地位。卽自海龍附近迄懷仁之西。以佟家江本流爲東界。而散居於其西方。此疆域蓋李滿住部族所先占得者。

新設定之建州左衛。略如上述。其頭目凡察。當時似寄居於李滿住之居城。

建州右衛 建州右衛者。因爭奪明廷所賜官印而新置者也。名山藏王享記。述其始末曰。

> 正統之初。建州左衛都督猛哥帖木兒。被七姓野人所殺。弟凡察。子童倉。挾衛印亡入朝鮮。童倉之弟董山。嗣領建州衛指揮。更給新印。嗣凡察歸詔以故印予董山上新印。凡察不予。乃分左衛更置右衛。給董山新印。領左衛。凡察持故印領右衛。

明廷用懷柔手段。許建州女眞之請。賜給新印。以董山爲猛哥帖木兒正嫡。使領左衛。因凡察新設右衛。而放棄其納還官印之命令。當日特發詔書。公平分配兩衛之從屬戶口。但其事之實行與否。則不得知耳。

考從來明廷對女眞政策。凡衛名新設。或衛地新遷。必發特詔。指定其地點之大概。然置右衛之主因。在爭奪官印。故未指示地域。或者就建州左衛遷住之範圍分割。無所考徵。關於地域領有權問題。雙方皆不能視爲重要。可知矣。蓋建州右衛不過名義上之設定。

其實止賜給官印已耳。自明中葉。其對女眞政策。惟注重於賜給官印。他非所顧慮也。然於事實其內部爭奪亦不能加以干涉。官印之爭奪。卽明代於女眞一大可徵之歷史也。

名酋董山之倔起　董山左衞故都督猛哥帖木兒之遺子也。與叔父凡察爭衞印。明廷遂頒以新印。卽董山也。雖不詳其性格。惟從斡木河谷地奔投李滿住。亦狼狽極矣。曾幾何時。竟一躍而超羣酋。强求明廷。得兼領建州衞及右衞都督。知建州與朝鮮啓釁爲非計。遂親赴半島朝廷。朝鮮亦知尋仇非利。遂假以正憲大夫中樞院使之制書。亦可想見其手腕之不凡矣。彼更創設貿易關門於西邊。卽所謂撫順關是也。定關門於渾河之谷地。設市場於今撫順城內。當時明之邊吏。提異議者不少。彼乃折衝其間。剛柔互用。卒告成功。舊例女眞貢道。除經開原之廣順鎭北二關。無他道。下渾河。得通過遼東腹部之關門。不得謂非女眞之大成功也。天順末。明勅下遼東曰。爾後建州女眞到邊。使從撫順關口以進。交易則於撫順城東撫馭之法。須得其宜。防閑周密。謀絕姦宄。勿失夷情而起邊患。翌歲遼東巡撫奏曰。女眞之來。多則五六百人。少亦二百餘人。均憩宿於城中軍民人家。間窺邊情之虛實。或內應爲姦。且撫順絕遠。猝不能赴。宜於本城之南。置一馬驛。用館夫十名。供備接待。又撫順城西南至瀋陽九十里。再置墩臺三坐。每墩臺配兵五名。當時明遼東之顧慮建州。可以知矣。

女眞貢寇無常之原因　邊關俗吏。不僅圖肥私囊。失信外人。且種憤怨之因。南方之市舶北部之馬市皆然也。遼東互市以受官吏煩瑣監督。遂生種種弊端。其中外夷所最苦者。則驗放入市。凡彼等所攜貨物皆須經關吏查驗。入市後。又有所謂抽分貨物者。依法定率而課稅焉。夫公平互市。固雙方合意之交易。何至發生困苦。乃日久弊生。每強拒其入關。甚且竊取貨物。或抑勒強買。致外夷受無窮之損失。於市舶相爭。奸吏故亂其著船之先後。致啟倭寇之憤。馬市亦同此弊。又對貢夷之弊。亦為一種憤怨之原因也。會典所記建州海西貢物為馬、貂鼠皮、舍利孫皮、青海兎鶻、黃鷹、阿膠、殊角（卽海牙）數種。稍不具備。卽不能過關。是亦曰驗放入關。進貢之外夷。須豫約時日。其頭目身齎璽書。於內地使用驛傳。外且率多數之部衆。以赴京師。海西女眞許每貢千人。建州五百人。其應接之繁難。固不待言。且種種事故。沿途發生。既得入關之外夷。乃赴京師之會同館。可得數日間在該地互市之特權。所爭者在關門之通過耳。明廷亦頗重視此事。定擬貢物。悉依前例。不易變更。於是發生新問題焉。蓋禮部固守之貢物。本為國初所制定。一再遷徙。遂有難得之品。如貢物中明人所最重之貂鼠。苟非純黑肥大之品。則拒而不受。彼建州女眞之始貢此物。原以為土產也。今彼等既棄故鄉。遠離黑水。烏從再獲此品哉。成化之初。御史李秉曾以為言。然要求如故。女眞人甚苦之。李秉之奏略曰。貂乃產自黑龍江迤北。非今建州產也。外人苟來慕義。於此已足。不宜問物厚薄。使彼睽離而去。且有背於列聖厚往薄來之意。試觀今年海西建州之女眞。結託蒙古三衞。屢擾邊疆。未費一使。明廷納其議。遽緩從前態度。禮部對於邊吏。令於女眞入貢。驗其數已足。毋過揀擇。致起邊患。然時機已去。怨恨早伏。彼等貢寇無常之機於是動矣。

璽書之喪失與給賜之厚薄　明廷之頒印信於女眞也。一衞一印。衞數約二百餘。以上印亦同之。於衞之長官都督以下千戶百戶之類。亦下璽書。永樂宣德朝璽書。果與本身符否。邊吏尙得察知。及久遂不能行矣。因正統中也先可汗之枝隊脫脫卜花王犯遼東時。海西建州共起寇邊。滿洲之野。騷然不寧。迄景泰中。馬文升之言曰。海西建州之有名者。多死於此亂。朝廷所錫璽書。多被也先奪去。於是女眞之子孫。無授官璽書之足徵者。不得襲職。雖歲歲遣使入貢。名目不過舍人。在道不得乘驛傳。賜晏不得豫上席。賞賚亦視昔有差。然女眞之忿怨思亂。遼東之人咸知之。而卒未能處置。誠知言哉。

據明會典事例。都督到京。賜綵緞四表裏。折鈔絹二疋。都指揮綵緞二表裏。絹四疋。折鈔絹一疋。各織金紵絲衣一套。指揮綵緞一表裏。絹四疋。折鈔絹一疋。素紵絲衣一套。外添靴襪一雙。千戶百戶鎭撫舍人頭目。折衣綵緞一表裏。絹四疋。折鈔絹一疋。以爲常。間有自求大帽金帶者。必都督在任滿三年。始與之。折衣綵緞非眞綵緞。名目上爲一表裏。實不過衣服之値耳。女眞之要求綵緞。如漢種之視黑貂。可大博其歡心。此事久止不行。彼等自以爲禍甚。忿怨之加。更無疑矣。此亦貢寇無常之一原因也。

第五章　馬市問題

北虜與南倭　明政治家所稱爲二大患。卽北虜南倭是也。北虜非僅指韃靼。倂東北之兀良哈稱之。卽女眞亦括於韃虜名下。大抵指長城以北繞沙漠而散住者。南倭卽指日本。對於日本南陲之海寇。或稱爲倭寇。北虜南倭成爲明人熟語。而究其事實。兩者亦略相似。何則。北虜索頭。南倭魁頭。自漢人視之。皆爲被髮。北虜長於弓箭。倭人善於刀槍。以武力而壓制明人亦同。至其言語風俗。無甚差別。尤難枚舉。此但就形式上言之耳。更究其兩者發生之動機與內容。及其經過之事實。復多共同之點。姑舉一二以明之。北虜非盡韃靼之眞種也。漢人逃入其部落。成一種假韃靼。而反寇本國。南倭亦漢人入海。混於倭人。成一種假倭而侵害本國者。殊爲不少。此倍堪痛苦之事也。夫北虜所欲者在采繒。南倭所欲者在購明之貨物。兩者希望至市場而易滿足。然種種惡劣手段。反自明人行之。遂致憤怒不平。執戈報怨。形同寇盜。誰爲厲階。南北非一揆耶。故欲語南倭。不可不先思及北虜。

馬市　馬市者。北虜漢人間所設之互市場也。始明人仰給馬匹於東北塞外種族。故有是稱。據弇州史料。高帝時南征北討。兵力有餘。唯以馬爲急。故分遣使臣。齎財市馬於四夷。彼降虜頭目來朝。及正元萬壽慶期。內外藩屏將帥。皆用馬爲幣。因之馬漸充實。明之國家似不起於南方。其兵力於開國之初。早飲馬於捕魚湖上。東逐元之遺孼於松花江畔。誠爲可驚。然兵力雖云發展。軍馬實苦不足。洪武二十年遣高家奴市馬於高麗。高麗恭讓王表請不受馬値。太祖乃諭禮部曰。

朕待諸夷以誠。彼前聽約束。許其互市。故遣人市馬。顧不敢受値。豈其本心哉。蓋畏勢而已。以勢逼人。朕所不爲。仰以朕意。咨其國王知之。

因使延安侯唐勝宗侯高麗馬至。擇取其尤。償之以値。時送至三千四十四矣。又耽羅國亦貢馬來。耽羅卽今濟州島也。其島上之馬。乃元時征東行省。備以討日本而蓄者。茲明用之以討北虜。斯爲奇事也。二十四年。又詔高麗致馬萬匹。八月。遣權國事王瑤判繕工寺楊天植等。求馬千五百匹於遼東。遼東奏曰。今奉綸音。敢不竭力。但比年所產之馬。軀幹短小。懼不副命。然禦倭致遠。負重耐寒。小邦賴之。敢以先獻。其餘以次奉進云云。十一月。又送至二千五百匹。明受之。寄牧於遼東。是時兀良哈之頭目哈兒兀歹者。亦遣部屬脫忽思等貢馬。帝命賜以鈔幣襲衣。此皆馬市未開以前之事。乃明遣使市馬於夷。非夷以馬來市。此所謂市馬之事實也。時馬市之名未起。及成祖卽位北京。乃設馬市於邊郡焉。

馬市之起原　馬市始於永樂。據弇州史料云。永樂三年。立馬市於遼東之開原廣寧。又云。互市場一立於開原城南。以待海西女眞。一立於開原城東。一立於廣寧城。皆以待朶顏三衞。各去城四十里。又云。九年定開平馬市之價。所謂開平者。在今承德府境內熱河附近。元之上都也。明廷立馬市於此。當在大同馬市之先。然永樂帝立馬市於今滿洲之邊塞。則爲事實也。帝之用兵於北虜亦多矣。永樂七年。車駕臨克魯倫河。二十三年。又至阿魯璮土剌河。故如洪武時代。需用多數軍馬。固無足疑。馬市之設立。此爲一原因。或謂軍事緊急。非僅如平常設備所能應需。是爲促成馬市設立之故。亦一說也。

互市在通有無。則明人出其製作品。北人出其天產物。各得其利。而互市之事已畢。然此就箇人論也。彼馬市以勅命設立。既非爲小民利益。亦未聞他種原因。則爲操縱北虜之政策使然也無疑。孔方炤全邊略記曰。

宣德六年十一月。總兵官巫凱奏廣寧馬市所市福餘衞韃官所上牛馬之數。上謂侍臣曰。朝廷非無馬牛而市此。蓋其服用皆中國是賴。若絕之。彼必怨。皇祖之許其互市亦是懷遠之仁也。

宣德帝此言。可謂善解父意矣。

馬市開設之眞意。既可略知。而開市之位置。皆限於遼東。此亦讀史者所宜察也。明史謂永樂年設馬市。其在開原城東南者。一以待海西。一以待朶顏。又其一設於廣寧者。亦以待朶顏也。此等地位。終明代未有確定。互市之數。亦有增減。然於始開之三市。卽以三市待朶顏。

亦足證兀良哈對於明廷之位置矣。故不能不略記之。

兀良哈種之南下　明初兀良哈分爲三衞。曰朶顏。曰福餘。曰泰寧。朶顏據吉林北方珠家城子附近地。福餘在農安附近。泰寧在海西之臺州站。弇州史料謂此部族於明初早在潢水。卽今西拉木輪之南者。誤也。彼蓋據元代時之朶顏而考者。洪武永樂時已繁衍於今洮南府境。固東亙白都納、北亙齊齊哈爾矣。建文元年。燕王棣（卽後成祖）選兵北京。不南向而先北投者。欲掠取大寧而絕背後之患也。成祖既訪大寧而去。寧王送之郊外。一呼而起。擁王而南。此卽兀良哈之衆也。成祖假北虜兀良哈之力。以遂其志。竟得成功。而重要之大遼河上源地。明遂撤其邊備。遂與兀良哈以根據地。此誠成祖之失政也。唯成祖爲剪除後顧之患。且拔彼等而編爲騎兵。以南滅建文。自不能無賞功之議。故明人多謂以大寧予兀良哈。實爲酬庸。此亦稍誤。蓋明之待兀良哈。從來特殊。於遼東開二市。亦莫不與此問題有關連。永樂元年卽位。三年遂設馬市。此亦可證明者也。

女眞之懷柔　永樂帝對於女眞馬市之用意。與對兀良哈同。明初之女眞。大抵指松花江豆滿江烏蘇利江之流域。然以由吉林方面來集者爲主。開原南關所設之市場。雖以待海西女眞。其實非僅海西女眞而已。建州女眞、野人女眞。皆入此市。及建州女眞遷徙後。復新設馬市於撫順關。南人甚以此女眞爲慮。故待之不能稍忽。女眞馬市。亦無非爲懷柔政策而設。而蒐爾開原。乃置兩市者。避與兀良哈混同。所謂貢道各殊者。或亦雙方牽制之用意也。陳鉞之論馬市曰。非以外夷之馬資中國之用。而爲此也。蓋欲以結朶顏之心。而撤海西之黨也。此誠馬市之正解矣。

自永樂三年開市。至正統十四年。乃罷其二。皆兀良哈馬市云。其間約經四十四年。至成化十四年冬。因遼東巡撫之請。始復開市。然朶顏三衞之市數。殊不及永樂初年。而女眞馬市自成化以降。漸加其數焉。其詳將於後節述之。

馬市之地位　馬市雖設於指定之地點。然無設於城內者。全遼志曰。永樂三年。遼東之開原廣寧。設馬市一。立於開原城南。以待海西女眞。一立於開原城東。以待朶顏三衞。各去城四十里。又曰。廣寧馬市在團山堡。朶顏泰寧三衞諸夷。買賣於此云云。考團山堡在廣寧城北三十里。則初設之市場在此。較東北之鐵山關可知。至於開原馬市。記載各歧。全遼志曰。女眞馬市。永樂初設於城東屈換屯。成化間。改設於城南門外之西偏。每歲海西夷人於此買賣。又曰。達達馬市。成化間添設在古城堡之南。嘉靖三年。改於慶雲堡之北。每歲海西黑龍江等衞之夷人。買賣於此云云。按屈換屯之所在。約在威遠堡之東方。成化時變更初制。改設城南。嘉靖以前之記載。所謂南關市者。卽指此。廣順關乃在哈達河上流。不得混稱。全遼志稱此爲女眞馬市。則爲永樂以來海西建州之互市場可知。永樂之初設也。一在開原之南。一在開原之東。因移其東者於南關外。而易南者於他地點。要之開原二市。東南者以待女眞。西北者以待兀良哈。但永樂初設於南市者。不能確指所在。廣輿記曰。馬市一設於開原城南。一設於開原城東。一設於撫順。一設於廣寧。一設於古城堡。記述之順序甚誤。明史亦然。

永樂以降所添設者。不能不數撫順之馬市。此市因建州女眞之遷住渾河上流。請於此流域通路。設互市場。明廷許之。此建州名酋董山之手腕也。全遼記曰。撫順馬市在城東三十里。建州諸夷於此買賣云云。

據此則馬市當在撫順關外三十里。可改爲二十里。讀史方輿紀要云。撫順城東二十里。置馬市於此地。此馬市乃因萬曆年間金可汗奴兒哈赤扮市夷襲關。實啟創建之端。殊足令人興感者矣。

馬市與邊關　馬市位置。於貢道未定以前與既定以後。各有不同。遼東之定貢道在正統七年以降。創設邊牆以後。所謂邊牆者。舉遼東遼西括言之。明之築此長塞也。無非爲備兀良哈之來寇。與女眞之內犯。故於塞上既設邊關。遂指定諸夷某族由某關。不許任由他路。全遼志曰。於廣寧馬市有白土廠關。在廣寧城北七十里。夷人入市必由此。天下郡國利病書曰。廣寧馬市不能不經城東北之鎭遠關。二書雖有微差。然所謂城北城東北者。必同指一地。鎮遠關殆卽白土廠之雅名也。關之位置。在今白土廠邊門（廣寧城北五十里康熙十五年建）二十里外。其於開原馬市。則有鎮北關在開原城東北七十里。夷人朝貢入市必由此。大明會典曰。海西建州來貢。必由開原。以歲十月初驗放入關。則鎮北關爲正統以來之舊制可知矣。若兀良哈來路。殊無明確記載。殆與女眞同經一關。或者由慶雲堡西方之新安關亦未可知。此關爲成化以後所新設者。

撫順關及馬市　撫順馬市由撫順關入。全遼志曰。撫順關在瀋陽城東北撫順城東二十里。建州夷人朝貢買賣之所由也。考九邊圖說撫順城距邊二十里。互證益知無誤。馬市遺址雖未詳。然關之故址在渾河左岸關口地方。則馬市必在此地之南。要之馬市設於邊牆之內。女眞人及兀良哈出入必各由其指定之關門。成化中海西女眞酋長李撒哈赤由撫順關入遼東。守臣曾以海西須由開原。不得由撫順拒之。關門之地位及數之多寡。在明廷不全視爲兵事上之重要。蓋貿易之門戶。與來寇之要路。兼而有之。建州名酋董山要求明廷開撫順關。建州因此久獲利益。且邊關與馬市雙方關連者。不獨分布貨物而已。中國文化。每從馬市輸入於邊郡。而邊關又輸出文化於塞外也。故曰非撫順馬市。則建州不得發達。蓋以此也。

官市與私市　馬市雖以買賣馬匹得名。實爲一般互市之場也。市有官私之別。官市指官買外貨而言。私市則指衆人交易而言也。據弇州史料。隆慶五年。宣大總督王崇古報告北虜互市之經過曰。

大同得勝堡。自五月二十八日至六月十四日。官市、順義王俺答之部馬千三百七十匹。價萬五百四十五兩。私市、馬贏驢牛羊六千。撫賞費九百八十一兩。新平和自七月初三日至十四日。官市、黃台吉擺腰兀愼部馬七百二十六匹。價四千二百五十三兩。私市、馬贏牛羊三千。撫賞費五百六十一兩。宣府張家口堡自六月十三日至二十六日、官市、昆都力哈永部與大成部馬千九百九十三匹。價萬五千二百七十七兩。私市、馬贏牛羊九千。撫賞費八百兩。山西水泉營自八月初四日至十九日。官市、俺答多羅土蠻委兀愼部馬二千九百四十一匹。價二萬六千四百兩。私市、馬贏牛羊四千。撫賞費千五百兩。兩市皆無擾。

據此則遼東馬市。原別官私。且知永樂中。遼東官軍缺乏馬匹。故收買於各市也。又皇明實錄曰。

行在兵部奏。朝廷於廣寧開原等處。各立馬市。設官主之。以便外夷交易。無相侵擾。每屆市期。除官買外。悉聽諸人自市。近聞小人或以酒食衣物。邀於中途。或虛張聲勢。以爲誘脅。實沮遠人向化之心。請勅嚴禁。朝議從之。

馬市本爲官營。雖有私市。亦受馬市監督官之指揮。察明廷之用意。或非圖私人利益。而欲藉此貿易以隱弭邊患乎。據全遼志所記。曾揭示公私貿易之法定價值如下。

永樂三年

上上馬	絹八疋	布十二疋
上馬	絹四疋	布六疋
中馬	絹三疋	布五疋
下馬	絹二疋	布四疋
駒	絹一疋	布三疋

永樂十五年

上上馬	米五石	絹布各五疋
中馬	米三石	絹布各三疋
下馬	米二石	絹布各二疋
駒	米一石	布二疋

據明之記載。永樂以後。未嘗變易此法定價值。大明會典。亦載此事實。大體以此表爲標準。

互市稅率之公布　馬市於普通貿易品。徵收互市稅。是謂馬市抽分。據明史、開原月一市廣寧月二市。卽以互市之稅。充撫賞費。其法定之抽分如左。

兒馬一匹	銀五錢
馬駒一匹	銀三錢
騸馬一匹	銀六錢
大牛一隻	銀二錢
小牛一隻	銀一錢
中牛一隻	銀一錢五釐
犢牛一隻	銀五分
騾一頭	銀三分
綿羊一隻	銀二分
山羊一隻	銀一分
木耳十斤	銀一分
馬尾一斤	銀一分
緞一疋	銀一分
鍋一口	銀二分

絹一疋	銀一分
貂皮一張	銀二分
豹皮一張	銀一錢
熊虎皮一張	銀三分
鹿皮一張	銀二分
麂皮一張	銀五分
狐貉皮一張	銀一分
參一斤	銀五分
松子一斗	銀二分
蜜十斤	銀一分
蠟一斤	銀一分
驢一頭	銀一分
襖子一件	銀五分
鏵子一件	銀五分
木獺皮一張	銀二分

以上就全遼志所載列記之。塞外種族供給天産物。而明人則以緞子襖子絹等衣服材料及鍋等食器鏵子等農具提供之。可概見矣。此爲一般公示。其餘貨物可準此以推。其禁止品。則兵器及火藥材料等是也。

市稅與撫賞　撫賞不僅用於馬市。撫賞之費。亦以所徵之市稅充之。據遼東志曰。

大抵遼士諸夷。環落性多貪惏。故或以不戰爲上兵。羈縻爲奇計。朝貢互市。各有撫賞。外有沿邊報事。及近邊之住牧。換鹽米。討酒食。以夷人舊規。守堡之官。皆量與撫待。近者官不奉公。刻軍實而恣科派。貪夷利而昧交通。反爲撫賞之煩。可不戒哉。

又明史三衞傳所記。於馬市一條。言之更詳。茲記如下。

成化十四年。陳鉞撫東。復開三衞馬市。通事劉海姚安侵牟朶顏諸部。懷怨而擾廣寧。不復來市。兵部尚書王越請以參將布政司各一員監之。有所侵尅。遂治海安二人罪。使海西及朶顏三衞入市。開原月一市。廣寧月二市。互市之稅。以充撫賞云云。

據此可知互市之稅。實以充一般之撫賞。撫賞者。實欲買歡心而綏邊禍。考遼東志記明廷撫賞之種類及品級如下。

撫賞　海西朝京都督。每各牛一隻。大菓棹一張。都指揮每名羊一隻。大菓棹一張。

供給　海西買賣都督。每名羊一隻。每日棹面三張。酒三壺。都指揮每名羊一隻。每日棹面一張。酒一壺。一部落每四名猪肉一斤。酒一壺。
賞賜傳報夷情夷人　白中布二疋。棹面二張。酒二壺。
撫賞三衛買賣達子　大頭兒每名襖子一件。鍋一口。靴襪一雙。青紅布三疋。米三斗。
大菓棹面半張。
零賞三衛達子　每名布一疋。米一斗。兀堵酥一雙。靴鍋一口。每四名菓棹一張。

以上撫賞之標準也。是否按此而行。無所憑信。在遼東情實如何。雖不得其詳。考皇明實錄所記。御史張鐸奏七月十二日遼東總兵張鳳巡撫於敖使其中軍都指揮陳守節犒馬市諸夷。尅減鹽物。諸夷不服。守節白鳳。鳳箠之死者七人。夷遂以三千餘騎攻虜臺殺十六人焚六人。備禦指揮李鉞。李自暘不能禦。其夕又尅岐山東之空臺二。縱殺掠而去。宜重治罪。得旨敖鳳奪俸三月。鉞免官。自暘等逮問。既鐸又劾敖等撫賞乖方致死夷酋之罪云。此種事實皆遼東武官等欲私市稅。尅減酒食。遂招致女眞人之憤爭。隆慶中於大同與俺答汗間互市。時撫賞甚厚。省兵士之餉以充之。頻年加賞。要求滋甚。當路苦之。據明史云此非但撫賞之厚。實吏人過於乾沒之結果。如此尅減鹽物之弊。遼東亦復如是。可想而知矣。

强求稅與密商　互市稅外。復徵强求稅。其詳不可考。要係官商之通同舞弊。於以發生。成化十四年十一月。尙書余子俊寄勅遼東曰。

遼東開設馬市。俾海西朶顏三衞之達子買賣有無相濟。各安生理。此懷柔來遠之道也。永樂宣德間已嘗行之。兩有利益。近乃有奸詐之徒妄生事端。阻壞邊務。橫惹邊釁。貽患將來。殊非細故。特出榜曉諭。禁約馬市開原於每月初一日至初五日開市一次。廣寧於每月初一日至初五日及十六日至二十日。開市二次。由巡撫官定委布按二司親臨監督。仍撥官軍用心防護。並諭各夷不得身帶弓箭器械。祇許馬匹及土產赴處。委官驗放入境。本處亦勿許有違禁貨物之人相交易。市畢。卽日打發出境。通事及交易人等。毋得侮弄各夷。虧少馬價。或偸盜貨物。亦不准教唆夷人以失物爲由。扶同詐騙。分用財物。有敢擅放夷人入城。或縱容無貨之人入市。及有貨者過竊市利。或私透邊情者。一經發覺。發往兩廣煙瘴地方充軍。遇恩不赦。

此種勅諭。實際無甚效力。蓋中國習慣法例。雖爲嚴密。徒供官吏作奸之具。如其不然。則此禁令安用再三耶。嘗思正德中兵部議廣寧開原舊設馬市。羈縻諸夷。互市之日。宜加嚴禁。其各城索賞夷人。於百里外驗放。有偸逼塞垣者。驅逐之。則在我無開釁之端。在彼知潛入之戒。帝可之。諭外夷入市。務依期出境。禁帶弓箭之類。非互市之日。不得近塞垣。管馬市官及備禦軍有誘取夷貨。縱令入境。洩漏邊情者。罪毋赦。嘉靖中總兵巡撫等官私侵市稅。致起事端。宣德中亦申同一之禁令。可知通事密商等實脫法網。甚且與女眞人密營貿易。卽違禁之物。亦以之供夷人之要求。弘治十六年。吏科鄒文盛疏陳實情如下。

遼東自先年三衞內附。東夷效順。於廣寧開原奏立馬市。當時因虜輸款。以馬易鹽米。彼得食用之物。我得攻戰之具。近賊虜狡黠。賣不堪用之馬。其持以入市者。惟榛松貂鼠及瘦弱之馬而已。且有假此以窺覘虛實者。中國罔利之徒。與之結交。甚至竊賣兵器。洩漏軍情。雖有監市分守等官。勢不能禁。竊聞虜所易之鍋鏵。出關後盡毀碎融液。所得豆料。專以飼馬。其志可知矣。又聞犯邊之後。恆貨賣所掠銅鏡等物。東酋等且拘禁所掠男婦。詭稱得自三衞。邀其家族贖取。官軍不惟不問。且餽以酒食米鹽。是借寇以兵。賫盜以糧也。乞罷關市。

是可與清道光間在廣東通商倂行期之第二三期。鴉片密商情形。同日而語矣。

人參問題　馬市貨物中。以女眞人參之交涉爲最繁。人參初採於遼邊近地。自明以來。該地人參之價值。著於一時。明命遼東都司貢進。其採收地之範圍。雖未詳。初約就大摩天嶺附近之森林採收之。及採收頻繁。遼東近地漸乏。都司乃命東寧衞人民深入太子河上流互蘇子河流域而採取焉。此天順成化間事也。以此結果。遂搆成重大之爭端。初正統中建州女眞之大團。一由吉林方面。一由豆滿江附近。移於今佟家江上流及蘇子河之谿谷。此等移住地。固得明廷同意。其地方權利。女眞人實主之。故人參實爲女眞人重要之利源。時殺採參之漢人。或尾追而內犯遼地。考皇明實錄載東寧等軍民。私出境外。採取人參。爲建州女眞所傷。餘二十三人逃入朝鮮境。朝鮮國王資送之返。此等事實數見不鮮。明不能耐。遂停免遼東例貢人參。此成化三年事也。皇明實錄曰。

故事遼東都司歲貢人參。每歲役東寧衛之卒出境採辦。時建州女眞。頻歲入寇。人不聊生。賦無所出。巡撫都御史素愷等以爲言。其免之。

女眞本非敵國。亦非受兀良哈之指嗾。實因此採參問題。動其憤怨。明與女眞戰。在是歲十月。時女眞失李滿住父子及董山。不數年又回復其勢力。採參之爭。依然如舊。而明人之傲慢。亦未自加抑制。且不僅採參已也。在互市上欺侮騙詐。亦足以積其怨。因此諸點。至清太祖時。與明人之紛爭。至以兵戈相見。此亦不得已之事也。且清太祖亦曾經歷人參問題之苦者。清太祖實錄曰。

我國與明人以人參交易。用水漬之。明人佯不欲。市國人恐其朽敗而求急售。遂不得多價。上慮民用不充。欲煮而暴之以售。諸貝勒難之。上不聽。制如法。不急售。得價常倍。民用以利。

此記事不知果可信否。第吾人所知者。萬曆三十七年中。御史熊廷弼故停互市。陷彼等於窮窘之地也。武備志曰。廷弼乃款西虜致東北江夷。而擄其黨。時不許貢者二年。其人參浥爛至十餘萬觔奴亦窘乃聽勘稍還故地所傳如是未爲正也何也清太祖雖對於貿易常慮民用不足然察其與諸勒貝大臣集議或別有一大動機以促之況熊廷弼之政策亦不過襲互市商人之故智耳惟互市之開否關於彼等部族之消長影響甚大此可想見者也

馬市之變更及增加　嘉靖以前於對女眞之馬市惟由鎭北關開原之南關市及由撫順關之撫順市然至隆慶萬歷之交馬市數有變更

廣順關　此關一稱南關開原之南哈達河上流今吉城堡之附近南關市即移設於此爲海西女眞之名酋王台經始新城於其地其勢力一時幾壓女眞明將軍李成梁欲利用此勢力使備藩屏乃移設互市場於廣順關外王台之部族於淸時爲哈達之萬汗所併

鎭北關　此關一稱北關在開原之東北葉赫城之南孤榆樹之附近此當爲慶雲堡互市之移設葉赫本自蒙古之杜默特來及金台失白羊骨二酋出實力勢望皆不在哈達下明之移互市場於此亦不外懷柔之意耳清天命中被淸太祖攻陷

撫順關　同前

清河城互市　在太子河上流

靉陽互市　在靉陽邊門附近

寬甸互市　在寬甸。

清河以下諸市。萬歷元年驅逐寬甸一帶之女眞人。拓展新地時所設。東夷考略曰。萬歷元年兵部侍郎汪道昆閱邊。總兵李成梁請展寬甸六堡。其地北界王杲東鄰兀堂。計在必爭。會王杲就戮。兀堂亦無異志。當修築十岔口寬甸堡時。巡撫都御史張學顏按視。兀堂數十酋環跪請修塞道不敢圍獵於內地。願質子於所在以易鹽布。都御史於工竣時。疏請設市於寬甸永奠。制曰可。自此諸夷利互市。莫敢跳梁。

據此則出於女眞之哀懇而開市。究未必盡然也。明之開拓寬甸六堡。實出於自己力量之外。昭以互市之利。不過一時和緩之策耳。故維持其地至三十年之久。及清太祖大起於建州。遂放棄六堡。互市亦廢。明人記錄云。此市無馬匹之交換。吾人仍覺稱以馬市之名爲便也。

第六章　明與女眞之交涉

成化三年之役　建州女眞。得名酋董山。乃日益富强。以其富强也。遂日事寇掠遼東之困憊。已現爲事實矣。明廷所賴者。惟懷柔之一法。天順三年春。乃得問罪之機會。蓋都督董山受正憲大夫中樞院之制書於朝鮮。此所謂私通。惟建州對於此事。若惟恐明廷之不知者。當時遼東巡撫報告。建州女眞結朝鮮以謀入寇。明廷乃遣錦衣譯者某至建州。詰其虛實。

董山悉自陳述明乃致之京師。欲使續久絕之朝貢。董山從之。董山自以爲裸身出國。漢兒莫如我何。何喬遠記其入京事實曰。董山悔罪來朝。朝廷責之。皆頓首謝。及出赴禮部之賜宴。其部下指揮乃以嫚罵語出之。且褫廚人之銅牌。給賜之時。亦不要求素紵玉帶金帽。請任朝廷給之。董山之驕慢目無明廷。已可概見。明之致此不遜之夷於北京也。以爲建州女眞將威服矣。乃檢遼東之報告。女眞侵掠依然不休。明乃歸董山。拘於中途。授命廣寧驛舍。是歲九月二十四日。將軍趙輔將兵五萬討建州。

趙輔之中軍出撫順關。至今薩爾滸城附近。苦欲接戰而不可得。蓋建州女眞死守險隘。趙之報告有曰。賊占大山。據險迎敵。又曰。賊俱在五嶺及以東之密林。以拒官軍。然以十月四五日。卒能入女眞根據地。不能不謂爲成功之捷者。獲得勅書、朝鮮之帖文、番書及器械甚夥。此時虎城遂爲明軍所屠。虎城一作古城。李滿住及董山之寨。在今興京地方。虎城即奄突山。女眞名爲虎狠山之略稱也。明軍之別隊。向鳳凰山方面進取。其所經過之行程。當時記錄未詳。惟報屠多數之小砦。而前鋒之渡婆猪江。竟得意外之捷。收於援軍之手。朝鮮由東路出兵萬餘。從滿浦鎭之渡河點。越鴨綠江。攻入兀彌府。建州老酋李滿住父子。適逃居其地。偵捕而斬之。朝鮮因與女眞私交。不得於明。故欲出兵以恢復舊好。乃不戰而獲巨敵。其喜可知。當時發遣諸將。削大樹皮書曰。某年月日。朝鮮大將魚有沼滅建州還。及明兵至。

見此書而朝鮮之師已退矣。

戰役及於女眞之效果　成化三年之役。女眞名酋盡失。一時不敢侵寇。然由他方面考察之。天順以來。凡蓄積於遼東之兵餉及武器。殆以此時用盡。北方外夷。窺得其虛實。果來侵犯。建州女眞於明師退後。力求恢復。征討軍參謀李秉。獨留遼東。籌畫善後。不惜增加邊費起東方之邊牆。其顧慮女眞之恢復明矣。女眞之恨明。不爲無因。明處董山極刑。流其同行者於廣西福建。此其最者。董山死狀。女眞人固不明。惟信爲漢人寃殺。董山爲女眞傑出名酋。已如前述。女眞人素重譜系。且思慕故都督。亦其一因。當時明人亦謂總兵不爲遠謀。少有克捷。遽爾班師。明廷亦知戰後之經過不甚良好。成化中乃召董山遺子脫羅爲指揮。其從亂者降秩而得襲官。女眞復貢。然寇掠不絕。恆謂董山之仇。非復不止云。

珍珠豹皮之價値　成化中葉。遼東邊吏。復激女眞之恨。開原之驗放官管指揮者。於海西兀者前衞都指揮李撒赤哈之入貢也。要之以珍珠豹皮。撒赤哈訴於朝。兵部移文遼東。勘其事之眞僞。管指揮大懼。賄兀者本衞都督產察。卽以產察之言。僞證撒赤哈爲誣告。撒赤哈聞之。深怨產察。聲言寇遼東。遼東官吏聞之。以爲大事。乃招撒赤哈親赴廣寧。對質。撒赤哈卽應招。往率所部十數人。由撫順關進赴廣寧。時參將周俊守開原。恐撒赤哈至暴露眞情。乃報謂海西人本不可由撫順關入。一旦熟知此道。他日之患。將不可測。廣寧官吏不虞其詐也。卽於中途阻止撤赤哈。撤赤哈旣入撫順關。得令大怒。折箭誓恨。馳出關外以去。時建州女眞欲報董山之怨。力有不足本思藉海西之勢而盼撤赤哈之來留建州不還。故海西與建州之握手於斯成立。夫建州與海西相連以圖明。故都督董山之遺縈也。彼於生存時已著手矣。馬文升之言曰。董山等梟雄桀黠。乘勢激動海西之夷。乃計未行而已授命。說者謂永樂帝之政策在妨女眞團集而故離其部落。此固可信之見解。卽從事實上判斷亦然。如以兀良哈抗女眞而女眞中海西與建州相反目。野人又抗之。犬牙錯雜使各減殺其勢力也。先亂後女眞合併。一旦兩大部族連結。此實明廷邊政之大患也。成化十四年冬。此兩部族之大集團。下渾河入邊。出今奉天東之鳳集堡。迫遼陽而還。遼東大吏屏息不敢出城。及聞廣寧之兵渡河。彼等已向建州奏凱歌而旋矣。此不過因管某之謀充私慾。遂激生國家邊徼之大患。珍珠豹皮之價値亦大矣哉。嗣建州脫羅等襲秩。力不足以管束三衞。而海西勢力反壓建州。至兩部族南牧建州。且受海西之指揮。是時海西部族之主。則哈達及葉赫也。故於下段分論之。

哈達部族之南徙　哈達之從海西來明矣。哈達衞名之所自始。頗不可考。據女眞語。哈達有山峯之意。大抵因其部族初據山寨。故有是稱。猶明人呼海西女眞爲山夷或山寨夷是也。哈達至都督速黑忒時始顯。考皇明實錄嘉靖十年三月。女眞左都督速黑忒自以有殺猛克功。乞賜蟒衣玉帶。詔賜獅子彩幣一襲。金帶大帽各一。猛克者。開原城外之山賊也。每邀夷人之歸路。奪其貢物。故速黑忒殺之。速黑忒居松花江。離開原四百餘里。爲江北諸夷必由之路。人馬强盛。諸部畏之。往年各夷疑貳不貢。而彼獨至。明廷因之加恩亦殊。速黑忒於清記作綏屯。從其始祖納齊布祿。溯及四代。與烏拉同出於呼倫納喇氏。速黑忒之後有都勒喜有克什納。有旺齊外蘭有徹徹穆。哈達之大部族。構城寨於開原東北接近。年代不可考。要在旺齊外蘭與徹徹穆之間。哈達之自吉林南徙也。蓋因忽剌温野人之逼處。又以乃祖速黑忒之功。得與明人接近。徹徹穆之子萬汗出。明人稱之爲王台。

葉赫部族之南徙　葉赫之部族。多自蒙古來。姓土默特。葉赫之得勢於海西也。在弘治正德間。據清朝記載。其本城在吉林西南三里之山上。正德間。有酋長祝孔革者。既得都督之職。而崛强不奉命。其本城當海西要路。遂壅閼貢夷。不通明廷。後爲哈達王忠所殺。祝孔革有二子。長逞家奴。次仰家奴。考清朝記錄。此二人據開原東北鎭北關之近地而築寨焉。明人以哈達國於廣順關外。稱曰南關。故稱葉赫爲北關。後至清朝。乃結血族之關係。

對邊政策之變革　哈達葉赫之發達。可謂至矣。彼等來時。明之對邊政策。乃一變。用馬文升之議。許女眞襲職。據撫安東夷記所述。當時存於兵部之女眞檔案。分敍極詳。且明記授官之始末。其再下璽書。改舍人之待遇。以繫彼等懽心。固亦未嘗無效。故自弘治正德以迄嘉靖初年。與女眞之交涉。雖非良好。然亦未蒙危險。至嘉靖末。以迄萬曆初年。女眞之形勢一變。璽書與本身。遂至無可查驗。蓋女眞以璽書爲買賣。或强有力者則掠奪他部之璽書。據東夷考略。自永樂以來。下於海西之勅書。自都督以至百戶。凡九百九十九道。南關勢强之際。多至七百道。北關乃不及其三之一。清太祖朝貢時。混入南關勅書三百六十三通。明廷曾嚴諭不得兼併。永樂帝之遺策。至此已全失其效果矣。然以兵力止其兼併。又不能必其有望。遂不得不別求善策。故萬曆之世。竭力懷柔哈達葉赫二國。蓋欲賴强力之外藩以牽制敵人也。

王杲之亂 哈達與葉赫比。則哈達尤特受明廷之保護。其酋王台之威望。遠壓女眞。王台率其部族。居於開原之南廣順關外。據明人記載。謂開原地勢在遼東之肩背。東有建州。西有稱爲恍惚太之蒙古酋。此東西二夷。常窺遼東。台扼其間。扞蔽中國。使不得連合。最爲忠順。因聽襲其乃祖速黑忒之右都督官。長其部族。東陲晏然。耕牧垂三十年。台與有力焉。王台於明廷之功績。以縛送建州右衞都督指揮使王杲爲最。王杲爲凡察後裔。自嘉靖末。犯邊。延至萬曆初年。故事。撫順開市。長官先坐於撫夷廳。酋長乃以次進貢土產。長官乃驗馬女眞之貢馬。多羸弱。然仍給以所求之善價。蓋欲以羈縻之也。王杲尤爲傲慢。彼至撫夷廳。輒奪酒飲。飲醉箕踞詬罵。無敢呵者。隆慶中。新長官抑使下階驗馬。必肥壯。王杲乃鞅鞅引去。率衆鹵掠。明廷爲之罷長官。王杲益肆。萬歷二年。撫順游擊裴承祖等。赴其寨求明亡人。彼紿執之而剖其腹。並戮從者。明計討王杲者屢矣。皆恐而不進。是歲十月。遂出師直擣其巢。斬首一千四百餘級。王杲知不敵。西走蒙古。至撫順關外。得明懸賞購致之報。更轉走往依王台。明諜得。乃諭哈達。王台遂捕之送於境上。是蓋萬歷三年春事也。王台因此功得龍虎將軍。二子進都督僉事。威望日月有加。東及今輝發江及吉林地方。南自太子河上流至興京附近。北及葉赫河流域。併逼蒙古。延袤數百里。士馬甚盛。明之邊境。亦得幸焉。然遼東兵備亦較前爲整飭。名將李成梁駐屯鐵嶺。乘捕殺王杲之勢。收今鳳凰城東寬甸之平野。起築六堡。其前綫達佟家江邊。西展至興京之南長春嶺下。建州至此衰弱遂甚。

哈達之衰弱與內訌　龍虎將軍王台以萬歷十年沒。朝廷嘉其忠誠。特諭賜祭。給綵幣四表裏。明之眷眷於哈達。可想見矣。然女眞部族。於萬歷五六年頃。早兆紛亂。不從哈達統率。王台盛時。隸廿餘城。及其晚歲。不過五城耳。明記錄載。灰扒、兀刺及建州夷人。各不受鈐束。哈達之勢漸蹙。王台竟以憂憤死。清實錄萬歷五年之條。其敘述有曰。時諸國紛亂。滿洲之蘇克蘇滸部、渾河部、王甲部、董鄂部、哲陳部、長白山之納殷部、鴨綠江部、東海之兀集部、瓦爾喀部、庫爾哈部、呼倫之吳喇部、哈達部、葉赫部、輝發部、羣雄蜂起。稱王號以相雄長。各主其地。互爲攻戰。甚至兄弟相戕。爭奪無已云云。是可謂得其詳而未究其因也。其原因維何。

蓋哈達王忠旣殺葉赫都督祝孔革。其遺子仰家奴逞家奴。者未嘗一日忘父仇。王台知之。隱以爲患。欲以女妻仰加奴。而葉赫乃通姻於蒙古之酋長。哈達之力日衰。而葉赫之兵日盛。王台之虎兒罕嗜殺。部下多逃而投葉赫。彼乃悉數收容。此實以速王台之死也。王台旣死。遺子四人。分爭父業。第四子康古陸遂亡命葉赫。虎兒罕沒。葉赫益借蒙古之勢攻哈達之宗家歹商。爭鬬殆無虛日。遼東爲之加警焉。萬歷十一年。明遣使葉赫。試爲彈壓。竟不奉命。反要請璽書。據明記錄所載。仰家奴逞家奴二人。擁精騎三千餘。駐開原之鎭北關。請賞。賞者。撫賞外夷之財幣也。其橫恣亦可知矣。明以哈達之衰亡。實失中國藩屏。不惜屢爲調停於葉赫。亦然。蓋欲藉以扞蔽蒙古也。乃邊將徒急戰功。李成梁伏兵殺仰家奴逞家奴及其二子。虜千五百餘人。此萬歷十一年冬事也。哈達以此息肩數年。至十四年四月。葉赫遺酋那林孛羅。借蒙古兵萬餘圍哈達。明兵往援。彼軍遂退。而哈達內訌又起。康古陸、猛骨孛羅及歹商。各爲鼎立之勢。康古陸且爲北關之內應。是歲六月。葉赫再取攻勢。籠絡猛骨孛羅。欲以夾攻歹商。李成梁得報。急出開原東威遠堡。直搗葉赫。捕縛那林孛羅。哈達之命脈幸得不絕。當時明廷調停南北兩關。下勅書戒哈達康古陸曰。

中國之立歹商也。念王台之功也。而囚汝。以汝助北關侵歹商也。汝亦王台子。不忍殺。今釋汝。其和諸酋。脩汝父業。歹商之安危。汝則任之。

戒葉赫之那林孛羅。曰。

往者汝效順開原。朝廷並有賞與。江上遠夷之以貂皮人參至者。必自汝通貢。汝布帛米鹽農器。仰給於漢。耕田圍獵。坐收木耳松子山澤之息。汝利亦大矣。今絕貢市。江夷道塞。藉兵蒙古。縱有得色。而部夷多怨。故我僅傳檄部卒。立斬兩酋之首。無煩兵誅。今許汝不誅。汝何以報。

考上兩書。明當時之對邊政策。可以知矣。十八年。明乃釋彼等之縛。於海西原有勅書九百九十九道之中。分五百道與南關。分四百九十九道與北關。兩關酋長。咸感不殺之恩。唯明專賴兩關爲遼東藩屛。而兩關互久爭鬪。早招部族之衰弱。葉赫遂無牽掣北面之力。舉吉林地方吞於兀剌之卜占台。哈達亦不能至西南渾河耕牧。於是明之以哈達制建州之政策。徒存其空名矣。海西衰。淸之太祖遂勃興於建州。

第七章　淸朝之先祖

李成梁滅阿台　自南北二關紛爭。滿洲之女眞部族。所在蠭起。其中兀剌酋長卜占台與淸太祖並起於東西。自萬曆十年以至三十年間。乞未有已。就建州女眞觀之。萬歷三年。檻送右衞都指揮使王杲於北京。十一年二月。將軍李成梁進兵蘇子河之河口。圍王杲遺子阿台於今鼓樓村東北古勒山寨。阿台卽淸朝紀錄所謂阿太章京也。其雄傑有乃父風。遼陽瀋陽之平野。嘗爲彼之馬蹄所踐蹂。古勒山寨。三面壁立。有巨深濠塹。名將李成梁。攻兩晝夜始陷之。阿台於此役授命。明軍斬殺逾二千人。清之景祖顯祖。同時被殺於城中。據清之紀錄所述。阿太章京之妻。爲清景祖長子禮敦之女。景祖聞警。恐女孫被陷。偕顯祖往救。旣至城。見成梁兵方接戰。令顯祖俟於城外。己獨入城。欲攜女孫歸。阿太章京不從。顯祖俟良久。亦入城探之。成梁攻城。城據山依險。阿太章京守禦甚堅。數親出繞城。衝殺成梁兵。死者甚多。成梁不能克。因責尼堪外蘭起釁致敗之罪。欲縛之。尼堪外蘭懼。請身往招撫。卽至城大呼曰。大兵旣來。豈遂舍汝而去。爾等危在旦夕。主將有命。凡士卒能殺阿太章京來降者。卽令主此城。城中人信其言。遂殺阿太章京而降。成梁誘城中人出。盡屠之。尼堪外蘭復搆明兵。並殺景祖顯祖。

建州女眞之衰微　稍後於王杲而出現佟家江之流域者。爲王兀堂。兀堂亦建州之支部。彼要請於明。以靉陽堡爲互市場。徙六堡於寬甸。其態度雖恭順。而要請具有深意。如撫順、靉陽、寬甸。皆開爲市場。其爲便於貿易。固不待言。兀堂在王杲盛時。僅守佟家江流域而已。自彼死後。攻略四方。劃哈達與撫順清河之邊外。而囊括女眞。當萬歷六年前。實兀堂最盛之時代也。七年春。因明之邊臣。强抑市價。兀堂遂犯靉陽寬甸。李成梁遠出佟家江。追逐於今懷仁之附近。大敗之。斬殺甚衆。十月又來犯。再擊破之。兀堂由是不振。及萬歷十一二年間建州女眞之勢已瀕衰微。西不能過蘇子河下流之上夾河村。東不能越佟家江。正統以來。今之興京附近。昔所視爲建州衞之根據地者。僅留歷史上之紀念而已。清二祖死時。太祖年二十有四。從來記錄所述。雖不詳其居地。然太祖奮起於衰運之餘。此足以興吾人之感歎者也。吾人溯清朝之世系。考彼在建州之位置。並略述太祖之微時事蹟於此。

甲　俄朶里城之地位及滿洲之國號

康熙帝不知俄朶里　清朝官選史書。皆以長白山東之俄莫惠野俄朶里城。爲祖先發祥之地。其始祖曰布庫里雍順。爲天女之子。世居此城。越數世後。國有內亂。其子孫被殺。有幼子名范察者。遁於荒野。數傳至孟特穆。有智略。計誘先世仇人之後。至蘇克蘇滸河虎欄哈達下之黑圖阿拉地。追尋祖業。此地距俄朶里城西千五百里。後世稱肇祖原皇帝者。卽此人也。是否爲雍順之的裔。今姑弗深論。然相傳爲彼居城之俄朶里。在長白山以東。肇祖經始之黑圖阿拉。卽在城西千五百里。此必非鑿空之說。然清朝至康熙時代。尚不知此城之所在。觀欽定之皇輿表所記。云俄朶里城。在興京東千五百里。四至莫考。從本城至京師三千三百里云。按此以興京卽前代之黑圖阿拉。乃據實錄所紀載。在東千五百里之說不過想當如是。又云距北京三千三百里。亦以興京距北京實有一千八百里。加入前記之數。至云四至莫考。則不能確指本城所在。益可信。已當帝之時。注重地圖之測繪。特遣耶穌敎士某於東三省此事亦有深意存也。

乾隆改俄朶里城爲敦化縣　乾隆時。定此城地位。在今吉林牡丹江上流。帝果何所據而確定耶。盛京通志。係乾隆四十四年所欽定。糾正前志疎謬甚多。今述其有關係者如下。

謹稽發祥之世紀。始祖居長白山東鄂謨輝野鄂多理城。在興京東一千五百里。寧古塔城西南三百三十里勒富善河之西岸。

鄂謨輝與俄莫惠。鄂多理與俄朶里。皆同音。所云俄朶里城。在寧古塔西南三百三十里勒善富河西岸。勒富善河。當屬發源牡丹江上流之勒富善岡東北入畢爾騰湖之支水。既云在寧古塔西三百三十里。則其地在敦化縣境內可知。帝時更撰有大清一統志。不僅明城之位置。並詳記遺址之形狀。試述如下。

今……勒富善西岸有鄂多理城。周一里一百步有奇。門三。四圍有濠子城百步有奇。南一門。本朝初定三姓之亂。國號滿洲。卽居於此。

此說爲清朝史家所遵奉。然乾隆帝果何據而云然。吾人所不知也。吉林通志採有彭光譽之說。今述於左。

俄朶里城。八旗通志。謂在阿克敦城東南三里牡丹江北岸。周圍約有四里之土基。卽皇家發祥之初基也。舊盛京通志吉林外記不載此事。訪諸地方父老。僅知其名。不能確指其地。予嘗由朝鮮渡土門江。過吉林東南。見大小廢城甚多。遇土人詢其名。有知者有不知。知者所謂鄂多里城。絕未之見也。既北越哈爾巴嶺。西渡牡丹江。不三里至敦化縣治西。臨牡丹江有一古城。問其名或曰敖東。或曰阿克敦。其居民皆招墾新戶。無由訪查史蹟。然江之西。故址惟此一城。予讀官府文書。紀錄肇祖自黑圖阿拉遷來以前。在長白山東俄朵里城。因恍然有悟。而所謂勒富善河。亦可於今牡丹江上流之名推測之。由是檢吉林官庫所藏康熙時編纂之圖。此地有勒夫河。有額多力城。考今輿京及寧古塔之道里方向。紀錄悉有參差。若鄂謨惠確爲今鄂謨赫索羅。則鄂多里城不可誤視爲今之敦化也。

彭光譽從朝鮮北部起程。越哈爾巴嶺。西渡牡丹江上流。以至敦化縣。彼謂吉林東南長白山東。大小廢城不一而足。無所謂額多力城者。惟近敦化縣治江邊有一古城址。曰敖東。或曰阿克敦。土民皆招墾之新戶。無可咨訪。求江之西故城址。惟此一城。光譽當時頗懷疑。及歸吉林省。卽取吉林庫藏康熙內府輿地圖檢之。得勒夫城河額多力城等諸名。仍謂勒夫城河當今圖所注之牡丹江源。其注阿克敦者。正可見其不出乎額多力城之外也。而今之鄂謨赫索羅鄂摩和站。爲古之鄂謨輝。額多力、敖東、阿克敦、皆一音之轉。實爲一城。其說勿論是否。然考證俄朵里之位置。自光譽始。乾隆帝之意見。亦不能越其範圍之外。作一或然之想。該地既以鄂多里而知名。附近又有稱鄂摩和之地方。以此指爲發祥之靈地。其說固非無理也。惟聞者不能不生一疑問。則以鄂多里之名。乾隆朝不知之。光譽乃檢康熙內府輿地圖而得其名。康熙測繪之時。既有此名。彼朝之史臣。何故不指此廢城爲祖宗之發祥地。若乾隆朝未探得更新之史證。僅採類似之地名而下判斷。此吾人所以寧取康熙史臣之主義也。

敦化縣非俄朶里所在地　擬定俄朶里城在敦化縣。其論證不甚確實。既如前述。吾人爰提出數項疑義。第一疑問。敦化縣治在長白山北不在東。支那史籍西與北東與南通用者不少。此於東而求其位置。殊未易首肯也。乾隆帝欽定開國方略嘗悟及此。遂改東爲北。以期適合於今之敦化縣治。第二疑問。爲興京與敦化縣之距離。二地距離。至多不逾九百里。比較實錄所記。甚多差異。第三疑問。鄂摩和果在古俄漠惠之野耶。果可解釋爲俄朶里之名稱耶。不能確定。以此二故。地名之接近。似亦不能遽下斷案。以吾人所見。乾隆朝之史臣。關於東三省意見。殊多臆斷。試舉其例。如太祖討仇人尼堪。取鵝爾渾城。正在撫順關外不遠之地方。盛京通志及盛京輿圖。擬定此在黑龍江齊齊哈爾之南。如記萬歷四十八年、明將軍李如柏進兵於興京南之呼蘭路。在今清河城出興京通路。松花江與輝發江合流地方。又記爾時從開原南踰撫順北邊之將軍馬巖。由三岔出營盤附近。來襲興京之東北方云云此等錯誤不勝屈指。凡此皆因道里方向之誤。遂致史事亦失其眞。是俄朶里城之擬定。不能據史證而下判斷。固可以此類推也。

俄朶里爲朝鮮會寧府 敦化縣治旣不足擬定俄朶里之位置。吾人別考實錄之記事而求此於長白山之東方。參對朝鮮支那及淸朝史料。殊有可以供硏究者。就此問題而與以明快之判斷者。文學博士內藤虎次郎氏有言。淸之長白山東俄莫惠野。卽指今之朝鮮會寧州會寧之土名。女眞名之曰斡木河 Wa-mo-ho- 又曰吾音會 o-eum-hoi 朝鮮李太宗時斡朶里酋童孟哥帖木兒乘其地空虛入據之。事載東國輿地勝覽。此孟哥帖木兒與淸稱肇祖孟特穆相符。斡朶里爲女眞之種名。淸之俄朶里城。亦當爲種族之名。孟哥帖木兒被兀狄哈襲殺。其弟凡察及兒童山等逃出遼東。明與朝鮮記錄亦同。關於淸朝祖先之傳說。當以此說之解釋最爲合理。又斡朶里酋長孟哥帖木兒居今三姓附近。爲元代三萬戶之一。淸初編纂實錄時。旣不能確指其發祥地。則忘俄朶里爲彼等部族之種名。亦何足怪也。至關於滿洲國號之由來。淸朝記事。其妄更甚。

滿洲國號之僞作 據太祖實錄所記天女之兒布庫里雍順在俄朶里城。早稱滿洲國號。吉林通志綜合諸說解之。

俄朶里城（一作鄂多里八旗通志作阿克敦）之東南三里許。牡丹江北岸。周圍約四里。尙存土基。（冊報）長白山東南俄漠惠（原註地名）俄朶里。（原註城名）三姓之人。共奉布庫里雍順爲主。定號滿洲。南朝誤名建州。（盛京輿圖一）我朝發祥長白。遠祖定三姓之亂。居俄漠惠野鄂多里城。在今寧古塔西南三百里。國號滿洲。是開基之姓也。（皇朝通考）

以上所記當注意者。所稱南朝誤名滿洲爲建州。南朝指明朝也。此說蓋發於乾隆帝及當時史官。諱言自己之祖先服屬於明。乃揑造自建國號之說。其用滿洲二字。始於編纂崇德朝實錄之日。以前遺錄及文書。實無此說。彼等欲絕滅乾隆以前諸帝舊記之眞相。故創爲此說。又彼之祖先。明稱爲建州衞之屬人。及太祖自立。稱曰大金。又曰後金之汗。至創建清朝。以太祖等稱滿住二字代之。滿住者。佛名文殊之對音也。

清朝發祥之傳說　今就清朝發祥之傳說。述其梗概於左。

太祖先世發祥於長白山。山上有潭曰闥門。周八十里。鴨綠、混同、愛滹三江出焉。山東有布庫里山。山下有池。曰布爾胡里。相傳有天女三。長曰恩古倫。次曰正古倫。季曰佛古倫。浴於池。浴畢。有神鵲銜朱果置季女衣。季女愛之。含口中。忽已入腹。遂有身。告二姊曰。吾身重不能飛昇。奈何。二姊曰。吾等列仙籍。無他虞。此天授爾娠。俟免身來未晚。已而別去。佛古倫尋產一男。生而能言。及長。母告以吞朱果有身之故。因命之曰。天生汝以定亂國。其往治之。汝順流而往。卽其地也。與小舠乘之。母遂凌空去。子乘舠順流下至河步登岸。

是時其地有三姓爭爲雄長日搆兵相仇殺。有取水於河涉者見而異之歸語衆曰。汝等勿爭吾取水於河涉見一男子。貌甚異非常人也。天必不虛生此人。衆往觀因詰所由來。答曰我天女佛古倫所生姓愛親覺羅氏名布庫里雍順。天生我以定汝等之亂者。衆驚曰此天生聖人也。不可使之徒行。遂交手爲舁迎至家。三姓者議曰我等盍息爭推此人爲國主。以女百格格妻之。遂定議妻以百里奉爲貝勒。其亂乃定。於是布庫里雍順居長白山東俄漠惠野俄朶里城。國號滿洲。是爲開基之始。

右所傳說在女眞部落間從古皆無異議。耶又傳說之內容從古卽如是組織耶。質言之此傳說果爲編纂史臣實錄綜合當時女眞各部落所存之傳說所成耶。吾人對此不能不生疑問。就傳說之內容。特宜注意者。爲三天女浴池及朱果有身之事實。嘗考高句麗古來傳說。謂高句麗始祖朱蒙。係柳花葦花萱花三女中長女柳花所生。此傳說出於季女佛古倫或書三天女作七仙女。此以三女爲正仙女浴池及神鵲銜果置衣諸事。是否惟此民族古來之傳說。亦不能無疑。考支那太古殷之時代。稱其始祖契之誕生。母曰簡狄。爲有娀氏之女。帝嚳之次妃。二人行浴。見玄鳥墮卵。簡狄取而呑之。因孕而生契。神鵲與玄鳥。朱果與墮卵。簡狄三人行浴與三天女行浴同一神說。殷曰玄鳥以關係於嫁娶季節之故。此言神鵲者。以此鳥多產於滿洲。又定三姓亂之傳說。亦近於金氏始祖事實之轉訛。據金史所載。始祖至完顏部。居久之。其部人嘗殺他族之人。由是兩族交惡。鬨鬭不能解。完顏部人。謂始祖曰。若能爲部人解此怨。使兩族不相殺。部有賢女年六十而未嫁。當以相配。始祖曰諾。迺自往諭之。其怨遂解。部衆信服。謝以青牛一。並許歸六十之婦。兩者之傳說。均係共通事實。無庸指摘。至於天女浴池之說。吾人頗疑其係剽竊殷之傳說。實則大誤。天女固在多年前已列於薩滿之奉祀神位也。

乙　清朝祖先之世系

何謂愛親覺羅　清朝之姓氏。稱愛親覺羅。據實錄所載。天女之子之言曰。我天女佛古倫所生。姓愛親覺羅氏。名布庫里雍順。天生我以定汝等之亂者。此說吾人殊不能盡信也。愛新 Aishin 爲滿洲語金之意。覺羅 Giolo 爲族之意。八旗氏族通譜。不列愛新覺羅。甚可怪也。此等覺羅之外。亦有種種覺羅。通譜曰。覺羅滿族之著姓也。內有伊爾根覺羅。舒舒覺羅。西林覺羅。通顏覺羅。阿顏覺羅。呼倫覺羅。阿哈覺羅。察喇覺羅等氏。覺羅之多。由此可知。通譜不載愛新覺羅。雖曰避國姓之義。然其他覺羅既已列入。獨不記載與國姓愛新覺羅之關係。此不足信也。最不可解者。覺羅爲住在滿洲旗人之通常語。如稱覺羅姓趙是也。此覺羅雖似指清一族之覺羅。然旗人等殊不詳其緣由也。又滿洲部族之稱漢姓者。當已行於古代。金史國語解。已舉金人姓與漢姓對照表。可得而知。近如明代建州衛酋長稱李姓。

黑龍江野人有姓楊氏者。亦可例推。清朝祖先斷不能無稱漢姓者。然亦難一概論也。

清朝祖先之系譜 清太祖實錄載有發祥以來世系。今記於左。

愛親覺羅氏

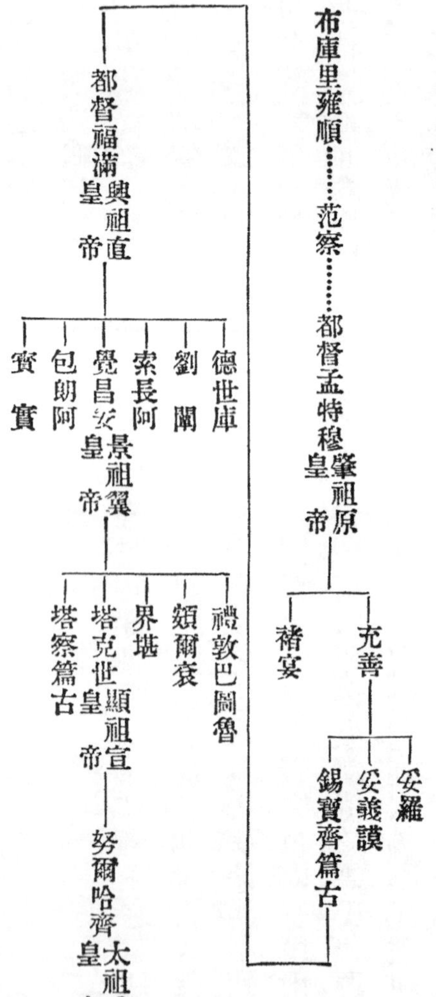

據前所述。自始祖雍順至孟特穆間。不甚明瞭。其餘皆世系歷然。一切完全之記錄不傳。讀後代所編纂之歷史。殊宜參考與有直接交涉之鄰邦史籍。及與彼等祖先有關係之他邦人記錄。吾人以此種普通方法求清朝世系。覺彼等之傳說錯謬甚多也。明代女眞之事實。記載於明及朝鮮記錄者。所傳太祖以前之世系。如左所列。

建州左衛都督

童孟哥帖木兒（孟哥帖木兒）——童察
　　　　　　　　　　　　——董山——脫羅
凡察
敎場（他失）——塔失——奴兒哈赤（老兒赤）
叫場

今檢雙方適合之記錄。試溯清太祖以前二世景祖之時代。以爲對比。頗多歧異。稱淸景祖曰覺昌安。明曰敎場。又呼叫場。顯祖曰塔克世。明曰塔失。又呼他失。均屬一致。明人所著籌邊碩畫謂奴兒哈赤爲敎場之孫。他失之子。此皆無可疑義者也。都督孟特穆。明稱孟哥帖木兒。其爲同一人無疑。而孟特穆之子有充善。充善之子有妥羅。亦與明人紀錄相符。乃充善與董山。妥羅與脫羅可以適合。而淸所稱之興祖之都督福滿。無相當之人可以適合。明人紀錄此處語焉不詳。脫羅之後不傳。無可對比者。不能不概依清之紀錄。又被殺於朝鮮會寧之孟特穆。居於興京。其弟凡察。彼以爲始祖。前後事實混亂殊甚。惟以太祖之祖父。即二世以上。當彼之直系。此吾人所不能信者也。至其何故混以他系之人。則以女眞人向有尊重系譜之習俗。曰孟特穆。曰董山。皆爲彼等部族中之名酋。故列彼等之名。以光寵其姓系。且彼等因紀錄之不完全。而誤認其遠祖。亦其一原因也。

清太祖稱佟姓　明人呼清太祖姓氏曰佟奴兒哈赤。由於太祖之自稱。檢明神宗實錄。萬歷十七年九月辛未之條。以建州夷酋佟奴兒哈赤爲都督僉事。此由太祖之表文知之。東夷考略。奴兒哈赤姓佟。故建州之支部。其祖叫場。父塔失。並死於阿台之難。其他紀錄稱太祖姓佟氏者亦多。佟氏從古著聞於遼東。女眞人早有冒此姓者。如佟答剌哈酋長從永樂之奴兒干征討軍。是其證也。八旗氏族通譜所記之達爾漢圖墨圖。卽此人也。若問女眞佟姓部族。亦以答剌哈宗族推之。建州左衛始祖童姓。又吾人所不可忽者也。據朝鮮紀錄所言。童猛哥帖木兒三子。一曰童倉。一曰董山。童氏與董氏當爲同一姓。董蓋佟之轉音也。茲可考者。建州之正系爲董山之裔。不可不以佟姓稱此女眞之所以多稱佟姓也。太祖之智慮。早見及此。未必非乘佟系之微弱。襲其系譜。更檢太祖實錄。當彼未成帝業時。先娶佟氏之女。太祖意有所圖。故與佟姓通姻。或曰太祖贅於佟氏之家。亦未可知。太祖以此內可以誇視女眞。外藉遼東之著姓。對於明人亦甚有益。是太祖之稱佟姓。出於一時權宜之計。實可信也，然因此而起一障礙者。則以非佟姓之覺羅氏。而左衛又可不列於覺羅是也。易言之。清朝既稱愛新覺羅氏。則謂都督孟特穆爲其肇祖。殊不可通。如不廢肇祖。則愛親覺羅氏之名可撤。內藤教授之說。稍有差異。然愛親覺羅之名。非改稱於稱後金之時乎。金史國語解。有斡准曰趙。斡准其音近愛新。國語解稱金曰按春。不曰愛新。愛新雖含有金之意。然自金六百年來之久。當時稱趙姓曰斡准。轉而爲愛新。亦未可知。滿洲居住之旗人所有覺羅姓趙之語。大概相傳於無意識之中未可以附會視之也。尙書鐵冶亭舊譜覺羅自稱趙宋之裔。可見趙覺羅尙存在今以吾人所見評之太祖奴兒哈赤固建州之支部也

丙　寧古塔貝勒之分住地

福滿六子　清朝系譜在興祖（卽福滿）以前。頗有混亂。福滿之事蹟。紀錄可徵者。彼有六子。稱寧古塔貝勒。其追尊以興祖之名者。言清之世系自彼而中興也。清太祖實錄敍六子曰。

德世庫居覺爾察地。劉闡居阿哈河洛地。索長阿居洛地噶善地。景祖居祖基赫圖阿拉地。包朗阿居尼麻喇地。寶實居章甲地。六人各築城而分居稱寧古塔貝勒。是爲六祖。其五城距黑圖阿拉城近者五里。遠者二十里。

就本文觀之。福滿六子各築城分居中以黑圖阿拉爲主城。各城距離黑圖阿拉爲中央近者五里。遠者二十里。以下略述六城之位置。

覺爾察。　此城爲興宗長子德世庫所居。盛京輿圖。當今興京老城西煙筒山下。甲哈河左岸。有覺爾察阿拉之名。滿洲音 Salo-ca-ola 當爲Ciaro-ca-ala之訛。覺爾察姓阿拉爲滿洲語岡之義。盛京通志。興京西四里有古城。周圍一百二十步。南設一門。建置年未詳。爲國初

六城之一。當爲德世庫居城。德世庫之名。其爲都指揮之譯音耶。未可知也。

阿哈河洛　爲興祖第二子劉闡居城。河洛滿洲語峪之意。盛京輿圖等不詳此地所在。

洛地噶善。爲興祖第三子索長阿居城。開國方略作和洛噶善。誤。噶善滿洲語村屯之意。不可爲城寨。盛京輿圖興京西南煙筒山西有稱羅地之地名。或卽彼所居也。彼有五子分居之。

尼麻喇　爲興京第五子包朗阿居城。開國方畧改爲尼瑪蘭。盛京輿圖不見此名。國朝耆獻類徵卷二六一類亦都列傳。薩克察人入寇時。彼擊破之而入城。遂取尼瑪蘭、章甲、索爾瑚諸寨、興京東北三十五里有與章甲河同源。從納祿窩集西流而合蘇子河上流之河曰尼麻喇。恐非此城所在地。尼麻喇滿洲語桑樹之意。

章甲　爲興祖第六子寶實居城。開國方略卷一作章嘉。或卽爲張姓之居寨。章甲爲張家之譯音。盛京輿圖興京東北有章嘉城。不知是此地否。

赫圖阿拉　爲興祖第四子覺昌安卽景帝居城。舊爲建州衛及建州左衛所在地。位於興京西煙筒山下。煙筒山在明代以竈突山得名。滿洲名呼蘭哈達 Hulan hata 呼蘭 Hulan 乃竈突。哈達 hata 乃山峯之意。開國方略。此城在俄朶里城西千五百餘里蘇克素滸河與嘉哈河之間。清朝紀錄。以此城爲祖先繼承以來所居之地。太祖達於四十五歲始不居此城。蓋赫圖阿喇之地。因景顯二祖(覺昌安 塔克世)被害時。早爲族黨占據。太祖不得已流寓於外。太祖實以萬歷三十五年。築城於虎欄哈達東南。三十一年復歸此城。以上六城中。覺爾察、洛地噶喜及赫圖阿拉三城。得知其大略。其他三城。不能確指其所在。但清之紀錄。謂五城環繞赫圖阿拉。近者五里。遠者不出二十里。是皆不出煙筒山東西之谷地。可以推知也。且此等支族之蕃衍不止此六城。舉連亙撫順東方之五嶺以東蘇子河之上流。悉爲彼等部族所占據。其東南境。與今之興京西南六十里董鄂部接界。董鄂部爲當時盤踞佟家江之女眞部落。或卽建州左衛之嫡裔。士馬盛强之寧古塔貝勒。非借哈達之援助。不能與抗。此徵之當時情勢而可想見者也。

寧古塔非六祖故地　寧古塔貝勒之分住地。其略可得而知。寧古塔之地名。因存於吉林東部。清朝學者甚多誤會。今舉寧古塔紀略一節。以資例證。

從寧古塔西行百里曰沙嶺。有金時上京故城。東三里爲覺羅村。卽本朝發祥之地也。

吳兆騫之說。以寧古塔附近之覺羅村。可指爲愛新覺羅之發祥地。非證明金上京故址之城寨在此村落附近也。其原因在以寧古塔貝勒之名義。附會今之地名。而定其釋寧古塔之義有曰。

寧古塔在大漠之東。雖以塔名。實無塔。相傳昔有兄弟六箇。各占一方。滿洲稱六曰寧古。

稱箇曰塔。寧古塔者猶華言六箇也。

明人以寧古塔爲塔。清祖奴兒哈赤居此塔內。或以之與地圖上印出塔形相比。此記事雖有進步。實開後代記事誤謬之資。如聖武記有曰。

始祖之鄂多里城。在俄漠惠野寧古塔西三百餘里。故四祖遷於建州。仍稱寧古塔貝勒。

吉林外記有曰。

寧古塔、國語數之六也。六祖各築城分居。稱寧古塔貝勒。因以名之。其以塔而稱者附會也。南瞻長白。北繞龍江。充邊城之雄區。壯金湯之萬里。此寧古塔之形勢也。

以上所記。皆可爲誤於寧古塔紀略之要證。之寧古塔之名稱。言六城存在之義。與遜札塔爲五城之義。同一事例。與清祖之爲寧古塔貝勒。殊不相涉。寧古塔貝勒之名。爲部族之名。不爲地名也。

伊爾根覺羅與寧古塔　就寧古塔覺羅村言之。清朝紀錄國姓愛新覺羅。前已言及。世人因寧古塔附近有覺羅村。關係於清朝之姓。遂生誤會。然考盛京通志。寧古塔附近稱覺羅村者。不一而足。此覺羅屬滿洲多數覺羅中何種。當先甄擇。如伊爾根覺羅。舒舒覺羅。自古皆散居長白山地方。此可徵之記錄者也。愛親覺羅氏居此地方。亦無可考證。以覺羅村卽爲愛親覺羅氏之所居。其解釋殊未可信。吾人以寧古塔附近之覺羅村。爲伊爾根覺羅氏之故址。覺尚允當也。考八旗滿洲民族通譜。隸鑲白旗之羅克什、納蘇、阿馬與、阿賴塔、等人。皆屬於寧古塔地方。爲伊爾根覺羅氏故址。他覺羅氏族。未見有在此地者。以武斷之乾隆帝。尚不目寧古塔爲六祖之故址。是以寧古塔地方爲清朝祖先之原地者。全無根據之妄說也。

丁　景祖及顯祖之死

建州之賊首　寧古塔貝勒。自都督福滿始有此稱。已述於前。貝勒之中。第四子覺昌安最顯。清朝紀錄不傳。彼之生年月。約在大方正德至嘉靖之間。覺昌安四子塔克世。約生於嘉靖十三四年前後。清朝紀錄。稱前者爲景祖。後者爲顯祖。其所傳之事蹟。亦甚簡略。實錄稱景祖素多才智。子禮敦。又英勇。率諸貝勒盡收五嶺以東蘇克蘇滸河以西二百里內諸部。比六貝勒强盛。實錄不敍此說。其指二祖初年或晚年。事不得而知。二祖末年。卽嘉靖末季至萬曆初年。彼等地方有雄桀王杲出。經略四方。明記錄謂以杲爲建州右衞都指揮。彼蓋以都督自稱也。清之二祖。爾時爲杲之部將。犯遼東。據嘉靖三十八九年遼東巡撫侯女諒所奏東夷悔過入貢之疏中。有建州賊首差草場、叫場等部落之王胡子、小廝子等四名到關云云。此可證明者也。叫場卽覺昌安。據清之紀錄云。王杲遺子阿太章京之妻。爲景祖之孫女。其所謂叫場之賊首者。蓋指王杲之入寇而言也。王杲犯遼東。自嘉靖三十六年迄萬曆初年。

二祖之死狀 關於二祖之死。清朝紀錄。概以爲尼堪外蘭所陷。考其事實。李成梁圍阿台章京於古勒時。以尼堪爲前導。清之紀錄。蘇克蘇滸河部圖倫城有尼堪外蘭者。陰搆明寧遠伯李成梁。引兵攻古勒城主阿太章京及沙濟城主阿亥章京。成梁授尼堪兵符。率遼陽廣寧兵由二路進。遼陽副將遂克沙濟城。殺阿亥章京。復與成梁兵合攻古勒城。二祖初不與鬪戰事。明人記錄。二祖爲李成梁前導。攻古勒城。一書謂叫場入古勒城。說阿台歸順。阿台不從。反拘留之。大兵圍城急。他失因父在內。欲救護之。入軍中。誤被殺。叫場在城內燒死。就事實論。彼等之來古勒。必爲明兵之前路。非爲救孫女也。明人記錄。萬曆十六年。女眞人名馬三非者。稱太祖祖父與圖阿台有殉國之忠。代請朝廷陞職。叫場他失並從征阿台。爲嚮導。死於兵火。是二祖與尼堪皆爲成梁所利用也。成梁有大功。殺害二祖。不待言也。彼等懼後日之跳梁。先託於尼堪之言。自一面觀察之。明人態度之不公明。殊不可掩。萬曆十一年春二月。明人以尼堪當建州女眞。尼堪廹太祖外附。太祖答曰。爾吾父部下人也。搆明兵害吾祖父。我恨不能手刃汝。豈反從汝偷生耶。不從。太祖時年二十有五。幸有少數來歸者。椎牛祭天。共立盟思復祖父讐。清實錄記此時之事曰。太祖有顯祖遺甲十三副云。

第八章 奴兒哈赤勃興於建州

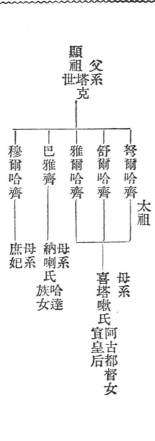

甲　幼時之經歷及復讐

太祖幼時　太祖世系已如前述。清之記錄。不詳其祖父及父之門地。明人記錄。謂彼之祖父曾爲都指揮。領勅書二十道。其非起自寒微之家可知。清之記錄。又不詳太祖之母系。實錄顯祖大福金喜塔喇氏阿古都督之女。後追尊曰宣皇后。阿古都督爲如何人亦不詳。阿古當爲王杲之轉音。不明記者。蓋諱之也。葉赫酋長且言太祖爲王杲之裔。喜塔喇氏生三子。長爲太祖。諱努爾哈齊。以明嘉靖三十八年生。繼娶納喇氏。是爲哈達都督所養之族女。生一子。庶妃又有一子。今列太祖及諸弟之母系如左。

父系
顯祖塔克世
- 努爾哈齊（太祖）
- 舒爾哈齊
- 雅爾哈齊
  - 母系　喜塔喇氏阿古都督女宣皇后
- 巴雅齊
  - 母系　納喇氏哈達族女
- 穆爾哈齊
  - 母系　庶妃

太祖幼時。十歲失母。十九歲與諸弟共離父。因繼母納喇氏寡恩。分產獨薄。親上山採人參松子之類。持往撫順市貿之。此太祖少時之事。滿洲旗人之苦。至今傳之。當太祖少年時代建州女眞甚混亂。明思以兵力加於蘇子河之流域。因兵力之發展。撫順互市。大受其影響。今姑以萬曆末年之情狀推之。自直隸山東而外。且有揚子江以南之商人往來通商。太祖對於漢人之情形。多自撫順市上得之。萬曆十一年。彼喪其父祖。多寄生活於此。因是而聞見益廣。交結四方之士。幼時愛讀三國演義及水滸傳。此因交識漢人而得其賜也。彼之父祖橫死於阿台之亂。誠爲不幸。然明人以此之故。示以好意。對於建州而稍緩其警備。不可不謂太祖創業之幸也。父祖二人爲李成梁之前導。而彼戕於明兵。太祖以尼堪之搆明兵。傾力以討仇人焉。

捕殺仇人尼堪　尼堪居寨圖倫城。在撫順關外。旣示太祖以迫擊之不可緩。尼堪一時又得勢。就建州女眞觀之。自二祖橫死。人心離散。蘇子河下方。今營盤西南地方勿論矣。居城赫圖阿拉地方。亦通款於尼堪。其眞僞雖不詳。然因明人有推尼堪爲建州主長之說。同族寧古塔貝勒中。亦欲害太祖。以歸附尼堪。太祖觀取形勢。萬曆十一年。時年二十有五。以顯祖遺甲十三副。掩擊仇人尼堪。尼堪探知。遁於甲板。八月又討甲板。又遁。時兆佳城主李岱引哈達兵來侵。十二年春。率兵征之。獲李岱。六月克馬兒墩。九月率兵五百。討董鄂部。十三年。率步騎兵五百。討哲陳部。今蘇子河下方。十四年七月。討尼堪於鵝爾渾城。尼堪逃走撫順。明人拒不納。遂被太祖捕殺。由以上事實觀之。太祖起兵之始。掩擊尼堪。先挫其鋒。退更征服鄰敵於佟家江。經營漸成。然後用兵於西方。兵數其始不過五百至六百之數。自捕殺尼堪後復讐之名著。所謂哲陳部及渾河部。此時殆歸其掌握矣。

乙　諸部之合併

董鄂部之來歸　萬歷十五年正月。太祖築城於呼蘭哈達。卽今煙筒山南岡也。淸記錄以此地在嘉哈河與碩里口兩界中之平岡。築城三層。並建宮室。雖旣備有巍然之宮闕。實爲簡單之屯寨也。彼久欲統一滿洲。非欲徒保興京附近之野而已。其目前所最患不足者。爲兵食二大端。彼之國力不足以略定葉赫及哈達。在西南方面明之兵力。此時已據寬甸之平野。是亦除結和好外。無他策也。十六年夏。蘇完部主索爾果與其子費英東共來歸。次董鄂部部長何和里率族衆萬餘來歸。董鄂部爲據今佟家江附近之部族。士馬雄強。太祖今不折一兵而得之。禮親王嘯亭雜錄。高祖初起兵時。滿洲之軍士尙寡。時董鄂溫順公諱何和里者。爲琿春部長。兵馬精强。雄長一方。上欲藉其兵力。乃延置至興京。款以賓禮。以公主妻之。何和里乃率衆歸降。兵馬五萬餘。我國賴以締造薩爾滸之役。卒以敗明師。皆公兵馬之力也。其前妻聞其尙主。掃境而出。欲與之戰。高皇而諭之。然後罷兵而降。故今襲世爵。皆係公主所出。其前夫人所出者。不許列名。國語呼之曰厄赫媽媽。蓋譏其鮮德讓之風也。厄赫媽媽惡婦之義。佟江流域之合併。鄰接於此者。爲鴨綠江谷地。此地方之歸服。未有抵抗。實錄記此歲之前後太宗招徠各路。環境諸國皆削平之。國勢日盛。明亦遣使通好。歲以金幣聘問我國產東珠、人參、紫貂、玄狐、捨狸猻、珍異物產。以己所服用已足者互市於撫順、清河、寬甸、靉陽四關口而開財源。由是國富民殷。此說雖不免誇張。要亦所以致盛之大概情形也。

長白山東北之攻略　太祖用兵。迂迴於長白山之東北而進。萬歷二十一年九月。哈達、烏拉等九部之兵。連衡而迫太祖於蘇子河下流。太祖以大軍迎擊於古埒山下。是歲冬十月出松花江上流。取今頭道江流域之珠舍里、及訥殷兩部。二十三年六月。陷多壁城。此所以壓輝發側面而保護松花江上流之通路也。二十六年一月。取安褚拉庫路。（在今之大小圖拉庫水）進收內河路。內河爲愛呼之轉音。古稱阿也苦。爲豆滿江上流之名稱。清初稱內河路。專指今茂山之谷地。總以上所述。太祖自築城呼蘭哈達。不出十歲。收鴨綠江及渾河上流域。並松花江上源地方。繞東南而攻略豆滿江之上流。其目的在虜獲住民。增加兵力。不待言也。故相傳收內河路時。其住民殆虜獲一空。云建州之兵力。迥非昔比。乃向西北而進。窺哈達與葉赫。

哈達及葉赫等來侵　哈達名酋王台死後。部族內爭鬬不絕。及王哈嫡系虎兒罕遺一子歹商(岱善)而死。萬歷十九年春。哈達及葉赫兩部族因明人調停。姑息干戈。葉赫酋長卜寨許歹商以女。然歹商於受室之中途。爲葉赫人所射殺。兩族之釁再啓。歹商之子騷台住以幼故。尚依賴外家。而南關之遺業。惟猛骨孛羅維持之而已。明人記錄所云南關勢孤且益弱。而建州奴兒哈赤日益强。遂殺卜寨。陰有窺海西之意。蓋實事也。卜寨之死。據淸人所述則萬歷二十一年秋。卜寨進兵於渾河。九月。溯蘇子河。彼合哈達、烏拉、輝發、科爾沁、錫伯、卦勒察、珠舍哩、訥殷等九部之兵。由三路攻入。太祖諜知敵之主力由渾河方面而來。夜寢甚酣。妃富察氏謂曰。九國兵來攻。何反酣寢耶。豈方寸亂耶。抑懼之耶。太祖曰。人有所懼。雖寢不成寐。我果懼。安能酣寢。前聞葉赫兵來。因其無期。時以爲念。既至。吾心安矣。吾若有負於葉赫。天必厭之。安得不懼。今我順天命。安疆土。彼不順從。糾九國之兵。以戕害無咎之人。知天必不佑也。安寢如故。翌旦。西行至札喀之野。知敵據古埒山而結陣。古埒爲二祖橫死之所。在今界凡山東。太祖乃出少數之兵。下山誘敵。卜寨(布齋)先衆突前。乘馬觸木而踣。遂爲太祖之兵所刺殺。敵兵大潰。是役也。太祖之兵。又生擒烏拉貝勒滿泰之弟布占泰(卜占台)云。

哈達及輝發之滅亡 萬歷二十七年五月。葉赫那林孛羅大擧攻哈達。哈達不支。急以三子許質於太祖而乞援。太祖命費英東等率兵三千。駐防其地。哈達又惑於葉赫之言。將捕殺援軍之將。事洩。太祖以爲併呑哈達之時機已至矣。乃進兵征哈達。九月。城陷。猛古索羅就縛。據明人之記錄。則謂奴兒哈赤欲收漁人之利。執猛骨索羅縛於寨中。盡略其貲。明年四月。揑造奸妾之罪而射殺之。幷收其妾松代、速代云。哈達既亡。猛骨孛羅長子吾兒忽答因明人爲之代請使暫長哈達。斯時哈達已爲釜中之魚。輝發自等於几上之肉。萬歷三十五年九月。太祖責以部族私通葉赫之罪。親進兵於輝發江而滅之。輝發先世本姓伊克得里。出於黑龍江岸尼馬察部。有星古禮者。自黑龍江載木主遷於札嚕居焉。有呼倫部之噶揚阿、圖謨圖二人。居璋地。姓納喇氏。因附其姓。宰七牛祭天。改姓納喇。是爲輝發始祖。生子備臣。備臣生納靈阿。納靈阿生拉哈都督。數代之後。旺吉努出。招服諸部。築城於輝發河邊呼爾奇山。號輝發國。死後。孫拜音達哩立。至是國亡。

蜚悠城及烏碣巖之戰　征服長白山西北（卽松花江上源）地之後。約十歲。太祖之兵。始及於豆滿江之東邊。吾人以安褚拉庫及內河二路之收服。在萬歷二十六年。其在東海諸部之歸向。大約亦在此歲。前後諸部。間亦通使於太祖之庭。然太祖以諸部之間。惟烏拉部族最强。不先滅烏拉。不能通東海。常思待時而動。萬歷三十五年正月。東海瓦爾喀部長策穆特黑來告曰。吾等以地方遙阻。向附烏拉。其貝勒布占泰暴虐。吾等乞移家來附。太祖許之。乃授弟舒爾哈齊及蜚英東兵三千。向其地進發。以正月之杪進軍。取路於松花江上源之地。越寧古塔西方之黑山山脈。出今延吉廳附近地。由此渡豆滿江。穿過朝鮮城寨。至慶源府江岸。再越豆滿江。達於瓦爾喀部根據地之蜚悠城。時三月初旬也。蜚悠城自古稱朝鮮縣城之地。其地平野。曰縣城坪。（城在今琿春城南一里餘）舒爾哈齊之大兵。就城內收民戶五百。攻入四散之部落。直至慶興對岸之時。錢部落云。卜占台聞之。欲扼其退路出大兵於豆滿江。適舒爾哈齊之先發隊扈爾漢蝦。護送虜獲人畜數千至舒城江邊。一見大駭。乃自烏碣巖上山結陣。一面告急於舒爾哈齊本營。本營得報急行。由慶源經甑山路。南至香覘。巡出烏碣巖谷地而與決戰。據北關紀聞云。小可赤（舒爾哈齊）分軍爲三。二軍直擣卜占台之陣。一軍渡下灘。扼門巖之歸路。大戰良久。卜占台之兵大敗。小可赤之兵乘勢追奔四十餘里。風塵晝晦。烏拉之兵。死者近七千。遂虜卜占台之叔昌主等。而猛將卓斗等以下數十人皆死。惟者乙古舍一人以數百騎遁去而已。據清實錄謂是役斬博克多（卓斗）者。太祖長子代善貝勒也。自馬上以手攫敵取其冑而斬之云。烏碣巖之戰。起於朝鮮之地。太祖與烏拉之成敗。實於此戰決之。彼等乃退守於吉林方面。外終於不振矣。

烏拉之亡　烏拉勢衰。寧古塔之東方大爲開拓。前已言及。萬歷三十七年冬。太祖之兵遠出東海兀哲部。略其所屬之滹野路。（滹野路在今烏蘇利江支水與凱湖北）三十九年。蜚英東等再出東海兀哲部。略烏爾古辰及木倫兩路。其地皆在滹野水以北。四十年春。太宗聘蒙古科爾沁明安貝勒之女。至是而烏拉之前途可以決矣。九月。太祖親臨松花江。奪取金州城。駐營其地。十月。毀敵之六城。移營於伏爾哈河之渡口。布占泰親率重臣乘舟而來請和。不許而還。四十一年正月。太祖又進大兵於烏拉。屠其城。卜占泰身遁至葉赫國。遂亡、烏拉先世曰扈倫。姓納喇。因建國於烏拉河岸。故以烏拉名其國。扈倫蓋忽刺溫之轉音。清朝稱哈達、葉赫、輝發、及烏拉爲扈倫四部。

東北諸路征撫年表

太祖及太宗兩朝用兵於滿洲東北。其志雖在多獲天產物。然究以獲得人民爲目的。蓋兩朝連年之攻伐。以兵力之增加及補充爲必要。此補充之兵。自當以與彼等部族語言相同或相近者爲宜。朝鮮之西北及東北境上有兀良哈種族。散住於豆滿鴨綠二江之地。清朝稱曰瓦爾喀。自太宗朝頻起之朝鮮收撫問題。往往與此問題有關係。又有渥集種族。自寧古塔地方散住於尼加力司克方面。此人種東北與朝鮮有密接之關係。一作兀哲。朝鮮作兀狄哈。吾人所驚歎者。在西紀一六一六年以前。太祖之兵及於烏蘇利江東方沿海是也。溯清朝開國之所自。不能不述及東北諸路之用兵。今列征撫年表於左。

瓦爾喀部

萬歷二十六年、太祖命長子褚英、幼弟巴雅喇、與噶蓋、費英東、共統兵一千。征安褚拉庫路。取屯寨二十餘。招徠所屬人民萬餘人。

萬歷三十五年。命弟舒爾哈齊。長子褚英、次子代善、大臣費英東、扈爾漢、率兵三千。徙東海瓦爾喀部費悠城屯寨五百戶於內地。敗烏拉貝勒布占泰邀擊之兵萬人於中途。

萬歷三十七年。太祖遣書於明曰。居於朝鮮境相近之瓦爾喀部。衆皆吾所屬也。可諭彼查出還我。於是明遣使諭朝鮮。歸千餘戶

天命十年。命喀爾達、富喀納、塔羽征東海瓦爾喀部。以降附之三百三十人而歸。

命族弟王善、大臣達朱戶、車爾格統兵千五百征瓦爾喀部。俘獲甚衆。

(以上太祖朝)

天聰三年。命孟阿圖率兵三百。往征瓦爾喀。

天聰五年。征瓦爾喀大臣孟阿圖。遣人由寧古塔奏報俘獲人數。男子千二百十九名。婦人千二百八十四名。幼丁六百三名。得人參及皮張甚多。

天聰七年。命吳巴海等赴朝鮮。得瓦爾喀部長族屬十五人而歸。

天聰八年。命吳巴海荊古爾代率兵四百。再征瓦爾喀。由寧古塔啓行。降其屯長分得利。復收阿庫里尼滿部衆千餘人。明年凱旋。

天聰九年。征瓦爾喀。命吳巴海、多濟里、札福尼、吳什塔分四路而進。吳巴海所進之地。爲額赫庫倫、額勒約索、取其地壯丁七百五十人。多濟里所進之地。爲雅蘭、錫林、瑚葉三路。取其地壯丁七百五十七人。扎福尼所進之地。爲諾羅、阿萬。取其地壯丁一千十四人。主帥各授軍律一道。吳巴海、吳什塔之軍律內。復增一款曰。烏札拉部之百壯丁。勿得侵擾。

又上諭多濟里所往之地。島嶼可取者。多宜作船取之。若不可取。當記之以爲後圖。明年奏捷。

崇德元年。太宗親征朝鮮。曩在朝鮮居住之瓦爾喀人葉臣、馬福達、率二百餘戶來歸。

崇德二年。太宗在朝鮮軍營。命尼堪、扈什布、季思哈、葉克舒等。率外藩蒙古諸部之兵出咸鏡道。征瓦爾喀。途出會寧。與朝鮮兵戰而敗之。進略瓦爾喀部至烏拉。遣蒙古兵。命復喀凱等二十四將。率兵一千二百分爲四路。往征瓦爾喀。兩黃旗之舒書、塔克珠爲一路。率甲士六十人。向阿庫里、尼滿、穆稜、及烏爾固尼之地。南濟蘭牛彔下之喀克篤哩兄弟。率壯丁等一百七十名。入烏爾固尼。兩紅旗之恩古里、克布圖爲一路。率甲士六十人。綏芬、雅蘭、瑚葉、烏爾吉之壯丁共二百名。入綏芬。兩白旗之哈什屯、滿都祜爲一路。率諸羅、阿萬之壯丁三百名。至所入之汛地。兩藍旗爲一路。率額赫庫倫、額勒以東寨木克勒以西之壯丁共一百十名。既而黃紅白三旗奏俘獲男子一百八十八。家口四百七十五。

崇德四年。先是東方瓦爾喀部衆叛而入熊島。太宗命朝鮮國王李倧以舟師攻熊島。擒其首嘉哈禪等。縛而送於盛京。仍遣薩爾糾等四將。率兵往瓦爾喀。收其餘黨五百人。

崇德五年。遣多濟里、喀珠等往寧古塔。會同章京鍾果兌等。帶兵三四百名。往征烏札拉部。多濟里等至烏札拉。俘獲百有十人。薩爾糾等奏俘獲男子三百三十六人。歸降男子一百四十九人。俘獲家屬七百九十六口。歸降家屬四百八十一口。

（以上太宗朝）

兀哲部

萬歷二十七年。東海渥集部之虎兒哈、路長王格、張格、率百人來朝。自是每歲朝謁。

萬歷三十五年。命貝勒巴雅喇、大臣額亦都、費英東、扈爾漢。率兵千人。征東海渥集部之赫席黑路、俄漠和蘇嚕路、及佛訥赫克托索路、俘二千人而還。

萬歷三十六年渥集部呼爾哈路以千人侵寧古塔城駐防於薩齊路之兵百。擊敗之。既而降人有逃至渥集部瑚集路者。匿弗以獻。

萬歷三十七年。命侍衛扈爾漢。率兵千人。征渥集部所屬滹野路。取之。收二千戶而還。時有歸附清朝之渥集部綏分路長圖楞、爲渥集部之雅蘭路人所掠

萬歷三十八年。命額亦都。率兵千人。往渥集部之那木都魯、綏芬、寧古塔、尼馬察四路。招其路長。令其挈家口前行。額亦都回師至雅蘭路。遂擊取之。俘萬餘人而還。

萬歷三十九年。先是渥集部來歸之路長中有僧格尼喀里二人。以太祖所賜甲四十副。使之居於綏分地。爲渥集部之烏爾古辰、木倫、二路兵所掠去。遣呼爾哈部長博濟哩往諭歸所掠。弗從。因命第七子阿巴泰、及費英東、安費揚古。率兵千人。征烏爾古辰、木倫二

路。取之。俘千餘人而還。

是年又命何和里、額亦都、扈爾漢。率兵二千。征渥集部之虎爾哈路。圍扎庫塔城三日。招之不下。遂攻克其城。斬首千餘。俘二千人。其環近各路。悉招撫之。令路長土勒伸、額勒伸二人。衞其民五百戶來歸。

萬歷四十二年。遣兵五百。征渥集路之雅蘭西臨二路。收降民二百戶。俘千人而還。

萬歷四十三年。渥集部東之額里庫倫人。寄語清人曰。人謂爾國驍勇。可來與我等決一戰。太祖遣兵二千。至顧納哈庫倫。招之不服。遂攻克其城。陣斬八百人。俘獲萬人。收撫其居民。編爲戶口五百。乃班師。

天命元年。命大臣扈爾漢、安費揚古。率兵二千。征東海之薩哈連部。二臣行至兀爾簡河。舟行二百里。水陸並進。取河南北三十六寨。進而駐營於黑龍江之南岸。引兵而渡。取薩哈連部十一寨。

天命二年。遣兵四百。悉取散居東海沿邊諸部未歸附者。收其民。其島居負險不服者。盡取之而還。

天命三年。使犬路、諾洛路。石拉忻路。路長四十人。率所部來歸。

東海虎爾哈部長納哈達。率百戶來歸。

天命四年。遣第三子阿拜第六子塔拜第九子巴布泰。率兵一千。從北路征東海呼爾喀部。命大將博爾晋。率兵二千。由南路征東海呼爾喀部。博爾晋招降五百戶而先歸。阿拜等又俘其衆千五百人而還。

（以上太祖朝）

天聰四年。那堪泰路之呼爾喀人瑪爾圖等。攜家屬來歸。命駐牧於寧古塔之邊地。

天聰六年。命吳巴海征兀扎拉。在握黑河。斬三百餘人。俘男婦七百口。

天聰七年。遣季思哈、吳巴海。率兵三百。征接壤朝鮮之東海呼爾哈部。明年奏捷。俘男婦幼少千九百五十名。

天聰九年。霸奇蘭、薩木什哈。征黑龍江虎爾哈。奏收編戶壯丁二千四百八十三人。口一千七百三十二。

崇德七年。命沙爾虎達、珠瑪喇。征松河黑江之呼爾喀部。招降十屯之男婦幼少一千四百餘人。

崇德八年。命阿爾津、哈寧噶。等率官兵征黑龍江虎爾哈部。攻克三屯。招降四屯。俘獲男婦幼少二千七百三口。

（以上太宗朝）

丙　與明廷之交涉

都督僉事之任命　太祖與明之交涉。蓋自二祖殺害之日始。萬歷十一年春。景顯二祖被害。太祖聞之大慟。詰明邊吏曰。我祖及父何故被殺。汝等乃我不共戴天之仇也。明吏聞之。遣使謝曰。非有意也。誤耳。乃歸二祖喪。與勅書三十道。馬三十匹。復給都督勅書。太祖乃謂明使曰。害我祖父者。尼堪外蘭所構也。必執以與我。使臣曰。前因誤殺。故與爾勅書馬匹。又給爾都督勅書事已畢矣。今汝過求。我當助尼堪築城。爲爾等之部主矣。國人信之。皆懼。此記事雖難概信。然明人記錄云。李成梁當時命得『他失』屍首之部夷曰。約掉者歸還。又在寨內取勅書馬匹與奴兒哈赤。此亦可參證之事實也。惟給都督勅書。不可信。太祖任都督僉事。在萬歷十七年九月。距是歲尚有六年。皇朝實錄記授官始末頗詳。今揭於左。

九月辛亥。初授建州夷酋爲都督僉事。依薊遼督撫按張國彥、顧養謙、徐元之議。屢謂夷舊爲我之藩籬。制馭之策。不出撫剿恩威。顧撫剿恩威之所加。在得其要領。所謂要領者。因其勢而用其强。加之賞賚。假以名號。以夷制夷。則我不勞而封疆無虞。遼左西自山海。東抵開原。千二百里間。朶顏三衞。歲歲糾西北二虜爲患。遼務所以告急者。亦不外此。夫三衞之夷。不得稱爲遼左之屬夷明已。惟自開原東北。南至鴨綠江。約八百餘里間。環東邊而居者。皆女眞之遺種。此遼之屬夷。卽所謂東夷者是也。然今之呼女眞者。凡有三種。

其一曰海西女眞。故王台之夷。今開原南北兩關之夷是也。其一則東方諸夷。衞雖甚多。然因建州領之故。曰建州女眞。今奴兒哈赤之屬是也。其極東曰野人女眞。去邊甚遠。歲歲由海西入市於開原。不爲邊患。先是海西之王台。强能得衆。稱開原南關之酋。北收二奴。南制建州。終身向化。東陲以寧。是時東夷之勢在王台。故使襲其祖速黑忒左都督之職。以長東夷。萬歷三年以擒王杲之故。奉旨加授勳衞。其二子皆爲都督。賞以金幣。已而又視之如西虜加龍虎將軍。蓋王台之忠。有足嘉者。實我皇上神機遠覽。得其要領。不惜賞賚。有以致之。王台死而勢分。逞仰二奴稱雄於北。猛爾哈赤稱雄於南。且各恃其强。欲甘心於王台之後。故王台之後不立。則我之藩籬撤而封疆多事。在事之臣。前者力請誅二奴。以安王台之後。王台長子虎兒罕爲左都督。又繼台而死。其子歹商。襲父之職。守忠順之業。然不幸爲二奴所殺於北關。其二子那卜二酋。欲報父怨。台之孼子康古里內應之。而奴兒哈赤又連北關以侵歹商。諸夷不入貢者。凡亙五年之久。開原屬夷之內向者。惟一歹商耳。王台忠順之後。不絕如縷。歹商不立。南北諸酋一合。開原必危。故臣等以爲存歹商。必出大兵。剿撫互用。則諸酋與歹商和而請入貢矣。奴兒哈赤又畏威。罷北關而與歹商通婚。首先入貢矣。諸酋既轉逆爲順。我不得不易剿爲撫。畏威懷恩。藩籬可復。已以是臣等上聞。罷兵善後。其後諸酋之貢。皆入開原之事已大定。惟建州奴酋勢最强。能制東夷。其在建州。則今日之王台也。既送回被擄之漢人及牛畜。又斬犯順之酋克五十。(人名)獻其首級。彼念慕都督之號益切。查其祖父於征逆酋阿台時。爲我嚮導。死於兵火。故奴兒哈赤自以累世有勞。又由特起小夷而不得正名。心以爲異。查得大明會典一款。建州毛憐三衛之夷。若送回被擄之男婦。則許給賞。不願賞者。量陞千百戶指揮至於都督之名色。則留以待能殺犯順之夷酋者。或能執縛作惡之夷人者。此盟府之鉅典。所以信外夷而安封疆。故今錄奴酋父祖死事之功。即與以都督。亦不爲過。況獻斬逆酋之級。亦合明例也。奏入。上從其請。與以都督僉事。

實錄編纂史臣附記曰。此爲奴賊受我殊恩之始。由此觀之。授官實經薊遼督撫之合議。其所以有此事者。必李成梁欲掩自己之過失。而慫慂奴兒哈赤。奴兒哈赤因貢夷馬曰三非者而乞恩也。是歲以前。明之邊吏。於種種名目下。給建州以金幣。而清實錄則記之曰歲幣例如丙戌(萬曆一四年)之條。明因誤害二祖。從此歲輸銀八百兩。蟒緞十五疋。以通和好是也。太祖利用父祖之橫死。於此奏議。可以見之。彼隱匿父祖在明所稱逆酋之王杲之部下。且不言有姻誼。而通姻於南關之哈達。其居心實在避明人之疑惑。自稱曰佟奴兒哈赤。稱佟姓者。亦所以掩明人之耳目。蓋王杲係右衛之籍。佟氏爲左衛之通姓也。彼以十八年四月入貢於北京。此爲第一次朝貢。其爲都督之陞任謝恩可知。時年三十二。二十九年。因管東女眞人之功。敍龍虎將軍。二十一年十一月。彼又爲第二次之朝貢。

棄地之賞　萬歷六年。寬甸等一帶之地。爲漢人所占據。前已言之矣。此無他。乘女眞之衰弱。加遼東以兵力。深恐彼等部族之發展。非明人安固之保證。幸建州自王杲沒後。約三十年之久。無有變動。而明人移住於寬甸平野者。歲見其多。計三十年前後。達至六萬餘口。最多者爲居於今靉河脊土之軍民。且自山東越涉而來者。亦多。萬歷三十三年。明廷忽有六堡撤退之命令。據當時巡撫趙楫之說。謂寬甸之地。孤懸難守。逼處於奴兒哈赤之城寨。恐居民易狎於彼等云。然此不過藉口之言。其最大原因。則遼東之兵力甚疲。此時殆無維持邊境之力也。六堡之民。拒此命令。明兵驅迫之。死者狼籍。可異者。驅迫居民而使移住內地之李成梁。乃以招復逃人之名。得博朝賞。爾時奴兒哈赤兄弟。亦有賜金云。李成梁等之貪婪。廷臣邊事之疏忽。可以想見。雖然寬甸平野既放棄。朝鮮與遼東之聯絡。漸次陷於危殆矣。

廢絕朝貢　扈倫四部之內。哈達部族先亡。前已言及。太祖從明廷意旨。以其女嫁兀兒忽太（吳爾古岱）自居於保護者之地位。而哈達之璽書。則由此時而沒入太祖之手矣。三十六年九月。彼乃與建州之璽書相混合。而上朝貢之途。此爲第三次之朝貢。據明朝簿册勅書之數。定建州五百道。海州一千道。萬歷十年間。屬於哈達王台者。有七百道之多。王台歿後部下之將以二百道投於葉赫。又暫奪一百三十七道。故哈達之存數不過三百六十三道。此可定爲吳爾古岱所持之現數。太祖乃併之。總數計八百六十三道。雖王台之時嘗併有海西之勅書。然太祖以建州而併海西。就其數觀之。遠出王台之上。殊足以致禮部之一驚也。侍郎楊道賓彈奏。女眞將來大爲可憂。今若不糾明不法。則祖法不立。祖法不立。則邊疆從此必擾。非退其貢不可。明廷降旨嚴加驗放。勿得混進勅書云云。然僅移牒於遼東。亦不加以懲戒。誠可怪也。彼自此歲以降。北京之朝貢。遂廢絕。

六堡之退種　哈達土地之歸併。與明屢有交涉。繹其次第。哈達南部柴河堡、撫安堡及三岔堡。自哈達衰亡。建州占墾此地方者。必然之勢也。然此四堡在鐵嶺開原之南。任彼等自由種墾。實爲遼東之大不便。明乃乘兵備稍整之時。對建州而下退種之令。建州不奉命。清實錄記當時事實云。明遣廣寧總兵張承蔭巡邊。承蔭遣通事董國蔭來曰。汝所居界外地皆屬我。今可立碑其地。其柴河三岔撫安之田。汝勿刈穫。其收汝邊民還汝國。太祖曰。吾累世田廬。一旦令吾棄之。是爾欲棄盟好。故爲是言耳。昔賢云。海水不溢。帝心不移。今既助葉赫。又令吾民勿刈穫禾稻。將帝心已移耶。帝之言自不可違。但不求太平。與吾交惡。吾小國受小害。汝大國得無受大害耶。吾國之民無多。不難於遷。汝大國能盡藏其衆乎。若搆兵起釁。非獨吾國患也。汝自恃國大兵衆。輒欲陵我。詎知大可以小。小可以大。皆由天意。設汝每城屯兵一萬。汝國勢亦不能。若止屯兵一千。則城中兵民適足爲吾俘耳。董國蔭曰。此言太過矣。遂去。自是太祖以爲明侵其邊土而明人亦非無相當之理由。據所主張。以爲哈達舊土。不可爲建州所歸併。當猛骨孛羅時。建州以撫安堡爲界。彼死後。其地乃併於建州也。明始以前所記之四堡爲限。後又加白家衝松山二堡。太祖不允。於是撤退六堡。於界上建立碑石。以防止越種。時萬歷四十二年夏也。

交涉之經過　吾人試就上述之數節。一論明與建州之交涉。太祖雖以卑辭求明之同情。而得都督僉事之璽書。以統率女眞。然一面則由平和貿易而增進其國力。自滿洲東北之交通開。兵力歲增。朝鮮北疆之交涉。是爲交涉之始。以萬歷四十年前後形勢推之。在蘇子河流域所收容之精銳士馬。少亦當有六萬之數。太祖於此時既作兵制。擴張城郭。修造文字。盡力以啓發部民之智能。當時明宰相葉向高上疏有曰。

竊念今日邊疆之事。惟以建州夷最爲可患。其事勢必至叛亂。而今日九邊空虛。惟遼左爲最甚。李化龍謂臣曰。此酋一動。勢必不支。遼陽一鎭。將拱手而授之虜。卽發兵救援。亦非所及。且該鎭糧食罄竭。救援之兵。何所仰給。若非反戈內向。必相率而投於虜。天下之事。將大壞而不可收拾。臣聞其言。寢不安席。食不下咽。伏希講備禦之方爲要。

此奏疏在奴兒哈赤第三次朝貢之翌歲。卽萬歷三十七年也。觀察彼等之實勢。不獨葉向高言。固無人不顧慮建州之將來也。倘有部族。能如葉赫之可代哈達者。明廷或給之以新式火器。或送之以糧餉。由旁而以掣建州之肘。或直接壓迫建州。以遏抑其勢力孳孳布置。不遺餘力。明與建州之關係。逐年陷於險惡。遂貽建州以種種口實。太祖之起兵。固由於民力兵力之膨脹。未始非明人之外交手段拙劣。激成彼等憤怨。遂促進一大事變也。禍亂之原。豈可專咎女眞人耶。

丁　內政

兵力之統一　兵力之增加。由於兵制之創定。太祖收董鄂部長何和里之部衆。雖擁大兵。當時尚無劃一之兵制。清記錄所述。當時有所牛彔者每三百人置一牛彔事在萬歷三十九年。此惟各人隨意用此名。不得謂爲兵制之確定也。牛彔者。女眞人凡出兵校獵時。不計人之多寡。各隨族黨。行至圍場。每人出箭一枝。十人中擇一人領之。不許離隊越伍。是曰牛彔額眞。太祖雖設劃一之制度。然部下之進退。必不願委任於多數族黨。此觀於寧古塔貝勒多有謀害太祖之事而可知也。又太祖頗注意於弟舒爾哈齊。彼以萬歷二十二年朝貢於北京。當寬甸棄地時。彼與兄共受明廷之賞。其部下兵卒亦多。舒爾哈齊有此勢力。必思所以自謀。太祖對此有勢力之弟。有所顧忌。明人記錄曾載彼殺弟而併其兵力之事。清朝唯紀舒爾哈齊於萬歷三十九年卒。不言其詳。亦不明其死。此必因舒爾哈齊父子兵力强大藉事爲名。以幽殺之者也。此於天聰朝所載阿敏罪案可以證之。

八旗制度　八旗兵制。以旗色而辨所屬。始不過黃白藍紅四旗。後以兵數增加。乃鑲四旗而爲八。共稱八旗。鑲者於四旗之緣邊施以他色也。旗之單位爲一牛彔。額員領三百人。五牛彔卽千五百人。置一甲喇額眞。五甲喇卽七千五百人。置一固山額眞。每固山額眞設兩梅勒額眞。所謂八旗六屬者卽是也。行軍之時。地廣則八旗並列分行八路。地狹則八旗合行一路。不得亂其節次。其軍士禁喧囂。禁攙越行伍。接戰之次第。以被堅甲執長矛操利刃者爲前鋒。被輕甲而善射者由後衝擊。別有精銳騎兵以備緩急。滿洲制度稱堅甲曰鐵甲。輕甲曰棉甲。鐵甲係以緞子或木棉作衣裳。其裏綴合以二寸至一寸四分之薄鍛鐵葉。棉甲雖有種種階級。然實爲緞製及棉製之兵服。不施鐵葉云。又太祖別有兵法書。今不傳。

滿洲文字之創制　女眞字卽金代所作之文字。行至如何程度。殊不可考。金亡元起時。女眞字失其勢力。此可知者也。滿洲致明代之表文。主用女眞字。附以漢文之對譯。此惟限於對朝廷之公文程式然也。至其部族。普通用蒙古字爲書信。而最覺不便者。卽本國之語言必翻譯蒙古語是也。太祖此時所感之苦痛。以統率數多部落。必須文語。此於傳達上殊生不便。次則以民力發達。文字尤不可缺少。太祖雖自解蒙古文。又通漢文。無如一般部民。多智慮蒙昧。不解理義。於是知最簡易之方法。在譯述漢人典籍。以資民智之啟發。乃於萬歷二十七年。命額爾德尼巴克什及噶蓋札爾克齊創制國書。此時太祖方以建州都督而任龍虎將軍。然已著手於此。寧不可驚異耶。太祖關於國字創造之意見。其言曰。漢人讀漢文。凡不問習漢字與否。皆知之。蒙古人讀蒙古文亦同。今我國之語。必譯為蒙古語讀之。則未習蒙古語者。不能知也。不若以我國之語。創制新文字。額爾德尼等以為難。太祖因諭之曰。集蒙古字作之。其事不難。例如阿字下合一麻字。非阿麻乎。（滿洲語阿麻 ama 父之義）額字下合一墨字。非額墨乎。（滿洲語額墨 Eme 母之義）以蒙古字合我國之語音。聯綴成句。卽可因文見義矣。吾籌此已悉。汝等試書之。有何不可。於是遂創制國書。至太宗朝。卓越之語學者達海出。一一加以整理。遂成今日之滿洲文字矣。太祖之制字。純用蒙古字。蒙古語音與滿洲語音之差。不能嚴格區別。例如蒙古語 Kha. Gha. 音之字母。滿洲語通用於 Ka. Ha. Ga. 三音。然 Aga 雨字。與 Aha 奴僕混同。Boigon 戶口之戶字。與 Boihon 泥土之土混同。Haga 魚刺。與 Haha 男子混同。頗多錯雜。達海乃於十二字頭（前十二字母）加以圈點。以立同形異言之區別。又漢字之音。難以滿蒙字書之者。更增其文字。以兩字連寫。切成一字焉。又當時太宗朝之滿文。稱曰有圈點檔案。太祖朝之滿文。稱曰無圈點檔案云。達海實於滿洲文字之集成。可謂最有貢獻者矣。彼姓覺爾察。九歲通滿漢文義。弱冠草太祖詔令。彼奉命翻譯大明會典及素書與三略。太祖視之稱善。天聰六年病死。時年三十八。諡文成。

女眞之風俗 當時之女眞人。語言文字。取範於蒙古。已於前節言之。至其宗敎。則頗不同化於蒙古。彼等固有薩滿敎。日常生活。奉其敎儀惟謹。薩滿敎儀。始自金代。彼等之吉凶禍福。悉委之於薩滿。薩滿者。女巫也。巧能降神。因神之託言。以決行事。此可想見其民族思想之幼稚矣。又從一面觀察之。則一般人民。尚存有純樸不僞之習俗。薩滿之主神有種種。因民族而殊其禮儀。不可一律論也。就愛親覺羅氏所奉行者推之。以堂子立杆大祭爲最重。其例祭以春秋二季行之。其祭法先於堂子中立石坐。於石坐上立松樹之神杆。從亭中請出神主於此而祀之。凡親征必祭堂子。至後世不渝。堂子有特設者。有不特設者。凡祀諸神祇之室。亦得稱堂子。堂子之神位爲釋迦牟尼佛、觀世音菩薩、及關聖帝君等。後又以鄧將軍配祀之。相傳鄧將軍爲明之一將軍。以與太祖有故而奉祀之。然實誤也。此殆以明將軍鄧佐爲痘神而祀之歟。然又祀馬神及貂神。其降神之巫則曰跳神。樂器之種類。有木絃、箏、月琴。女巫則懸鈴於腰。把鑾刀於手。又束七鈴於譁木。以爲儀式。至於民間則薦生豚於俎上。以爲牲。又以酒澆牲之耳。牲耳動則謂神已領牲。卽割供於神位。又嘗供生肉以祀如來觀音。因用豚祭天。乃彼民族最古之習慣。不足怪也。庭中及屋前常安置神竿。設圓斗於竿之上部。以載牲肉。是爲祭天之儀。就上所述總之。明代女眞人無强固之宗敎。其知識之低下可知也。關羽之崇拜。已盛行於元朝。在明代原不受其影響。但考關聖帝君之名。則在萬歷之時已早受彼族之信仰矣。相傳太祖徼時。從明之某邊將得伏魔大帝及土地之神像。伏魔大帝卽關羽也。萬歷四十三年夏。太祖建設七大廟於今興京城東阜上。清紀錄謂此時始建佛寺及道家玉皇諸廟云。斯時宗教之狀況。亦可見一斑矣。

喇嘛教始來　喇嘛教入滿洲之時代甚早。吾人雖可想像。然清朝史乘不傳其事。大概宣傳教義。當在太宗朝。此於與西藏教主達賴間所往來之國書可以推測之。清朝紀錄相傳天聰朝有白喇嘛者。往來於明袁崇煥之處。又有滿朱習禮庫圖克圖喇嘛者。自蒙古喀喇沁部來。在此前後而來者曰衞徵囊蘇喇嘛。曾帶國書至袁崇煥處。其他輩格林臣喇嘛阿木出特喇嘛。於天聰朝來歸者亦不少。當太宗初年。喇嘛僧來往頻繁。其事實尚不止此。而太祖初年卽後金創業之時。早宣傳於長白山下之城寨。此於斡祿打兒罕囊素法師遠自烏斯藏（西藏）而來滿洲。可以證之。法師行事。佚不傳。幸大金喇嘛法師寶記之碑文尚詳。譯載於左。

法師斡祿打兒罕囊素者。烏斯藏人也。誕生於佛境。道演眞淨。既已演通大法。復急於普度羣生。由是不憚跋涉。東歷蒙古諸部。闡揚聖教。廣散佛惠。蠢動含靈之類。咸沾佛性。及至我國家太祖皇帝敬謹尊師。倍加供給。天命辛酉年八月七日。法師示寂歸西太祖勅令修建寶塔。斂藏舍利。緣累代征伐。未建壽域。今天聰四年。法弟白喇嘛奏請。欽奉皇上勅旨。八王府令旨。乃建寶塔。事竣。鐫石而誌其勝。

大金天聰四年歲次庚午孟夏吉旦同門法弟白喇嘛建

由此又推之法師之入滿洲。最遲亦當在天命元年之前後。因此碑面。可知此又出於達海之手。達海在法師示寂時已有二十五六歲。嘗親就法師受學。此無可疑者也。彼在國初為唯一滿洲學者。或即淵源於此。且隨此法師而來之喇嘛。為數不少。其影響亦大。太祖之信仰彼等。尙別有用意。大旨殆以喇嘛為懷柔蒙古之手段也。

第九章　金可汗之創業

奴兒哈赤之登汗位　建州女眞。自統括於偉人奴兒哈赤之手。發達遂著。頻攻略四方。至儼成一女眞王國之形勢。前節已略述之。建州在萬歷四十四年前後。間除自今開原附近以南遼河內邊。由連山關附近通鳳凰城一帶外。凡廣漠之南北滿洲沃野。已盡歸彼掌中。卽朝鮮北部。亦遭建州之侵迫。而無力反抗。其領內之女眞人。至得命其送還於建州。惴惴焉惟恐危禍之及。已查此時兵力之實際。蘇子河谷。至少亦屯有六萬之精兵。諺所謂女眞不滿萬。滿萬不可敵者。今見諸實事矣。當時明與女眞之爭。已成不可解免之勢。不待智者而後知。萬歷四十四年正月。奴兒哈赤自登可汗之位。國號大金。建元天命。或以區別於前代之金。稱為後金焉。據清實錄所載。春正月壬申朔。羣臣集殿前。分八旗序立。太祖陞殿。諸貝勒大臣率羣臣跪。八旗大臣出班跪而進表章。巴克什額爾德尼、宣讀表文尊上爲覆育列國英明皇帝。於是太祖降御座焚香告天。建元天命。以是年爲天命元年。年五十有八云。抑建元雖屬實事。而登皇帝之位。則殊近虛誕。所以無國號之記載者。則太宗朝編纂實錄時所塗抹也。越二歲卽天命三年三月。奴兒哈赤乃對明而發宣戰誅文。於以下之數節略述之。

甲　開戰之事由

七大恨　天命三年（萬曆四十六年）春正月。黎明。有黃氣貫月中。其光廣二尺許。月之上約長三丈、月之下約丈餘。奴兒哈赤望之。謂左右曰。天意已如此。汝等勿疑。吾計決矣。今歲必征明。二月。告貝勒諸臣曰。予與明之釁。凡七大恨。其餘小忿。不可殫述。乃頒以兵法。四月六日。率步騎二萬征明。臨行書七大恨告天。今錄如左。

我之祖父。未嘗損明一草寸土。明無端啓釁邊陲。害我祖父。恨一也。明雖啓釁。我尙欲修好。設碑勒石。凡滿漢人等。毋越疆圉。有越者見卽誅之。見而故縱。殃及縱者。詎明復渝誓言。逞兵越界。衛助葉赫。恨二也。明人於淸河以南。江岸以北。每歲竊踰疆塲。肆其攘奪。我遵誓行誅。明負前盟。責我擅殺。拘我廣寧使臣綱古里、方吉納。脅取十人殺之。恨三也。明越境以兵助葉赫。使我已聘之女。改適蒙古。恨四也。柴河、三岔、撫安三路。我累世分守疆土之衆。耕田藝穀。明不容刈穫。遣兵驅逐。恨五也。邊外葉赫。獲罪於天。明乃偏信其言。特遣使臣遺書詬詈。肆行陵侮。恨六也。昔哈達助葉赫二次來侵。我自報之。天旣授我哈達。明又黨之。脅我還其國。已有哈達之人。數被葉赫侵略。夫列國之相征伐也。順天心者勝而存。逆天意者敗而亡。豈能使死於兵者更生。得其地者更還乎。天建大國之君。卽爲天下共主。何獨搆怨於我國也。初扈倫諸國。合兵侵我。天厭扈倫啓釁。惟我是眷。今明助天譴之葉赫。抗天意。是非倒置。妄爲判斷。恨七也。欺侵日甚。情所難堪。因此七大恨之故。是以征之。

本文以金文爲原文。又譯爲漢文。以示滿漢人等。就七大恨論之。太祖以祖父之害爲恨。已略述於前。明因彼之祖父橫死。待彼以破格之禮。遇吾人平情而論。覺太祖利用祖父之死。要求進其職位。已而取尼堪於明人而誅之。是再無所用其嗟怨也。他六恨各有情理。然以此爲告天之大恨。爲宣戰之一大理由。其不當也明矣。此等交涉。爲兩國交界上所不能免者。據明朝所傳七大恨之中。有我等與葉赫及朝鮮同爲藩臣。厚彼等而薄我云云一項。此項果有之否。今不能定。要之開戰不能無理由。建州亦有所藉口而已。不必論其事實之如何也。

取撫順　彼之兵分兩路。其一路則向東州及撫順城南方之馬根丹。其中軍則下渾河而直衝撫順。所據清記錄相傳。則此次用兵。係行堂堂之陣。其實不然。彼以撫順之一種商隊。曰市夷者約五十名。令其先發。次以重兵潛行。乘其不備以取撫順城。明游擊李永芳薙髮降。時有自山東、山西、河東、河西、及蘇州、杭州等地方在撫順馬市貿易者皆捕之。給以路費書七大恨付之。縱之還。太祖遂以破撫順之翌月。取撫安、花豹、三岔各堡。此三堡皆在撫順東北。七月。又率兵進鴉鶻關。圍清河城。拔之。九月、派兵攻略撫順村屯。天命四年正月。親將兵攻葉赫。此時始以一書致明國。謂皇帝能正遼人之罪。撤出邊之兵。悉納吾言。釋吾此恨而贈王號。我乃撤兵。原來撫順所有勅書五百道。開原有千道。可給我等軍士。仍輸綵幣三千。金三百兩。銀三千兩。於吾等左右之人云云。明人不理其言。二月。令夫役一萬五千人赴界凡山築城。界凡在蘇子河渾河會流之右岸山上。時屆太祖破撫順已一年矣。

乙　薩爾滸山戰役

明之四路出兵　建州奴兒哈赤。早晚必叛。明夙有所聞。盈廷之士。皆欲不待其動而先發制之。自撫順破。總兵張承胤等全軍覆沒之報傳於北京。上下錯愕。據當時明人記事。則蒙古酋長等方集遼河西岸。示其恫喝。時會北京正陽門外河水三里餘皆赤。云明帝特起廢將李如柏使統遼東之兵。調杜松及劉綎等入北京。楊鎬舊爲遼東巡撫。至是亦以兵部侍郎任經略。然當時徵兵易而籌餉難。實際上支出十萬兵餉。力實難給。萬歷四十六年四月。

所謂征奴之上諭。發表後七八月。其兵數仍不能充。至翌年二月。始得以豫定兵力。集注遼陽。其情形之緩漫可見。而兵之雜駁。又爲一大缺點。劉綎祭軍旗時。屠牛三刀始斷。其軍器之不利可知。彼又令兵士試馬。常墮武器於地上。深歎招募軍之無用。乃主張自練精兵二三萬。劉綎本爲名將。膂力又遠越時流。當時兵士第一短處。彼實洞察者也。自萬歷四十六年春迄翌年春。兵數上不能加多。國力困憊。已可推知。萬歷四十七年二月。經略楊鎬所施之方略。分四路如左。

一杜松及劉遇節等之兵約三萬。從瀋陽出撫順關。沿渾河左岸。入蘇子河之河谷。

二馬林及麻巖等之兵。併葉赫援軍約一萬五千。從開原鐵嶺方面。出三岔兒入蘇子河流域。

三李如柏及賀世賢等之兵。約二萬五千。沿太子河流域。出淸河城。從鴉鶻關入興京老城。

四劉綎之兵一萬。及朝鮮援軍一萬。從寬甸出佟家江流域。入興京老城之南。

楊鎬爲四路總指揮官。駐在瀋陽。(奉天)

合。以上各軍約計九萬。淸記錄云明兵號二十萬或四十萬。不過爲誇示戰功。虛張兵數而已。考明代遼東之屯軍。嘉靖年代原額過九萬。至萬歷末年。逃亡相次。多不能用。此次之兵南自福建浙江。西自四川甘肅。轉輸糧餉而至遼東。魏源聖武記。所謂明傾天下之力。盡宿將猛士及葉赫之精銳。同日課入者。蓋實事也。而王在晉之遼事實錄。則云除朝鮮援軍外。實有八萬八千五百九十餘名。

・太・祖・之・判・斷・敵・情　後金此時之兵力。合計八旗（一旗兵七千五百人）約有六萬之兵。明出傾國之師。後金亦出傾國之兵。興亡存滅。賭此一舉。薩爾滸戰之用兵。乃可以窺其消息矣。據清實錄。明經略楊鎬齎書之人。以二月二十四日至。二十九日明總兵杜松等督兵出撫順關。我偵卒見火光。朔日辰刻。卽馳告而南路偵卒。又以二十九日未刻明兵進境告。然四路之中。先至滿洲者。爲寬甸路劉綎之兵。太祖曰。明兵之來信矣。南路有駐防兵五百。卽以此拒之。明使我先見南路有兵者。誘我兵使南也。其由撫順關西來者。必重兵。急宜拒戰。破此則他路兵不足患矣。卽刻率大貝勒代善等。統城中兵前行。時偵卒又以明兵自清河路來告。大貝勒曰。清河之界。道路逼仄崎嶇。兵未能驟至。我兵惟先往撫順。以迎敵。遂過札喀關。與達爾漢侍衞扈爾漢集兵。以待上之至。然撫順方面。爲明軍主力。實爲後金所窺破。太祖僅以不足一千之殘卒。當寬甸方面。卽與京城之留守。亦不過數百老弱婦女。太祖自率八旗六萬之全力西向。其智略明決。誠可歎賞也。又太祖能認間諜之報。設疑似之兵。如清河路。遂不交一兵而卻退之。又可想見其牽制之妙矣。

太祖之戰略　明軍主力。既如前述。其從撫順西行之杜松兵三萬。是年二月十九日。既出撫順關。翌三月朔日結大營於薩爾滸山之岡上。杜松膽氣豪放。平生以身多刀瘢自誇於人。目中固無建虜奴兒哈赤者也。結營於薩爾滸山之日。知金兵在對岸約五里東北界凡山。築城扼西來之兵。倉卒不遑。裸身大呼而渡渾河。此時杜松全軍三萬中。約以一萬渡河直攻敵之界凡山。餘卒約二萬。留於薩爾滸大營。兼使輸送輜重火器等。渡河之日。適天雨寒威凜烈。士卒皆戰慄。不及結營。且從撫順關至薩爾滸山。約七八十里。以爲一日之行程未免過遠。杜松任勇輕越渾河。既爲兵家所忌。又兩分其兵力而前進。更誤。後金當此時。太祖率大貝勒及四貝勒等八旗。以同月同日午後。至界凡山之東。四貝勒等建策先兩分全軍之總數。一面在界凡山吉林崖。救本國之守卒。一面充薩爾滸山之防備。太祖聞之曰。不然。令以二旗之兵援助界凡。以四旗先攻薩爾滸山大營。薩爾滸若破。界凡之明軍自喪膽。再令曰。我二旗之兵。遙對界凡之明軍。俟我兵由吉林崖馳下衝擊時。併力以戰。方略既定。八旗全軍準備就緒。太祖乃舉六旗四萬五千之兵。直掩擊薩爾滸山之明軍。太祖精銳兵共四萬五千。薩爾滸大營明軍不踰二萬。以四萬五千戰二萬。既難對敵。而金兵諳地利。明兵不知情實。此所以不移時卽破其營也。杜松接此敗報。界凡之攻圍軍大震。狼狽失措。太祖迅以致勝之六旗及前遣之二旗。與山上兵前後相合。四面攻入而衝杜松之陣。實錄謂短兵相接。我兵縱橫馳突。無不以一當百。遂大破其衆。橫屍亙山。血流成渠。旗幟器械及士卒之死者。蔽渾河而下。追奔逐北二十餘里。至碩欽山時。已昏。杜松遂授命於此。

朝鮮援軍之投降及劉綎之死　考此戰事。明軍輕渡渾河。爲第一失敗。就中兩分其兵力。使金兵有衝擊之餘力。其失敗之最大因也。使杜松於一日半日間。營於薩爾滸上。徐俟開原之來軍而東行。尙不至斯敗衄也。太祖追奔至碩欽山。是夜。明總兵馬林營於尙間崖。尙間崖位置不明。大概距窪渾木不遠。距薩爾滸山亦不過三四十里。太祖以翌日再攻破馬林之軍於尙間崖。此戰金以八旗勝兵對不滿一萬之明軍。總兵馬林僅以身免。麻巖死於陣。而葉赫兵自中途退還。此三月二日之役也。太祖既破西北二路之明兵。全無後顧之患。是夜。乃率四貝勒等急行。還興京都城。清實錄謂上申刻自界凡啟行。至漏盡入城。其翌日。乃迎戰南路從寬甸來攻之劉綎及朝鮮軍。留兵四千。待清河路李如柏之兵。外舉餘兵悉付大貝勒四貝勒等。至老城南六十里富察（富車）之野。當劉綎之軍。劉綎從寬甸東向出佟家江流域。自南而衝太祖居城。其所規畫。則杜松破薩爾滸之日。卽三月一日。進入目的地之老城。不幸朝鮮援軍趦趄不進兵於敵地。徵之朝鮮記錄。則朝鮮出師時。早通款於建州。其與劉綎同行者。決非本意。惟因壬辰之役。爲日本秀吉所苦。幸依明朝而有再造之德。故不得已而隨行也。清太祖奮力鼓全軍而西。得殲杜松之軍。因之劉綎之兵。不得以頂期之日入興京老城。三月四日。其前軍至富車時。劉綎頗慮杜松之兵先入老城。或不免攘己之功。金國乃利用此間之消息。卽從杜松敗軍奪取令箭、軍旗、大纛等。於降卒中擇奸黠之浙江兵。使欺劉綎僞爲杜松兵已入城者。然劉綎得報。果頓足慷慨憤杜松已得功。直解從來之戒嚴而前進。及四貝勒之兵殺至。朝鮮軍降。劉綎遂殞身於鋒鏑之間。實錄載阿布達哩岡地名。爲劉綎戰死之地。岡之所在不可考。時明經略楊鎬在瀋陽。聞三路之敗。大驚。令清河路總兵李如柏之軍。不戰而退還。

戰役之結局及葉赫之滅亡　王在晉遼事實錄敍當時事。官軍總數八萬八千五百九十餘名。將領陣亡三百十餘名。失印信一顆。兵士陣亡共四萬五千八百七十餘名。據此記錄。則明喪全軍約二分強。加以朝鮮投降兵一萬餘。是喪失五萬以上之兵於敵手也。而建州之兵。不出二千之損傷。此戰稱薩爾滸山之役。與太宗朝松山之役。並稱明清二國之興敗。其關係實在此也。以意度之。太祖從此以後。愈表彰其後金之國號。而從此以前。尙止稱建州國汗也。乘薩爾滸山戰勝之勢。後金獲得效果益大。彼以是歲六月。取開原。翌七月。屠鐵嶺。破蒙古喀爾喀之兵。生擒酋長齋賽(宰賽)。八月。遂滅葉赫。羈縻於明之女眞屬國。爲哈達及葉赫。前者哈達被奪。今又喪葉赫。明之邊藩盡矣。葉赫酋長當時有二人。長曰錦台什。(金台失)居東城。次曰布揚古。(白羊骨)居西城。太祖先鋒先圍西城。次親圍東城。

金兵大呼薄城勸錦台什降。答曰。我非明兵比。我丈夫也。我肯束手降汝耶。不屈。金兵攻之急。遂隳城。錦台什攜妻及幼子登高臺。金兵又圍之。呼曰。汝降速下。否則進攻。錦台什求與四貝勒（太宗）相見。太祖乃命四貝勒曰。汝舅言待汝至卽下。汝往彼。若下則已。不下卽以兵毀其臺。錦臺什曰。我未識甥。而焉能辨眞僞耶。費英東等曰。汝視常人之中有如我四貝勒魁梧奇偉者乎。汝國使者必嘗語汝。何難識別耶。錦台什曰。是特誘我下臺耳。我祖父世居斯土。我生於斯。長於斯。則死於斯而已。決不降也。建州兵乃持斧卽毀其臺。錦台什自縱火焚臺。屋宇盡燬。遂縊殺之。東城已破。大貝勒代善謂布揚古曰。汝等吾之外兄弟也。汝等降則不殺。盟畢出城。布揚古見太祖。僅屈一膝。不拜而起。太祖親以金卮賜酒。彼仍屈一膝。微沾脣。又不拜而起。是夕又縊殺之。

御製己未歲我太祖大破明師於薩爾滸山之戰書事（乾隆帝）

蓋聞國之將興。必有禎祥。然禎祥之賜。由乎天。而致天之賜。則由乎人。予小子於己未歲我太祖大破明師於薩爾滸之戰。益信此理之不爽也。爾時草剏開基。篳路藍縷。地之里未盈數千。兵之衆弗滿數萬。惟是父子君臣。同心合力。師直爲壯。荷天之寵。用能破明二十萬之衆。每觀實錄。未嘗不流涕動心。思我祖之勤勞。而念當時諸臣之宣力也。謹依實錄。敍述其事如左。己未二月二日。明帝命楊鎬杜松劉綎等。統兵二十萬。號四十萬。來攻。

左翼中路、以杜松、王宣、趙夢麟、張銓、督兵六萬。由渾河出撫順關。右翼中路、以李如柏、賀世賢、閻鳴泰、督兵六萬。由清河出鴉鶻關。左翼北路、以馬林、麻巖、潘宗顏、督兵四萬。由開原、合葉赫兵出三岔口。右翼南路、以劉綎、康應乾、督兵四萬、合朝鮮兵、出寬甸口。期並趨我興京。三月朔、西路偵卒、遙見火光、馳告甫至。而南路偵卒、又以明兵逼境告。我太祖曰。明兵之來信矣。南路駐防之兵有五百。卽以此拒之。明使我先見南路有兵者、誘我兵面南也。其由撫順關西來者、必大兵。急宜拒戰。破此則他路兵不足患矣。卽於辰刻、率大貝勒代善、（後封禮親王）及衆貝勒大臣、統城中兵出。而令大貝勒前行。時候卒又以明兵出清河路來告。大貝勒曰。清河之界、道途偪仄崎嶇。兵未能驟至。我兵惟先往撫順、以逆敵兵。遂過扎喀關。與達爾漢侍衛扈爾漢、（後授三等子世職）集兵以待上之至。時四貝勒（卽我太宗皇帝）以祀事後至。謂大貝勒曰。界藩山上。我築城夫役在焉。山雖險。儻明之將帥、不惜士卒、奮力攻之。陷夫役奈何。我兵宜急進。以安夫役之心。大貝勒等善是言。下令軍士盡擐甲。日過午。至大蘭岡。大貝勒及扈爾漢、欲駐兵隱僻地以待敵。四貝勒艴然曰。正宜耀兵列陣。明示敵人。壯我夫役士卒之膽。俾併力以戰。何故令兵立隱僻地耶。巴圖魯額亦都（後爲一等大臣追封弘毅公）曰。我兵當堂堂正正以向敵人。遂督兵赴界藩。對明兵營列陣而待。初衆貝勒兵未至。我國防衞築城夫役之兵。僅四百人。伏薩爾滸谷口。伺明總兵杜松、王宣、趙夢麟之兵過谷將半尾之追至界藩渡口。與築城夫役合。據界藩山之吉林崖。杜松結營薩爾滸山。而自引兵圍吉林崖。仰攻我兵。我兵四百人。率衆夫役下擊之。一戰而斬明兵百人。時我衆貝勒甫至。見明兵攻吉林崖者約二萬人。又一軍立薩爾滸山巔。遙爲聲勢。四大貝勒與諸將議曰。吉林崖巔有防衞夫役之兵四百人。急增千人助之。俾登山馳下衝擊。而以右翼四旗兵夾攻之。其薩爾滸山之兵。則以左翼四旗兵當之。遂遣兵千人往吉林崖上。至問四大貝勒破敵策。四大貝勒具以前議告。上曰。日暮矣。且從汝等。令分右翼四旗之二與左翼四旗兵合。先破薩爾滸山所駐兵。此兵破。則界藩之衆自喪膽矣。再令右二旗兵。進望界藩明軍。俟我兵由吉林崖馳下衝擊時。并力以戰。是時我國近都城之兵。乘善馬者先至。乘駑馬者後至。其數十里外者。尙未至。於是合六旗兵。進攻薩爾滸山明兵駐營列陣。發鎗礮。我兵仰而射之。奮力衝擊。不移時。破其營壘。死者相枕籍。而所遣助吉林崖之兵。自山馳下衝擊。右二旗兵。渡河直前夾擊。明兵之在界藩山者。短刀相接。我兵縱橫馳突。無不一當百。遂大破其衆。明總兵杜松、王宣、趙夢麟等。皆沒於陣。橫屍亙山野。血流成渠。其旗幟器械及士卒死者。蔽渾河而下。如流澌焉。追奔逐北二十餘里。至碩欽山。時已昏。軍士沿途搜勦者。又無數。是夜明總兵馬林兵營於尙間崖。濬壕嚴斥堠。鳴金鼓自衞。我兵見之。乘夜馳告於大貝勒。翌旦、大貝勒以三百餘騎馳往。馬林兵方拔營行。見大貝勒兵至。回兵結方營。環營濬壕三匝。列火器。俾習火器者立濠外。繼列騎兵以俟。又潘宗顏一軍。距西三里外營斐芬山。大貝勒見之。使人馳告於上。時我國遠路之兵亦陸續至。與大貝勒兵合。明左翼中路後營遊擊龔念遂、李希泌統步騎萬人。駕大車。持堅楯。營於斡勒鄂謨地。環營濬壕。外列火器。上見之。與四貝勒率兵不滿千人。分其半下馬步戰。明兵發火器拒敵。四貝勒引騎兵奮勇衝入。我步兵遂斫其車。破其楯。明兵又大敗。龔念遂、李希泌皆陣沒焉。會大貝勒使人至。知明兵已營尚間崖。上不待四貝勒兵。急引侍從四五人往。日中至其地。見明兵四五萬人布陣成列。上趣合我軍。先據山巔。向下搏擊。衆兵方欲登山。而馬杜營中之兵與壕外兵合。上曰。是將與我戰也。我兵且勿登山。宜下馬步戰。令大貝勒往諭。時左二旗兵下馬者方四五十。明兵已自西突至。大貝勒代善言於上曰。兵已進矣。卽怒馬迎戰。直入其陣。二貝勒阿敏、三貝勒莽古勒泰、與衆台吉等各鼓勇奮進。兩軍搏戰。遂敗明兵。斬首捕虜。過當。方戰時。我六旗兵見之。不及布列行陣。人自爲戰。前後弗相待。縱馬飛馳。直逼明營。明兵發鳥鎗巨礮。我兵衝突縱擊。飛矢利刃所向無前。明兵不能支。又大敗遁走。我兵乘勝追擊。明副將麻巖、及大小將士皆陣沒。總兵馬林僅以身免。滅跡掃塵。尚間崖下河水爲之盡赤。上復集軍士。馳往斐芬山。攻開原道潘宗顏兵。令我兵之半下馬。仰山而攻。宗顏兵約萬人。以楯遮蔽。連發火器。我兵突入。摧其楯。遂破之。宗顏全軍盡沒。時葉赫貝勒錦台什布揚古欲助明。與潘宗顏合。其兵甫至開原中固城。聞明兵敗。大驚而遁。是時我軍既擊破明二路兵。上乃收全軍至固勒班地方駐營。而明總兵劉綎、李如柏等。由南路進者。已近逼興京。偵卒馳告。上遂命扈爾漢先率兵千人往禦。翌日上復命二貝勒阿敏。率兵二千繼之。上率衆貝勒大臣還軍至界藩。行凱旋禮。到八牛祭纛告天。大貝勒代善請曰。吾先歸。從騎十二。微行探信。祀畢上徐來。上許諾。三貝勒莽古勒泰亦相繼行。四貝勒馳至上前。請與俱往。上曰。汝兄微行往探。汝隨我後行。四貝勒曰。兄獨往。我留此。未安也。遂亦行。日暮。大貝勒回興京。入宮則皇后內庭等見大貝勒至。亟問禦敵策。大貝勒曰。撫順、開原二路敵兵已破。誅戮且盡。南來兵已遣將往禦。我待父皇命。當即往破之。於是大貝勒復出城。迎上於大屯之野。上自界藩啟行。至興京。平明命大貝勒、三貝勒、四貝勒統軍士禦劉綎。而留兵四千於都城。待李如柏、賀世賢等之兵。初劉綎兵出寬甸。進棟鄂路。我居民避匿深山茂林中。劉綎悉焚其柵寨。殺其孱弱。佐領託保、額爾訥、額赫。率駐防五百人迎敵。劉綎兵圍之數重。額爾訥、額赫死之。并傷我卒五十人。託保引餘兵與扈爾漢軍合。扈爾漢伏兵山隘以待。巳刻大貝勒、三貝勒、四貝勒引兵出瓦爾喀什窩集。時劉綎所率精銳二萬。先遣萬人前掠。將趨登阿布達哩岡布陣。大貝勒欲引先登。馳下擊之。四貝勒曰。兄統大兵留此。相機爲援。吾先督兵登岡。自上下擊之。大貝勒曰。善。我引左翼兵出其西。汝引右翼兵登山。俾將士下擊。汝立後督視。勿違我言。輒輕身入也。四貝勒遂率右翼兵往。先引精騎三十人。超出衆軍前。自山馳下、奮擊之。兵刃交接。戰甚酣。後軍隨至。衝突而入。大貝勒又率左翼兵。自山之西至。夾攻之。明兵大潰。四貝勒乘勝追擊。與劉綎後隊兩營兵遇。綎倉卒不及陣。四貝勒縱兵奮擊。殲其兩營兵萬人。劉綎戰死。是時明海蓋道康應乾步兵。合朝鮮兵營於富察之野。其兵執筤筅長鎗。被藤甲皮。朝鮮兵被紙甲。其胄以柳條爲之。火器層疊列待。四貝勒既破劉綎兵。方駐軍。衆貝勒皆至。遂復督兵攻應乾。明兵、及朝鮮兵。敵競發火器。忽大風驟作。走石揚沙。煙塵反撲敵營。昏冥晝晦。我軍乘之。飛矢雨發。又大破之。其兵二萬人殲焉。應乾遁去。先是二貝勒阿敏、扈爾漢、前行。遇明遊擊喬一琦兵。擊敗之。一琦收殘卒。奔朝鮮都元帥姜宏烈營。時宏烈據固拉庫崖。衆貝勒復整兵。逐一琦。遂攻朝鮮營。宏烈知明兵敗。大驚。遂按兵偃旗幟。遣通事執旗來告曰。此來非我願也。昔倭侵我國。據我城郭。奪我疆土。急難之時。賴明助我。獲退倭兵。今以報德之故。奉調至此。爾撫我。我當歸附。且我兵之在行間者。已被爾殺。此營中皆高麗兵也。明兵逃匿於我者。止遊擊一人。及所從軍士而已。當執之以獻。四大貝勒定議。乃曰。爾等降。先令主將來。否則必戰。宏烈復遣使來告曰。我若今夕卽往。恐軍亂、逃竄。其令副元帥先往宿貝勒營。以示信。詰朝。我率衆降。遂盡執明兵擲於山下。付我朝遊擊喬一琦自縊死。於是朝鮮副元帥先詣衆貝勒降。翼日姜宏烈率兵五千下山降。衆貝勒安勞之。送宏烈及所部將士先詣都城。上御殿。朝鮮都元帥姜宏烈、及副元帥等匍匐謁見。上優以賓禮。數賜宴。厚遇之。士卒悉留豢養。四大貝勒旣殲南路明兵四萬人。我軍駐三日。籍其俘獲人馬輜重鎧仗而還。是役也。明以傾國之兵。雲集遼瀋。又招合朝鮮葉赫。分路來侵。五日之間。悉被我軍誅滅。其宿將猛士暴骸骨於外。士卒死者不啻十餘萬。我軍邀天佑助。以少擊衆。無不摧挫。迅奏膚功。策勳按籍。我士卒僅損二百人。自古克敵制勝。未有若斯之神者也。時明經略楊鎬駐瀋陽。聞三路兵敗。大驚。急檄總兵李如柏、副將賀世賢等回兵。如柏等自呼蘭路遁歸。我哨兵二十人見之。據山上。鳴螺。繫帽弓梢揮之。作招集大兵狀。已而呼噪下擊。殺四十人。獲馬五十四。明兵奪路而逃。相蹂踐死者復千餘人。庚寅。大軍還至都城。上顧衆貝勒大臣曰。明以二十萬衆。號四十七萬。分四路併力來戰。今我不踰時破之。遂獲全勝。各國聞之。若謂我分兵拒敵。則稱我兵衆。若謂我往來勦殺。則服我兵強。傳聞四方。孰不懾我軍威者哉。嗚呼。由是一戰。而明之國勢益削。我之武烈益揚。遂乃克遼東。取瀋陽。王基開。帝業定。夫豈易乎。允因我太祖。求是於天。復讐乎祖。同兄弟子姪之衆。率股肱心膂之臣。親冒矢石。授方略。一時聖嗣賢臣。抒勞效悃。用成鴻勳。我大清億萬年丕丕基。實肇乎此。予小子披讀實錄。

未嘗不起敬起慕起悲。愧未能及其時。以承訓抒力於行間馬上也。夫我祖如此勤勞所得之天下。子若孫視此戰蹟。而不思所以永天命。綿帝圖。兢兢業業。治國安民。凜惟休惟恤之誡。存監夏監殷之心。則亦非予子孫而已。爾此予覩薩爾滸之戰所由書事也。此予因實錄尊藏人弗易見。而特書其事。以示我大清億萬年子孫臣庶。期共勉以無忘祖宗開創之艱難也。

第十章　明朝之內政紊亂

萬歷初政與張居正　前節所述明廷派遣十萬兵於遼東。極爲困難。蓋萬歷季年之國家經濟眞所謂瀕於危殆者也。萬歷帝當初政時。稍有令名。皆由張居正卓越精力之輔佐而來。講述聖學。申明祖訓。起衰振隳。不稍苟假者。江陵宰相之政綱也。使日講官注帝之起居進帝鑑圖說。以範君德者。居正之面目也。彼以當時立國之要務。在强主權。號令一下。雖萬里之外。亦必奉行。彼又屢調查戶口。測度民田。去徭役之浮額。萬歷七年。減冗費。追徵額百餘萬兩。汰去內外冗員。十年正月。又令免天下欠租凡二百餘萬兩。非府庫充實。安得如此耶。惟居正用人。不免出以愛憎。阿諛之徒。間有譽之爲伊尹周公。比之爲舜禹者。彼恬然不以爲怪。然置名將戚繼光於北京附近。以當蒙古。置李成梁於遼東。以當女眞。其一生治績顯然不可沒也。居正以嚴厲態度當國步艱難時。能得帝之（神宗）信任。躋國家於太平相傳帝在講筵讀論語至色勃如也一句。誤讀勃爲背。居正遽厲聲曰。非背當讀勃。帝悚然驚起。同列皆失色。由是帝益心憚之。卽此一端。可以見已。萬歷十年。居正死於位。爾後帝親政。明之邊境。東西漸有搖動。其一爲哱拜反亂。起於今甘肅省寧夏。其一爲受日本豐臣秀吉征韓之影響是也

朝鮮之役之影響　萬歷二十年。卽日本文祿元年。是年豐臣秀吉。大築城於肥前之名護屋。以爲行營。徵發西日本之兵。遣諸將伐朝鮮。兵十三萬人。水師九千二百人。舳艫相銜而至釜山浦。加藤淸正、小西行長爲先鋒。大谷嘉隆、藤堂高虎等率水師。分海陸攻擊。所向皆破。進陷王城。國王李昭走義州。求援於明廷。淸正擒其兩王子。攻畧北境。八道盡陷於日軍。明國大驚。以祖承訓爲將。率大軍來援。行長逆擊破之。明宰相石星等大恐。遣說士沈惟敬講和。其時李如松方平北邊。自恃雄武。唱主戰說。再以大軍來戰。小早川、隆景等迎於碧蹄驛。大破之。如松僅以身免。保平壤城。日本征韓軍留朝鮮者已四年。沈惟敬乘行長等戰力之疲。行和議。日軍撤還。和議之成。約七事。其第四條。朝鮮半國屬於日本。沈惟敬居中變換辭命。慶長元年。萬歷二十四年明使至伏見。贈秀吉以國王封册。如足利氏之例。而無割地之事。秀吉怒其違約。且責其無禮。再舉伐朝鮮。與明軍相持踰年。會秀吉薨。遺命回軍。明出兵於朝鮮之原因。雖有種種之議。因國防上之必要。有不得不出兵之勢。但戰事持久。需兵力甚多。

明史日本傳自關白侵入東國以來。前後七歲。失師數十萬。糜餉數百萬。中朝與朝鮮。未操勝算。至關白死。兵禍始休。所謂數十萬兵。不甚明確。大約前後動員有四五十萬人。明王德完論當時兵餉曰。本朝歲入大約四百萬兩。歲出四百五十萬兩。然寧夏用兵之結果。支出一百八十七萬八千餘兩。朝鮮用兵亙七年。於餉銀五百八十二萬二千餘兩外。支出二百餘萬兩。播州用兵之結果。又支一百二十一萬六千兩。累年積算。逾二千六百餘萬兩。據此報告。明之財政頗告窮窘。加以帝自中年以後。奢侈之度。逐歲增加。萬歷中所行礦稅。最招人民嗟怨者。卽所以補充此等財政之缺陷者也。

開礦及增稅之弊　使獨占礦山以採礦。始於萬歷二十四年之秋。其始開採之區域。以畿內爲限。後及於河南、山西、南直、湖廣、浙江、陝西、四川、遼東、廣西、廣東、江西、福建、雲南。無地不開採。開礦本非弊政。但國家以應急之手段。無所抉擇。且一委於宦官之手。遂釀大禍。神宗先命地方守土官吏。報告礦脈所在。宦官與此等官吏。合而開採。其礦脈微細。無所得者。命其地居民償之。又稍忤地方有司之意志者。直逮捕之。甚至富家巨族。誣爲盜礦者。有良田美宅者。以其下有礦脈。直沒入之。新增之稅。又極繁多。就一般言。天津店鋪稅。廣州採珠稅。而兩淮鹽稅。浙江福建廣東市舶稅。成都茶鹽稅。重慶名木稅。長江船稅。荊州店稅。寶坻魚葦稅。或係新設。或係增加。貪婪宦官。所至設廠。以奸民爲爪牙。剝奪無所不至。窮鄉僻壞之米鹽鷄豕。皆令輸稅。由是中人家產。大半傾敗。神宗秕政。猶不止此。其諸皇子成婚。取中央國庫（太倉）之銀二千四百萬兩。又爲愛兒福王營河南邸第。支常制之額十倍。且自萬歷二十年前後。宴居深宮。二十餘年之久。僅接見大臣一次。其荒怠情形。可以想見。開礦之弊。廷臣陳疏。前後及百數十次。彼毫無悔悟。但侍臣云礦使破壞天下名山大川靈氣。將盡。恐不利於聖躬。始下停礦之命。而惡稅則終帝之世不改。彼又素嗜鴉片。二十年不朝見者。或卽受煙毒之原因所致也。張居正在萬歷初年所立財政之基礎。至是破壞殆盡已。

立太子問題及東林黨論　明黨言論之熾。爲漢人種之特色。神宗時立太子問題。其一事也。帝之長子常洛。爲王恭妃所生。年齒旣長。以次子常洵爲寵妃鄭貴妃所出。久不肯立太子。廷臣請早定太子以立國本。忤帝意。得罪者甚多。閣臣之中。有贊立太子之議者。陽贊之而陰預鄭貴妃等宮掖之陰謀。吏部郞中顧憲成。欲使主張立太子說之王家屏入閣。忤帝意。削籍歸鄕里。還無錫。再興宋楊時講學所之東林書院。與同志高攀龍集諸生講學。以砥勵氣節。東林書院。由是爲海內儒者之宗。四方學者集之。講習之餘。必論時事。諷議朝政。裁量人物。最指彈宦官。朝士不得志者。遙相應和。東林之名大著。其後考功郞趙南星、左都御史鄒元標。罷官因歸鄕里講學。海內目顧、趙、鄒三人。稱三君子。其名行聲氣。聳動天下。其徒總稱東林。自相標榜。稱爲淸流。負氣節。抗政府。凡曰東林者。不必皆爲君子。其因不得地位而不平。以攻擊當道為快之偽君子亦不少。當時廷臣亦互立朋黨。關預時政。有祭酒湯賓尹等所率之宣崑黨。言路有齊、楚、浙三黨。就中齊黨之勢最盛。御史者天子之耳目。所以彈劾大臣之姦邪小人之搆黨。百官之貪濫者也。考察權限與吏部共司黜陟。大獄重囚。刑部大理寺共會鞫。又有直奏政治得失軍民利弊之權。至於六科給事中則所以封駁制敕之得失。凡大事之廷議。大臣之廷推。大獄之廷鞫。均得預聞。萬歷末年彼等濫用此權。其風尚以抗章訐發彈劾閣臣為能。以致釀成閣臣言官相水火之局。而神宗躭於宴安。內外一切章奏不省。又為致此之大原因。滿廷臣僚無由仰見聖斷。遂藉黨勢而行其意。萬歷三十六年閣臣補缺。顧憲成與閣臣葉向高、孫丕揚等推巡撫鳳陽都御史李三才。廷臣宦官反對之。宣崑楚齊相結託而挫之。彼等益攻東林。終創大東小東之說。目東宮常洛為大東。稱東林為小東。以排斥異己為能事。大僚非其黨者不能安於位。當時有虎豹之稱。每六年吏部行京察大典。阻撓部議。無所不至。萬歷三十九年之察典。尚書孫丕揚與侍郎王圖等計議大黜宣崑黨。遂起非常之爭。孫丕揚亦以失意者之攻擊辭職而去。萬歷四十年。以東林反對黨之趙煥代之。至尚書鄭繼之之時。反對東林益甚。遂有丁巳之京察。一時清流與彼黨異趨者。悉廢錮焉。

・挺擊・紅丸及移宮・　此三案亦言論之爭點也。挺擊者如前所述。神宗久不立太子。及羣臣數請立太子。不得已。於萬歷二十九年冊立常洛爲太子。然鄭貴妃尙謀立其子福王常洵不止。太子之地位。甚爲孤危。羣臣又奏請福王就藩不已。神宗終以四十二年。令福王赴河南。翌四十三年。有名張節者。攜木挺入太子慈慶宮。擊傷門者。幸張節於前殿就縛。太子得無事。刑部郎中胡士相以瘋癲具獄。提牢主事王之寀偵知爲鄭貴妃宮內馬三道等所嗾使。中外皆謂出於貴妃弟鄭國泰之謀。貴妃哀請於太子。神宗執太子之手。責羣臣以離間父子之恩愛。太子以爲瘋癲之行。爲不深介意。磔殺張節。遠流馬三道等。其事乃解。紅丸之事。亦此而起。此非起於萬歷之朝。但與挺擊之問題實相關聯。神宗於萬歷四十八年死。太子常洛立。是爲光宗。卽位數日病。鄭貴妃使宦官崔文昇進藥。體益不適。閣臣方從哲、使鴻臚寺丞李可灼進紅丸。病勢俄革。翌日遂殂。方從哲稱遺旨與李可灼、以銀幣。世人頗疑李可灼。御史王安舜彈劾方從哲輕薦狂醫。又賞之以自掩。給事中惠世揚數從哲十罪三可殺。從哲遂辭職。天啟初。禮部尙書孫愼行謂以非太醫之李可灼。進不知何藥之紅丸。追劾從哲有弒逆之罪。紅丸之爭端又起矣。移宮之案。當光宗死時。鄭貴妃所進帝妃之李選侍在乾清宮。與宦官魏忠賢密謀擁立皇長子以自重。閣臣劉一燝等奪皇長子。急於文華殿舉立太子式。次奉之於乾清宮。左光斗、楊漣等以爲非嫡母生母之李選侍。尊居於內殿之長清宮。太子反退處於慈慶宮。劾爲不法。李選侍不得已。移於噦鸞殿。太子正位於乾清宮。

然移宮之時。李選侍侍者魏忠賢等。盜出內府私藏金寶。因法司案治甚急。劉一燝等以爲虐待先朝妃嬪。故爲流言。御史賈繼春奏請奉安李選侍。帝責其妄議而削籍云。

第十一章　奪取明廷之遼東

●熊廷弼經略遼東●　薩爾滸戰敗績。明人更重視遼東問題。經略楊鎬逮捕下獄。新任命者爲熊廷弼。廷弼字飛白。江夏人。朝廷以其前曾巡按遼東。頗通邊務。故起用之。彼臨行時上言遼東爲京師之肩背。河東爲遼鎭之腹心。開原又爲河東之根本。欲保遼東。則開原必不可棄。敵未破開原時。北關及朝鮮。猶足爲腹背之患。今已破開原。北關不敢不服。若遣一介之使。朝鮮不敢不從。既無腹背之患。必合東西之勢以交攻。然則遼瀋何可守也。乞速遣將士。備芻糧。修器械。勿窘臣用。勿緩臣期。勿中格以沮臣氣。勿旁撓以掣臣肘。勿獨遺臣以艱危。以致誤臣誤遼兼誤國也。疏入悉允。且賜尙方劍以重其權。廷弼之方略。以爲固守遼東。敵人自漸陷於窘迫之地。但所顧慮者。不在敵勢。不在兵力之寡弱。而在朝廷之言官。彼臨行時痛論中格旁撓之罪。勝於誤國。卽爲此也。四十六年七月。甫出山海關。至遼西之十三山。鐵嶺復失。瀋陽及諸城堡之軍民。一時盡竄逃。廷弼兼程進入遼陽。人心洶洶。居民荷擔有朝不圖夕之情形。廷弼查閱兵力。驚其逃亡之多。以爲不正軍法。不明軍紀。則目前難以維持。遂以到任之第五日。下命斬逃將。繫三逃將於庭下而推鞫之。乃問曰。昔在撫順從張承蔭逃陣一次。又從杜松逃陣一次者。非劉遇節乎。衆曰然。然則於法如何。曰應斬。又問曰。臨陣背主先逃。致杜松呼恨切齒而死者。非王捷乎。衆曰然。然則於法如何。曰應斬。又問曰。陷鐵嶺棄城逃生者。非王文鼎乎。衆曰然。然則於法如何。或曰文鼎到城僅一日。其情可矜。廷弼曰不然。其情可矜。於法無可赦。應斬。遂出而斬之。以祭死節之將士云。是年八月二十九日。上書朝廷。頗足以見當時之情形。今揭其要如左。

遼東見在兵有四種。一曰殘兵。從主將趙甲逃陣甲死。而歸錢乙。又從錢乙逃陣乙死。而歸孫丙。或七八十人。或二三百人。身無片甲。手無寸械。隨營糜餉。裝死扮活。不肯出戰。此殘兵之情形也。一曰額兵。開原一道。全額已亡。卽臣標下兩翼。亦併全亡。至於闔鎮額兵。或死於征戰。或圖厚餉逃爲新兵者。又皆亡去其大半。此額兵之情形也。一曰募兵。傭徒厮役。遊食無賴之徒。豈能慣熟弓馬。豈能膂力過人。朝投此營。領出安家月糧。暮卽投之彼營。暮投河東。領出安家月糧。朝卽投之河西。點册有名。及派工役而忽去其半。領餉有名。及聞警告而又去其半。此募兵之情形也。一曰援兵。各鎮挑選。誰肯以强人壯馬來。誰肯以堅甲利刃來。每一過堂。弱軍羸馬。朽甲鈍戈。不堪入目。而事急需人。又不暇發回。以另換精壯。此援兵之情形也。皇上以爲有兵如此。能戰乎。能守乎。自喪敗以來。總兵以下。副參遊擊都守備以至中軍千把總指揮千百戶。死者五六百員。降者百餘員。遼將援將。

已是一掃淨盡。又募兵萬數千人。卽求一世職爲中軍千把總分布管領。亦不可得。況今一二見在將領。皆屢次征戰存剩。及新敗久廢之人。一聞警報無不心驚膽喪者。皇上以爲缺將如此。能戰乎。能守乎。良馬數萬。一朝而空。今太僕寺所存寄之馬。旣多瘦小。驛馬更矮小。兵部主事王繼謨所市宣府大同馬。並無一匹解到。卽現在馬一萬餘匹。半多瘦損。率由軍士故意斷絕草料。設法致死。圖充步軍以免出戰。甚有無故用刀刺死者。以此馬愈少而倒損甚多。皇上以爲馬匹如此。能戰乎。能守乎。堅甲利刃長鎗火器。喪失俱盡。今軍士所持弓皆斷背斷絃。所持箭皆無翎無鏃。刀皆缺鈍。鎗皆頑禿。甚有全無一物而借他人以應點者。又皆空頭赤體。無一盔甲遮蔽。今將開局打造。旣無鐵。無匠。而需索中央庫局所貯。又急不能到。皇上以爲器械如此。能戰乎。能守乎。聞風而逃。望陣而逃。懼戰而逃。頃聞北關信息。各營逃者日以千百計。如逃止一二營。或數十百人。臣猶可以重法繩之。今五六萬人。人人要逃。營營要逃。雖有孫吳軍令。亦難禁止。皇上以爲軍心如此。能戰乎。能守乎。又使民有同仇之意。各顧身家性命。同心協力。效死固守兩三日。以待救援。亦可以捍禦。今瀋陽皆已逃盡。遼陽先逃者已去不復返。現在者雖畏不敢逃。而事急之時。臣安能保耶。況今日遼人已傾心向奴矣。彼雖殺其身。殺其父母妻子。而不恨。而公家一有差役。則怨不絕口。彼遣爲奸細。則輸心用命。而公家派使守城。雖以哭泣感之。而亦不動。皇上以爲民心如此。能戰乎。能守乎。假令皇上於撫順初失時用臣。臣力猶能處此以保全遼。卽於開原鐵嶺未陷時用臣。臣力猶能禦之以顧北關。今臣不能制邊矣。不能保遼矣。臣又思之漢唐以來建都皆在中土。遼地尙無關輕重。今遼實神京左臂。萬一不測。剝牀及膚。如何如何。

廷弼此疏上後。誅貪將。罷無能。努力籌備火器戰車弓箭被服等。彼在任中所集兵數蓋越十八萬。而遼東舊額兵不與焉。彼又知非進取之時機。專取守禦之策。其守禦之遠自靉陽、清河、亙撫順之東北。成爲一線。然廷弼如此計畫。始終爲廷臣所撓。致令熱心之主張終不得行。豪邁之奴兒哈赤知廷弼難侮。不輕出兵。然不幸東林黨爭影響及於此事。廷弼遂去任。時天啟元年十月也。廷弼去任。袁應泰代之。

遼陽城陷　天命六年。（泰昌元年）太祖率兵略奉集堡。守將李秉誠來戰。左翼四旗兵擊之。右翼兵搜勦至黃山。黃山守將不戰而遁。四貝勒兵掩殺至武靖營。營在今奉天西。三月十一日。太祖親統八旗水陸並進。圍瀋陽城。十三日城陷。是實由於蒙古之爲內應也。太祖既取瀋陽。議曰。宜乘勢取遼陽。卽進至虎皮驛。明偵卒入告遼陽守城文武將僚。聞之大駭。遂決太子河水。注於壕。閉西閘。沿隍盡列槍礮守禦甚嚴。二十一日。太祖之兵擁礮車過太子河。至東山結一大營。直與東門外之明兵。礮火交攻。明兵不支。太祖乃出步兵攻小西門。使蒙古騎兵當東門。別以左翼四旗牽掣城外明兵。二十二日。城陷。經略袁應泰等死之。據明人記錄。謂應泰死難時。顧巡按御史張銓曰。泰不才。邀倚方之寵靈。固當以身許國。但按臣有閫外之責。尙當收拾餘燼。爲退守河西之計。泰死不朽矣。未幾。小西門火起。敵兵先登。遂有內應者開門。城內大亂。應泰知勢之不可救。登樓引刀自裁。張銓被捕。亦不屈而死。分守道何廷魁。率其二女二妾投井死。統兵以外諸軍。望見城中火起。皆潰散。翌旦。敵酋始入城。使二叛將收集西兵。許以月餉三兩。以剃頭爲歸順之證。二十三日。下令括民衣。許富室留九件。中人五件。下人三件。又聚貨物於東方教場。分給西虜。二十五六日。驅漢人使赴北城。屯民使歸村堡云云。其所敍述頗爲詳盡。遼陽已陷。由是遼河以東七十餘城。悉降金國。乃遷都於遼陽。

熊廷弼及王化貞之不和 遼陽失陷之報至。京師大震。閣臣劉一燝曰。使廷弼在遼。當不至此。天啓帝乃復詔起廷弼於家。同時擢王化貞爲巡撫。化貞前曾守遼西。懷柔蒙古。稍收成效。朝廷以其才可用。故任之。化貞入廣寧。招集散亡。廣寧之地在山隈。登山可俯瞰城內。恃三岔河爲險阻。化貞至時。廣寧止孱卒千人。既而漸得萬餘人。彼乃激厲士民。聯絡蒙古。人心稍定。化貞提弱卒。守孤城。氣不懾。時望赫然。朝廷亦舉遼西。付託於化貞。熊廷弼入朝。首請免言官而貶謫之。帝不許。乃建三方布置策。三方者。廣寧用步騎兵。於遼河沿岸列堅壘。以控制敵之全勢。天津及山東之登州萊州置海軍。乘虛而衝其南部。以分敵勢。而山海關特設經略。節制三方。以一事權。帝從之。彼又募兵二十萬。芻糧器具。責成戶兵工三部。彼以七月到任。臨行帝特賜麒麟服一。彩幣四。宴之於郊外。命文武大臣陪餞。異數也。先是袁應泰死。薛國用代爲經略。以病不任事。化貞乃部署諸將。沿河設六營分守之。廷弼不謂然。疏言遼河窄而難恃。堡小而難容大兵。今日但宜固守廣寧。若駐兵河上。兵分則力弱。敵以輕騎潛渡。直攻一營。力必不支。一營潰則諸營潰。西平等諸戍亦不能守矣。河上止宜置游兵。更番出入。示敵以不測。不宜屯聚一處。爲敵所乘。自遼河至廣寧間。多置烽堠。西平諸處置戍兵。爲傳烽哨探之用。而大兵悉聚於廣寧。蓋遼陽距廣寧三百六十里。敵騎非一日所能到。苟有聲息。我必預知。斷不宜分兵力也。明廷採用此議。化貞不懌。化貞又改四方援遼之師。爲平遼之師。遼東人多不悅。廷弼言遼人未叛。乞改爲平東或征東。以慰其心。此等事皆深拂化貞之意。所謂經撫不和之說。從此起矣。廷弼官位雖在化貞上。其實權反在彼下。化貞擁兵十餘萬。廷弼僅有兵四千。化貞爲人騃而愎。素不習兵。輕視大敵。好謾語。廷弼性剛。負氣謾罵。不爲人下。然有膽略。解兵事。非化貞比。兩者之間。因事每有牴牾。化貞曰蒙古可用。廷弼曰不然。化貞曰李永芳內附可信。廷弼曰否。化貞曰可進兵。廷弼曰非時機。大敵在前。而戰守之議不決。此皆朋黨之害。而影響及於邊事者也。自天啓元年六月迄十二月。

太祖西則懷柔蒙古。東則威嚇朝鮮。兵備又整。遂以翌年（天命七年）一月發進軍之令。

廣寧之陷　廣寧之敗。廷弼所逆料。廷弼欲集兵力於廣寧。引敵兵於城下。更從側面取攻勢。此雖非必勝之策。然較之化貞分布兵力於諸城。固爲得計。化貞不從。分兵於鎭武、西平、閭陽、鎭寧等、廣寧東南各堡。自擁重兵於廣寧。當時篤信化貞才略之張鳴鶴。於此兵略亦不甚以爲得計。天啓二年正月。太祖之兵圍西平甚急。化貞信中軍孫得功計。盡發廣寧兵畀得功。兵至閭陽大敗。廷弼得報。發錦州至大淩河。遇化貞。惟二僕人從。化貞哭。廷弼笑曰。六萬之虜。一舉可以蕩平。今竟何如。化貞慚不能答。化貞又議守寧遠及前屯。廷弼曰。嘻已晚。惟護潰民入關可耳。關者山海關也。太祖之兵追擊至寧遠西南而還。明逮捕化貞。查問廷弼。左都御史鄒元標等奏二人並論死。當行刑。廷弼賄內廷。請緩死期。觸魏忠賢之怒而不行。會有遼東傳一書出現。有譖於帝者曰。此廷弼所作。希脫罪耳。帝怒。遂棄市。傳首九邊。時天啓二年八月也。

後金之遷都　太祖之都。約三遷。最初之都城。設於今之興京。前已略述。薩爾滸山戰後。營界凡城。尋築薩爾滸山。然無所謂都城也。攻取遼陽時。以其地之經略公署爲本營。然又不久。天命七年三月。在太子河右岸。今新城之地。築東京城。四月。興京山陵移於城之東北楊魯山。是爲第二之建都。住東京城約三年。天命十年三月。移於今之奉天。卽瀋陽城也。清實錄云。太祖議建都。衆皆曰。東京城宮室方成。民人家屋尙未完。今又遷移新興大役。未免疲勞民力。太祖曰。不然。瀋陽形勢之地。西征明室。自都爾弼渡遼河。路直且近。北征蒙古二三日可至。南征朝鮮。可由清河路以進。且從渾河蘇子河上流伐木。順流而下。以此治宮室。供炊爨。不可勝用也。時而出獵。山近獸多。河中水族。亦可捕取。我籌之熟矣。遂啟行而至瀋陽。爾後瀋陽爲滿洲首都。至順治元年。遷都北京。時不變移云。

第十二章　太祖死於瘡痍

廷議之弊　明廷自廣寧敗績之後。言論紛紛。爲戰爲守。皆無定議。尙方之劍。下賜於廷臣者幾次。賜尙方劍之意。在許閫外之將相有專斷之權。然中央政府之言論。仍得掣肘邊臣。終不得何等之實權。以軍國大事。付之於文官口舌。如之何其可言戰言和。徒供朋黨上之問題。以爲是非耳。吾人前述熊廷弼。因言官彈劾去任。未幾而遼河以東失陷。遼陽既陷。朝廷再起廷弼。黨論又紛紛發生矣。廷弼方竭力辨駁之間。又喪失山海關以東矣。而明人尙不覺悟。以爲邊疆之事。武備必不劣於敵人。就中新自葡國輸入之火器。雖可以寒敵人之膽。然以無定見之施設。逐歲變移。使敵得乘虛而入。又烏得不敗耶。故謂明人之敗。雖由於軍備財政。而實由於議論者。非過甚之言也。

王在晉政策之評論　自王化貞敗歸。有欲以山海關爲防禦地者。有欲以關外作防禦地者是非之議。喧擾不已。及王在晉出爲經略。在山海關外數里地之八里鋪。造新城。與關之舊城相峙。設重關計畫已成。先是廣寧敗兵西走之時。有袁崇煥者獨策馬出山海關。還揚言於朝曰。與我軍馬錢穀。我一人足守此。朝廷奇其才。擢監關外軍。發帑金二十萬。俾招募散兵。崇煥終不欲奔走於在晉之下。乃對八里鋪築城一事。極力反抗之。在晉爲人。未始無遠略。有劾以十三山難民滿數萬。而彼僅救出六千人者。其實彼對於遼東之難民。頗慮無處置之方。以吾人觀之。彼於明季之財政。尚能知其情形。彼所謂財政之瀕於危殆。比奴酋尤可畏也。彼於天啓之初。要求遼東兵餉八百餘萬。乃於地租附加稅每畝加編七釐。止得四百萬兩。且默察各地方對於土兵之動員。已加增之新稅。並進而顧慮人民之負擔。其影響所及若何。彼以爲處置難民之難。更甚於外敵也。彼上封事謂袁崇煥每曰。我不惜身命。予應之曰。身命與封疆孰重。予乃令彼往前屯安插遼民。四鼓入城。夜行入荊棘蒙茸虎豹潛伏之地。予未嘗不壯其氣。而深慮其輕進也。予又嘗謂今歲甲兵具備。明年伺敵隙可襲廣寧。然必有恢復全遼之力量。而後廣寧可復。有滅虜之力量。而後全遼可復。否則得而必失。徒啓無窮之爭。而遺不了之局耳。故予之亟亟守山海關者。非以關門自劃也。其反駁八里鋪之議。則答曰。中前所在山海關東三十五里外。前屯在七十里外。覺華島在二百里外。予未嘗不發兵守備。然屯大兵於此等地方。所憂更甚。萬一此等之地陷於敵人。吾等直有開關門而容納逃兵耳。且烏合之兵。不足守此等要地。間諜不可恃。兵器糧餉不可繼。又將奈何。予非敢以山海關爲限也。顧國力不足也。彼之言皆老成持重之見。非出臆斷。自一面觀察之。固不合於兵家攻守之見。是以在晉之議。不爲少壯者流所悅。自彼去後。八里鋪之議。遂寢。明國乃採袁崇煥之議。而傾全力於寧遠城及覺華島矣。

袁崇煥與寧遠城之守備　守寧遠之議。雖由於崇煥之建言。而熱心主張之者。不得不推兵部尚書孫承宗。崇煥所以能自展其才力者。一賴承宗之援助。覺華島爲橫於今寧遠城西南海中之島嶼。崇煥以此島爲貯積糧餉之根據地。置水師。而航路可通山東及朝鮮。有機可乘。則溯遼河而襲敵。至寧遠城。則足以遮斷敵之來路。彼於是傾全力以築城。天啓三年九月。孫承宗決守寧遠。先命祖大壽築城。大壽度朝廷不能遠守。僅築十分之一。且疏薄不中程。崇煥至乃定規制。高三丈二尺。雉高六尺。趾廣三丈。上二丈四尺。命諸將分築以翌年完工。直接輔助此事者。乃名將滿桂也。於是崇煥就職。誓與城共存亡。又能撫將士。部下樂爲盡力。天啓五年夏。崇煥分遣將士於錦州以東地。當時之寧遠。於遼西最爲殷富。十月孫承宗罷。高第代之。謂關外必不可守。又令盡撤錦州諸城守具。移其將士於關內。崇煥爭之。不聽。第意堅甚。並欲撤寧遠前屯二城。崇煥曰。我已前言之矣。官此當死此。我必不去。第無以難。乃撤錦州、右屯、太小凌河及松山、杏山、塔山等守具。驅屯民入關。明廷朝令暮改莫甚於此。自是山海關數百里之地。再遺棄於境外。惟寧遠孤城。孑然僅存耳。袁崇煥滿桂等。何所挾持以待常勝之敵耶。太祖諜知經略易人。以天命十一年（天啟六年）正月大軍西征。

太祖負重傷。　後金前者利用熊廷弼之去而略取遼河以東。今又利用孫承宗之去。直思奪取山海關。彼視寧遠城之守備以為不值鎧袖之一觸。太祖此次之兵數不下十萬。可謂傾國之師。正月二十三日。太祖進下遼西諸城。遂越寧遠五里。橫截山海關大路而駐營。太祖先遣放俘囚。勸袁崇煥降。告曰。我將兵三十萬來攻。此城破之必矣。爾衆若降。即封以高爵。崇煥答曰。汗何故遽爾加兵耶。錦州寧遠二城。乃汗遺棄之地。我修治之。義當死守。豈有降之理耶。所云來兵三十萬。料不過十三萬。予亦豈少之哉。不從命。集滿桂祖大壽等將士誓死守。刺血為書。激以忠義。將士感奮。咸請効死。乃盡焚城外民居。悉令入城。中逃者處斬。崇煥此時守城。其確以為可恃者。葡國新輸入之多數巨礮。及善於施放火器之閩卒。彼所視之如生命者也。二十四日午前二時。太祖之兵攻城之西南隅。被火礮擊退。乃鑿城根以攻之。又不成。城兵見敵有怯色。乃攜棉花火藥。進而燒敵之戰車。翌日又攻城。終不能克。據清記錄。則此時損傷遊擊二人。備禦二人。兵五百。太祖謂諸貝勒曰。予自二十五歲以來。戰無不勝。攻無不克。何獨寧遠一城不能下耶。不懌累日。其實太祖已負重傷。此役朝鮮使者在城中。就所親見者記其事。比明之記錄更詳。今錄於左。

我國譯官韓瑗隨使命入朝。適見袁崇煥。崇煥悅之。請其入鎭。崇煥戰事節制。雖不可知。而軍中甚靜。崇煥與三數幕僚閒談。及報賊至。崇煥乘轎至戰樓。又與瑗等談古論文。略無憂色。俄頃放一礮。聲動天地。瑗懼不能仰視。崇煥笑曰。賊至矣。乃開窗見賊兵。蔽野而進。城中了無人聲。是夜賊入外城。蓋崇煥預空外城。爲誘入之地也。賊併力攻城。又放大礮。城上一時舉火。明燭天地。矢石俱下。及戰方酣。從每堞間推出甚大且長之木櫃。半在堞內。半出城外。櫃中伏甲士。俯下矢石。如是數次。又從城上投枯草油物及棉花無數。須臾地礮大發。土石飛揚。火光之中。見胡人與胡馬無數。騰空亂墮。賊大挫而退。翌朝見賊隊擁聚於大野之一邊。狀如一葉。崇煥遣一使備物謝曰。老將久橫行天下。今日敗於小子。豈非數耶。奴兒哈赤先已負重傷。及是供禮物及名馬回謝。而約再戰之期。因懣恚而斃。

太祖乃僅焚掠覺華島而班師。自古兵驕必敗。太祖之攻寧遠。實爲疏忽。太祖兵法有曰。攻城必操勝算而後動。若攻之不能拔。反損兵氣。今一旦自蹈覆轍。此所以自誇勇智之太祖。不勝其悔恨之念也。彼欲醫此傷瘡。是歲七月。乃赴清河。浴於溫泉。乘舟而下太子河。派人召大福金來。福金者。后妃也。至距瀋陽四十里靉鷄堡而殂。年六十有八。然太祖之柩未冷。宮庭之間。又演出慘劇。據淸實錄曰。太宗之母。出自葉赫。福金死後。太祖立烏喇之滿大貝勒女爲大福金。大福金美丰儀而心術不端。頗拂太祖意。雖有機巧。皆制於太祖。太祖以己死後必有擾亂國政之憂。預書遺諸貝勒曰。我死後必以之爲殉。諸貝勒以遺命告大福金。大福金不願從死。語頗支吾。諸貝勒堅請之。大福金遂著禮服飾以金玉珠翠珍寶之物。涕泣謂諸貝勒曰。吾年十二侍先帝。今二十有六年。何容相離。但吾二子多爾袞多鐸共幼。幸恩養之。大福金遂殉死。年三十有七。與上同殮。殉太祖者。此外有阿濟根、德因澤二庶妃。大妃烏拉納喇氏。雖曰繼母。然太祖之正妃。諸貝勒之母也。乃以父之遺言爲質。共要請而置之於死。未免不孝矣。清朝之記錄。於當時眞情。頗爲掩飾。乾隆時重修實錄。乃全删之。吾人推求其故。當由於太宗爭奪汗位。出此隱謀。謂出於太祖之遺言。其實與事實上適相違反也。就朝鮮所聞。則太祖臨死時。謂貴永介曰。九王當立而年幼。汝攝位後。可傳九王也。貴永介以嫌疑。遂讓洪太氏。貴永介卽長子代善。洪太氏卽四貝勒太宗是也。九王卽睿親王多爾袞。是太祖欲以最寵納喇氏所出之多爾袞繼汗位。因子幼母寡。暫以長子攝位。其心苦矣。然而太宗前半生之骨肉相賊。禍因亦自此始。

太祖遺事

(一)不飲酒

奴兒哈赤平生不嗜酒。此於太宗誡侍臣語。引太祖行狀知之。

世所傳太祖訓言。不免稍出於後人之文飾。然彼抱名世之才德。固無疑也。嘗訓羣臣曰。君爲天所立。臣爲君所任。國務殷繁。必得衆多賢才。量能而授職。天下之全才無幾。一人之身。有所知有所不知。有所能有所不能。故勇能攻戰者。宜使治軍。優於經濟之才者。可使理國。博通典故者。可諮得失。嫺習儀文者。可襄典禮。當隨地旁求。列於庶位。又曰嘗聞古訓。心貴正大。予思心所貴者誠。無貴於正大。卿等薦人。勿曰舍親而擧疎。當不論家世。不拘門第。擧其心術正大者。其一才一藝之士。亦國家之所需也。其人若堪輔弼大業。急宜顯陟。

(三)卽位之訓言

天命元年正月。太祖卽位。訓貝勒大臣曰。聞上古至治之世。君明臣良。同心同濟。惟秉志公誠。能去其私。天心必加眷佑。地靈亦爲協應。蓋天無私而四時順序。地無私而萬物發生。人君無私。以修其身。則君德淸明。無私以齊其家。則九族親睦。無私以治其國。則百姓乂安。是以萬邦協和。亦不外於此。爲治之道。惟在一心。又諭羣臣曰。賢臣翊贊朝廷。必本忠誠之心。視國家如一體。質諸天地而無慚。蓋忠誠而慈惠。則利濟必周。忠誠而敏速。則庶務就理。忠誠而武勇。則克敵奏功。施之凡事。皆可勝任。若慈惠而弗忠誠。施與必不公平敏達而弗忠誠。更張適滋紛擾。武勇而弗忠誠。輕敵寡謀。益取敗而致亂。才具雖優。動輒得咎。故明君治國。務先求忠誠之人而倚任之也。又諭曰君德明則賢臣悅君德暗則賢臣憂。人君智慮未周。必咨詢嘉謀讜論。聽而受之。然後稱睿哲之主。人臣有闕卽以入告。且盡言規諫。乃可謂忠誠。夫事方興而卽諫者上也。事已定而後諫下矣。然猶愈於不諫。求忠誠於直言。有不裨益治道者乎。又諭貝勒曰用人之道。宜因人用之。有善於征戰者。惟用以征戰。不可私自驅策。若機密之地。必擇謹愼端方者處之。辭命之任。必擇言語通達者委之。俱隨才器使可耳。

（四）兵法及軍令書

太祖之兵法書。據天命三年四月諭貝勒大臣之命。令可窺其兵法及軍令之槪要。其言曰

凡安居太平。貴守正。用兵則以不勞己不頓兵。智巧謀略爲貴。若我衆敵寡。我兵潛伏僻地。勿令敵見。少遣兵誘之。如其來則中吾計也。不來則詳察其營壘遠近。遠則厚集兵力近則直薄營門。使彼自擁塞而掩擊之。倘敵衆我寡。勿遽近前。宜稍退以待衆軍。衆軍旣集。然後求敵所在。審機宜而決進退。此野戰之法也。至於城郭。當視其可拔者進攻之。否則勿攻。倘攻之不克而退。反損名矣。夫不勞兵而勝敵者。乃足稱爲智巧謀略之良將。若

勞兵力雖勝無取。蓋制敵行師之道。自居不可勝。以待敵之可勝。斯善之善者也。每一牛彔。制雲梯二。出甲二十。以備攻城。凡軍士自出兵日至班師。各隨牛彔勿離。如離本纛執而詰問之。管甲喇管牛彔官。不以所領法令申誡軍衆。各罰馬一匹。若諭之不聽。敢違軍令者論死。凡有委任職事。自度果能勝任則受之。不能則辭。蓋成敗關係。非止於一身。如不勝任。强而受之。則率百人者百人之事敗。率千人者千人之事敗。國家之患。莫大於此。凡攻取城郭。不在一二人爭先競進。若一二人輕進致受重傷者無賞。縱殞身亦不爲功。迨列陣已定。爭先登城。方錄其功。有一二人先登破城。卽馳告本旗大臣。俟一軍畢登。然後鳴螺。俾衆軍聽螺聲而並進。

(五)太祖朝之漢人

輔翼太祖之事業。稱開國佐命之功臣。費英東、額亦都、揚古利等。皆女眞人之酋長也。至於范文程。則久參太祖帷幄。特宜注意。文程字憲斗。瀋陽人。本宋文正公仲淹後。少而穎敏。沈毅讀書。通大義。諸生也。天命三年。杖策謁太祖於撫順。文程果爲文正裔否。不能無疑。然頗通達政治。是時撫順之守禦李永芳降。尙公主。范李二人。爲贊太祖開國廟謨之漢人之代表。但太祖尙不甚利用漢人者。此亦當時之情事。不得不然也。至太宗時則利用漢人之策盛行矣。

第十三章　第一次朝鮮戰役及其經過

太宗之繼汗位　金可汗第一世奴兒哈赤死。第四子皇太極繼汗位。是爲太宗。清實錄謂我國向不解書籍文義。太祖初未嘗有必成帝業之心。亦未嘗定建儲繼立之議。後國運漸盛。講習文義。及太祖稱帝。閱漢文與蒙古文書籍。乃知漢之儲君曰皇太子。蒙古之繼位者其音亦曰皇太極。由是以觀。其命名之暗合。蓋天意已預定也。然此語實後世文飾之辭。不足依據。蒙古著名俺答汗之長子曰黃台吉。稱台吉者不止此。黃台吉長子爲扯力克台吉。其兄弟十四名。皆以台吉稱之。台吉者。太師之轉音。蒙古人愛用此名。由於習慣。其影響遂及於女眞。太宗之名。太祖蓋採通行之名。黃台吉以名其兒也。吾人所知者。太祖之父祖及兒孫。用蒙古名者甚多。例如肇祖孟特穆。卽猛哥帖木兒之稱。充善之子稱錫寶赤篇古。錫寶赤蒙古語鷹匠之意。父曰塔失。或卽蒙古名太失（太師）之轉音。他如太祖外孫稱濟爾哈郎者。不遑枚舉。約言之。皇太極與黃台吉同。一台吉爲太師之轉。其曰黃曰青。冠以種種之色者。又古來蒙古之習俗也。奴兒哈赤以可汗終。太宗又繼其汗位。其稱帝位。尚在此後九年。據實錄。天命十一年九月朔庚午。卽位。奉爲天聰皇帝。是年丙寅。仍用太祖年號。以明年丁卯爲天聰元年時年三十五。

國步之艱難　寧遠師敗一代之老雄。齎恨於九原。太宗新承其後。國步之艱難。可以想見。太祖時代雖有發展之歷史。其兵馬所向可得伸其國力。然其對敵之明廷。今以多年敗衂之餘又限於山海關附近爲戰守。實不易突破此線。若欲越海而入山東。又無此膽力後金之前途向何處而發展乎。此蓋新卽汗位之人所最苦慮者也。且常勝之兵。久亦必窮。天命朝之要義。始終以充實兵力爲主。至擁兵及十五萬之多。其糧餉於何處求之。厲兵秣馬。談何容易。尤困難者。因與明開戰之結果。如天產物卽人參貂皮等類喪失其輸出地。國民之需用品。全行杜絕此等重要問題。皆須於目前解決者也太祖之寗遠敗績已有末路之勢。如永遠繼續。則後金之命運。或卽衰亡亦未可知。際此興亡接續之交。天聰初期正當多事。卽位元年丁卯春。乃對於朝鮮興問罪之師矣。

甲　太宗之出兵朝鮮

太祖對朝鮮之希望　朝鮮與太祖之往來。自萬歷二十三年。始此因佟家江及鴨綠江流域征服之結果。直往來於朝鮮之邊境也。朝鮮當壬辰倭亂時。太祖願爲出兵以柳成龍不聽其說而止。清記錄不言自我遣使者。然朝鮮使者何以突如其來此殆答太宗之往訪也。尊攘彙編紀事。明兵部不許奴兒哈赤出兵。彼遂縱部夷搶掠邊郡。或越境採參。時或殺朝鮮人。溫火衛夷人來言。彼將藉報仇爲名。以明春來寇。因移咨遼東都司。請宣諭該酋毋得侵犯云。太祖當時對朝鮮之回帖。稱女眞國建州衛管東夷人主佟奴兒哈赤。用建州左衛印。帖中所言兩國邊界人畜犯越。互相送還。永結和好。不願金帛。惟請受朝鮮之職名。請職名云者。要求一種待遇之權利。太祖蓋希望從貿易上而獲得利益也。

光海君之密旨與姜弘立之投降　建州女眞與朝鮮往來。東自豆滿江。西亙鴨綠江。沿邊互相交換貿易之利。値外部侵犯。間由建州應援之。然至萬歷四十四年。太祖自立。與明交戰。朝鮮乃一轉而援助明廷。四十七年。授都元帥姜弘立、金景瑞等兵一萬餘。隨明將軍劉綎。入寬甸路。進攻太祖居城赫圖阿拉。至富察。明軍覆滅。姜弘立率全軍投降。此事前已敍述。是役也。朝鮮之態度。有兩種解釋。朝鮮自始卽無戰意。國王光海君於遣兵啟行時。授姜弘立密旨。觀形勢。定向背。弘立乃直通款於敵酋。夫背明朝再造國家之恩誼。而通於常擯斥爲奴酋奴賊之夷人。其事雖似可怪。但當時投降之情態。則或恐滿洲之侵逼而出於此也。

太祖之求通好　姜弘立有密啟。頗悉當時實情。今錄於左。

胡中聞見日記有曰。東路大將爲貴永介、阿斗、李永芳五六人。軍馬約三萬餘騎。皆被鎧甲。大概馬兵五萬。步兵三萬。內城高五丈。外城多頹破。騎馬可出入。人物之盛。頗似平壤一門外有弓匠家。一門外有甲冑匠家。一門外有倉庫十六所。或言淸河近處築石城。廣設屯田。爲久居計。我軍初到胡城。令留屯城外。翌日。鐵騎從城中執刀而搶出。包圍四面城中男女登城觀望。有頃正將厮殺。忽一騎出而散其圍。當時不知其由。後聞滿住怒弘立等之態度。欲盡殺之。貴永介力言。乃解。此間文書。係遼人大海及劉海所專掌。短於文字。大海來問日本事。答之以實。大海曰。去年曾見白氣。貴國是否亦有耶。滿住初以白氣爲朝鮮日本兵必來之兆。果貴國兵來矣。我答曰。日本之兵。我國雖得借之。今出兵非本意。故不爲也。

此書所謂貴永介者。卽貴盈巴圖魯代善。曰滿住者。卽太祖奴兒哈赤。其使巴克什達海探察日本國事。殊有深意。朝鮮隨明軍來侵。非其國之本意。此時深印於太祖腦中。太祖以朝鮮爲不足慮。頗有利用之心。彼於投降人中使鄭應井、金得振二人歸致朝鮮書。其大意如左。

後金可汗奉書朝鮮國王。我有七恨。故犯南朝。非樂動干戈。實因逼陵已甚。若我素有犯大國皇上之心。天實鑒之。天何以獨眷我國乎。天無私。是是非非。故佑我而厭南朝。朝鮮以兵助南朝。我知其非本意。以南朝曾救倭難。故報其恩而來耳。今我念二國以前之和好。現今統兵官屬十數人。以念王之故。特留之。聞南朝欲使其諸子主我二國。欺我二國太甚。今王之意。將念我二國素無怨隙。再修前好。合謀以仇南朝耶。抑助南朝而不顧背負耶。

太祖於朝鮮之朝廷。深知其不喜妄起事端。於此可見。查姜弘立別錄。太祖會諸將議朝鮮事。時其第三子以爲朝鮮在南朝同於父子。而此次來使無送物。當殺其將士舉兵而擊之。長子貴永介卽怒起。酋呼而問之。答曰。雖與南朝戰。不可不和朝鮮。酋曰。當從汝言。據此則彼等對於朝鮮之意見頗不一致。然而大貝勒代善之意見先制勝。遂撤回主戰論。終太祖之世。此方針無大變易。但朝鮮自光海君被廢。仁祖立。事明比從來忠實。至妨礙後金之和好。及明將毛文龍據半島西北。遂無端而致後金之來侵矣。

毛文龍據皮島 天啟元年（天命六年）明遊擊毛文龍。受巡撫王化貞之指揮。自遼西經遼東半島南部。略廣綠島、王家山島等諸嶼。窺鴨綠江江口。是歲十月。掩擊金將佟養正於今九連城地。生擒之。湯站、險山二堡之民。又斬守將而投文龍。後金上下大驚。太祖命移沿海之民於內地。以避文龍之侵掠。十月。太祖命二貝勒阿敏擊鎮江。文龍逃入海島。及敵兵退。又來鐵山、宣川之間。開府於皮島。稱東江鎮。皮島橫於鐵山西南海中。原稱椵島。椵者朝鮮訓 Pi 遂以省字而稱爲皮島。遼陽陷時。各地難民多渡遼河而西走。從鴨綠上流避難於朝鮮西部者亦不少。明史朝鮮傳曰。昌州、義州以南。安州、肅州以北。客居其六七。主居其三四。可以知其大概矣。文龍鎭江之功。有稱贊其奇捷者。有譏誚其時機尙早者。然明兵部之所謂三方建置策。在以遼西當敵。以山東登萊掌握海運。以朝鮮牽掣敵之背後。故視毛文龍爲非常之人。蓋其昌與文龍同爲浙人。雖不無同黨朋比之嫌。然奏謂國家若有二文龍。奴兒哈赤可擒。遼地可復。李永芳、佟養性、可以坐縛。則廷臣對於文龍。敬重可謂至矣。文龍爲人之忠奸。可不論。彼感激朝賞。曾數數深犯敵地。天啟三年。溯鴨綠江。出輝發。四年。越摩天嶺而出鞍山站。六年夏。出渾河流域。襲薩爾滸城。後金屢爲驚愕。就朝鮮文書所傳丙寅歲。（天啟六年）虜酋移書文龍。有云。伊尹去夏。太公歸周。天亡南朝。將軍豈得救之耶。佟駙馬與遼東廣寧諸將。皆得自陣上。今皆顯官。將軍若來。又非他將比。即此可想見太祖之憚文龍矣。吾人於文龍尙有二三事實當記述之。皮島之地。當朝鮮通渤海灣之要路。中國人與朝鮮人。揚帆過此地者甚多。彼在此間。强收一種商船通行稅。又開市場於皮島。徵收貨物稅。又使役避難之人民。於陸上採取人參。又捕獲女眞幼童。冒稱爲陣上之功。彼爲南方人。早注意於火器。嘗在海上從一擱淺之大船。掠奪荷蘭火藥。配付若干於寧遠城。皮島戶口。合男婦老幼。當時約踰四萬。彼一面要請明廷兵餉。又一面脅迫朝鮮。而强求糧食。朝鮮君臣。嫌彼逼處。亦不得不仰其鼻息。文龍屢以朝鮮情狀可疑。報於本國。以半島之監督自任。雖然。皮島之東江鎭。明廷視爲一大要鎭。欲牽掣金國之背後。舍此更無他鎭。自當預置良將精兵以固其根據。兵部堅持此議。而實際上則初無何等之施設。一切悉聽諸毛文龍耳。是亦一失策也。

朝鮮李适之亂　乘朝鮮政變而出南伐之師。此爲天聰朝初政第一之成功。朝鮮將李貴、李适等。責光海君之無道。使退王位。推綾陽君卽位。是爲仁祖（李倧）效力於此事者曰靖社功臣。功多而賞不行。遂起不平。發難者李适也。适以仁祖二年內犯。未幾全軍敗沒。李适被擒斬。然朝鮮人韓潤等逃入滿洲。見姜弘立。詭曰本國之亂。盡戮爾等妻子。曷不借兵復仇。弘立等信之。勸太宗犯朝鮮。太宗聽信其言與否。雖不可知。然半島內情。則由此等投降者而知其虛實矣。

金兵之入朝鮮　天聰元年正月八日。太宗命阿敏大貝勒、濟爾哈朗貝勒、阿濟格貝勒、岳託貝勒往伐朝鮮。太宗曰。朝鮮累世得罪我國。理宜聲討。然此行非專伐朝鮮。明毛文龍近彼海島。納我叛民。故我怒而遣兵也。乃授以方略。十四日進陷義州。分兵討毛文龍於鐵山。文龍避入島中。二十日至安州。克之。二十一日陷平壤。不出二旬。遂略大同江以南。用兵神速。可以想見。而韓潤等爲朝鮮投降者。聲言爲光海君復仇。半島異常驚愕。仁祖以兵判張晚爲都元帥。又命諸道募兵勤王。張晚進至黃海道之平山。聞平安諸城陷遁走。於是仁祖以金尚容爲留都大將。守京城。命都體察使李元翼、左議政申欽等。奉世子溰向金州。王親奉廟主遁於江華島。領議政尹昉、右議政吳允謙、贊成李貴、吏判金瑬、戶判金藎國、禮判李廷龜、參判崔鳴吉等皆從之。

問罪之書　金兵二十七日次於中和。朝鮮使者齎書云。貴國無故興兵入我內地。我兩國原無仇隙。自古以來。欺弱陵卑。謂之不義。無故殘害人民。是爲逆天。若果有罪。義當遣使先問。然後聲討。今亟返兵以議和好可也。二十八日。金兵以大貝勒阿敏之名送答書指摘罪案凡七條。書云爾謂無故興兵。試言其故。嚮者我取瓦爾喀時。爾國無故出境與我兵相拒。一也。烏喇國之貝勒布占泰屢侵爾國。爾以彼爲我壻。求我勸阻。得以罷兵。曾無一善言相報。二也。我兩國原無仇隙。爾己未年發兵助明圖我。幸蒙天鑒。爾國官員爲我所執。我仍望和好。故不殺而收養之。縱返爾國。至於再三。爾國並未遣人來謝。三也。天以遼東賜我。毛文龍自我國逃去。爾國容留之。歷年侵擾我遼東百姓。我仍望修好。令爾執毛文龍送我。復成兩國和好。爾竟不從。四也。辛酉年我來擒毛文龍。志在搜捕明人。並不騷擾爾國。亦惟望和好。故不加侵害。爾國究無一善言相報。五也。明國之主且不給糧餉於毛文龍。爾乃給以土地。使之耕種。資以糧餉而贍助之。六也。我先汗崩時。明方與我爲敵。尚遣官來弔。兼賀新君卽位。我先汗與爾朝鮮素相和好。何竟不遣一吏弔問。七也。爾結怨多端。決難修好。是以與此大兵。今尙自以爲是。與我爲敵耶。抑將引咎自責。重修和好耶。如欲和好。速宜遣使。我亦欲兩國和好共享太平云云。宣戰之檄不發於戰前而因敵之來書始開陳用兵之事由。似後金早已留其地步。相傳太宗當阿敏啟行時。曾授方略。其方略之如何不詳。然以吾人之所推測。太宗對於此役專期勦滅毛文龍。其對於朝鮮祇示以間接之威嚇。更因時機之可乘。思割取平壤以南耳。二月五日進兵至黃州時。相傳要求三事。曰割地。曰擒毛文龍。曰借兵一萬助伐南朝。其心事可知矣。抑是時阿敏雖長驅入京城。太宗深顧慮遼東之防備。不許久滯。故常勝之金兵。乃自進而修和好。非無由也。

江都誓文　阿敏大兵旣至平山。距江華島僅百餘里。人人危懼。二月七日。後金使臣劉興祚、渡海而覲仁祖。王端坐不出一言。興祚怒曰。汝是何物。土偶若果人耶。何爲不動。王赧然不能答。乃曰。吾居母喪。故如此耳。興祚曰。因爾好自尊大。悖逆無禮。國中百姓致罹荼毒。不爲不甚矣。爾先時戲弄我使臣。又問我先汗之諱。如此何以議和。王不能對。但曰。吾實不知耳。興祚乃提和議曰。王欲議和。則去天啟年號。以王子爲質。天啟者。明之正朔也。金使臣欲先去正朔。使脫離宗屬之關係。質子一事。王以王子年幼爲言。使王弟李覺爲質。興祚又議歲幣曰。汝國財物牲畜。每歲如何貢獻。須汝親定額數。王曰。城下之盟。春秋恥之。汝國果行大義。當退兵議和。興祚曰。汝如此支吾。遲一日則汝民受一日之害。吾今爲此言。實念爾民。卽遣爾弟行可也。盟畢大兵卽回。王從之。遂令李覺隨興祚來營。李覺進馬一百匹。虎豹皮一百。張綿綢細苧布四百匹。布一萬五千匹。於是岳託、濟爾哈朗、阿濟格三貝勒共議遣人與仁祖定盟阿敏從之議定。乃以八旗大臣爲正使劉興祚、庫爾纏榜式二人副之往仁祖所居之江華島築盟壇於江都西門外。仁祖又以喪故不莅盟遣宰臣李廷龜、吳允謙、金瑬李貴等代往。三月三日夜半。刑白馬殺黑牛祭天爲誓。是日江都誓文錄如左。

後金誓文

朝鮮國王與大金國二王子立誓。我兩國已講和。今後同心合意。朝鮮若謀仇金國。整理兵馬。新建城堡。存心不善。則皇天降禍。若二王子起不良之心。皇天亦降禍。若兩國二王同心同德。共遵公道。則天神保佑。獲福萬萬矣。　丁卯三月初三日立誓

朝鮮國誓文

朝鮮國今以丁卯年甲辰月庚申日。與金國立誓。我兩國已講定和好。今後兩國各保封疆。若我國謀仇金國。違背和好。興兵征伐。則皇天降禍。若金國起不良之心。違背和好起兵侵伐。則皇天降禍。兩國君臣各守善心。共享太平。皇天后土嶽瀆神祇。鑒聽此誓

後金使者與朝鮮宰臣立有私誓。其大意如下。

朝鮮三閣老六尙書與大金國八大臣南木太、大兒漢、河世兎、孤山太、托不害、且二革、康都里、薄二計。立誓朝鮮大臣等若謀仇金國。起不善之心。則如此血出白骨現天必死之。

若金國大臣等無故起不良之心。亦如此血出白骨現。天必死之。二國大臣各行公道。毫無欺罔。則歡飲此酒。樂食此肉。皇天佑護。爲福萬萬。自今以後。兩國各守封疆。不許尋仇。永世相好。如違此約。皇天降禍。

所謂八大臣。乃八旗之固山額眞也。當時南木太在正黃旗。大兒漢在鑲黃旗。河世兎在正紅旗。孤山太在鑲藍旗。托不害在正藍旗。且二革在鑲白旗。康都里在正白旗。薄二計在鑲紅旗。皆管掌之額眞也。盟畢。翌日撤兵。後金爲兄。朝鮮爲弟。撤兵後不得踰鴨綠江。不奉歲幣。只送犒軍資若干。悉承認朝鮮之請。後金之師。乃擕李覺而歸。阿敏大貝勒以彼未與盟誓爲言。縱掠三日。至平壤駐營。更與李覺等申盟誓。誓文要領。吾人不得而知。然比之江都誓文。必加數項。後日天聰七年、後金以平壤誓文爲左證。要求使臣待遇與明廷同。朝鮮以江都誓文所無。拒其要求。幾以此誓文而損國交焉。四月。後金之師凱旋於瀋陽。朝鮮稱此役曰丁卯虜亂。

乙　和約以後之情形

中江開市之始末　丁卯和約後。未幾。後金對於朝鮮。又爲開市之交涉。既爲兄弟之盟。朝鮮固不容拒之。然以對於明朝有關係。乃致書於瀋陽之汗庭。據崇模閣舊檔錄天聰元年十一月。朝鮮國王來書曰。此項邊臣來書。言開市之事。此一款前日差人回時。已悉言之。豈貴國未能深悉乎。凡開市必待人民聚集。財貨繁阜。彼此各以其所有易其所無。交往懋遷。然後方可通行。今西路千里之地。極目墟莽。煙火斷絕。有何人攜貨財而爲買賣耶。此書言値黃海、平安兩道兵燹。開市之事不能收效。後金以此理由爲不充足。十二月。付來使以書錄如左。

我國糧食。如止供本國人食。亦已足用。但蒙古諸貝勒攜衆來降者不絕。概加贍養。所以米粟不敷。汝與毛文龍糧餉已經七年。我豈似彼之無故索取哉。惟今歲市糴一年。汝當發糧當此窘乏之時。汝能助我。方見敦睦之誼。平安、黃海二道。實經殘破。然大局尚無損且其餘六道仍如故也。若願以糧相濟。由鴨綠江運可也。由海運亦可也

由此書觀之。後金實情。欲先得米穀可以知已。朝鮮不得已應其請。天聰二年正月。朝鮮國王致書後金。有曰。

貴國方乏食。要我糴米。此在鄰國之道。何能恝視。但我國兵興之日。八道騷動。倉庫一空。重以上年春雨過多。夏又大旱。農旣愆時。民食甚艱。至西路列邑。餘民無多。而貴國斂兵於龍灣後。逃死遼民。處處團聚。焚掠閭閻。雞犬不遺。淸川以西。鞠爲茂草。此兩大人之所目見。豈待言哉。我國於貴國之事。非不竭力。而緣木求魚。計將安出。然在我之道。不可不盡。故勉强採三千石之米。以副貴國之意。而中江開市。兩國通貨。京外行商及兩西遺民。

願贖其父母妻子者。使各出米穀貨物以赴之。爲貴國糴米之計。不爲不盡。仰有一說。通商者各從所願。所以兩圖其利。非可抑勒而致者也。貴國欲多致米貨。須平其價値。人自樂赴。不求足於一日之內。而徐徐爲之。則我國之商賈。繈至而輻輳矣。曉諭民間。再三叮嚀。令其及期赴市。且囑邊臣。無使違誤。本國所爲。若背此言而不盡實力以開市者。有如天。貴國若抑賣攘貨。使民不樂於赴市。而責本國人失信者。亦有如天。

至二月。朝鮮踐此言。採米三千石。以二千石贈遺後金。一千石爲商品。於鴨綠江中洲之中江交易之。是爲中江貿易之始。朝鮮記錄云。開市以二月二十六日行之。當時後金將軍龍骨太恐嚇百端。請求農牛三百。灣上胡商以不給食料之言爲索詐。姑以一百石先給。當時紛糾之狀。可以想見矣。又據義州報告。第一次貿易額不過八萬四千餘兩云。

會寧開市之始末 中江開市。業已成功。尋後金又要求於豆滿江邊。得一貿易市場。天聰二年三月。朝鮮國王預對於後金述其情由曰。承示開市會寧。兩國既和好。本不足異。但前此藩胡居六鎭者甚多。故國中商賈湊集其地。以通貨物。今則藩胡絕無種落。交市不行已久。貴國實未悉此間曲折耳。中江雖許開市。然兵火之餘。人民蕩殘。遠近商賈。曉諭入送。猶恐越期而不能前赴。況兩處開市乎。敝邦力實難周。不然。寧有許彼而不許此之理耶。凡事作始。必慮其終。方有實效。惟諒之。後金不聽。八月朝鮮致國書如下。

義州既已開市。會寧何獨相吝。但北邊絕塞。人民鮮少。物貨本乏。兼之道里險遠。有重關複嶺之阻。內地商賈決不肯往。雖復相許。恐無物可市。徒煩貴國人虛來虛返耳。以此之故。業詳前書。來示如此。若貴國與北邊居民。私相往來交易。有無固自無妨。至差遣官人如灣上之互市。北民之力。恐不能堪。凡此所陳。皆事勢之當然。貴國若平心熟思。自可釋然無疑矣。

朝鮮之意。大約可許會寧開市。惟以差遣官吏爲不便耳。蓋因中江貿易。滿洲商賈及軍人。有向朝鮮邊吏要求食糧等情。實爲避此強迫也。據朝鮮記錄。此時自滿洲來之商賈等開市七八日後。卽歸云。又謂朝鮮不肯開市時。汗曰。會寧自古爲開市之地。今何不許。義州則爲爾國之地。會寧不然。至以物資不給爲辭。汗以爲爾言詐也。已許江上之市。何惜會寧乎。憮甚。而最可笑者。前國王書中有灣上北民等語。彼讀之不能通。向朝鮮使者曰。灣上等語指何處。使者曰。本國以鴨綠江爲灣。灣上乃鎮江開市也。北民稱北道之人。彼始得解。則後金當時之疏於文事。於此可見矣。

犯越問題。　其次所開之交涉。以江都誓文中有兩國各保封疆之語。兩國自以各禁人民之私越爲是。但越境之罪人。如何處置。當時訂約未詳。就兩國來往文書繹此交涉。則朝鮮之回答國書。在天聰二年五月。後金最初通牒。大約在是年之春。朝鮮極贊同通牒之意。以嚴守疆界。禁斷私越等語。爲極是。當聲明嚴行誥械。決不因循。然朝鮮人越境國而採人參者。嘗有其事。次卽有犯人續出之事。天聰五年。金可汗致朝鮮書有曰。有出卜兒哈兔（卽今東間島）而行獵者。有入灰扒（卽今輝發江地方）而偷採人參者。有與島人（卽毛文龍部下）共入寬甸地方而偷採者。後金一一捕拏之而送於朝鮮。朝鮮又從約而處以嚴刑。然偷參者仍不絕。天聰九年八月。捕拏偷參者多人於今興京府附近。九月朝鮮王答書極爲委曲。錄如左。

承示敝邦邊民又違禁採參。乃深入貴國天興城五六十里之地。及遇巡哨。猶不束手服罪。反竭力相抗。聞之不勝痛駭。敝邦商賈。不著名籍。隨意東西。見利則趨之如不及。無利則違而去之。官家號令。不復及於此輩。其來已久。且從前與江北人慣相往來。以爲生涯。終成弊習。年來江北人服貴國之威令。無敢冒禁而相通。此輩頓失生涯。乃以私採爲資生之計。前後縛送於貴國者。悉斬之於境上。其爲邊臣告發而得罪者。亦比比有之。然見利忘生之輩。猶懷僥倖之心。且邊臣心性不同。往往掩匿其姦。迨事覺。輒拏治之。故永不能絕其弊。每致貴國之縛送。不穀誠無辭以對。

所謂天興城。卽今之興京。清實錄曰。天聰五年。以赫圖阿喇城爲天眷興京。此殆文飾之詞。而稱爲天興城歟。文中指摘偷參者續出之理由。蓋朝鮮邊境自後金勃興以來。野人失其從來貿易之利益不得已而越境犯罪。滿洲貿易。抑壓參價。使朝鮮人不得巨利。亦助成犯越之原因也。天聰十年正月。即國交再斷絕之時。朝鮮王與後金書略謂越境採參乃我民大利之所在。至上年又加甚。不穀誠痛之。然今更加申飭。必痛斷乃止。幸容恕以觀後效。此言雖曰誠意。實不過紙上之文字而已。

放還問題　天聰元年。第一次朝鮮戰役問罪書。有我軍前取瓦爾喀時。爾國無故出境與我軍相拒云云。瓦爾喀有長白山地方瓦爾喀。與東海瓦爾喀兩種。然皆散住於豆滿江兩岸。朝鮮稱瓦爾喀曰兀良哈。朝鮮北部因避彼等之寇掠。乃許其居住於豆滿江內諸城堡近地。通稱曰藩胡。云天聰中派遣招撫使於黑龍江時。太宗以爲此地人民語言與我國同。宜攜之而來。以爲己用。攻略時當語之曰。爾等本是一國之人。我皇上久欲收服爾等。特未暇耳。爾不知載籍。故竟至於此云。太祖天命中。虎爾哈部長納哈答率百戶來歸。太祖設宴待之。使願留後金者爲一起。未攜家口而願歸者更爲一起。其願留者舉其首長八人。各賜男婦二十口。馬十四。牛十頭。飾裘蟒服並四時之衣。田廬器用諸物悉備。彼等大喜。即在欲歸本部者。亦聞風而乞留。乃使之寄語於歸者曰。汗國之軍士攻伐我等。俘掠我家產。然汗以招來安集爲念。收我等爲羽翼。恩出望外。吾鄉兄弟諸人。其即相率而來可也。此等事實。互太祖太宗兩朝。爲收服野人之手段。可以知已。然此特出於一時之權略。非必厚遇彼等也。至後有逃入豆滿江江口之熊島者。有走於寧古塔地方者。至於朝鮮接壤之瓦爾喀部。則逃入朝鮮國境內者日衆。兩國重大之交涉以起。此乃放還問題之事情也

瓦爾喀等之招降俘獲。如何使用。其得概見者第一卽八旗兵士之補缺是也。天聰八年。俘虎爾哈人一千三百餘而歸。時太宗處置此等人曰。此等俘獲之人。不必如前之均分爲八分。可儘以補壯丁不足之旗。自今八旗牛彔一例俱定爲三十牛彔。不滿三十牛彔之旗。分可擇年壯堪任牛彔之人。量能授職。一俟後有俘獲。再行補足。由此推之。太祖太宗之所以俘獲彼等者。在補連年戰伐所缺損之兵丁無疑。其間先收用同種地方之部落。尋遠及於黑龍江上流。所謂同種者。不外瓦爾喀（卽兀良哈）部族耳。天聰七年九月。朝鮮國王答金可汗之國書。頗爲委曲。其言曰。

> 會寧索人之事。自謂弊邦處置已當。必蒙貴國之深許。不料復有所云。兩國當無有交涉之時。東自東。西自西。我人投於西。我不致憾。貴國貴國人投於東。亦當不致於敝邦有所驚訝。況布占泰在日。我兩國同爲鄰敵。其種人投貴國者。卽貴國人也。投我者。卽我國人也。認爲己有。有何不可。然爲尊重貴國起見。其原係江北人者。前已一一放還。其餘皆已死矣。不然者。則與我國人婚嫁所生也。而貴國輕信渠輩之言。連續而責我放還。於十數年後。其爲貴使押解而去者。亦不少。邊民雖至愚。各有知覺。衡之事理。應還與否。無不知

之。謂我身爲人牧重違貴國之言。使其民父不能保其子。夫不能保其妻。號泣怨懟。紛然離散。我誠無以解於我民。不然。兄弟之間。有何所惜汗之明恕必能諒之。

後金復之如下。

見王來書。謂布占泰在日。我兩國均爲鄰敵。其種人投貴國者。卽是貴國人。投我國者。卽是我國人。此乃告者之誤也。布占泰自蒙古來。乃蒙古之苗裔也。瓦爾喀與我俱係女眞國大金之後。先是布占泰侵掠我國遺民。我兩國由此搆兵。貴國亦嘗聞之乎。今索取之由。蓋以實係我國遺民也。向所征取之地。與貴國之某某舊爲親友。曾寄託人物財畜不少。亦有被逼留者。所索取者。祗此等人。豈無故而索取耶。雖然。予豈偏聽小人之言乎。王宜遣一公直大臣。同抵會寧。聽各人口詞。辨別是非。當取者取。當已者已。若謂瓦爾喀與我非同一國。非大金之後。爾國有熟知典故者。遣一人來。予可以世系告明之。爾試觀遼金元之史。自曉然矣。予索所當索。非强索也。

讀雙方文書。放還一事。不上溯辛未（天聰五年）以前者。以金人嘗有誓約。朝鮮王廷恃爲唯一之約束。避放還之困難。且以保持北部之利益也。朝鮮所主張。殊無相當之理由。在瓦爾喀人雖避後金之苦役而來。然多非辛未以前之逃人。有爲朝鮮所買收者。或卽爲朝鮮人之雜種兒。是無可疑也。至瓦爾喀與金人同種之斷定。以迫於强弱之勢。不得不從後金之言。惟關於土地。尚未起交涉。以吾人所知。今豆滿江上流茂山谷地。從來爲兀良哈占住地。萬歷二十六年前後。太祖掠其戶口。歸併於建州。朝鮮幸而得併略其地也。

禮幣問題　中江會寧兩市。後金需要不充足時。汗之廷臣。卽希冀朝鮮禮聘之多。歲有增加。禮聘者。原本於江都誓文。不過爲兄弟之情誼。其多寡原不當由後金廷臣自定。惟制於强國之勢。名爲禮單。其實與朝貢同。在朝鮮始行禮聘時。於表面上頗欲維持對等國之態度。對於彼所送來者曰。所惠曰謹領厚意。其由我而致者。或曰不腆土宜。統乞照領。或曰聊致薄物。幸希領收。無論如何。總不免於朝貢之態度。且其贈物亦不一。天聰元年。贈白綿紬百二十五疋。虎皮六張。二年白綿紬二百疋。虎皮三張。三年白綿紬百四十疋。此贈物之指定。朝鮮自以爲己意。而不承汗廷之意。而在汗廷則早以貢物目之。天聰元年。接初次禮單。漸不似原數。五年春。使朴蘭英來。太宗卻而不受。派侍臣英俄爾岱（卽龍骨太）傳旨。且賞以鞍馬、銀兩、貂皮。又以人參贈朝鮮國王。蘭英辭曰。旣不納敝國貢物。何敢受貴國所遺。英俄爾岱曰。不納爾禮物者。爾等違背盟言。漸減舊額故也。蘭英對曰。爾以我國禮物爲減。貴國賜物不亦減乎。英俄爾岱怒曰。若兩國和好。交相餽送。則爾言誠然。爾無故助明以兵。侵我。天不佑爾。致爾喪師。爾各官及爾蘭英皆被生擒。及我舉兵往征。盡取爾城池土地。爾國王棄其城郭人民。竄入海島。我國。復從寬大。返還所得之城池土地。幷前陣所獲各官及爾蘭英皆縱還。豈爾之力能生還耶。抑潛身逃歸耶。爾等以保全性命復還疆土之恩納貢於我。奈何與我爲較量之語耶。蘭英懼。遂自咎失辭云。

後金之壓迫。逐漸加重。事所必至。朝鮮嘗伺敵之顏色而加減禮物。此不可掩之形迹也。朝鮮對於明朝曰事大。對於日本及後金曰交鄰。事大交鄰。並行不悖。雖朝鮮人之通常語。然廷議則因時勢而不得不改交鄰之度。天聰五年春。朝鮮貢物忽然減額。詭言國家窮迫。實因此時後金貝勒阿敏方在今直隸永平府敗歸。故對於金人頗起輕侮之念。當時金可汗致朝鮮國書。言及此事。力爲辨白。其中有曰。兩國自盟誓後。我毫無違渝。貴國輒違渝。其背盟之書已悉。前書且往來禮物漸漸減少。我之言此。意非有所利也。以王之敬心怠故也。王之怠我者。非以南朝爲強。以我爲弱乎。乙巳三年。進伐南朝。攻取戰勝。勢幾垂成。後二王存心慢國。殺已降之官民而返兵。想貴使在燕京。必能知悉。彼時南朝尚敢正視吾兵耶。詢之貴使。當知其端的矣。王若助南朝以欺我。我將遣蒙古之貧窮無賴者十數萬驅之貴國海島以外。凡係陸地。恐非貴國所有也。翌六年春。遣使朝鮮。要求改兄弟之關係。更結君臣之約。禮遇汗國使臣與明同。且增加方物。據朝鮮記錄。尙求精兵三萬名。戰馬三千匹云。朝鮮對於改約及禮遇。則卻之。惟許增加方物。後金要求之歲額。兩方文書頗有異同。清實錄所載。爲金百兩。銀千兩。各色綿紬千匹。麻布千匹。豹皮百張。獺皮四百張。水牛角百副。蘇木二百斤。大紙千帙。次紙千帙。龍紋納薦一條。各色花薦百條。胡椒一石。綠皮二百張。要刀二十口。順刀二十口。松蘿茶二百包。朝鮮以黃金非土產。請以虎皮代之。其餘土產亦請折半。金國不允。天聰七年。貢物遂比從來爲多。然亦不能息汗廷之慾。兩國交誼。逐年瀕於危殆。所以然者。非但禮物問題。實以開市之無利。放還之交涉。皆互相爲原因者也。當時之平安道海上之東江鎭。明尙駐有總兵。始終監視彼等之行動。故一面雖媚瀋陽之汗廷。又不可不求燕京之歡心。以毫無國防之半島。遇事不能自決。曰戰曰和。皆屬空論。此崇德以前朝鮮之概勢也。

第十四章　太宗伐明

太宗遣使媾和　太祖殂。明寧遠巡撫袁崇煥。因鎭守內臣劉應紀、紀用、及趙率教等之報。知敵酋已死。欲乘此時機。偵察虛實。藉以離間諸子。乃遣五臺山剌麻僧鎦南木坐爲弔使。守備傅以昭、田成等三十三人同往。太宗遣方吉納、溫塔石等隨鎦剌麻歸來。並以書遺崇煥。其書如左。

大滿洲朝皇帝致書於大明朝袁巡撫。爾停息干戈。遣剌麻等來弔喪。並賀新君卽位。我亦無別意。旣以禮來。當以禮往。故遣官致謝。至兩國和好之事。皇考征寧遠時。曾致璽書與爾袁巡撫。未見回答。今汝主如答前書。欲兩國和好。可觀我書而答之。凡有言詞。當倘誠信勿事文飾。

袁崇煥以此書大明國號。又與彼方國號並寫。不便奏聞。辭。天聰元年春。太宗更致書於崇煥。求和好。略曰。

吾兩方所以搆兵者。因昔日爾遼東廣寧守臣。高視爾皇帝如在天上。自視其身如天上之人。欺藐陵轢。難以容忍。爰告天興師。約計大恨共有七端。至於小恨。何可悉數。如此陵辱。難忍。故爾興師。今爾若以我爲是。欲修兩方之好。其和好之禮。爾當以金十萬兩。銀百萬兩。緞百萬疋。毛靑梭布千萬疋。相餽。既和之後。兩方往來之禮。每歲我方以東珠十顆。貂皮千張。人參千觔。餽爾。爾方以金一萬兩。銀十萬兩。緞十萬疋。毛靑梭布三十萬疋。報我。兩方誠如約修好。則當誓諸天地。永固和睦。爾袁巡撫。卽以此言轉奏爾皇帝。不然。是爾仍不厭兵戈也。

綜此書之意。後金以累年征戰之結果。欲與明和好。以遂其願望也。搆和非太宗眞意。然倘舍此尙有方法。必不提出搆和之條件。或者彼方用兵於朝鮮。乃故爲此好言。以羈縻明廷耳。袁崇煥對此搆和問題。亦利用之。以緩一時之來侵。故亦有相當之答復。其答書如下。

遼東提督部院致書於汗之帳下。再辱書教。知汗漸欲恭順天朝。息兵戈以休養部落。卽此一念好生。天自鑒之。將來所以佑汗而强大之者。尙無量也。往事七害。汗家所抱爲長恨者不佞寧忍漠然聽之。但退思往事。窮究根因。我之邊疆細人。與汗家之不良部落口舌爭競。致起禍端。作孽之人。卽遣人刑。難逃天怒。不佞卽不列舉諒汗亦所必知也。今欲一一開晰。恐難問之九原。不佞非但欲我皇上忘之。且欲汗並忘之也。書中所開諸物。以中國之大。皇上之恩。而養四夷。寧少此物。亦寧靳此物。然往牒不載。多取違天。亦汗所當自裁也。

觀兩書並不發見何等交綏之要。然袁崇煥之所主張。不外堅持漢夷之差別。自占宗主國之地。步而雙方之主張。頗相逕庭。就以上往來國書所揭。明人欲乘後金求和之機。自進而占地步。後金對此更有答書如左

來書云。汗只知堅意事我皇上。宣揚聖德。料理邊情。爾之邊情。爾自理之。我之邊情。我自理之。我奈何爲爾料理邊情乎。講兩方修好之言。何出輕人之語如此。豈欲以空言制勝耶。爾卽輕我。我豈因爾言而自輕耶。輕之重之。惟視天意。袁巡撫來書尊爾皇帝如天。李刺麻（卽錙刺麻）書中以異域之君列於爾方諸臣之下。此皆爾等私心所爲。非義之當然也。夫人君者佛天之子也。人臣者其貴賤悉聽命於君者也。以後爾凡有來書。書爾皇帝比我高一字。若以爾方諸臣與我並書。我必不受。

玩索以上原文。此國書自爲太宗之眞意。媾和問題。祇爲一時之幻影。此最後之復書在征

朝鮮軍凱旋以後。太宗意中。頗悟媾和之舉。若出於後金之請願。決非將來之利益。太宗提出人君爲佛天之子一語。此深知漢人對於組織國家之心理者也。其與李剌麻書。更爲重要。錄如左。

自古以來。或興或廢。何代無之。如大遼天祚無故欲殺金太祖而起兵。大金章宗無故欲殺元太祖而起兵。萬歷無故侵陵我國。偏護葉赫。而我兩國之兵起。旣克廣陵諸貝勒。遂欲進山海關。我皇考曰。昔日遼金元。入處中國之地。易世之後。皆成漢俗。故聽漢人居山海關以西。我自居遼東地方。滿漢各自爲國。所以未入關而返者。爲此也。意漢人或來議和。遲之四載。彼乃乘間修葺寧遠。不肯罷兵。因以兵攻寧遠。時適嚴寒。不克拔城。遂班師。及皇考升遐。剌麻來弔。意謂此天欲我和好之時也。故具書講和。遣官偕往。乃以書詞不合。封還至再。今爾剌麻書內又云。有不厭兵戈一語。難以轉奏。夫我以衷言致書於明皇帝。亦以書報我。彼此通達明析。則和好可成。若順從彼意。不使直吐眞情。欲議和好。得乎。又將袁巡撫書於上。異國之君書於下。是不欲成兩國之好也。袁巡撫書內云。所開諸物。往牒不載。多取違天。昔日遼金之於宋。取予且有成例。和於蒙古。取於明。亦定規也。此皆天所賜也。來書又曰。苦海無邊。回頭是岸。此言是也。然向我言之。亦當向明朝皇帝言之。爾剌麻乃深通佛教。多明道理之人。何爲明知而故欺我耶。

自明朝一方面所傳後金來使之態度。稍覺抑遜。即就袁崇煥上疏考之。方金納（即方吉納）溫台十（即溫石塔）與李剌麻偕來。崇煥接見於學宮。彼以此爲在泮獻功之義。來使甚恭敬柔順。而女眞人曩時來遼東受賞之時。三步一叩頭跪呈夷稟一封。今上書呼崇煥爲老大人。大書大金朝云云。彼謂仍老酋之故智。因退還之外又有一封爲對西僧官丁等之禮及寄彼之禮單。彼使官丁等收之。其送崇煥者爲人參、貂皮、鏤銀鞍、玄狐皮、舍利猻等。約値千餘金。第二次來使。改前次僭稱之皇帝爲汗。僞號仍舊。崇煥命來使撤去之。以上所記雖非盡虛。然謂來使有悔其主僭悖之情。未可信也。抑吾人更有言者。袁崇煥之遣使。當時明人之對於女眞人。尙多目爲小醜。而稱爲叛罪者。頗不以此舉爲然。王之臣等所以痛論爲陷於宋人之自愚自誤也。

剌麻僧鎦南木座　明朝所遣通好之剌麻僧。殊宜注意。如前所言。西藏剌麻僧之入遼東。不始於太宗朝。太祖即位數年前。已至長白山下。剌麻實乘後金興隆之運而得流布之便。其歸依者不少。遼東舊時之寺僧。有變其從來之宗旨者。袁崇煥最初遣剌麻爲使者。不外偵察後金之虛實。明清記錄稱爲李剌麻。係彼名之略稱。據兩朝從信錄。袁崇煥奏請遣剌麻僧赴金廷探察虛實。奏中稱爲鎦南木座。久居五臺山。有禪行。彼受萬歷帝御賜之勅書法衣。其人空明解脫。無不暢了。彼世受朝廷之恩。因思有以報皇上。遣田成等偕往奴寨宣諭。觀其向背離合之意。以定征討撫定之計云。此計爲崇煥所主持。當時總督王之臣與之有嫌。痛劾此舉。以爲予嘗面晤刺麻於山海關。果前知有此舉。予必阻止之。和議斷不可許。觀彼等蒙古人所賫文書。自曰大金。而年號稱天命。徒執和議者。此陷於宋人自愚自誤之弊者也。

再敗於寧遠　後金既下朝鮮。結兄弟之約。毛文龍所據皮島在鴨綠江東。今乃知其實力之大略。於是謀大舉以攻明之寧遠。又後金上下久欲雪先汗奴兒哈赤之恨。元年五月。太宗親率兩黃旗兩白旗諸軍。直陷遼西諸堡。明前哨棄小凌河大凌河二城。進攻錦州不下。太宗乃西向寧遠。計當時兵數。三大貝勒之兵及御營兵三千。合之至少不下二萬。大貝勒望見城中有備不戰。太宗乃顧侍衞諸將曰。昔先汗在時攻寧遠不克。我來攻錦州又不克。今若不勝此野戰之兵。如我聲名何。乃進擊破城外敵騎。而薄城壁。守城將軍滿桂再用葡萄牙礮擊破之。金兵死傷極多。明紀錄云。參將彭纘古三次用紅夷礮擊碎奴營大帳房一坐。及四王子僞白龍旗。以死者甚多。遂不敢西行。後降夷言奴酋長子召力兎碑勒穿胸而死。其子浪蕩寧古碑勒先射殺於陣上。又有固山四人牛彔三十餘名。伯彥達子無數。此報告雖失之誇大。然清朝記錄亦謂濟爾哈朗貝勒、薩哈廉貝勒、瓦達克、阿格等俱受創。太宗乃退。再攻錦州南面。又不能拔。士卒損傷甚多。七月。金兵還瀋陽。

紅夷礮之威力　袁崇煥所奏寧遠勝利之事。謂十年來盡天下之兵。未嘗敢與奴合馬交鋒。卽臣去年亦自城上而下攻自今始一刀一鎗下而拚命不顧夷之兇很驃悍。臣復憑堞大呼分路進追諸軍忿恨誓一戰以挫此賊。此皆將軍滿桂之功居多云。此次之捷。與對於太祖前年來攻時施同一之手段。卽藉紅夷礮之威力以制勝是也。我紅夷礮爲當時葡萄牙人所進之礮。而明以此礮之威力大衂後金。吾人推考此事。葡人欲占通商上宗敎上之地位而進礮。於明淸兩朝興廢。殊有絕大之關係。馬耳丁韃靼戰爭記其言如下。

乘此戰爭之機。波爾及米克耳兩人由居澳門之葡人。以供給軍資及銃礮射手。請願於明皇帝。遂一旦召還所排斥之宣敎師。於是因彼等之提言。共輸入軍資與銃礮射手。而從來秘密宣敎之敎師。同時與多數葡兵爲帝軍應援而入國。天帝者對於信仰基督敎之皇帝必予以福。故當葡人未到以前。帝軍已從遼東驅逐韃靼人。（卽後金）先是被韃靼人虐待之地方居民。望見帝軍之至。開城門而反抗韃靼守備隊。爲帝軍之前導。明年遂恢復遼東之首都。當此時韃靼王國內騷亂。不能速援。緣是支那之事命運復活。韃靼人遂暫時屛息矣。

此事實雖有錯誤。然明廷需要西洋紅夷礮之情形。於此可見。天啟六年二月。明命孫元化製西洋礮。翌三月。封西洋礮爲安國全軍平遼靖虜將軍。遣官致祭。當戰爭時。以司禮監魏忠賢發來之礮。大著威力。斃敵甚多。西洋礮爲明朝所特有。後金實無與此相當之火器也。伊大利耶穌會之教士龍華民 Nicolaus-Longobardi 及畢方濟 Francsws Somchiaso. 奉朝命前往澳門使葡人捐納銃礮。當在天啟元年。後金自鑄之礮尙在此四歲後。實錄所載天聰五年正月壬午。初造紅衣大將軍礮成。礮身所鐫文字爲天祐助威大將軍天聰五年孟春吉旦督造官總兵佟養性、續附監造游擊丁啟明備禦祝世蔭、鑄工王天相竇守位鐵匠劉計平五十餘字。丁啟明以下之漢人。大約係明之降人可知。是年十月始用紅衣礮擊破遼西之于子章。後金喜悅之情形。於當時記錄可以見之。曰是臺連攻三日。舉紅衣大將軍礮擊破臺身垜口。臺內無措足之地。力不能支。至第四日遂降。其餘各臺聞風而降。所遺糧糗足供我士馬一日之費云。自創造紅衣礮後。是役始用之。若非紅衣礮。于子章必不能克。今因克此固守之周圍百餘臺聞之。或逃或降。且士馬資其糧餉以固守大凌河克成此功者。皆因創造紅衣大將軍礮之故也。凡行軍必攜紅衣大將軍。自此始。以此推之。第一寧遠戰役以來。金國上下之畏懼西洋礮。可以想見已。

袁崇煥殺毛文龍　皮島之東江鎭。蟠據於鴨綠江口。後金以有襲其背後之患。乃以容納毛文龍歸罪於朝鮮。大舉而南。攻破半島。前已言及。在明廷則重視東江鎭。不讓於寧遠。毛文龍頗得重賞。自帶平遼總兵印綬。據明人記錄。天啟帝不名文龍而呼爲毛帥。其得意可想見已。皮島雖介朝鮮海。而收容遼東避難民因此爲人心所歸。又其實況外間不深知。故對彼誇大之報告。不無過信。彼實以海外天子自居也。崇禎元年時。朝鮮使者訪毛文龍。其記事有曰。島中居民近萬餘戶。市肆之間物貨充實。倉廩儲積亦豐足。秋冬之間米八石値銀一兩。臣所館之守卒。月給米一斛。又有銀兩。逢佳節外給靑布二疋。棉花二斤及帽靴。都督毛文龍一日進食五六回。其三回食五六十品。有寵妾八九人。皆飾珠翠。侍女甚多。皆遊手飽暖。崇侈如此。記事又曰。島中現在兵越二萬八千。戰馬三千餘匹。旗幟弓矢一切器械無不整齊。自椵島向義州洋中五十餘里有雞島。駐二百餘兵。西北五十餘里有獐子島。其地築都督四代之家廟。時往奠拜。自椵島向宣川鐵山三十餘里。有加次島。今改名增福。駐兵六百餘。向東南隔一水有身彌島。今改名雲從。此上年文龍避金兵來攻之處。駐將官五名。兵千餘。此島與獐子島。蓋可稱東江鎭左右兩臂。由此記事推之。彼之巧結朝廷權要以多得兵餉。爲自立之計無疑也。稱彼爲國家之忠良。寧評彼爲被假面之海寇。與橫行閩海之鄭芝龍相似。然統率皮島之萬餘健兒。實不能不藉彼卓越之能力。崇禎二年六月。袁崇煥忌文龍與已犄角不相下。誘致雙島。（今金州西北海）數以十二罪。遂出斬之。文龍死。東江鎭漸動搖。太宗征明。所以無東顧之憂者。職是故也。

太宗行軍之路。　天聰三年十月。（崇禎二年）太宗親率兵征明。先是蒙古喀喇沁部台吉布爾噶都等來降。乃用爲嚮導。太宗此次行軍之路。以寧遠山海關方面不易破。新擇路於大淩河上流。其行程自今奉天西越遼河。次納里特河會東北蒙古之兵。復次喀喇沁之青城。此地實當西喇木倫河上源。大貝勒代善及莽古爾泰二人。以爲倘有軍拒我前進。則身且不能逃。若前進而侵明之邊塞。不達目的。糧匱馬疲。何以爲歸計。縱得入邊。若明人會各路兵來圍。爲之奈何。且我等入邊。若堵絕後路。從何歸國。不若退兵。岳託濟爾哈朗貝勒乃入見太宗。赤面默坐。意不懌。憮然曰。可令諸將各歸帳。我謀既隳。又何待爲。岳託曰否。乃勸進取。十一月。遂入龍井關。別軍分路克大安洪山二口。共會於遵化。太宗在遵化時。與巡撫王元雅勸降書。說明金兵來侵理由。謂興兵之責。咎在明朝君臣。不在我。城陷。次下薊城。屠三河。擊走宣府大同援兵。下順義。至通州。傳諭興兵之理由於各城。曰。

滿洲朝皇帝（原文應爲大金）諭紳衿諸民知悉。我國素以忠順守邊。葉赫與我原屬一國。爾萬歷皇帝干預邊外之事。離間我國。分而爲二。曲在葉赫。强爲庇護。直在我國。强欲戕害。屢肆侵陵。大恨有七。知其終不相容。故告天興師。天直我國。先賜我河東地。我太祖皇帝意圖寧居。遣人致書講和。不允。既而天又賜我河西地。復遣使講和。爾天啓皇帝崇禎皇帝仍加欺陵。欲去滿洲朝皇帝之號。用自製國寶。我亦樂於和好。遂去帝稱汗。欲爾國製印給用。又不見行。故我復告天興兵。由捷徑而入。破釜沈舟。斷不返旆。是爾君臣非牧民之父母。不願和好。而樂干戈也。今我兵至矣。凡紳衿軍民有歸順者。必加撫養。違抗不順者。必加誅戮。此非予殺之。乃爾君殺之也。若謂我國褊小不宜稱帝。古之遼金元俱由小國而成常業。豈有一姓而恆爲帝之理乎。天運循環。有天子而廢爲匹夫者。有匹夫而起爲天子者。此皆天意。非人之所能爲也。上天既已佑我。爾明廷乃使我去帝號。天其鑒之矣。我以抱恨之故。興師。恐不知者以爲恃強興師。故此諭知。

此宣戰之要旨。自太祖以來。屢次反覆言之者也。北京戒嚴。崇禎帝得報。急起孫承宗爲兵部尚書。使守通州。詔諸道徵勤王之師。大同總兵滿桂。山西巡撫耿如杞先入援。次則延綏、固原、甘肅、臨洮、寧夏等五鎮總兵皆赴援。袁崇煥亦與錦州總兵祖大壽等。共自山海關入援。帝乃令袁崇煥督諸路來援之兵。以當金軍。太宗進圍北京。時屯於南海子。獲明太監二人。使高鴻中、鮑承先等監收。二人遵太宗所授密計。坐近二太監。故作耳語云。今日撤兵。乃上計也。頃見上單騎向敵。有二人來見上。語良久乃去。意袁巡撫有密約。此事可立就矣。太監佯臥竊聞其言。數日。縱太監歸。乃以所聞高鮑二人之言。詳奏於崇禎帝。帝大疑。遂執崇煥而投之於獄。祖大壽欲救解不得。率所部東出山海關。嘯亭雜錄云。自本朝攻撫順後。明人望風而潰。不敢攖其鋒。惟巡撫袁崇煥。固守寧遠。攻之六旬未下。高皇(太祖)怫然曰。何戇兒乃敢阻我兵。因罷兵而歸。故文皇(太宗)深蓄大仇。必欲甘心於袁。莊烈帝信此離間。乃立磔崇煥而舉朝無以為枉者。殊不知帝之中間也。

永平敗績。時後金諸將皆勸攻北京。太宗笑曰。城中癡兒。取之如反掌耳。但疆圉尚強。非旦夕所能破。得之易。守之難。不若簡兵練旅以待天命。遂止弗攻。祭金太祖世宗之陵於房山。降固安。屠良鄉。復趨北京城外。斬名將滿桂。轉略通州、張家灣及薊城。天聰四年。陷永平府。並拔灤州遷安諸縣。但山海關以孫承宗移駐其地。終不得志。太宗留守備於永平、遷安、灤州、遵化四城。從遷安東北冷口關出。三月還瀋陽。永平旋為孫承宗所攻。守將貝勒阿敏逃歸。時距太宗退師僅二月。阿敏坐敗績之罪。遂幽禁之。

征明軍之功過　第一次之征明。其用兵之艱難。實為無比。吾人推究當時情勢。太宗之兵力。當於山海關攻其背後。而計不出此者。不但因孫承宗關上守備之強固。且慮諸路勤王之師來而夾攻也。惟獨置永平之守備於孤懸之地。殊為可怪。阿敏之幽禁冤矣。然此遠征間接之結果。致明朝受不良之影響者。則四方勤王之師。中途一變而合於流賊是也。其致此之由。實關係於兵餉之缺乏。此種惡因。特發生於甘肅、陝西二路之間。此二路之間。實當時流寇之起源地也。

第十五章　後金諸王之不和

諸王之內鬨　太祖之柩未冷。宮廷早演一種悲劇。太宗即位。一時無事。其原因固由太祖未確定汗位之承繼。實亦由諸王勢力各相持而不下也。太祖有十六子。除長子褚英於萬歷中獲罪被殺外。餘皆無恙。加之太祖遺子外。尚有其弟舒爾哈齊之遺子。彼等皆在太祖下。經歷百戰。且又握有重兵。左表卽天命十一年太祖死時諸王之年齒表也。

姓名	年齡（天聰元年）	卒去年月	備考
褚英（一）	未詳	萬歷四十三年	正法
代善（二）	四十六歲	順治八年	
阿拜（三）	未詳	順治十年	
湯古岱（四）	未詳	崇德五年	
莽古爾泰（五）	四十歲	天聰六年	追削
塔拜（六）	未詳	順治十五年	
阿巴泰（七）	三十九歲	順治三年	
太宗皇太極（八）	三十五歲	崇德七年	
巴布泰（九）	未詳	順治十年	
德格類（一〇）	三十一歲	天聰九年	追削

巴布海(一一)	未詳	崇德八年	誅死
阿濟格(一二)	未詳	順治八年	誅死
賴慕布(一三)	未詳	順治三年	
多爾袞(一四)	十五歲	順治八年	
多鐸(一五)	十三歲	順治六年	
費揚古(一六)	未詳	未詳	誅死
(以上太祖之諸子)			
阿敏(一)	四十二歲?	天聰四年	黜死
濟爾哈朗(二)	三十一歲	順治十二年	
(以上舒爾哈齊之諸子)			
杜度(一)	未詳	崇德六年	
尼堪(三)	未詳	順治七年	
(以上褚英之諸子)			
岳託(一)	未詳	崇德四年	
碩託(二)	未詳	崇德八年	誅死

薩哈璘(三)	未詳	崇德九年	
瓦克達(四)	未詳	順治九年	
滿達海(五)	未詳	同	
祜塞(六)	未詳	順治三年	誅死
(以上代善之諸子)			
阿達禮	未詳	崇德八年	誅死
(以上薩哈璘之諸子)			

以上代善最年長曰大貝勒。次莽古爾泰曰三貝勒。太宗又在次曰四貝勒。總之此等名號。皆太祖定於生時可視為後金開創之四本柱也。太祖死。彼等必各有自立之志惟迫於對明廷交戰之必要故得免國內之鬩爭耳。吾人自此等諸點觀之。太宗即位幾有名無實實不外於四大貝勒之合議政治。據天聰元年一月記錄。後金寶位非太宗所獨占。代善、阿敏、莽古爾泰三人。以兄行而列座於太宗左右。同受朝拜。(凡朝會之儀例皆如此)觀此則吾人所揣測者信非誣也。太宗在天聰朝。尚未占人君完全之實力。諸王暗鬬久已相持。太宗內欲統御後金。對此等問題。自不得不大費躊躇也。

貝勒阿敏幽禁死　太宗對於諸兄最忌者。爲阿敏及莽古爾泰。天聰四年六月。阿敏棄永平四城逃歸。太宗大怒。不令入城。命貝勒岳託宣諭阿敏十六罪。此罪狀書。頗足見後金內部各種事情。抄出於左。

（一）貝勒阿敏怙惡不悛。由來久矣。阿敏之父。乃予叔父行。太祖在時。兄弟和好。阿敏唆其父欲離太祖。移居黑扯木。命人伐造房之木。太祖聞之。坐其父子以罪。既而欲宥其父而戮其子。諸貝勒力諫。謂既宥其父。何必復殺其子。太祖於是收養其父子。及其父既終。太祖愛養阿敏。與己三子。毫無分別。並名爲四和碩大貝勒。爾國人曾見有異父所生。而如斯愛養者乎。及太祖升遐。上嗣大位。仰體皇考遺愛。仍以三大貝勒之禮待之。爾國人亦曾見有異兄弟而如斯愛養者乎。此背恩之例也。

（二）昔朝鮮與我相好。後助明廷。又收容我遼東逃民。因憤告天地。往征其國。時命阿敏、濟爾哈朗、阿濟格、杜度、岳託、碩託各貝勒及八大臣前往。蒙天眷佑。克義州及郭山、安州。直趨王京。朝鮮國王聞之。竄入海島。我與其國王大臣盟誓。復擄其王弟爲質。岳託言。國王已盟誓。我等統朝廷重兵。不可久留。且蒙古與明。逼處我國。皆爲敵人。阿敏言。朝鮮王已棄城入島中。汝等不往。我將與杜度往。杜度聞之曰。貝勒獨欲與我往。是何意也。忿甚。岳託乃謂濟爾哈朗曰。汝兄所行逆理。汝盍諫止之。汝欲往則往。我率二旗兵而還。濟爾哈朗力諫。阿敏方回。彼抱異志。已於彼處見之。此專斷異志之例也。

(三)師還至東京。將俘獲之美婦進於上。阿敏欲納之。岳託曰。我等出征甚多奇物。聞朝鮮產美婦。故以此一婦進於上。阿敏乃謂岳託曰。汝父往蒙古。不嘗取美婦人乎。我取之有何不可。答曰。我父所得之婦。始獻之上。上不納。而分賜諸貝勒。我父得一人。汝亦非得一人乎。既而阿敏又使副將那木泰求美婦。太宗曰。未入宮之先。何不言之。今已入宮中。如何可與。阿敏不得此婦。常在外趺望。坐次有不樂之色。上聞之云。爲一婦人乃致乖兄弟之好乎。遂賜之總兵官冷格里。此暴慢之例也。

(四)阿敏貝勒嘗於眾中曰。我何故生而爲人。不若山木。木之生也。伐之可爨。否則得長高阜。生而爲石。尚可供禽獸之溲渤。猶覺愈於今日也。征察哈爾時。土謝圖額駙背所約之地。從他道入。復不待我兵先歸。上怒曰。此必土謝圖與察哈爾通情。因令諸貝勒永絕往來。然阿敏中途遣人贈遺甲冑鞍轡類。且以上語盡告之。土謝圖大驚。遺書阿敏並上疏。阿敏乃私留其使於家。納來書不呈上覽。此私交外國之例也。

(五)上與諸貝勒議。凡諸貝勒子女婚嫁。必經公許。阿敏貪牲畜。不奏聞。私以女與蒙古塞特爾貝勒。貝勒以已有二婦辭。又強與之。及宴會始來奏請。上曰。初許嫁。未嘗與聞。宴時何爲來請。遂不往。後又娶塞特爾女爲妻。奏曰。吾女嫁塞特爾甚苦。其向塞特爾言之。上曰。許嫁之時。不議於我。今女不得所。汝自言之可也。因此常懷怨憤。違背上命。此違法之例也。

(六)太祖在時。守邊駐防。原有定界。因邊內地瘠。糧不足用。遂展邊開墾。移兩黃旗於鐵嶺。兩白旗於安平。兩紅旗於石城。兩藍旗所住之張義站靖遠堡地土瘠薄。因與以大旗之地。彼乃越所分地界。擅過黑扯木開墾。後又棄靖遠堡。偏向黑扯木移住。上見其所棄皆膏腴良田。謂阿敏曰。防敵汛地。不可輕棄。靖遠堡若不堪耕作。移於黑扯木可也。今皆良田。何故棄而去之。莽古爾泰貝勒言汝違法擅棄防敵汛地。移居別所。得毋有異志耶。阿敏不能答。若此舉動。豈非乘間移居黑扯木以遂其素志乎。此違法異志之例也。

(七)阿敏貝勒以夢告叔父貝和齊曰。吾夢被皇考箠楚。有黃蛇護身。是卽護我之神。此異志之例也。

(八)上出征。令阿敏留守。彼於牛莊張義站二次出獵。又造箭。復欲行獵。若用此行獵之馬往略寧遠近州。不亦善乎。乃不思急公。不守城池。惟躭逸樂。此怠慢之例也。

(九)岳託豪格兩貝勒出師先還。阿敏迎至御前馬館。略無款曲之言。乃留守大臣坐於兩側。彼居中儼爲國君。令兩貝勒遙拜一次。復近前拜一次。方行抱見禮。至上與諸貝勒安否。無一言問及凡諸貝勒大臣出師還時。上亦乘馬出迎。及御座方受跪叩。彼自視如君欺侵諸貝勒。此僭恣之例一也。

(十)初永平既下時。留濟爾哈朗等諸貝勒及八大臣守之。駕還瀋陽。修理甲冑。督農桑。部署歸降之蒙古。期以秋後復往。乃命阿敏及碩託率兵六千往代鎭守。阿敏言欲與吾弟濟爾哈朗同駐。上曰不然。彼駐守日久。勞苦可念。宜令還之。臨行。貝和齊、薩合爾察、兩叔往送之。阿敏言皇考在時。嘗命吾弟與吾同行。今上卽位。乃不許吾弟同行。吾至永平。必留彼同駐。若彼不從。當以箭殺之。兩叔曰。爾謬矣。何出此言。阿敏攘臂言曰吾自殺吾弟。將奈吾何。此僭恣之例二也。

(十一)阿敏貝勒入永平時。鎭守諸貝勒。率滿漢官來迎。張一蓋。彼怒曰。漢官參將游擊尙用二蓋。我乃大貝勒。何止一蓋乎。遂策馬入城。夫御駕行時。止張一蓋。且有不張蓋不警蹕之時。而妄自尊大如此。此僭恣之例三也。

(十二)及至永平。深恨城中漢人。又不悅上撫恤降民。謂我征朝鮮克安州時。城中人民釋而不殺。不過令其國人聞之。爲攻取王京之聲譽耳。今汝等攻北京不克而回。及攻破北京。何故亦不殺其人民耶。又向衆言我既來此。豈令汝等不飽欲而歸乎。此殘傷之例也。

(十三)彼往略地有榛子鎭降民之財物。悉令衆兵攜取之。又驅漢人至永平。分給八家爲奴。我國之法。不惟歸順者不擾。即攻取之永平亦何嘗有犯秋毫。今故意擾亂漢人。隳壞基業。使不仁之名揚於天下。此隳壞國是之例也。

(十四)鎭守永平諸貝勒還時。城中官員俱有憂色。言諸貝勒既去。我等皆願同往。何故復留於此。恐去後此新來之鎭守貝勒。我等性命難保。及達爾漢額駙還。竟不道及義理之言。但出怨言相告曰。聞上欲議我罪。夫阿濟格殺傷別旗人。尚未坐罪。莽古爾泰屢有罪。亦未坐罪。我若有過愆。止可密諭。況爲上盡力。有何罪乎。此離間衆人之例也。

(十五)迫喀喇沁而强求其女。此專恣之例也。

(十六)明兵圍灤州。閱三晝夜。彼擁兵坐府。城陷兵敗。既不親援。不發重兵。止遣一二百人前往。徒令死於敵人之手。當灤州失守。直議回國。碩託等諫曰。何故因失一城而驟棄三城。彼不從其言。將永平遷安官民悉行屠戮。以財帛牲畜人口爲重。悉載以歸。此失守無狀之例也。

上列罪狀。永平敗歸之罪。僅占十六條中之一條。其他所指。不外太宗乘此時機。舉彼平生之過失而一一揭之也。平情論之。太宗使阿敏赴永平替代。固預知必有今日之事。但非有一時失四城之敗狀。則此一切罪狀。亦不能無因而提出也。且阿敏與太宗兄弟。自其父在太祖時代。已不相得。阿敏固早知不免於今日之事矣。阿敏之罪。無人爲之疏辨。衆議皆曰當誅。太宗不忍加誅。遂幽禁之。實錄記當時籍沒阿敏財產有莊四所。園三所。並其子之乳母等二十人。羊五百。乳牛及食用牛二十頭。滿洲蒙古漢人共計二十名。崇德五年十一月。遂飲恨而死於幽禁之所。

莽古爾泰之謀害太宗 莽古爾泰比太宗長五歲。又倔强不相下。太宗欲去彼已非一日。此於天聰五年夏。太宗親取大凌河城時見之。貝勒岳託一日請太宗莅其營。莽古爾泰與俱奏曰。昨日之戰。我旗將領被傷者多。旗下擺牙喇兵。有隨阿山出哨者。有附達爾漢額駙營者。可取還乎。太宗曰。予聞爾所部兵。凡有差遣。每致違誤。莽古爾泰曰。我部落何嘗違誤。太宗曰。果然。是告者誣矣。予將親追究之。莽古爾泰曰。皇上宜從公道。何獨與我爲難。我以皇上之故。一切承順。乃猶未釋而欲殺我耶。因舉佩刀手摩之。而睨太宗。德格類貝勒在坐阻止之曰。爾此舉動大悖。遂以拳毆之。莽古爾泰曰。蠢物爾何故毆我。遂抽刃出鞘五寸許。德格類乃推而出。太宗默然。遂不乘馬而入營。

三尊佛之帝位 莽古爾泰此舉。實與太宗以可乘之機會。太宗歸後。即停止與彼之禮遇。當時太宗下問臣僚。謂因彼悖逆。故革去大貝勒稱號。然朕即位以來。國中朝會之時。令彼與朕並坐。今一旦革之。外國不知情實者。必謂朕不敬兄。朕仍令彼得並坐。如何。時臣僚之議。可否相半。大貝勒代善曰。上言誠是也。彼之過不足介意。揆之於禮。並坐亦無不可。頃刻又曰。竊思我等既戴皇上爲君。又與上並坐。恐國人議者謂我等奉上以大位。又如三尊佛與上並列而坐。甚爲非禮。既滋人議。神必聞之。明降其譴。必減紀算。自今以後。上南面居中座。我與莽古爾泰侍坐於側。外國蒙古諸貝勒坐於我等之下。既奉爲上。不可不示以獨尊議。遂決。天聰六年。莽古爾泰死。九年。德格類死。當時籍沒莽古爾泰家。抄出所造木印十六文。曰大金皇帝之印。次卽宣布其生前與弟德格類共謀傾覆宗社之罪。此事在太宗登皇帝位之崇德紀元前一歲也。

以上對於太宗有相當之身分者。如阿敏莽古爾泰。或處幽禁。或死。存者惟一代善大貝勒耳。彼蠢然一武將。無有大志。太宗亦以傀儡視之。多爾袞性巧猾。不觸何等嫌疑。太宗亦稱多爾袞之舉動。皆合朕意。甚寵賞之。阿敏弟濟爾哈朗。又樸强不足憂。此天聰九年時。太宗所自以爲得意者也。此等宮廷之不和。太宗以敏妙之手腕鎭定之。惟太祖諸子未死者。難保不再生內訌。彼多爾袞者。太祖有傳位之遺命。其將來如何。吾人誠不可不注意也。

第十六章　內蒙古之合併

滿洲與內蒙古之歷史關係　滿洲與內蒙古不並立。徵之有史以來之事實。可以見矣。內蒙古有優秀部族起。往往東併滿洲。南犯朝鮮半島。反之而滿洲强盛。亦往往併略內蒙古。

蓋兩者之間。無天然障壁之遮蔽。惟因江河貫流兩地。東西交通。與以至大之便利耳。九世紀之末。契丹部族大起於西刺木倫河之上流。其主阿保機直東破渤海王國於松花江流域。南併遼東。契丹統治約亙二世紀之久。及十二世紀之初。女眞人奮起於松花江。又忽而襲破契丹。彼起於蒙古漠北而混一宇內。固非馬洲一方隅之敵。乃以忽必烈之勢力。終不能滅半島者。則意外也。明代四百年間。女眞人大抵服屬於內蒙古。及勃起於長白山下。乃與內蒙古之戰爭起。

初期之蒙古關係　萬歷二十一年九月。葉赫哈達兩部族糾合烏拉、輝發、科爾沁、錫泊、卦勒察、珠舍哩、訥殷等七部兵三萬來寇。此戰葉赫哈達忌建州之興。說他女眞及蒙古部落。冀。以一舉而拔太祖之根據地。太祖竟邀擊於古埒山下而殲滅之。葉赫布占貝勒先死於陳。擒烏拉滿泰貝勒弟布占泰。古埒卽阿太章京所據之古勒寨。在今蘇子河會流於渾河之右岸山上。太祖實據此地形。而破九部落之兵也。後萬歷四十七年。破明之大軍。亦因利用此地形也。此戰勝之結果。太祖與蒙古新生聯絡之關係者。爲科爾沁明安貝勒及喀爾喀老薩貝勒。

喀爾喀盟約　天命四年三月。太祖既敗明兵於薩爾滸山下。六月。陷開原。七月。屠鐵嶺。蒙古喀爾喀兵來戰。太祖邀擊之。大破於遼河之畔。生擒貝勒齋賽。十一月。喀爾喀衆貝勒遣使來言齊賽屢開釁端。誠有罪。惟命是從。明敵國也。若往征之。必同心合謀。直抵山海關。負此言者天神鑒之。若與和好。亦必會同定議。若明輸財物厚汝國而薄我國。汝國勿受厚我國而薄汝國。我亦不受。苟能踐此言。名聞遠邇。不亦善乎。太祖乃派大臣五人赴期會之地立約曰。今大金十旗執政貝勒。喀爾喀執政貝勒。蒙天地眷佑。合謀併力。修明之怨。若明釋舊恨。結和約。亦必相謀而後可許之。若大金渝盟而不共喀爾喀與明和好。皇天后土降之罰。若明欲與喀爾喀貝勒和好。密遣離間。而貝勒等不以其言告我大金。皇天后土亦降之罰。此誓約不過攻守同盟之形式。其實雙方未必有十分確信之訂約也。天命十年。喀爾喀斬後金之斥堠。送於明廷。實爲背盟。太祖命部下出兵於西剌木倫河之上流。刼巴林部之帳而歸。案普通稱喀爾喀爲外蒙古部族。此所稱之蒙古。則在老哈河及西剌木倫河上流也。

科爾沁會盟　科爾沁出於元太祖弟哈布圖哈薩爾。明初破於蒙古臣阿嚕台之瓦剌。其酋奎蒙古斯塔走而避於興安嶺東之嫩江。依兀良哈部族。因同族有阿嚕科爾沁。別稱嫩科爾沁。彼之曾孫曰翁果岱。翁果岱之子曰奧巴。科爾沁之外。札賚特杜爾伯特及郭爾羅斯。呼倫貝爾阿嚕科爾沁四子部落。茂明安烏喇特等部。大概爲科爾沁之支派。天命九年二月。太祖遣侍臣與奧巴與察哈爾結攻守同盟。其盟辭有曰。大金科爾沁二國憤察哈爾之侮慢。故締結盟好。昭告天地。今後若被察哈爾誘惑。私與之和。天地降以災殃。有如此血。有如此骨。有如此土。既盟之後。始終不渝。天地佑之。以永其年。子孫昌熾。此因科爾沁希望脫察哈爾之覊絆。後金欲討察哈爾而掌握內蒙古。故訂此盟約也。會盟之翌年十一月。察哈爾林丹汗出兵於嫩江。包圍科爾沁居城格勒居爾根。後金將士得報至農安塔地方。林丹汗聞援軍來。遂解圍西奔。科爾沁與後金之會盟。因此一舉和好益密。翌天命十一年。奧巴親來滿洲。太祖以弟舒爾哈齊孫女妻之。後金至此時。不但東北滿洲無復顧慮。即內蒙古經營之根據。亦因此連姻而確定矣。

林丹汗之抱負　察哈爾之林丹汗。爲明成化嘉靖間統一內外蒙古韃靼酋長達延汗之裔。達延汗死時。其遺國因蒙古之習慣。分於數子。長子圖魯博羅特先死。其子博迪阿拉克汗。襲父祖之號。稱小王子。至其子達賚遜庫登汗時。移幕廷於宣府之北。尋又移於遼東邊外。其子圖們時。號札薩克圖汗。世世承繼汗位。明稱之爲土蠻。達延汗諸子之移於南部者。如敖漢、奈曼、巴林、克什克騰、烏珠穆秦、浩齊特、蘇尼特、鄂爾多斯、及歸化城土默特之祖。皆同出一源流也。當明季清初。內蒙古雖然無所統一。時西部當推察哈爾之集團。東部當推科爾沁部族。其中央喀喇沁部。及土默特。左翼地方。固無所統一也。林丹汗奮起於既衰之餘。欲恢復達延汗之祖業。其志不爲不雄。然彼所欲發展之東方蒙古。早有女眞之金可汗勃興。不可不知也。蒙古源流所記。林丹庫圖克汗。率右翼三萬人衆。聯絡科爾沁之衆。諾延等。遂稱徹辰汗。此當指彼之最盛時代而言。明史稱彼爲插酋之虎墩兎。蓋林丹尊稱庫圖克圖之譯音也。

●明廷與察哈爾之關係●　林丹汗之婦。爲葉赫貝勒金台什之孫女。葉赫祖杜默特與察哈爾最親密。當萬歷初年。葉赫勢望。殆足以壓倒蒙古女眞之大半。金台什又以妹嫁於金太祖。清記錄萬歷十三年。葉赫貝勒楊吉努。識太祖爲非常人。語曰。我有幼女。俟長可使奉侍太祖。太祖曰。汝欲結姻盟。盍與我長女。楊吉努曰。我不惜長女。恐不足爲嘉耦。幼女儀容端重。舉止非凡。堪以配聰睿貝勒。太祖因聘之。此時太祖力尙微弱。流寓四方。其出此大言。未必可信。當時欲倚葉赫之聲望而求婚也。林丹汗之娶葉赫在此事後。二人者皆葉赫之壻。一則創造女眞之新運而勃興。一則恢復蒙古之祖業而蹉跌者。不可謂非絕好之對照也。葉赫態度。始終依附明廷。爲後金之所不喜。天命四年。太祖遂滅葉赫。遺衆逃而投於察哈爾。明廷諜知之。昭林丹汗以利。使與他喀與喀諸酋共抗後金。始不過給銀四千兩。後漸增至四萬兩。林丹汗乃揚言曰。我力能助中國。彼以天命四年十月。致書金可汗廷如下。

統兵四十萬衆蒙古國主巴圖魯青吉思汗。問水濱三萬人大金主安寧無恙。明。我二國之仇讐也。聞爾年來數苦於明。今年夏。我已親往明之廣寧。招撫其城。收其貢賦。倘汝兵往廣寧。則吾爲汝牽制。吾二人非素有釁端。但以吾已服之城。爲汝所得。殊爲不可。若不從吾言。吾二人之是非。天必鑒之。先時二國使者。常相往來。因汝使臣謂吾不以禮相遇。搆吾兩人。遂不復聘問。若以吾言爲是。汝其令前使來。復至吾國。

此來書似爭廣寧之先取權。其實不過爭端之口實。受明之指嗾無疑也。後金早洞察其情。天命五年正月。答曰。汝爭廣寧。畢竟不過阻止我國西爭之口實。汝言平日無釁隙。何故爲異姓之明廷出此惡言乎。然林丹汗之意志。初不爲明之賞撫。彼之理想事業。以統一蒙古與新興之女眞人不可兩立。明廷觀此形勢。故旁嗾林丹爲牽制之地也。察哈爾與後金之衝突。終不可免。但終太祖之世。未嘗顯著。惟其勢力之所及。則西剌木倫河以東。殆已脫察哈爾之範圍矣。

喀喇沁會盟　巴林、札嚕特、烏珠穆秦、阿巴噶等之向背。關於後金與察哈爾之運命者甚大。何也。此等部落。皆散居於西剌木倫河與灤河之上源地。兩國之兵。不得不先以此等部落爲爭點。當太祖時代。以天命四年。與喀爾喀結攻守同盟之形式。爾後向背不出一途。後金之兵。屢次出沒於西剌木倫河之上流。天聰元年。烏珠穆秦阿巴噶逃於漠北之喀爾喀。巴林、札嚕特、東走於嫩江。敖漢、奈曼二部。又來歸。林丹汗之形勢。至此益衰。天聰二年七月。喀喇沁大衆。據於老哈河上流者。乞送使於後金。而會盟。喀喇沁出於元太祖大臣札爾楚泰。姓曰烏梁罕。當明之末年。喀喇沁實掌管朶顏三衞之都督都指揮。彼之部長塔布囊蘇布地來書。謂彼等不堪林丹汗之誅求。連喀爾喀諸部之兵。土默特部落格根汗。在趙城地方。殺傷察哈爾駐兵四萬人。又林丹汗部下欲赴明之張家口者。盡殺戮之。於是阿巴噶等諸部落。響應提議。與後金合兵共討林丹汗。太宗大悅。遣阿濟格貝勒等會盟。是年九月。太宗親督諸軍討察哈爾。至興安嶺地方。此直接之結果。察哈爾之勢力全退出西剌木倫流域。於是後金對於明廷。得占最利之形勢。北京東北方之籓籬。以此時而盡撤矣。在太祖時代。後金對於內蒙古。專止防察哈爾之側面來侵。及太宗再攻寧遠不下。知山海關之防禦不易攻陷。於是研究征明之事。非別取行軍路不爲功。喀喇沁會盟。實對此問題而與以曙光也。以理揣之。太宗天聰三年。包圍北京之行程。殆由此會盟所得之智識歟。淸實錄曰。喀喇沁台吉布爾哈圖。曾受賞於明。以熟識路徑。命爲嚮導。可以證明此事矣。

林丹汗之死。　天聰五年十一月。林丹汗出兵於西剌木倫上源地方。太宗得報。直討察哈爾。翌六年四月。大會內蒙古歸附之衆於西剌木倫河之上。遂過興安嶺。出多倫諾爾北方之達里泊。林丹汗諜知之。率所部人畜十餘萬遁去。經歸化城。渡黃河口。至距靑海十日程之大草灘。終病死。太宗不窮追之。至歸化城。收彼部落數萬。越長城而入明境。耀兵於大同、宣府等城而歸。天聰七年。茂明安部落來歸。翌八年。太宗再入大同地方。收察哈爾遺部頗多。九年。多爾袞等率大軍西行時。至距黃河八日程之托里圖地方。收服林丹汗子額哲及部衆。得傳國璽而凱旋。內蒙古諸部至是全統一於後金矣。先是天聰八年冬。太宗以大業漸就緒。乃錄太祖死後八年以來之大事。祭告於靈前。文曰

甲戌年十月二十七日。嗣位孝子皇太極敢昭告於皇考之靈曰。臣受命以來。管八旗子孫。合志同謀。夙夜憂勤。惟恐不能仰承先志。於茲八年。幸蒙天地之鑒。臣等一德同心。眷顧默佑。仗皇考積累之威靈。臣等於諸國。慴之以兵。懷之以德。四境敵國。歸附甚衆。謹取數年行師奏凱之事。上慰神靈。朝鮮稱弟。稽首納貢。喀爾喀五部。舉國來歸。招降阿魯諸部落。以及喀喇沁土默特部落。無不臣服。察哈爾兄弟先歸附者半。後察哈爾汗攜其餘衆。避我西奔。未至湯古特部落。殂於西喇衛古爾部落之打草灘地方。其執政大臣各率所屬來歸。今爲敵者。惟有明廷。天下之事業。俱已就緒。凡此皆皇考之素志。後人踵而行之者也。伏冀神靈。始終默佑。以廓疆圉。以成大業。惟在明鑒。語多不盡。不勝感愴。謹上告。

觀此則太宗之得意。可以想見。越二年。太宗卽帝位。國號大淸。總上所說。滿洲欲取中國本部。先當略有內蒙古一帶。明已就女眞人觀之。奪取西剌木倫河。卽所以掣中國北方之死命。從明朝一方面觀之。在成祖放棄大寧以畀兀良哈三衛之日。固已早蓄禍胎矣。不能包有今承德府之疆域。而欲北京之久安。豈不難哉。然則謂長城有防禦外敵之效力者。謬也。

第十七章　漢人之來歸

明朝叛將之據登州　崇禎四年冬。明將孔有德叛據山東。無端乃與利益於後金。爲有德原爲毛文龍部下。文龍被袁崇煥殺害。陳繼盛代領其衆。有德不服。與耿仲明、李九成等走山東登州。依登萊巡撫孫元化。元化久官遼。以遼人可用。乃以有德、仲明二人爲游擊。九成亦補參將。是年夏。太宗圍大凌河城急。元化乃遣有德等赴援。至吳橋。天大雪。士卒無所得食。有一卒與諸生角。有德笞之。衆大譁。先是九成受巡撫孫元化之命。往北方購買馬匹。空耗其金。歸至吳橋。懼元化罪己。帥其子應元與部卒刦有德。有德從之。還兵攻陷山東諸城。新城受禍尤酷。山東巡撫余大成追之。元化之軍亦來會。大成元化共主招撫。叛徒過者檄郡縣無邀擊。叛徒乃佯降。遂謀陷登州。旅順副將陳有時、廣祿島副將毛承祿亦叛而來會。兵勢益盛。衆皆推有德爲王。有德曰。不然。今事方起。何敢遽膺王號。衆強之。乃自稱都元帥。於是孔有德之兵。頻陷郡縣。翌五年秋進圍萊州。六月城不能陷。有德等乃退守登州。登州城三面距山。一面距海。其北有水城。與大城相接。開水門則可通海船。叛徒恃此不肯下。崇禎六年夏。叛徒失其二將。彼等意氣稍減。有德等乃與仲明爲浮海之計畫。

孔耿二將之來歸　孔耿二人浮海。初意在投降後金。天聰七年（崇禎六年）四月十一日。彼等遣副將劉承祖、曹紹中二人。致投降書於金汗廷如左。

總提兵大元帥孔有德
總督糧餉總兵官耿仲明爲直陳衷曲以圖大業事。照得朱朝至今。主幼臣奸。邊事日壞。非一日矣。兵士鼓噪。觸處皆然。本帥非但如此。昨奉部調西援。錢糧缺乏。兼沿途閉門罷市。日不得食。夜不得宿。忍氣吞聲。行至吳橋。又因惡官把持。以致衆兵奮激起義。遂破新城。破登州。隨收服各州縣。去年已有三次書札。全未見復。始知俱被黃龍（明之守將）在旅順所截奪。繼因援兵四集。圍困半載。彼但深溝高壘。不與我交戰。彼兵日多。我兵糧少。只得棄登州而駕舟師。原欲首取旅順爲根本。與汗連合於一處。誰知颶風大作。飄至廣鹿島（大連海中）。本帥卽乘機收服廣鹿、長山、石城等島。若論大海何往不利。要之終非結局。久仰明汗網羅海內英豪。有堯舜湯武之胸襟。無片甲隻矢者。尚欲投汗以展胸中之偉抱。何況本帥現有甲兵數萬。輕舟百餘。大礮火器俱全。有此武備。更與明汗同心合力。水陸並進。勢如破竹。天下又誰敢與汗爲敵乎。此出於一片眞熱心腸。確實如此。汗若聽從。大事立就。朱朝之天下。轉瞬卽爲汗之天下。是時明汗授我何職。封我何地。乃本帥之願也。特差副將劉承祖、曹紹中。爲先容。汗速乘此機會。成其大事。卽天賜汗之福。亦本帥之幸也。若汗不信。可差人前看其虛實如何。本帥不往別地。獨向汗者。以汗之高明。他日必成大事。故效古人棄暗投明也。希詳察之。爲此合用手本前投明汗。駕前煩爲查照來文事理。速賜裁奪施行。須至手本者。

此書大概從鴨綠江口送致者。太宗大悅。命諸貝勒迎之於今安東縣附近。明軍及朝鮮欲要擊彼等者。遂不能近數百艘之叛徒及軍器。得以安全上陸。太宗乃賜給田宅於遼陽之東京城（今新城）

太宗與降將以抱見禮　孔有德、耿仲明、既安插於東京城。五月二十四日。呈謝恩表文如下。

皇上萬福萬安。德等所部先來官兵。俱已安插。均蒙給糧。恩同於天。德等欲赴都門謝恩。但續到官兵。尚未安插。不敢輕往。事竣之日。聽候皇上鈞旨。赴闕叩首。謹臨稟不勝戰慄之至。

以此文與前表對比。孔耿二人之變其態度。殊可驚異。前表以夷狄君長之稱號呼太宗爲汗。不用漢稱皇上。後表無一汗字。竟出赴闕叩頭之語。如此變更。出於旬日之間。吾人所當注意者也。六月。孔耿二人入朝謝恩。太宗乃率諸貝勒迎於渾河右岸。至所設黃幄之中。太宗乃欲與行抱見禮。此禮爲彼等女眞人最高等貴族所行。蓋不外於親愛之意也。諸貝勒見之不懌。太宗曰、昔者張飛尊上陵下。關羽傲上愛下。以恩遇之。豈不善乎。況元帥總兵奪取登州。攻城略地。正當强盛。而納款輸誠。遣使者三。率其民而歸我。功孰大焉。朕意已決。議定與兩將行抱見禮。次封孔有德爲都元帥。耿仲明爲總兵官。爾時孔有德率八千十四名耿仲明率五千八百六十名兵丁家口來歸。崇德元年。太宗卽帝位。封有德爲恭順王。仲明爲懷順王。其後來歸之尙可喜封爲智順王名其軍曰天祐軍。

太宗之襟度　太宗包容漢人之襟度。不獨見於孔耿二將來歸之時。天聰三年。生擒明永平巡撫張春其事之始末吾人殊可驚異也湯斌（文正公）關於此事所記有曰。張春陝西潼州人。由舉人歷官僉事。備兵於永平。崇禎四年。太宗入永平。生擒春。春妻翟氏聞城破自殺。太宗重中國人。得中國人必令生致之。既得春大喜。欲官之。春不屈。太宗善遇之。飲食供張用具輿服。屏而不視。向西南正坐哭。日夜不絕聲。太宗更遣左右令爲好語勞春。間自往拜之。春不動而罵以爲常。乃令穴壁爲牖。時屏車騎間行。從牖竊視。春正襟西南向而坐。微知壁間有人。則大罵。左右或曰。彼囚人也。安有萬乘而爲囚人屈者耶。太宗曰。是何言。吾從史傳中見文天祥。以爲神人。今乃眞得見文天祥耳。始翟氏死。春不知。後有人來言。春乃設位而哭。太宗命以少牢往祭之。春叱而不受。又自爲祭文。首記崇禎年號。使人書之。人有奏於太宗者。太宗曰。是固然也。安肯用我正朔乎。且彼婦又安知我之正朔。卒命書之。是時洪承疇亦留三年矣。始得承疇也。太宗亦善遇之。承疇不屈。最後意不能無動。太宗知承疇之才可用。嘗略得秀才數十人。命詣承疇。承疇試以文。第其高下。上之。太宗大喜。又命詣春。春叱之曰。若既讀古人書。奈何於此求試。去。毋汚我。太宗聞之。益善之。春留九年。御其出關時之衣冠。至敝不肯易坐必西南向。將死。太宗遣人問所欲。春曰。若移我居遼陽得近中國。則死無恨矣。太宗將許之。左右皆曰彼居我國久。知我之要領。若有不測。不獨亡春也。乃不許。居有頃。春不食而死。太宗曰。我於春未嘗逆其意。獨奈何不聽其居遼陽乎。遂葬於遼陽。明聞之。贈春副都御史。順治十三年。斌爲副使。備兵潼關。檄奉春於鄉賢祠。今上卽位。輔政索大人素敬春。召其子。子乞父骸骨歸葬。許之。卽賻白金三百兩。命兵部給火牌。郡縣傳送。旣而悔曰。朝廷用符調傳送春。春不瞑矣。令追還火牌。再賻三百兩。命僦人輿櫬而歸。春竟得合葬於翟氏之墓。洪承疇至康熙四年卒。官至太師。始獲承疇時。或言已死。明褒恤頗厚。命羣臣望祭。天子親臨祭之云。張春事略載於太宗實錄而不詳。湯文正裒輯滿洲父老傳說。故言之較詳。張春幽禁故址。在故奉天將軍衙門西三官廟內。

得漢人之良導　汲修主人（禮親王）談太宗襟度有曰。松山旣破。擒洪文襄（承疇）。洪感明帝之遇。誓死不屈。日夜蓬頭跣足罵言不休。太宗乃命諸文臣勸勉之。洪一語不答。太宗乃親至洪之館。解貂裘而與之服。徐曰。先生得無冷乎。洪茫然視太宗良久。歎曰。眞命世之主也。因叩頭請降。太宗大悅。卽日賞賚無算。陳百戲作賀。諸將皆不悅曰。洪承疇僅一羈囚。何待之重乎。太宗曰。吾儕所以櫛風沐雨者。究竟欲何爲乎。衆曰。欲得中原耳。太宗笑曰。譬之行者。君等皆瞽目。今得一引路者。吾安得不樂。衆乃服。此等佳話。其事實殊爲可信。觀前記孔耿二將來歸時。獨排衆議行抱見禮。參將甯完我罵彼等在山東爲無賴礦徒。若待之過厚。徒增長兇徒無忌之心。力爭以爲不可。太宗竟不聽也。抑吾人於此更有言者。孔耿二人來歸。一時收納萬餘之漢人。此漢人實大有造於後金者。蓋用彼等爲前導。以爲攻略中國之籌畫。實創業期之大方略也。當時明與金之間。如軍器之重大問題。亦因孔耿二人來歸。後金乃得最新式之西洋礮云。

葡萄牙礮入後金　孔有德圍萊州時。用孫元化所製之西洋大礮。此大礮在明朝爲最新式軍器。孫元化奉命鑄造西洋礮。始於天啟二年（西曆一六二二）。彼素奉西教。嘗於澳門招致西人如登州萊州兩役。葡萄牙人公河的西勞等陣亡者數名。受明廷諭祭。耶穌會之教士陸若漢 Joannes Rodriquez 負傷得優獎。彼等西人實在孫元化之下。製造大礮者也。孔有德載此種新式大礮來歸。關係頗大。後金前此鑄造之紅衣礮。多爲捕虜漢人等所製作。此固有精粗之殊。有德始入奉天時。太宗傳旨曰。卿攜紅衣大礮已運至通遠堡。卽付於卿。當使軍士時時演習之。此大礮有幾何。不能確知。然天祐軍爾後固以礮手著名者也。

第十八章　太宗改國號

中國國號。採一朝一號之制。塞外諸族。不必盡然。起於西剌木倫河上之契丹。太祖以來。不別改國號。襲用舊稱。契丹之名。入太宗初期。稱大遼。聖宗復改曰契丹。至興宗朝又稱遼。契丹之事。屢次不變前節所記太祖之國號。以大金稱。(或稱後金。)太祖歿後後金益發展。太宗卽位後九年改國號。此與契丹事情雖不一致。然後者固採前者幾分爲範也。

大淸國號　天聰十年四月。內外諸貝勒大臣文武羣臣共上表請稱尊號。滿洲蒙古漢人集議。定滿、蒙、漢表文三通。吏部和碩墨勒根代青貝勒多爾袞、捧滿文表字。科爾沁國土謝圖濟農捧蒙古表文。都元帥孔有德捧漢字表文。表曰

諸貝勒大臣文武各官及外藩諸貝勒。恭惟皇上承天眷佑。應運而興。當天下昏亂之時。修德體天。逆者威之以兵。順者撫之以德。寬溫之譽。施及萬方。征服朝鮮。混一蒙古。更獲玉璽。內外化成。上合天意。下協輿情。以是臣等仰體天心。敬上尊號。一切儀物。俱已完備。伏願俯賜俞允。勿虛衆望。

太宗嘉納。禮部乃擇吉日。祭告天地。又察舊例用生牢祀天。祭肉則分給諸官。各攜至家。熟而享之。太宗曰。不然。當古帝王未知火食以前。祭天之禮。用生牢。是以後世因之。今就祀天之肉。分給各官之家而享之。是反褻天也。當預熟薦之。祭畢。則令分享於神位之前。太宗蓋以當時滿洲所行薩滿之儀式爲陋而卻之也。四月十一日。太宗親祭告天地。受寬溫仁聖皇帝之尊號。建國號曰大淸。改元崇德元年。翌日。太宗率諸貝勒。詣太廟。尊始祖爲澤王。高祖爲慶王。曾祖爲昌王。祖爲福王。族祖禮敦巴圖魯爲武功郡王。尊太祖曰武皇帝。廟曰太

廟。陵曰福陵。又命開國功臣蜚英東、及額宜都配享太廟。

改•號•之•原•由　國號之改清實錄不詳其原由。據太宗祝文所云。臣以明人尙爲敵國。不可遽稱尊號。固辭不獲。勉徇羣情踐天子位。建國號曰大清。改元爲崇德元年。至於取大清命名之意。並廢去舊號之理由。初未一言及之。以吾人推之。大金國號。爲彼等女眞人旣往所留之大名譽。其父太祖之百戰功業。同創建於此徽章之上也。太祖祖先寧古塔貝勒。細考之。是否爲前金裔孫。不可得知。然太宗固親稱爲女眞大金之後。當其在直隸房山縣過金之山陵時。曰此我前金皇帝也。此其希望前金再興之念。可以想見。乃太宗一旦改之。其所取義。爲開展國運之政策無疑。太祖朝之襲沿前金舊號。所以激動女眞人之氣。蓋開國初期。滿洲之狀態。當爲羣雄割據。太祖用意專注於諸部之統一。故擇公共思想之象徵以爲牢籠之計也。加以馳驅於部下者。多女眞之豪右。視太祖猶阿骨打之再生。此其用意之所在也。

太宗天聰朝之末期。後金之情勢。日益發展。所待於太宗勢力者。卽滅察哈爾而統一內蒙古是也。漢人歸降者之逐漸增加。亦爲此朝之特色。而天聰七年。來歸之孔耿尙三王之天祐天助兵。尤爲後金兵力之要素。太宗於懷柔之策。最爲用心。觀於上尊號之表文。以滿、蒙、漢、三種文字爲書。非徒爲帝王者。必誇示自己之名譽於內外。實爲統一此等三大部族之機括。又於將來擴充其規模而暗示以意之所在也。
吾人思此改號之原由。當本於對明朝之政策。當彼受明室羈縻之時。冒稱佟姓。專以調和明人之思想。及一旦交戰。乃以後金爲標榜。此則隨國運之進步。揣測人心歸向之趨勢。彼等所最認爲必要者也。太宗既併合內蒙古。服朝鮮。於北滿洲各地招撫部族。亦幾無遺策。而當面之對手。惟一明廷。從過去二十年折衝之經驗。深知恃武力得勝之艱難。大金之國號。對此政策。不無矛盾。蓋太宗定此國號。明人或以爲殺伐武斷之象徵。因十二世紀之初漢種曾受女眞（前金）之禍患也。太宗與明和議。前後亙十數次不成。明人多以宋金前事爲鑒。以太宗之穎敏。有不推想及此者乎。天聰五年。彼親寄明將軍祖大壽書中。有曰爾國君臣。惟以宋朝故事爲鑑。亦無一言復我。然爾明主非宋之苗裔。朕亦非金之子孫。彼一時。此一時。天時人心。各有不同。爾大國豈無智慧之時流。何不能因時制宜乎。即此可以爲證。彼以靖康建炎間。漢種人與金人積有惡感。襲其國號。實非利益。一面觀於國內事情。諺所稱爲三尊佛者。其御座已有獨占之機會。正可去夷狄舊號之汗位。進而即皇帝之位。其撤去汗之稱號。上寬溫仁聖之敬稱。改崇德之建元。皆可證明其與改國號之旨相關連。然何爲諱金之國號而改爲清。猶屬疑問。大抵彼等已任用漢人。漸浸染漢族之文化。從各種知識之進步。覺以金或後金爲國號。重襲前代稱號。不免淺識之誚。此國號改稱大清之議所由起也。

關於大清意義之舊說　大清之意義。據乾隆所言。大清者有大東之義。蓋以五色配五方之思想久行於塞外之民族。因東方爲青色。更轉而求清字之對音。如此解釋。於金之國號。絕無連瑣之關係。市村敎授於前後兩者之間。因字音之關係。解之以爲金與清北京音稍相近。金爲上平。清爲去聲。北京人於此發音。雖得區別。外國人頗易混同。女眞種族當時於漢字之發音。未必能正確區別。故改金之國號爲清。特取其音之近似耳。要其所以改國號之故。在金之字形而不以其字音。卽以清字代金字。止於字形之變更。舊來呼聲全然不改也。或曰清者取廓清天下之義云。

金天氏與清朝　太宗去金之舊號。而新稱大清。吾人解釋此問題。有必要之條件二。第一新舊兩號之間。當有連絡之義。第二選擇國號。必含有一種普通之表象。就此推究。吾人從中國古代少昊金天氏之傳說。可以證明其義。少昊金天氏又曰清。又曰胙土於清。據羅泌所說。少昊氏以金爲寶歷。色尚白。故又曰金天氏。就史事徵之。起於朝鮮南端之新羅亦曰金天氏之後。起於長白山東之渤海。亦早感受五行說之影響。自稱震國。畢竟彼等接受漢種之文化。因義定名。則吾人解說。不得謂爲附會之言也。觀於太宗卽位以翌日。公表宮殿之名稱。中宮曰清寧宮。東宮曰關睢。西宮曰麟趾。或擇翔鳳樓飛龍閣等佳名。以飾帝王之觀贍。則彼等殆以大金擬少昊金天氏。因金天氏胙土於清。故採用清字以命名也。

滿洲國號係太宗之僞作　國號之改爲對明之政策。徵之太宗改號後塗改國號之事實。益見吾人推測之確。彼契丹雖改號爲遼。未聞塗改國號。又蒙古改稱大元。亦不聞有諱舊號之事。乃太宗朝獨隱避國號者。其動機實存於對外關係也。吾人旁證之。有一事更足注意者。卽太宗嘗公言我等爲女眞大金之後。後禁其部族稱女眞是也。天聰九年十月中有勅曰。我國原有滿洲、哈達、烏喇、葉赫、輝發等名。無知之人往往稱爲諸申。諸申乃席北超墨勒根之裔。與我國無涉。今後一切人等。只許稱我國滿洲原名。其各旗貝勒所屬人員。勿稱爲某旗貝勒家諸申。此勅所云諸申。卽女眞之對音。太宗何故諱之。當不外於稱女眞之影響。與稱大金國號有同一之顧慮也。太宗朝君臣用意愼密如此。是可驚異矣。更有一事可驚異者。爲滿洲國號之僞作。

滿洲之稱國號。在太宗崇德以前。未嘗聞之。彼等文書部面書大金者。悉改爲滿洲。其故已於前章言之。滿洲之國號。不行於國初。太宗果爲何故。於彼等部族之名。不曰女眞。又不曰大金。卽擇此新字面。頗爲有趣味之問題。吾人考之。此字面之選擇。又胚胎於對外關係。蓋崇德初年。包容種族之範圍。於彼等部族外。尙有强大之內蒙古。當太宗改國號時。旣放棄大金之名義。又撤女眞之舊稱。不得不另擇一適當部族之稱號。是則內對於女眞舊部。外對於新附之蒙古。擇一最共通之佳名。固彼等君臣所深思而熟計者也。以此用意。太宗乃採用稱太祖爲滿洲（卽滿珠卽文殊）之尊稱。此尊稱亙西藏蒙古女眞及朝鮮皆知之。於當時之人心得與以良好之感應。無可疑也。滿洲者。其意義爲文殊之化身或太祖之舊部也。

大金之證據與文殊之由來　太宗天聰年間。修築之盛京城撫近門之扁額。今尙有大金字樣。此太宗所不及塗抹者也。然遼陽之剌麻墳。大石橋之娘娘廟碑。東京城之扁額。今皆有大金國號之留遺焉。至於以佛名爲人名。則又塞外民族古來之習慣。文殊師利者。傳說留居於山西省之五臺山。東方民族之所尊信。故崇拜文殊。彼等無不知之。五臺山入於剌麻之手。事在元代。女眞之名。酋曰李滿住。曰滿答失利。曰滿住。（太祖之尊稱）皆崇拜文殊之影響也。

第十九章　國史編纂及文館之設立

國史之編纂　太宗之用意。更注於國史編纂之上。國史始用國語。卽滿洲文字。明治四十五年。內藤教授在奉天採收滿文老檔。謂太祖日記。以萬歷三十五年（西紀一六〇七）始。若以此歲爲基礎。考之太祖命額爾德尼等創立國語滿文。不出七年。早已備置記錄。蓋因建州之興。不得不記錄中外大事也。越二十三年。至太宗天聰三年。（西紀一六三〇）更進而於記錄職外分任繙譯職。著名之大海者。實任繙譯庫爾纏、當記注之任。太宗顧問機關之文館由此始。天聰九年（西紀一六三六）八月。太祖實錄圖八册成。圖爲畫匠張倫、張應魁二人之筆。其圖解則滿、蒙、漢、三體文並書。越二年。卽崇德元年。（西紀一六三六）太祖實錄成。實錄圖成於實錄以前。殊可異也。當編纂實錄之時。太宗諭曰。從來記錄有大金者。改爲滿洲。抉去女眞文字。此事特宜注意也。

清朝開國期之史料　清朝史料中就官撰記錄而言。各朝皆以實錄爲第一。惟實錄以本朝之臣子。書本朝之事。記事多涉避諱。如宋代政治上黨派激爭時。明代帝系屢有事故時。實錄修改幾次。亦有不可徵信之處。清朝實錄。果有若何之程度。可以徵信乎。就此而言。日本自古傳有清三朝實錄寫本。分太祖太宗世祖三朝。此實係文化四年。郁山芝塢、永根永齋二人抄錄出版。爲清三朝實錄採要十六卷。行世一時。中國人東來者。喜得見本國實錄。競購買之。此採要上更有抄略二卷。亦二人所作。日本所存之三朝實錄。與今日北京奉天所存者。是否相同。有待考查。余懷此疑問久矣。覩現在行世之本。如蔣良騏東華錄。王先謙東華錄。其記事體裁。頗與傳抄本有不同之處。其滿洲蒙古人名。用音譯之文字。傳抄本與東華錄多異。傳抄本官名人名並記時。從滿洲語之法則。官名書下。人名書上。卽如書博爾晉蝦。博爾晉人名也。蝦、（侍衛之義）官名也。然東華錄書此曰侍衛博爾晉。探究其緒。傳抄本用康熙年間之纂修本。東華原本之實錄。用乾隆以後重修本。清太祖諡號。傳抄本爲太祖承天運聖德神功肇紀立極仁孝睿武弘文定業高皇帝。是康熙元年所改定。東華錄則於雍正元年。加端毅二字於睿武與弘文之間。乾隆元年。又加欽安二字於端毅之下。此考查之結果。清朝實錄。或就一部分而修改。傳抄本之實錄。爲最初記錄。當比官本之實錄較爲質實也。

奉天所存之實錄。藏於崇謨閣中。爲滿文、漢文兩種。此閣中於實錄之外。藏有聖訓。（滿漢兩文）及其他重要史料。其中與實錄最近似者。有滿洲實錄八册。爲插畫之寫本。列滿、蒙、漢三體文。其記事殆與太祖實錄同。其圖畫自滿洲開闢之長白山三神女之傳說始先畫太祖一代事蹟。末記數語如左。

　實錄八册。乃國家盛京時舊本。恐子孫不能盡見。因命依式重繪二本。以一本貯上書房。一本恭送盛京尊藏。傳之奕世。以示我大清億萬年子孫。毋忘開創之艱難也

此原本存於北京乾清宮者。其存亡不可知矣。今盛京有傳寫本。畫中有太祖太宗面貌。其用意在示以一種特異之好相。以傳抄本實錄與崇謨閣實錄相較。益知其史料之有價値。傳抄本實錄所載。太祖崩。當時正妻大福金。爲烏喇國滿大貝勒之女。年三十七歲。大福金本爲後妻。其前嫡出庶出之子甚多。大福金親生者。有睿親王豫親王兄弟等。其異母諸貝勒。稱太祖遺言。强請大福金殉死。其所謂遺言者。大抵以大福金爲貌美心險之人。太祖恐

其生亂。故命其殉死也。大福金因其強請。著禮服。飾金玉珠翠珍寶之物。乃託以二幼子事。遂殉死。東華錄全不載。滿洲實錄載焉。此疑問當一睹崇謨閣本以決之。後觀閣本果不載。由此知傳抄本實錄與滿洲實錄爲最初質實之記錄。無甚避諱。乾隆重修時。關於滿族不名譽之事。已悉刪除矣。

以上研究之結果。開國期之實錄。以日本傳抄本實錄最爲可信。其插畫之滿洲實錄。就太祖一代之事跡。殆與此有同等之價値。惟滿洲實錄備載滿蒙文。可以尋滿蒙原語眞正之意義。是其長也。又閣本實錄。各朝皆有滿文。日本所存之三朝實錄無之。此亦缺點也。

漢文舊檔　崇謨閣又有漢文舊檔之寫本六册。其中重一册。實止五册。其內容分爲三種。一、各項稿簿一册。二、朝鮮國來書簿三册。三、奏疏一册。第一各項稿簿所蒐錄之往來文書。係自太宗天聰二年九月至五年十二月者。其目錄如下。

金可汗致朝鮮國王書數通　金可汗致毛大將軍書
下八旗固山貝勒勅諭　下各漢官勅諭
王府傳諭金漢蒙古軍民人等　下官生軍民人等勅諭
下各城屯堡秀才諭　與劉三弟兄諭帖數通
下皮島副將陳繼盛等勅諭　劉興賢家信數通

下靜安堡劉千總勅諭
下遊擊李獻箴勅諭
領行各官及貼八門鐘樓勅諭
下各堡官民勅諭
下各寺僧衆勅諭
下國中漢人勅諭
下衆將官勅諭
下靖安堡住民孟安邦勅諭
下道錄司勅諭
下諸將領勅諭
下禮部勅諭
孫副總兵傳諭兵丁等

金可汗及執政衆王等告天盟誓疏
下永平遷灤等處軍民人等勅諭
下黃旗旗下該管人民勅諭
下查僧尼官勅諭
下參將祝世昌勅諭
下駙馬總兵佟養性勅諭
下僧綱司勅諭
與朝鮮會寧府咨
下金漢官生軍民人等勅諭
下金漢蒙古官員勅諭
下兵部轉行八門上勅諭
金可汗致祖大將軍書

附錄　島中劉府來書數通

此外猶有瑣細之記事附載焉。金可汗卽清太宗。據實錄。此時已號稱滿淸皇帝。其實則尙稱金可汗也。此等事證之奉天省各地之刻石。又明及朝鮮等之記錄。均相符合。甚正確之史料也。

毛大將軍卽明將毛文龍。祖大將軍卽祖大壽。此等文書實錄所不採者甚多實錄所採者。皆經修飾者也。此等文書最足徵入關前之政治外交等之眞相焉。

朝鮮國來書簿第一册爲天聰元年至八年十二月者。第二册爲天聰九年至崇德四年十二月者。第三册爲崇德五年六月分者。內載太宗第一次朝鮮征伐後第二次征伐之事甚多。

奏疏稿則自天聰六年正月至九年三月之諸臣奏疏也。卽刑部承政高鴻中、新副將張弘謨等、參將高光輝、遊擊方獻可、參將姜新、新服生員孫應時、禮部侍郎伯龍、秀才高士俊、總兵佟養性、廂紅旗相公胡貢明、秀才馬國柱、書房相公王文奎、相公江雲深、廂白旗副將孫得功、書房鮑承先、整白旗備禦劉學成、書房秀才李棲鳳、藍旗總兵官馬光遠、書房秀才楊方興、兵部啓心郎丁文盛、趙福星、整黃旗下副將祖可法、凌河備禦陳延齡、總兵官麻登雲、正白旗下隱士扈應元、正白旗下遊擊佟整、永平府新人徐明遠、大凌河都司陳錦、生員沈佩瑞、新順生員楊名顯等、整紅旗牛彔章京許世昌、俘臣仇震等是也。而明之降將孔有德、耿仲明、尙可喜。及帷幄謀臣范文程。寧完我等之奏疏亦多載之。大抵指陳取明之策。適成其爲漢奸而已。然此等奏疏。實錄所不採者不少。亦貴重之史料也。至於官名之書法則如章京書爲相公。正黃旗書爲整黃旗。則因制度草刱之際。尙未規定。奉天西十餘里塔灣之塔。上其刻石書章京爲將軍。與此正同也。

滿文老檔　崇謨閣所藏史料中。其於開國期有最重大之關係者。爲滿文老檔。同一之文。以二樣書之。卽舊滿洲字與新滿洲字是也。題爲無圈點之檔子者。舊字也。題爲有圈點之檔子者。新字也。

老檔之內容。則太祖太宗二代之記錄殘本也。今記其目錄如左。

太祖	第一套	四冊	丁未年至乙卯年	卽明萬曆三十五年至四十三年
同	第二套	九冊	天命元年正月至四年十二月	明萬曆四十四年至四十七年
同	第三套	九冊	天命五年正月至六年五月	明泰昌元年至天啓元年
同	第四套	九冊	天命六年六月至十二月	明天啟元年
同	第五套	十一冊	天命七年正月至六月	明天啟二年
同	第六套	八冊	天命八年正月至五月	明天啟三年
同	第七套	九冊	天命八年五月至九月	明天啟三年
同	第八套	七冊	天命九年正月至十年十一月	明天啟四年五年
同	第九套	六冊	天命十年及十一年	明天啟六年七年

同　第十套	九册	太祖皇帝天命年間年月不具備之檔子	
太宗第一套	八册	天聰元年正月至十二月	明天啟七年
同　第二套	七册	天聰二年正月至十二月	明崇禎元年
同　第三套	五册	天聰三年正月至十二月	明崇禎二年
同　第四套	七册	天聰四年正月至四月	明崇禎三年
同　第五套	六册	天聰四年五月至十二月	明崇禎三年
同　第六套	六册	天聰五年正月至八月	明崇禎四年
同　第七套	五册	天聰五年八月至十二月	明崇禎四年
同　第八套	六册	天聰六年正月至二月	明崇禎五年
同　第九套	六册	天聰六年三月至六月	明崇禎五年
同　第十套	五册	天聰六年七月至十二月	明崇禎五年
同　第十一套	六册	崇德元年正月至三月	明崇禎九年
同　第十二套	六册	崇德元年四月至五月	明崇禎九年
同　第十三套	六册	崇德元年五月至六月	明崇禎九年
同　第十四套	七册	崇德元年七月至八月	明崇禎九年

同　第十五套　七册　崇德元年九月至十月　明崇禎九年
同　第十六套　六册　崇德元年十一月十二月　明崇禎九年
通以上所列實起自天命紀元前九年至崇德元年三十三年間。爲日記體之記錄。其中天聰七年八年九年缺。天命七年下半年缺。其他處處有缺。其記瑣屑之事。亦極詳細。實錄太祖一代祇八卷。而老檔僅記半世。已有八十一册。太宗實錄記在位十七年間事。祇六十七卷。而老檔記七年間事。已有九十九册。其記崇德元年一年間事者。至三十八册之多。縱令滿文比漢文篇帙較煩。何以相懸一至於此。余雖未能細知其內容。然其在開國期之史料。必爲第一位也。
此老檔之由來。可就實錄而考之。太宗實錄。天聰三年夏四月丙戌朔之條有曰。
上命儒臣分爲兩直。大海榜式、同剛林蘇開僱爾馬諢托布戚等四筆帖式。翻譯漢字書籍。庫爾纏榜式、同吳巴什查蘇喀胡丘詹霸等四筆帖式。記注本朝得失。以爲信史。（據傳抄本實錄）
是知天聰三年以後。始有記錄專職。其以前之事。則無明白記事。但從現存老檔考之。太祖創立滿洲字後。似不久卽有記錄。天聰三年。更進而記錄與翻譯分任其職焉。此記事曰大海榜式。卽達海巴克什之別音。蓋因康熙以前之實錄與修改本譯音有異也。榜式或巴克什。從漢語之博士而出。爲文人之義。庫爾纏榜式。改修本爲庫爾禪巴克什。筆帖式。從蒙古語必闍赤而出。始爲學士之義。後乃爲小書記官之名。

加圈檔案。卽新滿洲語。天聰六年所改定。其老檔之大部分。用舊字書之。卽無圈點檔案也。然現存之老檔。其書寫之年月不明。大槪爲乾隆時所稱發見之舊本。久置之鼠嚙蠹蝕而重加整理。新改寫爲今體裁。文中處處貼附黃箋。記以原檔殘缺字樣。此蓋可知改寫之際。於其難讀之舊本字外。更作新本字者。其成於新字改字後之崇德年間一部分。以乾隆帝喜體裁整備。故註明無圈點檔案於其上云。

此外久藏於北京內閣庫中。而近年交付於學部者。中多淸初文書。由光緒二年所調製之淸査東大庫檔。推知其可貴。在老檔以上。實根本史料之所在也。

文館分三院　天聰十年三月。分從來文館爲三院。一名內閣史院。一名內秘書院。一名內弘文院。內國史院。記注詔令。收藏御製文字。凡用兵、行政、史書之纂修。郊天之祝文。及編撰祖宗實錄。擬撰壙誌文字。排次一切機密文稿。皆掌之。內秘書院。撰外國往來書札。擬各衙門奏疏及詞狀之勅諭。皆掌之。內弘文院。凡御前進講。及關於制度之頒布。皆掌之。吏、戶、禮、兵、刑、工六部衙門。在天聰五年始設立。雖各令諸王爲長。其實際之政權。則掌握於文館。三院分置。雖在天聰朝之晚年。自可爲崇德朝國政改革之準備。文館實發生大權之根據地也。

第二十章　第二次朝鮮戰役及其歷史

清朝日益强盛。與朝鮮關係。終必不免於破裂。然西紀一六二六年。江都會盟條文。朝鮮本無十分踐履之意。吾人就事實觀之。爲兩國境上互市之無成績。越境犯人之不約束。及朝鮮對於明廷之態度。可以知已。及太宗尊號問題起。朝鮮君臣取挑戰之意。無端對此事情而促成最不利益之運命焉。朝鮮稱前者曰丁卯虜亂。稱後者曰丙子虜亂。又曰丁丑虜亂。

尊號問題　天聰十年夏四月。滿洲蒙古及漢人代表者上表進尊號曰寬溫仁聖。尋改國號。建新紀元。前已敍述。後金届此盛典。適朝鮮春季使臣羅德憲、李廓二人留滯奉天。後金許彼二人得參列之榮。二人不從太宗命。二人持國書還。二人歸至通遠堡。遺棄國書而去。羅李二人之拒絕尊號態度如此强硬。其出於本國政府之指示無疑。先是前三月。太宗以英俄爾岱、馬福太二人爲使。一弔仁祖(李倧)妃韓氏(仁烈王后)之喪。承認尊號之交涉。當時致書用諸貝勒名義。其大要如下。

我等應天順時。勸進尊號。上曰。汝等固我子弟。朝鮮亦吾弟也。定大號。宜令朝鮮王知之。我等以此諭旨合於大義。故遣使告聞。不識王之意以爲然否。以吾等度之。王亦念兄汗兵威之臨。各國歸順。兼獲玉璽。大爲慶幸。親來稱賀。固其理也。勸進尊號。不更宜乎。王乃置此不講。不可謂非王之疏略也。古人有言。天下者非一人之天下。乃天下人之天下也。惟有德者居之。今上寬仁厚德。博施濟衆。國中就緒。外藩傾心。恩澤浹洽。於人中心誠服。無異於父子兄弟之相親。以故東漸海西。西抵湯古忒。北至北海。各國歸附。是皆合天意順人心所致也。我等仰承帝命。俯合人情。欲推戴主上而進尊號。王以爲如何。

國書之意。在變更從來兄弟之關係。而新結君臣之關係。使清廷之宗主權更形鞏固。當太宗使者入京城時。儒生多上疏請焚虜書。（太宗之國書）並斬虜使。副提學鄭蘊請仁祖親進兵於開城。以振作士氣。表示斥和之意。今舉主戰黨代表掌令洪翼漢上疏如左。

臣自墮地之初。只聞有大明天子。今虜此言奚爲而至也。曩者賊臣引寇猝至。乘輿播越。乞和爲好。苟於其時先梟弘立之首。我堂堂大義。昭揭如日星。戎狄豺狼。豈能不感聳欽黜於我之禮義乎。計不出此。惟以得弘立爲幸。倚以爲安危之機。彼欲左衽我臣妾我。實由於是。臣自聞僭帝之說。膽欲裂。氣欲斷。寧爲魯連而死。而不忍此言之汚口也。請亟執虜使。責其背約僭號而戮之。然後函其首奏聞皇朝。明朝則義益伸而氣益張。如以臣言爲妄。請先斬臣之頭。以謝虜人。

主戰黨之言論。頗動政府。乃以計導清廷弔使於禁川橋空幄。及行禮。風吹帳開。弔使見幕後有戎器。大驚出走。京城震動。仁祖止之不聽。領議政尹昉請宣布斥和之意於中外。備邊司。當時下八道之通諭如下。

國家猝値丁卯之變。不得已權許羈縻。十年之間。谿壑無厭。恐喝日甚。此誠我國家前所未有之羞恥。上自聖明。下至臣庶。含垢忍痛。所以欲一奮以湔此辱者。豈有極哉。今此虜益肆猖獗。敢託僭號之說。以與我商。此豈我國臣民所忍聞乎。不量强弱存亡之勢。一以大義決斷。卻書不受。嚴斥其言。雖胡差（清使）等要請。終不接其辭。至發怒辭而遁去。都人士女。咸共聞覩。雖知兵革之禍。廹在旦夕。反以爲快。何則。四方若聞朝廷有此正義之擧。必聞風激發。誓死同仇。豈以貴賤遠近而有間乎。前因遭逢變故。必有告諭之文。今以此意下諭諸道。使忠義之士。各效策略。勇敢之人。自願從征。務期共濟艱難云云。

政府發此通諭。送於平安道觀察使之文。不幸爲弔使英俄爾岱奪去。太宗熟覽之。知朝鮮決意斷絕。時有府尹崔鳴吉獨不顧國論之沸騰。請遣使議和於淸廷。此吾人所當注意者也。

崔鳴吉主張議和 媾和黨領袖崔鳴吉之意見。以爲國家軍備不充。徒主斥和。甚爲危險。且慮搖動國家之根本。彼言既不決戰守之計。又不作緩禍之謀。一朝虜騎長驅。則生靈魚肉。宗社播越。及至此時。咎將誰任耶。愚意以爲諸臣將皆移居平安道。約束諸將。有進無退。且移書於彼。備盡君臣之大義。以一探敵情。若無他心。姑守前約。爲後圖。若不然。則固守龍灣。（義州）背城一戰。決安危於邊土。或計非萬全。猶勝於束手待亡也。舍此不圖。進退無據。江冰將合。禍迫目前。所謂待汝議論定時。我已渡江者。不幸近之。彼更後金爲淸朝。汗位爲皇帝。今日之情勢。非我所當問。徒弄大言以誤君父。亦自己所不忍也。彼更爲封事上之仁祖。堂堂憂國大文字也。大旨如下。

曾於宣廟（宣祖）朝甲午年間。天朝諸將。倦於用兵。始有退賊講和之計。使我國奏請天朝。故臣成渾首陳許可之意。而論者譁然非之。及全羅監司李廷馣繼發講和之言。將被重罪。渾與時相柳成龍。獨憐其忠。約於上前同辭救解。渾先曰。廷馣之言。乃以伏節死義爲志。宣廟大怒。渾惶恐謝罪。柳成龍遂不敢言而退。由此攻渾之論。益急章疏紛紜。而至至有早正王法以謝後世等語。不惟時議如此。至渾之門生。亦頗責渾。渾以書往復。自解其答申應榘書曰。人之所見。必誤入於前。然後發爲言論。貽害於後。鄙見每謂事有是非。有利害。主是非者見利而不見物。主利害者見物而不見利。是以董子曰。正其誼不謀其利。然在朝廷。有或是非利害合爲一處者。朝廷所有利害。卽是非所在。其坐於一隅之所見。卽陷一世之大戮。又其答黃愼書曰。秦檜在前。千載下孰不欲剚刃其腹乎。是以涉於言和者。衆共棄之。好名者惜名。趨利者求利。誰敢自近於秦檜之故跡耶。鄙人之言。不幸而不欲順中國之意。宜賢者憂我。盡棄平生。汚衊其身。而以死救之也。雖然制事必察其時論人當原其情。不可遽以疑忌之心。律以一切之法也。又曰。朱子云既不枉尺而直尋。又不膠柱而鼓瑟。若使天下之道理。只有上一句。又安得更說下一句乎。又曰。來諭與其講和而存。寧守義而亡。此乃僅人臣守節之言。然宗社存亡。異於匹夫之事。如此立說。不覺溺泗之交頤也。又曰。韓侂胄伐金。可謂伸大義於天下。而先儒幾以危宗社罪之。張南軒以復仇爲事業。而使之伐金。則言金不可伐。凡如此者。爲重宗社相時度力而取時中之義也。凡此數款之語。豈非今日廷臣所當深思乎。

校理尹集反對此封事。極爲激烈。其言曰。近有一種邪佞怪慝之言。上蔽天聽。下絕人望。將天地晦塞。義理斁絕。國不得國。人不得人。和議之亡人國。非自今始。然未有甚於今日者也。天朝之於我國。父母也。奴賊。（指清朝）卽父母之仇也。人臣豈有與父母之仇。約爲兄弟而置父母於相忘之域。恬然不以爲恥者。嗚吉之剳子。熒惑天聽。脅持臺閣。沮絕公議。吁。巧且慘矣。外挾强寇之勢。內刼其主。是寧可忍乎。仁祖視而不報。十一月。遣使至後金偵察實情。太宗乃告曰。爾國宜於十一月二十五日前。送王子大臣及斥和主倡者來。不然。則我大舉東伐矣。卽命英俄爾岱。將前此奪來之通諭八道之文示之曰。渝盟之端。明在此書。何故破我先盟。若謂貴國多築山城。則我當自大路而直向京城。其以山城可捍我乎。貴國之所恃者江都也。我若蹂躪八道。其以一小島可爲國乎。貴國之持議論者儒臣也。其揮筆可以卻之乎。

乃逐朝鮮使者還國而決裂之端起。

太宗包圍朝鮮王於南漢山城　既宣戰。十二月朔日。太宗會諸部之兵十萬於盛京。翌日起程。蓋清廷計畫預防朝鮮王復入江華島。乃使先發將士三百僞裝商人。星夜赴京城。繼命豫王奔馳。豫王之兵卽於十四日圍京城。進抵城門時。崔鳴吉出遇。鳴吉故問之曰。諸將來欲何爲。清將曰。我等奉上命與爾王相議。鳴吉曰。既爲議事而來。則吾不可不啓王以禮相迎。遂設牛酒以爲緩敵計。而國王李倧卽於其間遁入南漢山城。王意先命王子奉廟主赴江華島。已乃踵至其地。然清將處置敏捷。早已派一隊之兵駐陽川江。遮斷江華島之通路。此月二十四日。大兵越漢江。翌年正月朔日。太宗出營。張黃傘。樹大旗。親行巡視攻圍之軍。

山城防備之危殆　李倧既入山城。命守四門。南漢者。卽今之廣州。據山險而繞城壁。中央平闊之地有民家。城內之將卒共一萬二千餘人。都監大將申景禛守東城之望月臺。撫戎使具宏守南將臺。御衞提調李曙守北門。守禦使李時白守西將臺。御營大將元斗杓守北城。水原府使具仁垕守南門。扈從於王者文武蔭官二百餘人。宗室及三醫司二百餘人。下吏百餘人。僕從約越三百人。統計在一萬三千餘人以上。其守城之艱難。則第一爲缺乏糧餉。李倧問曰。糧餉當能支幾日乎。羅萬甲曰。可支六十日。節用可支七十日。馬糧則一日一升。官奴則給以皮穀。然彼城中現存之糧一萬四千三百餘石。醬二百二十餘甕。僅足支五十日之糧。王乃以蠟書下八道募勤王之兵。傳於各處。一日霧雨大至。守城戰士之衣盡爲之凍。當此情形。王李倧則偕世子共露立於中庭。仰天祝曰。事至今日。豈非我等父子之罪戾耶。軍民果有何罪。乃命撤茵蓐及山羊皮云。然所謂諸道勤王之兵。大率逡巡不進。未幾進與清兵戰。忠清慶尙兩道之兵。行近廣州而敗。退平安道之兵。亦至江原道而敗。無一奏效。但獲奇功者。惟全羅之兵使金俊龍。銃殺清之名將楊古利是也。太宗哀痛不已。自此山城士氣亦日衰一日。徒待糧盡而已。而崔鳴吉等媾和黨之主張。至此遂漸得勢力。

第一問罪書　問罪之第一書。以正月二日送致於山城。玩索文意。則太宗君臣爲如何之態度。以臨半島。亦一望可知。吾人故不憚煩。鈔錄於左。

我兵前年東征兀良哈之時。爾國之兵。截戰一次。後明國之來侵伐。爾朝鮮又率兵助之。然朕猶念鄰國之好。竟置不言。及朕方獲遼東。爾復招納遼東之民。獻於明國。朕始赫怒興師於丁卯之年。伐爾者職此之故。豈恃強凌弱無故加兵耶。丁卯之年以陽和誤我。今竟與我絕好。爾之邊臣。聚集智謀之士。激勵勇敢之人。抑何爲耶。今朕親統大兵。即陳爾境。爾何不使智謀者效策。勇敢者效力。以當一戰。豈朕恃強侵爾地耶。爾乃孱弱之邦。反敢擾我疆界。採參捕獵者何故。朕之逃民。爾輒獻於明國。孔耿二將軍。自明來歸。朕遣兵接應。爾之兵以鳥鎗擊戰者。又何故。是兵端先由爾啓也。朕之弟姪諸王致書於爾。爾輒不從致書之例。置而不視者。又何故。丁卯年往征之時。爾遁入海島。遣使請成。不從朕之弟姪將誰從耶。朕之弟姪何不爾若耶。又外藩諸王致書於爾。爾亦置之不視。彼等何不爾若耶。彼乃大元皇帝之子孫。豈較爾爲卑耶。爾朝鮮國非臣服大元年年納貢者乎。今何尊大如是。置書不視。爾之心實昏而且驕也。爾朝鮮國非歸附遼金元之朝。每年奉貢稱臣而圖存者乎。爾朝鮮國自古及今。歷世以來。曾有非奉貢稱臣於人之國而得自存者乎。朕既以弟善視爾。爾反行背逆。起釁搆戎。陷害生民。遺棄城郭宮室。離別妻子。奔走載道。入此山城。得延年耶。爾欲湔丁卯之辱。是徒棄安樂而自起禍端於相睦之國。卽如今年之棄城郭宮室。遁入山城。亦因爾之罪惡所致。壞國殃民。遺笑萬世。又何能湔之。有然既欲湔丁卯之辱。何不出戰。乃效婦人之遁藏耶。爾遁入此山城之意。雖欲圖苟免。朕豈肯舍爾而去耶。朕之弟姪及在內之文武諸臣。在外歸附之諸王貝勒。欲上尊號。爾之君臣。何爲而曰不忍。夫尊號之稱否。豈任爾之私意耶。爾之此言。亦爲太僭矣。天祐之則尊爲天子。天禍之則降爲庶民。爾修整城郭。待朕之使臣。頓失常禮者。曷故。又使我使臣見爾之宰執。設計欲執之。爾父事明國。專圖害我者。何故。此乃罪之大者。至其小罪。則又何可勝數。朕因爾有此大罪之故。率大兵至爾八道。爾所父事之明國。如何爲爾應援。朕將拭目俟之。寧有子受禍而父不之救者耶。不然則是自貽其禍於其國與民萬民百姓。豈不爾恨。爾若有辭。不妨明以相告。

朝鮮對於此問罪書之答覆極爲簡單。彼等對於清人所詰難之尊號問題。並未一言及。卻反問丁卯和約履行之事。是李倧君臣所持之態度亦不過大膽放言耳。究之覆書卽爲滿足。而清兵亦未必卽退。此盡人可預知者也。

太宗之退來使　太宗並非徒弄干戈。必須有滿足之條件。始行退師。然窺破此般消息。而頻往來於兩國間者。惟一崔鳴吉。但李倧之左右此時猶有熱心主戰論者不少。至正月十四日。太宗受朝鮮國書。其文如左。

曩者小邦之宰臣奉書爲軍民陳情。回稱未有皇帝復命。小邦君臣。延領企踵。日俟德音。今已浹旬。尚未鑒照。勢窮情迫。不能再鳴。惟皇帝垂鑒。小邦昔蒙大國之惠。猥託兄弟。昭告天地。疆域雖分。情意無間。自以爲子孫萬姓無疆之福。豈意盤血未乾。疑釁中結。坐陷於危迫之地。重爲天下之笑。然溯厥由來。皆緣天性柔弱。爲羣臣所誤。昏迷不察。以致於此。亦惟自責。更有何辭。但念兄之於弟。有過則恕而責之者。理也。然責之太嚴。反乖兄弟之義。豈非爲上天所不喜乎。小邦僻在海隅。惟事詩書。不習兵革。以弱臣强。以小事大。乃理之常。豈敢與大國相較。祗以世受明國厚恩。名分素定。曾值壬辰之難。小邦旦夕可亡。

神宗皇帝動天下之兵。拯濟生民於水火之中。小邦之人至今銘鏤心骨。故寧獲過於貴邦。不忍有負於明廷。無他。其樹恩厚者。感人深也。夫加恩之道。原非一途。苟能活其生命。救其國危則發兵而救難。與釋兵而保存。其事雖殊。其恩則一。去年小邦處事昏謬。屢蒙大國之拯救。然猶自不悛。致勤大國之兵。君臣父子。久處孤城。其窘已甚。倘於此時蒙大國之翻然舍過。許其自新。使倧得守宗社。長奉大國。則小邦君臣矢心感歎。至於子孫永世不忘。天下聞之。亦莫不服大國之威信。是大國一舉而結大恩於東土。熙鴻號於無窮也。不然惟快一朝之怒。務窮兵力。傷兄弟之義。閉自新之路。以絕諸國之望。其在大國恐亦未爲得策。以皇帝之睿智。豈慮不及此乎。夫秋殺春生。天地之道也。矜弱恤凶。霸王之業也。今皇帝以英武之略。撫定諸國而新建大號。首揭寬溫仁聖四字。將以天地之道。恢霸王之業。則如小邦之改厥前愆。自託洪庇。宜若不在棄絕之中。茲敢不避尊嚴。更布區區。以請下命。

太宗嚴辭斥之。且云今日所擇者。僅有二途。今爾欲生。則速出城歸降。欲戰則急出一戰。無論佞口美言。不足以傾朕耳。卽此國書。從前雖有兄弟關係。然亦應改稱君臣之大禮。太宗尋復命其捕縛主戰論之巨魁。送至陣前。以爲要求。

天無二日之論　主戰黨與媾和黨。其主張絕對不相容。初以崔鳴吉齎送國書。金尚憲見而裂之。痛哭曰。君臣上下。同守一城。若蒙在天之靈。則不可不爲一日之圖。如此而更無能爲。即請速就死。因叱鳴吉曰。公等忍爲此事耶。鳴吉曰。不得已耳。公裂之。吾當拾之。乃舉寸裂之國書。補綴之。申翌聖進而撫劍曰。若主和議。則吾不能不以此劍斬之。參判鄭蘊彈劾鳴吉尤爲酷烈。曰。殿下今稱臣。是君臣之分已定。夫君臣之分已定。則不可不惟命是從。彼若命之出降。殿下即出降乎。命之北去。殿下即北去乎。命之易服行酒。殿下即易服行酒乎。不從。則彼必以君臣之義。聲罪於我。事至於此。殿下將何以處之。鳴吉所云一經稱臣即可以解城圍而全君父。此猶如婦寺之忠耳。夫與其屈膝而生。何若守正爲社稷而死。我國之於中朝。（指明廷言）可忘其父子之恩耶。可背其君臣之義耶。夫天無二日。而鳴吉欲二其日。民無二王。而鳴吉欲二其王。是可忍。孰不可忍耶。此種慷慨激昂之文字。數次呈於李倧之前。吾人批評之。彼主戰黨之論調。固不免爲書生之見識。至其屈强不降之態度。亦不無足沮清軍氣勢之效力。然從太宗之意志觀之。昔金人圍汴京。擄宋之二帝而去。彼豈爲履行前轍而來者。崔鳴吉對外利用主戰黨之氣勢與否。雖不可知。然其如彼勇敢之態度者。究不外看破太宗心事之屬於如何也。未幾。太宗命睿親王多爾袞攻取江華島。夫朝鮮恃漢江之水險與天塹。竟爾無效。陷於一夜。貴嬪二王子以下。皆就擄。據朝鮮人記錄。宮嬪一輩則使本國人陪行。虜兵（指清兵）在後。頗致恭敬。蓋清人不似蒙古兵之暴戾貪淫也。

出城降服之決定　江華之陷。形勢自此轉急。初王之使者。往清營。太宗命出江華島所獲之內官及宗室等示之。又出王子之手書。宰臣等之狀啓授之。時臣僚家屬多半入江華島。聞之無不痛哭。或疑其書有詐。王曰。大君之手書。不得有僞作。卽夜召大臣會議。王先云宗室已陷。吾無能爲。乃決定出城降服之議。據當時朝鮮人記錄。太宗皇帝因其國之不受命。欲殲滅之。將以兵事委十王子（豫親王）及龍馬二將。次日太宗卽發程歸國。使朝鮮欲和不得也。此事乃更助江華陷落之惡耗。而逼成出城降服之機會。二十九日王依清廷要求之一要件。以斥和之主魁。吳達濟、尹集二人。交崔鳴吉。送致於太宗。據朝鮮人記事。二人將行。王引見之而賜酒曰。爾等以予爲君。事至此。予復何爲。因淚下。二人對曰。主已被辱。臣等惟以不死爲恨。今得死所矣。夫復何憾。王曰。汝等父母妻子。予將終身顧恤。幸勿爲念。夜二更去。及至清主問二人曰。爾等何故斥兩國之和。旣斥和。何不攻我。二人曰。非斥和。僅斥送使耳。清主大笑。命左右解其縛。給之以冠帽。吳尹二人及掌令洪翼漢。是年三月。斬於盛京。

降服之條件　崔鳴吉與清廷之間。其所締結降服之條件如下。

一　執君臣之禮。新結宗屬關係。

二　去明朝之年號。絕明朝之往來。獻納明朝所與之誥命册印。

三　王則以長子及第二子爲質。大臣則以子或弟爲質。

四　準明朝之舊例爲貢獻。

五　討伐明朝之時。不可違出兵之期日。

六　今次攻取皮島。應出兵及兵船。

七　捕虜渡鴨綠江後逃還本國者。應執而送於本主。若欲贖還。則從兩主之便。

八　雙方臣民可行結婚。

九　新舊城垣不許擅自建築。

十　一切瓦爾哈人等概須交還。

十　許與日本貿易。可導其使者來朝。

十二　每年進貢額所定如左。

黃金	一百兩	白金	一千兩
水牛角弓面	百副	豹皮	一百張
鹿皮	一百張	茶	一千包
水獺皮	四百張	青鼠皮	三百張
胡椒	十斗	好腰刀	二十六把
順腰刀	二十把	蘇木	二百斤

好大紙　一千卷　好小紙　一千五百卷
五爪龍席　四領　各樣花席　四十領
白苧布　二百匹　各色綿紬　二千匹
各色細麻布　四百匹　各色細布　一萬匹
布　一千四百匹　米　一萬包

築受降壇於三田渡　主戰黨既已交出。降服之條件。亦已締結。今所待者。唯國王李倧出城而已。太宗乃命隨從之禮部。築受降壇於松坡之三田渡。壇凡三層。前臨漢江之碧水。後揖廣州之山色。出城之期日。卽定於三十日午前。太宗詰旦渡江。端坐壇中朱紅椅上以待。此晨大霧。日色無光。國王與世子。身被清主送來藍色緞之戎衣。次由西門出滿城哭送。聲動天地。而三田渡之太宗陣營。窮極奢華。獺皮大帳。建設中庭。四面圍以貂皮之帳。敷設白羊皮之褥。婦人均用朝鮮人。分兩行並列於壇下。一行爲加笄之美女。一行爲總角之美女。多至數百。國王李倧則通過此間而向壇上。國王則登第二層。世子則登第三層。使共拜天。禮畢。國王北面伏地請罪。大宗諭曰。朝鮮國王既知罪來降。朕豈有念舊惡而爲苛責之理乎。爾今以後。一心盡忠。勿忘恩德可也。乃使執君臣禮。問國王著席之位次。答曰不若偪之以威。養之以德。朝鮮雖迫於兵勢來歸。然亦一國之王也。乃命坐左側下壇之後。賜宴甚厚。

除留世子及鳳林大君爲質外。命放還在江華島一切之捕獲者。其包圍山城。始於十二月十六日。至次年正月三十日而解。共爲四十有七日。二月一日。太宗振旅而還盛京。

半島之殘破 半島殘破。自在意想之中。其直接被害者。則爲平安、黃海、京畿、江原、及忠淸之北部。太宗命蒙古兵取歸路於咸鏡道。則此一道又被殘破。至京城之光景。則蕩殘最甚。大路死屍狼藉。繁華商家焚燒殆盡。雞豚鵝鴨之類。絕不見跡。惟有飢疲之犬。嚙人肉而狂走耳。據當時朝鮮人之所記者。則皆指爲滿洲兵所爲云。

皮島之亡 半島既全失獨立。而毛文龍占據鴨綠江口一帶之島嶼。亦遂有不能固守之勢。太宗還師時。命新降之漢兵。及朝鮮之水軍。略取皮島。首將沈世魁不降死之。明人之遇害者。前後計有四五萬之多云。其行殺戮時。明人相罵曰。天朝何取怨於朝鮮乎。蓋朝鮮人殺戮漢人。較滿洲兵爲酷也。據淸朝記錄。爾時鹵獲品目中。有蟒素緞四萬餘匹。銀三萬兩。靑布十八萬餘匹。紅毡五萬條。紅衣礮七門。法貢礮二門。西洋礮一門。俘虜之數越三千。可想見皮島之盛時也。

大淸皇帝功德碑

大淸崇德元年冬十有二月。寬溫仁聖皇帝。以壞和自我。始赫然怒。以武臨之。直擣而東。莫敢有抗者。時我寡君棲於南漢。凜凜若履冰霜而待白日者。殆五旬。東方諸道兵。

相繼奔潰西北師逗橈峽內。不能進一步。城中食且盡。當此之時。以大兵薄城如霜風之捲秋籜爐火之燎鴻毛。而皇帝以不殺爲武。惟布德是先。乃降勅諭之曰。來朕全爾否則屠之。有若英馬諸大將。承皇命相屬於道。由是我寡君集文武諸臣謂曰。予託和好於大邦。十年於茲矣。由予惛惑。自速天討。萬姓魚肉。罪在予一人。皇帝猶不忍屠戮。諭之如此。予何敢不欽承。上以全我宗社。下以保我生靈乎。大臣協贊之。遂從數十騎。詣軍前請罪。皇帝優之以禮。拊之以恩。一見而推心腹。錫賚之恩。偏及從臣。禮罷。卽還我寡君於都城。立招兵之南下者。振旅而西。撫民勸農。遠近之雉舉鳥散者。咸復厥居。詎非大幸歟。小邦之獲罪上國久矣。己未之役。都元帥姜弘立助兵明朝。兵敗被擒。太祖武皇帝止留弘立等數人。餘悉放回。恩莫大焉。而小國迷不知悟。丁卯歲。皇帝命將東征。本國君臣避入海島。遣使請成。皇帝允之。視爲兄弟國。疆土復完。弘立亦還矣。自茲以往。禮遇不替。冠蓋交跡。不幸浮議煽動。構成亂梯。小國申飭邊臣。言涉不遜。而其文爲使臣所得。皇帝猶寬貸之。不卽加兵。乃先降明旨。諭以師期。丁寧反覆。不啻耳提面命。而終未免焉。則小邦羣臣之罪。益無所逃矣。皇帝既以大兵圍南漢。而又命偏師陷江都。宮嬪王子。暨卿士眷屬俱被俘獲。皇帝戒諸將。不得擾害。令從官及內侍看護。既而大沛恩典。小邦君臣及被獲眷屬。復歸於舊。霜雪變爲陽春。枯草轉爲時雨。區宇既亡而復存。宗祀已絕而還續。環東土數千里咸囿於生成之澤。此實古昔簡策所希覯也。於戲盛哉。漢水上游。三田渡之南。卽皇帝駐蹕之所也。壇場在焉。我寡君爰命水部。就壇所增而高大。又石以碑之。垂諸永久。以彰夫皇帝之功德直與造化而同流。豈特我小邦世世永賴。抑亦大朝之仁聲武誼。無遠不服者。未始不基於此也。顧摹天地之大。日月之明。不足以彷彿於萬一。謹載其大略。銘曰。天降霜露。載肅載育。惟帝則之。幷布威德。皇帝東征。十萬其師。殷殷轟轟。如虎如貔。西番窮髮。曁夫北落。執殳前驅。厥靈赫耀。皇帝孔仁。誕降恩言。十行昭回。旣嚴且溫。始迷不知。伊慼自貽。帝有明命。如寐覺之。我后祇服。相率而歸。匪惟懼威。惟德之依。皇帝嘉之。澤洽禮優。載色載笑。爰束干矛。何以錫之。駿馬輕裘。都人士女。乃歌乃謳。我后言旋。皇帝之賜。活我赤子。哀我蕩析。勸我穡事。全甌依舊。翠壇維新。枯骨再肉。寒荄復春。有石巍然。大江之頭。萬載三韓。皇帝之休。

三田渡之豐碑

太宗所築之受降壇。卽在今之京城之東。漢江之南岸。松坡津之小漁村內。而大淸皇帝功德碑。卽建立於其壇之舊址。高一丈四五尺。闊七八尺。表面係滿蒙兩樣文字。裏面有漢字。爲藝文館大提學李景奭所撰。資憲大夫吳竣所書。係崇德四年十二月初八日立。

第二十二章 與明廷之對戰

大凌河城之圍 放棄永平等四城之地。未可歸咎於貝勒阿敏之怯懦。實亦因明宰相孫承宗之兵略卓越也。崇禎四年。承宗東巡至松山錦州。遼東巡撫邱嘉禾議請取廣寧、義州右屯三城。併修復之。承宗曰。不然。廣寧道路隔絕。先據右屯城大凌河。以次漸進。旋朝議韙之。遂於是年七月起工。守者爲名將祖大壽。大凌河城。卽當今之遼西大凌河店。東隔大凌河。望見十三山之秀奇。稍西則徑通錦州及松山。八月。太宗往圍大凌河城。一面截斷錦州之援路。九月。邱嘉禾、吳襄、宋偉等率步騎四萬。由錦州來解大凌河城之急。遂進軍長山口。距城里許。太宗督兵三萬相擊。大破之。大壽之弟名大弼者。當時爲副總兵。夙有萬人敵之稱。彼以五百騎斫入太宗營。其刃殆及御馬之腹。太宗稱之爲祖二瘋子。當大凌河城之圍急時。彼乃募集死士之能通滿洲語者百二十名。易服辮髮。乘夜突入白雲山之太宗營。諸營驚擾。力戰始得退。十月。大凌河城糧食絕。城中商民僅存三分之一。大壽遂降。彼乃詭言予有妻子在錦州。請往該處而爲內應。太祖乃縱之使還錦州。未幾。彼復爲明守禦錦州焉。大凌河城之陷落。明之廷臣多論爲孫承宗之失策。由是彼遂解宰輔之任。後崇禎十一年中。清兵之攻高陽時。彼率家人守禦。城破殉難。年七十有六。據吾人之所知。自萬歷天啓之間。以至明末。其卓越精明之政治家。前爲熊廷弼。後則爲孫承宗。惜明末未能大用之。自喪遼河以來。孫承宗之措置。正値廷弼失敗以後。一切規畫異常艱難。觀彼之語天啓帝曰。「邇年兵多不練。餉多不覈。以武官用兵而使文官招練。以武官臨陣而使文官指揮。以武略備邊陲。而日增置文官於幕府。以經撫任於邊。而戰守問於朝。此大弊也。夫今日之天下。宜重將權。擇一沈雄有氣略者。授之節鉞。勿使文吏沾沾於其上。其邊疆之小勝小敗。皆不足問。要以確守山海關使毋闌入。徐圖恢復之計。爲上策云云。」此等言論。誠足傾聽。彼實以確守山海關爲根本。進而經略四城。且拒王在晉八里鋪築城之說。使築寧遠。致令太祖太宗不得志。經營覺華島而確守渤海灣之制海權。此非藉彼之手腕之所致乎。彼之於山海關前後四五年間。修復大城九。堡四十五。練兵十一萬。立車營十二。水營五。火營二。甲冑器械鹵楯之具數百萬。拓地四百里。開屯五千頃。歲入得十五萬兩云。遼西一角不入敵地。而山海關之能屹然獨立。俟至明朝之亡。而始不能支持者。非因彼之遺策耶。嘯亭雜錄之著者。評論永平四城回復之功。謂比韓蘄王之大義。鎭岳武穆之朱仙鎭。更爲偉大。崇禎帝乃視之爲尋常一般。僅賞以一錦衣指揮。及後大凌河之役。則立加罷斥。明朝之亡。良有以也。

清兵犯明廷之內地　山海關之方面。既防備堅固。不易得志。太宗乃通過內蒙古。自喀喇沁而入北京東北之內地。天聰八年（崇禎七年）秋。復由四路入侵內地。「自尙方堡出宣府以至大同。二自龍門口入而會於宣府。三自獨石口入而會於應州。四自得勝堡而抵於大同。其山西省之東南一帶盡被殘破。崇德元年（崇禎九年）秋。命武郡王阿濟格越獨石口入居庸關過昌平。逼北京。過保定大小五十六戰。陷十二城。俘獲人畜十八萬。越三年（崇禎十一年）秋。三次命睿親王多爾袞、克勤郡王岳託、從兩路入明之內地。會於北京之南之通州。由此西行至涿州。至此更分數道。一軍沿山。一軍沿運河。其山河之間六軍並進。在直隸河南之地方者。則眞定、廣平、順德、大名諸城皆殘破。山東省由臨清而渡運河。陷濟南府。生擒明之宗室德王。當時擄獲品則有人口六十四萬有奇。白金百餘萬。至翌年春歸還於盛京。此役也。以附近於保定之清兵。與明朝之名將盧象昇之戰最爲慘烈。蓋象昇先討流賊。建有數十次之戰功。會丁父喪。守制欲歸故鄉。崇禎帝不許。使彼董督天下勤王之援兵。及彼上疏。謂臣本非軍旅之才。況因臣父奄逝。長途慘傷。五中瞀亂。今以草土之身。踞於三軍之上。非惟觀瞻不壯。尤慮金鼓不靈。既而聞中官高起潛、尚書楊嗣昌、均服衰經臨軍。因歎息曰。吾三人皆不祥之身也。然象昇雖名督師。有指揮天下兵將之權。能實不過宣大山西三路之兵士而已。十二月。彼率疲卒五千在直隸省鉅鹿之蒿水橋。與清兵相遇。象昇麾兵疾戰。呼聲動天。交戰八時之久。礮盡矢窮。格鬬遂斃。起潛旁觀而不能救。象昇死於戰場。驗之猶著麻衣白網巾之喪服。一卒泣曰。此吾盧公也。三郡之民聞之慟哭失聲。自彼戰歿以來。清兵如入無人之境云。

松山之戰 太宗雖數次向內地攻略。然從他方面而觀察。不過類似於流寇之所爲。而清朝命運之前程。殊無障害。蓋太宗屢屢以大軍入塞。而不得明廷尺寸之地。無非爲山海關所阻隔。而欲取山海關。非先取關外四城不爲功。崇德六年。（崇禎四年）乃命睿親王及肅親王豪格攻錦州城。其志在必克。睿親王等既受命。距錦州城三十里列營。又私許甲士更番還家。由是城中之兵出入無忌。太宗聞之震怒。命鄭親王濟爾哈往代之。使偪城築長圍而困之。併絕松山杏山之援路。松山者卽錦州西南一里餘之山岡。明廷以此二山爲極堅固之保障。久爲清兵之礙。因其可由錦州背後爲應援也。然其時守錦州城之外城者。適爲蒙古兵。知清兵之志在必克。懼而約降。因與祖大壽之兵相格鬬。清軍乘此縋上。遂克其外郭。而蒙古兵數千名皆降。其當時以驍勇著名之祖大弼。適又病不能軍。錦州告急。明廷乃使薊遼總督洪承疇。巡撫邱民仰。率王樸、唐通、曹變蛟、吳三桂、白廣恩、馬科、王廷臣、楊國柱、八總兵。以步兵十三萬騎兵四萬來援。此爲是年五月間事也。然聞寧遠城集積之糧餉。當時只可支一年。祖大壽乃使逸卒傳語承疇曰。且勿浪戰。但以車營徐徐出隄。承疇議以兵護送糧餉輜重。先由杏山輸於松山。再由松山輸於錦州。且步步立營。勿輕戰。出兵部尚書陳新甲恐師久而餉告匱。屢請密勅赴戰。承疇遂不敢固執前議。乃留糧餉於寧遠、杏山及塔山外之筆架岡。率六萬兵先進。諸軍繼之。其騎軍則環松山三面。步兵則據城北之乳峰岡。兩山之間。列爲七營。而衞以長濠。

洪承疇之生擒　聞洪承疇之兵。漸動其本營。進駐松山。太宗大悅。晝夜兼程。星馳而至錦州。直以全師進於松山與杏山之間。諸王貝勒共議圍敵之策。太宗笑曰。否否。朕但恐敵人聞朕之精兵至。則潛遁耳。倘蒙天之眷佑。敵兵不逃。則朕之破此敵者。有如縱犬追獸也。然考察太宗用意。蓋以絕援軍之糧道。爲唯一之妙計。彼先以大軍橫塹於錦州西之大路。直斷杏山之餉。並分軍擊破塔山護餉之兵。遂擄獲筆架岡之積粟。明兵既失餉道。又不敢戰。遂徹步兵七營。背松山城而陣。夜屢次突營。均不利。太宗恰於此時。察知明軍由寧遠齎至松山之行糧。不過可支五六日。勢必卻走。乃於夜間使諸軍潛伏於塔山、杏山、小淩河之要隘。邀其退路。又更增兵守備筆架岡之糧餉。親督大軍橫列而待敵。至翌日初更。吳三桂等六總兵果更番殿後。結束陣形而卻退。王樸所統之兵先遁。紊列而爭走杏山。太宗乘機直縱之而躡其後。伏兵起而遮斷其前路。明兵大亂。十萬之兵。瀰山滿野。且戰且走。六鎭之兵。皆潰而入杏山。混亂之形。不可言狀。曹變蛟亦於斯時徹兵走入松山城。洪承疇、邱民仰固壘突圍者前後凡五次。皆未遂。變蛟忽直突入太宗營。未幾負創退還。且太宗又料及杏山之兵。必向寧遠退卻。乃遣精兵一伏高橋。一伏桑噶爾齋堡。而俟杏山軍之退走。扼險掩殺。王樸吳三桂等僅以身免。張若麒等則乘漁舟經海道遁走。先後殲殁明兵凡五萬三千七百八十餘人。駝馬甲冑礮械數以萬計。自杏山南至塔山。死傷狼藉。海中浮屍如雁鶩。清兵之昏夜中負傷者不過十餘人云。松山城之糧餉及援兵。既絕望。清軍復掘外濠而包圍之。惟時明之侍郎沈廷揚、因從天津海運糧餉入松山。松山始得再延數月。至翌崇德七年（崇禎十五年）二月。因松山之副將夏承德為內應。形勢遽為之一變。洪承疇以下多被生擒。錦州之包圍至一年之久。嗣聞松山陷落。遂降。塔山、杏山、又相繼而陷。明廷大震。崇禎帝急欲媾和矣。然洪承疇之降服。前節業已言及。惟當時兩國音信不通。遂以殉難傳於明廷。崇禎帝為彼曾輟朝賜祭。其子在北京受弔。刻行狀。分送親友諸官。遵勅命行祭。嗣接承疇生降之確報。遂罷祭典。然其既發之行狀。則已徧於人間矣。康熙二十一年。承疇卒於家。其子再受弔刻行狀。不復敘前朝之事。自清朝北京奠都以來。好事者有得其前後兩行狀合為一本者。洪為福建人。著有平定略一書。其材幹超邁尋常。惜其行事無終始。為可議耳。至彼之被生擒而致寵用。成為國初佐命之勳臣者。實不外太宗之識度高邁所致。蓋太宗之視彼。猶之於嚮者之得嚮導也。

明帝之求和　松山失陷之影響甚大。固不待論。崇禎帝慮國內流寇之情況。因密示媾和之意於兵部尚書陳新甲。使為畫策。新甲乃於是年三月。遣使者至錦州。當時使者之所齎者。不過明帝下新甲之勅書。其大意所云如左。

遼瀋有休兵息民之意。中朝之所以未輕信者。亦因以前督撫各官未曾從實奏明。今卿部屢次代陳。保其出於眞心。我國開誠懷遠。似亦不難聽從。以仰體上天好生之仁而連絡恩義云云。

太宗卽使洪承疇驗其眞僞。旋答以雖爲明帝親書。然以其非國書不答。五月明廷更使兵部員外馬紹愉、主事朱濟之、副將周維墉等八名。僧一名。從者九十九名。差遣至寧遠議和好。太宗乃招馬紹愉至盛京。紹愉所攜來之勅書。其大意如左。

勅諭兵部尙書陳新甲。據卿部所奏。乃稱前日所諭之休兵息民之事。至今未有確報者。因未差官至瀋。未得確音。今准該部便宜行事。差官前往。確探實情云云。

明廷果有媾和之意與否。雖尙可疑。然明帝之心中。固有要求媾和之意也。太宗乃以和戰之可否咨臣僚。

和議之不成　六月。太宗舉下列之條件。而使馬紹愉攜歸。

一　和好以後。雙方吉凶之大事。互相慶弔。

二　每年明廷贈與兼金萬兩。銀百兩於清廷。清廷贈與人參千斤。貂皮千張於明廷。

三　清朝逃叛人。不論滿洲、蒙古、漢人、朝鮮。凡至明廷者。明廷以之交還於清廷。明朝之逃叛人之至清廷者。清廷以之交還於明廷。

四　雙方之境界定之如下。寧遠與雙樹堡之中間之土嶺。爲明之境界。以塔山爲清之境界。連山卽定爲適中之地。

五　互市場設於連山。

六　自寧遠與雙樹堡之間之土嶺界。北至寧遠之北臺。直抵山海關長城一帶。清朝人之越出者。均按律處死刑。海道則自寧遠與雙樹堡中間之土嶺。沿海至黃城島以西爲界。清朝則以黃城島以東爲界。雙方越界者處死刑。

此條件在當時清朝。尙以爲出於抑遜之態度。多數臣僚以爲此等媾和。徒利於明廷而不利於清廷。據都察院參政祖可法、張存仁、庫爾禪等之言。則謂南朝內情。到處苦於賊盜與饑饉。兵力已竭。糧餉已乏。勢將歸於瓦解。所恃者惟山海關外九城耳。今更喪其四城。遼東方面之兵將。已亡十之八九。若我國再舉兵。則明室必至南遷。是黃河以北。不能不爲我清朝之有。且南方非練兵之地。南人習武原不相宜。錦繡江山。豈非全屬吾皇帝耶。若欲成立和議。則以黃河爲界爲上策。以山海關爲界爲中策。以寧遠爲界爲下策。使彼入貢物而稱臣者。上策也。使蒙古各家索其舊額者。中策也。只言貿易者。下策也。雖然彼清朝卽可萬一僥倖爲平和之成立。然當和議之衝者。則因陳新甲之不注意。致令機事外洩。而崇禎帝亦將有威信失墜之虞矣。

陳新甲之棄市　陳新甲承明帝之意旨。畫策媾和。前已述明。惟帝與新甲往來頻繁。漸啟外廷之揣摩。不期前差遣於清朝之馬紹愉。關於密約之文書。交付新甲時。經彼覽後。毫不注意。置之案上而去。家僮誤為塘報。以之附載於抄傳。言路譁然。帝甚惱之。勅責新甲。新甲不自引責。反詡其功。帝益怒之。遂於是年七月下之於獄。次棄市焉。新甲既死。明朝遂不復議和。

清軍最後之入塞　太宗因不見媾和之進行。遂命貝勒阿巴泰等行最後之犯入內地。同年十月。左翼則由界山毀邊牆而入。右翼則自雁門關黃崖口而入。共會於薊州。直抵山東之兗州而還。陷三府十八州。六十七縣。殺宗室魯王。獲人民三十六萬餘口。牲畜五十五萬。翌崇德八年三月。初入山東之莒州。休養士馬。春草滿山。解鞍縱牧者月餘。南北驛路無一敵人。既而欲作東歸。及至四月。阿巴泰之大兵。反從南方而來。自天津至涿鹿。車駝三十餘里。渡蘆溝橋。經旬日猶未畢。所有勤王之兵。盡駐集於通州。不敢阻止。清軍遂徐徐凱旋。

第二十二章　闖賊李自成

酷烈之流賊　中國土地廣闊。人口衆多。每值王朝交替。亂黨常不絕跡。中國史家括稱此等亂民為盜賊。然此亦不過為失敗之惡名。倘能推倒王朝。得代之而稱帝號。則咸頌為應天順民矣。彼等果施實際之善政與否。夫固非其所問也。王鴻緒明史稿論有明一代之羣盜曰。永樂中唐賽兒倡亂山東。厥後乘瑕弄兵。旋就撲滅。惟武宗之世。流寇蔓延。幾危宗社。而卒以掃除。莊烈帝勵精有爲。視武宗何啻霄壤。而顧失天下。何也。明興百年。朝廷之綱紀方肅。天下之風俗未澆。孝宗選舉賢能。布列中外。與斯民休養生息者十餘年。仁澤深而人心固。元氣盛而國脈安。故如武宗之童昏。亟行稗政。而危而不亡。莊烈帝承神熹二宗之後。神宗晏安養癰。熹宗暱閹僇士。元氣盡澌。國脈垂絕。向使熹宗御曆。復延數載。則天下之亡。不再傳也。幸而莊烈繼統。銳意更治。用人行政。煥然一新。然當是時。臣僚之黨局已成。草野之物力已耗。國家之法令已壞。邊境之搶攘已甚。莊烈帝雖志勤宵旰。而人才之賢否。議論之是非。政事之得失。軍機之成敗。未能灼見於中。不搖於外也。且性多疑而任察。好剛而尚氣。任察則苛刻寡恩。尚氣則急遽失措。譬之一人之身。元氣羸然。疽毒竝發。厥症固已甚危而所用之醫。良否錯進。所服之劑。寒熱互陳。病入於膏肓而無可救。爲家督者復强起自治則其身雖欲不亡。豈可得哉。是故明之亡者。亡於流賊。而其致亡之本不在於流賊也。如人之亡於疽毒者。其致亡之本亦不在於疽毒也。蓋王鴻緒之意。謂亡國之眞因不外乎惡政明朝之惡政。莫甚於苛稅。然增稅之眞因亦非指帝之濫費。蓋因國與國之關係國防上之需要也。在明季之惡政。遠因爲救援朝鮮之役之兵費。近因則在解決遼東問題。故謂流寇奪去明朝之命脈。正同於疽毒奪去人之生命也。明史稿敍流寇始末。謂盜賊之禍。歷代常有。而至明季之李自成、張獻忠者爲最。蓋史冊所載。未有如斯之酷烈者也。

陝西之饑民　明末流寇之起。原因不得謂爲單純苦重租之人民。乘天災而起者。在官府則普通謂之爲饑民。莊烈帝初年。起於陝西者。卽此類也。始太監魏忠賢使其黨與前後巡撫陝西。均屬貪黷。不恤人民。民不聊生。加之以饑饉。在崇禎元年已開始。就中以延安一府爲最。饑民乃揭竿而起。時白水之賊王二。府谷之賊王嘉允。宜川之賊王左掛等。竝起攻城。殺害官府。此等諸賊。原爲盜賊。饑民則多被強迫爲盜賊者。徵之當時之情事而可知也。彼等從此得勢。遂亦自僭王號。饑民有王大梁者。自稱爲大梁王。與馬賊高迎祥相連而聚衆。迎祥自稱闖王。係李自成之舅。延安人。張獻忠陰謀多智、自號八大王。以米脂縣之十八寨應闖王。給事中馬懋才。當時上疏。敍陝西饑民之狀如下。臣陝西安塞縣人也。臣見諸臣具疏有云。父棄其子。夫鬻其妻。或掘草根而自食。或掘白石以充饑。然此猶不足言。臣鄉延安府自去歲至今。一年已不見雨。草木枯焦。八九月間。人民爭相採食山間之蓬草。雖曰穀物。實類於糠。其味苦澁。食之不過免死。至十月蓬盡。則剝樹皮而食。諸樹皮中惟榆皮最善。仍雜以他皮而食。亦得稍緩其死。至年終樹皮又盡。則又掘山中之石塊而食。石冷而味腥。雖少食亦易飽。不數日則腹脹下墜而死。民有不甘食石而死者。始相聚爲盜。其一二稍爲積貯之民。則被劫不留一物。彼饑民以爲死於饑與死於盜死相等耳。且與其坐以饑死。何不爲盜而死。尙得爲飽死鬼乎。最可憫者則在安塞城西一帶之地。每日必棄一二嬰兒。其號泣而呼父母者有之。其食糞土者有之。至翌旦則棄兒無一生者。更可異者童稚輩及獨行者。一出城外。便無蹤跡。後見門外之人炊人骨而爲薪。煮人肉而爲食。始知前此之人皆爲饑民所食。第食人者必非康健。彼等亦不出數日面目赤腫。發燥熱而病死。因此死者相枕藉。各縣於城外掘數坑。每坑埋數百人。總之秦（陝西）地光景。慶陽延安以北饑荒至十分之極。盜賊次之。西安、漢中、以下。則盜賊至十分之極。而饑荒次之云云。夫交通未便全未有備荒貯蓄。致成如此邊境之慘狀。想此疏必非故爲誇張也。

饑軍之結局　次所當考察者。則饑軍之結局也。饑軍因將卒要求糧餉不得。轉而化爲饑民。糧餉窮乏。至崇禎朝爲極。帝卽位之元年秋。守遼西寧遠之四川湖廣兵。缺餉至四箇月。因大譟。捕縛巡撫總兵等長官。猶幸而未成大亂。及陝西省欠餉缺額。算至一百三十八萬兩之多。其冬兵士遂起而劫掠州庫。彼等一團則已投入饑民及羣盜內矣。翌年冬。太宗包圍北京。朝廷勅募集諸道勤王之兵。四方官兵受命。均指北京而入衞。山西巡撫耿如杞之部衆。尤稱勁卒。彼等已到北京。俟三日而糧餉未給。乃去而沿山東一帶行劫掠。政府怒而逮問於耿。耿既被逮。部衆五千鬨然散潰。均指山西歸還。所謂晉中（山西）之流賊由斯蜂起。

驛傳之裁削　崇禎二年。兵科給事中劉懋上疏裁削驛遞。則歲可省數十萬兩。議上。帝大悅。直著爲令。夫在中國北方。從事於驛傳之驛夫。多係山西、及陜西之人民。一因其耕地不十分相宜。又因其地方之人民。一般多有膂力。惟苦生計困難。多爲無賴之徒。據明人所記。則謂朝廷設立驛站之主旨。乘以籠絡天下無賴之徒。使彼等肩挑背負。耗其精力。銷其歲月。餬其口腹。而不敢爲非。此亦不失爲一面之觀察。究之驛傳裁削者。將從來驛夫之數。大施節減。適陜西饑饉。殆達極點。今更增此多數無賴漢。於是到處煽動潰兵。遂相聚而投於盜賊之羣。陜西殆無一片寧土矣。彼等憤怨驛傳裁削之建言者。或呼名而詛呪。或圖像而叢射。嗣建言者恨恨而死。棺至山東。無人肯舉負之。委置於旅舍者至歷一年之久云。綜合以上饑民、饑軍、及驛卒。均走同一方向。遂相結合而成一大流寇矣。

破軍星李自成　李自成幼時。卽有種種傳聞。據某史言之。彼初名鴻基。有膂力。善騎射。年十三。約里中朋輩。詣關帝廟。倣桃園故事。彼欲角力。見神前有重七十餘斤之鐵鑪一。坐乃以隻手舉之。繞殿一匝。仍置故處。其朋輩一人。次欲舉之。不能動。惟以兩手握之。祇行五步而止。又一人奮力一提。亦不動。彼乃再提之。繞殿一周。安置舊處。廟中道士驚歎曰。汝父積善德。故生汝。彼乃大言曰。大丈夫當橫行天下。株守父業。豈男兒耶。前三歲。曾夢一偉將軍。

呼予李自成。今卽可改名自成。號鴻基。據傳云。其父守忠無子。禱華山。夢神告曰。以破軍星爲汝之子。乃生自成。崇禎四年。彼往從闖王與張獻忠等加入羣賊。爾時彼等之徒衆計有二十餘萬人之多云。

流寇四出　明之辦賊。專主招撫。而不從根底以剷除之。故至蔓延而難圖。三邊總督楊鶴雖以清愼自持。而不足以感服賊黨。因使洪承疇出而承任。承疇督諸將帥曹文詔等勦賊。所向克捷。陝西省內略爲平定。第賊徒已成流寇之形。突侵入山西之南部。官兵守禦較勤。則流寇又走入山西與直隸之接界。越太行山而將突出於黃河之平原。崇禎七年。李自成則與高迎祥等渡黃河。剽掠河南。明將陳奇瑜追擊之。則轉而再進陝西之南部。嗣彼等誤逃入興安之車箱峽。奇瑜乃檄盧象昇等控扼賊之退路。而車箱之地。四山巉立。長連十里。易進而難出。彼等之入峽中。山上居民乃下石相擊。或以炬燒山口。或累石而絕通路。彼等本絕糧食。又爲二旬大雨連綿。弓矢盡敗。馬匹之死亡者過半。自成無所爲計。卽出重寶賄奇瑜之左右。僞請爲降。奇瑜無遠慮。遽許之。先後計三萬六千餘人。悉慰勞而使歸農。奇瑜之愚誠不可及矣。彼更每百人配安撫官。使爲護送。檄經過之州縣具糧食傳送。彼等盡向西安及出棧道。忽不受約束。殺害護送官五十餘人。攻掠諸州。關中（陝西）大震。於是人人知賊師中有李自成矣。

滎陽之大會　李自成不肯輕易棄陝西者。彼等之見地。豈有他哉。亦惟利陝西、河南、湖北、四川、互有太華山之山彙。巧於韜晦一己之踪跡也。陳奇瑜失敗之後。繼之者卽洪承疇。因彼促四川、湖北四道之兵夾攻自成。等乃竄入終南山。更突出河南。崇禎八年。大會合於滎陽。爲流寇史上放一異彩。當時與會者爲老㺯㺯、曹操、革裏眼、左金王、改世王、射塌天、橫天王、混十萬、過天星、九條龍、順天王及迎祥、張獻忠。共稱十三家七十二營。所謀者不外對於三邊總督洪承疇之方略耳。議尙未決。自成曰。匹夫猶可奮。況十萬之衆耶。官兵無能。宜定部署。利鈍則聽天耳。乃分四川、湖北、河南、陝西、東部五方。所得子女玉帛。衆家均分。此皆出自成之建議也。翌年。高迎祥被捕殺。衆乃推自成繼頭目之位。於是第二世闖王之名號。彼乃占而有之矣。然自成爲人高顴深頞。鴟目鶡鼻。其聲如豺。且其性多猜忍。殺人則剖心。斮足以爲戲。所過之地。民皆保壁壘而不下。殘忍刻薄。所以未能服悅人心也。然彼欲創大業。究不可不有善策。崇禎十三年。忽有杞縣之舉人李信與盧氏之舉人牛金星來投自成。

童謠之造作　謠言可解爲中國命運之一種鑰匙。故當童謠之初起時。當局者每恐其流布。而嚴爲警戒。而謠言之發生。究不知何人創唱。忽而傳播於全社會。不波及於各階級不止。且無論何國。均有多少謠言惑亂民心之行爲者。至其文明低級之社會。則固視此事爲普通。然在中國。則謠言勢力之偉大。更爲無比。吾人於前節曾記李信、牛金星二舉人之加入李自成幕下。李信又使卜者獻三尺餘之策。上有讖記曰「十八子主神器」。自成視之大悅。信又曰取天下者以人心爲本。請勿殺人以收天下之心。自成從之。散所掠之財物俾賑饑民。受餉之民乃呼曰「李公子活我」。彼於此時復造謠言曰迎闖王不納糧。使兒童歌之。以相煽動。惟時天下方苦苛稅之害。從自成者遂日衆。崇禎十四年正月。南下黃河圍河南府。萬歷帝之愛子福王常洵被害。自成之兵乃汋王之鮮血。雜以醢而嘗之。名爲福祿酒。云王之世子由崧裸而逃出。自成卽發王邸之金庫以賑與饑民。

李自成之建襲京　自成統率亂民。經年皆得勢。因定行軍規制。彼乃自號奉天倡義大元帥。建白鬃之大纛。與銀浮屠。其左營爲白幟。右營爲緋幟。前營爲黑幟。後營爲黃纛。五營以序分直。晝夜次第休息。巡徼嚴密。逃者稱爲落草。卽磔殺之。收男子十五以上。四十以下者爲兵。布軍令。兵士不得藏白金。又所過城邑不得室處。妻子以外不得攜他之婦人。寢具悉用單布。一兵士所飼養之馬。大概越四匹。未幾有剖人腹而爲馬槽者。馬之性大變。見人輒思噬之。恍如虎豹。軍止則出而較騎射。名之曰站隊。軍之所過。不憚崇岡峻阪。所憚者惟黃河。如在淮水、泗水、涇水、渭水。則一呼而馬入河中。馬蹄壅閼之處。水爲之不流。鬨其陣形所擅長者。先出騎兵三萬。久戰而不勝。則佯敗以誘官兵。使長鎗之步兵三萬當之。擊刺如飛。騎兵乃回顧乘之。攻城迎降者不殺。守城一日者殺十分之三。二日者殺十分之七。連至三日者屠之擄獲物則以馬匹爲上弓銃次之幣帛珠玉又次之崇禎十六年彼欲據漢水上流之地方改襄陽爲襄京修明之襄王宮室而居之當時所謂十三家七十二營之諸大賊殆降死將盡與彼抗衡者獨有張獻忠一團耳河南湖廣江北一帶諸賊盡爲彼統治自成乃自稱爲新順王左輔牛金星議進取之策曰請先取北直逼京師侍郎楊永裕曰請下金陵絕北京之糧從事顧君恩曰不然金陵居下流事雖濟而失之緩直逼京師不勝將安退師是失之急也惟關中爲大王桑梓之邦百二山河已得三分之二宜先取之建立基業然後旁略三邊資其兵力攻取山西再向京師庶幾進戰退守萬全而無一失矣自成從之

第二十三章　太宗之死及皇位承繼

太宗之暴殂　崇德七年（崇禎十六年）冬太宗康健不似尋常乃託遊獵而養病翌歲尚未復原秋八月八日夜半坐清寧宮之南榻忽暴殂享年五十有二葬於昭陵諡曰文皇帝廟號太宗彼所統御之過去二十年之成績今將不出數月之久放一大光輝於世界矣惟急遽下世無有遺命未免惹起皇位繼承問題之混亂爲可歎耳

睿親王之擁立稚兒　吾人於第九節曾略述及太宗卽位原非皇父太祖之意蓋其父皇之意旨原授大統於幼子多爾袞而命長子代善（禮親王）爲輔佐然此意旨太宗於其死後並不履行多爾袞之母大福金遂自刄今太宗殂落後其所起之悲劇雖與此異其情事亦不

可謂與太祖登遐之際無關係。第清實錄不傳其詳。惟觀爾時質於奉陽之朝鮮世子（孝宗）之手記。尚可略知其眞相。手記如下。

十四日。（六日崩御後）諸王皆會於大衙門。大王（禮親王）發言曰。虎口（肅親王豪格）爲帝長子。當承大統。虎口曰。福少德薄。不堪承任。固辭而退。帝之手下將領輩佩劍前曰。吾等食於帝。衣於帝。養育之恩同於天。大若不立帝之子。則寧從帝於地下。大王曰。吾雖爲帝之兄。久不聞朝政。何可參入此議。卽起而去。八王（英親王阿濟格）亦隨去。十王（豫親王多鐸）默無一言。九王（睿親王多爾袞）應之曰。汝等之言是也。虎口既退讓無繼續之意。則當立帝之第三子。至謂年歲幼稚。吾與右眞王（鄭親王）分掌其半。可左右輔政。年長之後再當歸政。由是誓天而散。第三子（順治帝）年六歲云。

據此記事。則太宗崩殂。其皇位遂爲彼等諸王爭奪之目的。夫肅親王之爲皇長子而不得立。非與禮親王之爲太祖長子而不能立同乎。肅親王之不得立。固由於睿親王多爾袞之掌握實權也。然太宗何爲而寵用多爾袞乎。一則多爾袞之爲人天資敏活。巧於承太宗之意旨。二則太宗不能不回顧當時卽位之事情也。夫以多爾袞之材能優秀。當時非他諸王所能企及。故肅王早已表明退讓之意思。然則睿親王何故不自立乎。據此記事之所云。方知太宗樹恩深厚。非擁立彼之血類。畢竟不能羈縻人心。由是多智之睿王立稚兒寡婦以收拾舊臣之心。而自居於輔政之地位。以掌握實權。此亦其善自爲謀之處也。皇位承繼問題。既已解決。其不平者。則禮親王一族耳。其手記又云。

俊王（禮親王之孫阿達禮）與小退（禮親王長子）密言於大王曰。今立稚兒。國事可知。不可不速爲處置。大王曰。既誓天而立。何出此言耶。幸勿更生他意。復向九王（睿親王）言。九王又固拒而去。復往十王（豫親王）之家。十王曰。此非相訪之時。遂不引見。無已。彼二人復訪大王。大王曰。何爲再發妄言。禍必立至。有某人以之告發於九王。九王曰。吾亦知之矣。即於十六日之夕。將俊王與小退捕送於衙門。二人露體被縛。由俊王之母及小退之妻縊殺之。要退（禮王之長子岳托）之子及俊王之弟。則被縛而復釋放。餘黨皆不治。俊王之財產與軍兵。沒入於大王。小退之財產。沒入於九王。由是刑政拜除大小國事。均由九王掌之。出兵之事。則屬右眞王。八王（英親王）則心以立稚兒爲非。自退出後。稱病不出。帝之喪次亦絕跡不來。嗣聞小退之財產。皆沒入於九王。心實不以爲然。以爲宜散之部下。虎口王以俊王既死。念其兩弟皆幼。乃收而養育之。二十九日。九王使人謂八王曰。汝雖患病。皇帝喪事。不可不來也。翌日。八王扶病而朝會云。

以上記事。固不免稍有誤傳。然大體尚可憑信。（據清朝方面之記錄。阿達禮碩托二人爲總擁立。睿親王。不成因而伏誅。不採此說）之瀋陽朝廷。表面無事。然實際無異皇帝之睿親王。顯其材能。與時勢共發展。以太宗之成續。爲彼之憑藉物。太宗之子對之豈肯遽表好意乎。證之順治初年。肅王之幽死。蓋可知矣。

太宗朝之回顧 吾人試於太宗一朝。援舉而評論之。蓋帝朝可分天聰（西曆一六二七至一六三五）及崇德（西曆一六三六至一六四三）兩期。前期可謂整頓父皇太祖之創業時期。後期可謂發揮一己卓越之政策時期。若其事實之內容。則有不能於此兩期間而截然分爲界限者。吾人對於此等大綱目前數節已略述。亦可想見太宗慘淡經營之苦心。足爲愛新覺羅氏將來一種强有力之敎訓與政策者。蓋不少也。今特舉其重要者說明於左。

漢民之保護 滿洲八旗之外。創立漢軍八旗。蓋以便明人之來降者。此意前已言及之。然太宗猶不止此。從來在國內之漢民。因與滿人住居同一村落。其利益不免有被擾於滿人之處。太宗乃命漢民與滿人分住。據太祖朝之制。漢人每壯丁十三名。編爲一莊。按滿官之階級。分與爲奴隸。然此結果。徒足離叛彼等之人心。太宗乃於奴隸之數。加以制限。其餘別編爲民戶。簡漢人之官吏管理之。按之太祖朝之例。太祖甚憎明朝之紳衿儒生。盡使拏捕而處之於死。當以爲種種之惡。皆出此輩。盡被屠殺。當時儒生之隱匿得脫者。約有三百餘人。此事實在太祖晚年。及天聰三年。太宗始行解禁。舉行儒生考試。卽官吏登用之試驗也。考試之恩典。自太宗及八貝勒之包衣（滿洲語臣僕之意）以至一般滿蒙人之家奴。均得與焉。中式者則賞緞布俱減免差徭。賦稅之一種太宗當時發一詔書。使國中儒生俱赴試。各家主勿得阻撓。若中式者。則對該家主當別補給人丁。總之太宗愛護漢人。漸漸抑制滿人。其實可認爲比太祖朝進步也。

●國俗國語之保存●　太宗愛護漢人。此政策果然奏功。明人之來歸者。前後互相接踵。第漢人之數日見增加。而滿洲固有之風俗。亦不免漸次變化。太宗甚憂慮之。崇德元年冬。在翔鳳樓招集諸親王等。使內宏文院之大臣。讀金史世宗之本紀。太宗乃諭曰。

此書所言。爾等宜審聽之。世宗在蒙古漢人諸國。爲聲名顯著之賢君。故後世之有識者。稱之爲小堯舜。朕使譯述滿文。自讀此書。不勝歎賞。其太祖阿骨打、太宗吳乞買。所創立之法度。及至熙宗與完顏亮之君。盡舉而廢之。躭湎酒色。般樂無度。而效漢人之所爲。世宗卽位。惟恐子孫模效漢人。預爲禁約。屢諭無忘祖宗舊制。服女眞之服。言女眞之言。時時練習騎射。垂爲訓令。無奈後世之君。皆染漢俗。忘其騎射。至哀宗而社稷傾危。國亦遂亡。乃知凡爲君者。若躭酒色。鮮有不亡國者也。先時儒臣大海、榜式庫爾纏、榜式屢勸朕改滿洲衣冠。效漢人服飾。學漢人制度。見朕不從。輒以朕爲不納諫。然朕試以身喩之。假如爾等寬衣大袖。左佩矢而右挾弓。於此之時。忽突入如勞薩春科落巴圖魯之勇者。我等能禦之乎。夫廢騎射而學寬衣大袖。待他人之割肉而後食。則與用左手之人何異哉。

且朕之爲是言者。非爲一時計。實恐後世子孫忘舊制而廢騎射以效漢人。故深有此慮耳。

要之國俗習慣之固守。國語國文之保存及改良等。凡此關於文教之諸般設施。實發源於此等根本上之思想。他如細微之事。太宗亦未嘗加以變更。如吸菸視爲蠻子(漢人)陋風。當時由朝鮮輸入之菸草。(淡巴菰)力爲杜絕。其需用者及供給者均處死刑。

太宗之性格　清實錄敍太宗之性格曰。「上幼聰睿。秉性寬宏。仁慈和惠。而寡嗜慾。信法令。不殺而有威。善養人。凡於國家有勤勞者。必賜衣物。略無吝色。各國新附之人之入見。必詢問其譜系。一如其舊相識。天語藹然。雖桀驁暴戾者。無不馴服云云。」此記事原非尋常諛辭之類。以之比較太祖之性格。則彼有秋霜烈日之威力。此有春風和暢之溫情。彼則無論何人。非壓伏之不止。此則無論何人。皆有包含之宏量。蓋太宗朝上承開國之緒業。下啟一統之鴻圖。非因彼之卓越之性格。有以致之乎。太祖解漢語漢文。太宗則不過會通蒙古字之外國文而已。然如中國之經史。則擇其傳奇小說。翻譯國文。而勉强知其大體。至其四書五經七書之類。遼金元之三史。併三國志演義等。在順治初年譯成者。大率著手於太宗朝。又太宗戒飲酒。其嗜欲之淡泊可見。其所歸依之宗教如何。雖難確言。然滿洲固有之教曰薩滿者。則觀之現存於淸寧宮之祭器等可知。實錄又記云。「上自纘承太祖大業以來。

勵精圖治。不耽佚豫。總攬國家之機務。從無倦容。夙興夜寐。勤求政務」是可知寬温仁聖之尊號。未必盡爲愛新覺羅氏之私謚也。

第二十四章　明朝亡於流賊

李自成之都西安　清朝自太宗暴殂。而其敵對之明朝之內亂。亦日益發展。李自成從顧君恩之言。通過河南北部。向陝西進發。崇禎十六年。（崇德八年）明之總督孫傳庭。扼守潼關大敗。李自成之兵。乃入陝西。連攻陷沿道之州縣。十月。攻西安。守將王根子開門而降。自成入明之宗室秦王之宮。斯時明之殉難之士不少。自成乃以西安爲長安。稱曰西京。翌春正月。改名爲自晟。國號曰大順。改元永昌。其與李自成一派之張獻忠。更向揚子江之上流。是年陷武昌。捕宗室楚王。置之籠而沈之於長江。其慘忍尤甚。據傳所云。在武漢縱虐殺。黃鶴樓對岸之鸚鵡洲附近沿江面一帶。盡爲浮屍。人脂累寸。至魚鱉不能食。時獻忠亦自立。改武昌爲天授府。鑄造西王之印。置官職。開科舉。出楚王宮中之錢穀。以賑貸饑民。因而武昌以南九江以北。舉沿江之地方。盡爲響應。然獻忠之僭號。自成聞之不悅。乃由襄陽貽書切責。是年秋。獻忠因遇明之將軍左良玉來攻。乃由武昌而竄入湖南。渡洞庭湖而陷長沙。繼破湖南諸州縣。獻忠之先鋒。出沒廣東之西北。翌年春。轉而入於四川省。

北京之陷　李自成自立於西安。北京甚爲驚恐。自成預定之行動。原擬從山西而衝北京之背後。崇禎十七年順治元年二月。彼自越黃河陷太原府。其地所有之明之宗室。捕殺殆盡。又以騎射出大行山之南。掠大名、眞定、兩處。北京對於自成之兵略。一時難以揣測。三月初居庸關先降。十二日。焚平昌。且自成之偵察北京。復極巧妙。彼使部下扮作商人搬運重貨而販賣於其部下。又收買明之官府。使漏洩朝廷之機密。由是明廷凡有謀議。雖數百里之遠。無不立收報告。其昌平之陷。明廷使派騎兵偵察敵情。至則全部降於賊黨。無一人還而報告者。及至李自成兵臨北京城下。都中士民。尚未知覺。十七日。明帝召問羣臣。彼等不知所對。徒下淚而已。俄而自成之兵環攻九門之報至。彼等驚慌莫可名狀。蓋北京久苦糧餉。卽使無今日之問題。守兵亦屬不多。至此帝乃命內侍專爲守城。十八日。攻擊益急。自成於彰儀門駐營。命已降之太監杜勳縋入城內。見帝求禪位。帝怒甚。日暮太監曹化淳開彰儀門。賊乃亂入。最可憐者。帝一人出宮而登城中之萬歲山。望見烽火徹天。歎息曰。是徒苦我民耳。徘徊久之。復歸於乾清宮。乃以硃書諭內閣。使成國公朱純臣提督內外諸軍事。輔佐東宮。因命進酒。連酌數觥。語皇后曰。大事去矣。宮人環泣。帝乃分送太子永王定王於外戚周田二氏家。宮人等則使各自爲計。皇后頓首曰。妾事陛下十有八年。不聽一言。至有今日。乃縊而殂。帝又召公主。時年十五。歎曰。爾何爲生我家。左手以袖掩面。右手揮刀斷其左臂。未死。手慄而止。命袁貴妃自縊。死。繫絕。久之復蘇。帝拔劍刃其肩。又據一說。帝至此尚有欲出逃之念。手持三眼鎗。雜內竪數十人。出東華門被阻。至齊化門之朱純臣第。又爲閽人所辭。乃太息而去。走安定門。門堅不能啟。十九日天明。內城守危。帝乃復登煤山入壽皇亭而自縊。亭方新成。相傳爲簡閱親兵之所。太監王承恩對帝自縊。帝之死狀。披髮著藍衣。跣左足而右著朱履。衣前有書曰。

朕自登極十有七年。逆賊直逼京師。朕雖薄德匪躬。上干天咎。然皆諸臣之誤朕也。朕死無面目見祖宗於地下。可去朕之冠冕。以髮覆面。任賊分裂朕屍。勿傷百姓一人。

究之此事實可信與否。雖難判定。然崇禎帝之衷曲。當亦不甚差異。此日清晨忽雨。俄而微雪。須臾全城皆陷。始內城危急將陷時。帝自鳴鐘召集百官。無一人至者。所謂殉難之士。如范景文、倪元璐等。不可多得。其投降自成。如成國公朱純臣以次諸臣。更可深訝。自成此時。尚疑帝及皇后之存在。及得確報。始命載帝屍於宮扉。殮之以柳棺。置於東華門外之蓬廠。守護者唯三四老宦官而已。其朝臣盡以氏名投謁於新朝。爲謀取官職之計。梓宮雖近咫尺。不見有一人往拜哭者。帝之葬於昌平之明朝歷代之山陵者。係翌年四月中事。實因昌平布衣趙一桂。各處醵錢。穿故妃之壙。以收帝屍云。帝諡號有四。其爲明遺臣所上者。則有云思宗、毅宗、懷宗者。而其所云爲莊烈帝者。則係清朝之加諡也。

崇禎帝之葬事　趙一桂者。不知其籍貫。崇禎十七年三月。昌平州之一吏目也。彼營帝葬。

當時之始末如下。曰職於三月二十五日。奉順天府僞官李之檄。擔任葬先帝及周皇后於田妃之墓壙事。四月戊午朔。（賊李自成之黨）用役夫三十六名運梓宮至昌平越三日庚申發引。翌日辛酉下窆。時適州庫如洗。僞禮部主事許某束手無策。職乃與義士孫繁祉等十人。醵錢三百四十千文。僱人夫穿故妃之墓壙。羨道長十三丈五尺。深三丈五尺。督工四晝夜至四日寅時羨道開通。始見壙宮有石門。啓門而入則有享殿三室。陳列祭器。中有一石案。與萬壽燈。其旁立紅紫之錦綺繒幣。五色左右列宮殯並用如生時之器物。襲衣奩具。左旁之石牀則置龍鳳衾枕。又啓中羨門。內有大殿九室。其中石牀高一尺五寸。闊一丈田妃之棺槨置於其上。職躬領役夫。移田妃之柩於石牀之右。奉周公之梓宮於石牀之左。然後以帝之梓宮居中。職見先帝有棺無槨。因移田妃之槨用之。事畢掩羨門。使土與地平。初六日辛亥。又率諸人拜祭。竊計一時斂錢諸人。皆係義士。謹列其名以誌不沒。孫繁祉（州之學生）捐錢五十千。耆民劉汝樸、錢五十千。白紳、錢三十千。徐魁、錢三十千。李某、錢五十千。鄧科、錢五十千。趙永健、錢二十千。王政行、錢二十千不等。合計三百四十千。後清朝順治初。攝政王巡視之時。乃建陵殿。繚以周垣。設守陵之戶焉。

明朝遺臣之陋態　前節述明朝殉難之士甚少。其餘官吏則多爭奔走於李自成之座下。據當時某史家之言。「自成入北京。首勸進大號者。則爲陳演、朱純臣也。指斥先帝爲無道之君者。魏藻德也。自獄中出。爲自成建降南京之策者。張若麒也。頌賊（李自成）爲救民水火神武不殺者。梁兆陽也。代賊焚毀太廟之神主者。楊觀光也。先帝求金而不應。東宮投往而不納。負君辱國者。周奎也。至其他之叛閹。則更不足誅矣」究之此等記事。必非誣言。夫明室自萬歷末年以來。久積種種惡政。人心叛離。已達極點。遂至流賊亡國。演成事實。彼之所以得勢者。非由於明廷之連續失政耶。夫以赫赫萬乘之裔。而無一宰相一將軍之扈從。徒與宦者王承恩相對而縊死於山亭。其淒涼爲何如者。讀中國之歷史。考往事之悽慘。能弗廢書三歎耶。

第二十五章　北京遷都

明將吳三桂之請援　太宗晏崩。國內人心未靖。若清朝之外部事情。非有劇變。則瀋陽新朝廷。或不免爲禍亂之淵藪。乃輔佐幼帝之睿親王早已察知有此機運。卽於順治元年四月。命王多鐸王阿濟格及明之降將孔有德耿仲明尙可喜併朝鮮王之質子李溰等。統率十萬大兵進發遼西。然王之牙營方次翁後（廣寧附近）地方。不意明朝將軍平西伯吳三桂已遣副將某由山海關而致書於王。其大意如左。

三桂蒙我先帝拔擢。猥以不才。負此遼東總兵之重任。受任以來。王之威望。素所深慕。但春秋之義。交不越境。是以未敢通名。人臣之誼。諒亦王之所知也。今我國以爲寧遠右偏孤立之故。使三桂棄寧遠而守山海。俾得堅守東陲。鞏固京師。不意流寇逆天犯闕。彼狗偸烏合之衆。安能成功。但京城人心不固。奸黨開門而納款。先帝不幸。九廟灰燼。今賊首僭稱尊號。擄掠財帛。罪惡已極。誠爲赤眉綠林黃巢祿山之流。天人共憤。衆心已離。其敗立待。我國積德累仁。謳思未泯。各省宗室。如晉重耳漢光武之中興者。應或有之。遠近已起義兵。羽檄交馳。山左江北。密如星布。三桂受國厚恩。憫斯民之罹難。輒思拒守邊門。與師問罪。下慰人心。無奈京東地小。兵力未集。不得不泣血而有所求助。我國與北朝（指清朝言）通好二百餘年。今無故而遭國難。北朝應亦惻然念之。且亂臣賊子。當亦北朝之所不容也。夫除暴翦惡者大順也。拯危扶顚者大義也。救民出水火者大仁也。取威定霸者大功也。況流寇之所聚者。金帛子女。更不勝數。義兵一至。皆爲所有。此豈非大利之所在耶。今王以蓋世英雄。値此摧枯拉朽之會。誠爲時不再得。乞念亡國孤臣忠義之言。速卽力選精兵。直入中協西協。三桂自率所部。以合兵而抵都門。滅流寇之宮幃。而示大義於中國。則我國之報於北朝者。奚翅財帛。行將裂地以酬。決不食言。本宜上疏北朝之皇帝。因未悉北朝之禮。故不敢輕瀆聖聽。乞王轉奏。

按之此文。則可知吳三桂抱忠義之心。欲屠李自成而伸國家之恨。第因兵力單弱。乃求清廷之援助。且彼以割地相酬。爲請援之條件。是其志不可謂不悲痛。又其罵李自成比之唐之黃巢。漢之赤眉。天人之所共憤。其忠憤爲何如者。然退而察當時人心之所歸向。則以三桂爲一武人。其果能知如此之節義名分。則又不能無疑。方李自成入北京時。明舊臣多相爭迎。促其卽登帝位。三月十六日。據彼等之勸進表。其讚歎李自成有比堯舜而多武功邁湯武而無慚德之語。三桂想不同此等臣僚之所爲。第據當時野史所云。則謂三桂之爲請兵之動機者如下。三桂者字長白。高郵人。籍隸遼東中後所。其父名襄。官都指揮。守寧遠。部下有精兵四萬。尤稱雄悍。崇禎十七年。奉詔由山海關西向北京。至豐潤。卽接京師已陷之報。遂遲疑不進。惟彼有寵妾陳圓圓。本爲南京名妓。三桂以妾交與其父吳襄。共投入自成之營。適爲敵將劉宗敏所收留。三桂得此飛報。大怒。遂出兵討自成。彼寓書其父襄所云父不能爲忠臣。兒自不能爲孝子者。乃徒假名於大義耳。彼實置君親於不顧。惟拳拳於陳妾之一人。所謂狗彘不食者。其卽三桂歟。再以此記事。證之內監永章之甲申日記中所收之三桂家書。更爲確鑿。詩人吳梅村有衝冠一怒爲紅顏之句。是眞不愧爲詩史矣。

山海關之破　睿親王得三桂書。卽答書曰。

欲與明修好久矣。然明廷君臣不計國家之喪亂。軍民之死亡。曾不一言相答。是以我國二次進兵攻掠。蓋欲以決絕之意。表示於明國君臣。庶幾挫其勢。而得爲通好地也。至於今日則不須復出此言。惟有底定國家。與民休息而已。予聞流寇覆滅崇禎帝。不勝髮指。因此率仁義之師。沈舟破釜。誓不返旋。夫伯守遼東。雖與我爲敵。然今亦不因前故而復致懷疑。何則。昔管仲射桓公中鉤。桓公用爲仲父。卒成霸業。今伯若率衆來歸。必封以故土。進爲藩王。一得以報國仇。二可以保身家。世世子孫。長享富貴。永如山河云云。

此書於前此三桂所云割地之約。毫不涉及。乃反謂封三桂以故地。又言聞崇禎帝之死。不勝髮指。今以仁義之師滅絕流寇等語。在此急遽之際。而措詞如此圓妙。非卽清朝進關之大政策乎。據當時隨王之朝鮮世子之記錄。則王別領有令旨如下。

攝政王令旨。諭官兵人等知道。曩者三次往征明朝。俱爲俘掠而行。今此之行。非同昔日。蒙天眷顧。要當定國安民。以成大業。入邊之日。凡有歸順。不許殺害。除薙頭外。秋毫勿犯。其對於鄉屯散居之人民。不許妄加殺害。不許擅掠爲奴。不許跣剝衣服。不許拆毀房舍。不許妄取民間之器用。其攻取之城。法所不赦者殺之。其應俘者留養爲奴。其中一切財產。沒收之爲公用。凡屬城屯。不論攻取與投順。其房屋俱不許燒焚。犯此令者殺以儆衆。（中略）凡我將佐所屬軍官人等。務使三令五申。勤爲通曉。特諭。

然睿親王西至連山。尙有三桂第二次關於敵情之報告。遂乃兼程並進。次於沙河。此時山海關已陷重圍。知李自成之前哨。由一片石而出關外。清兵迎見而擊破之。進而至山海關外。白旗高翻城上。三桂開關出迎。此四月二十二日。實清朝勃興之一大記念日也。睿親王總八旗漢軍蒙古之各兵。自南水門北水門及關中門順次入關。李自成既占關內要地。從北山沿海岸而列陣。且其兵曾經百戰。剽悍有勇。王下令爲密集之陣法。先以突破敵之一角爲計。策三桂之兵。則居於右翼之末。使之悉衆搏戰。戰良久。會大風揚塵。咫尺莫辨。清兵從三桂之陣右突出。衝敵之中堅。萬馬奔騰。飛矢如雨。自成方登高岡而觀戰。見辮髮兵之肉薄。驚曰是滿洲兵也。急策馬走。敵之全衆。因而大潰。自相殘蹈。死者無算。僵屍遍野。水溝盡赤。自成奔往永平府。淸兵與三桂共追及之。殺三桂之父吳襄而還北京。鑄宮中之金銀器皿爲餅。每餅約數千金。計數萬餅。盡以車載之送歸西安。二十九日自成僭稱帝號於武英殿。追尊七代皆爲帝后。立妻高氏爲皇后。是夕焚宮殿及九門之城樓。翌日挾明太子及二王西走。

世祖入北京　睿親王之師漸次撫定直隸省之北部。五月二日由朝陽門入北京。明之文武故官出城而犒王師者不少。焚香插花而表敬意者。比比皆是。王乃入武英殿受朝賀。越一日王下令爲崇禎帝服喪三日。以順輿情。及九月幼帝世祖自瀋陽遷都北京。以翌十月一日布告君臨中國之意。當時頒於四方條例之主要者如左。

地畝錢糧俱照前明朝之會計錄。從順治元年五月一日起按畝徵解。凡加派之遼餉練餉召買等悉行蠲免。其大兵經過之地方。仍免一半錢糧。歸順地方係大兵未經過之地方。免三分之一云云。

按僅言前明朝之會計錄。而未示以何年之會計錄。則爲準以萬歷初年名相張居正大量天下土田之所錄者可知。且其條例尚有重罪犯人之赦免。滯納稅之蠲免。人丁銀定額之查定。節孝之旌表。神祇壇廟之保護。帝王陵寢及名賢墳墓之修理。隱士之徵聘。文武考試之會期。明朝宗室之祿養。歸順官員之待遇。鹽稅之更改。關稅之釐正。柴炭稅之免除等。列舉此等繁重之事項。發表新朝之政綱。究之是等條例能施行至如何程度。固難盡知。然其所標榜之萬歷初年之徵稅率。則收攬當時之人心。固有效力也。

辮髮令之起原　按辮髮原係蒙古滿洲相沿之習俗。滿洲之辮髮。亦非一時所剏。其直接者卽自其祖先金人所流傳者也。金人之辮髮。與後之蒙古人亦稍有差異。究其起原。則金人爲承蒙古方面風俗可知。蓋支那南北朝之時代。有稱爲索虜者。又有稱爲索頭虜者。北部支那之拓拔魏之種類。因其一般之辮髮似索。常爲南人所咀罵。但拓跋魏之版圖廣大。國祚永久。其種族對於在已國領土內之他種族。强行辮髮之令與否。不得其詳。其施行此令者。則自後金始。據後金之記錄。太宗天會七年（西紀一一二九）有削髮令。不如式者處死。蓋此法令。原非一時虛飾之言。凡爲後金之公人。皆須遵此法度。故其施行之範圍。對於一般人民則不拘之。而惟限於國家主要之階級之官吏爲之。蒙古則不然。彼則實爲擴張此制度。凡國內臣民無論爲公人爲私人。皆一般强行辮髮。綜合宋代之記事。則蒙古人之辮髮前頭與左右兩側頭皆留髮。他盡開薙。其前頭所留之髮。如今南方支那婦人之前髮。仍然垂下。其兩側頭所留者則辮之。其餘端則使垂下。此見之「竹崎季長蒙古襲來之繪詞」圖中。蒙古人皆著兩個辮髮。但該圖不見留有前頭之髮耳。

明人與辮髮令　蓋自金人以來所施行之辮髮令。從其根底上爲斥除者。則自南方所起之明人是也。太祖朱元璋以洪武元年（西紀一三六八）下復古之詔令。皇明實錄記之曰。詔使復冠如唐制。初元世祖自朔漠起而有天下。盡以胡俗變易中國之制。士庶咸辮髮椎髻。深襜胡帽。無復中國衣冠之舊。甚至易其姓名爲胡名。習胡語。俗化旣久。恬不知怪。上久厭之。至是悉命復舊衣冠。一如唐制。士民皆以髮束頂。其辮髮椎髻胡服胡言胡姓。一切禁止。於是百有餘年之胡俗盡復中國之舊。

夫太祖之光復中原。卽斥辮髮胡語。而明誇南人爲漢種。爾後至三世之久。堅守其風俗。因此束髮觀念。遂亦與歲加增。且南人之勢力範圍。以長城爲限。然此一界線南爲束髮。北爲辮髮。其兩大種族之繁衍。呈歷史上之一奇觀。蓋長城以北之民族。以辮髮爲自己種族之象徵。長城以南之漢人。以束髮爲自己種族之象徵。殊覺兩不相讓。淸朝對於從來投降之漢人强行辮髮者。在五月三日。卽以占領北京之翌日。早出佈告。有凡投誠之官吏軍兵皆使薙髮。衣冠悉遵本朝制度云云。

辮髮令之强行　辮髮令者。卽所以變更衣冠也。按漢人之所以歡迎滿人於北京者。一則爲崇禎帝討闖賊。二則復萬歷之初政。因是投降者亦自得藉以爲口實。今試察彼等漢人之心理。以爲滿人雖事實上可視爲漢種文明之保護者。雖宗家之明朝已亡。亦不免稍存悔恨。但易姓改命之後。各人仍得維持其財產。則亦不甚反抗。然彼等之對國家的觀念。又不若其重視種族的象徵。故獨關於薙髮之事。實有不願以自己之頭髮易國家之存亡者。睿親王早已窺破此中消息。故於同月二十四日下諭文如左。

予前因分別順降之民。故以薙髮分順逆。今聞甚拂民願。是反乎予以文敎定民之初心。自茲以後。天下臣民照舊束髮。悉聽其便。

據此諭文。則關於薙髮一事。似委之於人民之自由。然此不過淸廷一時之權宜耳。蓋彼承祖宗之制。其辮髮令不至强行於被降服者。不止吾人所謂爲一時之權宜者。誠以滿人之基礎。在北方尙未强固。黃河以北。大半猶未征服。今爲瑣末事件。而阻多數漢人之歸向。似非策之得者。此睿王之措置。所以毋寧如是之爲得計也。已而順治二年（西紀一六四五）江南略定。厲行辮髮之制。其當時之諭文如左。

向來薙髮之制。未卽畫一。而姑聽其自便者。因欲待天下大定而始行之也。今中外一家。君猶如父。民猶如子。天下一體。豈可違異。若不畫一。終屬異心。不幾爲異國之人乎。自今布告之後。京城內外限旬日。直隸各省地方。自部文所到之日。亦限旬日。盡使薙髮。遵依者爲我國之民。遲疑者同逆命之寇。必置重罪。若巧辭爭辯。決不輕貸。該地方文武各官。嚴行察驗。若復爲此事瀆進奏章。致使已定地方之人民。仍存明制。不隨本朝之制度者。殺毋赦。

夫立於清朝保護之下。除僧道二種之外。盡爲辮髮胡服。當時孔子之裔孫孔文譚者爲其宗家之衍聖公孔文植執行孔廟典禮。以新制多不便。呈請蓄髮用先王之衣冠。反被譴責。惟以其爲孔聖之裔。僅免於死。考金元兩朝則限山東曲阜之聖裔。准著儒冠儒服。至清朝則命一律辮髮胡服。不許寬容。則可知漢人以蓄髮爲其種族之象徵者。至爲緊急而對於滿人之辮髮之觀念甚痛惡也。吾人以次略說此法令影響。則更可預測清廷之布此法令實大招漢種之反感也。然其加於南方者更爲絕對强行。當時揭示江南者。有「留頭不留髮留髮不留頭之制札」而浩蕩之悲慘鮮血。亦因此問題而迴流。如著名之江陰虐殺。嘉定屠戮。畢竟不外此衝突之一結果。然南方之一般形勢。甚形不利。對此實題之反抗者。不一而足。或憤而死。或隱山林。其中且有埋頭髮而建爲髮塚者。耶穌會教士馬爾地呢 Martin Martini 其著韃靼戰爭記。目睹浙江省紹興府之事。記之如下。

韃靼軍（指滿洲軍言）不見有何等之抵抗。遂占領紹興府。而浙江省南半之府縣。亦容易征服。彼等遂强制新歸順之漢人爲辮髮。於是一切之漢人。無論兵士市民。皆起而執武器以相反抗。其關切較勝於爲國家爲皇室保護一己毛髮。竟捨身命而抵抗敵軍。卒爲彼等擊退於錢塘江以北之地云。

當時阿爾力安斯 D' Orleans 有云痛招漢人之反抗者。即在此辮髮胡服之新制。夫彼等之對於滿洲政府。忽而發起叛亂者。與其謂不喜羈絆於異族。毋寧謂以强行辮髮胡服爲一大屈辱也。同一漢人。曩爲斷其頭而從順如羊者。今爲斷其髮而奮起如虎。當時若使明之諸王能一致進行。不釀內訌。則滿人果能統一支那與否。尚爲一疑問也。觀此則可知當時之眞相矣。

北京遷都之理由及南方自立之容認　北京遷都之後。未幾清廷傳檄南方曰。

予聞不共戴天者。君父之仇。救災恤患者。鄰國之誼。洪惟爾大明太祖皇帝。逐胡元而翦我國仇。永世宥民。代有哲王。迄至末造。吏偸民窮。羣盜滿野。然大行崇禎皇帝秉恭儉之心。弘仁孝之行。德高勢替。終無寧日。蠢茲逆賊李自成。以狗盜之雄。鴟張獸視。忘累世之深恩。逞滔天之大惡。喋血京師。逼殞帝后。焚燒宮室。流毒縉紳。以金銀爲營窟。視百姓如草菅。皇天震怒。日月無光。大清皇帝義切同仇。用申弔伐。六師方整。蟻衆忽奔。斬馘擄遺。川盈谷量。游魂西遁。指日擒夷。予因息馬燕京。撫綏黎庶。爲爾大行皇帝縞素三日。喪祭盡哀。謚曰懷宗端皇帝。其陵曰思陵。梓宮聿新。寢園增固。凡諸后妃。各以禮葬諸陵。松柏不採。樵蘇有禁。惟爾率土臣民。欲致祭於大行皇帝者。我大清無不曲體斯誠。有崇無缺。宗藩失職流離者。爲爾存恤。士紳忠義死難者。爲爾表揚。輕徭薄賦。用賢使能。苟濟生民。惟力是視。爾明朝嫡胤無遺。勢難孤立。用移大清宅此北土。厲兵秣馬。必殲醜類。以靖萬邦。非以富有天下爲心。實以拯救中國爲計。咨爾河北河南江淮之間。諸勳舊大臣。節鉞將吏。及布衣之懷忠慕義者。或世受國恩。或新膺異眷。此皆懷故國之悲。而具有雪恥之願者。予皆不吝封爵。特與旌揚。其不忘明室。輔立賢藩。戮力同心。共保江左。理亦宜然。予不汝禁。但當通和講好。無負本朝。彼懷繼絕之恩。此敦睦鄰之誼。其量力之不敵。而北面歸誠者。當拔置顯旅。佐我西征。或剷平所屬。用以自效者。無不開懷延約。樂共功名。來歸之士。蠲復二年。與民休息。凡諸恩典。俱俟後詔舉行。若國無成主。人懷二心。或假立愚弱實肆跋扈之本謀。或陽附本朝。陰行草竊之奸宄。此皆民之蟊賊。國之寇仇也。予定三秦卽移師南討。殪彼鯨鯢。必使無遺種。嗚呼。順逆易判。勉爲忠臣義士之心。南北何殊。同爲皇天后土之眷。布告天下。咸使聞知。

按此文未見於淸之實錄。其出自睿王之手。固無所疑。然繹其大意。彼蓋謂其初原爲鄰國而起仁義之師。嗣入北京。因明朝無嫡胤。遂不得已而移大淸於北京。又云我實非以富有天下爲心。不過以拯救中國爲計。夫彼既以仁義而論交鄰之道。則明之遺臣擁立宗藩。亦無阻害其計畫之理。倘其後又拒而否認之。則又不能不撰一種適當之辭令矣。據吾人之所推論。此檄文苟爲承認南方之自立。則至遲亦當於順治元年卽應發表者。然智慮如睿王。謀臣如洪承疇。皆當時第一流之政治家。則可知其檄文實幾經熟慮而後發。自今日而推測之。則此檄文不啻向洋洋揚子江之波心投一塊石也。

第二十六章　明人恢復事業之悉敗上

福王被擁立於南京　北京既陷崇禎帝殉社稷之確報。四月之初。乃到南京。明制。南京爲陪都。置宗人府以下六部衙門。自聞此報。卽選擇社稷之主人。當時關於此事有兩說。甲謂立穆宗之孫潞王。乙謂立神宗之孫福王。兵部侍郎呂大器。廢籍禮部侍郎錢謙益等文官之議曰。以倫序論。雖大位當屬福王。然立福王。則由其父福王所發生之妖書挺擊及移宮之禍案。不免有修怨之懼。立潞王則無後患。且我等並可邀擁立之功。乃移牒浦口之史可法。論福王戴立之不可。可法原爲南京兵部尙書。當時統勤王之師而鎭守其地。旋還南京。鳳陽總督馬士英者。有奸智。嘗不慊於崇禎帝。欲利福王之昏庸。密語武人而致書於可法。可法非不知福王非大器。不過以構怨武人。殊非得策。乃以王之名奉告宗廟。遣使者往迎於江浦。王素服角帶而哭。五月一日。王出居內守備府。百官入朝。王赧然欲避之。可法又議戰守。曰。王宜素服郊次。發師北征。示天下以寇讎必報之大義。王唯唯。張愼言曰。王上大位可也。可法曰。不然。太子存亡未卜。倘南來將如之何。明日王上監國之位。越旬日更卽帝位。以明年爲弘光元年。王之不才。無待贅述。彼幼名福八。宮女嘗使鸜鵒呼其名以爲諧謔。云可法之志。甚爲悲苦。彼見馬士英之爲宰相。得意揚揚。心滋不樂。乃自開府於對岸之揚州。

以爲禍兵之地。當時袞袞諸公。初無有爲崇禎帝雪恨之議。而東林黨案。又復活於此偏安之小朝廷。馬士英引進魏忠賢舊黨阮大鋮密謀漸成。所指爲一時清流者遂去南京。而福王前程。亦自此危矣。據當時之記事。駐在武昌之軍人聞福王卽位之詔。多不爲然。比時卽有與南京相衝突之議。幸寧南伯左良玉百方慰撫。始止云。

睿親王與史可法　清朝因吳三桂之請。進兵北京。驅逐李自成。前已述之矣。然清朝君臣。以仁義之師爲標榜。非惟無還故國瀋陽之意。且更以明室未有正嫡遺留爲口實。而遂移大淸於北土。但此可以爲占據北方支那之口實。而尙未足爲奄有中國全土之論據。故遷都以後。其宣布於南方之檄文。不得不承認南方之自立。惟自北部地方逐漸整頓。彼乃斷然藉種種口實而乘機加大兵於揚子江流域矣。先是福王之朝廷。因有探查北京實情之必要。秋七月。曾命左懋第與馬紹愉陳洪範等北行。齎銀十萬兩金一千兩緞絹一萬匹。以兵數百爲護。行十月一日至張家灣。清廷令招待員導之於四夷館。懋第曰。置我於四夷館是以屬國相待我。必不入。清廷乃改之爲鴻臚寺。其主客相見之禮。彼此亦爲種種之論辨。在福王之意。要不過欲彼復歸遼東耳。懋第未發之前。曾有大學士高弘圖之北使事宜對於清廷交涉之要項。有論奏者如下。

一天壽山特設園陵。厝先帝之梓宮。併太子二王之神櫬。

二割山海關以外之地於清廷。
三歲幣以銀十萬兩爲率。
四國號則爲隨意。

南京小朝廷提此條項。詎足以動謀臣如雲猛將如雨之北廷乎。何其愚之甚也。未幾懋第之使命終歸失敗。而睿親王則託該使者中一副將韓拱薇。寄一書於揚州兵部尙書史可法。錄之於左。

予向在瀋陽。卽知燕京物望。咸推司馬。後入關破賊。得與都人士相接。識介弟於清班。曾託其手泐平安。奉致衷緒。未審已達到否。比聞道路紛傳。有謂金陵已自立者。夫君父之讎。不共戴天。春秋之義。有賊不討。則故君不得書葬。新君不得書卽位。其所以防亂臣賊子者。法至嚴也。闖賊李自成稱兵犯闕。手毒君親。中國臣民。不聞加遺一矢。平西王吳三桂。介在東陲。獨效包胥之哭。朝廷感其忠義。念累世之宿好。棄近日之小嫌。爰整貔貅。驅逐狗鼠。入京之日。首崇懷宗帝后之謚號。卜葬山林。悉如典禮。親郡王將軍以下。一仍故封。不加改削。勳戚文武諸臣。咸使立朝。恩禮有加。耕市不驚。秋毫無擾。方擬秋高氣爽。遣將西征。傳檄江南。聯兵河朔。陳師鞠旅。戮力同心。報乃君國之讎。彰我朝廷之德。豈意南州諸君子。苟安旦夕。不審事機。聊慕虛名。頓忘實害。予甚惑之。國家撫定燕京。乃得之於闖賊。而非得之於明朝。賊廢明朝之廟主。辱及先人。我國家不憚征繕之勞。悉索敝賦。代爲雪恥。孝子仁人。當如何感恩圖報。茲乃乘逆寇稽誅。王師暫息。遂欲雄據江南。坐享漁人之利。揆諸情理。詎得謂平。將以爲天塹（指揚子江言）不能飛渡。投鞭不足斷流乎。夫闖賊但爲明朝之祟。何嘗得罪於我國家。徒以薄海同讐。特伸大義。今若擁號稱尊。則是天有二日。儼爲勁敵。予將簡西行之銳卒。轉旆東征。且擬釋彼重誅。命爲前導。夫以中華之全力。且受制潢池。（指李自成言）而欲以江左之一隅。兼支大國。勝負之數。豈待蓍龜。予聞君子愛人以德。細人則愛人以姑息。諸君子果識時知命。篤念故主。厚愛賢王。宜勸其削號歸藩。永綏福祿。朝廷當待以虞賓。統承禮物。帶礪山河。位在諸王侯上。庶不負朝廷聲義討賊。興滅繼絕之初心。至南州羣彥。翩然來歸者。則爾公爾侯。列爵分土。有平西（指三桂言）之典例在。惟執事實圖利之。晚近士大夫好高樹名義。而不顧國家之急。每臨大事。輒同築舍。昔宋人議論未定。兵已渡河。可爲殷鑒。先生領袖名流。主持至計。必能深維終始。豈爲隨俗浮沈耶。取舍從違。應早審決。兵行在卽。可西可東。南國安危。在此一舉。願諸君子同以討賊爲心。勿貪一身瞬息之榮。而重故國無窮之禍。致遺笑於亂臣賊子。予有厚望焉。書曰。惟善人能受盡言。敬布腹心。佇聞明教。江天在望。延跂爲勞。書不盡言。

總觀以上所說。約言之不外謂我朝與明國際上之關係。雖不甚良好。然崇禎帝之死。頗足悅傷。加以將軍吳三桂力爲請求。不得已傾府庫。調軍費。驅逐闖賊。及轉而觀明朝遺臣。不聞對於手毒君親之賊。加放一矢。則夫爲明之臣僚者。對於我仁義之師。不當感恩圖報耶。然事已如此。賊尚未滅。仇尚未報。而金陵卽已自立稱帝。是何說也。究之此係出於一種誤解。坐於不知本朝進關之事由耳。夫本朝之占領北京者。非得之於明朝。而得之於闖賊者也。彼等藉此口實以爲政策。前於左懋第來使之時。已反復及之矣。陳洪範之北使紀略載福王之使者與淸之大學士剛林之問答。『剛林曰。我國發兵爲汝等破賊報仇。江南不發一兵。突立皇帝。此何意乎。左陳馬三人曰。今上（謂福王）爲神宗皇帝之嫡孫。夙有聖德。先帝既喪。倫序相應。立之誰曰不宜。剛林曰。崇禎帝有遺詔歟。三人曰。先帝變出不測。安有遺詔。南都聞先帝之變。時恰値今上至淮。天與人歸。臣民擁戴。告立位於高皇帝之廟。安事遺詔。剛林曰。崇禎帝死時。汝南京臣子不來援救。今日乃忽立新皇帝乎。三人應曰。北京失守。事出不測。南北隔絕。諸臣聞變。而練兵馬。正欲北來。傳聞貴國已發兵逐賊。以故未便前進。恐與貴國爲敵。今特使我等來謝。幷相約共爲殺賊。剛林又曰。勿多言。我等已發大兵。直下江南。左懋第曰。江南尚大。兵力甚多。未便小覷。剛林聞之不悅。兩者之問答。益陷危險。陳洪範曰。我等本感激汝攝政王發兵破賊。又爲先帝發喪。我皇帝特命我等齎御書銀幣。自數百里遠來。要在通好致謝。何故以兵勢相恐嚇耶。夫用兵亦何常之有。但以禮來。反以兵往。此亦非攝政王當初發兵破賊之意。況江南者水鄉也。騎兵焉能保其必勝乎。剛林不答。徑起而去。攝政王下問來使之處置。馮詮曰使彼等辮髮而拘留之可也。王不答洪承疇曰兩國相爭。不斬來使禮也。若苦彼等則後此之來使者懼矣。王曰老洪之言甚是。乃解放彼等云」

史可法對於睿親王之來書其覆書之大意如下。

我大行皇帝敬天法祖。勤政愛民。眞堯舜之主也。因庸臣誤國。致有三月十九日之事。可法待罪南樞。救援無策。師次北上。凶聞遂來。地折天崩。山枯海泣。嗟乎人孰無君。卽肆法於市朝。以爲泄泄者戒。亦奚足謝先皇帝於地下乎。爾時南中臣民哀慟如喪考妣。無不撫膺切齒。欲悉東南之甲。立翦兇仇。而二三臣僚均謂國破君亡。宗社爲重。乃相與迎立今上。以繫中外之心。今上非他。神宗之孫。光宗之猶子。大行皇帝之兄也。名正言順。天與人歸。五月朔日駕望南都。萬姓夾道歡呼。聲聞數里。羣臣勸進。今上悲不自勝。僅允監國。臣民伏闕屢請。始於十五日正位南都。越數日卽命法視師江北。刻日西征。忽傳我大將軍吳三桂借兵貴國。破走逆賊。爲我先帝后發喪成禮。掃清宮闕。撫輯黎庶。且罷薙髮之命。以示不忘本朝。此等舉動。震古鑠今。凡爲大明臣子者。莫不長跪北向。頂禮加額。豈但如明諭之感恩圖報已也。謹於八月薄治筐篚。遣使犒師。兼欲請命鴻裁。連兵西討。是以王師既發。復次江淮。乃辱明諭。特引春秋大義來相詰責。然此乃爲列國君薨。世子應立。

有賊不討不葬其君者而言。若夫天下共主。自殉社稷。青宮皇子。慘變非常。而猶拘牽不卽位之文。坐昧大一統之義。將何以維繫人心。號召忠義乎。本朝傳世十六。正統相承。自治冠帶之族。繼絕存亡。仁恩遐被。貴國昔在先朝。夙膺封號。載在盟府。寧不聞耶。今痛心本朝之難。驅逐亂逆。可謂大義復著於春秋矣。昔契丹和宋。祇歲輸以金繒。回紇助唐。原不利其土地。況貴國篤念世好。兵以義動。萬民瞻仰。在此一舉。若乃乘我蒙難。棄好崇讎。窺此幅幀。爲德不卒。是以義始而以利終。將爲賊人所竊笑。貴國豈其然耶。

按可法答書。可知爲代表東南人士之意見。蓋彼對於愛新覺羅氏。爲明廷驅除闖賊。雖甚感謝。然乘此國難而竊取中國。亦屬不信不義。至援引春秋大義相責一節。祇可行於諸侯。不適用於天子。又云我自有圖報之道。據契丹女眞之前例。則可斟酌俯從。是可法立辭甚爲悲苦。其行文之哀慘。不堪卒讀。然皆所謂弱者之聲。其措辭命義。有不得不隱爲吞恨者。此答書出明季文豪侯朝宗之手。至睿王之書。理足神完。眞與國之大文字。與前節所揭之檄文。恐同出一人手筆。卽係李雯之所草者也。

李自成之死　未幾清廷勢力漸次由山東伸張。而達於江蘇之北部。更向中原渡黃河而略定河南之北半。追擊李自成。著著奏效。敵騎不能出沒於山西。順治元年十月。清廷以英親王爲靖遠大將軍。使當西安李自成。以豫親王爲定國大將軍。使下江南。至於李自成之別派張獻忠。此時奄有全蜀省四川自號大西國。爲大順元年。修明宮室蜀王之故府而居之。殺戮無辜最甚。一時川中人跡稀少。列城之中。惟見雜樹叢生而已。李自成於翌順治二年正月。由西安漢水之上流。走入襄陽。尙稱有衆五十萬。尋又西走武昌。部下潰散。僅率二十餘名逃竄山中。累日不得食。或謂遂自縊。或謂陷於泥淖村民擊之腦中鉏而死。均不知其詳。彼梟雄李自成已死。清廷遂得以全力集注於南下之師矣。

福王被執 南京小朝廷馬士英阮大鋮等。惟知自張其勢力。重刊崇禎朝已毀之三朝典要。頒布於世。以激發士論。至於凶事疊出。則秘而不宣。而詐稱崇禎之太子與自稱福王之王妃者。於弘光元年春發現於南京。均繫之獄中。羣疑滿腹。一時譁然不滿意於當局之處置者。所在多有。其內訌亦日甚。左良玉欲舉兵清君側。忽死於中道。未幾清師已駐於河南南部之歸德。今更欲自此地起點。而貫安徽之中腹。以占領當時南北運輸交會點之鎮江附近一帶。而橫絕南京之東。而當時揚州之史可法。扼淮河下流。殊非得策。果也泗州盱眙先破。揚州忽陷重圍。可法戰死。城中死者甚多。其慘烈之巷戰。徵之揚州十日記而可知矣。五月九日。清師乘大霧渡江。京口先陷。南京大震。十日福王得報。尙未終宴。半夜跨馬北奔太平。未幾在蕪湖被縛於降將田雄之手。翌年遇害。明之遺臣諡之曰聖安皇帝。

唐王被擁立於福州 南京已去之翌月。清朝用兵於江蘇之南部。遂略浙江之北半。而集注杭州。明故左都御史劉宗周。絕粒二旬而卒。唐王聿鍵逃入福州。倚賴鄭芝龍。芝龍者。福建泉州人。幼習航海。甚諳海事。城南三十清里有平安鎭。爲芝龍之故地。凡閩海（福建海上）之賊無不受其指揮。崇禎中。明廷授彼以官爵而使用之。由是東南海上之商船。非得鄭氏令旗不能往來。然一船舶例須納三千金之稅。歲入計達千萬。富敵王侯。且自築平安水城。守城之兵。自給俸養。不取之於官府。旗幟鮮明。戈甲堅利。凡有賊遁入海。檄彼交付。無不立縛以獻。故八閩（福建全土）以鄭氏一族爲長城。彼兄弟有芝虎鴻逵芝豹。導入唐王者。爲鴻逵芝龍。初意未必有恢復明室之志。蓋彼未悉北方情事。惟利目前形勢。因欲藉固根據。而遂迎入唐王耳。六月。禮部尚書黃道周。福建巡撫都御史張肯堂等。與芝龍奉王卽帝位。改元隆武。

魯王被擁立於浙江。　魯王太祖十世孫也。世封兗州。北京陷後。移住於浙江之台州。弘光元年五月。南京破。潞王則於杭州已降。王則由台州入紹興。爲兵部尚書張國維。朱大典。吏部員外錢肅樂。行人張煌言。諸生王翊等所擁立。六月。卽監國位。寧波定海之總兵王之仁石浦之遊擊張名振等。以海軍應。劃錢塘江東岸以爲守。明年爲魯監國元年。王令譽夙著。浙東義士輸誠於王者不少。黃宗羲兄弟投之。朱永佑吳鍾巒亦來會。然唐王之朝廷。聞之頗不悅。冬十月。福建假朝廷遣使者於浙江。頒詔書。魯王不受。使者空還。由是閩浙兩地之爭如水火。

明義士各地起兵　推倒南京。如此之速。在北廷殊出意外。七月睿親王遂再宣布薙髮易服之勅令。在漢人以爲根底上之受汚辱。民心動亂。到處皆然。起於江蘇南半省之恢復運動。皆由此問題而發生者也。給事中陳子龍（臥子）吏部主事夏允彝等起兵松江。兵部主事吳易舉人孫兆奎起兵吳江。行人盧象觀則奉宗室之子瑞昌王起兵宜興。中書葛麟主事王期昇奉宗室之子通成王起兵太湖。主事荊本徹員外郎沈廷揚起兵崇明島。副總兵王佐才起兵崑山。典史閻應元陳明遇起兵江陰。僉都御史金聲與邱祖德、尹民興、吳應箕起兵徽州寧國。並通表福州之唐王。遙受其拜除。或近受魯監國之節制。江西省同時亦起義兵。據建昌者爲益王。據撫州者爲永寧王。據贛州者爲兵部侍郎楊廷麟。彼等各招五嶺之峒蠻數萬人。到處抗拒清兵。

洪承疇招撫南方　清廷豫料有此形勢。自南京占領後。卽命洪承疇於其地總攬一切軍務。承疇係明之降將。當時最有聲望。使之綏撫南方。措施甚爲得宜。清之兵數在該方面者不越十萬。洪承疇之至南方也。分其兵一留麾下。一駐杭州。以爲經略南省之基礎。然自民兵起於四方。聲勢中斷。非先掃清揚子江下流一帶之地。則浙閩二地不易遽平。承疇遂直向江蘇之南半而下。八月清軍憤江陰之固守而屠殺之。據守城記事。屠戮一連三日不止。城主閻應元題敵樓曰。八十日帶髮效忠。表太祖十七朝人物。十萬人同心死義。留大明三百里江山其爭死恐後之民兵士女。無一人肯爲降者云。城內死者約九萬七千餘。城外死者亦越七萬五千以上。太湖嘉定又前後相繼而陷。江蘇與浙江之東南接界地方爲通福建之要衝。上可北逼南京。洪承疇命史可法之舊部張天祿略寧國徽州二城。二城共稱四塞之國。交戰兩月遂降。承疇勦撫之方略。至此乃進謀福州。唐王之朝廷矣。

唐王被執　衢州附近有黃道周之兵。不無稍有控掣南京之效。道周字幼玄。號石齋。福州漳浦人。以經術文章著聞。唐王原爲明季諸藩中最嗜文字者。王之立也。因得彼爲首輔。武臣鄭芝龍自始卽不悅。道周之獻策。毫不見聽。彼之兵由浙江西方而出婺源。原不過爲徒手之號召。故一敗而爲虜。洪承疇者。彼之同鄉也。彼至南京。使人謂曰。先生何自苦乃爾我保先生不死。道周罵曰。承疇死已久矣。松山之敗。先帝曾痛其死而親自哭祭。何得復存。今所云承疇者。乃無賴之小人冒名耳。翌歲春被刑。隆武二年。唐王去福州。出建寧。欲走贛州以淸兵已略江西。不果。鄭芝龍漸知北方之不可侮。業已就洪承疇之招撫。撤退東南一切之禦防。自還安平而去。仙霞關者。當福建與浙江境上之孔道。所謂一夫當關。百夫莫開之處。然貝勒博洛之軍至此。未見有一守兵。已卜知閩地之否運。秋。淸兵長驅略建寧延平。王西逃汀州。一夕有十餘騎叩城門。云爲王之扈從。開門而導之。則爲淸之追騎。王遂被執。至福京被害。思文皇帝者。卽其諡也。

第二十七章　明人恢復事業之悉敗下

魯王建行宮於舟山島　魯監國元年（順治三年）六月。錢塘江之潮。不足限清兵戎馬之足。紹興不守。魯王遂倉皇避難海上。維時石浦將軍張名振以舟師扈王而入舟山島。因其地之守將黃斌不從。卽轉而入福建。然王之部下王翊樹義旗於四明山寨。浙東形勢再見恢復曙光。監國五年冬。王攻守舟山島。卽於其地創建行朝。舟山又稱爲翁洲。呼爲舟山者。因其島形似舟之故。姑勿論此島與四明山相連絡而便於攻守。僅從海道而觀察之。南則通福建廣東。北則衝崇明島及吳淞而入於長江。東則遙通於日本之長崎。兵家謂舟山控全浙而扼三吳者。必非侈言。有以占領舟山咎張名振者。此眞不通之論也。

永明王卽位肇慶　福州隆武帝死之翌月。明之遺臣瞿式耜丁魁楚等。更擁立桂王之子永明王由榔於廣西之肇慶府。以明年爲永曆元年。未幾又起內訌。大學士蘇觀生者不慊於丁魁楚等。別立唐王之弟於廣州。永明王述宗支之倫序與監國之先後。促其來歸。蘇觀生卻之。反以兵相迎擊。恃其廣州之臨時政府以自驕。清之李成棟則乘機破潮州惠州而廹廣州。江西金聲桓之兵。此時亦陷贛州。併相夾攻廣州。廣州遂陷。肇慶爲之大驚。永明王不聽瞿式耜之諫。出奔梧州。聞清兵更向肇慶。其地已不能居。遂走平樂。順治四年。李成棟進取肇慶。使別將略廣東之南部。終陷梧州。瞿式耜奉王走桂林。

瞿式耜固守桂林　桂林當湖南與廣東之要衝。李成棟破潯州平樂。直取桂林而圖湖南方面之連絡。永明王又欲走湖南之武岡。瞿式耜曰。東藩已失。所存者惟桂林一隅耳。若復委之而去。則武岡之地。即如金城湯池。其何能長久乎。臣願與此地共存亡。包圍自三月至五月。彼曉夜立矢石中。與士卒共甘苦。人人皆無變志。惟因糧餉告乏。兵士稍形騷擾。夫人邵氏捐簪珥以補之。廣東聞桂林之固守。義兵四方蜂起。就中最多者爲高州之陳邦彥。東莞之張家玉。端州之陳子壯。及至廣州告急。兩廣總督佟養甲傳檄召還李成棟。先是侵入湖南之清兵。取洞庭湖北部。順次進軍內地。當時湘陰一帶。爲明之遺臣何騰蛟所固守。其部衆多係李自成及左良玉之餘類。不受何等節制。及清之定南王孔有德及尙可喜耿仲明率大兵至。則衡州一帶之地。遽沒。永明王又奔竄廣西。孔有德之兵進略全州。遂圍桂林。而略平廣東之李成棟亦來會。桂林再陷於危殆。瞿式耜防守甚力。攻圍軍乃不得已退還。八月李成棟舉廣東而歸永明王之廷。金聲桓亦舉江西來歸。東南形勢。忽然大變。清廷命尙耿二將赴江西。一旦命令孔有德退師。桂林之何騰蛟。乘間突出湖南。而回復洞庭湖之南半。

恢復之曙光　廣東江西二地反正後。適山西有大同總兵官姜瓖之亂。明之舊臣煽動甘肅陝西之回教徒。開封以北。黃河之流域。殆皆背叛。太原及西安之清兵。已陷重圍。四川則順治三年肅親王之平張獻忠時。明之義兵被捕殺者甚多。然守備於其地者。除置兵於嘉陵江邊之保寧外。他未有聞。山西之亂。此地亦受影響。其守備之兵。與川南川東皆歸順於永明王。綜合永曆二年（魯監國三年順治五年）之末期。永明王之號令可及者。幾達雲南貴州廣東廣西湖南江西及四川七省。中興之希望。一時屬於肇慶之小朝廷矣。

義士王翊死　奉魯王而據舟山之張名振之飛躍。須別爲敍述。以彼用兵吳淞及崇明地方。固足妨清兵之南下。然亦因浙江四明山寨之王翊能爲其後盾故也。蓋其頻破新昌上虞。使清兵一時絕跡於錢塘江之東。厥功亦偉。以彼約束法度。徵收租稅及舟山行宮之成。卽首謀海上之連絡。順治八年（魯監國六年）清兵由兩路窺四明。八月十四日軍破被捕死之。然其死狀。則有足述者。彼之繫於獄也。每日從容束幘掠髮。毫無愁容。謂守卒曰。使汝曹得見此漢官威儀。行刑時。清之諸將。憤彼積年倔強。聚而射之。或中肩。或中額。或中脇。彼毫不爲動。如貫植木。洞胸者三次。而尙不仆。乃斧其首而下之。始仆。翊有一女。年甫十二。字黃宗羲之子。以父故沒於滿洲將軍。有參領某。憐其爲忠臣之後。撫之如所生。有武官劉某求女。女不聽。參領難之。不意女卽出佩劍刎死。參領大驚。以劍殉葬。夫有此父乃有此女。他日流寓日本不返之朱舜水。以中秋爲王翊之忌日。廢賞月以爲記念。而不知其尙有一女之大節如斯也。王翊既死。陸上之保障全破。其悲劇之舞臺。乃迴轉而演之於舟山島矣。

舟山島陷　順治八年。總督陳錦奏曰。浙東舟山之海寇及山寨之寇。皆以故國爲名。猖狙相倚。海寇登岸。則山寇爲接應。山寇被勦。則入海避兵鋒。交通閩粤。窺視蘇松。久爲東南之患云云。山寇者。謂兵部侍郎王翊等之一軍。翊之死。前已述之。八月清兵乘大霧過海。中蛟關。其慘烈之巷戰。至十一日之久而始下。島中魯王與張名振。向吳淞方面出奔。僅免於難。其在舟山行朝被難者不計其數。王之元妃及宮女與名振一門盡死者。固不待論。且大學士張肯堂。死於雪交亭。禮部尚書吳鍾巒抱孔子之木主焚死。其悲壯可與南宋厓山之役相提並論矣。張名振途中聞舟山失陷之報。則揚帆南下。而依賴廈門之鄭成功。傳聞彼與成功譚論。成功罵曰。汝爲定西侯數年。所作何事。名振曰。中興大業。成功曰。安在。名振曰。事濟則在天地之間。不濟則在方寸之間。成功曰。方寸何據。名振曰。在背上。卽解衣示之。有赤心報國四大字。深入肌膚。成功愕然。乃待以上賓。使總制諸軍。成功者。鄭芝龍之長子也。

鄭成功據廈門　鄭成功初名森材。生於日本之平戶。母爲平戶士人之女田川氏。生成功及其弟七左衞門。崇禎三年。森材年七歲。父芝龍遣人迎之。田川氏及七左衞門。猶留日本。時七左衞門方二歲也。芝龍及成功贈書。屢招其母子。該氏以七左衞門尚幼。辭不赴日本。正保元年。七左衞門年十六。成功强迎之。田川氏乃謂七左衞門曰。良人及汝兄數數相迎。然皆以汝尚幼爲辭。今汝稍長。不往則失汝父兄歡。今從此別。我將從其請。但請良人每歲託來舶送銀以爲資給。我身卽死。幸勿憂慮。遂請幕府許可。航海而去。成功年十五。入南京大學。補弟子員。聞錢謙益之名。遂爲其弟子。謙益字之爲大木。成功丰彩魁偉。奕奕耀人。俶儻有大志。讀書穎敏。不治章句。戶部侍郎觀光一見而謂芝龍曰。此兒英物。非爾所及。南京某術士視之。驚曰。此奇男子。骨相非凡。爲命世之雄才。非科甲之流也。隆武元年。芝龍使成功入見福州唐王。時王尙未有嗣。見成功魁梧。撫其背曰。惜哉未有女以配卿。卿可盡忠吾家。無忘故國。改姓爲朱。賜名成功。拜御營中軍都督。賜尙方劍。儀同駙馬。由是中外稱爲國姓而不呼其名。芝龍遂使成功入侍。以察帝之動靜。芝龍擁立唐王。素非其意。成功患之。一日見唐王。王愁悶而坐。成功泣奏曰。陛下鬱鬱不樂。得毋以臣父之故歟。臣受厚恩。義不反顧。請以死報陛下。翌年六月。封忠孝伯。八月。王在汀州被擄於清兵而死。清兵連墮諸城。且殆泉州。成功之母田川氏亦死節。芝龍受清之招而降。召成功計事。成功泣諫曰。父教子以忠。不聞教以貳。且清朝有何可信。鴻逵等亦諫。不聽。芝龍既降清。清將遂擁之而去。更作書召成功。不從。芝龍曰。他日爲清之患者。必成功也。成功雖列爵。尙未與兵事。意氣容貌。一書生也。惟既遭困難。諫父不聽。且痛母死於非命。慷慨激烈。謀舉義兵。詣孔廟。焚所著之儒服。拜先師。仰天曰。昔爲孺子。今爲孤臣。向背居留。各行其是。謹謝儒衣。祈先師昭鑒。長揖而去。偕平生所善之陳輝、張進、旋顯、陳霸、洪旭等與夫願從者九十餘人。共乘大船二艘。而入海。募兵南澳。得數千人。永歷元年二月。成功提師由南澳歸泊鼓浪嶼。設高皇帝之神位於島上。謀勤王之事。與諸將共盟。鼓浪嶼與厦門語州隔一衣帶水。厦門卽中左所也。語州卽金門也。共隸於同安。或卽稱爲二島。鄭彩鄭聯據之。此年成功攻海澂不克。又與鴻逵合攻泉州。破提督趙國佐。忽因淸之援軍至。遂解圍而去。翌年三月攻同安取之。轉而侵泉州。至九月與淸軍戰不克而退。

海澂之攻守　成功自入兩島。年年出兵攻略閩越。至十一年之末。幾無間斷。今舉其重者記之。永曆五年正月。率衆而南。二月至平海衞。淸之閩撫張學聖。聞兩島之未有守備。急遣馬得功攻厦門陷之。鴻逵聞之。棄揭陽回攻得功。得功欲退不得。謂鴻逵曰。公等家眷。皆在平安。苟使得功不能脫出。則恐於公之家亦不利。鴻逵無如之何。遂逸之。至四月成功由平海至。時得功已去十二日矣。成功悔恨不已。守島者爲鄭芝莞。按罪殺之。芝莞、成功之從叔也。五月成功攻南溪。十一月攻小營鎭。均破之。十月漳浦守將楊世德等皆降鄭。六年二月攻長泰。其提督甘輝。日夜進攻。克之。淸之副將王進。出數十騎奔郡城。漳浦之屬邑俱下。五月淸之總兵馬逢知來援。突入郡城。成功圍之。至六月之久不下。城中食盡。人自相食。死屍枕籍。十月淸之援兵大至。時成功之軍漸疲。糧亦缺乏。戰不克。解圍而去。收兵保海澂。七年五月淸兵攻海澂。城壞百餘丈。成功自雉堞督衆堵禦。左右死者層積。成功不動。一夕忽連發空礮。成功謂諸將曰。賊將臨城。勒兵持斧以待。清兵渡濠入郭。大呼登城。衆舉斧而破之。清兵死傷塡濠。大敗而遁。自此海澄之守益堅。八年五月。清遣使招成功。欲封爲海澄公。不從。益復出兵蹂躪福興泉漳各郡。七月復遣使招之。不從。十月復招之。仍不從。清帝怒。置芝龍於高祖。幽芝豹於寧古塔。成功不顧。十二月攻漳州。清守將劉國軒朴世用等降。屬縣十邑俱下。乘勝而略泉州之屬邑。九年六月。取安平鎭。漳州濟度及惠安南安同安三邑。十一月。清之定遠大將軍入福建。成功此時始回島。翌年正月。清兵略沿海。攻兩島。大敗而還。六月。更出島破閩安鎭。逼福州。十一年三月。成功回島。成功前後攻擊諸方已數十回。均軍律嚴肅。無所侵略。分所部爲七十二鎭。使六官分理庶事。改中左所爲思明州。以劉會知州事。奉監國魯王盧溪王寧靖王而居於金門。凡諸宗室。厚給贍之。

桂林之陷落

永明王之朝廷。當時原有中興之希望。乃湘潭忽失。何騰蛟。桂林復失。瞿式耜。順治六年。清之鄭親王及孔有德。所在追擊明兵。洞庭湖之南方。幾至屛息而不能起。而尙可喜久屯江西吉安。不能越庾嶺一步。至此時旣平金聲桓。則又越庾關。長驅而包圍廣州。明之將軍范承恩拒守。閱十月而遂降。其從湖南南下之孔有德。則略全州。未幾又逼桂林。瞿式耜被執而死。據傳言式耜生平愛佳石。行至獨秀山下。見一石。命刑者曰。吾死於此。從之。前給事金堡。已爲僧。上書孔有德。請收葬。與彼同死者。有張同敞。爲萬歷宰相張居正之曾孫。彼之被執。見孔有德曰。汝非我毛媧毛文龍之家僕乎。有德大怒。厲聲曰。余爲大聖之後。同敞曰。汝辱先聖。其罪當死。有德氣咽。直前而批其頰。有一人從容說式耜曰。國家興亡。何代無之。二公何拘守儒節。曷爲僧乎。式耜不從。遂被斬。桂林既陷。永明王逃於南寧。孔有德之兵。於順治八年之末。定廣西諸府。南寧亦危急。王又倉皇入雲南之廣南。其不統一之四川義兵。所在皆失敗。成都重慶敘州。已爲吳三桂回復。卽湖南江西四川廣東廣西各地。亦不再奉永明王之正朔。所剩者惟雲南貴州二省而已。王之前程。遂亦步步陷於否運矣。

張獻忠之餘黨據雲貴　雲南及貴州二地。明末原不受流寇之影響。卽自明初以來。亦不以之入戰局。第對於湖南及江西之戰局。卻爲明兵之援軍。隆武二年。張獻忠部將孫可望李定國白文選劉文琇等。由川南出貴州。陷貴陽。永歷元年。略雲南。同四年。又取貴陽。遂出兵於四川之南部。孫可望者。實巨魁也。永曆三年。彼使人詣肇慶之永明王。求册封王。始不許。至翌年播遷南寧。許之封可望爲秦王。永曆六年。可望將永明王由南寧而移於安隆所。今之西隆府　以歲供給銀四千兩。米百石。爲定額。隨從之臣僚。亦悉取給於是。其窮廹不亦甚耶。彼等部署既定。乃攻擊清兵。一時大振。就中如李定國。爲恢復桂林之戰。而使定南王孔有德焚死。生擒降將陳邦傳。而磔殺之。衡州城下之激戰。射殺清之將軍敬謹親王。左尼突出四川之劉文琇。又破吳三桂於敘州。下重慶。遂進而圍三桂於保寧之陣地。名將白文選。攻辰州陷之。清兵屢遭挫折。一時氣餒。然明運衰微。卒不可復振者。則在於內訌迭起。而作戰方略不能一致也。內訌維何。孫可望李定國之爭亂是

清軍之待內變 順治十年。（永曆七年）清之將軍貝勒屯齊追擊李定國於永州。定國遁走廣西。孫可望此時亦惡定國。出兵於湖南之西邊。而爲屯齊所擊退。白文選又爲護軍統領阿爾津所破。失去辰州常德一帶地方。桂林復爲清兵所恢復。惟李定國以翌年圍新會陷高明。脅廣東。頗獲奇捷。而四川方面之形勢又非良好。孫可望使劉文琇等出湖南。從水路分犯岳州武昌等。然亦未奏功。卻走遁貴州。綜合永曆九年（順治十二年）之前後。永明王之形勢。甚爲不振。邊疆則日蹙一日。但彼等以多經百戰之兵卒。而扼雲貴險要。東來之兵。原不能輕易侵入。此清兵所以不能進而奪取雲南內地之情狀也。順治十二年以降。清廷使經略洪承疇由南京移駐長沙。總督李國英駐保寧。陳泰及阿爾津前後屯荊州。尚可喜耿繼茂分守肇慶廣州。觀此形勢。則可知爲雲貴二省外邊之大長圍者。蓋彼等姑以雲貴二地與孫李之徒。唯俟其出而犯境。則擊退之。既走則不窮追。蓋所以俟時機也。此政策殆出洪承疇之計畫歟。已而雲貴之內變果作。

孫可望降清軍 永明王在南寧之窮迫。前已述之。左右臣僚。亦不平於孫可望。永曆七年中。招廣西之李定國入援。可望諜知之。遂與之戰。捕大學士吳貞毓等十餘人而殺之。又使

馬吉翔龐天壽勸王讓位。永曆十年。王遂與白文選等入雲南依劉文琇。可望怒。同十一年將兵十萬伐雲南。李定國等之防禦軍。迎戰於今之順安府北之三岔河。當其未戰時。在可望軍中之白文選已走歸李定國之陣。既交戰而前鋒之將馬惟興又走。全軍遂潰。可望雖得收敗兵於貴陽。然其地之留守。又已降於追擊軍。可望不得已乃去長沙而投降於洪承疇之軍前。

清師入雲貴　清軍探知雲貴內訌之實狀。卽使吳三桂由漢中四川方面。使都統趙布泰由廣西方面。使都統貝子羅托與洪承疇共由湖南方面。分三面而向貴州。更使信郡王多尼總統三路而向雲南。順治十五年。洪承疇羅托由常德進而回復沅靖等諸州。下鎭遠平越。趙布泰則降南丹、那地、撫寧司、獨山。兩軍相合而逼貴陽。其守備該處之李定國之兵已先遁。清兵遂入貴陽。吳三桂亦由漢中進而收復重慶。破三坡關。下遵義開州。招撫水西藺州之各土司。又聞明之大學士文安之與李赤心之舊營。及明之舊將譚宏譚詣譚文等均已襲重慶。遂卽旋兵。譚宏譚詣等殺譚文而降。川東諸部盡解散。而湖南江西軍入貴陽旋卽屯於遵義。既而多尼到後。會三路將帥於平越府。羅托則與洪承疇留貴陽。供給糧食。十月多尼吳三桂趙布泰由貴陽遵義都勻三路向雲南。李定國使諸將扼七星關、雞公背、黃草霸、羅顏渡而防三路。已則守北盤江之鐵鎖橋。策應諸軍。吳三桂避七星關。繞苗江出天生橋出水西之背後。而取烏撒。於是七星關之敵軍棄關而走。吳三桂先進雲南霑益州。趙布泰亦由羅顏渡之下流。潛師渡盤江入安隆。李定國雖防禦雙河口、羅炎、涼水井等。然皆爲所破。趙布泰已由普安州進擊雲南。多尼之中路兵。亦潰雞公背之敵兵。而廹李定國最後之陣地之北盤江。李定國因焚鐵鎖橋而遁。三路皆破。定國乃奉桂王走永昌。清之三軍。於順治十六年正月入雲南府。由是羅托旋師。洪承疇由貴陽赴雲南。多尼則追擊桂王。破白文選於大理之玉龍關。渡瀾滄江。過永昌。渡潞江。破李定國所設磨盤山之伏兵。終窮追於騰越而旋師。

永明王入緬甸　永明王越囊木河而入緬甸。緬甸於萬曆十一年爲明將劉綎所破。一時雖爲明之朝貢國。然自萬曆二十二年後。遂不朝貢。以故對明之關係已甚疏遠。永明王之入其領土也。安置於距阿瓦城不過五日程之赭磧。住以草屋。遇之甚薄。其從臣等執緬甸禮。亦以椎髻跣足短衣奉候緬甸王云。此時白文選則駐在其境上之木邦。李定國則流寓於孟定、耿馬、猛緬之土司。取孟艮而據之。將窺機會以迎王。順治十七年白文選由錫箔進攻阿瓦不克。翌年與李定國合兵再攻。然當時阿瓦城中有葡萄人用銃礮以防之。又不能達其目的。遂退。既而緬甸政變。王弟莽猛白 Mahâ Parâra Dhamma Raja 殺王平達格力 Bentaglê 而自立。又虐殺永明王之眷屬從官。永明王之位置益增危險。順治十七年吳三桂請先討伐永明王及李定國等以息邊患。順治十八年。遂與內大臣愛星阿二道進兵。會於木邦。分一軍躬追白文選於錫箔江、茶山、猛養。而降之。吳三桂等之本軍則直進而逼阿瓦。緬甸王乞降。執永明王及馬太后王皇后以下而獻於清軍。會古剌暹羅二國與李定國有約。方出兵於途。聞緬甸乞降。永明被執。乃大失望。遂旋兵云。翌康熙元年。吳三桂絞殺王於雲南。李定國終知不能成志。遂死於猛獵。

鄭成功敗於南京　永曆十二年。播遷雲南之永明王。進鄭成功爲延平郡王。成功感激不置。翌年以張煌言所統率之浙江軍爲嚮導。率號稱十七萬之大軍而侵浙江。陷温州台州等處。順治十六年。聞清軍大舉攻雲南。遂乘虛又以大軍侵江南。六月由崇明渡江而破瓜州。陷鎭江。直逼南京。張煌言又別由蕪湖攻入徽寧。恰値江寧大兵移征雲貴。清之對此方面。已成虛守。故太平寧國徽州等四府三州二十四縣。皆通欵。淮揚常蘇四府之形勢。亦旦夕可望反正。部將甘輝主張取揚州以斷山東之師旅。據京口以絕西浙之漕運。鄭成功不從。旣圍南京。主張急攻。然旋又許守將兩江總督朗廷佐之請。中止攻擊。然朗廷佐之目的。在緩其攻擊以待其赴援之軍旅。鄭成功之許之者。卽其第一失著也。旣許之。遂怠於防禦。卽其第二失著也。已而清廷果使內大臣達素等出師進討。崇明總兵梁化鳳則襲擊鄭成功之儀鳳內外之陣地。大破之。甘輝以下及鄭成功部下之猛將皆戰死。其船隻亦大半被燒殘。成功僅以餘艦遁歸厦門。張煌言亦被由貴州旋凱之清軍所破。走徽寧山中。由錢塘而遁入海島。鄭成功深悔不從甘輝之謀。自貶王爵。立忠臣之廟。祀死難諸子。爲再舉之計。嗣雖擊退由漳州同安而進擊厦門之將軍達素及總督李率泰。然永明王已遁緬甸。雲貴又已蕩平。沿海之防備。益爲充實。成功遂棄其十餘年間之目的。卽所謂江南進取策者。而不得不轉以臺灣爲根據矣。明人恢復之事業。至此已盡歸失敗矣。

第二十八章　明末清初時日本之位置

奴兒哈赤欲討日本　文祿征韓之役。明廷所費之軍需幾何。不知其詳。然萬歷二十九年明軍去半島時。前後徵發之兵數。通計南北兩支那二十一萬。往來將領三百七十餘員。銀糧共計近八百餘萬兩云。夫此鉅大之支出。明朝財政上受絕大之影響。固不待論。而萬曆初年宰相張居正之整頓政策。則日見破壞矣。清朝祖先原有卓越之才。然其主原因。則在乘明朝之庶政敗頹而起。而興隆之遠因。則依然屬於朝鮮問題也。據朝鮮宰臣柳成龍之所言。以彼等君臣避難於鴨綠江畔之義州。將欲移宗社於對岸寬甸之時。建州之奴兒哈赤（清之太祖）請其出兵應援而攻日本。成龍豫測將來之危險。不表同意。故日本人與女眞人之衝突。無自而生。然女眞人實於此時已認知日本之存在矣。又朝鮮人紹介日本之產物於女眞人。如刀劍及工藝品等。爲彼所利用。此亦要事也。

日本之名爲朝鮮所利用　建州女眞之膨脹。朝鮮以爲隱憂。已敍述於前篇。彼等在明朝。漸覺爲女眞人所輕侮。遂引日本之名以爲間接之保證。當此時。日本本爲獨立國。而經朝鮮之利用。轉似爲其藩屏。朝鮮人之所以爲此者。蓋欲緩女眞之壓迫。故無論何時。輒以導我日本兵爲前驅。以爲口實。女眞人對於此種口實。亦非全然不信。第至何時而日本兵出現於半島。此亦究難預測者。以吾人推究之。考萬曆四十四年（西紀一六一九）春。明廷誘朝鮮東西夾擊其根據地之時。徵之太祖所發之言論。則得之矣。當朝鮮降將都元帥姜弘立捕於與京時。太祖秘書達海對之有問答如下。據曰。日本與貴國通好如何。弘立曰。平秀吉與我爲仇敵。今不然。家康者盡滅秀吉之族。願從舊好。我國許之。日本稱我國必曰大國。文書甚恭敬。達海曰。去年有白氣。貴國亦見之乎。曰見之。達海曰。滿住（言太祖）初見白氣。即曰朝鮮日本之兵必來。已而貴國果來兵。弘立且語曰。日本之兵。我國得借之。此次出兵實非本意。此問答原極簡單。固不足說明日本之位置。然清太祖在長白山下時。業已知日本爲家康之執政。而特注意焉。弘立何以必提日本借兵之事。此中寓意。蓋有可深長思者。據朝鮮記錄。則此戰役實有使用降倭（即文錄戰役日本之投降於朝鮮者）之形迹。又據一說。日本人有多數被屠殺於撫順之東方界藩山城者。然皆不得其詳。總之朝鮮利用國際關係。藉緩其强鄰建州之壓迫者。則無疑也。據吾人之評論。日本之在德川初期。其對於朝鮮關係。未免失之暗昧。遂至受重重之屈辱。彼朝鮮君臣之對付滿洲。謂日本乃慶尙道監察使之所司。亦可謂大言不慚矣。

第二次朝鮮之役與日本　清太宗包圍朝鮮王於南漢山城時。朝鮮降服之條件中。有許朝鮮與日本貿易。但必令日本使臣來朝云云。按此條文何自而來乎。徵之朝鮮記錄。日本第一次朝鮮之役(天啟七年)以來。通告朝鮮。欲出兵以討滿洲者凡二回。其果爲幕府之指令與否。雖不得其詳。惟聞對島贈鳥銃三百柄。長劍三百柄。焰硝三百斤。仍爲出兵云。則或者日本欲爲朝鮮雪恥歟。時朝鮮欲洩其事於滿洲。經某人諫止。其議遂寢。然果洩其事與否。頗難懸斷。且此事件原非以例行公式爲通告。不過於來往之使者間。微露其意而已。且太祖與太宗。因與明廷及蒙古之關係。無良好之結果。故與朝鮮之構難。原非本懷。況對於我日本耶。然則丁丑和約。許其與日本交通。亦以調和日本人對清之感情也。自此和約以來。朝鮮雖有不得不導我國之使者於瀋陽之事情。然亦左右其言辭。未見履行。依然僅報日本之情勢。所謂倭情咨文者此也。

明使之來長崎　經朝鮮半島之紹介。而日本與清廷乃有關係。然徒利於與朝鮮而已。日本無直接之交涉也。爾後清廷東征西伐。頻占地步。破山海關。占領北京。遂驅逐南京之小朝廷。至此時而明人與日本更生新關係矣。據吾人之所知者。日本正保二年(隆武元年)十二月明都督崔芝使參將林皐往長崎。乞援兵。此蓋爲最初之事件。十二月十二日其所上之書。

凡二通。幕府曾開閣議。其結果則置之不理。告明使曰。日本與明朝近今百年之久。未通往來。並軍器之輸出亦久拒絕云云。但據又一說。時將軍家光一面拒絕來意。一面命令親藩準備出師也。

華夷變態之所載。則崔芝提出於幕府之文書如左。

前書

大明朝欽命總督水師便宜總兵官前軍都督府右都督臣崔芝泣血稽顙奏爲國仇不共天地。鄰誼可聯脣齒。敬竭請討之誠。以圖恢復之舉事。竊維東西南北。開國之界限甚明。治亂興衰元會之循環遞變。四維盡撤。國乃滅亡。五倫未毀。運必聿興。我大明一統開基。遞傳三百餘紀。列后延祚。相承一十六君。主聖臣忠。父慈子孝。敦睦之風。久播於來貢來賓之國。仁讓之聲。爰止於我疆我土之封。去歲甲申。數奇陽九。逆闖披猖。天摧地缺。蠢爾韃虜。乘機恣毒。殰汚我陵廟。侵陵我境土。殘害我臣靈。天怒人怨。惡貫罪盈。今我皇上神明天縱。乘龍御極。改元隆武。應運中興。親率六師。以盪妖孽。命芝於肅虜將軍爵下任芝以水師先鋒都督。芝荷重寄。誓不俱生。切圖弔伐。大舉不禁。呼援鄰邦。環按朝貢列辟。有心者無力。有力者無餉。有餉者無舟楫。恭惟日本大國。人皆向義。人皆有勇。人皆訓練弓刃。人皆慣習舟楫。地鄰佛國。王識天時。我明人衆貨貿通。匪止一日。敬愛相將。不遠千里。芝葵心是抱。蒉血在胸。欲盡主辱臣死之忱。難忘泣血枕戈之舉。特修奏楮。馳諸殿下。聊效七日之哭。乞借三千之師。伏祈迅鼓雄威。刻徵健部。舳艫渡江。藏仁風之披拂。旌旗映日。展義氣之宣揚。一戰而復金陵。便叩半臂。再戰而復燕都。幷藉全功。船械糧草。暨仰攜來。報德酬勳。應從厚往。從此普天血氣。共推日國斷鰲補石之手。而中華君臣。永締日國山河帶礪之盟。瀝血披衷。翹望明鏡。芝不勝激切痛籲之至。爲此具本專差參將林高齎捧謹具奏聞。

自爲字起至齎字止共四百八十七字紙全張

右謹

奏

聞

隆武元年十二月十二日

總督水師總兵官前軍都督府右都督臣崔芝

後書

大明朝欽命總督水師便宜行事總兵官前軍都督府右都督臣崔芝謹奏爲冒請堅甲以助恢復事。芝之承王命總領水師。招討浙直。以復南北二京。現駐浙江舟山日出崇明縣金山衞。與虜相持。恨兵械缺乏。未奏全捷。竊慕日本大國。威望隆赫。籠蓋諸邦。敬修奏本。請兵三千。以聯脣齒之誼。一以報君父之仇。伏叩威德。發兵相助。外緣虜之長技。以箭爲先。芝軍因乏堅甲。戰輒受傷。因思日國之甲。天下共羨。以禦弓矢。如金如石。伏懇俞允。准芝平價貿易甲貳百領。一同大國精兵。前來赴戰。倘得成功。皆荷大德。統容竭誠厚報。事關激切。一併專差參將林高齎捧謹奏聞

自爲字起至齎字止共計壹百捌拾玖字紙全張

右謹

奏

聞

隆武元年十二月十二日

總督水師總兵官前軍都督府右都督臣崔芝

以上二書。由長崎急使傳達於幕府。當時在長崎奉行之馬場山崎二人中。馬場適在江戶。有進呈於閣老之便。又據華夷變態。其對於林高所下之指令如左。

咨長崎官吏促林高歸國文

前者接得十二月二十六日來文。所稱高貴來乞援之書。及林高口調。均已入覽。因大明

反亂。來請助兵及軍器之事。俱與衆閣老言之。皆謂日本與大明有百年之久並無往來。所以日本人不往唐山而唐山商船屢來日本貿易者。只是密通之事。此時林高齎來文非可卒然奏請出兵。當與林高說明。速使回唐。

正保三年春

唐王及鄭芝龍請援兵　日本正保三年八月（隆武二年）福州唐王及鄭芝龍派使者黃徵明來請援兵。書狀則爲明太師平虜侯鄭芝龍之上書五通。其上正京皇帝（京都御所）者二通。上上將軍（幕府）者二通。呈長崎奉行者三通。書辭懇款。書狀已經幕府開議研究。尋得長崎飛報藉悉福州陷落。乃令歸還使者。

外藩通書云

守重按夏夷變態云。隆武二年。卽當正保三年。其年八月十三日。隆武帝命使者黃徵明渡海。乞日本出力。有鄭芝龍書數通。上日本正京皇帝二通。上上將軍三通。各有進物。然徵明在海上被韃靼人所押。不能來朝。因以已乘之小船載使者將芝龍之書簡並進物。更添付自己書簡共致送於長崎。同年十月由長崎投進江戶閣老。上聞先考卽於御前讀進評議。數日對於此項書簡。每日出納。每回封閉而不許他人偶見。然每日侍評議席之所論者。其大概旨趣。據先考之自筆所書者如下。

正保三年丙戌十月由太師平虜侯爵呈進正京皇帝之狀二通。其一通爲隆武皇帝之勅旨書中引周之彭濮唐之回紇之故事。爲借兵之申請先請派兵五千以爲禦敵。並付禮物書。隆武二年八月十三日年號之間有太師平虜之印。其禮物即大花貢金緞子二十端。雙面色大緞子二十端。大花花綵緞子二十端。大紅花京綾六十端。大鳥素入絲二十端。雪白花京綾六十端。鳥花天鵝絨二十端。雪白花絲綢四十端。

一由同人上西京皇帝之副狀。爲皇帝新製勅書命兵部侍郎黃徵明齎捧云云。隆武二年八月十三日此亦有平虜之印。

一由同人上上將軍之狀凡三通。二通爲專書借兵之事。並兼載使者舟遇風波事。一通爲芝龍書其妻子之事。請求日本之小女十人。奴隸十人。又其小子思母之事。在唐國思念不置。又云顏大娘者。爲芝龍所知思召回云且言芝龍之子。入大明已十六年。娶婦生孫。唐王甚愛待之。准用駙馬禮。封忠孝伯。領十餘萬人。母以子貴。故封其母爲夫人云云。末未書名姓名具正幅云。且無年號月日。三通共有同儀狀目錄若干。爲援兵之禮物。又有儀狀目錄若干。爲妻子之禮物。上則書侍生鄭芝龍頓首拜云。

一同人之移文。欽命福建留守大將軍便宜行事太師鄭爲其事云云乞借兵事謹上云。

一由同人致長崎王狀三通。二通爲借兵事。一通爲其妻子事。右三通雖曾上書於上將軍。然其文言稍有差等。致上將軍者則爲恭惟老臺。致長崎王者則爲恭惟老臺而已。此亦不書年號月日。候儀狀一通。目錄若干。則致於上將軍之禮物爲多。其次爲正京皇帝。又其次則爲長崎王也。上於皇帝之書者則僅屬借兵之事。無妻子之事

一由唐王使者黃徵明進呈正京皇帝之書。專爲借兵之事而至。併引日本與大明相通之事。太伯仲雍之事。及秦人之來居海島之事。又敘元朝數苦日本。是韃靼實爲日本之仇。舉種種理由。以證日本大明原爲友邦。當可補助。以發援兵云云。

此次之進物。係由芝龍使者陳必勝黃徵明乘小船而抵長崎者。其時有由江戶發下之文書如左。

本月八日之書帖。係從大明之使者黃徵明捧來。書簡二通。併其他之書簡一通。一應呈送前來。其黃某之面稟。及其別紙之備忘錄。一切均已知悉。然黃徵明以下位而代表上意。徒以書簡奉呈。遽請出兵。殊難率爾奏請。仰即對該使臣說明。促其早日歸帆可也。謹言。

九月二十一日

阿　對馬守重次判

阿　豐後守忠秋判

松　伊豆守信綱判

馬場三郎左衛門殿

山崎八郎殿

變態又云同月十七日由長崎來十月四日之書狀。其大旨言八月下旬韃靼人已攻閩中。破山賀關大明人未及戰而迎降韃靼人攻入延平。唐王出奔江西之甘中。其後自殺。或云爲韃靼所捕。八月二十八日鄭芝龍避福州乘舟而入離福州三里之海上。王孫文武官併芝龍妻子乘舟奔泉州。陸地一帶皆被蹂躪。福州之軍人多乘舟逃去。官吏則走不及。富民亦多逃出。其殘留於福州者惟貧民而已。時韃人尚未入福州。九月二日。由延平致三使於芝龍。使其下髮投降。以福建廣東江西三省王之云云。芝龍復書從之。願降而納貢云云。三使即以其書情告韃酋。

鄭芝龍乞師始末。上已述及。而其遣黃徵明等歸國時言「但使者尚有如何意思表示。可將其旨趣稟復核奪」是幕府亦非絕對謝絕芝龍之請兵。又據變態云。福州既破。出兵無益。即對使者告以進物不受可早歸國云云。然則幕府未嘗絕對無出師大陸之意。又可知也。

鄭成功及朱舜水之請援　日本正保三年。周崔芝請兵之際。幕府殆有出師之內命。頒於親藩之間。已如前述。然其後約十有二年。國姓爺鄭成功。更致請援之情於幕府。此爲日本萬治元年七月事。鄭成功上書如下。

欽命總督南北直省水陸軍兼理糧餉節制勳鎭賜蟒玉尙方劍便宜行事掛招討大將軍印總統使成功頓首拜

啟上

日國上將軍麾下

伏以

州同瞻部。就一水以定東西。境接蓬萊。連三島而橐天地。域占爲雷之位。光拂若木之華。百篇古文。蚤得嬴秦之仙使。歷代列史。並分上國之車書。道不拾遺。風欲追乎三代。人重然諾。俗尤敦乎四維。恭惟

上將軍麾下

才擅擎天。

勳高浴日。鑄六十五州之刀劍。雌雄爲精。服五百一郡之版圖。礫沙皆寶。文諳丹府。屢有表使至金臺。釋輔儒宋。再見元公。參黃檗。雖共臨覆載。獨奠其山河。成功生於日出。長而雲從。一身繫天下安危。百戰占師中貞吉。且馬嘶塞外。肅愼不數餘凶。虜在目中。

女眞幾無剩孽。緣征伐未息。致玉帛久疎。仰止高山。宛壽安之在望。溯洄秋水。悵滄海之太長。敬勒尺函稍伸丹悃。爰賚弊饈。用締縞交。舊好可敦。曾無趙居任於今。復往明興伊邇。敢望僧桂梧。如昔重來。文難悉情。言不盡意。伏祈鑒照。無任翹瞻。

竊觀此文。成功不過以締結舊交之意相表示。然考德川實記及其他諸書。則明明託使臣表示其乞師之意趣也。其云生自日本。并頌上將軍之威武者。亦足代表明末對日之政策。惟日本幕府對於周崔芝之態度。已如前述。其對於成功之乞師作如何籌略。吾人不得而知。據近藤正齋則謂此書在萬治元年七月十七日由長崎達到嗣後尚有復文。然據寛永小說則如下。

平戶國姓爺鄭成功。因中國世亂。欲借日本之威。特請日本加兵。共獻種種珍物。由長崎奉上。以故幕府關於此事。屢次評議。考當時之議論。曾召三家掃部頭於御前相議。尾張君則謂三人之內。以我爲年長。當可爲總大將前往助戰。紀伊君則謂船路運行之事。爲其擅長。我當可派是職。水戶君則謂我與尾張紀伊兩君之議稍異。願在馬前決一死戰。當可勝任裕如。掃部頭三人之所呈議者。各有理由。然果何所恃而云然。今種種豫備缺如。畢竟不能奏效。由是種種之計畫。終歸泡影。遂將進物仍由長崎送還。

按由寛永小說之所言。可知幕府當崔芝請兵之時。雖慫有出兵之議。嗣探明軍形勢日衰。

姑中立以旁觀兩軍之形勢。蓋崔芝來日。爲清之順治二年。即明之唐王隆武元年。江南草木。似尚有恢復之希望。及至後之十年。形勢全否。幕府遂守退守之旨。從前欲加助明軍。使復朱氏宗社之舉。已歸泡影幻夢。井伊掃部頭所謂如無用之相助。又家光之所謂思之熟矣云云。蓋亦可深長思矣。且除以上數回乞師之外。尚有諸種計畫。今更約略言之。即據舟山魯王之朝廷。派黃宗羲於我國。及朱舜水一派之志士。如王翊等。相與通機密而欲請援兵。是也。嗣因有他礙不果。舜水名之瑜。浙江餘姚人。後即留日本不返。日本柳川之儒安東守約。曾就學焉。後德川光圀延以爲師。貞享中歿於江戶之駒籠邸。

朝鮮王孝宗謀討清　以上既述明人恢復之事業失敗矣。試更言朝鮮王孝宗隱謀討清之事實。孝宗爲仁祖之子。封鳳林大君。丁卯之亂（第一次朝鮮之役）年僅九歲。甚慧敏。當時情狀已印入於腦底。丙子之亂（第二次朝鮮之役）彼已爲十八歲之青年矣。三田渡會盟之後。即與其兄世子共入於瀋館（奉天）爲質子。彼在異域。過幽囚生活者。通計聞有七年半之久云。彼受盡屈辱與輕侮。心焉傷之。遂偵探敵情。順治二年。許兄世子歸國。尋鳳林大君亦聽其歸。此年春世子暴卒。去彼即承兄之後入繼大統。國論亦傾向之。由是孝宗乃決心爲報復之計。按朝鮮與清之關係。如仁祖之表文。以崇明二年正月三十日以前爲明朝之臣子。正月三十日以後則爲大清之臣子。夫既委質爲臣。固當專心所事。然實際不然。依然與明朝交通。蓋朝鮮人以日本豐太閤征韓時。得明廷之援。應遂不能不報恩也。其實又以清廷之要求比前較重。故成此現象。且彼等常以朱子之通鑑綱目爲重。必極言夷狄之不可不攘伐。卽如正朔亦以從清朝爲不潔。而仍以明朝之崇禎紀年。雖至明室滅亡以後。仍襲用之。其紀年方法則用崇禎紀元後第何年云云。孝宗時贊成報復之名臣則爲宋時烈。其密謀至如何程度。一時雖難確認。然徵之順治七年。永曆四年有清使致勅書於朝鮮。據云半島君臣爲防備日本要請修理城寨等語。清廷則認爲徒藉倭（卽日本）之勢力以爲恐嚇。且指摘近時朝鮮之不良舉動諸點。以爲之咎。此事實際因有間諜報告。知其內容。故結果遂至幽囚宰臣李景奭及大提學趙絅於義州之白馬山城焉。孝宗在位未滿十年。然至死不易其志云。

睿親王解送日本漂流人　時朝鮮及日本成爲明人之避難地。事之固然也。然據日本之情形。則往往非薄清廷。視同夷狄。不異於明人對外之感想。故自始卽卑賤視之而不願與之爲國交。嗣知朝鮮以事大之禮對清廷。且奉其正朔。則卑之恥之而以侮蔑之言加之焉。至順治二年冬。攝政王將日本之漂流人十五名。送還於日本。其下朝鮮王之諭文如下曰。今中外一統。四海一家。各國人民。皆朕赤子。前有日本國人十三名。飄著也春豆滿江下流之地。仍勅所司周給衣食。但念其父母妻子遠隔。深用憫惻。茲命隨同使臣前去。其至之日。可卽備船使其還鄉。仍移文於該國君民。使知朕意。是等漂流人。遂由對馬而送致日本。日本亦有報謝云。據朝鮮記據。則謂日本之文書。指清廷爲韃靼國三字。朝鮮卽以之轉報北京云。然據後日之考查。則漂流之一羣。原有五十餘名。或病死或殺害。此僅死亡之餘耳。其先送致於奉天。維時恰逢遷都北京。乃送致於北京。據彼等歸國後之言。則謂九王子者（卽攝政王）爲王之伯父。年三十五六歲。其人清瘦精明。有材能。待我等頗懇切。蓋此諭文確出於睿王之意旨也。又據彼等漂流者所言。謂清廷以日人尙義好武。且多慈悲。因此極爲注意。自移都北京以後。對於日人。頗邀優待。每人一日給白米一升。豕肉一斤。麥粉蕎粉茶酒均備。外尙有鵝二尾。至於薪炭油菜等類。無不取之裕如。服裝寢具均極優美。稍有疾病則有醫師診視。其起居食息亦頗自由云。然順治八年清之國家。僅有取北京之意思。至此漸注意於邊疆。而欲收外交政策之效。特日本對於東大陸之外交。此時尙守鎖國主義。幾至陷於孤立云。

永明王太后遣使者見羅馬敎皇 吾人於明末義士請援我國出兵者。前已略述。今在肇慶之永明王廷致使者於羅馬。請更述之。先是波蘭人卜彌格 Michael Boym 者在順治八年（西紀一六四三）以來奉羅馬敎皇之命。從事於極東之布敎。基督敎自萬曆時已漸行。永明王之廷臣如瞿式耜（敎名Thomds）丁魁楚（敎名Luchas）者皆信基督敎。卽如王太后馬太后王皇后太子慈烜等。亦依龐天壽之勸而受洗禮。蓋卜彌格既已先渡支那。從事布教而安得力查斐爾、可佛力爾 Andre Xavier Koffler 頗得永明王之信任。可佛力爾等卽密議以永明王爲支那之君士坦丁帝。使清軍不能越庾嶺而入廣東。至順治六年之末。王授王太后之諭文及龐天壽之信書於卜彌格。遣往羅馬。奉呈於羅馬教皇。因諾曾爵。Innocenzo又以次使通慇懃於威尼斯共和政府。及其他之基督教諸國。其諭文如左。

大明寧聖慈肅皇太后烈納致諭於因諾曾爵

女子忝處皇宮。惟知閫中之禮。未諳域外之敎。賴有
耶穌會士瞿紗微在我皇朝。敷揚
聖敎。傳聞自外。予始知之。遂再信心。敬領聖洗。使
皇太后瑪利亞
中宮后亞納及
皇太子當定。幷請入敎領洗。三年於茲矣。雖知瀝血披誠。未獲涓埃報答。每思恭詣
聖父座前。親領聖誨。茲遠國難臻。仰風徒切。伏乞
聖父在
天主前。憐我等罪人。去世時。特賜罪罰全赦。更望
聖父代求

天主保祐我國中興太平。俾我
大明第十八代帝。
太祖第十二世孫。
主臣等悉知敬
眞主耶穌。更冀
聖父多遣
耶穌會士。來廣傳
聖敎。如斯諸事。俱惟憐念。種種眷慕。非口所得宣。今有耶穌會士卜彌格知我中國事
情。卽令回國。致言我
聖父之前。彼能詳說鄙意也。俟太平之時。卽遣使官來到
聖伯多祿聖保祿臺前致儀行禮。伏望
聖慈。鑒玆愚悃。特諭。

永曆四年十一月十一日　朱印有寧聖慈肅皇后寶

按此書爲仰慕敎皇威德而表其微忱。並欲依賴基督敎之功德。而保其安謐之地位。又企圖得基督敎諸國之同情。援以精銳武器。間接而再造明室也。永曆四年十月。卽西曆千六

百五十一年一月。卜彌格齎王太后及龐天壽之諭書。由廣東而登萬里之程。夫彼雖眇然一耶穌會士。而實爲堂堂大國之行人。著明朝之朝服。而與支那人龐天壽之家人同行。遂航印度之臥亞。由臥亞取陸路。經由印度之莫臥兒帝國。波斯之索飛王國。千六百五十二年九月。入小亞細亞之斯密爾納。同月二十九日。卜彌格會其地之耶穌教士。講演在極東之聖教流通之狀況。至於翌月月初入威尼斯。同月十六日面謁威尼斯Venice共和政府之統領。(Doge)而呈龐天壽之書信。受威尼斯政府之款待。導其市內觀光。至翌年千六百五十三年一月。始入羅馬。奉呈王太后之諭文。與龐天壽之書信於教皇座前。然當時教皇因諾曾爵之十世宮廷內擾不少。且據在極東之耶穌教士之報告。稔知支那情況。畢竟無恢復之期望。倘厚視明帝。則徒買新勝之清朝之媢嫉。將來布教上之受影響。實爲不少。因念及此。答書遂荏苒不作。千六百五十五年一月。因諾曾爵登遐。四月新教皇亞歷山大七世登位。其年十二月。始復王太后及龐天壽之所送呈者之回書。由原使於翌年千六百五十六年早春首途。至千六百五十八年到支那。維時兩廣之地。殆全歸清軍主權。永明王亦播遷雲南之邊外。王太后夙已殂落。龐天壽亦歿。彼淩萬里波濤。守得一紙復書。其將向誰奉呈乎。況疇昔簪纓之地。惟照落輝殿閣之跡。僅留餘燼。自洒長途之淚。空消遠客之魂。其落膽傷心。果何如耶。加之清軍之嫌忌已深。風聲鶴唳。草木皆兵。遂入安南之境云。然關山流離中途獲大疾而斃。時在西曆千六百五十九年。（永曆十三年）八月二十一日也。教皇亞歷山大七世所答之復書如左。

與我愛子支那皇帝之內官兼水陸軍務統監龐西基樓　法皇亞歷山大七世

我之愛子乎。今將復汝音書。且爲在世之代天主者與汝福祉。前接汝書信。予實歡喜無涯。不分東西不別南北。天主必然發大慈悲。垂憐吾人。此大慈悲之天主。曾由聖水之洗禮與汝統御宮廷內官（司禮太監）以清淨之身。（爲汝洗滌其罪業）今汝又爲輕侮我耶穌聖教邦國不勝憂慮。則天主又將授汝以天國常樂矣。汝能爲此大善。予實滿腔歡喜。且汝說此聖教。亦知當遵行如何之軌範乎。則汝今後當爲如何之行爲。辨之不容不早矣。無他。惟刻苦黽勉耳。汝可於汝之大帝國。遂其營謀之大事業。（傳通聖教之大事業）以揚汝之大名。譬夫信仰如山屹立不動。而愛情則不似雲之散滅無跡。必能覆載萬物。左右萬事。有此信仰與愛情。自足占世界之大部。又豈僅支那之大帝國耶。予今親以雙手抱持汝。無論如何困難。如何危險。對於汝與汝之國民。不能冷卻熱情。予惟以滿腔誠心。爲汝祈福。

第二十九章　睿親王之死

睿親王暴死　順治七年十二月。攝政睿親王多爾袞死於邊外之喀喇城。年三十九。是月追尊爲義皇帝廟號成宗。從前王與鄭親王濟爾哈朗爲攝政。輔佐幼帝世祖進關以來。大小政務。獨歸王之掌握。順治元年封王爲皇叔父攝政王。禮儀。一切均擬父王。二年由禮部議定。凡移文稱爲叔父王。常稱爲父王。元旦及佳節滿漢文武諸臣朝皇上畢。卽朝皇叔父王。五年無論公私總稱爲皇父攝政王云。王爲太祖寵兒。前已述之。太宗死後彼爲唯一之指導者。使無睿親王。則不能收太祖太宗所創之功果。可斷言也。順治帝追尊之爲皇帝。亦卽爲此。第此封號至翌歲二月。因王生前尚有謀爲不軌之理由。遂一切撤去。且摘出王之黨與而黜降之。謂順治八年之政變。

・追討攝政王之理由・　追討之理由如下。太宗崩御時。諸王貝勒大臣等。誓扶立皇上。未有立攝政王之議。惟彼弟豫郡王。唆使勸進。當時皇上尚在幼沖。則推彼與鄭親王。後彼獨專權威。使鄭親王不得預朝政。而以彼親弟豫王爲輔政王。背誓肆行。自稱皇父攝政王。以扶立皇上之功爲己功。併以太宗平日恩養之力爲己力。其他儀仗府第之僭越者。則更不須論。又彼親至皁宮院內。以太宗之位爲係原來奪立。逼死肅王而納妃。更悖理而使其生母入太廟。世宗准其奏。此言係鄭親王所提出者。吾人所當知也。又太祖之弟舒爾哈齊之第二子。始卽與睿親王不合。然徵之追討之理由。指摘雖多。唯除歸咎睿王之專橫外。無何等有力之根據。夫睿王材略雄絕。超出彼等萬萬。其自進關繼續至降南京前後。非可徒以合議政體而奏功效者明也。乃彼等待睿王死後。羣起攻擊。亦可想見王之生前之威力何如也。然吾人以爲其追討之理由有足以考究者。則睿王謂太宗之位係出奪立。是夫奪立者。不過謂太祖之位應由彼嗣而被太宗傍出而奪去之謂也。然此意味據存於朝鮮所傳爲太祖之遺言者。亦復相符。至睿王以自己生母入太廟。則更强爲牽涉。生母者。卽謂太祖之妃納喇氏。而爲太宗所迫殉死之寵妃也。他如王稱爲順治帝之父王。非特尊稱然也。且不無因皇太后降嫁於王之事實云。但此係出當時南人之說。究難保無誤傳之處。

順治帝親政　自睿親王死後。北京朝廷之政權遂一轉而爲鄭親王一派所占有。至其施行之大政方針。亦未嘗驟改。帝卽於此歲親政。別未置有輔政者。以年十三歲之君主。能攬軍國機務而無隕越者。惟彼得能臣如范文程、寧完我、如洪承疇、馮詮、金之俊、如魏裔介、魏象樞皆能內外相應。削平四方者也。據世祖之傳贊。則以睿親王之施措係倉卒成功於明之弊政。未盡釐正。世祖親政之後。任法嚴肅。凡大臣專橫如陳名夏、譚泰、陳之遴、劉正宗之輩。無不立正典刑。以故人各知畏夙弊盡革。以成一代雍熙之治。至明代宦官之弊政。世祖則以之存置於十三衙門之下。不爲何等變更云。然世祖六歲卽位。十三親政。二十四巳殂落。其聰慧遂不能十分發露。惜哉。世祖死。第三子玄曄卽位。時年僅八歲。卽康熙帝（聖祖）是也。

第三十章　三藩之平定

●後●三●藩●與●軍●費　考清初戰役之最大者。不外前後三藩。前三藩者。謂明之福王唐王及桂王。（永明王）後三藩者。則謂平西王吳三桂平南王尙之信。及靖南王耿精忠也。先是清廷遷都北京。東南支那之大部分。尙未隸入版圖。清廷仍命大學士洪承疇經略五省。以定南王孔有德鎭廣西。尙可喜耿仲明鎭廣東。吳三桂鎭四川與雲南。彼等皆爲明之舊臣。領所部之綠旗。更徵適宜之兵。以補充滿洲八旗兵力之不足。及至南方略定。洪承疇則與宗室郡王等。率八旗歸還北京。其時孔有德已死於桂林。而無後裔。故雲南吳三桂。廣東尙可喜。福建耿仲明之子繼茂。均使爲王。繼茂卒。其子精忠襲封。耿尙二藩之所屬。各有十五佐領。綠旗兵各六七千。丁口各二萬云。三桂之藩。則所屬五十三佐領。綠旗兵一萬二千。丁口萬數。此爲三藩幷建之始。三藩中功最高。兵最强者。則不能不推吳藩。以彼大破流寇。平定陝西四川雲南三省。取永明王於緬甸。又平水西土司。四方精兵猛士。來投歸於其部下者甚衆。彼以人口五丁則使出一甲兵。以滿二百甲設一佐領。而積至五十佐領。則爲常備之勁兵。大約不下十萬。當其初入雲南之時。除掌軍國事外。北京朝廷使雲南貴州之督撫。假受彼之節制。卽如用人中央之吏兵二部。亦不能掣肘。至於財用。則戶部不得稽查。以免遲滯貽誤之虞。且彼所除授之官吏。名爲西選。當時有無數西選。布滿四方。順治十七年部議有云。雲南省一歲之俸餉超過九百萬兩。除召還之滿洲兵外。尚須裁減綠營幾分。三桂不應此外尚有福建廣東二藩之軍費。統計一歲已越二千萬兩以上。北京朝廷始命近省補充其後則因此而收江南一帶地方之課稅矣。然三桂之態度恣肆無忌。若餉糧之支出稍遲。則動輒連三藩而入告。倘有餘裕。卻不受其稽查。史家謂天下財賦半消耗於三藩者。誠非虛言順治十年。使太宗之女和碩公主下嫁於三桂之子應熊。康熙帝卽位之年。晉三桂之爵爲開國和碩親王。蓋特異之榮典也。及至六年。彼始因目疾辭總管而罷除吏之權。然其要求兵餉。則依然未改。蓋彼之對於北京。自信以雲貴二省爲其根據地。自當染其一指以供侈麗之生活。且彼地有明故沐英之莊園七百頃。舉而爲其藩莊。有永明王五華山故宮。取而充其藩府。又致使者於西藏之達賴刺嘛。設茶馬互市於邊地。因其地及蒙古之馬。每歲入雲南者不知其數。均可徵收關稅。課賦土司以充實其府庫。且彼更能散財給士。致令北京官吏皆爲彼之耳目。朝議如何。雖徵細無不知云。所謂藩鎭跋扈者。至此已極矣。

撤藩論文之宣布。　自康熙初年。北京之態度大爲變遷。蓋以前攝政睿親王死。卽生宗室間一種之政變。然此僅人物之易置。而王所爲之大體政策。則並未改革。總之王以占領南京後。須用漢人爲强壓之手段。卽諸般內政。亦不可不藉漢人以爲收攬人心之作用。順治帝親政後。尚襲此種政策。力圖調和滿漢。使大學士金之俊撰崇禎帝之碑。併祭明之諸帝其殉難之太監王承恩亦爲之建立碑石。諭祭明之故臣范景文倪元璐李邦華施邦燿等十一人。與以謚法。凡此皆所以行睿王之遺策也。然就此傾向。弊害之緣此而生者亦不少。其結果遂使滿洲之勳戚及旗兵。大抱不平之感。遂至要求施政上之方針。須加變革者。後日世祖遺詔有云。滿洲諸臣或歷世竭忠。或累年效力。宜加倚託。使盡其猷。因朕不能重任。致使有才未展。且明季失國多由偏用文臣。朕不引以爲戒。反而委任漢官。卽如部院印信。漸漸亦使漢官執掌。致令滿臣無心任事。精力懈弛。是乃朕之罪也。又謂親政以來紀綱法度用人行政。仰不能法太祖太宗之謨烈。因循悠忽。苟安目前。且漸習漢俗。於淳樸之舊制。日漸更張。以致國治未遂。是又爲朕之一罪也。是徵之帝之末年。則可知北京朝廷之態度早已有壓迫漢人之傾向矣。雖然。此亦不得謂爲一時之反動的態度。考其由來則財政上之要求。既先以之爲近因。而民族發達之要求。亦自因之以俱至。康熙十二年春。廣東（粵藩）尚可喜。留其子之信於鎮。而自請歸養遼東。蓋此要求係因彼父子不和。不得已而用幕客金某之計。廷議不許。盡撤去可喜等父子之藩兵。而使其回籍。雲南吳三桂福建耿精忠聞之不安。及至此年之夏。卽上書而請撤兵。實則窺探北京之態度如何。蓋彼等心中北京勢不能不加慰留北人。其如我何。詎知事出意外。北京卽乘其有請求撤兵之名。遂容其請。斷然下撤藩之命令。

吳三桂舉兵　始吳三桂等奏請撤藩之時。北京廷臣多知三桂嘗試之意。謂不可以許之。惟戶部尚書米思翰、兵部尚書明珠、刑部尚書莫洛等。則力請撤藩。康熙帝乃使議政王貝勒大臣議之。尚持兩議未決。帝謂曰。藩鎭久握重兵。猶如人體養癰。若不及早除之。何以善後。況其勢已成耶。撤亦反。不撤亦反。不若先發制之。因立下移藩之令。及令下。三桂等愕然。但彼等雖知已被帝制於機先。然對於自己之力量。尚不免自信。遂於是年冬十一月發兵。傳檄遠近。特彼所謂起兵之名者。以恢復明朝爲辭。則不得不謂爲拙劣耳。緬甸之役。捕殺永明王而絕明之枝葉。非卽吳三桂其人耶。日本延寶中自福州船傳來之三桂檄文。其大意如下。

原鎭守山海關總兵官。今奉旨總理天下水陸大元帥興明討虜大將軍吳。檄天下文武官吏軍民人等知悉。本鎭深叨大明世爵。統鎭山海關。維時李逆倡亂。聚賊百萬。橫行天下。旋寇京師。痛哉毅皇烈后之賓天。慘矣東宮定藩之顚踣。普天之下。竟無仗義興師勤王討賊者。傷哉國運。夫復何言。本鎭獨居關外。矢盡兵窮。淚乾有血。心痛無聲。不得已歃血訂盟。許虜藩封。暫借夷兵十萬。身爲前驅。乃斬將入關。則李賊已遁。夫君父之仇。不共戴天。必親擒賊帥。獻首太廟。始足以對先帝之靈。方幸賊之巨魁已經授首。正欲擇立嗣君。繼承大位。封藩割地。以謝滿酋。不意狡虜逆天背盟。乘我內虛。雄據燕都。竊我先朝神器。變我中國冠裳方知拒虎進狼之非。莫挽抱薪救火之誤。本鎭刺心嘔血。追悔靡及。將欲反戈北伐。掃蕩腥羶。適遇先皇之三太子。太子年甫三歲。刺股爲記。寄命託孤。宗社是賴。姑飮血隱忍。未敢輕擧。故避居窮壤。養晦待時。選將練兵。密圖恢復。迄於今日。蓋三十年矣。茲者虜酋無道。奸邪高張。道義之儒。悉處下僚。斗筲之輩。咸居顯職。山慘水愁。婦號子泣。以致彗星流隕。天怒於上。山崩土裂。地怨於下。本鎭仰觀俯察。是誠伐暴救民。順天應人之日。爰卜甲寅之年正月元旦。恭奉太子祭告天地。敬登大寶。建元周啓

魏源論及當年時事。謂三桂雖知中朝諸將。無足當已者。惟苦於師出之無名耳。將欲立明之後。以號召天下。則緬甸之役。何以自解。將欲先至中原。然後擧事。復恐曠日過久。機謀或泄。遂於十一月二十一日發兵云。但在三桂。實未嘗有此思想。洪承疇嘗說三桂曰。公與我今雖同隸滿洲。實一時隱忍而已。公追永明王。務宜從寬。我等不得不曠日彌久。以待天下之變。三桂不能用此說。遂至有緬甸之役。雖疑信難判。然至於是時。始以興明爲口實。不已遲耶。靖寇大將軍貝勒尙善答此檄曰。蓋聞殿下以勝國爲口實。果爾則亦人臣之所當然。不能忘忠於舊君者。惟果欲納忠於勝國舊君。則殿下不宜受我淸朝之爵土。不宜倒永歷之干戈。旣已使舊君無噍類。而自求利達。臣僕於我朝。疊承恩寵。今復回心轉慮。納忠舊君。果何心哉。蓋冷嘲其興明二字。實不過一片口實也。康熙十三年。（西歷一六七四）三桂旣蓄髮革衣

冠。旗幟皆白。貴州各地。或降或逃。守兵皆不爲用。郎中某疾馳十二日告變於北京。尋湖廣總督報告至。舉朝震動。大學士索額圖請誅建議撤藩諸臣以謝三桂。康熙帝不許。惟閩粵兩藩之撤兵。則一時中止。

西南六省陷落　三桂之兵。威如燎原之火。清兵雖於洞庭湖東扼岳州。西守常德。而後援諸將在荆州武昌兩地濡滯不進。湖南要鎭。先後陷落。三桂作官爵除受劄書以誘四方。響應頗多。襄陽總兵以襄陽應。廣西將軍孫延齡以桂林應。四川巡撫羅森等以四川應。福建耿精忠同時亦舉叛旗。由是西南六大省。不數月而歸三桂之手。三桂於是以四川湖南豐富之糧米。採充軍餉。以雲南之銅。鑄造銅幣。採貴州之木材。製作樓船巨艦。自岳州亘西北畫一線以作對陣。八旗漢軍。雖以荆州爲中心雲集於襄陽漢口武昌宜昌等處。然竟無一人敢渡揚子江以攖其鋒者。三桂不於此時與畏縮之清兵一決雌雄。不得謂非失計。聞之三桂既舉事。其部將中有謂宜疾行渡江。全師北進者。有謂宜直下南京。扼守運河以絕南北糧道者。乃彼俱不用。不得謂非清廷之奇幸。三桂分軍爲南北二路。一自長沙窺江西。一自四川覬陝西。清廷對此種種防備。亦未稍懈。康熙帝以爲長沙者。敵之根本也。長沙一破。敵勢瓦解。我荆州大兵。卽可乘機進取。故定計以江西別軍自側面襲長沙。貝勒尙善直窺岳州。又以別軍自陝西攻四川。福建廣東則遣尙可喜等圖之。然是年冬王輔臣之變起。陝西全境。殆歸破壞。三桂乃出兵於該省西北。且欲乘此形勢。親取荆州。江西軍既已偵知。遂由間道進攻長沙。

察哈爾叛　是年又有內蒙古察哈爾汗布爾尼之叛。布爾尼者。察哈爾親王額哲之弟之後也。欲乘北京多難。報太宗朝林丹汗之恨。遂煽動奈曼部舉事。清廷聞之。甚爲狼狽。卽命大學士圖海。疾驅前進。伐布爾尼。圖海頗有機略。而科爾沁之額駙沙津。在扎魯特部境內。射殺布魯特兄弟。數月之內。遂告平定。清廷乃收察哈爾部故地。置牧馬廠。移其部衆於宣化大同之邊外。使之游牧。分其八旗。爲左右二翼。總隸於理藩院。自經此次叛亂。察哈爾八旗。列於蒙古四十八旗之外。官不能世襲。事務不能自專。與蒙古各札薩克之於國爲君。以民爲子者。迥然各異矣。

王輔臣降　陝西之地。殆皆降於王輔臣。惟甘肅提督張勇。陝西提督陳福不從。故河西陝西之地。不至全陷。陳福雖死於寧夏標兵之亂。而張勇乘貝勒董額自西安恢復秦州進攻平涼之際。分遣諸將。恢復蘭州延安鞏昌諸府。使三桂蜀隴聯絡之謀。爲之挫折。康熙十九年。大學士圖海。被任爲征西軍總司令官。督率諸將。大破敵軍。奪敵之虎山墩。斷敵之糧道。瞰射城中。王輔臣遂降。又王屏藩吳之茂等之蜀軍。屢爲張勇所破。退守漢中固陽慶陽等處。悉得奪回。於是清庭以圖海留鎮陝西。又因棧道運餉。殊非易事。故使張勇等諸將。暫緩侵蜀。專扼四方險要。以分敵勢。而使穆占率滿洲兵及平凉降兵。移征湖南。

福建廣東之平定　福建耿精忠舉兵以應三桂。前既已言之。彼執閩浙總督事承謨。既侵浙江及江西之南部。間或連絡江西之土寇。又誘潮州總兵劉進忠侵略廣東。而許臺灣朱經以漳泉二府。使寇閩粵沿海各地。爲之震動。清廷乃使康親王傑書與浙江總督李之芳共圖追討之。芳屢破耿精忠之藩屬於衢州金華、紹興諸處。康親王亦破曾養性於金華。奪回處州。由土木嶺間道追擊。奪回黃巖。圍曾養性於温州。會朱經與耿精忠鬩於漳泉二地之割讓。又起內訌。實予清兵以可乘之機會。康親王於是撤温州之圍。由仙霞嶺入福建。直達延平。同時安親王之江西派遣軍。亦奪回建陽、建寧。江寧將軍額楚。復破徽州之土賊。耿精忠至是腹背受敵。不知爲計。乃於十五年十月。遣使於延平康親王陣中。迎入福州府。而降焉。廣東尚之信。雖一旦從吳三桂。乃既而悔之。復薙髮反正。於是吳三桂遣馬寶、胡國柱等攻廣東之西面。斯時康親王之軍。既定福建。進逼廣東。江西簡親王之軍。亦奪回吉安。將軍莽依圖踰大庾嶺。出師廣東。於韶州城下。與胡國柱對陣。於是潮、高、雷、廉、諸州相繼降伏。朱經之將卒。占據惠州。爲尚之信所破。胡國柱亦破。康熙十一年末。廣東遂得告平定。然尚之信降服之後。仍懷兩端。凡求其出兵者。皆託辭謝絕。不爲救援。先後彈劾其不法者甚衆。康熙十九年。北京朝廷遣將軍賴塔執之。尋賜自盡。

吳三桂卽帝位　先是廣西慶陽知府傅宏烈。說孫延齡募義軍。應清軍。康熙十六年。往韶州。迎清軍。得廣西巡撫撫蠻滅寇將軍之印。廣西叛亂。漸次鎭定。吳三桂迄未之顧。及尙之信反正。恐兩廣聯絡。乃使馬寶胡國柱攻尙之信於韶州。吳世琮攻孫延齡於桂林。湖南兵力既分。清將軍穆占。遂襲敵兵之後。乘機自長沙前進。奪回永興茶陵等湖南東南十二城。安親王亦奪回瀏陽平江。簡親王自江西進兵。亦將入敵人之根據地。吳三桂既失陝西福建廣東三大藩。復失江西。清軍又雲集於湖北江西。而兩廣復應清軍。因是財用耗竭。兵餉不足。乃欲藉帝號以自重。十七年三月。由長沙移衡州。自上帝位。改元照武。改衡州爲完天府。國號大周。時年七十有六。吳三桂以是年八月病死。孫吳世璠由雲南至衡州發喪。繼承帝位。改元洪化。奉柩還雲南。

四川湖南之恢復　清軍於福建廣東江西諸處。雖屢戰屢捷。然當三桂生存之際。未能攻破湖南正面。至貝勒尙善死後。將軍察尼代統岳州攻圍軍。從降將林某之策。一方絕救援餉運之道。一方暗施反間。敵軍總兵三人。各以舟師來降。守將吳應麒知終難固守。乃於康熙十八年潰圍而出。退守常德。於是始復岳州。長沙敵軍聞之。亦棄城而遁。安親王前往取復。順承郡王渡江收復松滋枝江宜都澧州等洞庭湖之東方一帶區域。簡親王收復衡州。穆占收復永州。尋安親王攻敵之名將吳國貴馬寶於楓木嶺。廣西巡撫傅宏烈。自後路斷其糧道。大破之。殺吳國貴。收復武岡。察尼於康熙十九年春。破胡國柱等於辰龍關。（辰州）降服辰州。穆占收復沅、靖、黎平等處。由是湖南全境悉歸平定。陝西四川方面。同時由平涼提督王進寶收復鳳縣武關。逐敵將王屏藩而取漢中。追擊至四川保寧城外錦屏山。大破之。王屏藩自殺。吳之茂就擒。康熙十九年。收復順慶。陝西提督趙良棟自略陽取陽平關。收復龍安。同十九年。始降成都。是時圖海亦收復興安。將軍佛尼勒收復永寧。馬湖。湖廣提督徐治都。破楊來嘉於巫山。收復夔州重慶。四川遂亦平定。

吳世璠死　由湖南侵貴州。由廣西侵雲南之清軍。以二十年春。會師於雲南東方之曲靖。二月。敗敵將郭壯圖於雲南城東之歸化寺。自歸化寺至碧雞關數十里間。築一長圍以攻雲南。吳世璠以要害足恃。殊不易下。然吳世璠曾遣胡國柱、夏國相、馬寶等。侵犯四川。以牽制清軍。至是聞雲南之急。咸率兵歸救。陝西提督趙良棟。躡踪追擊。敵軍潰破。九月。自四川前進。與兩路清軍會於雲南城。踰三濠。奪三橋。直廹最後之防壁。於是城中食盡援絕。十月。守南門者開門作內應。吳世璠自殺。夏國相馬寶等。函其首以降。自康熙十二年起八年之間。糜爛雲南貴州湖南四川福建廣東廣西江西陝西甘肅等十省之大亂。至是始定。康熙帝析吳三桂之骸骨。以示各省。梟吳世璠之首。召耿精忠檻。奪王爵。與其子弟。各隨其輕重而斬殺之。

中國本部之統一　三藩之叛亂。雖歸滿清之勝利。然熟察康熙十四五年之情形。吳三桂若能善爲指導。號令嚴明。一致進行。則鹿死誰手。正未易測。何期彼既假興明以爲名。旋復食言而自帝。反復無常。奚足以收攬天下之人心。斷辮髮易胡服以號召漢人。法似稍善。但辮髮之令。本非漢人所悅。一時以斷辮髮易胡服爲快。爭相響應者。實烏合之衆耳。而康熙帝之籌畫。吾人實不禁歎賞焉。帝於中原要地。悉駐重兵以備應援。如湖北有急。則安慶出兵。使河南之兵移駐安慶。而更調他兵駐屯河南。四川有警。則西安出兵以爲聲援。使太原之兵移駐西安。而別調他兵駐屯太原。又福建有警。則調江寧江西之兵使赴閩浙。兗州之兵移駐江寧。而別調軍隊駐兗州。故敵兵雖衆。不能越湖南一步。復命兵部於驛遞之外。每四百清里置筆帖式及撥什庫。軍事郵信。異常迅速。五千清里之甘肅西邊。九日而達。荊州、西安五日、浙江四日。每日接數百之軍報。一一應付。手批口諭。使之進討。此叛亂初起之時。帝年方二十。戰事告終。年僅三十耳。是時漢人之中。雖有一代名將。如張勇、趙良棟等。然指揮之功。不得不歸之於帝。魏源論此次戰勝之原因曰。第一在不吝首唱撤藩之議者。第二在不從達賴喇嘛之調停。第三在不寬宥諸王貝勒之罪過。第四在能激勵漢人云。三藩平定。清帝國統一之業。始得告成。

八旗兵力頓衰　吾人當本節將終之際。不可不論及八旗兵力之强弱。自此以前。滿洲兵力之卓越。無論何人。皆所深信。但彼等僅能乘明朝之內亂。壓服疲弊之人民與困憊之軍隊而已。實未嘗與曾經訓練之漢兵交鋒。吳三桂之戰略既拙。遂爲精力絕倫年少氣銳之康熙帝所敗。然此次戰勝之效果。非專由滿洲兵力所宜特爲注意者也。吾人前既言之。三桂白首興師。一切事宜。趨重保守。雖有部將主張進取。而三桂咸不之聽。至於滿洲軍隊。徒擁大兵。駐守荊州。劃長江爲對峙。莫敢前進而決戰。甚或聞三桂進兵之消息。膽戰心驚。無端而將北京朝廷特命南懷仁 Verbiest 製造之大礮。埋於荊州城之土中。而先行退卻。殊非滿洲之名譽。試觀當日康熙帝於戰役中召回順承郡王勒爾錦於北京之詔。可爲證明詔之大意曰。吳逆初叛。卽選滿漢精兵。使順承郡王勒爾錦統率進討。三月至荊州。不能乘賊遠來馬疲。守備未固之時。渡江扼險。挫其鋒銳。使賊得乘暇以據湖南。守要害。犯我夷陵江西。分我兵力。致耿精忠孫延齡楊來嘉等相繼變亂。老師數載。毫無尺寸之功。惟安坐荊州。日索督撫司道之饋送。貝勒尚善等進攻岳州。命以舟師斷賊糧餉。乃以舟楫未具。風濤不測爲辭。長沙已進大兵。尚不乘機夾攻。又簡親王喇布逗留江右。貝子洞鄂失機陝西。若非朕進籌決策。力飭水師進取岳州。命岳樂之江西軍進攻長沙。使圖海之陝西軍速復西涼。則國家疆域。尚堪問耶。誤國病民。在他人尚不可原。況王貝勒等與國家休戚相關之人乎。議政王大臣等其速舉我太祖太宗之軍法。嚴行議罪云。魏源謂此役戰勝之原因。在不寬宥王貝勒。處罰先行於親貴。是固確有一面之理由。然紀綱振刷。成效雖著。而滿洲兵士。漸赴柔懦。事實亦不可掩。距太祖太宗之時。未半世紀。遂致於是。其頹唐不又甚耶。三藩平定之實力。實在旗兵以外。請於下文證之。

任用漢人諸將　然則平定三藩之主力果何在乎。實漢人之力也。清廷當康熙初年。漸趨排漢。前已論及。惟此種政策。對於漢人大結合之三藩。決爲不良。反使彼等結合日益强固。且滿洲兵力。既漸柔懦。竟無一人敢討吳藩。於是時也。不可不有其他計畫。康熙帝乃發激勵綠旗之文曰。自古漢人之叛亂。俱以漢兵剿平。豈待滿兵之助耶。此種巧妙之辭。一面足以彌縫滿人缺點。一面足以奮興純由漢人集成之綠旗將卒。一代之名將趙良棟王進寶孫思克等。奮勇於陝西。蔡毓榮、徐治都、萬正色等。奮勇於湖廣。楊捷、施琅、姚啓聖、吳興祚等。奮勇於福建。李之芳奮勇於浙江。傅宏烈奮勇於廣東。皆激勵漢人之效果也。當雲南陷落之際。諸將擄掠特甚。獨趙良棟所部軍隊。無一掠奪者。觀其編列藩庫簿籍。上之朝廷。光明磊落。眞堪歎賞。帝嘗歎曰。趙良棟稱之曰偉男子。不亦宜乎。帝因是役經驗。重用漢人。一方則藉以戒飭滿洲八旗。縱旗士之勢力。此時尚未墮地。然雍正帝承帝之後。亦仍奉此遺策。觀其對於名將岳鍾琪之態度。若何眷眷。則思過半矣。

第三十一章　臺灣入清領

以琉球著名之臺灣　臺灣人種傳說紛紛。莫能定論。或以爲馬來人 Malay 與尼革魯人 Negro 之雜種。或以爲馬來人與琉球人之雜種。或謂西方之馬達加斯加。Mabagascr 東方之臺灣。有如扇狀。實馬來人種向兩極發展之標記。或謂與支那苗種實同一根源。然試觀今日生蕃之家室與其文體。則想像當年日本民族祖先乘暖潮而來。爲同一人種移動之波。襲入此島。此爲一種傳說。是否合乎事實。未敢妄斷。雖然吾人無侵入人種學範圍之必要。但敍述有史以來臺灣之過去足矣。臺灣者。土人雖自名其地曰 Pockan 或 Peckiande 而最初支那人目之爲琉球。琉球之名。現於歷史。首在隋代。隋書云。「大業元年。海師何蠻等。每春秋二時。天晴風靜。東望依稀。氣如煙霧。亦不知其幾千里。三年。煬帝遣羽林騎朱寬入海求異俗。何蠻言之。遂與蠻俱往。因至琉球。語言不通。掠一人而返。帝使武賁郎將陳稜朝請大夫張鎮州率兵自義安浮海擊之。至高華嶼。又東行二日。至鼅鼊嶼。又一日。即至琉球。……琉球不從。抗拒官軍。稜擊走之。進達其都。屢戰皆敗。乃焚其宮室。虜其男女數千人。載軍實而還。爾後遂絕」義安即今之潮州。當是時無臺灣之名。故目之爲琉球。蓋當臺灣土人。獰猛鴞猍。不可親近之際。琉球島人。欽慕大國。屢遣使朝貢於支那日本支那朝廷。曾聞南荒海中有此島嶼。故以此名加與臺灣。嗣後琉球之名。久不現於漢史。迄南宋淳熙年間。毗舍那之巨豪。率數百人襲福建之泉州。人擲匙筯即俯而拾之。見鐵騎則爭刓其甲云。是時之呲舍那想即臺灣。支那人嘗說明臺灣之地理曰。「琉球者在漳泉、福興、之間。與澎湖諸島相對。西南北岸皆水。至澎湖島漸低。近琉球則曰落漈。落漈者水之下趨而不回者也。凡西岸之漁舟至澎湖以下。若遇颶風。漂流落漈其能回者百中之一而已」至元世祖納海師楊祥之議。遣祥爲宣撫使。將兵至琉球。欲征服之。乃竟歸失敗。其後成宗元貞三年。遣省都鎭撫張浩新軍萬戶張進。擊琉球。擒其生口百三十人而歸。後至正年中始置巡檢使於澎湖島。屬同安縣。自是終元之世。無復有此島之記事。

琉球與臺灣之區別　迄於明代。四方交通漸開。不以琉球與臺灣混淆。始決以琉球爲邪久島。即國王尙家之名氏。且散見於明代之書。史有「臺灣誌」者。出版於西歷一千七百四年。乃留學英國之臺灣土人「蒲沙爾馬那渣爾」所著。若據此書則臺灣曾歸一王統御云。茲摘錄其書之一節如次。

「虖汝摩沙」Formosa者。最初其固有土人。組織一政府。稱曰「他諾朝」自今二百年前。爲「他阿他呂」王所征服。相傳三世。然至最後之王。殘忍暴虐。遂釀擾亂。土人逐之國外。復舉「他諾」遺裔。使就王位。是時東方日本國有稱爲「漫呂耶安得奴烏」之王。欲征服「虖汝摩沙」擴張版圖。卽位後二年。遣大使於「虖汝摩沙」詐請於王曰。朕實不幸。痼疾纏擾。屢禱國神。請賜速愈。曠日已久。迄未有效。久聞貴國有神極靈。欲祈朕病速愈。擬禱於貴國之神。若蒙神之庥。得以痊可。當以一萬犧牲。用表謝忱。「虖汝摩沙」。王果爲多數犧牲所動。竟諾之。民僧輩禱於神。日本大使得此結果。遂返國。日王遂命兵士潛伏於軍之內部。外部積以牛羊。以奉送犧牲爲名。使赴「虖汝摩沙」。及其至也。分爲三隊。一往「噎斯透鈴渣」。一往「彼苛諾」。一往「巴湊」。三隊同時起事。士民慌亂。莫知爲計。遂不戰而降。於是日王以虖汝摩沙爲附庸。更由本國選派一王爲之統御。而以舊王爲之副。名曰「邦喀拉雋魯」。然副王僅一空位而已。政治上已無絲毫權力矣。

然「蒲沙爾馬那渣爾」。非眞臺灣土人。實生於南方佛蘭西之狡童。其言全爲杜撰。毫無疑義。臺灣當有明末造。猶爲無統一之數部落。以雞籠山著名。明史曰「因其在澎湖島之東北。故號曰北港。或稱東蕃。距泉州甚近。地多深山大澤。聚落星散。未有君長。有十五社。每社多者千人。少者五六百人。亦無徭賦。以子女多者爲雄。聽其號令。雖居海中。畏海殊甚。不善操舟。老死不與鄰國往來。永樂之時。鄭和徧歷東西洋。無不獻琛恐後。獨東蕃遠避不至。和惡之。每家貽一銅鈴。使懸頸際。蓋以狗國擬之也。其後人反以爲寶。富者綴鈴數個。曰此祖宗之所遺也。俗尚勇。暇則習走。日可數百里。不讓奔馬。足皮厚數分。履荆棘如平野。男女椎結。裸逐爲常。女或結草爲裾。藉以蔽體。若遇長老。背身而立。俟過而後行」。彼等見草綠花紅。始知春至而種穀。迄穀種落地。始停殺傷以酬天。或逐鹿豕。或射禽鳥。用其羽毛。以爲服飾。太古遺風。怡然自樂。然此民族至日本南北朝之末季。遂不得不捨其天惠地福而竄匿於深山窮谷。

倭寇之駐屯所　先是日本後醍醐天皇。以曠世之資。欲覆東國武士之幕府政治。乃不利於時。復爲足利氏擅權。然至於「九州」土豪對立。互不相下。征西將軍懷良親王居於其間。勢力日大。至正平二十三年。（西一三六八年）明朱元璋卽帝位。改元洪武。斯時支那亡命之徒。常與日本邊民相結託。而寇山東濱海諸州縣。國人名之曰倭寇。倭寇者。紀伊、和泉、薩摩、巖見、伊豫、長門、筑前、筑後、肥前、肥後。相模諸處之民也。洪武二年。朱元璋使揚載來詰入寇之故。然此使者未至吉野。亦未至京都。僅會晤占領九州濱海而自稱爲日本國王之懷良親王而已。親王拒絕使者。倭寇更入山東。自溫台轉攻福建沿海州縣。洪武三年。明主復使山東萊州府同知趙秩。詰問入寇之故。親王答曰。昔蒙古襲我。先使趙某甘詞來誘。語尚未終。遽遣大兵來襲。今汝姓猶趙。其亦欲誘襲者乎。趙於是述元明革命之狀。而力辯其非。親王始將明臺二郡所掠之七十生口返明。然至五年。倭寇復犯溫州及福建海上。明主雖憫然。鑑於元代覆轍。不欲興兵。著祖訓。戒後世有不征之國十五。日本實居其一。由是倭寇犯明。連年不已。自福建浙江及於廣東。既而日本足利義滿爲征夷大將軍。慕明之文物欲與明主通好。擒捕倭寇。送致明主。然以足利氏之威力。尚不足以鎮壓倭寇。由山東至福建一帶海岸。頻年蒙其襲擊者二百餘年。支那不逞之徒。復結倭寇爲之嚮導。如廣東巨寇曾一本黃朝太等。無不聯絡倭寇相助爲亂者。既而嘉靖四十年前後。山東倭寇滅。南下而集於漳州福建湖南廣州之間。復紛紛告倭寇之警。其穿紅衣被黃蓋揭八幡大菩薩之旗以進者。所過州縣。靡不畏避。曾以七八十人。自江寧犯南京。殺傷超四五千人。遠近震動。沿海諸州小兒。聞倭寇之名。至不敢啼。後顏思齊、郭懷一、何斌等。犯邊海。自稱爲日本甲螺「甲螺」者、卽「喀西拉、」卽盜魁之意也。明人假用此語以驚人。可知此海盜威力之大。然倭寇初自九州赴山東。及漸至浙江福建。由駐屯所發見臺灣。聲威大振。明史記雞籠曰「嘉靖之末。倭寇擾閩。大將戚繼光敗之。倭遁居此。其黨林道乾從之。已而道乾懼爲倭併。又恐爲官兵追擊。揚帆直抵浡泥。攘其邊地以居。號道乾港。而雞籠遭倭焚掠。國遂殘破。初居海濱。既遭倭難。避居山後。至萬曆末。紅毛蕃泊舟於此。因事耕鑿。且設闤闠。稱曰臺灣云」一文中所稱之道乾港。卽今之文安也。由此記事。則日本人攻略臺灣。雖在嘉靖之初。其實倭寇及於福建沿岸之時。已以此地爲駐屯所可知也。

支那人種之大移動　日本人攻略臺灣北方之時。又支那人移殖臺灣南方之時也。蓋支那歷朝革命。雖多大抵二三百年一變而已。故繁殖力最強之支那人。以非常之勢。遞年增加。迄於元末。其增加之數。已屬可驚。明初太平。增加愈盛。加以南海之富。足致濱海之繁榮。明初之支那。已有殖民之資格。且支那之社會制度。一見雖如自治制度。其實乃豪族專擅制度。凡豪族專擅制度。在其系統以內者。固享受平和幸福。在其系統外者。則或爲流民。或爲漂盜。二者必居其一。蓋既無對抗豪族壓抑之政治勢力。政府復不能保護人民。故無論何時。山澤必有流賊。海表必有海盜。臺灣既無領主。可以爲海盜之根據。可以避官軍之追擊。此刑餘亡命之徒。所以深喜竄伏茲土也。然因彼輩來往海濱。得知臺灣無主。山澤田野。唾手可取。沿岸人心。靡然向之。此所以自有明中葉支那人種。曾向茲土而大移動也。其尤可驚者。不僅南方而已。卽山西豪族。亦曾開墾臺北平野是也。東瀛記事。曾論之曰「臺灣者。雄峙東海。橫亙千餘里。土地膏腴。家多殷實。民氣易動難靜。土性鬆脆。民族浮囂。草間求活之徒。無籍可歸之氓。趨之若鶩。無妻子之戀。無田宅之安。聚卽爲羣。動輒滋事。」此實自有明中葉。支那沿海居民。驅迫於慾望與避難之念。進入臺灣。如鶩赴水。其間多自打狗、鳳山、臺南附近。漸移向北。彼輩追逐生蕃。使入深山。彼等初至之際。非不認生蕃之土地領有權。山野初開。必先約年年納租稅於生蕃。而豫防其妨害。然時日既久。則每每不納矣。或初由蕃人借地。約納租稅。及開墾既成。可以自活。反打擊蕃人。逐之遠方。以是支那人與生蕃時發生衝突。久而久之。彼此間殆積不相容。由是日本之海盜。與支那之移殖者。漸由臺灣沿岸。逐生蕃於山澤。而尤可驚者。卽此海島。實爲貿易於海外之最先者。其船自呂宋、密西耶、婆羅洲 Borneo 滿剌加 Malacca 克剌巴 Calabar 安南、暹羅、東京、順化、占城、柬蒲寨、太泥。等處。遠至墨西哥南洋東洋之貿易。俱由彼輩運輸。其至他國港灣。常受純良商人之待遇。而其所齎之奇材異玩。發現於世。遂使世人視海島爲金玉珠寶無盡藏之寶庫。而中國人日本人冒險之思想。實自此而喚起。

各國殖民地之臺灣　因此海賊開拓之事業。遂爲國民所屬望。政府所認許。日本文祿元年。長崎、京都、堺之商人等。旣得從事外國貿易之特權。乃先於海賊巢窟之臺灣。定其本店。因其風景甚似播州高砂。遂加臺灣以高砂之名。（卽今之打狗、平安等處）其所得巨大之利益。至爲秀吉幕中政治家所用。迄日本慶長十四年。（西一六〇九年）島津家久征服琉球之後。家康派使人赴臺灣。欲招之降伏。然土蕃無主。故無結果。日本元和元年。（西一六一五年）肥前人村山等安。欲發兵征服臺灣。大敗而還。至處死刑。然日本人開拓南方之志。不爲挫折。尙有續出海表者。臺灣遂爲日本人之殖民地。支那人或與日人相競爭。或與日人相和。以此地爲根據。而橫行太平洋焉。此時在臺灣之支那人。不僅閩人。支那各部之人民皆有之。各成部落。羣立老長。而各自治。其海盜中之最巨者。爲顏思齊。結託巨人。稱爲日本甲螺。其勢力範圍最廣。後鄭芝龍代治其部下。且往來於長崎焉。是蓋和蘭西班牙未占據臺灣以前之狀態也。

荷蘭之東航　當明代困於倭寇與北虜及日本苦於內亂之際。歐洲列國、正欲爭海上之權力而東洋貿易之利尤足以激刺彼等之冒險心。西歷一五一〇年日本之足利義植因細川六角等功臣之爭由京都奔近江。是歲歐人始發見太平洋之大海洋乃在印度北方。翌年葡萄牙王「伊拏馬拏伊而」一世遣「安篤賚得」爲使者向支那出發。一千五百五十七年得占廣東河口一要港之許可。遂稱是地曰澳門（Macao）彼等往來於支那海口之間。遙望臺灣。稱之曰（Ilha Formosa）夫Formosa者歎賞其美麗之謂也。至此而後初以琉球著。繼以北港著。後以東蕃著之島嶼。乃以「虖汝摩沙」Formosa之名紹介於天下。已而與葡萄牙爭權於海上之諸國亦追其後而至東洋。一五七一年。西班牙得馬尼剌Manila爲貿易駐屯所。一五九五年。荷蘭使臣「可兒爾利耶士富圖猛」率艦隊來東。得爪哇Java爲東洋駐屯所。遂於數年後組織東印度會社。由是荷蘭以爪哇爲根據地。屢襲澳門。不勝。一六二二年。率軍艦六艘兵二千攻澳門。不利。退據澎湖島。築城而守。屢至厦門侵掠沿海。支那官吏苦之。後遣使臣來請曰。願得地如葡萄牙以便通商。福建官史往復數次。對於支那本土嚴詞絕之。惟澎湖島對岸有一化外大島。許以此地爲貿易駐屯所。一六二三年。荷蘭於是占領安平。（據云安平地方、在當時自成小島、與本島相隔離云）

稱其城曰「者覽家」Zeelandia 然臺灣本島。仍以「虖汝摩沙」之名著。故明史謂荷蘭人始加以臺灣之名云。

荷蘭人之經營告成　初荷蘭對於臺灣之日本人及支那人。態度甚慇懃。以不妨害貿易相約。及其既築「者覽家」城。再進而築赤嵌城 Providentia 於臺南。遂一變其態度而課砂糖米穀以輸出稅。支那人雖竊鳴不平。卒至服從。日本人以先住人之權利主張免稅。荷蘭人恃其城寨與銃礮之威。而日本人則恃對於長崎之荷蘭貿易以爲復仇之武器。雙方堅執。各不相下。是時臺灣全島之支那人。已達二萬五千。日本人數雖不及支那人。然其貿易所投之資本。不亞於支那人。荷蘭人因製造船舶武器優於日人。且內部組織亦有秩序。故得超越先住者而爲新領土之主人。其利益之巨。僅就一六二七年觀之。除卻殖民地所需費用二千一萬四千「凝而達」。其輸送於「八打威亞」Batavia 政廳之純益。實達八萬五千「凝而達」云。彼等之來東洋也。原欲求一商港於支那。不圖乃得意外之大殖民地。彼等遂欲定爲永久統治之基礎。撫恤生蕃。以得其心。或教以荷蘭語。或作荷蘭語與土語對譯之字書。敎以基督敎。建學校。使敎育之惠。及於婦人。開水利。奬開墾。至今嘉義附近。尙有紅毛井。新竹附近則有紅毛田驛而當時築「者覽家」城之磚。殆無一不自八打威亞運來者。其苦心經營之狀。亦可想見。彼等又劃分其政廳附近之地。俾各選長老。而由政府給長老以名譽徽章。彼等於此地。善於經營。其威勢且及於東海岸矣。

濱田彌兵衛擒「拏意支」總督

荷蘭之殖民政策。雖獲成功。然其政策。非國家政策。乃社會政策。故不免陷於排人利己之短見政策。而日本人之强悍難御。實爲荷蘭政府所最厭惡之人種。一六二七年、（寬永四年）此積不相能之惡感。遂顯爲惡果。先是有長崎船長濱田彌兵衛。於是年四月。乘搭載十五門大礮之巨船。募得冒險者四百七十四人。向臺灣前進。此中支那人民。亦頗不少。彼等雖以普通商船得航行之允許。其實乃對於臺灣之荷蘭政廳。包藏禍心者也。無何風聲外洩。該船方抵臺灣。荷人卽來干涉。謂碇船之際。須將一切武器收藏於荷蘭警察署。船長拒之。不肯奉命。荷蘭總督「拏意支」不欲以武力實行命令。乃招彌兵衛於其家。與之懇談。繼饗以酒。及其醉臥。乃假以船長已諾之命。遣人登船沒收武器。濱田醉覺。見已被沒收。驚憤不禁。乃怫然拂袂而去。方其將離臺灣也。并私誘「新拷姆」土人十六名以去。荷蘭總督。以濱田含恨而去。恐將對於長崎之荷蘭商人。有復仇舉動。乃述其顛末。以告平戶之荷蘭商館。使通告日本一班商人。謂若和平誠實之商人。來此經商。則臺灣總督。必與以相當保護云。繼因欲解釋日本政府對於荷蘭占領臺灣之危疑。爰親渡日本。乃發見一最奇之事。卽濱田將誘捕土人。僞稱爲入貢之全權大使。盛施粧飾。使謁將軍。是也。於是「拏意支」雖欲證明其虛僞卒歸無效。寬永五年。（西一千六百二十八年）四月二日。日本船二艘駛抵安平。欲圖貿易。乃照例沒收武器。幷執曾至江戶之土人十六名。而投其十一名於獄。船長柔順。亦竟奉命。既而船將出發。船長訪總督於城外之別邸。方欲交談。忽有日人一隊。手執大刀。自草間躍出。直廹總督。總督見伏兵首領爲濱田。驚愕失措之間。手足已被縛。荷人欲救之者。或被斬殺。或負重傷。兵至發礮。亦徒傷荷人而已。於是總督欲禁其部下施用威力。專以和平解決。其部下遂與日本人交涉。謂日人如欲平和解決。則當奉總督之命。若日人之意。眞欲復仇。不望平和。則總督之生命雖可惜。然終當將日人一掃殲盡。濱田等固知衆寡不敵。遂承認平和解決。當時乃議定協約如次。（第一）將總督之子及一官三荷人爲質於日本。而日本則以長崎之代官末次平藏之姪等五人爲質於荷蘭。（第二）開釋被拘之支那通譯及土人十一名。交還沒收之財產。（第三）與濱田以相當之贈物。（第四）日人在支那所得之絹二萬匹。爲荷人所失。應由荷人賠償。此後長崎代官末次平藏及與濱田同伴之荷人「媚柔洗兒」等俱下獄。三年後「媚柔洗兒」及「拏蔻支」之子俱死於獄中。嗣因日人不服荷蘭政令。悉行退去。故濱田彌兵衛之一舉。實無異燈火之將滅而復明也。

西班牙人來臺灣　西班牙之得東洋貿易駐屯所。實先於荷蘭。今見荷蘭成功於臺灣。不能袖手傍觀。遂於一六二六年。遣「佟安得驕把汝德士」爲將。自馬尼剌率遠征軍前進。占領雞籠島。築「山沙汝巴篤」城。San Salvador 更占領淡水港。名之曰「山德民哉」San Domingo 施民政。布宗敎。以立永久占領之基礎。南方之荷蘭總督。以爲足阻荷蘭勢力之發達。一面報告於八打威亞政府。一面注意西班牙政府之舉動。至寬永十年（西一六四〇年）葡萄牙與西班牙之政治聯合。既已斷絕。荷蘭遂決計逐臺灣之西班牙人。翌年荷蘭總督「吠拉斯支絡機紐絲」致書於雞籠西班牙總督。勸其速以雞籠投降。否則當以武力解決。西班牙總督「公紗羅波汝其利士」拒之。荷人遂以軍艦攻雞籠及淡水。不勝。既而馬尼剌西班牙政府。欲攻擊「民他拏」減雞籠之兵。爲荷蘭探悉。急發艦隊再攻雞籠。是時西兵雖少。守城凡閱三週間。力盡始降。於是臺灣全島悉歸荷領。斯時荷人銳意布政令。行敎化。宗敎家亦與政府合力。欲改化全島。各種方法。莫不具備。生番亦悅爲荷蘭用。而是時明代末葉。外爲滿洲所侵。內爲宦官弄柄。喪失民心。流賊蜂起。不可收拾。人民傍徨。寄身無地。相率來臺灣者。日益增多。臺灣一島。幾將爲大產業地焉。一六五〇年（順治七年）僅支那人所納之人頭稅。已達三萬三千七百「徠耶而」。一人一「徠耶而」之狩獵稅。達三萬六千「徠耶而」。荷人乃夢想前途。而不勝其得意焉。

鄭成功取臺灣 一六五九年。鄭成功率船三千。既陷鎭江。進廹金陵。傳檄四方。佈告天下。

太平、寧國、各府州縣、咸來通款。東南人心。爲之大震。不幸中兩江總督朗廷佐之詭計而敗。乃率戰艦五百。復往厦門。淸廷發戰艦八百艘追之。維時國姓爺所有者。實僅四百艘。然猶能善戰。以寡敵衆。屢敗淸兵。淸廷無可如何。乃命自南京至廣東之人民。凡距要岸四淸里之家屋城市。悉行毀壞。逃竄內地。使國姓爺等無所依據。當是時也。鄭成功遂不得不求根據地於對岸之臺灣。乃正値窺伺形勢。暗圖前進之際。而僑居臺灣之支那人。亦私約成功。囑其速行進入。是時有臺灣和蘭政廳通譯何斌者。原屬海賊。爲日本甲螺之一人。得罪亡命。以臺灣可取。告知成功。蘭人亦未始不知其侵略之野心。臺灣總督屢致書於八打威亞政廳。奈政廳不信。以總督爲怯。反調臺灣防禦艦隊。攻擊澳門。既而駛返八打威亞。成功得此諜報。遂於一六六一年八月三十一日。由厦門金門兩島。發戰艦數百。兵士二萬五千。自澎湖島及臺南之北方上陸。臺灣各地支那人民。聞此佳音。四方雲集。歡迎成功。當時兵士。有負矢於背者。有持柄長三尺之長刀者。有與騎兵無異之疾走兵。能持利楯。闖入敵陣。不顧死生。力斃敵人者。所有兵士。身皆衣鎧。又有少數之銃兵及礮兵。雖由兵器與戰法衡之。決非荷蘭之敵。然戰爭勝負。恆視民心之從違。鄭成功之來也。素爲蘭人政令所壓倒之全島人民。悉行叛亂。各地生蕃。亦向化支那。起而黨成功。至有以殺宣教師。毀擲宗教書籍。爲復得自由而互相慶賀者。且對於未入城之荷人。復沒收其財產。在此等民族情緒激動之下。難免發生種種紛擾。荷人知人心既失。孤軍難守。爰捨赤嵌城。不戰而降。鄭成功乘勝進攻圍「者覽家」城。荷人固守。頗不易下。九閱月後。始開城出降。然此降伏亦有條件如次。（第一）荷人得攜帶必需之食料及彈藥而去。（第二）荷人之私有財產得攜之而去。（第三）荷人得攜帶一定金錢而去。（第四）荷人得奏樂裝藥攜帶武器而去。（第五）交換捕虜。（第六）鄭成功交還其所奪之船舶。（第七）商會之財產城寨讓與鄭成功。（第八）荷蘭政府之國書俱攜往八打威亞。於是荷總督「庫頁梯」Cogett 以一六六二年九月。率殘兵千人。及官吏商賈向八打威而去。臺灣之荷蘭殖民地。經營三十八年。至是一掃而空。其所留遺之歐風西俗。亦隨之消滅。

鄭氏之末路。鄭成功既征服臺灣。乃開朝廷。設百官。爲屯田永駐之計。通令全島。獎勵農業。所有各處田園。不得無故荒廢。嚴官守。振紀綱。遣其長子鄭經駐屯廈門。統領附近水陸兵士。別置將軍於澎湖島。以相策應。更遣駐在廈門之西班牙「篤米尼康」僧侶「維多利阿利支西阿」爲使者。往馬尼剌。使馬尼剌奉臺灣王之制令。馬尼剌政廳之西班牙官吏亦察知其來聘之目的。故召集步兵八千騎兵一百。以備變亂。而厚禮以待使節。是時僑居馬尼剌之支那人。爲數殊多。聞國姓爺占領臺灣。放逐荷人。咸爲心醉。頗自豪放。適值「利支西阿」來聘。由臺灣同胞私函。而知其目的。民心動搖。不復可制。叛亂遂起。不幸爲西班牙政廳準備之軍隊擊敗。全島支那人。力戰不屈。鏖殺殆盡。所遺者僅供西人驅使之賤民而已。既生此意外之變。「利支西阿」遂不獲良果而歸臺灣。臺灣人民聞此惡耗。痛同胞之被害。恨西人之殘暴。咸欲屠馬尼剌而甘心焉。乃彼蒼不仁。國姓爺忽於是時得病。於一六六三年七月。竟告永別於新領土之人民。時年僅三十九歲。雄圖莫展。壯志未伸。至今遺恨似猶挾潮聲而俱來也。彼雖投身海賊羣中。然不得以海賊目之。其權謀術數。受之於父。果敢剛毅。傳之自母。且當日時勢。實與彼以偉大之希望。而造成一有統御威力有組織奇能之大英雄。假使降生於南京之朝廷。亦必能於明清鼎革之際。大放光明。生一異采也。試觀其爲臺灣王時之經營。有經綸。有希望。有威儀。實不愧爲創業之英才。臺灣朝廷。以鄭成功一身爲中心。故人存政舉。人亡政熄。朝廷政令。尚未深入人心。鄭氏遽辭世而去。哲人萎矣。焉能免於混亂。故成功方死。臺灣將士。以鄭經曾招父怒。用繼王業。殊非父志。乃擁成功之弟襲爲臺灣王。然廈門將士。共鳴不平。以鄭經本正統。乃擁立爲王。發兵向臺灣。全島之人。亦以鄭經本正統。咸歸向之。彼遂於平和之際。廢僭僞者而赦宥之而已。則復往廈門。視察軍務。奈當時人心委靡不振。北京朝廷。諜知內情。發兵攻之。時八打威亞之荷蘭政府。亦發軍艦十六艘。陸軍三十四人。水兵一千三百八十六人。以圖報復。荷蘭水、陸提督。乃與福建總督相約。共攻鄭經於廈門。而福建總督。則助荷蘭以掃蕩臺灣。如是激戰數次。鄭經不得已棄厦門而退守臺灣。遣使往四方。開貿易之道。內則勸民力農。奬勵敎育。臺灣人民浴泰平之治化。莫不歡欣。然功名之念。君父之仇。義務所在。責無旁貸。光陰如電。撫髀興悲英勇之少王。實未嘗一日忘中原。一六七九年。遂發兵二萬。入厦門。攻泉漳。力攻數月。城固難拔。既而清廷派大兵三萬來援。激戰數次。鄭遂不得不退守臺灣。鄭以是知攻取大陸。殊非易事。乃用力內政。勵精圖治。臺灣士民。深爲敬愛。不幸於一六八二年病死。其庶子鄭克𡒉。繼承王位。鄭經之母董氏。以爲非經之子。深惡之。而愛其次子克塽。二王之黨。彼此相爭遂弒克𡒉。而立克塽。福建總督乘間賄賂臺灣宦官。離間臺灣士卒。一六八三年。（康熙二十二年）水師提督施琅。率大兵攻臺灣。先向澎湖島。時鄭克塽之臣僚。私爲內應者。頗不乏人。呂韜等首以臺灣內情。暗告清兵。故雖善戰如劉國軒、馮范錫等。終莫能守。退入臺灣遂擁鄭克塽以降。鄭氏逐荷蘭人而領有臺灣。實二十有一年。至是全島復入清領。

第三十二章　創業期之財政

順治元年。清廷承明朝覆滅之後。海內紊亂。更無財政足言。由清朝之記載。則是年五月。攝政王初入北京。對於城內曾經徵發之官民家屋。免賦稅三年。其屋內之人。曾與滿洲人同居者。又免一年。凡大兵經過之地方。傷及田地者。免當年賦稅之半。黃河以北各府州縣。免三分之一。此固一時權宜之計。於永久財政。無甚影響。其對於財政有莫大之關係者。即所謂明季三餉之免除是也。欲明是義。不可不先述明代財政之梗概。

萬曆朝之明代財政　該時代之官民田總計七百一萬三千餘頃。稅則於夏秋二際分徵之。其夏稅米麥共四百六十萬五千餘石。（內一百九十萬三千餘石運往京師餘悉留各行省）鈔（紙幣）五萬七千九百餘錠。（此係官府所用僅存空名者之外一般人民全無信用已於弘治正德之際不通行）絹二十萬六千餘匹。其秋糧米麥共二千二百三萬三千餘石。（內一千三百三十六萬運往京師餘悉存留各行省）鈔二萬三千六百餘錠。屯田六十三萬五千餘頃。花園倉基千九百餘所。徵糧四百五十八萬四千餘石。以銀換納糧草之額八萬五千餘兩。布五萬匹。鈔五萬餘貫。自各運司提舉大小鹽引二百二十二萬八千餘匹。以上數字比較明國初世及中世之田稅無甚出入。故明國一代財政之大體可由是知之。其餘歲入之主要者如次。

內承運庫慈寧慈慶乾清三宮子粒銀四萬九千餘兩。金花銀銀一百一萬二千餘兩金二千兩。（金花銀內廷御用者）

廣惠庫河西務等七鈔關鈔二千九百二十八萬餘貫錢五千九百七十七萬餘文。

京衞屯鈔五萬六千餘貫。

天財庫京城九門鈔六十六萬五千餘貫錢二百四十三萬餘文。

京通二盒并薊密諸鎮漕糧四百萬石。

京衞屯豆二萬三千餘石。

太倉銀庫。南北直隸浙江江西山東河南派剩麥米折銀二十五萬七千餘兩。

絲綿稅絲農桑絹折銀九萬餘兩。

綿布苧布折銀三萬八千餘兩。

百官祿米折銀二萬六千餘兩。

馬草折銀六萬三千餘兩。

兩京五草場折銀六萬三千餘兩。

各馬房倉麥豆草折銀二十餘萬兩。

戶口鹽鈔折銀四萬六千餘兩。

薊密永昌易遼東六鎭民運改解銀八十五萬三千餘兩。

各鹽運提舉餘鹽課鹽稅銀一百萬三千餘兩。

黃白蠟折銀六萬八千餘兩。

霸大等馬房子粒銀二萬三千餘兩。

備邊并新增地畝銀四萬五千餘兩。

京衞屯牧地增銀萬八千餘兩。

崇文門商稅牙稅一萬九千餘兩錢一萬八千餘貫。

張家灣商稅二千餘兩錢二千八百餘貫。

諸鈔關折銀二十二萬三千餘兩。

泰山香稅二萬餘兩。

贓罰銀十七萬餘兩。

商稅魚課富戶歷日民壯弓兵幷屯折改折月糧銀十四萬四千餘兩。

北直隸山東河南解各邊鎮麥米豆草鹽鈔折銀八十四萬二千餘兩。

此外諸雜物之條目。涉於繁瑣。不及具載。所載之歲入。但計運往中央政府及國境之軍營者而已。存留於地方者不與焉。

以上所記。明史實按萬曆朝之簿册而記載者。吾人不厭煩瑣。鈔錄於此。清初年之歲入。大率仍萬曆之舊。不過略加取捨而已。

明季之三餉及其免除 以上所揭。乃明時財政之常經。然自中世以來。正德嘉靖之間。附加。稅已屢次增加。即在正稅已非其舊。明代財政。是時已漸紊亂。可無疑義。據明史則嘉靖中自增額北方諸府。及廣西貴州以外諸處。徵附加稅一百十五萬。此因蒙古俺答兒入寇之故云。萬曆之初。名相張居正位居宰輔。丈量天下民田。一時驟增至三百萬頃。彼既欲多徵額外之稅有司則改用小弓。（縮少丈尺者）以求加增田之額數。或課良田以重稅。以充虛額。故是時有以一田而賦稅二重者。有無田而有賦者。由是財政大紊。至萬曆末年。因用兵遼東加賦。乃至五百二十萬兩之多。稱之曰遼餉。（每畝加九釐）崇禎二年以兵餉不足。除萬曆所加之外。再增三釐。十年。楊嗣昌又請增二百八十萬舊額之糧。每畝加六合。一石折銀八錢。稱之曰勦餉。勦餉本以一年爲期。至十二年。嗣昌復請於勦餉之外。增練餉七百三十萬。先後之增稅額。通計一千六百七十餘萬。并舊餉殆達二千二百萬。此即所謂三餉者也。睿親王諭軍民之辭曰。惟此三餉。數倍正供。又曰。有召買糧料者。名爲當官平市。實則計畝加徵。初則准作正糧。繼則不與銷算。有時米價騰貴。每石雖至四五兩。而戶部僅給五分之一而已。此實明末秕政中之最大者。睿親王先下蠲免之諭。既而世祖申明此意。即其他明時歲入。亦未嘗不稍予豁免。如是財政方針。既已略成。惟其徵收額。則除一部之外。殊鮮明徵。順治三年。諭戶部曰。今特遣大學士馮銓。往戶部與尚書英俄爾岱。將在京各衙門之錢糧款項數目。原額若干。現今作若何之收支銷算。在外各直省錢糧。明季加派三項。（即三餉）蠲免若干。現在田土民間實種若干。實徵起解存留若干。在內責成該管衙門。在外責成撫按。嚴覈詳稽。擬定賦役全書。進朕親覽。頒行天下。順治八年六月。魏象樞獻言。謂國家錢糧。部臣掌出。藩臣掌入。入數不清。故出數不明。請以八年爲始。命各省布政使司。於每歲會計通省錢糧。分別款項。造册呈送該督撫按查覈。并繕黄册一卷。撫臣會奏總數。隨本進呈御覽。仍造清册咨送在京各該衙門。使互相查考。既杜藩臣之欺隱。足覈部臣之參差。由是可知會計整理。稍稍就緒。實在順治七八年。康熙朝大學士張玉書言其出入不相償之狀。實自此年始。徵之實錄。則記載田地、水蕩、畦地之數。徵銀米豆麥草之額。亦由是年爲始。

順治朝徵稅之內容　茲將大學士張玉書所記。總括順治一朝財政之終始。而得其要領者。揭之如次。

從來創業之主。享有勝國之資。不煩征歛。而國用滋富。漢之承秦。唐之承隋。明之承元。皆此道也。惟宋當五代紛爭之後。海內衰耗。稍遜漢唐。然左藏之庫。積金如山。則猶有餘蓄。前明之末。秕政厲民。始以軍興。旁午議加遼餉。繼因民貧盜起。復加勦餉。終以各邊抽練。復加練餉。催科無藝。中外蕭然。迄國朝以仁義之師。入關靖寇。中原赤子。業已百戰之餘。折骸斷骨。內庫帑藏。又已盡罹賊刼。蓋實遺我一空虛之國而已。世祖章皇帝既定大業。袵席疲民。首除三餉。如拯焚溺。繼定賦役全書。一準前萬曆中年舊額。稅歛甚薄。獨是多方未靖。虎旅四征。今年下兩浙。明年定閩。又明年克楚蜀。輦金輸粟。道路相望。當順治八九年間。歲入額賦一千四百八十五萬九千有奇。而諸路兵餉。歲需一千三百餘萬。加以各項經費二百萬。計歲出一千五百七十三萬四千有奇。出浮於入。增餉至三千萬。嗣又增至二千四百萬。時額賦所入。除存留欵項而外。僅一千九百六十萬。餉額缺至四百萬。而各項經費猶不與焉。國用匱乏。蓋視前代爲獨甚。而我先皇帝愛民如子。不忍爲苟且目前之計。額賦以外。未加毫末。汰冗員。抑繁費。躬行儉約。爲天下先。親政以後。在宥十年。未嘗興一不急之工。採一玩好之物。軍需雖繁。悉取給於節省之餘。而發帑金以救凶荒。賜田租以甦疾困。數歲之中。詔書屢降。自古開創之主。寬仁恭儉。未有若斯之盛者也。

當時財政。可由此想像。但可疑者。遷都之初。以何方法支辦餉銀及其他經費耳。順治元年。九月。睿親王之諭文曰。盛京帑銀將取至百萬。同二年十月。朝鮮遵諭送白米七百八十餘石。其殆傾其根本地滿洲之蓄積。以充北京附近駐屯之兵餉。有所不足。則取之朝鮮乎。且觀其前云。未經大兵之地。豁免三分之一。則可知草創之際。雖簿册未具。然徵收錢糧未嘗全廢。順治元年九月。睿親王諭城堡營衞軍民人等曰。爾等但備辦糧草。賫送軍前。此外秋毫無犯。由是可知其兵餉由新領土徵發者爲多。張玉書所謂首除三餉。如拯焚溺者。其恩澤之實際。是否及於民間。殆未易知。順治七年。睿親王以建造避暑城於邊外之故。增徵錢糧二百五十四萬兩。親王死後。停止是項工程。其附加錢糧已徵者發還。未徵者停徵。因恐官吏及徵稅吏等營私舞弊。特姑照原命徵完。而後按照數目。於次年度之正額錢糧除去。至八年。據魏象樞所奏。則有司派征錢糧。皆假手吏胥里役。或被蒙蔽。或通同作弊。朝廷雖有浩蕩之恩。而小民未免剝削之苦。由種種事實。以推其他。則淸人雖極口稱揚順治年間。不加賦額之政策。而實際上人民曾否受惠。不無可疑。

軍費與財政　順治年間。百事草創。財政困難。達於極點。六年。因戶部之奏。謂邊疆未靖。師旅頻興。一歲所入。不敷所出。遂開監生吏典承差等之賣官法。幷給度牒於內外僧侶道士等。（至八年以瑣屑非體廢除僧道度牒一項）幷准以金銀折贖徒杖等罪。同年江南巡撫王國寶以兵餉不足。請旨徵附加稅。其他卽以冗官冗兵之裁汰。爲唯一之節省策。十八年間。此類記事。無歲無之。凡可節省經費之法。靡不研究。至地方進貢土產。亦恐糜費錢糧而停止焉。賦役全書。旣成至十四年重訂。所謂一代之良法。雖已編定。而讀康熙三年之上諭。則自順治元年至十七年。拖欠銀共二千七百萬兩有奇。米七萬石有奇。藥劑十九萬斤有奇。綢緞布匹等項九萬有奇。終世祖之世。支出之數。常超於收入。帝遺詔自罪之項目中。有國用浩繁。兵餉不足。而金花錢糧。盡供宮中之費。未嘗節省。發施及度支告匱。每集諸王大臣會議。除裁減俸祿以贍軍餉。亦無奇策等語。則參照張玉書等過譽之言。亦可略測其實情。至世祖崩後。凡直隸各省之田賦。照明末練餉之例。以順治十八年一年爲限。加派一分。徵銀五百萬兩。以濟軍需。此中情形。尤堪注意。據會典。則順治十八年。天下之田土。五百四十九萬三千五百七十六頃有奇。賦銀二千一百五十七萬六十六兩有奇。糧六百四十七萬九千四百六十五石有奇。每畝賦銀約三分九釐糧一升一合有奇。以較萬曆時田畝之數。已減少二百萬頃有奇。其賦額雖彼以米麥算此以銀兩算。若按康熙四五年之際。江浙二省白糧每石改折二兩推之。則尚不得千餘萬石之價值。（當時民間米價每石不過七八錢故以二兩之銀換算在人民尚爲苛稅）較之明代盛時減少殊甚。康熙帝之言曰。自入本朝以來。外廷軍國之費與明代相彷彿。則其支絀之原不難明晰。未必僅如順治遺詔所自責者而已也。

康熙之初政與三藩之叛亂　順治之末。南方各省叛亂漸就戡定。康熙初年。屢行蠲免租稅。且康熙沖齡踐祚。內庭費用。亦甚節省。（裁十三衙門罷諸種營造）模倣明代之附加稅。亦獲停止。二年蠲免自順治元年至十五年間之民間滯納稅。四年復蠲免順治十八年以前未納之稅。九年免減江南南昌七州縣之浮糧十四萬九千餘石。米折銀十九萬五千餘兩。似此舉動。無歲無之。而財政整理。亦漸就緖。戶部議準給事中吳國龍之奏。直隸各省送京之各項錢糧。自順治元年總歸戶部。至七年復由各部寺分管催收。款目繁多。易滋奸弊。以康熙三年爲始。一切雜項俱稱地丁錢糧。每年正月除分撥兵餉之外。其餘悉解戶部。每省各造簡明賦役册。送戶部查核。至各部寺衙門應用錢糧。各於年前開具數目。次年由戶部支付。仍於年終覈報收解之制。由是漸定。十一年。戶部議准給事中趙之符之奏。謂順治十六年征雲南之際。平西王（吳三桂）與經略巡撫會議。因糧米不敷。以四斛爲一石。徵收至今。現地方已靖。此加徵之兩斛米麥。應從康熙十二年後免除。如是至康熙十二年頃。經各種免除之餘。徵錢至二千五百萬以上米豆麥及六百餘萬。忽遭三藩之叛亂。西南八九省。復爲戎馬之區。據東華錄。則康熙十四年十五年十六年較之十二年十三年徵銀減至四百萬內外。十七年十八年十九年二十年。減至三百萬內外。若詳算其他。則史家所謂減卻天下財賦三分之一。必非夸張可知也。而捐輸助餉之始末。則觀於十六年宋德宜之奏。有曰頻年發帑行師。度支不繼。俯允廷臣之請。開列捐輸。酌便濟時。實不得已。綜計三歲所入不過二百餘萬。其捐納最多。莫如知縣。既至五百餘人。請敕戶部限期停止云。此所以不能不以節省爲急務也。

三藩叛亂與財政之得失　三藩叛亂。不可專以政治上之意味解釋。與財政問題。實有關係。順治十七年。戶部奏曰。計雲南省俸餉。歲費九百餘萬。除歸還滿兵之外。請裁綠營五分之二。三桂不謂然。以爲邊疆未靖。何得裁兵。彼於是唱緬甸諸役。藉以自固。加之閩粵二藩運餉。歲需二千餘萬。近省之轉輸不給。則仰給於江南。絀則連章入告。贏則不復請覈。天下財賦半耗於三藩云。魏源所論者如斯。此則當日時勢。雖三藩恭順自守。亦不得不撤之。以整理財政。故三藩之叛。一時財政。雖非常困難。其實自國計度支永遠規模觀之。不得謂非杜絕一大尾閭也。以籌餉艱難之故。而宮廷知崇尚節儉。亦不得謂非三藩叛亂之賜也。康熙時代。內廷費用。其節省有出人意表者。姑據聖祖所言。則宮中服用。以各宮計之。尙不及明代妃嬪一宮之數。三十六年間。尙不及當時一年所用之數云。康熙二十九年。帝以前明之宮殿樓亭門名。幷慈寧宮、寧壽宮、乾清宮、及老媼之數目。宣示外廷。諭曰。今者天旱。四方呼饑。本欲減少宮人。及所用器物。奈未嘗有餘。故無從再減。爰飭羣臣察閱故明宮中用度。彼等尋奏曰。故明宮中每年金花銀九十六萬九千四百餘兩。今悉充餉。每年自光祿寺送內使用者二十四萬餘兩。今僅三萬兩。每年木柴二千七百八十六萬餘斤。今僅六七萬斤。紅螺炭一千二百餘萬斤。今僅百萬餘斤。各宿之牀帳輿轎花毯之屬。二萬八千餘。今俱不用。故明之宮殿樓亭門名。七百八十六座。今則不及十分之三。至各宮殿之基址牆垣。甎用臨清。木以楠木。今則禁中修造。非不得已。僅用普通甎木而已。除慈寧宮外。乾清宮妃嬪以下。合計使令之老媼洒掃之宮女。僅一百三十四人。可謂至少。不特爲三代以下所無。實爲三代以上所未有。三十九年九月。工部奏銷算雜工修理錢糧之際。帝曰、一月以內之雜項修理費銀。至三四百萬兩。殊覺浮多。明季宮中一日之用。萬金有餘。今朕交附於內務府總管應付之銀。一月僅五六百兩。幷一切賞賜。不過千金。以前光祿寺所用之銀。亦甚浮多。朕爲節減大半。工部情弊尤多。嗣後凡應修理之處。宜以司官筆帖式奏請派出。每月支用錢糧。其詳細分晰。詳細造册具奏。若三年之內。或有塌壞。應令賠修。如是則工程堅固。而錢糧亦不至妄費。四十五年十月。諭戶部曰。國家錢糧。理當節省。否則經費必至不敷。每年有正項之蠲免。有河工之費用。必大加節省。方有裨益。前光祿寺每年用銀一百萬兩。今僅十萬兩。工部一年用銀二百萬兩。今僅二三十萬兩。是較之前朝。十省其九。及於末年。更爲減少。光祿寺年用四五萬。工部年用十五萬餘。四十九年。諭大學士曰。萬曆以後。所用內監。有曾在御前服役者。故明季事蹟。朕知之最詳。明朝費用甚奢。興作亦廣。一月之費。足爲今日一年之用。其宮中脂粉錢四十萬兩。供用銀數百萬兩。世祖登極。始悉除之。紫禁城內之砌地磚橫豎七層。一切工作。俱派民間。今則器用樸素。工役皆以現金雇用。明季宮女至九千人。內監至十萬人。飯食不能普及。日有餓斃者。今則宮中不過四五百人而已。明季宮中用馬口柴紅螺炭。至以數千萬銀計。俱取之於昌平等州縣。今此柴僅供天壇焚燎之用而已。據此則內府用度之節省。大略可見矣。

康熙朝之蠲免租稅　據會典。則康熙二十四年。天下之田土六百七萬八千四百三十頃有奇。糧四百三十三萬一千一百三十一石有奇。此與東華錄所引實錄之數。微有差異。據實錄。則三藩平定之後。賦銀加增至二千六百餘萬兩。米麥豆至六百三十餘萬。逐年增加。至康熙五十年前後。賦銀殆至三千萬。據四十八年之諭。則自此以前。庫貯不過二千萬。至是戶部之庫銀存貯五千餘萬兩。時當承平。既無用兵之費。又無土木工程。朕每年經費。極其節省此庫存銀兩。幷無別用。去年蠲免錢糧八百餘萬兩。而存貯尙多。因思從前恐內帑不足。故將外省錢糧盡收入戶部。由今觀之。未爲盡善。天下財賦。祇有此數。內贏則外必絀。若以部庫一二千萬分貯各省庫中。則於地方似屬有濟云。是年有旨。因欲將康熙五十年天下錢糧概行蠲免。使諸臣會議。大學士張鵬翮奏。自康熙元年起至於今日所免錢糧共萬萬兩有餘（卽一億萬兩）云。此戶部有册籍可查者。又四十四年。大學士等奏。自康熙元年以來。所免錢糧數目九千萬有奇云。由此參酌觀之。必非空言可知。尋諭。自康熙五十年始三年以內。天下錢糧通免一周。遠近均霑德澤云。如是三年中所免地丁糧賦新舊合計已三千八百餘萬。初凡稻穀例不蠲免。因臺灣有穀無銀。巡撫黃秉中請幷除之。

會計檢查法亦漸就緒　會計檢查法亦漸次嚴密。康熙十七年定各省擅動錢糧之處分。唯關於用兵刻不可緩者。則一而具題（卽明記動支款項）。一面動用。其有浮冒軍需者。以貪官論。二十三年。因督撫侵呑庫帑。特命廷臣詳議條件以聞。先是戶工二部咨取錢糧二三十萬者。僅以咨文往取。並不奏聞。至四十五年。始命將咨取大小款項。月終彙奏。四十八年諭曰。光祿寺歲用二十餘萬兩。工部自四十五萬至百萬兩。雖較前略省。然委官於未估計之先。領銀備用。浮支肥己。弊竇殊多。嗣後當十五日一次將委官姓名及支給銀數上奏。又工竣銷算有遲至十年十二年。稽延作弊者。嗣後銷算有逾一年者。卽奏聞罷斥云。四十八年以前。

光祿寺供應宮中之用度。每年銀七十萬兩有餘。漸次節省。今一年僅需七萬兩。理藩院每年賞賜供應外藩賓客。需銀八十萬兩。今裁減浮費。一年止需八萬兩。戶工兩部。每年用錢糧過多。今十日一次。使將用過數目奏聞。所需錢糧。已爲極少云。其清釐內外財政。詳密如此。故五十年以後。五十二年。免天下明年之房地租稅一年。兼除逋欠。是年。又免山西河南陝西之西安等府今年之田租。五十四五年。再免直隸之田租。免各省屯衞之滯徵銀二百三十九萬。漕項銀四十九萬。則半除之。時太倉之粟有餘。詔以陳粟四百三十餘萬石。格外賞給官兵。五十七年。以西邊軍興。免陝西甘肅兩省明年地丁一百八十餘萬。頻年供應大兵之地。屢有蠲免之事。而中央庫帑。亦未嘗甚形匱乏。但各省之虧空錢糧者。猶未能免。五十九年。定虧空錢糧之條例。然六十一年之諭。有蕩平三藩之時。原任湖廣布政使徐惺用。所用兵餉。至四十餘年。尚未能清完等語。由是觀之。則當時之疏闊。可以推知。雍正帝卽位之始。首發之財政諭文。卽在嚴查虧空。與胥吏中飽。亦實不得已也。

第三十三章　康熙大帝

●●●論治亂之數　大亂之後。必繼以平和。自萬曆以降（西一五七三——一六一九）至於康熙初年。（西一六八〇）五十年間。變亂殊甚。禹域人民。實已厭亂。而亂離原因。固由於外患之不絕。實則漢人對於明代政治。亦已生厭惡觀念。故甚欲破壞現狀也。崇禎中。江淮之民謠曰「朱家麵李家磨做得一箇大糢糢送與對巷趙大哥」朱家謂明朝李家謂闖賊李自成趙家謂愛親覺羅氏其稱之爲趙氏者因相傳清廷國姓爲趙氏故也無何昔日民謠竟成事實彼等內紛之餘果舉錦繡江山送與鄰敵爲趙大哥之清廷其得之之易實與「投牡丹餅於已開之口」無異彼等入關之初卽懷此意故藉口仁義之師受此一大贈品觀於順治之際屢次聲明則彼等決非爲戰而來實爲享平和而來決非爲破壞現狀而來實爲恢復秩序而來云吾人觀彼等旣入北京首爲崇禎帝舉哀示以倫理綱常之可重幷約以回復萬曆初年稅率以除苛政之根本則不得不謂彼等實深知國家治亂之關鍵與能善乘時機也此必非盡出於睿親王范文程等之遺策彼年少有爲之順治帝亦能善體此中奧義實尤可歎賞也特帝不幸夭折未能發揮其材能德器遂將其事業傳於其嗣子玄曄（聖祖）

幼時之機略　順治六歲卽位康熙八歲卽位其事雖屬偶然亦不得謂非朝廷之危機且順治遭睿親王死後之政變而康熙亦有誅戮權臣鰲拜之事鰲拜於世祖之朝屢建戰功歷封公爵方帝卽位之初內與大臣蘇克薩哈同爲輔弼大臣並加太師之號彼恃帝年幼冲專恣自肆毫無忌憚帝早知其橫暴屢欲乘隙殺之康熙八年帝年十六託辭練習布庫之戲招集內庭多數少年幷於其中密選强有力者以備萬一而鰲拜尙未之知一日如例

入內正謁康熙。忽爲布庫小兒所擒。鰲拜雖奸。然事出意外。莫可如何。十餘小兒竟將鰲拜送致外庭。元惡既誅。內外震慴。

好學之天資　帝以誅戮權臣。發揮非凡之材能。而其教育專講宋學。尤宜注意。康熙師傅諸人之中。當推河南湯斌爲主。而舉行經筵日講。以磨勵帝之德器者。當歸功魏裔介。此固非始於聖祖之時。然得舉日講之實。則實由於帝之卓越之精力與好學之天資。日講之始。隔日一開。帝以人主臨御天下。未有不以講明學理爲先務者。故隔日進講。尚未滿足。遂令學士日日進講。帝嘗因修葺宮殿之故。移居於大內之瀛臺。諭曰。予當赴瀛臺暫居數日。進講不可略有間斷。講官其日來瀛臺。如常進講云。三藩之亂。北京內外無殊戰場。帝曰。當此多事之時。乘間進講。不誤軍事。凡精神工夫。若不間斷。裨益身心。良非淺鮮云。翰林院答曰。機務繁重。請隔日進講。帝不聽。曰。軍事或數日一至。或數日連至。不可以日限計。其仍每日進講。以慰朕惓惓嚮學之意云。由帝言徵之。則帝於丁年。四書五經。既已熟讀。既而喜閱資治通鑑。通鑑詳於前代得失。甚有益於治道云。帝十七八歲之際。以讀書過勤。致患咯血。而讀書之事。猶不肯廢。蓋帝之好學。非以學問爲塗飾耳目之具。實以學問爲主。權者所必需也。至日講時刻。帝初以未明出御。聽各部奏事。既畢。始臨經筵。中年以後。則先進講而後奏事。講官侵曉。即宜入內。

內聖外王之學　帝對於講學之觀念。實欲將古人所稱天子之意義。加以學問。躬行實踐。帝以天子之位。爲最高之名譽。居此位者。不可不有最高之德器。兢兢業業。不敢稍懈。彼對於羣僚。則曰。尋章摘句。詞藻華麗。非帝王之本。對於講官。則曰。爾等以經書進講之時。莫非內聖外王。修齊治平之道。每講之時。必詳詢敬聽。學問無窮。決非空言。惟當躬行實踐。庶於所學。方有裨益。爾等其無隱諱眞義。以助予好學進修之意云。康熙二十三年。南巡泊舟燕子磯。夜至三鼓。猶不廢讀。侍講學士高士奇。請少節養。帝告之曰。予五歲卽知讀書。自八歲踐祚。輒以大學中庸之訓詁。咨詢左右。必求得大意而後。予心始覺愉快。日日讀書。必字字成誦。從不肯自欺。及四子書既已通貫。乃讀尙書。於典謨訓誥之中。體會古帝王孜孜求治之意。卽欲使古昔治化。實現於今。及讀大易。觀象玩占。於聖人立教垂世之精心。予皆反復探索。必使中心理會。無纖毫扞格。深味古今義理。足以愉悅我心。予之不覺疲勞。以此故也。豈有他哉。此種言論。有如出自醇儒語錄。乃竟出自奴酋愛親覺羅氏之兒孫。能不令人生意外之感耶。帝於歷代帝王之長短。知之旣悉。對於明末諸帝。每鄙其不德。嘗曰。予自沖齡。遇事好問。明時太監。予皆及見。明末之君。目不識丁。遇進講之日。垂幔聽之。事無大小。一任太監。生殺之權。歸於此輩。亦何足怪。萬曆天啓之時。亦何嘗不舉經筵。特存其虛名而已。果何裨實用乎。

提倡宋學　帝之學問。以實心求實理。得於宋學者實多。此非帝之創想。蓋當有明末葉。北方學者。咸排斥陸王學之空疏故也。吾人於湯斌學術。其影響於帝者。果有幾何。固未能確言。特彼之宋學。曾博帝之篤信。決無可疑。帝欲以一日之學。應用一日。一月之學。應用一月。故深望學問與實際不相背馳。帝解釋天時人事之關涉。亦必徵驗於實理。康熙二十八年。南巡。臨江寧觀象臺。顧學士李光第曰。郭守敬儀器之不行於今。在不知恆星與天體共動而已。古昔史志之曆法。多不可信。如熒惑退舍之說。天象垂成之理。固有之。若果退舍。則後來推算。以何積算云。朱子學說。凡天文、地理、樂律、曆數、俱非泛然空論。皆能確見其所以。予嘗細爲尋繹。雖欲求毫釐之差。亦不可得云。彼於康熙五十一年。尊崇朱子之功。配祀聖廟。可證吾人想像之非誤。當時有一朝鮮學者。謂帝之尊崇朱子。非眞心信服。實一種權術而已。彼蓋察天下之人心。窺當時之趨向。於是呼號天下。謂朱子之道。卽帝室之家學。其實彼何嘗識朱子之學問。要不過利用朱子學說。以鉗天下之口。以避夷狄之稱而已。試觀彼雖一面尊崇中土儀文。而一面仍不改滿洲舊俗。果何爲耶。以上評論。固未可盡非。蓋事實上實有此種傾向也。於是抱反對清朝之思想者。幷朱子之學術而詆斥之。而阿附之徒。則皆潤飾考亭。以求仕官矣。

西洋科學之尊信　熱心於窮理格物之康熙帝。僅僅支那固有之學術。未能滿足。而當時舉居留北京之耶穌敎士研究科學。實以梅文鼎之家學爲基礎。文鼎於明末與王錫闡同以精於中西天文幷算術音律稱。有著述二十九種七十四卷。他年帝所撰述之數理精蘊。曆象考成三角形論等。咸以此爲基本。帝既就學於文鼎之孫瑴成。康熙二十八年。復引耶穌敎士徐日昇 Pereira 張誠 Gerbillon 白進 Bouet 安多 Antonius 等於內廷。使日日輪班進講西學。彼等皆能深識滿洲語言。故敎授測量法、算學、天文、人體解剖、物理等學、不覺困難。其中張誠、則帝或旅行。必命隨從。或每日或隔日必命進講云。帝之尊信西學。不以一己之耳目爲滿足。且欲應用於政治焉。帝嘗命南懷仁 Verbiest 創設偉大之觀象臺於北京。因此設備既成。得頒康熙永年曆法。對於占驗風雷之事實。嘗曰。予嘗立一小旗。占驗風向。幷命直隸各省報告起風下雨之時刻。由是知北京起西北風之時。山東起東南風。又攷驗雷聲。不出百淸里以外。不如礮聲之遠達於二三百淸里。前於蘆溝橋試驗。當時天津皆嘗聞之。此甚驗也。由此察之。亦可略識帝之性行趣味矣。

爲公僕之康熙帝　帝既努力以修養。復勵精以圖治。嘗於晚年述其自信。一生血誠。盡情披瀝。茲錄其大略如次。

從來帝王之治天下。未有不以敬天法祖爲首者。敬天法祖之實。在柔遠能邇。休養蒼生。以天下之心爲心。以四海之利爲利。寬嚴相濟。經權互用。以圖國家久遠之計而已。自古得天下之正。莫如我朝。太祖太宗。初無取天下之心。當兵臨北京之際。諸大臣會奏。咸曰當取。太宗曰。方今取之甚易。但念及中國之主。則不忍取云。後流賊攻陷京師。崇禎帝自縊。臣民相率來迎。乃翦滅闖賊。入承大統。由是觀之。則彼亂臣賊子。非爲眞主驅除乎。今予年將七旬。在位五十餘載。天下粗安。四海承平。雖未能移風易俗。家給人足。但孜孜汲汲。小心敬慎。夙夜未敢少懈。數十年來。殫心竭力。有如一日。豈僅勞苦二字所能該括。前代帝王。或享年不永。後世史論。輒以爲酒色奢侈所致。此皆不過書生好爲譏評。雖純全盡美之君。亦必決摘瑕疵而後快意。予其爲前代帝王剖白。蓋天下事繁。不勝勞憊所致。諸葛亮嘗曰。鞠躬盡瘁死而後已云爲人臣者。僅一諸葛亮而已。若如帝王仔肩甚重。無可旁諉。豈臣下所可比擬哉。爲臣下者。可仕則仕。可止則止。年老致政而歸。抱子弄孫。猶得優游自適。爲人君者。一身勤勞。了無休息。舜雖曰無爲而治。然身沒蒼梧。禹乘四載。胼手胝足。終於會稽。所以如此。皆勤勞政事。巡行周歷。不遑寧處也。豈可謂爲淸淨自持。崇尙無爲乎。易遯卦六九。未嘗言及人主之事。可見人主原無宴息之地。足以退藏。彼鞠躬盡瘁。正此之謂也。昔人每曰。帝王當舉大綱。不必兼親細務。予心殊不謂然。一事不謹。則貽四海之憂。一時不謹。則貽千百世之患。不矜細行。終累大德。故予每遇一事。必加詳慎。今日留一事不理。明日卽多一二事。若明日再圖安閒。後日必愈壅積。故予之蒞政。不論鉅細。卽奏章之內有一訛字。必加改正而後發出。蓋遇事不忽。天性然也。豈必從不親細務之言哉。予自幼強健。筋力頗佳。能挽十五力之弓。發十三握之箭。雖用兵臨戎之事皆優爲之。然平生未嘗妄殺一人。平定三藩。掃淸漠北。皆出於運籌之一心。戶部之帑金非用兵賑饑。未敢妄費。蓋謂此皆小民脂膏也。所有巡狩行宮不施采繢。每處所費不過一二萬兩。較之河工歲費三百餘萬兩。實不及百分之一。予之苦衷血誠。一如上述。予每覽老臣致仕之奏。未嘗不流涕。蓋爾等皆有退休之時。朕獨何時始得休息乎。予年五十七。方生白髮數莖。有以烏鬚藥進者。予笑而卻之。蓋伊古以來白鬚皇帝曾有幾人。予若鬚鬢皓然。豈非萬世美談哉。顧初年與余共事者。至今已無一人矣。

試詳玩以上之言。恐雖民主政治之首領。亦不敢以如此自信之談。公然宣示於人也。帝之治世。亙六十餘年之久。失政雖所不免。然通觀大體。則實能將其自信日夜淬勵者也。若以帝之理想言之。則君主實一公僕。既有無限之責務。尤須不斷之努力。其勤勞程度。誠千百倍於常人。明夷待訪錄所載原君之意義。得如帝其人者。庶幾近之。禮親王嘗語吾人曰。仁皇（康熙）臨御六十餘年。凡一切起居飲食。均有常度。未嘗更改。雖酷暑燕處。從未免冠。約而言之。帝實深明入關本義。而採取最良方法。以爲支那保護者。平和保護者也。如是朝乾夕惕。不敢懈怠。欲使支那人所理想之君主。實現於一躬焉。帝以雄大之氣宇。與秀拔之智能。生平志願大半告成。此實清朝光輝之事業。亦近世中國之最大事業也。

第三十四章　清俄關係之始

黑龍江之種族　黑龍江之名。至遼代始現。古汎稱黑水。黑龍江岸之住民。概稱通古斯種。雖間有蒙古種。然不占重要。通古斯種分爲通古斯。鄂倫春。瑪湼克爾等諸部

一　通古斯人　西人特稱爲通古斯者。概居尼布楚附近及松花江沿岸其尼布楚附近者於一千六百五十三年。（順治十年）酋長根忒木爾率移滿洲一千六百六十七年。（康熙六年）復轉於因古塔水域。遂爲俄清交涉一問題。

二　鄂倫春人　亦作鄂倫奇。鄂倫古。俄倫春。鄂魯春。有廣狹二義。狹義之鄂倫春人。爲居於黑龍江上流及河口左岸之人民廣義之鄂倫春人爲瑪湼克爾、滿琿人等之通稱。

三　瑪湼克爾人　居鄂倫春之東鄰。卽自黑龍江上流至精吉里江一帶。

四　索倫人　居精吉里。額爾古納兩河之間。其部族分爲多科。喝勒達遜。穆丹。都孫。烏爾堪。德篤勒。博木博果爾。喀木尼堪。海倫。郭博勒。額爾圖。額蘇哩。瑚爾布爾。沃埒。烏魯蘇。塞布哥。阿里。岱克。音裕爾。根固。濃昆。都倫。烏蘭。諸屯。鐸陳。阿薩津。雅克薩。多金等諸城。索倫之名。有時爲達瑚爾鄂倫春之通稱。在此際。除却黑龍江下流實爲江

岸一帶住民之通稱。傳云。索倫驍勇。巧於騎射。故江岸之民皆假其名以自壯云。但其眞否未能確定。

五　達瑚爾人　亦稱達呼爾、打虎兒、達瑚哩、達呼等。居耶布魯諾衣山之東。額爾古納精吉里及黑龍江岸。至十七世紀後半。移居於松花江岸。及其近傍之黑龍江水域。

六　呼爾喀人　亦作虎爾喀。或稱諾雷部。俄人稱之爲阿其泱人。或稱之爲那篤奇斯人。不可與居於朝鮮國境附近之瓦爾喀相混。其住所爲松花、烏蘇里、黑龍、三江匯流之處。博和哩、諾爾噶勒、都里達蘇、大小噶里達蘇、綽庫禪、能吉勒、赫哲喀喇諸屯。皆別出於呼爾喀者也。

七　滿琿人　居黑龍江之下流。及松花江沿岸。

八　費牙喀人　亦作費雅喀、飛牙喀、斐牙喀。居黑龍江下流之左岸。

九　奇勒爾人　居費牙喀東北濱海之處。

大約居處之地。已如上所揭。惟彼輩俱爲追逐水草而轉移之人民。故時而變動。在所不免。支那人因其日常使用之動物。爲之區別如左。

一　使犬部　呼爾喀、滿琿、黑龍江下游之鄂倫春。

二　使鹿部　費雅喀、奇勒爾、上流鄂倫春中之在東部者。

三　使馬部　上流西部之鄂倫春。

四　魚皮部　指呼爾喀之赫哲喀喇屯而言。因其民以魚皮爲衣服。故云。

征服索倫　清廷始用兵於黑龍江。實自太祖朝。但當時未有占領之目的。天聰八年五月。索倫部頭目巴爾達齊。率所屬四十人來朝。獻貂皮一千八百餘張。崇德元年。鄂爾春部之葉雷、舍爾特庫、巴古奈、土古奈等。盜蒙古科爾沁占巴拉及秉圖王部下之馬。且殘害人民。於是發寧古塔卦勒察之兵。使士謝圖、哩克圖二親王。協力平之。是年十二月。太宗賜宴於朝貢諸外臣。黑龍江諸部。列於其班者六十屯。清廷之威。漸振於江岸。適値索倫部之博木博果爾叛。於是興兵討之。威信益著。索倫部民俗慓悍驍勇。冠諸部。其中博木博果爾尤爲傑黠。故江岸城屯。多附和之。先是崇德二年閏四月。始來朝貢。翌年十月。復獻貂皮。旣乃據雅克薩以下五城而叛。樹黨集衆。互相呼應。抗清廷者十有餘屯。四年十一月。太宗命索海、曹海薩木喀等八將。率兵往討。清兵至呼瑪爾河。部署旣定。分道而進。其中鑲藍旗之兵。次於烏蘭海倫屯。五年三月。攻喇里闌地方之鐸陳、阿薩津、雅克薩、多金四城。薩木什喀與宜孫將之。城堅難拔。梅勒章京葉克舒等往援。放火於雅克薩城。始獲陷落。進迫烏庫勒城。達爾布尼、阿恰勒都、瑚伯庫、都漢必爾岱等。集七屯之衆。善爲防守。力攻一月。終陷其城。復圍鐸陳。適聞博木博果爾率兵六千來援。乃撤其圍。退往尼爾蘇屯。使索海伏兵中道。要之博木博果爾之兵。果陷於伏兵。狼狽而逃。清兵追擊。大破之。奪其營。維時清之別軍亦至。欲會師於薩木什喀中道。爲鐸陳、阿薩津、二城兵士四百人所阻。復討破之。遂攻桂喇爾屯。屯內有索倫兵五百。清將索海奮勇前進。奪其柵。擒六千六百餘口。於是諸屯望風而降。但索倫雖略定。而博木博果爾尙未就誅。是年七月。太宗復遣錫特庫、什喀、率護軍及外藩之兵往討博木博古爾。博木博古爾遁奔蒙古。錫特庫躡踪追往。至齊洛臺地方。始就擒。并獲家口千餘人而還。於是索倫遂全爲清之藩屬。

再征呼爾喀部　崇德七年三月。太宗命護軍統領阿爾津、吟寧阿等。征混同江之呼爾喀。取博和哩、諾爾喝勒、都里、達蘇三屯。降大小噶爾達蘇、綽庫禪、能吉勒等屯。俘虜二千七百餘口。八年十一月。復遣梅勒章京鄂羅塞臣、巴都哩、略呼爾勒。翌世祖順治元年正月。復遣甲章喇京沙爾琥達於其地。五月。兩師凱旋。於是黑龍江全境悉歸清。有朝貢不絕。先是清廷征伐索倫、鄂倫春、呼爾喀之際。每收其俘虜。分隸八旗。稱之曰新滿洲。

俄人發見黑龍江　俄羅斯人。當十五世紀之終。建設西伯利亞第一殖民地於烏拉爾山麓。自是擴張領土。益向東方。其發達之速。殊爲可驚。西曆一五八七年（清太祖丁亥年）置「獨布兒斯科」府之基礎。實爲西比利亞之重鎭。馬首東指。前進益速。自一六〇四年至三十八年。三十餘年間。「獨木斯科」（一六〇四清太祖甲辰年）「噎義洗斯科」（一六一九天命二年）「雅庫次克」（一六三二天聰六年）「俄何次克」（一六三八天聰十二）等諸府。忽出現於大地。當是時也有哈薩克隊於一六三六年。天聰十年自獨木斯科。遣往「阿爾鐺」河遠征。忽於途中聞黑龍江之名。益復東進。一六三九年。遂達俄何次克海。由通古斯人種。舉關於黑龍江之情形。詳細報告。同年自「噎義洗斯科」往「伊居母」河探險之「馬科斯、俾利噓利噎符」等。復於途中發見什耳失耳喀河。且知是河下流乃注於黑龍江。迄彼等齎此報告而歸。俄人遂由是漸知有一大河浩浩蕩蕩。橫亙南方。而江岸居民咸甚殷富。沿岸各地天產尤豐之種種風說。亦傳播於各方。一六四三年崇德八年七月「雅庫次克」知事「得彼兒彼野魯播其鼓魯仍」遣「巴西徠、吠耶兒可夫」率百三十人至黑龍江探險「吠耶兒可夫」Poyakoff 卽自「徠那」河溯「阿爾鐺」河。越「市他諾吠伊」山。達精吉里江。而達於達瑚爾人之部落。然吠耶兒可夫天生性質獰猛兇惡。所有土人及其部下。莫不怨恨。饑渴離叛。屢告困難。幸得下精吉里浮黑龍江。達於河口。度歲於費喀牙人之村落。而徵土民之貢。一六四五年順治二年之秋。航俄何次克海。自烏底河口上陸。更跋涉山河。歷盡艱辛。始於翌一六四六年順治三年還雅庫次克。

哈•吧•魯•夫•之•探•險•　旣而吠耶兒可夫之探險。益惹起俄人之注意。與其好奇心。因於一六四六年。發見往黑龍江之捷路。遂有三年後哈吧魯夫 Khabaroff 之遠征。哈吧魯夫一冒險家也。嘗來西伯利亞。以農耕及製鹽爲業。億則屢中。富至巨萬。聞黑龍江沿岸地盡膏腴。天產豐富。雄心勃勃不復可禁。欲自往略之。乃請於「雅庫次克」知事「獨冷市倂可夫、」願以私財爲遠征費用。且納貢物。既得知事之特許。遂於一六四九年（順治六年）自伊利木斯科出發。同行僅七十人。於止嶷兒斯科度冬。翌年達黑龍江。順流而下。至什耳喀額爾古納兩河交會之處。與索倫人戰。進迫雅克薩城。十一月十一日陷之。是戰哈雖未失一兵。然蒙傷者三十人。哈吧魯夫自知如斯進行。終難告成。爰留部隊於雅克薩城而自還「雅庫次克」初請知事借兵一千六百名不允。再三懇請始得狙擊兵二十一名。大礮二門。彈藥若干。復募義勇兵數百十名。至翌年春再赴黑龍江。於雅克雅河口建雅克薩塞 Albaxin 是歲更沿流東進。略沿岸之索倫部。燒多金城。遂達松花江會流之點。攻呼爾喀人。更於其地築呼爾喀塞。以爲越年之準備。更派分隊百人溯黑龍江。掠奪糧食。呼爾喀人乘虛來襲。哈吧魯夫督兵七十邀擊。大破之。敵知難抗。乞援滿洲。翌一六五二年（順治九年）四月寧古塔章京海色率兵二千來戰。塞兵死守奮鬭。是年哈吧魯夫再溯黑龍江。於卓倫奇（庫倫奇）山邊適逢自莫斯科派來之應援隊「徐企義、飛雷布夫」等一百八十二人。即合兵上進。達精吉里江。以事而去者百二十人。乃度冬於呼瑪爾。先是俄政府聞黑龍江畔毫無檢束之遠征隊橫暴不堪。知任此輩占領土地。毫不顧及。深爲不利。於是廷議決遣大軍鎭撫黑龍江一五五二年。授兵三千與「伊盤伊拜彼其、魯吧諾夫、魯斯渡布施可」親王。使爲遠征軍之總督。使「西摩芋荷湖」率兵一隊先發。西摩芋荷湖。以三月自莫斯科出發。翌年八月。達精吉里江。與哈吧魯夫相見於河口。以齎來之金牌授之。幷傳勅命。使還本國。以探險之情形上奏。於是哈吧魯夫。留兵士駐劄。而與西摩芋荷湖同返莫斯科。敍功列貴族。任爲徠那河上之村落監督。至今「氣冷市科」附近。尙有哈吧魯夫村。以傳其不朽之功業云。

俄人肆行剽掠 先是哈吧魯夫既居江岸。於一六五二年冬。特派使者往莫斯科乞援。使者沿途布散流言。曰黑龍江一帶金銀礦產。遍地皆是。牛馬羊貂。逐處爲羣。土地膏腴。居民豐裕。衣服宮室。俱鏤黃金。眞人間之寶庫。世界之樂國云。以是遠近喧傳。以訛傳訛。國內無賴之徒。夢想奇利。欲僥倖於萬一。一時樹黨結隊。千百爲羣。咸向黑龍江進發。沿途剽掠殘酷。萬狀傷害人民。莫可計數。如是者三年。及俄政府置稅關於荷徠科馬河上。嚴行監查出入。始漸告平。黑龍江之土民。苦於俄人之掠奪殘暴。爭遠竄他鄉。以爲避難。江畔一帶殆無人煙。如通古斯人之酋長根忒木兒者。本游牧於「泥爾斜」河附近。今亦率其所屬。逃赴滿洲。就諾敏江邊而居焉。是時黑龍江之探險隊。因哈吧魯夫既去。乃以「施代吧懦夫」Stepanof 繼其後。當統率之任。從西摩芋荷湖齎來之勅命。築城塞於精吉里、預爾古納地方。耕作播種。貯蓄糧食。以爲遠征大軍到著之準備。詎知因土人遁走之故。無端而失自活之途。加以哈薩克兵酷嗜冒險殺伐。至如耕作。及平和勞働。非其所能。卒之雖奉命。令未能實行。一六五三年。（順治十年）冬。哈吧魯夫自黑龍江順流而下。達松花江口。掠奪糧食。更轉棹至烏蘇里河口。翌一六五四年（順治一一）春。自該處出發。上溯黑龍江。僅行三日。適遇清之輕車都尉明安達哩。率兵三千。循江而下。以衆寡不敵。彈藥略盡。不能發礮而退。

施代吧儒夫之窮困。　先是「噎義洗斯科」知事「泊西庫湖」授「徘格渡湖」以哈薩克兵百人。使往色楞格河探險。遂於一六五二年六月出發。翌春溯色楞格河而入「噓露庫」河。更進而達當時與該河相通之「伊爾額」湖。是冬自因古塔河入什耳喀河順流而下。築砦於河岸而居焉。特土人既已逃亡。糧食遂告匱乏。同行中以欲投「施代吧儒夫」而去者達三十人。「徘格渡湖」知不可支。遂率殘兵二十四人往投施代吧儒夫。適遇於黑龍江。遂合兵前進。至呼瑪爾河口。築塞而居。塞內建寺院。以爲持久之計。兵數約五百人。翌一六五五年（順治一二）三月。尚書明安達哩率兵一萬來攻。塞兵竭力防禦。斷食禱神。以勵志氣。死守不降。如是者二十日。適清兵餉匱。解圍而去。「施代吧儒夫」亦棄塞而去。至松花江口。適遇自「噎義洗斯科」運糧往「額爾古納」河之「泊孝情」等一隊。遂合軍下黑龍江。徵貂狐之貢於費牙喀人。翌年春。再溯流至松花江口。是時糧餉益乏。蓋江畔人煙既絕。雞犬亦稀。荒煙蔓草。莽莽蔽空。惟餘一二廢瓦頹垣。點綴此茫茫大地而已。無物可掠無食可奪。雖有橫暴凶殘之哈薩克軍隊。至是亦無可如何。而欲俟大隊遠征軍更如大旱之望雲霓。然天之厄人不一而足。無端而一片詔書。忽從天降。前途事業。竟成夢幻。詔曰。大隊遠征軍暫不派遣。爾等其黽勉努力。開闢新疆。至清人衝突所宜力避。對於土人宜善慰撫。剽掠之事。尤宜嚴禁。躬耕力役。糧餉自足云。彼慓悍之施代吧儒夫得此詔後。其失望爲何如。固概可想見矣。吾人觀之詔書所云者。言之匪艱。行之維艱。蓋俄人殘酷爲日已久。無端而侵畧他人土地。屠戮無辜人民。奸淫擄掠。橫暴凶惡。江岸人民莫不含恨切齒。欲醢其肉而歠其血。雖勢力微弱。不得不忍氣吞聲。然磨劍以俟。密圖復讐。設有機可乘。則必一雪數年之怨恨。固意中事也。懷柔土人。實夢想而已。況乎清人之平定黑龍江。實在崇德年間。臥榻之側。不容他人鼾睡。今忽有他人侵其疆域。其能袖手旁觀耶。故兩國之衝突。決無可免之理。如詔書所云。一方命往侵略。而一方復希冀平和。必不可能。固不俟論。且屯田者。定居之謂也。彼俄人以眇然少數之千里懸軍。深入敵地。未蒙大害。出入自在者。善乘虛也。今乃欲擇一定之地。作駐屯之區。與黑龍江土人爲敵。與滿洲清人爲敵。既須自衛。復須侵略。既須力作。復須撫綏。左顧右盼。以圖占領之全功。豈可得哉。故俄皇之詔書。實不啻宣告施代吧儒夫之自滅也。其後一年間。施代吧儒夫杳無消息。至一六五八年春。施代吧儒夫始自呼瑪爾河口出發。下黑龍江口。至松花瑚爾哈兩江口之間。忽遇寧古塔章京沙爾瑚達率船四十五艘。溯江而上。俄兵百八十人。狼狽喪膽。未及接戰。棄船登陸。乘隙逃遁。施代吧儒夫以殘兵三百二十人。奮勇戰鬬。因衆寡不敵。或被殺戮。或爲捕虜。得以身免者。僅四十餘人。施代吧儒夫亦死於是役。

建設尼布楚城　先是施代吧儒夫正居松花江口。困於飢渴之際。嘘義洗斯科知事泊西庫湖 Parhkoff 亦組織遠征隊。遣往什耳喀河。泊西庫湖雄才大略。迥出常人。初遣「俾開獨夫」往色楞格。繼遣「波孝情」赴額爾古納。嗣是屢遣使赴黑龍江上游。窺探險要。視察形勢。蓋在彼之意。實欲達一根據地於江源。而後漸次推廣。經營各地也。至是欲親往前進。實行宿昔之計。乃請於政府。得蒙允許。取糧餉於「伊利莫斯庫」。取彈藥於「獨布兒斯科」。帶黑龍江總督之印綬。以一六五六年（順治一三）七月十八日。率五百六十六人。自「嘘義洗斯科」出發。翌年夏。渡伊爾額湖。度歲於湖岸。一六五八年（順治一五）。達什耳喀。建一砦於尼布楚河口。據而守之。此實爲黑龍江重鎭之尼布楚府 Nerchinsk 之濫觴也。泊西庫湖當尼布楚工事未畢之先。命部下士官「拍打拍夫」。率兵三十人。下黑龍江。往會施代吧儒夫。分部兵百人。守尼布楚。自以餘兵。城於雅克薩。「拍打拍夫」奉命。於是夏下江。中途遇施代吧儒夫逃兵百八十名。始知施代吧儒夫之戰役。乃引兵而還。但此種逃兵。奪拍打拍夫之輜重而逃。并無一人來投泊西庫湖者。於是泊西庫湖之計略。全歸畫餅。且一六六〇年（順治一七）寧古塔將軍巴海來討。戰於古法檀村。大敗。至翌年終。遂不得不移營於伊爾額斯科。自後雖暫留少許之守備兵於尼布楚砦。未幾皆逃竄而去嗣是至一六六五年。（康熙四年）黑龍江上無一俄兵。江岸之民。暫得安居。

建設雅克薩城　俄人侵略黑龍江。至一六六一年。既經挫折。嗣後數年間。俄人消息。闃然無聞。無何俄人再來之警報。忽復傳來。先是有波蘭人「尼氣獨兒且而古波斯忌」者。坐罪流至西伯利亞後爲「且情斯庫伊」殖民地長官。兼爲「烏斯獨孤庫伊」山製鹽監督。一六六五年。（康熙四年）因事與「氣冷斯庫」知事「荷波禾夫」結怨。遂殺之。率其徒八十四人奔黑龍江。中途爲通古斯人殺害者五十人。是冬「且而古波斯忌」等達雅克薩。築城爲守。徵貢於索倫土民。且四出剽掠。由是俄人來集者日多。漸致隆盛。清廷於是知事機已迫。乃徐修兵備。適有雅克薩人八十餘名。入索倫掠奪貂皮。姦淫婦女。遂遣將軍巴海往討之。雖殲其衆。然尚未攻雅克薩城。當時尼布楚城。亦自一六六九年。（康熙八年）由「托爾波新、阿爾新斯忌」等竭力經營之故。復爲俄人占領。二城互相呼應。聲勢漸振。是年清廷議興大軍。乘江凍往討。以路遠不果。翌一六七〇年。（康熙九年）康熙帝致書尼布楚。詰其暴狀。令速離黑龍江。城中主將。知羽毛未成。未可與清人戰。遂欲暫徇帝意。隱瞞一時。乃遣密魯瓦諾赴北京。告以除貿易商業之外。不敢有他意。并獻方物。清廷素以中華自居。僅知古來藩屬之入貢。未嫻國際交涉之禮儀。故曩一六五五年（順治一二）及一六六八年（康熙七年）俄帝遣使至北京。請修好。皆以爲投誠來朝。今復得俄使來書及奉獻物品。更視爲歸順之左證。遂厚遇之。使孟格德送使者赴尼布楚。會守城主將先是通古斯酋長「根忒木爾」不滿意於清廷之待遇。於一六六七年。自滿洲逃去。至是遣還。幷誓約以後不納逋逃。遂許俄人貿易。詎知非惟不履行前約。且乘清人對於北邊注意稍怠之時。漸次征服附近之通古斯人。至一六七一年。及二年。（康熙十一年）且移殖無數農民於雅克薩附近。建設村落。開拓土地。以爲持久之計。至是清廷始悟俄人之眞意。乃於一六七一年。命巴海嚴邊疆之守備。毋陷俄人之狡計。一六七四年。（康熙一三）自吉林移水師分駐黑龍江地方。益加警備。是時俄人知中國防備已甚周密。若欲肆志。殊非易易。甚欲乞援於中央。無如本國正與波蘭交戰。邊疆之事。未暇顧及。於是欲設奇計。惹起注意。遂揚言曰。清廷大軍駐屯雅克薩附近。目今形勢非常危急云。俄廷聞是風說。果大驚懼。遂送二千人與雅克薩。且應該城兵士之請。赦且而古波斯忌等之罪。使抗清軍。（一六七二）然當時俄國國情。究不能常注意於東方。且聞雅克薩兵士四出剽掠。結怨土民。長此肆行殘暴。必益害清廷感情。若一開戰端。則不特貽累於本國。而終局之勝利。仍歸清廷。黑龍江一帶既得之地。勢必完全喪失。於是廷議一變。於一六七五年（康熙一四）遣「尼庫來、伊施怕華力科」（亦作尼果來尼果賚）往北京。請締交修好。通商貿易。力買其歡心。以彌縫一時。

使者以翌年七月（清六月）達北京。清廷答曰。俄國若能堅守誓約。不寇我邊陲。且還我逋逃之根忒木爾。則允所請。尼庫來伊諾之歸途。致書於雅克薩城。命嗣後其無航行於黑龍江下流及精吉里。幷毋徵土民之貢。然雅克薩人野心勃勃。雖有此命令。未能顧也。自一六六七年。至一六八二年。（康熙二一）仍築城塞於諸處。其中顯著者如次。

一六七八年（康熙一七）　精吉里江上流　一處 Old Zeisk

一六七九年（康熙一八）　西里摩居河口　一處 Selimbinsk

篤隴遮河口　一處 Dolonskoi

一六八一年（康熙二十）　精吉里河口　一處 New Zeisk

一六八二年（康熙二一）　安摩公河上　一處 Ust Nemilenskoi

以上所列。其在精吉里河口者。距愛琿僅半日。滿洲人民多來互市。此外俄何次克海濱。尚有清人謂爲北海。羅刹所建之圖瑚爾斯克。及烏底斯克塞。由是俄人盤據黑龍江左岸全境。清俄疆界。除沿海州而外。殆無異於今日。康熙二十一年（一六八二）八月。帝與郎談等之諭文中。實有一節如次。

羅刹犯我黑龍江一帶。侵擾虞人。戕害居民。昔我兵進討。未能剪除。歷年已久。頃聞蔓延益甚。過牛滿、恆滾諸處。至赫哲、飛牙喀等虞人之處。殺戮不已。

所謂羅刹者卽俄人也。由是可知當時俄人之發達。

頻陷俄塞。清俄關係。屢瀕破裂。屢行彌縫。雖未大生衝突。然兩國間橫亙一種低氣壓。逐年醞釀。不至結爲一大颶風不止。先是清廷有三藩之亂。自康熙十二年(一六七三)以來。戎馬倉皇。頻年不絕。塞北邊防。未暇注意。然至十七年。(一六七八)吳三桂死。二十年。(一六八一)臺灣鄭經沒。國內既得小康。遂欲乘此時機。勦滅俄人。二十一年(一六八二)八月。帝乃遣副都統郎談、及公彭春。率兵赴達瑚爾索倫。致書尼布楚。托名捕鹿。密薄雅克薩。藉覘敵情。兼視察水陸舟車之便否。十二月。郎談等歸奏。曰取雅克薩甚易。發兵三千已足。於是命寧古塔將軍巴海。副都統薩布素。建木城於愛琿、及呼瑪爾之地。發烏喇、寧古塔之兵一千五百人守之。翌二十二年(一六八三)夏。巴海兵至愛琿。於溯河約二英里之島上。建一木城。分兵鎭守。而俄人剽掠依然不改。是時「安摩公」寨有「伏魯魯夫」與俄何次克府俄人。協力剽掠侵犯附近使犬使鹿諸部。閏六月。「迷兒義可乎、」率兵六十七人。自雅克薩出發。欲合兵侵掠。途經精吉里河上。適遇清之戰艦五百六十餘艘。狼狽登陸。棄船而逃。清將使告「迷兒義可乎、」謂將有所問。請來相見。彼遂往見。清兵伏起。生擒「迷兒義可乎」等三十餘人。餘兵僅以身遁。告急於「洗利餅斯科、篤隴斯科」二塞。俄兵大驚。棄寨而遁。未幾清兵鼓噪而來。放火焚二塞。直襲精吉里寨。悉擒寨兵。翌二十三年。(一六八四)東方之圖瑚爾塞。亦爲薩布素之兵所陷。

「伏魯魯夫」知不能自保。乃航海退守烏底斯克。於是俄人諸塞。悉被蕩平。惟雅克塞城。獨立江畔而已。

清廷要求俄人離雅克薩　清廷旣與俄人開小戰鬬。而攻擊雅克薩之整備。亦著著進行。康熙二十二年（一六八三）三月。遣盛京刑部侍郎噶爾圖寧古塔副都統瓦里虎等。視察遼河及伊爾門河。以松花江伊屯倉收儲軍餉。四月。派理藩院尚書阿穆瑚瑯。赴烏朱木秦。派阿達哈哈番馬刺。赴索倫預備軍需。命將軍巴海鎮守烏拉。命副都統薩布素領兵駐額蘇里。尙未進討。而秋光已老。薩布素等奏曰。方今礮具軍糧。輸運不便。若欲進討。甚爲困難。且大雪凍結。用兵不便。故今冬擬暫駐額蘇里。俟來年四月。堅冰旣解。然後往攻雅克薩。廷議許之。以愛琿爲征討雅克薩軍之作戰區域。設置驛站。增修船艦。以便運輸糧餉。又別於蒙古科爾沁部之漠爾渾屯建設屯倉。儲積軍餉。且清廷於孜孜準備戰鬬之際。放還捕虜之俄人二名。致書雅克薩。勸使撤去。書之大略曰。

前遣孟格德等至尼布楚。曾與爾約。以後毋得收納逋逃。并將往年逸出之根特木兒使歸於我。乃爾竟背前約。潛入我地。擾害我達爾瑚、索倫。焚刦我斐雅各奇勒爾。今特命將出師。永駐額蘇里。爾若離我邊境。還爾故土。而以逋逃來歸。則已。否則我亦納爾逋逃。即往來之人亦必擒而戮之。

十二月（一六八四年一月）書達雅克薩。守城主將。「伊般、波伊魯克義可夫」Ivan Voilochnikof 集衆會議。皆曰死而後已。乃即派人往噎義洗斯科乞援。而抗拒來命。不爲稍屈。

俄人俟清兵　雅克薩兵。日候清軍來攻。乃待之既久而不至。於是乘間耕種附近土地。修築舊日城壁。更於城外新設木欄。置哨兵五人於昂古黑河山巔。朝夕瞭望。然固有之城。本極狹隘。所謂牙城者。僅四間至二十間內外之木壁（每間約合六尺）繞之者不過小隍鹿砦而已。今雖大加修築。重施土木。變更規模。亦不過五十步百步之差。問其人數。則僅小銃三百支。大礮三門而已。據蕞爾木城。守彈丸小地。內無精兵。外無大援。乃欲與清之大軍相抗。其勇敢雖足嘉尚。而成敗已可豫知。守城兵士。能無恐懼。其差强人意者。聞救援軍隊已向此地出發耳。先是有普魯西貴族「阿華、耐霸伊通」者。曾從軍波蘭。爲俄所捕。流往西伯利亞。聞雅克薩之急。欲往援之。乃於「獨布兒斯科」募集哈薩克兵六百人。自率向雅克薩。欲以翌年正月。爲達到之期。是時噎義洗斯科。亦應雅克薩之請。輸送兵糧。既已登途。於是當兩軍汲汲準備戰鬪之際。一六八四年。已告歲暮。而中俄兩國。一決雌雄之一六八五（康熙二十四）年。轉瞬已至。

雅克薩之陷落　康熙二十四年（一六八五）正月。北京朝廷命都統公彭春等。督兵赴愛琿。與薩布素協力勦撫雅克薩。四月。設驛站於雅克薩、墨勒根間。以避經額蘇哩、愛琿等處通信往復之不便。五月二十一日。薩布素、彭春等。以水陸軍一萬八千。野戰礮百五十門。攻城礮四十門。進迫雅克薩。翌二十二日（一六八五年六月二十三）致書於守城主將「亞歷克追、土耳波驚」Alexei Tolbusin 勸之投降不應。乃於二十三日。分兵兩路。列礮攻城。城兵死戰防禦頗力。然城中壘壁破壞漸甚。喪失兵士已及百人。城僧「噎爾摩額」深恐軍氣沮喪。手捧十字架高呼上帝。挺身勵衆。然外則援兵未到。內則糧食將盡。覩此情形。實屬無可如何。乃勸土耳波驚退往尼布楚。二十五日（二十六日）遣使往城外約降。幷請收軍還尼布楚。清將許之。遂於卽日出城奔回尼布楚。唯副將巴什里等四十人。不欲歸去。投於清軍。「土耳波驚」等行未一日。途遇尼布楚兵百人。護大礮五門。小銃三百支來援。且曰。霸伊通既達尼布楚。數日之內。必來救援云。棄城而遁。遺恨千秋。俄兵切齒。雖悔何及。及俄兵既去。清兵乃焚燒雅克薩唱凱而還。移愛琿城於黑龍江右岸三英里之下。留副都統温岱納秦。以兵二千守城。別遣馬喇督五百人司屯田耕種之事。以足兵食。薩布素則駐紮於新築之墨勒根城。總攬黑龍江全境之兵務。

俄人再建雅克薩城　雅克薩陷落之報既達。清帝大喜。環顧侍臣。甚爲得意。孰知捷音到達清廷之日。卽俄人恢復雅克薩城之時。尼布楚府長官「伊般波拉速夫」者。性豪宕不羈。以雅克薩之敗爲俄人之恥。土耳波驚等歸來未及數日。卽派兵七十。探清軍之動靜。俄兵於七月九日。（八月九日）卽雅克薩陷落後十七日。復至其地。惟見四野蕭條。杳無人跡。僅廢壘殘壕。尙餘戰蹟而已。乃以清兵既退。還告長官。於是命「霸伊通」率部下二百人先占雅克薩。次遣兵六百七十人護大礮八門再推土耳波驚爲城將。分任各業。收穫田禾。再築城壘。城以木夾造之。實以草根泥土。塗以土沙。寬二丈八尺。高二丈。三面繞之以壕。壕外設樁鹿角。無何而俄兵再現之報。復達清廷。康熙帝之痛心爲何如哉。帝卽遣理藩院郎中滿丕等赴索倫偵探敵情。滿丕等既赴索倫。命土酋烏木布爾代等使部下假稱納貢。以窺雅克薩之動靜。既而俄兵疑焉。亦欲窺清軍之動靜。乃使霸伊通率兵三百人。視察江岸。康熙二十五年（一六八六）一月二十七日。霸伊通等於呼瑪爾河口。適遇滿洲兵四十騎。向齊齊哈爾方面進發。乃追之。殺三十人。擒一人。由是始知清廷正值準備再征。遂益嚴雅克薩之守備。更貯足糧餉。維時守城兵數。亦復加增。總計有七百三十六人。野戰礮八門。臼礮一門。炸彈大小五百箇。莫不扼腕頓足。欲一雪前日戰敗之恥。是時清廷戰備亦著著進行。二月。帝命薩布素增修船艦。親率兵士往駐愛琿。一俟冰消。卽發烏喇寧古塔水陸兵士。前往勦蕩。四月以兵部副都統郎談、班達爾沙、馬喇等熟諳黑龍江地理。命赴愛琿參贊軍務。四月十六日。（七月六日）薩布素等率陸軍三千。舟師一百五十艘。進迫雅克薩。刈其田穀。奪其船舶。築營於雅克薩對岸島上。及額爾格納河兩岸三處。與雅克薩相距四百碼。若自礮臺計之。則相距僅六十碼而已。既而兩軍相持。礮戰八旬。七月十四日。（九月一日）清軍奮勇。肉薄城下。欲一舉而拔之。忽被城兵逆襲。殺傷無算。然是月土耳波驚。忽中敵彈。身負重傷。加以城中疫癘流行。死亡相繼。迄於八月。尚能戰鬭者。僅百十五人而已。然俄人桀傲性成。雖當此慘澹之境遇毫不爲屈。清將雖屢以箭射書入城。以放還條件。勸使投降。俱頑然不應。而密派人往尼布楚乞援。乃「波拉速夫」以有他故。不肯應援。於是雅克薩之運命。遂危在旦夕。幸是時中俄兩政府。締結和約。既已告成。康熙帝布告休戰。雅克薩得免於難。十月。清軍撤圍。移陣於三俄里之外。許雅克薩人自由出城。且嚴令士卒。勿加暴行。翌年四月。清軍更退數里。至七月二十三日。始全行退去。

媾和之原因　中俄兩國。衝突於黑龍江上。已亙數十年。怨恨既深。牢不可拔。無端忽有媾和之議。初聞之。殊足驚訝。然試將兩國情形。詳爲觀察。則其原因決非偶然。茲先就俄國言之。自十五世紀末葉至十六世紀中葉。「伊般、巴西魯意支」及「伊般、德利波爾」父子相繼在位。曾經蒙古人蹂躪之帝國。始復爲一統。北討瑞典、波蘭。南略欽察。東攻西伯利亞。又復遙航白海。與英通商。國勢漸振。乃曾幾何時。四分五裂。不可收拾。龐然俄國。復陷於無政府之狀態。迄十七世紀之初。「米哈也兒、非荷鴦魯尾其」自「羅馬諾平」家入承大統。始稍統一。然國勢衰微。頗不易振。至一六四五年。（順治二年）「亞歷克西施」卽位。當是時。通觀俄國內情則正承數十年間紛亂之後。各種弊根。牢不可破。田園荒蕪。商業衰頹。財源涸竭。生民流離。權臣柄政。妄肆威福。加以列强虎視眈眈。伺隙而動。稍一不愼。卽遭呑併。加以當時歐洲各國內政、外交、軍政諸機關。漸次擴張。各傾財力。利用新知。各不相下。競爲準備。財政窮乏。勢所難免。於是在上者既橫征暴歛。在下者遂怨恨嗟歎。俄人雖云溫順。至是亦不復能堪。不平之氣。屈鬱既久。各地人民。行將爆發。是年果有乘僞「獨米特利」之機而起亂者。繼復有哈薩克之騷擾。自一六五四年順治一一至一六六〇年。又與波蘭搆難。滿目瘡痍。尚未全愈。而一六六八年來。國內復分二派。獨立黨則爲土耳其波蘭之後援。王黨則助莫斯科政府。二黨傾軋。紛擾不休。至與土波兩國。復啟戰端。迄次王「菲荷篤兒」政局稍定。而「菲荷篤兒」死後。外戚爭權。復生糾紛。伊般、彼得兄弟。並立稱王。其姊蘇菲亞。乘機專政。至一六八九年康熙二八彼得既幽蘇菲亞。而自握政權。乃振其怪手腕。統一俄羅斯。整頓內政。經略四鄰。俄國富强之基。實開於當日。然國內紛爭。年年不絕。實無用武於東方之餘地。故帝雖非不欲擴張其版圖於黑龍江方面。奈力有不及。不敢施設。惟有一任西伯利亞諸府。自行計畫。自圖進行而已。以故俄國冒險家。各憑自力。侵略黑龍江地方。而淸俄衝突。遂基於是。當是時也。俄國政府。既不欲放棄其既得之黑龍江地方。而欲進與支那一決雌雄。則勇氣實力。均知非敵。此不得不以姑息手段。彌縫一時也。一六五五年順治一二及五六年順治一三一再遣使北京。懇請修好。一六六九年。(康熙八年)復遣密魯瓦諾來朝。然或以不行叩頭拜跪之禮。或因不奉清朝正朔。屢被申斥。仍於一六七〇年(康熙九年)及七六年(康熙一五)遣吏來朝。而歷次來朝。無不以希望兩國平和有無相通爲請者。然俄人侵略得寸進尺。遂於雅克薩生大破裂。而俄國政府既無可彌縫。維時若繼續戰鬬。則清兵雄壯。必占勝利。由是屢經辛苦多年經營之西伯利亞南方一帶。亦恐或生危險。不得已乃派專使提議媾和。

清廷亦欲媾和。　翻觀清廷內情。則其不能注意邊陲。與俄正同。康熙帝平定三藩。瘡痍未愈。且時値創業。勵精圖治。內外事業實甚繁雜。啟釁他國。精力外分。不利更無俟言。故攻雅克薩之際。先示以書。命速退去。不應始行力討。卽敵人力盡乞降。亦皆放之使去。不加屠戮。僅以燒城爲滿意。不取置兵鎭守之策。因是之故。雅克薩之征討。竟歸徒勞。此固不得謂非清廷之大失策。然其常冀和平。力避與俄國衝突之眞意。不已彰然若揭耶。其他如優待捕虜。或授以官。或於北京畫定區域。允其建寺拜天。又如於再征雅克薩之際。以荷蘭使節之介紹。以與俄分境。勿相踰越之意。傳達於俄等諸種舉動。亦莫非希望和平之意也。當清廷正欲與俄確定疆域。互守和好之際。忽値二十五年九月。俄使「尼氣呼爾邊奴庫夫」(米起佛兒魏牛高)「伊般花花露芽」(宣番法俄羅死)二人。奉國書至北京。請解雅克薩之圍。指定適宜地點。會集兩國使臣。協定邊界。以免爭端。清廷許之。使官吏數名偕「花花露芽」赴雅克薩。宣告休戰此後俄之全權公使「果魯囫」Golovin 自途中遣使者「伊般落機懦夫」往北京報告起程時自清廷既得是報始將雅克薩之清軍全行撤去

媾和使節出發　一六八六年（康熙二五）一月俄國特命全權公使陸軍大將「菲荷德兒亞歷克稅維捄果魯囫」Feodor Alexeiiuch Golovin 尼布楚知事「伊布安謹波拉速夫」Ivan Zin Vlasof 及秘書官「洗兗庫兒匿氣」Semön Kornitski 等率兵一千五百人自莫斯科出發經噎義洗斯科摩謹斯科諸府翌八七年（康熙二六）夏抵色楞格斯克先是「果魯囫」既出發即遣「伊般落機懦夫」Loginof 赴清廷報告起程期日至是復遣隨員「施諦諷戈魯囫」往北京報告到著期日且乞選定會見之地清廷即選定色楞格斯克爲會見之地旋於翌一六八八年五月三十日（康熙二七年五月二日）派全權大臣索額圖率兵一千騎往議定界之事同行主要人物如次

欽差大臣	內大臣	索額圖
同	都統公國舅	佟國綱
同	尚書	阿爾尼
同	左都御史	馬齊
同	護軍統領	馬喇

同　　督捕理事官　張鵬翮
通譯官　宣教師　徐日昇（德馬士俾徠伊拉）
同　　同　　張誠（稅爾彼龍）

臨發。帝親授訓諭。七月十八日。（六月二十日）次於喀爾喀之古勒阿祭拉漢。偶覩道上有襁負遷徙之士人。愈進愈多。詢之則皆曰準噶爾之噶爾丹來寇。國王敗奔云。蓋準噶爾爲厄魯特四部之一。位於喀爾喀之西。未入清朝版圖。土酋噶爾丹。自立稱汗。倂吞他部。屢侵喀爾喀。勢頗猖獗。於是索額圖等。慮前途梗塞。不能完其使命。乃上書待命。帝使退駐汛界地方。七月二十三日。（六月二十五日）遣索額圖參領索羅和博洛河泰員外喇喜往尼布楚。請將報告遲延之書。轉致在烏謹斯科之果魯伆。而退還國境。以待答書。九月八日。使者賫「果魯伆」之書歸曰。若如來諭。則今歲終不能相見。今歲余亦權於境上度冬。謹俟來歲再圖會見。且予卽當派使北京。使者既到。當以會見期日及指定地點相告云。索額圖等遂還。

清使再出發　翌一六八九年五月十三日。（康熙二八年閏三月二十四日）果魯伆之使者既至。卽定尼布楚爲會見之地。六月十三日。（四月二十六日）遣索額圖等前往。帝復諭之曰。宜以尼布楚爲兩國境界。但俄使若懇求尼布楚。則以額爾古納河爲界亦可云。帝復命薩布素等調黑龍江兵一千五百人。由水路赴尼布楚。會索額圖。既而清廷使節。以七月三十一日。（六月四日）達尼布楚。列陣於什耳喀河畔。烏喇愛琿之兵。亦已駐於河岸。與附隨使節之兵。合計約得三千。此外尚有使節護衞兵。及從僕隸役之屬。總計殆將一萬。先是黑龍江之兵。既達尼布楚。卽圍其城。擾其田園。作攻擊之狀。藉以示威。至是守城將士。遣使來訴。清軍乃令舟師遠移。以示無他。清軍守候二旬。俄使尙未見至。迄八月十八日。七月三日俄使既來。乃約以二十二日為會晤之期。

會見之準備　兩國使節。先協定會見之條款如次。

一　會見所設於尼布楚 Nerchinsk 與什耳喀河 Shilka 之中央。

一　會見之日。兩國使節。各帶隨員四十人。

一　兩國皆出兵五百。俄則列戰陣於城下。清則列戰陣於河岸。

一　兩國使節之護衞兵。各以二百六十人為限。除刀劍之外。一切武器。均不許攜帶。

會見所分為二部。兩國各用其一。俄以土耳其所產極華麗之毛氈。為天幕。中央設兩使節之桌。蒙以波斯所製金絲燦爛之絹。桌上置精巧之時計。及高雅之文具。桌後設安樂椅。為兩使座位。桌側有一机。為秘書官席。清之天幕。極其樸素。幕內設一大盤。上置七使節之坐位而已。此外徐日昇、張誠之坐。則設於兩國使節之間。略近於清使之處。隨員之班次。則設於各使節之後。

初次會見　八月二十二日。果如所約。中國全權公使。則渡什耳喀河。軍容堂皇。擁護衛兵。而赴會見所。俄國公使。亦以軍樂隊爲前列。奏嘹喨之樂。徐徐而來。既而座定。俄使先開言曰。嗣後其以黑龍江爲兩國境界。彼此不得相侵。清使拒之曰。黑龍一帶。至色楞格左岸。原屬清國版圖。土民朝貢。年年不絕。自俄人至後。蠶食我境域。侵害我權利。故俄國宜將雅克薩、尼布楚、色楞斯格等處。及其全體屬地。奉還清國。俄使不應。堅持前議。第一日之會議。竟一無所決而散。

二次會見　翌二十三日。復爲第二次會見。是日以一蒙古人爲通譯。蓋前日之會。俄使厚待徐張二宣教師。極爲勤懇。清使見之。甚爲不平。恐其或與俄使私通。故易之也。然蒙古通譯。語言極拙。雙方意思。不能貫徹。致所議之事。殊難進行。俄使先駁清使之主張曰。前日會見。清使謂自尼布楚以下之地。俱係清屬。其證據安在。若有確證。請速見示。否則任意出言。殊無謂也。清使辭窮。乃曰。俄若切望尼布楚、及色楞格斯克。則我不敢拒。但此乃貿易之地。毋得駐兵。俄使笑答曰。貴國若不畋獵於茲土。則自茲以往。吾人其庶得安枕乎。仍持前議。欲以黑龍江爲國界。清使大怒。蹴席而起。欲收幕而去。

兩國使節之交涉　二十五日。俄使齎果魯圖之書而來曰。會議不成。請詳記兩日會議之始末。以賜余等。俾得復命於吾皇云。清使拒之。是時宣教師等。見戰雲日急。深恐兩國平和。

或致破裂。爰於兩使之間。竭力調停。旋往訪果魯囫曰。關於黑龍江以北之地。清廷意向。雖非我等所深知。然無論如何讓步。亦必恢復雅克薩之地而後可者。清帝之勅命也。俄若不讓。將釀不測之禍云。果魯囫尚未答。次日遣使指大地圖中。斯塔諾威（在大興安嶺）之山嶺。及額爾古納河 Argun 之江心。欲以爲兩國國界。翌二十七日。以宣教師爲使者。派赴尼布楚。詢問俄使。對於清廷決定之答復。是否亦表同意。果魯囫尚欲堅執。不允讓雅克薩。於是清使大怒。欲一舉而陷尼布楚。戰雲暗澹。形勢日急。兩國之國交。卽將破裂。

兩軍戰鬭之準備　二十七日。宣教師等既歸。清廷使節。乃集隨行官僚。水陸將校。開大會議。既決議。乃圍尼布楚城。并煽動附近土民。使背俄人。更派兵五百。刈雅克薩之田禾。於是清之大軍。陸續渡河。天色微明。俄兵望見清兵動靜。始倉皇增設礮臺。築造牆壁。出兵城下。扼守要害。增置哨兵。加意戒嚴。然俄人自知力弱。不足制勝。遂於是夜。派使赴清軍。請再會見。且言曰。開議之初。俄國未嘗無讓雅克薩之心。但清廷要求。殊不得當。勢成騎虎。故致拒絕云。二十八日。果魯囫、復遣使往告。願以額爾古納河爲兩國境界。將雅克薩悉行讓與中國。惟此際不得築雅克薩城。且俄人之居於額爾格河以外者。宜任其安堵云。清使尚未應允。旋於此日。渡什耳格河。布陣於距尼布楚約十餘町之山中。俄使見清軍決心甚堅。乃復遣使清軍。謂凡清廷所要求。均將應允。惟大約條款。須先議定。請將宣教師送入城中。以便商議。清使以俄人狡詐。恐將乘隙。固其防禦。且誘出教師。恐有奪去之虞。堅不允諾。再三懇請。始決派張誠一人前往。張誠遂入城。議定大體而歸。

條約之確定　二十九日。俄使要求於條約上附加條件如次。

一、嗣後自中國致俄帝之文書。必記載俄帝尊號之全文。即或不然。亦宜記載其略號。且文中不可用表示兩皇帝尊卑不同之文字。

一、兩國使節互相優待。其所持國書宜親手捧呈於皇帝。

一、兩國臣民一切商業均得自由。

清使答曰。第一項及第二項因未受訓辭。不能承諾。且中國向未派使節於他國。更無須有自國使節之規定。況以爲人臣者而議定皇帝親書之文體。於義亦殊未當也。惟清廷必優待俄國使節。則吾人所能力保者。其安心焉可。至第三項之要求。雖無甚異議。然吾人實爲協議國家疆域而來。乃於處理疆域之際。忽間以商業貿易之事。吾人甚覺其不倫云。至九月四日。俄使復提起八月二十八日之要求。請擔保不建築城壘於雅克薩之約。清軍原無築城之意。然至是乘機報復。堅不肯應。維時有昔日曾被俄國征服之喀爾喀諸部。率其所屬。往投清軍。清軍威勢。遂以日盛。俄國若冥頑不靈。堅執己意。不肯讓步。反抗中國。則清軍一舉。即將屠城。故俄使心怯。不敢强項。遂悉依清使之言。決以九月七日交換條約。

交換條約　一六八九年九月七日。（康熙二十八年七月二十三日）清朝欽差大臣索額圖等率騎兵一千五百名。隨員數十人而赴。是日特設之條約交換所。旌旗蔽日。金鼓振天。什耳喀河上之風雲。一若爲之增色者。是日清使之服裝。俱衣一式朝服。皆鏤金絲龍紋。金光燦爛。威儀堂皇。俄使亦衣大禮服。峩冠金帶。容貌肅肅。佩劍鏘鏘。步兵二三百人。擁於前後。騎馬樂隊。奏樂前行。既至交換所。按席坐定。兩國使節。各展約文。署名捺印。誓不背約。然後交換。交換既畢。相擁爲歡。以表友誼。迄宴會既畢。握手相分。則時已黃昏矣。

該條約分書滿、俄、拉丁、三種文字。共六項。茲參酌諸書。揭其全文。

一、將由北流入黑龍江之綽爾納河。卽烏倫穆河相近格爾必齊河爲界。循綽爾納河上流不毛之地。有石大興安以至於海。凡山南一帶流入黑龍江之溪河。盡屬中國。山北一帶之溪河。盡屬俄羅斯。烏地河以南。興安嶺以北。中間所有地方河道。暫行存放。俟各還國察明後。或遣使。或行文。再行定議。

一、將流入黑龍江之額爾古納河爲界。河之南岸。屬之中國。河之北岸。屬於俄羅斯。其南岸之眉勒爾客河口。所有俄羅斯房舍。遷移北岸。

一、將雅克薩地方俄羅斯所修之城。盡行除毀。雅克薩所居俄羅斯人民及諸物。盡行撤往察漢汗之地。

一、凡獵戶人等。斷不許越界。如有一二小人擅自越界。捕獵偷盜者。卽行擒拏送各地方該管官照所犯輕重懲處。或十人十五人相聚持械捕獵殺人掠搶者。卽行正法。不以小故沮壞大事。仍與中國和好。毋起爭端。

一、從前一切舊事不議。外中國所有俄羅斯之人。俄羅斯所有中國之人。仍留不必遣還。嗣後有逃亡者。不許收留。卽行送還。

一、今既永相和好。以後一切行旅有准令往來文票者。許其貿易不禁。

他有附約三條。雖不甚重要。然爲備參考。特從則爾比倫日記中轉譯之。

一、關於兩國疆界之一切紛擾告終。和好既定。兩國須確守前記之諸項。

一、兩國皇帝首席之全權公使。互以二條約副本蓋印。

一、爲維持兩國親交之紀念。以滿漢俄拉丁四國語之現條約全文。勒之於石。建於兩國境上。

兩國使節之贈答及歸國　翌九月八日。（七月二十四日）果魯囫以精巧之時表、望遠鏡、銀製之器皿、貂衣贈於索額圖。其他之使節。則贈以時表、鏡面、刀劍、各有差。索額圖答以馬具一套、馬二匹、金盃二、遮麻絲克絲製之衣服八件、絹三十二卷等物。復以其他同樣之物品贈以下之俄人。先是條約之交換既畢。果魯囫卽遣急使如雅克薩。命守將霸依通速撤退。已而清兵從水陸兩路歸。破壞雅克薩而去。果魯圀則於去尼布楚之先。修築城壁。分軍隊之一半。駐紮於尼布楚、色楞格斯克、及呼境斯克Udinsk。歸來以功列男爵。任爲輜重統監。於是亙四十年。兩國不能解決之疆界紛爭。至是告終矣。中國因此條約。殆占全勝。迄後愛琿條約締結時。凡百七十年間。黑龍江殆無俄人之蹤跡。但根特爾木一件。中國之要求未成。因根據條約第五條。全爲俄國之臣民故也。

第三十五章　外蒙古之併合

喀爾喀九白之納貢　在明代統一蒙古之達延汗諸子。多移於今之內蒙古。獨其季子留於杭愛山之故土。遂爲喀爾喀札薩克之祖。格埒森札有七子。彼等分領萬餘之諸部。稱爲喀爾喀。分左右翼、與東、西、中、三路。車臣、札薩克圖、及土謝圖三汗。世分掌之。太宗之天聰時。既平定察哈爾。出使者於漠北告捷。車臣汗碩壘。則與烏珠穆沁等諸長。共送駝馬來通好。一面說察哈爾部勿歸滿洲。速來漠北。此事見於睿親王討察哈爾時。兩部通交之文書中。崇德元年。太宗引察哈爾戒彼等。碩壘遣使前來。請絕明廷之交易。次年獻馬、甲冑、貂皮、雕翎等。中有俄製之鳥銃、回回之武器等。太宗命勿貢他物。每歲納白馬八、白駝一、謂之九白之貢。順治三年。蘇尼特部之額駙騰機思者。與攝政王不協。碩壘乘機誘之附己。騰機思乃挾太宗之公主北走。攝政王命豫親王等。會外藩蒙古之兵。大破連軍於漠北之歐克特山。

迎還公主。遂渡土拉河。擒其家口牲畜十餘萬。從土拉河而回。更東破土謝圖、車臣兩汗。次擊破碩壘之親兵。騰機思甚窮迫。翌歲與喀爾喀之諸汗。奉表謝罪。復九白之貢。順治十二年。三汗及賽音諾顏部長丹津喇嘛各遣子弟如北京乞盟。世祖遂設八札薩克焉。

準噶爾部崛興　喀爾喀之根據地。爲杭愛山之北。鄂爾坤、土拉之流域。當其西方者。有準噶爾部之大集團。準噶爾者。乃十三世紀之初。游牧於尼塞河上流之謙河邊之斡亦剌後裔也。彼等當蒙古强盛時。常服屬之。及明初。有部長瑪哈木者。一時雄視於沙漠之南北。嘗與成祖爭衡於土拉河上。瑪哈木有子名脫歡。驍勇不讓其父。殺科爾沁祖魯台。併諸部。其子也先。遂南下犯明。擒正統帝於土木堡。也先死後。遂不振。及達延汗出。全然服屬。當時稱爲衞拉特。準噶爾者。其一部也。游牧於伊犂之谷地。其在淸朝也。則與游牧於伊魯吉思河上流之杜爾伯特。游牧於塔爾巴哈地方之土爾扈特。及游牧於烏魯木齊之和碩特等。共稱爲四衞拉特。西人之指彼等爲噶爾迷克者。乃對於吉里吉思人之衞拉特之稱呼。或又稱爲西蒙古。云當十六世紀初。有部長巴圖爾琿台吉者。慓悍而凌壓諸部。土爾扈特部長先率其部。經吉里吉思之曠野。走入俄境。移牧於窩爾加河。和碩特之移於靑海。似亦在此時也。塔爾巴哈之地。原隸於杜爾伯特。而有素未著名之輝特部代居之。仍稱爲四衞拉特焉。

巴圖爾琿台吉據伊犂　威制杜爾伯特、輝特兩部之巴圖爾琿台吉。取伊犂定爲根據地。出兵於伊魯機思方面。妨制在該地俄人之經營。有時與在賽顏山、烏布寨地方之蒙古阿爾但汗。屢屢交兵。及十六世紀初。可薩克首領巴西力門者。奉俄帝美加也爾弗阿托爾比其之命。由答臘經吉里吉思至阿爾但汗之幕庭。阿爾但汗之使者。又至莫斯科。此皆爲牽制準噶爾之運動故也。且阿爾但汗與俄國之關係。從西曆一六一九年至一六三二年。已經中止。然旋又回復。一六三四年。耶庫由加九思克、及布魯西那二人。由唐思克至阿爾但汗之幕庭。阿爾但汗答之。於一六三五年。遣使於俄。進獻貂皮。其要求報酬之諸物中。有銃工之品目。又俄國遣司但、凡庫拉查尼、阿至阿爾但汗之幕庭勸降時。汗因防備噶爾毋克所必要。要求護身用之小銃二具。所謂噶爾毋克者。即指準部言也。

噶爾丹之立　巴圖爾琿台吉之死。在一六六〇年前後。嫡子僧格繼父業。二庶兄爭奪遺產。殺之於擾亂中。其子索諾木阿拉布坦嗣立。噶爾丹者。僧格之同母弟也。先彼奉仕於西藏達賴喇嘛之處。喇嘛聞其兄僧格被殺。遂使彼歸伊犂。當時伊犂已受喇嘛敎。則對於久在拉薩而沐達賴之榮如噶爾丹者。固將大爲歡迎。於是噶爾丹利用此機。遂臨噶爾毋克之全部落。殺其二兄。弒阿拉布坦。自爲準部之長。

西套之合併　和碩部特從烏魯木齊移於青海。前已言之。部長固始汗能用兵。復烏魯木齊。併前藏之哈木留其子鎮西藏。固始汗死。其姪車臣汗之鄂齊爾圖入西套爲和碩特汗。稱爲四衛拉特汗西藏先藉和碩特之力平除內亂漸厭彼等之干涉至是達賴剌嘛所新設之政務官（第巴）曰桑結者與噶爾丹交厚遂欲引準部以驅逐西套之勢力於西藏外。噶爾丹可謂得一好機會矣。康熙二十六年彼遂調集甘肅甘州之南山一帶番目襲西套。殺其汗併其衆。自稱爲四衛拉特汗。雖然忌噶爾丹之桀鷔而逃於鄰地之靑海者不少噶爾丹未嘗不思追捕此輩。無如甘肅提督張勇擁大兵駐於近地不得自由行動然達賴又招彼等使略天山之南之地焉。

回疆併於準部　西曆十九世紀初。回紇被黠戛斯擊破。餘衆西奔而移於天山之南。在元代號畏兀兒在明代有察合台汗之裔噶司加爾托兒黃之諸汗領有今之回疆。然噶司加爾汗、拉司托沙爾但歿後勢漸衰有回敎僧即所謂和卓 Khoja 者代握政權。分黑山白山兩派大爲競爭白山派一時制勝。然自黑山派之回酋伊司買出白山派之阿巴克終被逐。阿巴克遁於噶司米尋入西藏謁達賴求助。達賴剌嘛並不歧視阿巴克之爲異敎徒命噶爾丹助彼。誠異事也。康熙十七年。噶爾丹踰天山下大小回城千餘盡執元裔諸汗移於伊犂。任命噶爾毋克爲昂吉徵收租稅。據中亞細亞旅行者朗司德爾言。噶爾丹以阿巴克置於葉爾羌。總督回部。以準部人爲徵收官。一月納四十萬但加司（約四千磅）之稅許其自治。回部諸國。爾來七十八年間。服屬於彼矣。支那一方面之記錄。則謂彼以回酋阿布多實特質於伊犁。康熙三十五年。噶爾丹敗後。回酋投歸於淸廷。帝護送至葉爾羌。統其舊部云云。郎司德爾以阿巴克之死。爲康熙三十二年中事。則投歸於三十五年後之阿布多實特。爲別人也。阿布多實特爲後之大小和卓木霍集兄弟之祖。卽白山派之回人首領也。阿巴克之外。別有白山派之四酋。一置於葉爾羌。一質於伊犁云。然噶爾丹旣平回疆。威令及於青海西藏。遂馬首向東。侵略喀爾喀。與淸朝之衝突。於是乎始。

喀爾喀之內訌 康熙元年。喀爾喀右翼札薩克圖汗之諸爾布死。子旺舒克襲爲部汗。尋右翼之俄木布額爾德尼亦死。子額琳沁襲之。號羅布藏台吉。額琳沁以私憾襲殺旺舒克。於是遂釀成喀爾喀七旗之擾亂。札薩克圖汗之屬衆。因此潰散。多依土謝圖汗。土謝圖汗察琿多爾濟。與賽因諾顏部長丹津喇嘛。擊額琳沁。額琳沁遁依準部。札薩克圖汗亦於旺舒克死後。弟成袞襲汗號。係淸廷所任命者。康熙二十一年。噶爾丹忽送還額琳沁。此蓋因準部與俄國結約。謀共攻成袞之故也。成袞知之。執額琳沁。額琳沁乃再遁依準部。無何成袞與土謝圖汗亦起紛爭。因欲索還前此遁去之人民。土謝圖汗不樂從。故至此。然此時土謝圖汗之人民。亦有歸於成袞之部中者。達賴喇嘛先遣人調停之。然雙方不和益甚。康熙帝知此內亂之不利。西紀一六八七年。使理藩院尙書阿拉尼偕達賴之使者及成袞之子。

共往庫倫於伯勒齊爾之地。與哲布尊丹巴胡圖克圖及兩汗幷部下之酋長六十餘名相會。使兩翼互以所侵占之台吉人民各歸故主。解除一切紛議。永遠和協。然哲布尊丹巴胡圖克圖本爲土謝圖汗弟。故卽代汗受盟。而汗未涖會。又札薩克圖汗部逃人僅歸其半。用是依然交惡。噶爾丹顧而樂之。彼知於庫倫會盟之席上。哲布尊丹巴胡圖克圖已與達賴之使者同席抗禮。以爲是卽不敬達賴之罪。一六八七年。侵入土謝圖汗部。誘札薩克圖汗沙喇。攻察琿多爾濟。土謝圖汗捕殺沙喇。噶爾丹得機。遂大進兵。

噶爾丹蹂躪喀爾喀

準部通交於淸廷已久。康熙十六年。土謝圖汗察琿多爾濟。救西套之鄂齊爾圖汗與噶爾丹搆難時。帝曾命之罷兵。十八年。噶爾丹遣使者於甘肅提督張勇處。贈以馬匹貂裘。一說。噶爾丹於三藩叛亂時。遣使北京。名爲朝貢。康熙十八年中所遣之使者頗受優遇。得噶爾丹之汗號印綬以歸。帝又於十八年二十一年。兩次遣使於噶爾丹康熙二十一年。三藩平定。帝遣大臣頒以冠服弓刀與喀爾喀諸札薩克。同此記事大略可信也。當此時。帝之待噶爾丹。無異於喀爾喀諸汗。毋亦偏護蒙古而討準部。帝亦有所不敢歟。故土謝圖汗屢報準部來侵。並請迎擊。而北京未遽同意。卻要求雙方調停。準部於是雖又退兵。然準部日益發展。此態度未可常恃。康熙二十七年。噶爾丹果率精兵三萬。越杭愛山來侵土謝圖汗庭。察琿多爾濟父子防守於特穆爾而仍敗。噶爾丹遂越土拉河進怯綠連河掠車臣汗牧地。使別軍攻哲布尊丹巴胡圖克圖居處相近之額爾德尼昭。已又從怯綠連河旋兵侵掠土拉河。激戰於鄂羅會諾爾。大擊破喀爾喀連軍。當是時清廷恰遣索額圖阿拉尼等往色楞格斯克。與俄國爲定界之交涉。尚在途也。康熙帝遣侍衛急赴噶爾丹營。詰問交兵理由。噶爾丹禮遇使者。辨明此戰由土謝圖汗挑釁。請勿因此破壞兩國之貿易。且遣使進貢焉。

康熙帝調停未成　喀爾喀四部。既不足防禦噶爾丹之勁兵。各棄其廬帳、器物、馬駝牛羊。分路而踰沙漠。至蒙古汛界內。求清廷保護。此汛界者。由今東蒙古之洮兒河源地。與西方劃一線。隨黃河屈曲。以達於北方者是也。俄而噶爾丹要求清廷。勿納土謝圖汗、哲布尊丹巴胡土克圖。或捕以交我。康熙帝未即允。先安置彼等於汛界外歸化城、張家口、獨石口、各處之儲粟。以賑給之。別遣使如噶爾丹。令會盟於達賴使者所。若此者則非土謝圖汗所希望之事也。帝因是更遣尚書阿拉尼。又使伊拉古克三胡圖克圖移諜於達賴。共慰諭之。使還喀爾喀之侵地。噶爾丹雖不優待阿拉尼。然亦不撤回要求阿拉尼。則請依達賴言。一決於拉薩之使命。然當是時第五達賴已物故。而從來所遣之西藏使者。皆出於僞託。噶爾丹又得以爲口實矣。於是北京朝廷處此。唯有二法。卽從噶爾丹之請與拒絕是也。若拒絕則卽爲開戰之機。然帝不獲已。決計拒絕。

烏蘭布通之戰　康熙二十九年。噶爾丹揚言合俄軍。追喀爾喀而東犯。深入汛界。掠烏珠穆秦。帝乃託俄國使者曉諭納爾境克之將軍。使毋聽噶爾丹言。以裕親王福全、皇子允禔、從古北口。恭親王常寧等從喜峰口。各率滿軍出防。親巡邊外。爲指導。然並非進攻。不過完守時阿拉尼於黑龍江上流地方與噶爾丹相衝突。此亦守邊之職責上所不得避之事。當非康熙帝之初意也。然噶爾丹始終頑强如故。事實則持進擊之態度。破阿拉尼之蒙古兵後。再入烏珠穆秦。突破恭親王之兵。遂進攻距北京七百清里多倫泊東北之烏蘭布通。裕親王乃以火器攻噶爾丹之駝城。大破之。所謂駝城者。乃縛駱駝之足。使臥於地。加箱椺於其背上。被以溼氈。環列如城壁。兵卒伺椺隙以防敵襲者也。清兵初則隔河而施礮火。至日沒。駱駝大半斃於礮彈。城遂自斷爲二。噶爾丹見勢不敵。乘夜退營。且反還伊拉古克三胡土克圖於裕親王。併使七十名之西藏剌麻。謂追士謝圖汗。深入汛界。其部下無知誤掠人畜。謹當謝罪。若以哲布尊丹巴交付於達賴。則亦無索士謝圖汗之意云云。帝得奏不報。命速進兵。勿墜賊計中。於是噶爾丹得間渡西喇木倫河上流。誓不復犯喀爾喀。所過之地。悉行燒燬。以絕追騎。向科布多而去。沿途失負駝無輜重。狂奔而渡沙漠。飢踣者甚多。及達科布多。祇數千人矣。帝亦於博洛城得病。不待事終。卽歸北京。

俄國不應噶爾丹　噶爾丹殺兄僧格之子而自立。前已言之。僧格次子策妄阿拉布坦。桀黠不讓於噶爾丹。前遁於土魯番。近窺噶爾丹東征之虛。入伊犂。招集其父之舊部。占領自伊魯機思河至阿爾泰山地方。由背後攻擊噶爾丹。康熙二十八年。噶爾丹擊策妄大敗。適阿拉尼奉諭和之命至噶爾丹營。曾目擊其困敗狀。當是時。噶爾丹窘甚。彼欲與俄結約以救此困難。則俄方與清廷結尼布楚條約。決不肯與噶爾丹同盟以討清。西紀一六九一年中托保爾司克將軍之使者幼新自托保爾司克。經伊爾喀克、烏利安而至噶爾丹之營。其目的在使準部誓約不侵擾亞米昔夫湖邊。不徵收自俄喀爾機思而來之毛皮稅。然噶爾丹優待俄使。謂俄若有回復阿魯巴金（卽雅克薩）之意。則願爲應援。然俄終未應也。

康熙帝追噶爾丹。　噶爾丹旣窮蹙。遂以倒行逆施爲事。聞北京遣使者於策妄也。遂要擊而殺之。且出兵侵喀爾喀。帝知噶爾丹失其根據。且苦無糧食。遂以待喀爾喀者待之。約與以牧地。勸其來降。彼以從反欲誘內蒙古約爲內應。再衝北京附近。此計畫爲土謝圖汗沙津報知於帝。帝使沙津復書約其內應。欲招致於近地。一舉而勦滅之。康熙三十四年。噶爾丹果率三萬騎沿怯綠連河。侵入喀爾喀。進巴顏烏蘭而過冬。所以不南下者。或懲於烏蘭布通之役歟。三十五年三月。帝決意親征。計畫大進軍。兵共十萬。行程分東中西三路。東路、黑龍江將軍薩布素當之。以防噶爾丹之逸出。西路命大將軍費揚古率陝西甘肅之兵從寧夏渡沙漠。向土拉河邀擊其退路。而帝親擇中路。從獨石口過多倫泊。西入沙漠。由科布多入汛界。約距獨石口八百清里許。帝更前進。至近於怯綠連河右岸之額爾德尼拖羅海山。偵知噶爾丹尚在河上。帝遣使者告噶爾丹以來意。彼初不信。既而望見帝之黃幄龍纛。遂大驚而遁。帝親率前鋒追擊至拖諾山。然無及已。

昭莫多之會戰　西路行軍本屬迂道。噶爾丹前既盡焚草地。又爲雨所阻。行軍最爲困難。費七十餘日始達土拉河北、肯特山南之昭莫多。Tchao Modo 昭莫多云者。蒙古語大樹林之意。今庫倫烏魯額之近地。費揚古於距此最近之地方。發見噶爾丹之軍隊。其數縱不滿一萬。要皆百戰之將卒也。顧我兵長途困疲。馬多僵臥。費揚古謂速戰於我不利。遂於距敵三十清里許休息焉。彼在該處欲利用深林地形、與河川。遂遣前鋒兵四百。且戰且卻。噶爾丹果前進昭莫多。彼率左右翼。先據小山。餘沿土拉河之西。以爲陣。置伏兵於林中。準部之兵善戰。噶爾丹先爭小山。交戰亙八時間不退。將軍費揚古先虛與委蛇。至夕刻遽鳴角。齊放伏兵。橫衝截之。噶爾丹之兵果潰。乘夜追北至三十餘里。天明收軍。噶爾丹除率數十騎遁。塔米爾外幾盡被捕殺。帝得捷。遂於拖諾山及昭莫多兩地。建碑撰銘。歸途會西路將士於歸化城。大犒賞之。帝於三月出征。六月凱旋。前後費四閱月云。

噶爾丹仰藥而死　噶爾丹收敗兵於塔米爾。勢難回復。帝約與喀爾喀同受撫養。然彼恥之而不果來。康熙三十六年。帝幸寧夏。循賀蘭山出邊。使馬思哈、費揚古。從西路進。別使薩布素向怯綠連河。先後望風款附。帝又勸彼降。不從。竟仰藥而死。策妄得其尸以獻。由是喀爾喀諸地。悉入清廷之版圖矣。帝仍以阿爾泰以西伊犂之地給策妄游牧。外蒙古諸部則盡歸牧於故地焉。

康熙帝之對蒙意見　康熙帝之親渡沙漠討噶爾丹也。人皆疑其窮兵黷武。帝曰。予之討噶爾丹。贊成者唯一費揚古。可知當時議論。不好親征矣。帝當三藩之平定也。謂侍臣曰。一勞永逸之計。不能不出以我之自斷。三桂之叛報至時。羣臣咸謂宜殺明珠、米思翰、謝彼藉弭此亂。朕斷斥其謬云。帝今之對於噶爾丹。蓋又對於三桂之故智也。帝之行軍計畫。甚爲雄大。與明永樂帝之討阿魯台比之。則永樂帝祇一路進兵。不能如帝之扼東西兩路。而自往中路親與噶爾丹交鋒也。帝爲愛護支那本部而懷柔外藩蒙古。又爲外藩蒙古而討滅噶爾丹。帝嘗嗤漢人之狹窄。評曰。柔遠能邇之道。漢人不明斯義。本朝之不設邊防。恃以蒙古之部落爲屏藩耳。又曰。修築長城。究屬無益。我朝施恩於喀爾喀。使之防備於朔方。較築長城爲尤堅固也。從此等言論觀之。帝初意卽以蒙古爲外藩。可了然矣。先是康熙三十年間。帝幸多倫泊。召集哲布尊丹巴呼圖克圖及喀爾喀之三汗。賽因諾顏部長。內蒙古四十九旗札薩克等。大行會閱之禮。土謝、圖車臣、汗札薩克。仍留汗號。而諸部之濟農、諾顏則改舊號。封以王公貝勒台吉之爵。各設札薩克。編佐領。一如內蒙古之制。外蒙古雖奉清廷正朔。然此事實。尙俟刺麻之利用。此不可不知者。由是言之。外蒙古之併合。實際乃在雍正乾隆之際。而始得大成也。

第三十六章　刺麻敎之利用

•太宗起嘛哈噶喇樓　發源西藏之刺麻僧。於淸廷在長白山下之日。已著手於傳敎事業。其事實可驚異。蓋彼等預測此國之將來。當依愛親覺羅氏爲正法之保護者也。太祖對於此敎。爲如何施設。固未得詳悉。然尊信其刺麻學其智識。則爲確然之事。觀於太宗崇德中建實勝寺於盛京之西。及於其境內起嘛哈噶喇樓。則可恍然於其故也。前天聰八年間。察哈爾之墨爾根刺麻。載護法嘛哈噶喇之全身來歸盛京。此全身當元世祖時。帝師怕斯八用千金鑄爲佛像。奉祀於五臺山。後移於元裔之察哈爾國。刺麻知天運已歸後金。太祖因送致太宗之廷。太宗乃於殿側造銀塔一座。禮之。猶憶太宗取彼地時。獲其歷代傳國玉璽。奉以爲寶。茲事雖小。然所謂寶所謂佛。既皆從蒙古收取而來。則太宗之代。彼等而得爲國土承繼者并正法保護者之位置於將來。蓋可知也。太宗之實勝寺。不但爲戰勝紀念。在祝國運之發展於西方焉。由彼一方面言之。則刺麻敎之保護者。由此一方面言之。則刺麻敎之利用者。何則御製實勝寺記。譯以滿、漢、蒙、藏之四體文。刻以丈餘之二豐碑。此豈非有趣味之事實耶。

西藏之敎王。　自第十三世紀後半。蒙古之元世祖忽必烈。宣言以釋迦派怕斯八剌麻。爲西藏法主以來。西藏佛敎之僧位。遂帶有政治的價値。怕斯八者。實握法主之權。且對於西藏全土。有相當之政治上權力焉。其所以設複雜之僧位者。一藉以張釋迦派之威勢。一藉以壓他派之競爭。而怕斯八之後繼者。果與此等他派。公然相爭矣。例如釋迦派敎徒。於一三二〇年。燒燬噶爾鳩托巴派之大伽藍格拱寺。是也。因是西藏之其他佛敎派。爲對抗釋迦派之野心。計互設僧位。以競爭。冀奪當時割據西藏之小領主管理人民權。元末明初。釋迦派之綱紀廢弛。實已達於極點。西紀一四一七年。近甘肅西寧府一小部落。有一宗喀巴者。性慧敏。年十四。學釋迦派之敎儀。於西藏。憂其流弊日甚。而自身不能有益於世。一日會衆。自易黃色衣帽。幷言敎王乃世世轉生。呼畢爾罕不必以肉身世襲。並易紅色衣帽爲黃色。改咒語。彼殆欲以此意思。普及於西藏全土。彼之敎義。稱爲噶爾庫巴云。

達賴剌麻及班禪額爾德尼。　宗喀巴有二大弟子。一曰達賴。一曰班禪。西藏對於彼等之信仰。則以爲達賴者不死者也。因衆生罪惡。苦彼太甚。彼遂沒身於世。一時隱退於兜率宮。然此一時之不在。不謂爲彼乏慈悲。反歸責於衆生之罪惡。彼則所謂大慈大悲觀自在者也。據其本地人言。則以爲觀自在菩薩。爲欲濟渡衆生。因從佛在世。起至滅後一八〇〇年。即西紀一四〇〇年止。凡出世十四回。及後三十九年。乃爲根敦珠巴而出現於世矣。根敦珠巴者。特勒德蘇隆贊之裔。世為西藏國王。遂為噶爾庫巴之祖。襲宗喀巴之衣云。觀彼創建札什倫布、色拉、及別蚌等著明之寺刹。則其材略之非凡。概可想見。彼稱為第一世達賴剌麻。襲其後之第二世達賴。為根敦嘉木磋。彼於西紀一四七四年轉生。於一五一二年推為札什倫布之主權者。且為別蚌之大剌麻矣。彼又有雄材。於寺內設兜率宮。以興文藝學術。又置第巴之官職。以代理兵刑賦稅。使胡土克圖分掌教化。實可謂西藏設立教王政治之鼻祖。第三世達賴曰鎖南嘉木磋。其學德不讓第二世。名馳四方。當時盤踞於歸化城之俺答汗。尙被其招致。彼之至蒙古。於此方面之宗教史上。劃一新紀元。俺答上以達賴之新尊號。（蒙古語大海之意）從漠南而漠北。無不遍知焉。第四世達賴曰雲丹嘉木磋。以明萬歷十七年。轉生於蒙古之圖古隆汗族。事蹟不顯著。第五世達賴曰阿旺羅卜藏嘉木磋。轉生於前藏。與清廷有直接交涉。於此時代始也。據波茲托納烏之說。則彼曾說額魯特之固始汗。占領西藏。自己以達賴之尊號。掌握國土。此時不但為西藏法主。實為西藏全土之君主矣。彼欲鞏固其統治權自稱為阿烏羅西克烏爾菩薩之化身。與先代四大剌麻同等。命編馬尼幹蓬之書。說明西藏從司朗棧幹波汗始為阿烏羅西克烏爾化身之由來。以示西藏王權之法衣。連綿不絕。使人民對於代表主權者之達賴剌麻。心悅誠服。此實於達賴剌麻之掌握國家主治權。為一絕好之辨護也。特是阿旺所最用心者。在與他派之剌麻相爭。他派亦知其勢之難敵。遂漸至戴拉薩之大刺麻。而爲刺麻敎及西藏人民之主矣。昔時有勢之釋迦派敎徒。此時有與達賴刺麻相競爭者。阿旺漸以術屈服之。釋迦派各刺麻死後。阿旺强以噶爾庫巴派者入於其寺院。釋迦派之塔拉那他死後。亦用此手段。遂化塔拉那他所建立之寺。爲其自派之寺。而釋迦派卽所謂紅敎者。勢不得不屈服於噶爾庫巴派之威。況該派本經有力之滿洲淸廷所公認。而得其援助者耶。

刺麻敎入外蒙古　　內蒙古之刺麻黃敎。因巨酋俺答汗之歸依。與達賴之巡行。遂大爲發展。而喀爾喀之三音諾顏汗阿巴岱。因欲會見達賴。於一五七七年。渡沙漠而抵歸化城。此時始知有所謂刺麻敎者。一五八五年。釋迦派之苦米男茲刺麻。由俺答汗招致。因此於鄂坤爾河北岸、杭愛山南麓之遊牧地。彼所住居之城之一小屋階上。親畫達賴之像。三年後建立額爾德尼招焉。彼欲請達賴親臨擧行開堂式。達賴辭之。遂派遣釋迦派之刺麻以代已。因苦米男茲等排斥黃敎刺麻故也。抑所謂招者。蒙古語寺院之意。據波茲托納烏之說。則此寺乃元太宗窩闊台之舊居云。阿巴岱汗後更入西藏。謁達賴後五十年。哲布尊丹巴呼圖克圖之最初呼畢爾罕。卽生於喀爾喀。

達賴刺麻關於哲布尊丹巴之宣言　　達賴、班禪之刺麻。俱轉生於西藏。於是喀爾喀亦希望轉生於其境內。彼等遂以候補者。求之於土謝圖汗之嬰兒。刺麻獎巴林授彼之戒。敍任爲格根與以查那巴薩爾之僧名。於是釋迦派僧侶咸讚歎之。然喀爾喀人。尙未目彼爲呼畢爾罕也。順治七年春。格根入西藏。先訪班禪於札什倫布。厚贈禮物。受種種法戒。便赴布達拉訪達賴。達賴受其厚贈。而授以法戒。格根耽好修法。因留滯布達拉半年餘。此當爲達賴刺麻欲高其位置。故利用格根。無足怪也。當時釋迦派亦欲伸張在喀爾喀之勢力。希望以尊貴之子弟爲化身。使之爲教主。達賴洞察其消息。因思以呼畢爾罕之宣言由噶爾庫巴（黃教）出之。則極有利於己派。且於改革喀爾喀佛教。大爲便益。遂宣言以格根爲庫拉那塔之呼畢爾罕。授以哲布尊丹巴呼圖克圖之尊號。更爲崇其位置。許其出外時得用天蓋式之黃絹車輿。格根受呼畢爾罕之新位後。巡遊西藏諸寺。無不獻祭獻金。因是喀爾喀人受取神聖之寶物不少。不勝歡悅。及還札什倫布。請於達賴班禪。欲留住西藏。完修教義。兩大刺麻答以宜歸喀爾喀。弘布刺麻教。建立寺廟。爲衆生謀利益也。此後達賴爲欲助呼圖克圖之改革。遂授格根以黃教本義。勸其攜帶西藏刺麻五十名。並各種匠畫工而往。或云與格根赴喀爾喀之西藏刺麻。達於六百名云喀爾喀人咸尊稱彼爲温都爾格根。

格根之權力擴大　達賴刺麻以哲布尊丹巴之化身。指任於喀爾喀。可謂一大成功。黃教派之刺麻。當時至喀爾喀。見其教義不甚發達。無排斥紅教之必要。唯決計漸漸輸入以新儀式而已。西藏刺麻所先著手者。唯使格根勿往於釋迦派之古寺。勸其歸後亟建新寺以居格根卽於今之庫倫建立七部落之新寺經一年喀爾喀之酋長等請格根如額爾德尼招格根不悅辭焉一六五五年秋彼再入西藏翌年始歸於額爾德尼招受喀爾喀人之歡迎焉當是時彼效札什倫布之方式行達邁里迴轉式遂對於刺麻及庶民說教數日達賴所選與格根偕來蒙古之西藏刺麻僧亦助之依此一大儀式與說教之功果一令喀爾喀人深明黃教派之宗義一令哲布尊丹巴呼圖克圖之地位日高其內外之威光燦然迥非俗人所得企及信仰格根之程度以此時爲最云一六五九年（順治十六年）從蒙古各旗而來之俗衆會於額爾哲伊圖察罕泊依舊例來者但從呼圖克圖聽念經受法戒而已然此次會集格根對於喀爾喀諸王及刺麻與以一種之尊號此舉也直表明呼圖克圖之勢威普及於喀爾喀全土之意思也且有此授與尊號之事實卽表示彼於蒙古諸王之上爲一有賞罰權之政治家格根之權力於是乎擴大

格根求北京之保護　自一六八〇年以來喀爾喀內訌頻起一六八三年格根派使節於北京贈康熙帝佛像二尊因何事而派使節雖難詳知據波茲托納烏言則哲布尊丹巴呼圖克圖以使節告清帝欲表明己之與爭亂無涉幷請示清廷對於該事之意見或使清帝追念前事藉以博寵得淩駕喀爾喀諸王而已何則吾等於其翌一六八四年清廷賜優詔於格根命其臨喀爾喀諸王之會盟與達賴之使節合力勸告諸王而和解之是可證也會

盟為種種之事情•延期至一六八六年之七月。始行開會。哲布尊丹巴果大張勢力於該會。是為庫倫之伯勒齊爾之會。盟哲布尊丹巴與達賴所派噶爾丹寺之席勒圖。共向喀爾喀諸王。為和解輯睦之說教。不久而內紛遂解除矣。據蒙古所傳說。謂此次調停。皆格根之功。實則暗恃北京朝廷之援助。否則亦格根有強確之自信力所致者也。自哲布尊丹巴臨會。與其所持之態度。確於喀爾喀之將來。造成非常之運命。蓋因此而釀大爭端。卒至於喀爾喀全土奉中國之正朔故也。

格根奉中國之正朔　庫倫之伯勒齊爾盟。惟哲布尊丹巴之席。全與他人隔絕。惟與達賴使者噶爾丹寺之席勒圖相並。誠異例也。蟠據於阿爾泰之西。以窺喀爾喀之隙。如彼準噶爾之噶爾丹者。果以呼圖克圖之態度為僭越。而以喀爾喀人為失敬意於達賴矣。一六八八年春大進兵喀爾喀。以破竹之勢。通過札薩克圖汗之領土。從翁金河分兵為二隊。以一隊直衝車臣汗之游牧地。以一隊合格根所駐之額爾德尼招。於是格根謀避敵襲。攜土謝圖汗察琿多爾濟之妻子。共隱於烏克木爾。後出喀爾喀境外。避於巴朗蘇尼特之地。及噶爾丹征伐車臣汗之歸途。於鄂羅會諾爾近旁。敗土謝圖汗人之連合軍。喀爾喀諸王先訪格根。欲開會盟。哲布尊丹巴呼圖克圖向彼等問曰。今後欲如何繼續存在耶。喀爾喀僉答曰。整頓政治。歸於安固。此格根之所知也。於是格根曰。我等之北方有俄國。大而政平。然一因彼地不傳佛敎。二因其民左袵。我等不可往。我等之南有清帝之大國。不但平和安靜。且傳佛敎。其衣服眞似仙人。國富多財。寶錦繡絹絨。不計其數。我等赴彼。皆可安穩愉快以生。言竟。遂勸告喀爾喀人奉支那正朔。盡率喀爾喀人歸順清廷。保護格根。奏上。得康熙帝裁可。依然住於阿魯額捫蘇圖。至於以臣下之禮謁帝。則自一六九一年多倫諾爾會盟之時始。

康熙帝對於呼圖克圖之關係　多倫諾爾會盟時。康熙帝升格根爲大剌麻。任以喀爾喀之宗務管理。而最要者。則帝待彼以喀爾喀百官有司首班之禮。是也。喀爾喀諸王暨諸汗格根。均紹介之以謁帝。而一一批評之。彼自此會盟後。直赴北京。一六九二年。夏從帝赴熱河。一六九三年至一六九六年之間。卽噶爾丹失敗。喀爾喀人歸其故土之時。彼均冬寓北京。暑寓熱河。康熙帝之優待。可謂盡致。一六九三年。帝病。彼爲之祈福念經。俄而病愈。人咸以爲靈。因此帝與格根。益加親密。召見時。或與之燕談。出遊時。或命之扈從。康熙三十六年。帝征噶爾噶。凱旋時。格根奉帝命。出迎於張家口外之布爾噶蘇台。陪從還北京。翌年。彼赴北京賀新年。陪帝參觀諸寺。至旃檀寺。帝與格根竝坐一席。諸此異數。於史上皆可特筆者也。康熙三十七年夏。彼又陪帝遊五臺山。翌年春。歸喀爾喀。因彼之兄土謝圖汗適於此時死。不能不赴弔故也。然康熙帝不欲格根久留喀爾喀。是年夏。格根再至熱河謁帝。其密切如此。帝之利用刺痲教。其政策之巧妙。爲何如哉。

格根還喀爾喀　格根在北京時之奇談怪說。傳於喀爾喀人之口者。不可勝數。其荒誕無稽。吾人姑不具論。惟因此等事。足證康熙帝對於格根深信而尊敬之。則可斷言也。彼留京約十年。得以歸還漠北者。因帝信賴其人格與技能。欲藉彼以感化蒙昧之游牧民耳。一七一八年。格根受康熙帝特詔。曰準噶爾在西藏多殺刺痲。殘虐斯極。欲拯救教義。捨汝更無他人。雖然目下之形勢。亦勿可輕視。此朕所以詔也。因此詔書。格根遂累致書準噶爾之策妄喇布坦。又遣使者。勸其侵入西藏。此舉對於準噶爾人。收效不少。康熙帝崩之翌年。彼示寂於北京。臨終豫言。爲當第二世哲布尊丹巴呼圖克圖之呼畢爾罕也。

呼畢爾罕之選定權移於淸廷　哲布尊丹巴呼圖克圖之位置發展。則對於其化身之選定。爲喀爾喀所重視之事。無疑也。據波茲托納烏之說。當時之蒙古諸王中。有欲以己子爲呼畢爾罕者。如車臣汗三音諾顏部之達親王畢錫呼拉圖貝子是也。且聞彼等私至西藏。求達賴刺痲。揚言其子爲呼畢爾罕云。則哲布尊丹巴於蒙古所占之位置。亦從可知。抑此時呼畢爾罕之選定權。尙在西藏。蒙古特遣使者。於一七二四年秋。抵拉薩。以蒙古刺痲所指定之候補者四人提出。而請確定哲布尊丹巴化身之地方。而達賴班禪之兩大刺痲。含糊答之曰。喀爾喀之達爾漢親王子之族。較舊。此語之意義不明。然謂爲普通產出之意。則此語毫無特別之價值。何則。土謝圖汗之族。比喀爾喀之他王族較舊。人所盡知也。使者得此答辯。遂赴北京。雍正帝諭曰。若指達爾漢親王之子。謂爲舊族。則應據法坐云。由是呼畢爾罕遂於土謝圖汗之幼子中選定。

乾隆帝減格根之權力　乾隆三年。格根達十五歲。依例命理藩院與以呼圖克圖之金印。此時格根不僅與政治有關係。其部下戶數已達千餘。從僧已達數萬。此清廷之夙所注意者也。清廷以喀爾喀人對於呼圖克圖。幾信仰其爲國家之主治者。而欲制限格根之交際。乾隆十九年。帝詔令哲布尊丹巴呼圖克圖（格根）爲出家僧。謂以蒙古黃教之首。掌管從僧之俗事。不適於宜。且無暇也。當於庫倫別設額爾德尼商卓特巴之官職。使庫倫之司庫官執行斯職云。於是乎呼圖克圖惟受成於商卓特巴。不得干與政務。此方針既發表。以後大抵無變更。惟準噶爾之阿睦撒納背叛。其餘波及於喀爾喀時。清廷命章嘉呼圖克圖。致書格根。鎮撫人心一事。爲稍變例耳。第二世格根於乾隆二十二年示寂。關於第三格根之選定。清廷否認喀爾喀之選定權。

喀爾喀人失格根之推選權　清廷以第二呼畢爾罕之選擇時。格根轉生於喀爾喀。實釀蒙古人之大害。諸王因此問題。相爭相陷。陰行賄賂。其部下結黨。誅求貢納。互相嫉妬。暴行壓虐。無所不至。此不可掩之事實也。土謝圖汗與車臣汗。今猶反目。卽於第二呼畢勒罕選擇時發其端。車臣汗人因彼時土謝圖汗人。運用奸計。排斥候補者車臣汗之子。懷怨抱恨。亙一世紀半之久而未忘。夫使國內相爭。陷於疲困。雖爲清廷對於管下人民之政畧。然當時蒙古既紛擾爭亂至於此極。則清廷以鎭撫故不可不派兵。既須派兵。不可不養大軍。從他方而思之。格根對於蒙古人。富有勢力。則蒙古果能如從前之服從我與否。又不可必也。乾隆帝於是希望呼畢爾罕之不生於喀爾喀。而生於西藏矣。

喀爾喀人之觖望 乾隆帝欲以呼畢勒罕出於西藏之意。風傳於外蒙古。彼等當時甚爲驚愕。狼狽。土謝圖汗等移書於北京之章嘉呼圖克圖。述喀爾喀之呼畢勒罕。如何布教。及如何使喀爾喀人歸順中國之功績。諷示以化身必生於喀爾喀之意。然此舉未收何等之效。化身已由達賴而決。於乾隆二十年。護送第三哲布尊丹巴於庫倫。喀爾喀不能拒絕。惟移諜北京朝廷曰。哲布尊丹巴乃剌麻敎之大聖。關於其名譽與幸福之保護。此不可不思慮者。所惜庫倫之地。於格根生活極爲不便也。北部蒙古夙被劫於準噶爾。距中國遠。防備全無。則呼圖克圖胡可安住於此。況平時安寧之日。人民麕集於庫倫。婦人商賈且住於寺院。更非大聖修法之地也。不如使呼圖克圖移居於漠南之多倫泊云。此書爲避忌第三哲布尊丹巴之表示。無可疑也。彼等又請於清廷曰。呼圖克圖既不關與政事。其生活當由清廷供給。廢止從僧之貢稅。使納一般賦稅焉。乾隆帝對答之詞令。甚爲巧妙。大意謂移置於多倫泊。恐傷信服格根之喀爾喀人之心。與俸給於格根則不適於宗教教主之天職。從僧之課稅則誠爲無益。庫倫之地與商賈與婦人殊遠焉。於是喀爾喀人之計畫歸於畫餅。乾隆三十二年。於庫倫又設所謂達剌廝者使之掌管事務。然傳聞喀爾喀人並不因此棄其希望。將待格根示寂。假定十五年而歿屆時再爲設法盼望土謝圖汗生子。爲呼畢爾罕認定之機。若不幸而生女則彼等乃絕望而斷念云。

庫倫與額爾德尼招　喀爾喀之呼畢爾罕。雖至今日。亦不過爲清廷之一傀儡。一護符。喀爾喀人逐年流於柔懦。雖於防禦上亦無須顧慮。然邇來格根對於清廷之意向亦有變遷。因格根之性行。不似初期之清靜。或耽逸樂。或交婦女。從表面觀察之。似乎信仰已衰。然百足之蟲死而不殭。波茲托納烏以額爾德尼招(西庫倫)與庫倫對比。猶之俄人以莫斯科與聖彼得堡對比。西庫倫富於歷史的遺物。而庫倫則爲蒙古宗教之中心。要皆爲行政之要衝也。

第三十七章　西洋文明東漸

外國人之傳道事業　當元代時。西人在北方傳道之事實。今雖不詳。然第十三世紀末。佛蘭結司哥會教士伊大利人孟德哥爾比諾(若望高未諾 Monte Corvino)受羅馬教皇尼古拉司第四之命。經印度而來支那。得世祖忽必烈之許可。建加特力克教教堂四所於北京。未幾。受洗者達六千人。學希臘羅馬語者達百五十人。教皇庫列門司第五。嘉賞其功。陞爲大主教。遣教士七人輔佐之。西紀一三二八年間至彼死時。改宗者達三萬人。一時之盛況可想見也。代彼之教士。尚未來京。除順帝時。以佛蘭西人某派遣於羅馬外。其他無可記者。元亡明起。北京幾無基督教徒之蹤跡。此由於向來之傳道限於蒙古人故也。迨西紀一五八〇年。(萬歷九年)耶穌社教士利瑪竇(Matheus Ricci)抵澳門。布教於廣東之肇慶府。

利瑪竇在肇慶布教之手段。先以其在羅馬所習之地理、數學等學科之思想。向一般中國人講演。因知中國當時盛行排外。故首從輸入科學思想。以博信用。而後乃從事於布教也。彼自附於漢姓。號曰利西泰。因此其室內亦不掛聖母瑪利亞之畫像。凡所以避中國思想之衝突也。彼於此得制軍劉節齋爲教徒。又因其勸而至韶州。設立天主堂於其地。復與此地學者某結師弟交。共譯述由克德之幾何。名曰幾何原本。萬歷二十六年五月。有從北京經過該府之大官某。其子偶病。乞治於彼。彼知機不可逸。遂以後事託於補助者。加多納自爲侍醫而赴北京。過江西廣東境之庾嶺。抵宿南昌數日。渡鄱陽湖。出揚子江。遂抵南京。始與大官分袂焉。在廣東贈與地圖之官人某。現適爲禮部尚書。彼往訪問尚書。某見而驚之。謂南京尚非外人可來。若予加以保護。則讒言集於余身。君能諒余者。幸勿留此。彼不獲已。再過江西而至南雄府。遂識王應麟。萬歷二十七年。遂同王應麟至北京。

利瑪竇說明帝　利瑪竇入京時。以聖像及時表獻於明廷。遂引起萬歷帝之好奇心。相傳帝之左右。苦於當時朝鮮戰役之糜費。問鍊金術於彼。彼謂點鐵成金。事屬不能。左右咸大失望。從此或有視彼爲日本之間諜者。應麟深憂彼之前途。再令其返南京。彼在南京之苦心孤詣。不可謂無效。禮部尙書王忠銘。先就而問道。幷及於數學地文。刑部尙書趙、戶部尙書張、刑部侍郎王、禮部侍郎葉等。先後投刺求見。其中與禮科給事祝世祿。最相友善。彼之傳敎方法。不專說耶和華。當時支那人科學思想。極爲幼稚。以天爲圓體。地爲方形。又謂日月食爲太陽之呑月。或謂太陽中有穴。月從對面來。所以無光。凡此等陋妄之見。彼皆一一指摘而解釋之。於是西泰先生之名。譟於一時。間有擧家奉敎者。此皆彼布敎之效果也。且利用此機會。更於南京設立醫院。熱心療治之外。兼講敎義。不但此也。彼因南京成功。更欲再入北京。遂使加多納爾。馳赴澳門。多輸入傳道資金。幷擕繪畫、玻璃器、麻布、時表、地圖、火器等物。令加多納爾留於其地。己偕龐迪我 (Didaeus De Pantoja) 等八人。由運河出廣東。至山東之臨淸。有督稅宦官馬堂者。遮利瑪竇於天津。不許之進。致書於利瑪竇曰。今朝鮮之役未靖。匪徒縱橫。足下等來此。聞爲弑我皇帝而來云云。此擧乃諷利瑪竇納賄賂耳。利瑪竇聞其言。不以爲意。滯留津門。殆歷半歲之久。於萬歷二十八年十月。漸得入北京。是月二十四日。獻方物而併上表焉。其詞如左。

大西洋陪臣利瑪竇。謹獻土物於皇帝陛下。臣本國窵遠。從來貢獻不通。逖聞天朝之聲敎文物。竊願霑被餘瀝。終身爲氓。始爲不虛所生。因此辭離本國。航海遠來。時歷三年。路經三萬餘里。始達廣東。語言未通。有同喑啞。因僦居而習語文。淹留於肇慶韶州二府。垂十五年。頗知中國古先聖人之學。於經籍略能記誦而通其恉。乃復越嶺。由江西至南京。又淹留五年。伏念堂堂天朝。且招徠四夷。遂奮志努力。徑趨闕廷。謹以天主像一幅。天主母像二幅。天主經一本。珍珠鑲嵌十字架一座。報時鐘二架。萬國圖志一册。西琴一張。奉獻於御前。物雖不腆。然從極西貢來。差足貴異耳。臣從幼慕道。年齒逾艾。訖未婚娶。都無繫累。他非所望。謹以所獻之寶像。祝萬世祈純嘏。佑國保民。實則區區之忠悃也。伏乞皇上。憐臣誠慤來歸。將所獻土物。俯賜收納。則益感皇恩浩蕩。無所不容。遠臣慕義之忱。庶少伸於萬一。抑臣在本國。忝列科名。已叨祿位。天地圖及度數。深測其秘。所製觀像考驗日晷。與中國古法吻合。倘皇上不棄疎微。使臣得於至尊之前。罄其愚昧。又區區之大願。而未敢必者。臣不勝感激待命之至。

此表既上。反對者議使還原地。然利瑪竇終得勝利。萬歷帝賜以第宅。翌年。給以天主堂。今北京之南堂。卽附原於此。

加特力克教與北京傳道　利瑪竇入北京後。不四五年。信徒至二百餘。觀李之藻、楊廷筠、徐光啟等名士之歸依。則加特力克教之成功可概見矣。然彼等名士之入教。非絕對信仰教宗。要皆利瑪竇誘引法。與中國固有思想不甚背馳。又當時士人對於西洋科學需要頗急。致使然也。利瑪竇既譯幾何學。及與南北兩都人士相接。益知藉著書爲布教便於進行。遂著多種科學書。公布於世。當謁見萬歷帝時。曾呈時表西琴等物。略動帝之視聽。因又爲帝著西琴曲意一書。然則彼非尋常之僧侶。直一機智之外交家也。且爲說明天主之意義。著天主實義。爲述對於儒佛兩教之感想。著二十五言。又對於蓮池和尚之所說而加以駁義。於西教傳道之上。爲極端之奮勉。然以吾人觀之。於思想上無大影響。所特異者。彼之布教手段。在於講明科學。是爲近世中國之一大恩人也。當其獻萬國圖誌於帝。奏曰天下有五大洲。其一、爲亞細亞。凡國百餘。而中國居第一。其二、爲歐羅巴。凡國七十餘。而意大利居第一、其三、爲利未亞。亦百餘國。其四、爲亞墨利加。土地更大。以境地相連。分爲南北二洲。其五、爲墨瓦臘泥。於是域中大地盡矣。彼所稱之利未亞。即指今日之亞弗利加。墨瓦臘泥。即指從南亞米利加至南極之一帶。此等說明。由今日視之。未爲奇異。然在元代時。世界思想既已銷散。目中但知有中國。驟爾聞此。眞若半夜之警鐘也。彼著又有方丈餘之坤輿萬國圖。乾坤體義。清阮元曾收之於疇人傳中。

邪教之禁　利瑪竇於一六一〇年。歿於北京。死後。反對者起於南方。殊爲激烈。彼等所持之理由。大概謂耶穌會士所稱天主之意義。與我中國所稱之天無異。然彼夷人等自刻天主教解要略。曰天主生於漢哀帝某年。其名爲耶穌。其母爲瑪利亞。如是則直西洋之一胡耳。又曰見惡於官。釘死於十字架。是則胡之以罪而死者。安可在罪而稱爲天主耶。至於天體運行之說明。則與大明律私習天文之禁。適相違反。況彼等又以別製之渾天儀而私藏之耶。若任彼所爲。恐天下事。無不被其顚倒誑惑矣。又其教儀。有擦聖油灑聖水等名目。夜聚晨散。又反於大明律私家告天之禁。於是遂概括彼等爲邪黨。萬歷四十四年五月。（西歷一六一八年）政府惑於南京禮部侍郎沈潅等之言。遂下嚴禁邪教之令焉。由是煊耀一時之耶穌會士。無處不受迫害。自總教士蘭恪巴爾士（龍華民Longbardi）以及在北京之耶穌會士。均被放逐於澳門。聖堂邸第。悉被封禁。唯留支那人教士二名。守瑪竇之塋而已。此時支那明達之士。咸感化於卓越之科學思想。固不惑於固陋之議論。然亦無法救之。四十四年七月。徐光啟痛切上奏。政府亦不予以明確之措置。終帝之世。所謂支那之固有思想。蓋可推知。然此風潮。因於滿洲問題發生。漸見打消。蓋因明代之需要銃礮故也。

銃礮之需要　支那近古之銃礮。永樂帝於討交趾時所創。爾後中西交通日益頻繁。輸來數多之新銃礮。而行陣之間。終不利用者。其事情雖可種種解釋。要因於敵國不使用此器。

可斷言也。日本文祿元年（萬曆二十年）豐臣秀吉之入朝鮮也。明兵與之戰。斃於其銃手者不少。於是始覺銃礮之必要。滿洲問題起（卽清祖起於遼東）銃礮多所利用。彼等每於戰敗後。遂取退守。急欲爲武器之改良。天啟二年。明帝派使如澳門。命羅如望（Joannes de Rocha）陽瑪諾（Emmanuel Diaz）龍華民等之耶穌會士製造銃礮。次年召用艾儒略（Julins aleni）畢方濟（Franciscns Sambiaso）等。於是至者不獨耶穌會士。卽凡在澳門之外人。亦咸從彼等而來。或製造武器。或馳驅疆場。崇禎十二年。（西紀一六三六年）畢方濟上疏曰。

臣西極鄙儒。以格物窮理爲學。以事天愛人爲行。在先帝之時。同人致力於占星修歷製器講武。得效微勞。今幸皇上龍飛。仁明英武。遠臣不勝欣戴。敬獻星屏一架。輿屏一架。西琴一張。風篁一座。自鳴鐘一架。千里鏡一筒。火鏡一圓。西香六炷。沙漏一具。白鸚鵡一隻。伏乞俯賜飭收。抑臣蒿目時艱。思所以恢復封疆而裨益國家者。一曰明歷法以昭大統。二曰辨礦脈以裕軍需。三曰通西商以官海利。四曰購西銃以資戰守。蓋造化之利。發現於礦。第不知脈苗之所在。則妄鑿一日。卽虛一日之費。西國格物窮理之書。凡天文、地理、農政、水法、火攻等器。無不具載。其論五金之礦脈。徵兆多端。宜往澳門。聘招精於礦路之儒。繙譯中文。循脈而細察之。庶能左右逢原。廣東之澳門商人。設店貿易。納稅已經百年。偶因牙儈之爭端。遂阻進省之貿易。宜照舊令其進省。以充國用。西銃之所以可用者。因其鋼鐵皆經百鍊。純粹無滓。故爲精工也。天啓元年。邊疆不靖。從兵部奏請。准購用西銃。募用西兵。以此臣輩陸若漢（Johannes Rodripuez）等二十四人進銃四尊。緩急擊敵屢著奇功。更乞勅從澳門。聘招熟於製銃之西士數人。使授以製藥點放之術。摧鋒破敵之奇。倂使精於推曆之西士數人。襄助曆局之事務云云

此時明朝所急者。在於擊退滿洲。此疏一上。因欲利用。遂傾信其言。礮與礮術之有明效。既無所疑。且欲進而研究此等之智識。而講求西人所謂格物窮理之文字焉。然兵器之外。更有足令明人傾心者。卽關於天文之新解釋是。

湯若望入北京　天文爲授曆之要務。古來中國人所重視。然在明代。則自太祖以來。不加改修。遂顯生時差。自後不免有誤推之過。而改正曆法。遂爲明廷久懸之問題。何則。以墨守成法之漢人。遽謀改革。非易事也。而耶穌會士。則早已注意及此。蓋彼等既用天主之文字與支那所謂之天相對比。復以其天文星占之智識。指摘支那人之妄陋。而博其信用。是最爲引誘之捷徑。然運用此手段。不可不俟諸卓拔技能之士。耶穌會士遂愼其選擇。而有教士瑪的阿力奇之發遣。要之此際派來中國之教士。不得不備有天文學、數學、機械學、礮術學、礮術之智識。德人阿但寫爾（湯若望Abam Schall）之抵此。實足以副此要求者也。彼於天啓二年。（西紀一六二二）入西安地方。於天啓末年來北京。恰值解除新教之禁。聖堂邸第亦已

修。建前被放逐之龍華民。再來著手於布敎事業。鄧玉函(Fereny)助之。於宣武門內聖堂東之首善書院。開設曆局。推步天文。兼製造象限儀、紀限儀、平懸渾儀、交食儀、列宿經緯天球、萬國經緯地球儀、平面日晷、轉盤星球、候時鐘、望遠鏡等。併譯纂曆書。此一大事業。固係湯若望及偕來之羅雅谷。(Jacobus Rho)同力熱心所成。然漢人徐光啟等一派。亦有所參酌。此不可不知也。特自太祖洪武以來。欽天監所尊信之大統曆。受一打擊。遂數加以嫉視與批駁。而因其推步密合於天文。卒能大博上下之信用。湯若望居於今東安門外之東堂。與羅雅谷續行曆務。崇禎十三年。奉命監造礮臺。相傳彼先鑄造鋼礮二十門試放。若命中精確。則再鑄造五百門。彼於局內設一臺。置天主像於其上。開鑪必穿司鐸禮衣禱祀降祐。局中之官員。視之咸爲感動云。彼於崇禎十四年。完成曆書。其冬以十五年之新曆進呈。十六年(西紀一六四三)有日食。欽天監之推步。不合於天行。而湯若望等之推步。較爲密合。於是乎上始諭以新曆代大統回回曆。通行於天下焉。雖然政府之當局。尚躊躇而不能決。帝之威權。或不能壓服臺官。因卒不能施行。翊十七年三月。明之社稷亡矣。

順治帝采用西法　睿親王之占領北京也。欲舉城而充滿蒙八旗之住宅。限三日內漢民一律退出。順治門內之聖堂。既被旗兵占領。然湯若望以所藏之禮器經典太多。限期內不能移出。如欲移出。必多所損失。不易修理等情。呈疏於睿親王。睿親王逕准所請。遣散旗兵。

宣武門內之聖堂邸第。及阜城門外之塋域。得以保存者。皆攝政王之所賜也。順治二年。滿洲朝廷。擯舊大統回回曆。八月以西法製定之時憲曆書。頒行於天下。至十一月。上賜湯若望掌管欽天監之印信。并許其選任監員七十餘人。始得以欽天監與曆局歸併於一。而新朝廷禮遇之優。尚未已也。七年。又於宣武門內聖堂邸第之東。給以地基。皇太后賜以銀兩。加以親王官紳等之醵捐。而建立新聖堂。堂之成也。順治帝賞賜以欽崇天道之匾額。在明代時。崇禎帝賜彼等教士以官銜。皆辭而不受。至湯若望之時。始一奉朝命。此不可不注意也。清廷於順治三年。加以太常寺少卿銜。八年。敍通議大夫。父祖父則追封通奉大夫。母祖母則追封二品夫人。十五年。更有恩命。晉敍光祿大夫。祖先三代。則追賜一品封典。相傳世祖對彼之隆遇。逾於恆格。召對不呼其名。用瑪法（貴叟之意）之滿語代之。得隨意出入內廷。又憐其孤獨。使之撫養一幼童。爲義孫。然所以待之如此周渥者何也。清廷之采用西法也。在於改正朔而新天下之耳目。非尊信天主教者。因而彼等尊信科學。亦非出於研究之結果。且彼滿人與西人。皆以夷種見薄於中國。遂鑑於漢人之偏見。力持公平之態度。奪漢人之官爵。加於西夷之首。而湯若望等。亦藉此以爲正教發達之捷徑焉。是故耶穌會士餌中國人以科學上之新智識。爲宏布宗教之手段。而朝廷則陽示崇尚宗教之名。陰收利用彼等之實已耳。

湯若望幽憤而死 及順治帝之死也。排教運動起。此事實由於罷職欽天監員楊光先之畫策。楊謂各省之耶穌會士與湯若望相結謀爲不軌。且作闢邪論以謗教士湯若望與比利時人懷爾比司特（南懷仁 Ferdinandus Verbiest）等。共被囚拘。旋受死刑之宣告。至於嚴禁布教。更不待論。關於天文學之書籍。概行焚燬。聖堂房屋亦公然破壞。中央與地方因附西教而被革職之官吏爲數不少。而在各省之教士等。悉被拘禁。然輔政大臣正式議決此等處分後。俄傾間卽發生地震。連日五次。大臣等大恐。謂由於定獄不當所致。於是旋釋放彼等。湯若望受皇太后之懿旨。許其歸邸。然擬死之案。尙未撤回。楊之排斥運動愈益進步。從來僅及於西教者。今幷曆法而亦排擊之。謂所論皆屬背理。自爲欽天監正而陷學習西法之監員三十餘名。或處斬。或流徙。或免職。遂廢西法而再復明代之曆。其陋妄不亦甚耶。湯若望時年已七十五歲。身體旣不自由。口舌又結塞而不能辯。康熙五年八月。遂客死於北京。

康熙帝親政與曆法恢復 楊光先之古曆恢復。實際不合於天行。康熙帝曾派員調查。其意在復采西法。可以推知也。楊光先奏帝曰。臣伏維欽天監之曆法。乃堯舜相傳之法。皇上所正之位。乃堯舜相傳之位。而皇上所承之統。卽堯舜相傳之統。則皇上頒行之曆。當用堯舜之曆。皇上事事法堯舜。豈獨於曆而不然乎。南懷仁者。毀堯舜相傳之儀器。改以西洋之儀器者也。楊氏固欲以此威掣帝意。然帝絕不介意。頗嗤彼等之固陋。康熙八年（西紀一六一九）正月。帝命欽天監副監吳明煊與南懷仁各對驗日影。欽天監果有舛錯。乃奪彼等官職而授南懷仁。前被破壞之聖堂再行修築。監禁之教士悉行釋放。唯此時尚未與以內地布教之自由。後從南懷仁之請。於前被釋放之二十餘人中選精通曆法者二名招致於北京。餘者悉令得入各行省自由居住。然帝之意旨非許其自由傳道。乃與以布教之便而已。由是終帝之世。傳道上施行之方針。無大變動。

觀象臺之造成　歷代帝王集賢能而爲助理。徒然託諸理想。康熙帝憾之。欲自進而爲賢能。專修內聖外王之學。前已言之矣。（第三十三章參照）帝於學問之中。不重空疎之議論與華侈之言辭。一以格物窮理爲本。殆欲以所得學問。施之於政治者。吾人固驚其天資之卓異。而其努力不懈。卒能講修複雜煩瑣之科學。而各有所得。是尤可歎賞者。然則當時之耶穌會選精於學術技藝之教士。派遣於中國。正乃投其嗜好。然教士南懷仁徐日昇等固欲由科學而博帝眷。使帝爲正教之保護者。但帝究熱心於科學。而非西教之信徒。彼教士等欲維持表面。遂亦以帝之熱心科學。表示滿足之態度。而甘於頤使。此無可諱之事實也。康熙八年。楊光先革職後。欽天監正一缺未補。帝使南懷仁充之。采用一時廢絕之西法。頒行新法所製之時憲書焉。南懷仁又奉命令。與徐日昇等。共修曆政。將康熙十三年李自成所壞之測天儀器重新製造。安置於觀象臺。此儀器合六件而成。以青銅雕龍爲托。以大理石爲座。製造之精密堅固。殆可經二百餘年之風雨而無所磨蝕。南懷仁有新製靈臺儀象志十三卷。十七年又編纂康熙永年曆法三十三卷。死後。徐日昇則與法人安多、葡萄人蘇霖、法人白進、張誠等。共備曆政之顧問焉。

鑄礮及測繪地圖　明末耶穌會士欲爲明廷鑄造銃礮以討滿人。及吳三桂亂起。南懷仁等又欲爲滿廷鑄造武器。以討漢人。眞絕妙之對照也。自康熙十三年至十五年。彼共鑄大小鐵礮百二十門。分配於陝西、湖廣、江西等省。至二十年。更鑄輕便歐式之神武礮三百二十門。在蘆溝橋試放。帝親蒞閱。喜其命中正確。大加賞賜焉。彼又編神武圖說一書。中分理論二十六圖解四十四說。明銃礮之詳細。而進呈於帝。遂賜以工部右侍郎之職銜。此外天文曆算之整理。地圖之測繪。又爲帝之所希望。康熙二十一年。帝如盛京謁祖陵。南懷仁奉命攜內廷之測天測地儀器陪從於後。二十二年。帝巡幸北塞。南懷仁又與庫利爾、馬爾其、共爲陪從。三十年北塞巡幸。則命徐日昇扈從。三十五年親征噶爾丹時。則白進、安多亦得與南懷仁共陪駕焉。三十八年。帝南巡至江南。南懷仁又與蒲壁共扈從。在途中每日或隔日進講西學。帝與教士等相處已久。遂深信其技能之精深。與其人之誠慤。自四十七年以來。遞次遣彼等往蒙古各部及中國各省。徧覽山水城郭。繪製地圖。就其測繪之次序言之。

本年。則費隱、雷孝思、杜德美三人。測繪蒙古地方。四十年。則費隱、雷孝思、杜德美三人。測繪直隸。四十九年。則費隱、雷孝思、杜德美三人。測繪黑龍江一帶。五十年。則雷孝思、及加爾特二人。測繪山東。杜德美、費隱、潘如、湯尙賢四人。測繪山西、陝西、甘肅。五十一年。馮秉正、德瑪諾、雷孝思三人。則測繪河南、江南、浙江、福建。五十二年。湯尙賢、費隱二人。則測繪江西、廣東、廣西。費隱、潘如二人。則測繪四川。五十四年。雷孝思、費隱二人。則測繪雲南、貴州、湖南、湖北。此事至康熙五年。始告完成。白進又彙成總圖一張。各省分圖一張。西紀一七三七年。（乾隆二年）法國之地理學者但布爾。(Dunville) 在支那出版之新地圖。Nauvel atlas de la chine 乃依於費隱所寄於其本國之副本。或卽以該時代之實測圖爲底本者也。同治二年間。（西紀一八六三）武昌府有皇朝中外統一輿圖之刋行。現今坊間所售者。不能出乎此圖之上。且比於康熙之實測圖。甚爲疎簡。蓋可知也。圖成。帝名爲皇輿全覽圖。語內閣學士蔣廷錫曰。此朕費三十餘年之心力。始得告成。山脈水道。亦合乎禹貢。爾可以此全圖并各省分圖。使九卿細閱。倘有不合。九卿有所知者。可卽面奏云。則帝之得意可想見矣。以吾人觀之。此皇朝輿圖與康熙永年曆二者。皆爲帝之時代增飾文化之雙璧。支那之思想界。因此大與西洋文化相接觸。而發揚其光輝矣。

明末清初在中國之耶穌會士及著書一覽表

原名	漢名	本國	到著年代 命終年代	著書
Aleni(Giulio)	艾儒略	意大利	西紀一六一三(萬歷四一年) 同一六四九、八、三(順治六年)福州	彌撒祭義。天主降主言行紀略。出像經解。耶穌言行紀略。性靈篇。景教碑頌。聖體禱文。坤輿圖說。十五端圖像。熙朝崇正集。楊淇園行略。張彌克遺蹟。萬物眞源。滌罪正規。三山論學紀。聖體要理。聖夢歌。聖教四字教文。悔罪要旨。幾何要法。口鐸日鈔。五十言餘。西方答問。西學凡。職方外紀。性學觕述。天主降生引義。大西利西泰子傳。大西利西泰先生行跡。艾先生行述。思及先生行蹟。泰西思及艾先生行述。西海艾先生行略。泰西思及先生語錄。
Benevente(Alvare)	白	西班牙	西紀一六八〇(康熙十九年) 未詳	要經略解。
Bouvet (Jaochiu)	白晉	法國	西紀一六八七(康熙二十六年) 西紀一七三〇(雍正八年)北京	天學本義。古今敬天鑒。
Brancati (Franceaco)	潘國光	意大利	西紀一六三七(崇禎十年) 同一六七一、四、二五(康熙十年)上海	十語勸諭。聖體規儀。聖教四規。聖安德助宗徒瞻礼。天階。瞻理口鐸。天神規課。天神會課。
Brollo(Basillio)	葉宗賢		西紀一六八四(康熙二十三年) 同一七〇四、七、一六(康熙四十三年)西安	宗元直指
				天主正教約徵。主教要旨。超性學要。獅子說。司鐸要典。性靈說。不得已辨。御覽西方要紀。聖母小日課。已

Buglio (Luigi)	利類思	意大利	西紀一六三七（崇禎十年）同一六八四、一〇、七（康熙二十三年）北京	亡者日課經。聖教簡要。善終瘞塋禮典。彌撒經典。日課概要。聖事禮典安先生行述。天主聖體。三位一體。萬物原始。天神。形物之造。靈魂。首人受造。昭祀經典。進呈鷹論。聖事禮典。
Castner (Gaspar.)	龐嘉賓	日耳曼	西紀一六七九（康熙十八年）同一七〇九、一二、九（康熙四十八年）北京	
Cattaneo (Lazane.)	郭居靜	瑞　士	西紀一五九七（萬歷二十五年）同一六四〇（崇禎十年）杭州	性靈詣主。
Chavagnac (Emerie de)	沙守眞		西紀一七〇〇（康熙四十一年）同一七一七、九、一四（康熙五十六年）饒州	眞道自證。
Costa (Ignacio da)	郭納爵	葡萄牙	西紀一六三四（崇禎七年）同一六六六、（康熙五年）廣東	原染虧益。身後編。老人妙處。教要。
Couplet (Philippe)	柏應理	比利時	西紀一六五九（順治十六年）同一六九三、五、一六（康熙三十二年）臥亞	天主聖教永瞻禮單。天主聖教。百問答。四末眞論。聖坡而日亞行實。聖若瑟禱文。周歲聖人行略。
Cunha (Simon da)	瞿西滿	葡萄牙	西紀一六二九（崇禎二年）同一六六〇、九（康元熙年）澳門	經要直指。
Dentrecolles (Francoisizavier)	殷弘緒	法蘭西	西紀一六九八（康熙三十七年）同一七四一（乾隆六年）	主經體味。逆耳忠言。莫居凶惡勸。訓慰神編。
Diaz (Emmanuel jeune)	陽瑪諾	葡萄牙	西紀一六一〇（萬歷三十八年）同一六五九、三、四（順治六年）杭州	聖若瑟行實。天問畧。十誡眞詮。聖經直解。天學舉要。唐景教碑頌正詮。代疑論。袖珍日課。經世全書。經世全書句解。避罪指南。天神禱文。

Duarte (Jean.)	聶若望	葡萄牙	西紀一七〇〇（康熙三十九年）未詳	八天避靜神書。
Ferran (Andrè)	郎安德	葡萄牙	西紀一六五八（順治十六年）同一六六一（順治十八年）福州	
Ferreira (Gaspar)	費奇規	葡萄牙	西紀一六〇四（萬歷三十二年）同一六四九（順治六年）	振心諸經。周年主保聖人單。玫瑰經十五編。
Figueredo (Roderic de)	費樂德	西班牙	西紀一六二二（天啟二年）同一六四二、一〇、九（崇禎十五年）開封	念經總牘。聖教源流。念經勸。
Fraes (Joãs)	伏若望	葡萄牙	西紀一六二四（天啟四年）同一六三八、七、二（崇禎十一年）杭州	五傷經禮規程。善終助功。苦難禱文。
Furtado (Francisco)	傅汎濟	葡萄牙	西紀一六二一（天啟元年）同一六五三年、二一（順治十年）澳門	名理探。寰有詮。
Gouvea (Antonio de)	何大化	葡萄牙	西紀一六三六（崇禎九年）同一六七七、二、一四（康熙十六年）福州	蒙引要覽。
Gravina (Gerom mo de)	賈宜陸	意大利	西紀一六三七、崇禎十年）同一六六二、九、四（康熙元年）漳州	提正編。辨惑論。
Greslon (Adrien)	聶仲遷	法蘭西	西紀一六七五（康熙十四年）同一六九七、三（康熙十八年）贛州	古聖行實。
Hinderer (Romain)	德諾瑪	法蘭西	西紀一七〇七（康熙十六年）同一七四四、八、四（乾隆九年）南京	與彌撒功程。

Intorcetta (Prospero)	殷鐸澤	意大利	西紀一六五九（順治十六年）同一六九六、一〇、三（康熙十七年）杭州	耶穌會例。西文四書直解。泰西殷覺斯先生行述。
Kogler (Ignace)	戴進賢	日耳曼	西紀一七一六（康熙五十五年）同一七四六、三、二九（乾隆十一年）北京	儀象考成。
Lobelli (Giovania-ndrea)	陸安德		西紀一六五九（順治十六年）同一六八三（康熙二十二年）澳門	聖教略說。眞福直指。善生福終正路。聖教問答。聖教撮言。聖教要理。默想大全。默想規矩。萬民四末圖。
Longobardi (Nicolao)	龍華民	意大利	西紀一五九七（萬歷二十五年）同一六五四、九、一（順治十年）北京	死說。念珠規程。靈魂道體。聖教日課。聖若撒法始末。地震解。急救事宜。聖人禱文。
Magalhaens (Gabriel de)	安文思	葡萄牙	西紀一六四〇（崇禎十三年）同一六七七、五、六（康熙十六年）北京	復活論。
Mailla (Joseph Mario Anne de Moyria de)	馮秉正	法蘭西	西紀一七〇三（康熙四十二年）同一七四八、六、二八（乾隆十二年）北京	明來集說。聖心規程。聖體仁愛經規條。聖經廣益。盛世芻蕘。聖年廣益。避靜彙鈔。
Martini (Martino)	衛匡國	匈牙利	西紀一六四三（崇禎十六年）同一六六一（順治十八年）杭州	眞主靈性理證。逑反篇。
Mendez (Manoel)	孟由義	葡萄牙	西紀一六八四（康熙二十三年）同一七四三、一二（乾隆八年）澳門	
Monteiro (Joao)	孟儒望	葡萄牙	西紀一六三七（康熙六年）同一六四八（順治五年）印度	天學略義。天學辨敬錄。炤迷鏡。

Motel (Jacques)	穆迪我	荷蘭	西紀一六五七(順治十四年)同一六九二、六、二(康熙三十一年)武昌	聖洗規儀。同。
Noel (François)	衞方濟	比利時	西紀一六八七(康熙二十六年)同一七二九、九、一七(雍正七年)Lille	人罪至重。
Ortiz (Hortis)	白多瑪	西班牙	西紀一六九五(康熙三十五年)未詳	聖教功要。四絡略意。
Pantoja (Diego de)	龐迪我	西班牙	西紀一五九九(萬歷二十七年)同一六一八、一、一(萬歷四十六年)澳門	耶穌苦難禱文。未來辯論、天主實義續篇。龐子遺詮。七克大全。天神魔魂說。人類原始。受難始末。辯揭。奏疏。
Parrenin (Dominque)	巴多明	法蘭西	西紀一六八九(康熙三十八年)同一七四一、九、二(乾隆六年)北京	濟美篇。德行譜。
Pereyra (Thomsz)	徐日昇	西班牙	西紀一六七三(康熙十二年)同一七〇八、一二、二四(康熙四十七年)北京	南先生行述。律呂正義續篇。
Pínuela (Pedoro)		墨西哥	西紀一六七六(康熙十五年)同一七〇四、七、三〇(康熙四十三年)漳州	初會問答。永暫定衡。大赦解略。默想神功。哀矜煉靈略說。
Prémare (Joseph-marie de)	馬若瑟	葡萄牙	西紀一六九八(康熙三十八年)同一七三八、九、一七(乾隆三年)澳門	聖若瑟傳。楊淇園行蹟。
Rho (Giacomo)	羅雅各	意大利	西紀一六二四(天啓四年)同一七三八、九、一七(乾隆三年)澳門	聖若瑟傳。楊淇園行蹟。天主經解。天主聖教啟蒙。齋克。哀矜行詮。求說。聖記百言。聖母經解。周歲警言。測量全義。比例規解。五緯表。五緯曆緯。月離曆指。月離表。日躔曆指

				日躔表。黃赤正球。籌算。曆引。日躔考晝夜刻分。
Ricci (Matteo)	利瑪竇	意大利	西紀一五八三(萬歷十一年)同一六一〇、五、一二(萬歷三十八年)北京	天主實義。幾何原本。交友論。同文算指通篇。西國記法。勾股義。二十五言。圜容較義。畸人十篇。徐光啓行略。辨學遺蹟。乾坤體義。經天該。奏疏。齋旨。測量法義。西字奇蹟。渾蓋通憲圖說。萬國輿圖。
Rocha (Joao da)	羅如望	葡萄牙	西紀一五九八(萬歷十六年)同一六二三、三、(天啟三年)杭州	天主聖教啟蒙。啟蒙。天主聖像略說。
Rougemont (Francois de)	盧日滿	荷蘭	西紀一六五九(順治十六年)同一六七六、二、四(康熙十五年)漳州	要理六端。天主聖教要理。問世編。
Rudomina (Andre)	盧安德	利查尼	西紀一六二六(天啟六年)同一六三二、九、五(崇禎五年)福州	
Ruggieri (Michaele)	羅明堅	意大利	西紀一五八一(萬歷九年)同一六六七、五、二(康熙六年)	天主聖教實錄。
Sambiaso (Francesco)	畢方濟	意大利	西紀一六一四(萬歷四十二年)同一六四九(順治六年)廣東	畫答。睡畫二答。靈言蠡勺。奏摺。皇帝御製詩。
San juan Bautista (manuel de)	利安寧	西班牙	西紀一六八五(康熙二十四年)同一七一〇、三、一〇(康熙四十九年)北京	破迷集。聖文都竦聖母日課。
San Poscual (Augustin de)	利安定	西班牙	西紀一六七〇(康熙九年)同一六九五(康熙三十四年)未詳	永福天衢。天成人要集。

Santa maria (Antonio de)	利	西班牙	西紀一六三三（崇禎六年）同一六六九、五、一三（康熙八年）廣東	正學鏐石。
Sande (Eduard de)	孟三德	葡萄牙	西紀一五八五（萬歷十三年）同一六〇〇、六、二二（萬歷二十八年）澳門	崇禎曆書。長曆補注解惑。主制群徵。主教緣起。遠鏡說。進呈書像。渾天儀說。
Schall von Bell (Johannes adam)	湯若望	日耳曼	西紀一六二二（天啟二年）同一六六六、又、一六六九、八、一五？）北京	眞福訓詮。古今交日考。西洋測日曆。星圖。交食曆指。交食表。恒星曆測。恒星表。共譯各圖。八線表。恒星出沒。學曆小辨。測食略。測天略說。大測。奏疏。新曆曉惑。新法曆引。曆法西傳。新法表異。勅諭。壽文。
Semede (Alvaro)	魯德照	葡萄牙	西紀一六一三（萬歷四十一年）同一六五八、五、六（順治十五年）澳門	字考。
Siva (Antonio de)	林安多	葡萄牙	西紀一六九五（康熙三十四年）未詳	崇修精蘊。
Soerio (ioao)	蘇如漢	葡萄牙	西紀一五九五（萬歷二十三年）同一六〇七、八、〇（萬歷三十五年）澳門	聖教約言。
Tellez (Manocl)	德瑪諾	葡萄牙	西紀一七〇四（康熙四十三年）同一七三三（雍正元年）饒州？	顯相十五端玫瑰經。
Tererz (Jean)	登玉函	日耳曼	西紀一六二一（天啟元年）同一六三〇（崇禎三年）北京	遠西器奇圖說錄。人身說概。測天約說。黃赤距度表。正球升度表。大測。諸器圖說。
Trigault (Nicohlas)	金尼閣	法蘭西	西紀一一六年（萬歷四十四年）同一六二八、一一、一四（崇禎元年）杭州	宗徒禱文。西儒耳目資。況義（Fables choiseis d' Esope）意拾諭言。（同上）推曆年瞻禮法。

Tudechini (Augnstin(	杜奥定	日奴	西紀一五九八(萬歷二十六年)同一六四三(崇禎十六年)福州	渡海苦蹟記。杜奥定先生東來渡海苦跡。
Ursis (Sabatthin-us de)	熊三拔	意大利	西紀一六〇六(萬歷三十四年)同一六二〇、五、三(泰昌元年)澳門	泰西水法。表度說。簡平儀說。
Vagnoni (Alfonso)	高一志 王豐肅	意大利	西紀一六〇五(萬歷三十三年)同一六四〇、四、一九(崇禎十三年)漳州	則聖十篇。齊家西學。天主聖教聖人行實。達道紀言。四末論。修身西學。譬學。勵學古言。教要解略。寰宇始末。聖母行實。神鬼眞紀。十慰。童幼教育。空際格致。西學治平。斐錄彙答。推驗正道論
Vare(Francisco)	萬濟谷		西紀一六五四(順治十一年)未詳	聖教明證。
Verbiest (Ferdinand)	南懷仁	比利時	西紀一六五九(順治十六年)同一六八八、一、二九(康熙二十七年)北京	妄推吉凶辯。熙朝定案。驗氣圖說。坤輿圖說。告解原義。善惡報略說。教要序論。不得已辯。儀象志。儀象圖。康熙永年曆法。測念紀略。坤輿全圖。簡平規總星圖。赤道南北星圖。妄占辨。預推紀驗。形性理推。光向異驗理推。理辨之引啟。目司圖總。理推各國說。御覽簡平新儀式用法。進呈窮理學。
Xavier(Saint Fr aucois-de xavier)	方濟名	西班牙	未詳 西紀一五五二、三、二(嘉靖三十一年)上川島	

第三十八章　外人傳道事業之失敗

傳道方法與支那思想　明末清初時代。宣教師不獨富於殉教之精神。且審察支那之風俗。習慣。自將支那所嘲笑爲蠻夷風之洋裝。易而爲中國士人之服裝。起居飲食。全與支那人同。向支那人并自稱爲支那人。且恐社會攻擊基督教。思有以辯護之。遂自受支那士人之敎育。肄習其言語文章。對於下等社會。則以淺易演說。講明基督敎之福音。對於士人社會。則用流暢醇雅之漢文。從科學上立論。漸次說及基督敎之精神。使之自然感化。此等方法。蓋彼等特所注意者也。支那數千年來。有一種固有之文明。故於宗敎政治道德等形上之學。不欲學於外人。至於形下之學。及技術上應用之事。則支那人雖自尊大。亦知不能與外人爭長。當時之宣教師。博識多能。科學家則講述幾何學。自然科學。物理學。數學等。製圖家則受命製成支那各地輿圖。前已論之。其他天文學家及技術家。則測日蝕。正曆法。著測算書表。製造天象儀。望遠鏡。時表。鑄造大礮。搆造黑利惠託爾機。又兼畫家。音樂家。建築家。醫師。盡其所有之方法。鼓吹歐洲之學術。而復賴此與支那人接近。其後支那人對於彼等。不排斥爲異端邪說。雖向之反對者。亦漸次減少其排外的精神。而消滅其反抗之念。無非由於彼教士等。數數接近。支那人聽其學術及道德上之講說。日益馴熟。有以致之也。不但此。也當時之宣教師。除直接背反教旨。違逆聖訓外。務爲保全支那人固有之信仰習慣。其信徒亦能得崇拜祖先之許可。然當未許可以前。幾經躊躇。幾經學者士人上下議論。卒以支那人之拜孔子。在尊仰其人格。非因祈福祐聰明利祿。而然祭祀祖先。則出於親愛之義。孝思之念。所謂報本反始之禮。而非以求福祐。設立祖先牌。非謂祖先之魂在於其上。不過子孫追遠。稍抒如在之懷。至於郊天之典禮。非祀蒼蒼有形之天。乃敬天地萬物之原。此孔子所謂郊祀之禮。以事上帝也。因此宣教師等。知支那人之祖先崇拜。無論如何形式。亦非迷信之教義。故遂予以許可也。自是而後。至十七世紀之末。教士所到之各省。信徒大增。當其最盛之時。屬於教會之教堂。廣東有七所。江南有百餘所。一六六三年。十二省信徒達十二萬人。六省信徒。其數未詳。然亦決非少數。一六九六年。（康熙三十五年）在北京受洗禮者。達六百三十人云。

宣教師大起內訌　然而內訌一事。卻又爲支那基督教致衰之原因。先是在印度之舊教徒。依一四五四年教皇尼古拉司第五之教書。受葡萄牙王之保護。因而支那亦爲印度之一部分。其教徒立於葡萄牙王保護之下。然自法國日益强大。欲破壞葡萄牙之保護權。其宣教師與政府合力。對於羅馬教皇之巴其加諾政府。爲種種之隱謀。教皇亞立山大第三之時。以屬於法國籍之教正巴流、特拉莫託、朗伯、及可托朗其、三人。遣使於暹羅、東京、支那。然當時葡萄牙和蘭英國之船。皆以巴流爲法人之故拒絕其乘載法國大審知非自造船舶不克達其目的。故一六九八年。（康熙三十九年）以支那通商殖民爲目的之支那會社於焉以起。至一七一九年。（康熙五十八年）東印度、西印度、塞納加爾支那、四會社合併。設一所謂印度會社而法國因欲達其支那布教之目的。於一六八三年。（康熙二十二年）設『米向塞託朗九爾』於巴里巴流教正爲其代表而任法國支那傳教之總督。一六八四年。（康熙二十三年）抵支那地。於是葡萄牙向來專占之宣教師保護權。一部分已被破裂矣。其後一六八五年依覺爾伯爾之奬勵。法國之天主教宣教師始向支那而來。一六八八年。（康熙二十七年）到北京。九爾比朗卽此中之一人也。先是屬於託米尼苛組合之西班牙人宣教師。亦已於一六三〇年。在支那布教。然當是時。各國各團體之布教區域尚未確定。故無論何團體之各國宣教師同居於一區域之內布教。因之葡萄牙之天主教宣教師之中。（屬於支那之教皇代理教區）有屬於日本籍之天主教宣教師。有屬於一六八八年以來新到之法國天主教之宣教師。又有託米尼苛組合中之米向塞託朗九爾會員。而同一天主教宣教師中。對於基督教之神。或用天之稱號及承認支那人之祖先崇拜孔子釋奠之教義等。頗有異論。如託米尼苛組合自始卽對於天主教宣教師。執反對之態。其後拉扎利司特組合。及米向塞託朗九爾會員亦贊成託米尼苛之意見向羅馬教皇誣奏天主教宣教師對於支那之教義寬容謂求彼等一身之榮耀而賣基督教也羅馬教皇政府對之意見久未能決一六四五年教皇英諾肯特第十以託米尼苛組合之解釋爲是一六五六年教皇亞立山大第七則以天主教宣教師之解釋爲是其後教皇英諾肯特第十一謂此等儀式若非屬偶像禮拜僅爲社交儀式者則可勿深究云雖然此等曖昧之決定天主教宣教師與託米尼苛組合共不滿意兩者之爭論益見其激烈矣

羅馬教皇使者次魯囊幽憤而死　教正墨克羅(米向塞託朗九爾會員索榜大學教授)受教正巴流之遺託自一六八四年以來在南京當支那舊教徒總轄之任然於一六九三年否定天主教宣教師之意見向教皇上奏謂天主教宣教師之報告諸多事實之誤會羅馬教皇克列門第十亦覺不可恝視及一七〇四年安吉阿其何教長次魯囊(Tournon)鐸羅)爲教皇代表奉密旨差往北京翌年得達駐居於西安門內之天主堂謁見康熙帝帝賜以坐復設盛筵親勸杯酒優待厚禮無所不至因之次魯囊滯留於北京年餘屢賜謁見并御饌果品康熙帝一方以酒食政策結其歡心一方詳細說明支那崇拜祖先之趣意次魯囊在北京得羅馬教皇一七〇四年十一月二十日之教書亦未發表蓋教書謂對於基督教之神不許用天之稱號對於支那之基督教信徒嚴禁祖先崇拜之儀式且詰責帝所

深信之天主教宣教師。此不但背於聖祖所說。教皇對於支那人民。無制定法律權之本旨。且所勅建之北京天主堂。勅賜匾額。有敬天之文字。故發表此書。適生清朝政府與羅馬教皇政府間之惡感。況在北京之天主教宣教師。勢力甚盛。徒從表面攻擊之。亦屬無益。是亦爲不發表之一原因也。多魯囊請准於帝。承認其有總主教之權利。（總轄在支那之各國各團體之宣教師）欲以平和手段。漸使天主教宣教師服從羅馬教皇之命令。然帝依於天主教宣教之勸請。謂支那人之神。與基督教之神。非有二者。故得同呼以天之名稱。又釋典之儀式。與基督教之教義。非不可調和。於祖先崇拜所用之犧牲。卽依基督教教旨立論。亦非難以解釋。帝遂以此決定書。告全國基督教宣教師。若有違此決定者。卽放逐於國外。墨克羅卽因此被逐矣。多魯囊尙恐失教皇與帝調和之機。迄未發表教皇之教書。後以己之名義。摘要公布。排斥帝對於神學之意見。凡不從教皇教令者。卽行退去。是一七〇七年二月事也。於是帝命捕之。遣送於澳門。使葡萄牙人監視之。夫葡萄牙原握東洋傳道之權。非葡人之宣教師。來東洋傳道者。出發前須在葡首府。力思榜得葡王許可。宣誓服從其命令。然多魯囊之來支那也。不但未至力思榜受葡王之許可。其爲支那教區之教長。對於各宣教師行其保護權之行爲。顯然漠視印度覺阿大教正之主權。故葡甚惡多魯囊。而深幸帝之有是命也。當其送致於澳門也。嚴加禁錮。多魯囊抱無窮之憾。遂於一七一〇年。病死於獄中。

傳教之方法一變　一七一八年。教皇克列門特第十一。發表所謂(Ex illa die)伊克司、伊爾拉得伊之教書。以不從一七〇四年教皇教書之宣教師。命處以破門之罰。是則次魯囊在南京所布(Le mendement de Nanking)之公文。決定實為招聖祖之怒。釀教師紛擾之大原因也。而教皇因欲實行。特命一七二一年支那傳道總督亞立山德利亞教長名墨沙巴拉者。(嘉祿)前往支那。伊來北京。知聖祖決心之堅。復聞天主教宣教師之言。知厲行教書。則布教事業。終必歸於衰敗。因自以支那傳道總督之權限。對於教書追加八條件。其要旨。謂支那所行之儀式。以純粹之社會儀式而行者。得認許之云。雖然羅馬之教皇政府不肯如是讓步。教皇伯納其克特第十四。於一七四二年。(乾隆七年)發表有名之伊克司、克阿、心得拉利之教書。Ex Qus singulari 而確定教皇克列門特第十一之伊克司伊爾拉得伊(教書)由是支那之基督教徒。不得行祖先崇拜之儀式。於是後之宣教師問題。遂生非常之影響。蓋支那之祖先崇拜。不但為宗教道德之問題。包含社會一切利害之問題也。即謂支那社會全體之組織。悉依此而成。亦無不可。一旦不得行其祖先崇拜之儀式。則與宗族鄉保殆若斷絕。從前共有財產。遂起分配問題。宣教師有保護責任。不得不起而干涉。於是宣教師庇護教民。要挾長官。抑壓士庶。種種攻擊之聲。以起清廷以羅馬教皇擅干涉國內事。以其命令行於國內。則為侵害國家之獨立。故於一七〇七年。清政府定一限制。非有內務部印票之宣教師。概令退去澳門。各地方之天主教堂。概行禁止。一七一七年。依廣東碣石鎮總兵陳昂之奏。禁止一切外人留住內地。違者決不得歸本國云。雍正年間。（一七二三年至一七三五年）教師中有與宮廷密謀之嫌疑有關係者。其迫害益甚。一七二三年。依閩浙總督滿貴之奏。在北京之宣教師。除從事欽天監及其他職務者外。餘皆不准在澳門以外之內地居住。又改天主教堂為公所。嚴禁人民信舊教。此後百數十年間。清政府對於基督教徒之態度。非無寬嚴之別。然卒未撤回其禁止之命令也。

第三十九章　康熙朝之庶績

十三衙門之撤廢　明代宦官政治之餘習。至順治帝初。尚未革除。一因滿廷不嫻漢人之儀禮。不得已使用宦官。始設此制者。為攝政睿親王。死後順治帝年少。深覺其便。所謂十三衙門者。即兼用滿洲廷臣與宦者之司禮、御用、尚膳、尚衣等諸局是也。但帝懲前代之弊。縮小彼等之權限。官不得過四品。非奉差遣不得出皇城。職司之外。不得干與一事。不得招引外人。不得交接內外官員。十二年。命立十三衙門鐵牌。用滿漢文字。更刻戒飭之諭文。孰知徒法不能自行。內官吳良輔與滿官佟義。謀結交外官。廣招黨與。通賄請託。無所不至。順治帝尚未有以處置之。至康熙帝即位之初。悉行廢置。以其事併歸於內務府。乾隆帝命秦趙高三姓。爲奏事大官清朝歷代之制度於此可想見一斑矣。

封爵制度之創置　康熙帝鑑於三藩之叛亂。平定以後。遂籍沒藩產。收回藩兵。不以兵權土地世與臣下。卽宗室之懿親親王貝勒之元勳。亦使之居留北京。帝意在實行集權也。可知。又宗室之爵。大加改革。親王以下。有十二等。功臣之爵。從一等以下。有二十六等。宗室至於遠孫。無爵給以四品頂戴。對於特殊之懿親。則世襲罔替。而有永世承襲之制。卽使後之襲封者。雖罪犯大逆。身陷重辟。亦必使其近支襲封親王郡王之家。受此特典者。一禮親王（太祖第二子）、二睿親王。（太祖第四子）、三豫親王。（聖祖第十三子）、四肅親王。（太宗長子）、五鄭親王。（顯祖之孫）、六莊親王（太宗第五子）、七順承郡王。（太祖曾孫）八克勤郡王。（太祖之孫）、九怡親王。（聖祖第十三子）自第一迄克勤郡王。計六親王二郡王。家爲國家之勳勞顯著者。定爲世襲罔替。此制乾隆帝始公示之。俗謂八大王。爲鐵帽子。卽累世罔替之意也。怡親王原封者。爲允祥。及雍正帝立。盡瘁國務。故於其死也。得與此特典。至光緒朝。以上之外。復加醇親王恭親王。晚年慶親王家。又列入焉。

黃河之潰決　黃河之水道。上流不甚變遷。開封府以東。則顯有轉移。而不經古來一定之河道。支那歷代。以此水道變遷之影響。謂之河患。相傳禹所導之水道。經直隸省南部之天津而入海者。然水道漸遷於東南。漢建始四年。已注於山東濟南府之北方。今之黃河口附近。後漢明帝患之。永平中。舉樂浪人王景。使之治河。此工事。從今河南之滎陽至於海口。施以堅牢之護岸工事。距離千有餘里。費計億萬。幸而水道因此底定。歷晉唐而無大患。談黃河之歷史者。以彼爲神禹後之第一人。入於宋代。此工事漸失效用。河水處處潰決。紹興年間（金明昌五年）遂分南北二派。北派依今之大清河與故道無大差異。然南派則依淸河合泗水洛水。從江蘇省北部海州之南方而入海。及宋南渡。勢益南趨。金人不利於北流。因導之南流。以嫁禍於宋。但地形自壽張之南梁山泊一帶。顯覺低下。一旦上流潰決。則從北而南。當然之事。河道於是又大變。元至元二十六年。政府盡開會通河。北流盡絕。以一淮水受全黃河之水。至明代。遂頻受河患。嘉靖中。河道之亂流有十餘處。至隆慶中。屢屢潰決。河患殆無紀極。明代稱爲治河能臣潘季馴者。論曰。導黃河之道。在於繕治隄防。使水無旁決。使水流地中。沙隨水去。治隄卽治河之策也。又曰。河勢宜合不宜分。宜急不宜緩。合則流急。急則沙刷而河深。分則流緩。緩則停滯而沙淤。故以隄束水。借水刷沙。爲治河之良法。切實而不可易者。彼遂以此方法修築隄堰。從徐州至淮安六百餘里。又因欲使水勢强大。遂導淮水畢趨於淸口。會流於黃河。河患於此得稍緩焉。然此計畫必有財力。始可行之。明末之國帑與民力。殆難於維持。自順治亙康熙初年之河患。實承前代明季潰決之流遺也。

康熙帝之治河事業　支那諺云。黃河與官吏道路。爲中國之三大憂。累年潰決。使東南三大省不安。通觀其治河之策。無非寬河道與築隄防以束河身之二策。然黃河流水。年年挾數百萬噸之黃泥而來。河底漸漸堆起。比平地高至六七丈。此屬常有之事。値此情形。隄防果能有效乎。隄防既被破壞。因而氾漫流衝。別成一新河道。爲必然之理。況淮水比黃河低下六尺。水勢緩漫。往往有倒灌之患耶。康熙十六年。帝以靳輔爲河道總督。專當治水之任。時淮黃兩河四潰。而不入海。從碭山至海口。兩岸決口至七十八所。洪澤湖之高家堰決口至三十四所。翟家壩則成四道之河。淸水潭則久成潰流之患。山陽高郵寶應鹽城興化泰州如皐七州縣。則成一片汪洋之湖。而溝口運河。卻淤塞而變爲陸地。靳輔熟睹此形勢。知溝口以下不濬築。則黃淮二水無所歸。淸口以上不鑿引河。則淮水之流不暢。高堰之決口不盡封塞。則淮水派分。無刷河之力。黃河必納淮。而下流之淸水潭亦危。且於黃河南岸不築隄防。則高堰危險。北岸不加防閑。則山東必受衝激。故築隄岸。疏下流。決塞口。但有先後而無緩急。今不爲一勞永逸之計。屢築屢氾。安有所底止耶。奏上。帝頗然之。靳輔之治河也。幕僚陳潢之勞苦。亦不可沒。彼亘八年之久。從徐州至海口。兩岸施隄。修築決潰之歸仁隄。改運口。復河道。又欲從高郵城東經興化白駒場而至海口。築長隄。然此提議未得直隸巡撫于成龍等之同意。御史郭琇又劾之。遂遭罷免。然彼去後。卒不能成功。則稱彼爲潘季馴以後之一人。亦非過譽也。帝對於治河之態度。終始未變。康熙二十三年以降。六次南巡。詳觀黃淮兩河之形勢。任張鵬翮爲河道總督。一一親指授之。帝平日以河務漕運及三藩為聽政以來之三大事書之於宮中柱上云。潰決之患不改。河費亦日見加。帝末年所費約五十五萬兩。乾隆四十七年以後。加至數倍。嘉慶十一年之河費。又倍於乾隆。道光年間計三百萬兩。此固由於工料之貴。而潰裂之頻繁。又為一大原因也。道光二十二年。魏源謂河費浩繁。糜費國帑。無異鴉片之以民財輸於海外。治河之道。不外以河道之方向。還漢代以今之位置。望其無變。則使神禹復生。亦不能奏效也。然一八五三年。(咸豐三年)七月五日。黃河忽然北流。從今之大清河而入海矣。

滿洲之防備 中俄兩國之交爭。開始於黑龍江上流。前已言之。清廷發祥地之滿洲。覺施行軍政之必要。無非防俄人之南下耳。康熙二十二年。帝於黑龍江置將軍及副都統。使鎮守愛琿城。後因與俄結界約。遂移駐於齊齊哈爾。大興安以東黑龍江全域。舉歸此政廳掌管。在東海(卽沿海州方面)之防備。除為對俄外。亦因太祖太宗以來。充實兵力。已捕收其地方之戶口。別無所顧慮。遂以順治朝所設之寧古塔之昂邦章京及副都統。悉改為將軍。於康熙十五年。移駐於今之吉林。該地南控通河。北有黑龍江。當南北水路之交通。順治以降。黑龍江方面之大征伐。悉以此地為根據而發艦。爾後吉林與齊齊哈爾盛京。為滿洲統治之三大府焉。

長白山之定界 清與朝鮮之國境。因李朝內政整理。遂生種種問題。最重要者。於長白山立界碑之一事也。康熙十六年帝爲詳考長白山地理。命內大臣覺羅武木訥親往踏看。然此行實至松花江源爲止。於鴨綠豆滿兩江之關係未及知也。二十三年。帝又派駐防協領名勒出者往於鴨綠江上流三道溝地方。遭意外之變。又不得達其目的。然在朝鮮國境上所發現之犯罪。爾後接踵不絕。因國界不詳致議罪之主權亦不明。康熙四十九年。帝仍以審界之主意授烏拉總管穆克登。五十年。下諭曰。

天上度數與地之寬大相吻合。以周尺算之。天上一度卽地下二百五十里。以今尺算之。天上一度。卽地下二百里。自古繪輿圖者。俱不依天上度數推算地理遠近。故差誤甚多。朕前派能算善繪之人。以東北帶之山川地理。俱依天上度數推算。詳加繪圖披閱之下。知混同江從長白山流出船廠(卽吉林)從打牲烏拉向東北而流。會於黑龍江而入海。此皆屬中國之地。鴨綠江從長白山流出於東南而向西南。由鳳皇城與朝鮮國之義州間流而入海。鴨綠江之西北係中國地方。亦以江爲界。既已明白無疑矣。但鴨綠江土門江兩江間之地方。不甚明晰。卽派部員二人。往鳳皇城會審朝鮮人李萬枝之事。又派打牲烏拉總管穆克登使與同往。伊等請訓之時。朕曾密諭曰。爾等此行。併查看地方。與朝鮮官沿江而上。若行於中國地方。卽與朝鮮官同在中國所屬地方行之。或中國所屬地阻隔不通。爾等俱在朝鮮地方行之。乘便至於極盡之處。詳加閱視。務將邊界查明奏覆。

想該臣等已由彼地起程前往。此番地方情形。庶得明白也。

五十一年五月。穆克登既奉此上諭。遂從興京之東北邊門而進。乘小舟。出頭道溝。入鴨綠江。水陸並進。溯行至厚州。與朝鮮所派之伴使及監司等相會。更進至惠山。在此捨舟而登長白山。排險峻而上。從麓至頂。約三百淸里。遂窮江源。實測山上之潭水與鴨綠豆滿兩江之源。刻界碑立於潭畔焉。此審界之結果。西以鴨綠江之本流爲界。東以土門江爲界。多年紛爭之問題。至是告終。然碑文之所謂土門江。名稱不無疑似。何則在滿洲係指豆滿江也。無疑。惟豆滿與土滿之區別。至後代易生枝節。二者共爲女眞語（Tumen）之譯文。而朝鮮不承認。公言土門非豆滿也。所謂東間島問題。於是發生。自太宗朝繼續而來。關於偸參伐木越墾等事。累年紛議不休。及至於帝。則繕修從來之邊柵。使兩國人民不得闖入於其地帶焉。據法人九阿托所收於得司克利布向托拉西奴之地圖。依其劃線。則豆滿江外包括鹿屯。從黑山山脈亙寶筂山。入於鴨綠江之上流。從頭道溝與流至十二道江之諸水合。由長白支脈（松花江兩大源諸水之分水嶺）經佟家江本流。稍西而從大小鼓河之水源。至於鴨綠江與鳳皇城之中間。其地圖并加以說明曰。鳳皇城之東方。有朝鮮國之西方分界標。蓋滿洲先攻支那。而朝鮮被其征服。爾時議定於長柵與朝鮮國境之間。置一空虛之地帶。此國境圖上以點線表現之。如此之記述。於支那方面雖不見有確證。然據一七〇九年（康熙四十八年）間。帝所派耶穌會士雷孝思測繪該地之備忘錄。則不能謂爲無根據也。據吾人所知。乾隆十一年中。清廷對於鴨綠江流域之展柵。容朝鮮之抗議。於鳳皇城樹柵之外。留空地百清里。隔截內外。以免混雜滋事之患云。而兩國會哨之制。亦由此興矣。

封禁與柳條邊　滿洲爲清朝發祥之地。以之開放於漢人。此爲朝家不得不顧慮之事。無待言矣。帝覺維持之必要。遂西從山海關起。東至吉林之北。伯都訥之南。廣設邊柵。深穿邊壕。植柳於兩側。用是咸呼爲柳條邊云。自今之開原分東南而包興京廳至鳳皇城之一線。亦以邊柵回繞之。此則帝因前代所置而更修築之者。此邊柵之位置。在遼河流域。顯然擴大。幷今之新民府亦包含在內。此可見清廷之勢力。且明代所不能實行者。一旦告厥成功也。清廷於邊之要處。設以關門。非帶有所管官廳之免票者。不得入滿洲。卽滿洲人從山海關來北京方面之時。亦先須檢驗其行李。此由於禁止人參之夾帶也。漢人往滿洲者大概禁止。但國初爲捕虜之漢人客死於其地者甚多。子孫爲收遺骸而去者。則特給以免票。如碩儒顏元訪其父墓於瀋陽。（奉天）此其例也。滿洲自入關以後。連年苦戰。壯丁概被徵發。人口極稀。農業多未發達。在明代爲腴田。變而爲荒地者甚多。則各縣之彫殘可想見矣。順治八年。政府出令招墾。誘引漢人。其進行之程度若何。未得其詳。然就土地一事言之。在盛京則旗地占其大部。民地不過幾分。在吉林黑龍江則皆屬官旗地。民地缺焉。政府以旗人不好京城生活。屢使彼等歸還滿洲。從事耕屯。然旗人中感染南方風氣者。多以土地典於漢人。或租貸於漢人。留住故土者不多。從此觀之。旗人於滿洲之農業時代。無何等之功效。可以推知。康熙帝又因長城外之蒙地。漢人種墾。生起種種之事件。頗滋厭惡。遂各遣還故土。此等漢人之主要者。則爲山東人。

皇位承繼之紛爭 清朝之皇位承繼。從來以皇子嗣繼大統外。無何等之規制。太祖曾有言有德者則登大位。否則當更擇善者。雅不願於生前預定皇儲也。此雖略似蒙古之習俗。實則太祖因諸王之權力強大。不能直抒其意志。故有此言也。清廷之皇位承繼。向來不免紛爭。太宗之卽位。睿親王以爲僭位。職是之故。諸王權力發展。每相衝突於宮廷之間。或於國運之消長。亦受其影響。順治帝崩時。皇子不多。又皆幼弱。不見特甚之暗鬬。然至康熙帝晚年。則廢太子之問題。聳動於中外矣。

皇太子被廢 帝冊立王子允礽爲皇太子。事在康熙十四年。清朝立皇太子。自此始。當時太子年齡不過二歲。帝年不過三十餘歲。定太子以固國本。不能不疑其過早。且合嫡庶計之。帝有三十五子。兒孫衆多。固人生幸福。而亦不免有不肖子在其中。據吾人觀之。帝之敎養皇儲亦既不一。其方舉碩儒熊賜履。當輔導之任。帝巡幸時。常使之附隨。俾知民間之疾苦與地方之利弊。太子戴不世出之皇父。固非不肖。自經義文學。以至騎射。靡不一一通達。

康熙三十五年帝討噶爾丹於漠北時。太子爲北京留守。聽視朝政。世稱其賢。乃忽而變爲驕抗之態度。不幾使人疑其爲狂疾耶。太子之兄有允禔。弟有允祉、允禛（雍正）允禩、允禟、允祥、允禵。彼等視太子之驕慢。殊不滿意。遂各結黨引類。太子亦植黨羽。以講自保之道。然自被種種之陰險手段。爲廢止太子之運動。而太子之惡聲亦多。遂蹈自暴自棄之行爲而不顧。據康熙帝所言。太子弟允禔。則兇頑愚昧。弟允禩則奸詐陰柔。頗不傾信彼等之言。然皇太子之黨與如內大臣索額圖等。密謀大事。遂發表廢太子之上諭焉。康熙帝痛哭仆地　內大臣索額圖用何種之手段以圖大事。雖不明瞭。而不外要求帝之退位可推知也。康熙四十七年九月。帝次於塞外之布爾哈蘇台。集諸王大臣等於行宮。命皇太子跪於前。帝垂涕而語之曰。

今觀太子之舉動。不法祖德。不遵訓誡。唯肆惡虐衆。暴戾淫亂。難以盡言。予包容垂二十年矣。乃其惡愈張。侮辱廷臣。擅權鳩黨。窺伺予身起居動作。靡不探聽。夫國惟一主。允礽何得任意陵虐。恣行捶撻耶。予巡幸陝西江南浙江等處。或駐廬舍。或御舟航。未嘗跬步妄出。未嘗一事擾民。乃允礽以屬下之人。恣行乖戾。無所不至。言之使予慚恧。又要截外藩入貢之人。攘取進貢之馬。致蒙古俱不心服。種種惡端。不可枚舉。予尙冀其自新。故隱容以至今日。又予知允礽賦性奢侈。因使彼乳母之夫凌普爲內務府總管。俾便於取用。

孰意淩普更加貪婪。下人無不怨憾。予於允礽幼時。諄諄教訓。凡所用者。皆庶民之脂膏。應從節儉。乃不遵予言。窮奢極欲。逞其兇惡。今更加甚。有使予諸子無有噍類之勢。更可異者。彼每夜逼進布城。從裂縫窺視。不外欲為索額圖復仇耳。使予日在危險之中。晝夜戒慎。未遑寧處。如此之人。豈堪託祖宗之宏業耶。且允礽生而尅母。自古稱為不孝。予即位以來。諸事節儉。身御敝褻。足用布韈。允礽所用者。遠過於予。彼猶以為未足。恣取國帑。干與政事。必至於敗壞我國家。戕賊我萬民而後已。若以此不孝之人而為君。其如祖業何耶。

語畢。帝遂痛哭而仆於地。

諸王之朋黨　廢太子之事。出於帝之晚年。中心抑鬱。亦可推知。允礽之驕慢。觀帝之所言而可知。然驕慢不必為廢立之理由。帝躬行節儉。心懷德義。以內聖外王為志願。則目擊太子之素行不修。未免失望。因予以廢立之處置。或亦激起太子之反省。孰意有此一舉。事機愈迫。諸王之以太子候補為慾望者。至熾烈而不可抑。最表白此慾望者。則兄允禔。而巧為運動者。則弟允禩也。彼等企立為皇儲。其手段無所不至。就中允禩之黨與。蟠於中外。或與允禔允禟相結。或引內大臣施用邪術。鎭壓廢太子允礽。冀進而刺殺之。允禩當時封為廉親王。揆敍王鴻緒等左右之。其勢望幾不可侮。太子之黨與亦知帝之意思。務為告發允禩一派之奸謀。幸而以允禔所埋藏鎭壓太子之物件發掘十餘所。而允礽之病。亦於是時略瘉。眞不可思議也。帝知之。謂廢太子之病。無非因於彼等之邪術所致。乃拘允禔於其第。是年十一月。帝命滿漢大臣。除允禔外。保奏諸王中可爲太子者。內大臣阿靈阿、王鴻緒等共奏請立允禩。帝不許。翌四十三年三月。以廢太子病瘉。再冊立爲太子焉。

皇太子再廢　帝於廢太子之時。約六日間未嘗安寢。執允禩時。至欲親引佩刀以誅允禵。據帝所言。五十年間包容之事殊多。帝之所以憤懣憂悴。損其健康者。當以太子之不肖爲其主要原因也。是時蟠據朝廷之朋黨。旣已如此。帝之苦心經營之鴻業。亦難保不投去於此渦中。宰相王掞年七十餘。欲報帝之殊恩。以建立太子之意見。密奏數千言。帝不悅。語左右曰。王掞之言是也。但得無蹈前明惡習乎。可知帝不論獻言之是非。特厭臣僚之議立太子耳。康熙四十八年。帝拘禁太傅馬齊。排斥王鴻緒等。前此拘束廢太子之方法。一一解除。再冊立爲太子。然帝之希望。終歸失敗。蓋太子之狂疾。不但未改。且嘯聚兇徒。親近幸佞。驕抗之態度。未嘗或已。帝數年以來。隱忍俯從。任其所爲。祇欲感悅其心。使遷善改過。然絕無可望。遂決於五十一年。再行廢黜。於是不再立皇儲矣。六十一年。帝年六十九。在乾清宮舉行千叟宴。前後二日。賜宴六十五歲以上之滿漢臣僚。約千人。對於諸王貝勒及閑散宗室等。則授爵勸飲。分與食品。自作七言律詩一首。鼓吹王者受命之盛。從正月至二月。則巡幸幾旬自四月至九月則巡幸熱河。十月又幸南苑行圍獵。然十一日不豫。由南園回駐於暢春園之離宮。至最重大之冬至日上帝郊祀禮。亦不能親行。使第四子和碩雍親王代祭。既而大漸。先祀典二日召諸皇子於寢宮於榻前詔曰皇四子人品貴重。深肖朕躬。必能克承大統。其繼朕卽皇帝位。當是時。雍清王聞召馳至進寢宮見帝已殂落矣。立太子問題似因於雍清王卽帝位而告終。然不過一時之假相耳。皇位繼承之情實遂與種種詫異之現象疊發於雍正朝矣。

第四十章　雍正帝禁抑宗室

諸王之驕傲　關於皇儲册立康熙帝所執之態度。吾人不能無疑。卽帝不自以立太子爲君主之絕對權。更徵求諸王大臣之保奏是也。由是內廷之事件。遂不免爲外廷之問題。種種政弊因此而纏綿不絕矣。抑吾人據帝之所言。知太子之陷於驕傲。然據禮親王昭槤之言。則諸王放慢已久。非獨始於太子。彼等諸王自順治入關以來。有大功殊勳。朝廷之錫賚甚厚。鑲白正紅等五旗。舉爲彼王府之僚屬。任其差役。自康熙朝中期。承平日久。諸王皆流於驕慢。往往御下殘暴。任意貪縱。如兩廣總督楊琳。爲敦郡王屬下。王曾遣宦官於廣東。蟠據其署內。搜索非禮。楊亦無如之何也。康熙帝鑑於三藩之弊。絕對不行封建。然知二五而不知十。醸成諸王如斯之現象。則關於約束宗室之制定。殆不免失之疎忽。況太子之地位自與諸王不同。遂致毆打廷臣。或途截藩貢。其屬下之恣行。無所不至。事之固然也。然則合以上諸事實觀之。康熙時代皇室與宗室侯王之關係。尚得維持淸初之狀態者。正以無藩封之名。而事實上則諸王得享有藩王之權利也。

諸•王•要•求•封•建•　雍正帝卽位之事情。上已述之矣。據淸之記錄所載。則康熙帝於廢太子事件發生之時。向衆言曰。予必立一剛毅不可奪志之人爲爾等之共主。此或隱指雍正帝而言歟。而當時諸王多不承認。大概以雍正帝之承繼。未必出於先帝之眞意。特爲其所竊據耳。甚至疑太子之廢。主謀者非頑愚之允禔。亦非輕躁之允禩。實出於多智之雍正帝。其人也。此其所疑。亦非全無根據。然初臨朝廷而爲帝。此等事情。甚爲障礙。故帝於卽位之始。力以寬和收人心。然終不能使諸王滿足。而反以啟諸王之野心。雍正二年。廢太子允礽死於幽禁之所。追封爲理親王。謚曰密。彼諸王豈能坐視此悲劇耶。顧皇位既爲深謀多智之帝所據。則彼等不能不講自營之計。於是乎要求封建。當帝之卽位也。諸王之朋黨氣勢大增。雍正二年。帝頒御製朋黨論一篇。尚未直責諸王之態度。先攻諸王之羽翼。然帝似欲激發諸王之天良也者。特召集諸王宗室。發表如下之意思焉。其言曰。

予讚承皇考之大業。覺宗室之習氣。彼此不相往來。視如仇敵。動語人曰。彼與我不甚相合。專欲陷我。否則曰。彼與我原有仇。夫今日之宗室。皆同祖之骨肉也。仇從何來。此皆胥小讒間使骨肉生隙耳。予未卽大位以前。兄弟宗室。固無論矣。卽八旗大臣。並無一人與予爲仇者。不但不與人結仇。亦不與人結黨。爾宗室等仇視一家之骨肉。反以毋黨妻族及外人視爲至戚密相往來。予在藩邸有年。舊族皇后族及諸親戚之家。絕無一甚相親密者。且並不與滿漢大臣及內廷之執事侍衛等之一人密爲交結。初時我兄弟等尙相往來。然自戊子年皇考下訓旨以後。亦並不私相往來。若私相往來。豈能掩衆人之耳目耶。或謂予與二阿哥允礽不睦。不知二阿哥爲皇太子時。乃國之儲君也。其未得罪之先。予但盡弟道臣道事以敬謹。但因皇考篤愛予躬。二阿哥恐其妨己。遂以非理相加。雖然予惟盡己之道恭敬翼順而已。此皆衆所共知者也。戊子歲二阿哥得罪。使彼得保全者。抑誰之力耶。予之所以登大位者。卽以此無偏私朋黨之習故也

帝尙進而責允禩等比周朋黨。有覬覦之志。復述康熙帝禁錮允禔遣允禟於西寗之事焉。

●陸生柟之文字獄　雍正七年秋。廣西人陸生柟細書通鑑論十七篇。被順承郡王錫保告發。據錫保當時之上書。謂通鑑論盡抗憤不平之語。其論封建之利。更屬狂悖。顯係非議朝政云云。雍正帝諭曰。生柟以封建制度爲萬世無弊之良規。廢之爲害。不循其制亦爲害。至於今日害深禍烈。不可勝言。皆郡縣之故也。如此指摘。大凡叛逆之人。呂留良、曾靜、陸生柟輩。皆以宜復封建爲言。蓋此種悖亂之人。自知奸惡傾邪。不見容於鄉國。欲效策士游說之

風。意謂不見用於此國。則去而之他國。殊不知狂肆逆惡如陸生枬者。實天下之所不容也。遂命誅殺於軍前云吾人於此罪案所宜注意者。一小吏陸生枬。敢對於時政爲猖狂之議論。無非欲求合於諸王之野心。故帝目爲邪說而力排之也。揣帝之意。妨礙一統者。諸王也。援諸王者。封建論也。凡與此有關係者。則悉剔抉之而無所遺。試引帝之駁封建論一節於左。

古人之有封建。非謂其制盡善。特藉此以駕馭天下也。洪荒之世。聲教未通。各君其國。各子其民。有聖人首出。則天下之衆。莫不尊親。聖人卽各因其世守而封之。亦建立親賢。參錯其間。蓋世勢如此。雖欲統一而不能也。夏禹塗山之會。執玉帛者萬國。武王孟津之役。來會者八百國。豈非夏后周王之封建耶。孔子曰。天下有道。禮樂征伐自天子出。孟子曰。天下惡乎定。定於一。孔子孟子。深見春秋戰國諸侯戰爭之流弊。其言已開一統之先幾矣。至秦始皇統合六國。制天下以郡縣。自漢以來。遂爲定制。蓋三代以前。諸侯分有土地。天子不得而私。故以封建爲公。秦漢以後。土地屬之天子。一行封建。私心卽多。故以郡縣爲公。唐柳宗元云。公天下自秦始皇始。宋蘇軾云。封建者。爭之端也。皆確有所見之言也。且中國郡縣。亦猶各蒙古之自爲雄長。互相戰爭耳。至元太祖始成一統。歷前明二百餘年。我太祖肇基東土。遐邇率服。各蒙古復望風歸順。咸凜正朔。以至於今。是中國之一統始於秦。塞外之一統始於元。而極盛於我朝也。自古中外一家。幅員極廣。未有如我朝者。

試問今日之禍害何在。陸生枬能明指否耶。

陸生枬之通鑑論。尙有關於立太子者。關於兵制者。及關於君主之權限者。無不與時政有關涉。然其中論君主權過重。帝以爲與諸王有關係。嘗以予對於諸王。絕無私心等詞。辯駁之。此文字獄在雍正四年。發生於諸王幽殺事件之後。縱或與諸王無關係。然此種議論。未始不受諸王朋黨之影響。吾人以陸生枬之著書。或直接或間接。要皆視爲迎合諸王之意向可也。

禁抑之手段方法　允禩允禟一派。運動益急。要不能越出帝之深密之布置。雍正四年。帝責彼等之罪惡。削其宗室之籍。撤其黃帶之典。所謂黃帶者。宗室使用之黃色帶。如覺羅之以紅帶爲記號也。且所罰猶不止此。帝改彼等之名。允禩曰阿其那。允禟曰塞思黑。又不呼其父皇所賜之名。阿其那塞思黑。滿洲語爲猪狗之義。則帝不僅不以骨肉視彼等。且以其悖德而不以人類視彼等矣。吾人於帝所下之命令。覺有一重要事項。卽於改名一年前。帝命宗人府。論允禩擅殺兵士之罪。撤去王府所屬之下五旗佐領是也。所謂下五旗者。乃除鑲黃、正黃、正白之上三旗外。其他之鑲白、正紅、鑲紅、正藍、鑲藍之五旗也。上三旗稱爲滿洲之精兵。太祖以來之親軍。所有重地如禁衛侍衛。不能不由於上三旗。一稱爲內府三旗云。

下五旗之屬於諸王。蓋從國初而來。雍正帝評上下八旗云。上三旗之風俗。惟知有君上。方直剛正。志不可奪。彼等後與下五旗併用。遂染卑靡之風。從前下五旗之人。爲諸王所統轄。其心亦惟知有君主。不知有主人。何至於今。遂卑靡一至於此。昨日都統武格。在予前奏對。尙呼犯罪者之允禩爲主人。武格卽一無知之武夫。然亦風俗頽敗。大義不明故耳。古人謂天無二日。民無二王。臣子之於君上。卽天經地義之所在。苟存二心。直亂臣賊子也。察帝之言。可知八旗子弟。皆爲諸王爪牙。不從帝室命令。而諸王亦賴此權力以抗行焉。抑從滿漢之大體觀之。皇家宗室。原無區別。然諸王旣不顧國體與民族之結果。各自企望自立。則君主之位置。瀕於危險也。可知帝撤諸王之八旗佐領。蓋有見於此。以吾人論之。帝爲自營。東縛諸王之自由。然其結果。亦圖帝室之安固也。且帝之禁抑方法。尙不止此。又禁諸王與外省官吏相交通。除歲時朝見外。不許於邸第私謁。凡此諸事。皆行於允禩允禟等之死後云。

第四十一章　顚覆淸朝之思想

漢族本位之主張　南北兩種族之對立。從廣義解釋之。實爲東洋史之本幹。而其局初不必自南北朝時代始。在秦始皇時。併吞六國。統一漢人。築長城以防塞外種族。自秦人言之。北人爲夷狄。我則中華。彼客我主。不無內外之差別。在支那上古。以東夷之人。奉爲中華之主。舜是也。繼殷而君臨神州者。乃西夷之人。文王是也。在當時毫無畛域之見存於其間。雖然因北族之發達。此種思想。亦由之發達。至於秦乃統一此等思想以防衞塞外矣。自是南北兩種族皆代有盛衰。南人强盛時。絕胡人之王庭於沙漠之南。而北族强大時。則一旦牧馬於大江南北。在六朝時代。南人罵北人爲索虜。蓋因北魏人髮辮下垂如索也。北人指南人曰島夷。因彼等漢人。據東南之澤國也。及後世蒙古起。呼漢人爲蠻子。則更爲有興味之事實矣。自吾人眼中觀察之。漢人之中華本位思想。逐代發達。就中尤推趙宋時代爲盛。加之元朝之對待漢人政策。過於刻薄。彼等不顧漢人之習慣。且於官吏之任用。不及於普通之人。而特設蒙古與色目之階級。取士之途。未免過狹。一方面適足激成漢人之奮起。因之朱明太祖以吳元年傳檄中原。在彼等視之。殆有晴天霹靂之感。其檄文大意如下。

自古帝王臨御天下。中國居內以制夷狄。夷狄居外以奉中國、未聞以夷狄居中國而治天下者。宋祚傾頹。元以北狄入主中國。四海之內。莫不臣服。此豈人力。實乃天授也。然達人志士。尙有冠裳倒置之歎。自是以後。元之臣子。不遵祖訓。廢壞綱常。大德廢長而立幼。泰定以臣而弑君。天曆以弟而酖兄。且弟收兄妻者有之。子烝父妾者有之。上下相習。恬不爲怪。其於父子君臣夫婦長幼之倫。瀆亂殊甚。夫人君者。斯民之宗主。廟廷者。天下之根本。禮義者。御世之大防。其所爲如彼。豈足爲後世訓耶。及其後嗣沈荒。君臣失道。又加以宰相專權。憲台報怨。有司毒虐。於是人心離叛。天下起兵。我中國之民。死者肝腦塗地。

生者骨肉不相保。雖人事所致。抑亦天厭棄夷德之時也。古語云。胡虜無百年之運。今日驗之。信乎不謬。(下略)

此檄文爲名臣宋濂所草。可稱之爲有明一代之民族宣言書。吾人可名之爲漢族本位之主義者也。詳言之。吾等漢人即漢土之主人。而夷狄不與焉。假令一時外夷入主中國。亦客帝而非眞主也。而猶有說者。主客之觀念。一般民族之間均甚激烈。稱爲客家或客籍。加以侮蔑。不通婚姻。不相交際。在晉時代。中原漢族。逃於閩中。至今福建廣東之境上。即稱爲客家。成特種之部落焉。可以證之。爲北虜所苦之明朝。約亙三世紀之久。維持其境土。而此統治之存續。即表示其思想之存續。卒也其祖宗宣言之漢族本位主義。至明末而益見發露。

宋末與明季之對照　比較趙宋之末葉。與朱明之末季。吾人不能不加以新說明。在中國史中。文天祥可謂空前絕後之忠臣。然驗諸明末。則此種忠義之士甚多。或且駕乎其上焉。就中可注意之事。則以此等忠臣義士多出自文明書生中是也。至於此等傾向。則實明朝平時之政體使然。從事實上言之。當時之武將明大義者絕少。儒冠者流。不得已而從事行間。故彼等用兵之方略甚疏。以與滿洲久經訓練之師抵抗。歷戰皆不見有功。然彼等之節操氣概。愈敗而愈振。愈窮困而愈顯露。觀碩儒黃宗羲爲其亡友張煌言所撰墓誌銘。可以見矣。

語曰慷慨赴死易。從容就義難。所謂慷慨從容。非以一身較遲速。有扶危定傾之心。吾身一日未死。吾力一絲未盡。終不可已。古今成敗利鈍有盡。而此不可已者。長留於天地之間。愚公之移山。精衛之塡海。常人藐爲說鈴。聖人指爲血路。是故知其不可而不爲。卽非從容。嘗聞有以公與文山相提並論者。皆吹冷焰於灰燼之中。無尺地一民之據。止憑此一綫未死之人心。爲之鼓蕩。而形勢昭然。人心不測。一旦昭然者不足制。而不測者亦從之轉移。唯兩公之心。匪石不可轉。故百死之餘。愈見光彩。文山之指南錄。公之北征紀。雖與日月爭光可也。文山從鎭江遁後。馳驅不過三載。公丙戌航海。甲辰就執。三渡閩關。四入長江。兩遭覆沒。首尾十有九年。文山之經營。不過閩廣一隅。公提孤軍以虛喝中原。是公之所處難也。

張煌言之文字。不徒詞采富贍。卽其見地亦超越時流。聊舉一例。鄭成功據臺灣時。彼責其失計。當以思明爲根本。臺灣爲枝葉。若無思明。雖得臺灣。豈能一日居此。時與紅夷（荷蘭人）交爭。殊非至計。要之今乃進取之秋。非退守之日。昔年雖有長江之敗。猶足流芳百世。殿下受大明之倚重。區區據有臺灣。偸安旦夕。竊以爲不可云云。觀煌言之意。臺灣乃進取大陸之根據地。互相爲用。否則不可維持。此雖不足以動當時之成功。可謂爲鄭氏將來之豫言。總之。明季之書生。非徒託空言。實欲以此種抱負。實施於兵事也。而尤當注意者。彼等皆富於文學有一息尙存此志不容少懈之概。就清朝之統治而論。此等遺物。不可謂非一種之危險品。但此等忠義之士。其死非一地。遺文亦零落四方。至近世發見其大部分者。推浙江省錢塘江東西爲最。

史學之發生　史學最盛於錢塘江之東。中國上古之時。禮樂刑政。皆出於史。經學家龔自珍嘗謂學問之九流。皆出於史。其說亦自有理。支配中國人心最有力者爲道教。漢班固謂道家出於史官。漢代卓越之史家推司馬遷。其父太史公司天官。位在宰相上。抑史者本不過記錄之官。而中國之史。則有一種之特徵。緣不得志於當世者。卽託之史以鳴其不平。孔子王佐之才。不得其位。退而删述魯之春秋。故當秉筆直書之際。雖王者亦無可如何。故孔子作春秋而亂臣賊子懼。史之威權。可以抗王霸。洵不誣也。抑中國人之對於史而崇拜之者。又與祖先敎有關係。有史以來。興亡頻繁。敗者欲保存自己之舊記。以傳之將來。以俟諸後世。故錢塘江東之所以興起史學者。實一片孤臣孽子之心也。然而此等史學之鼻祖。所以興起於錢塘江東者。則又與王陽明學派有關係。不可不知也。

黃宗羲之開創史學　史學與陽明學。雖無形式之聯合。然史學實爲王學繼承者黃宗羲所倡導。宗羲浙江省餘姚人。從明之宗室魯王抗清兵。前已述之。(參照第二十八章)宗羲旣絕志於當世。退而講學於鄉黨。及門之士。得萬斯同萬斯大。彼以其志語於斯同。其言如下。

自科舉之學盛。史學遂廢。昔蔡京蔡卞當國。欲滅絕史學。至欲毀資治通鑑之板。然卒不能。今未有史學之禁而讀史顧無其人。此人才所以有日下之歎也。先忠端公就逮時途中謂某曰。汝近日心麤。不必看時文。且將架上之獻徵錄略涉讀之。自後三年。始讀二十史。皆因先公之言也。

又曰

嗟乎。元之亡也。危素趨報恩寺。將入井中。僧大梓云。國史非公莫屬。公死。是死國史也。素以此不死。後修元史不聞素贊一詞。及明亡朝廷之任史事者甚衆。顧獨藉一草野之萬季野以存之。不亦可慨耶。

宗羲之對於史學。其用意已略可概見。萬氏兄弟爲寧波人。斯同最稱得史法。彼語其友方苞曰『史之難久矣。論其世。知其人。非具見其表裏。吾無以信之。人受其枉者多。吾少館某氏時。其家有列朝之實錄。吾默識暗誦。不敢遺一言一事。長遊四方。從故家求遺書。旁及郡志邑乘雜家史傳之文。無不網羅參互。而要以實錄爲指歸。蓋實錄者直載其事與其言。無所增飾。因其世以考其事。覈其言。而平心察之。人之本末十得八九。然言之發或有所由。事之端或有所起。而其流或有所激。則非他書不能具。凡實錄之所難詳者。吾於他書證之。他書之誣且濫者。以吾所得於實錄者裁之。子盍就吾所述。約以義法。而不必經緯其文字。他日書成。使人知四明萬氏之草創。吾死無恨矣。』彼對於明史編纂。述其眞意。所謂史法者。可推而知。又足以見浙東學術之本色矣。至彼之後。全祖望邵申涵同出浙東。最喜訪集明末之遺事。良有由也。由是言之。清朝之史學實由明之遺民。欲存前朝之舊記傳信史於後世。而後發生而此事發生在受清兵之禍最烈之錢塘江附近。則頗有興味之問題也。其後有會稽章學誠。出著文史通義。史學至此。乃底於大成云。

顧炎武之民族思想　江蘇崑山顧炎武亦明末義士也。魯王曾授彼以兵部之職。因事故之障礙。不獲行。唐王立於福建欲往應召亦不果炎武學問博大其所著作粹然純儒之文字。從此學風一變而傾於考證。後代莫不攀援之。以爲漢學之祖。雖然。此非彼之素願也。彼誓不食兩朝之祿。曾至南京謁孝陵。太祖墓　又至昌平謁思陵。崇禎　惓惓故國。日常行事依然亡國之孤臣。彼所著唐韻正。詩本音等書。以考漢族之原音。著天下郡國利病書。帝王宅京記。肇域志等書。以寄託其一片耿耿之志。其惟一之目的在喚醒漢人。當時大學士熊賜履招致炎武於史館。彼乃毅然願以一死謝之。彼對於學問。述其感慨。謂文章苟無關於經術政理之大者。皆不足爲。韓文公起八代之衰。若僅作原道諫佛骨表平淮西碑張中丞傳後序諸篇。而不作一切諛媚之文辭。豈不誠爲山斗耶。其警惕世人如此。

明夷待訪錄之行世　浙東學術以史爲特色。前已言之。黃宗羲更進而發表政治上之根本思想。著明夷待訪錄。自擬殷之臣子。待周武王來訪。述洪範九疇之意也。內容如下。

原君　原臣　原法　置相　學校　取士上　取士下　建都　方鎭　田制一　田制二　兵制一　兵制二　兵制三　財計一　財計二　財計三

右二十章均寥寥短篇。原君一節。於君臣之義。可以啟吾人之思想。如下。曰。

古以天下爲主。君爲客。凡君畢世之經營。皆爲天下也。今以君爲主。天下爲客。凡天下之不得安寧者。以有君也。是以其未得之也。屠毒天下之肝腦。離散天下之子女。以博我一人之產業。曾不慘然。曰我固爲子孫創業也。及其既得之也。敲剝天下之骨髓。離散天下之子女。以奉我一人之淫樂。視爲當然。曰此我產業之花息也。然則爲天下之大害者唯君而已。向使無君。人各得自私。人各得自利。嗚呼。豈設君之道固如是耶。古之天下之人愛戴其君。比之如父。擬之如天。誠非過也。今天下怨惡其君。視之如寇讎。名之曰獨夫。固其所也。而小儒規規焉以君臣之義。無可逃於天地之間。雖至桀紂之暴。猶謂湯武不當誅之。而妄傳伯夷叔齊無稽之事。乃兆人萬姓崩潰之血肉。曾腐鼠之不異。豈天地之大兆人萬姓之中。獨私一人耶。是故武王聖人也。孟子之言。聖人之言也。後世之君。以如天如父之空名。欲禁人之窺伺。皆不便於其言。至廢孟子不立。非導源於小儒乎。雖然。後之爲君者果能保此產業傳之無窮。亦無怪其以此自私。彼既以產業視之。人之欲得產業。誰不如我。密緘滕固扃鑰。一人之智力不能勝天下欲得之者之衆。遠則數世。近則及身。其血肉之崩潰在其子孫。昔人願世世不生帝王家。而毅宗（崇禎帝）語公主亦曰。汝何爲生我家。痛哉斯言。回思創業之時。其得天下之心。有不廢然摧沮者耶。是故明於君主之職分。唐虞之世。人人能讓。許由務光。并非絕塵。不明君之職分。則市井之間。人人可欲。所以許由務光。曠世不聞也。雖然君之職分難明。不以俄頃之淫樂。易無窮之悲。雖愚者亦明之矣。

此思想以傳賢主義之政體爲理想。依彼之意。君主乃一個之公僕。天下乃天下人之公產。非一人之私產。民族爲主體。君主爲客體。明瞭之至。無所爭議。此漢民族古來所懷抱之思想。適於浙江一遺老之口中出之。可得而言。然此種民本主義之思想。與清朝政體不相容。吾人不必別爲解說。待訪錄更有原臣一篇。明臣民之本義。述之如下曰。

臣道如之何而後可。曰以天下之大。一人不能治。以羣臣分治之。故我之出而仕。爲天下非爲君主。爲萬民非爲一姓。吾以天下萬民起見。非其道。君以形聲强我。我不敢從。況無形無聲耶。非其道。不敢立身於其朝。況於殺其身耶。不然爲君之一身一姓起見。君有無形無聲之嗜慾。從而視之聽之。此宦官宮妾之心也（中略）或曰。親與子不並稱耶。曰非也。父子一氣。子乃分其父之身以爲身。故孝子雖異身而其氣能日近。久之無不通。不孝之子分身後日遠日疎。久之氣不相似。君臣之名。由天下而始有之。吾無責於天下。則吾於君路人也。出而仕。不以天下爲事。君之僕妾也。以天下爲事。君之師友也。

浙東之開山鼻祖。乃抱如此極端之民權思想。寧非可驚異之事。何則彼與顧炎武王夫之稱爲國初之三大儒。其地在四明天台之間。其熱烈之思想。容易宣傳於多數之門人。凡所謂思想者。每與其土地生活狀態有密接之關係。決不容疑。不可不知也。

第四十二章　滿漢思想之調和

壓迫達於極度　康熙帝精力之非凡。近古尠見。溯自清廷入北京以來。不出數十年。至帝之時。帝國版圖忽然擴大。西限阿爾泰山。東界興安嶺。西藏敎王亦來乞封。彼等嘗誇示漢人。謂漢唐所未曾有。固非侈言也。卽其可稱之善政。亦不一端。卽免除租稅。亦不知幾千萬。雖然吾人舉此等成績。以頌揚帝之德性。然一方面當又解爲發揮滿洲全族之能力。然此種能力。非似古代金人之以暴力加於南方。固有種種仁政。種種文化。以大放其光輝。特多數漢種反覺受一層抑壓。有如常人積資巨萬。易來貧者之咀咒。對於帝家之異常發展而生反側之心。亦固其所。康熙六十一年冬。帝頒遺詔於中外。清史家謂百姓哀帝之死。如喪考妣。而別一方面觀之。彼等之頭上。强大之壓力。一旦撤去。漢族恢復之運動。在雍正時早露其鋒芒。此可從各種之事情。觀察而得之也。吾人所得附言者。此種恢復運動。與宗室王公對於雍正起內訌。固相關連而發生者也。

查嗣庭之獄　雍正四年。有江西正考官禮部侍郎查嗣庭。所出題目爲（維民所止）。有訐之者。以爲維止二字。取雍正二字而去其首。獄遂從此始。此年九月。帝發如下之上諭曰。查嗣庭向在內庭行走。後授內閣學士。見其語言虛詐。兼有狼顧之相。料其心術不端。因缺員不得已而派往江西。今閱此種題目。心懷怨望。譏刺時事之意。不無顯露。想其居心乖張。平日必有記載。因遣人查其寓所。得日記二冊。於行李中。其日記大要。盡係悖亂荒唐之文字。又對於聖祖之用人行政。大肆訕謗云云。查嗣庭於帝之治世。加以咒咀。原不必在此種文字之題目。但此種題目。映於帝之眼底。則作如斯之解釋矣。何以知之。因查嗣庭乃吏部尙書隆科多之黨。與而隆科多當時正與帝相仇視也。初康熙帝殂落於暢春園。諸王之外。受顧命者。惟彼一人。雍正之待彼。非比尋常。親政之初。呼爲舅而不名。文書中亦稱舅隆科多。案舅之稱呼。以彼乃康熙帝后父佟國維之子也。雖然帝之此種態度。不免與外戚以跋扈之地。有淸一代。任用官吏。不經奏請者。前後三人。第一平西王吳三桂。彼據雲南時。擅選官吏。時人號之爲西選。僅報告於中央吏部而已。第二乃有功於帝之年羹堯。彼在西域行營時。引用私人。但報告於中央而已。稱爲年選。第三隆科多任吏部尙書時。官吏銓考。任意爲之。此種官員稱爲佟選。雍正帝以知其卽位之事者。惟彼一人。所以特加以尊重。及諸王被誅。帝之位置日覺安固。其不能寬恕佟選之不法也固無疑議矣。果也帝使心腹郡王錫保揭參隆科多之罪案至四十一款之多。因之雍正五年冬彼乃幽死於暢春園外之禁獄。

勸岳鍾琪謀反　雍正五年秋。有一男子於四川省成都城中沿街喊叫謂總督岳鍾琪以四川陝西二省之兵謀反。總督卽捕拏之。報告北京朝廷。帝乃諭內閣曰。數年以來。讒岳鍾琪者甚多。不徒謗書盈篋。甚至謂岳鍾琪係岳飛之後。或將報宋金之仇。實屬荒謬已極。朕信任岳鍾琪。付之以川陝重地。竟有奸徒造作蜚語。煽惑人心。讒謗大臣。其罪豈可勝誅。然成都造言之人。諒非無因。或蔡珽程如絲輩懷抱私怨。暗中指使。或別有指弄之人。須會同嚴審。今奸民謂川陝軍民從岳鍾琪反。是不但誣岳一人。並誣川陝全體之兵民矣。由是觀之。帝以此事爲一二懷挾私怨之朋黨所指使。其事實全反所推測。不知乃湖南之學者曾靜爲漢族恢復之運動而然也。

呂晚村之學說與曾靜　曾靜湖南人。號蒲潭。據雍正帝之言。謂彼因考試落第。家居憤鬱之餘。忽圖叛逆。此不得謂對彼之公評。觀彼口供。則謂滯留故鄉時。見呂留良之時文評選內。有關於華夷之別。封建井田復古之議論。心竊悅之。使其徒張熙至留良家訪求遺文。留良爲浙江之大儒。號晚村。歿於康熙中。晚村熱心朱子學。彼以君臣之關係。非同父子之親。

以義爲主。與朋友同封建爲聖人公天下之精神之制度。至秦有私天下主意。始制郡縣。傚然君臨四海。尊君卑臣之風。由斯以起。上下之意思。遂劃爲一大鴻溝。臣僚徒貪恩祿。不知去就之義。是皆郡縣之餘毒也。關於華夷之別。孔子何以許管仲不死公子糾而事桓公。甚至美爲仁者。是實一部春秋之大義也。君臣之義固重。更有大於此者。其所謂大者何哉。以其攘夷狄救中國於被髮左衽也。晚村行事狷介。以死拒康熙帝博學鴻詞科之推選。又恐人疑其隱逸山林。乃薙髮爲僧。自謂足跡不越江南。交遊不及名位。自稱東海之腐儈。未嘗自通於四方有道。雖然。其懷抱非無實踐之一日也。戇直之湖南人。於彼之學說。既推服甚至。對於時政。豈有不試一擊者。曾靜以同志張熙說四川總督。即由此種思想所啟導者也。

曾靜列舉帝之罪惡　曾靜之運動。適在雍正帝之初年。實非其時。彼從流配廣西諸王門下之太監等。聞知謗帝之語。思乘此紛亂。以驅逐異族。曾靜致總督書中。舉帝之罪惡約有九條、第一曰帝謀害父皇帝之傳位。由於強迫父皇。必非其眞意。第二曰、帝偪母。卽指偪侈太后殉死之意。第三曰、帝弒兄廢太子允礽之死。係帝所陰殺。第四曰、帝屠弟。卽允禩允禟等死於幽禁。第五曰、帝貪財。第六曰、帝好殺。第七曰、帝酖酒。第八曰、帝淫色。第九曰、帝誅忠用佞。此九條之罪。雖非盡爲事實。然帝得岳鍾琪之奏。披覽之下。頗爲動容。則亦事非無因也。曾靜更進而陳述華夷之別。封建之利。及驅逐滿人諸端。略可想像而得。慫恿岳鍾琪謂乃祖岳飛死於清祖之金人。實奇拔之鼓動言辭。但岳之思想。回顧宋金時代之恩仇。甚覺冷淡。彼延使者假立誓知其謀實出於曾靜。遂會同湖南巡撫拏捕曾氏併呂留良之裔孫及學生云。

雍正帝惡浙江人　呂晚村之日記。其內容何如不得而知。據雍正帝之言。其指斥清帝。班班可徵。帝曰呂留良謂我朝曰清曰北曰燕曰彼中。以逆藩吳三桂爲鄰敵。於其反順舉兵。加以同情。又以永曆在緬甸被其國酋長捕送之時。呂留良稱滿漢之兵齊跪於永曆馬前。總之呂留良於本朝祥瑞事蹟。概隱匿不書。而專造作妖誣。快其私憤。其文集內以今日世態之窮。爲開闢以來所未見。猖狂悖亂之詞。令人痛心疾首者。不可枚舉。呂留良生於浙江人文之鄉。初非曾靜山野僻陬之夫可比。且曾譏誹止朕一人。而呂更上誣皇考之盛德。曾尙誤於流言。呂乃出自胸臆。造作妖妄。此呂之罪。所以爲至大也。帝對於謀反之本人。反示寬容。而對於死者呂晚村則極力追究。可知帝之態度。漸留意於滿漢思想之睽離矣。帝曰浙江風俗澆漓。人人心懷不逞。如汪景祺查嗣庭之流。皆以悖逆伏罪。彼等皆呂留良之所遺害。甚至民間尙不免有喜事之弊。雍正四年內。該省地方起種種謠言。逃避者不少。此皆呂留良爲之前導。地方官吏震其聲勢。反優禮彼等。贈匾額於彼祠堂。陷溺人心之害。何可勝言。觀此則帝之不滿意於浙江。可想而知。故卽以停止浙江鄉會試。爲懲戒彼等之手段。

頒行大義覺迷錄　帝自此事件發生後。知呂晚村一派之學說風行。甚爲驚駭。因急加辯疏。冀以殺反清思想之勢力。爰以自己之辯疏與曾靜供詞。合而爲一。專論華夷之別。名曰大義覺迷錄。頒示中外之學士大夫。曾靜之供詞。是否眞有其事。實難盡信。帝以九五之尊。不但據一落第書生之供詞。一爲辯解。幷對於晚村學說。詳細加以批評。命儒臣朱軾等編駁四書講義。公之於世。非吾人所歎異者乎。帝曾自道其心事曰。朕今若焚燬彼等之書。使將來不見此書。轉滋疑惑誤會。以爲得聖賢之眞傳。此固非朕之本意也。帝之不殺曾靜者。因欲借此好題目。從根柢上斬除異說。又一面示以寬容之度。以得輿論之同情。故觀於大義覺迷錄卷端之大文字。不僅可知帝之思想。幷得以窺清朝政策之大端焉。大文字如下。

雍正帝之清朝建國論　雍正四年九月。帝降如下之詔書曰。

自古帝王有天下。無非懷保萬民。恩加四海。膺上天之眷命。協億兆之懽心。用能統一寰區也。蓋生民之道。惟有德者可爲天下之君。此乃天下一家。萬物一體。自古至今。萬世不易之常經也。書曰。皇天無親。惟德是輔。德足以君天下者。天錫佑之。未聞有天下之君不以德感孚。惟擇何地之人輔之之理。書又曰。撫我則后。虐我則仇。此民心向背之至情。未聞億兆不歸心。而但擇地之理。又順天者昌。逆天者亡。惟有德者乃能順天之所與。豈因何地之人而生區別耶。我國家肇基東土。列聖相承。保乂萬邦。天心篤佑。德教宏敷。恩施遐暢。登生民於衽席。徧中外而尊親。於茲百年矣。夫我朝既仰承天命。爲中外生民之主。凡所以蒙受此撫綏愛育者。何得以華夷殊視。而中外之臣民。既共奉我朝而爲君。歸誠效順。所以盡臣民之道者。尤不得以華夷異心。此乃揆之天道。驗之人理。海隅日出之鄉。普天率土之衆。莫不知大一統之在我朝。悉臣悉子。無敢越志。乃逆賊呂留良凶頑悖惡。私爲著述。妄謂宋滅亡以後。爲天地之大變。而逆徒嚴鴻逵等轉相私附。餘波及於曾靜。推逆徒之意。謂本朝以滿洲之君。入主中國。妄生此疆彼界之私見。故遂爲此訕謗詆譏之說。不知本朝之爲滿洲。猶中國之有籍貫。舜爲東夷之人。文王爲西夷之人。曾何損聖德。詩云。戎狄是膺。荊舒是懲。以其僭王滑夏。不知君臣之大義。故聲其罪而懲乂之。非爲其戎狄而外之。若以戎狄言。孔子周遊至楚。不可應昭王之聘。而秦穆公之霸西戎。孔子删定之時。不可以其誓列於周書之後矣。從來華夷之說。乃晉宋六朝偏安之時。彼此不相尙。北人詆南人爲島夷。南人稱北人爲索虜。當時之人。不務德行。徒事口舌相譏。已所謂至卑至陋之見解。今逆賊等於天下統一華夷一家之時。妄判中外。謬生忿戾。豈非逆天悖理之大罪乎。且以天地之氣數言。明朝嘉靖以後。君臣失德。盜賊起於四方。生民塗炭。疆圉無寧。其時可謂之天地閉塞。本朝定鼎以來。掃除羣寇。文物日盛。黃童白叟。一生不見兵革。今日之天地寧清。超越明代。三尺童子。諒皆洞悉。而尚可謂昏暗乎。天地以仁愛爲心。覆載以無私爲量。是以德之在內近者。則大統集於內近。德之在外遠者。則大統集於外遠。孔子曰。大德必受命。自有帝王以來。其揆一也。今逆賊等以冥頑狂肆之胸。不論天心之取舍。政治之得失。不論民物之安危。疆域之大小。徒阿私瑣瑣之鄉曲忿嫉。區區之地界。公然指斥。竟敢指天地爲昏暗。豈皇皇上天。不若逆賊等之知識乎。自古中國一統之世。幅員不能廣遠。其中若有向化者。則斥爲夷狄。三代以上之有苗荊楚玁狁。卽今湖南湖北山西之地。在今日可目爲夷狄否。至漢唐宋全盛之時。北狄西戎。世爲邊患。從未臣服。不能有其地。是以有此疆彼界之分。自我朝入主中土。君臨天下。蒙古極邊之部落。俱歸版圖。中國疆土開拓之廣遠如此。乃中國臣民之大幸。何得有華夷中外之分論乎。

以上所論。君位授於有德者。既不可有土地之經界。更無論人種之差別矣。中國上古實以德爲主。不問華夷。所謂天命者。卽德之大者。享天之眷佑云爾。帝求於支那古代聖賢之言辭中。可謂得良好之解釋矣。就中指支那種族阻隔華夷之事情。謂六朝以來國勢日蹙。遂至抱此至卑至陋之見解。今於天下一統華夷一家之時。不得妄判中外。其對漢族本位之主張。駁斥不遺餘力矣。更進述曰。

從來君上之道。當視民如赤子。臣下之道。當奉君如父母。若爲子之人。其父母雖待之以不慈。尙不可疾怨忤逆。況我朝之君。實盡父母斯民之道乎。從前康熙年間。各處奸徒竊發動。以朱三太子爲名。如一念和尙朱一貴等。指不勝屈。近日尙有山東人張玉者。假稱朱姓。託明後裔。偶逢星士推算其有帝王之命。卽希以此鼓惑愚民。卒被步軍統領衙門捕拏。從來異姓先後繼統。前朝宗姓臣於後代者甚多。否則藏匿姓名。伏處草野。從未有如本朝之奸民。假稱朱姓。搖感人心。如此之多者。如此蔓延不息。則中國人君之子孫。遇繼統之君。至將無噍類。豈非奸民迫之使然乎。況明之繼元。有天下。明之太祖。卽元之子民。以綱常倫紀言之。豈能逃篡逆之名。至我朝之於明。則僅鄰國耳。且明之天下喪於流賊之手。是時邊患四起。倭寇騷動。流賊之名目。不可勝數。而各村邑無賴之徒。乘機刧殺。不法將弁兵丁等。又借征勦之名。肆行擾害。殺戮良民。以請功。以充獲賊之數。中國人民。死亡過半。卽如四川之人。竟無孑遺。其偶有生存者。則支體不全。耳鼻殘缺。此天下人所共知也。康熙四五十年間。猶有目覩當時之情形。父老有涕泣道之者。且我朝統一萬方。削平羣寇。出薄海內外之人於湯火之中。登諸衽席之上。莫不慶幸。我朝之有造於中國大且至矣。至於厚待明代典禮。史不勝書。其藩主之後。實係明之子孫者。格外加恩。封以侯爵。此又前代未聞之曠典也。而胸懷叛逆之奸民。動以假稱朱姓爲搆逆之媒。呂留良輩。又借明代爲言。肆其分別華夷之新說。冀遂其叛逆之志。此不但本朝之賊。實明代之仇讎也。且如中國人輕待外國入承大統者。其害不過一二匪類。妄行詆譏。原無損是非之公。人倫之大倫。外國之人入承大統。不以中國人爲赤子。中國之人。何所託命耶。況撫之則后。虐之則仇。人情也。若撫之仍不爲后。殆非順天合理之人情。假君以非常加之於下。下能堪乎。君尚不以不情加之於下。豈下轉以施之於上乎。孔子曰。君子居是邦。不非其大夫。況其君乎。又曰。夷狄之有君。不如諸夏之亡。夫春秋之時。以百里之國。猶不非其大夫。況我朝爲奉天承運大一統太平盛世。而君上尚可謗議乎。且聖人之在諸夏。猶夷狄有君。況在我朝之人。親被教澤。食德服疇。而爲無父無君之論。可乎。韓愈有言。中國而夷狄則夷狄之。夷狄而中國則中國之。歷代以來。如元之混一區宇。有國百年。幅員極廣。其政治規模。頗多美德。而後世稱之者寥寥。其時名臣學士。著作頌揚。紀當時之休美。載在史冊。亦復燦然備具。後人則故爲貶辭。概謂人物無可紀。事功無足錄。此特挾持私心。識見卑鄙之人。不欲歸美於外來之君。祇欲貶抑淹沒之。不知文章著作之事。信今傳後。著勸戒於簡編。當平心執正而論。對於外國入受大統之君。其善惡尤宜公平書錄。細大不遺。庶使中國之君。見之以爲外國之主。且明哲仁愛如此。自必生奮勵之心。外國之君。信其是非不爽。直道常存。亦必愈勇於爲善。深戒其爲惡。此文藝之功。所以有補治道也。若故貶抑淹沒。略其善而不傳。妄載以誣其惡。以爲中國之君。概生中國。自應享有令名。

不必修德行仁。自臻郅治之隆。而自外國入承大統之君。以爲縱能夙夜勵精。勤求治理。究竟無載籍之褒揚。爲善之心。因之自怠。則內地之蒼生。其苦有底止耶。世道人心之害。可勝言耶。如逆賊呂留良。乃誠千古之罪人。不待教而誅者也。夫以天下國家之鞏固。豈烏合鼠竊之輩。所能輕意動搖耶。卽當世運式微之時。歷觀史册。其首亂之人。從未有一人成大事者。自秦末之陳涉項梁張耳陳餘。至元末劉福通韓林兒陳友諒張士誠等。雖一時跳梁。究竟旋爲灰燼。總之此等奸民。不知君臣之大義。不識天命之眷懷。徒自取誅戮。爲萬古之罪人而已。夫人之所以異於禽獸。以有此倫常之理。故五倫之所謂人倫者。非因華夷以區別人禽也。朕之詳悉剖示。豈好辯哉。天下後世。自有公論。著將呂留良嚴鴻逵曾靜等悖逆之言。及朕之諭旨。一一刊刻通行天下各府州縣。頒布於窮鄉僻壤。使讀書士子。鄉曲小民。共知之。並各貯存一册於學宮之中。使將來後學新進之士。得觀覽而知悉焉。

建國論之批評、　帝之所疏辯。謂有德者無論何人。可以享有帝位。初無華夷之別。其順治入關之一重公案。帝則謂我國非奪明朝之天下。乃救蒼生於流賊之手。徵之中國歷史以臣繼君者。代不乏人。若絕對不認王統之交替。則元朝臣民朱元璋嘗伏篡逆一罪。然明與我朝係屬鄰國。無君臣之義。不過爲救民水火起見。順天應人。率土悅服。孰得而非之。其言雖辨。特當時東南人士所懷抱之思想。必不因此言而遽息。帝雖以在德不在土地爲言。然欲一旦消滅數世紀所涵養之漢族本位思想。夫亦難矣。抑其所謂『外國之君入中國繼大統』云云。亦正矛盾。帝非不認有華夷之別者乎。何以又自居於『外國之君』之地位也。此等宣言。甚非所以鞏固帝室基礎之道也。清朝以『外國之君』入中國繼大統。猶貧人子贅於富室。富室之產業資財。由入贅者一手整理。富室之翁姑。今雖不出現於社會。然對於入贅者之感情。固依然認爲外來之客也。清朝比諸歷代。政績頗多仁政。亦其君主甘以公僕自任。由遵守進關時代之祖訓使然。然質言之。清朝之善政。亦『贅壻』對於翁姑之竭盡心力而已。

曾靜之放逐　帝之態度。終守公平。以大逆不道之曾靜。爲山陬僻壤之俗儒。不知本朝之善政。不以爲罪。下令放逐之。此種態度。可謂有容。吾人於此可想見帝之政治技能及膽力矣。帝於大義覺迷錄之卷末。附曾靜改悛之餘所作歸仁說一篇。此篇是否出於曾靜本心。不能斷言。大旨如下曰。

聖人非常生。故其生亦無常地。譬如未耕種之土。生氣鬱積。一旦加以耕種收穫。必數倍。而嘉穀豈擇地而生。卽天亦豈擇地而生嘉穀耶。夫麒麟鳳凰。不必盡出於中國。奇珍大貝。何嘗不產於海濱。同此天地之中。有一大胚胎。或左或右。孰分疆界而二之哉。然則中國之生聖人。固已氣竭力倦。循環而出諸遠地。抑何疑耶。況乎道之在天下也。無窮盡。無方體。讀書知道之士。因地制宜。隨地取中可也。世人不察。往往誤謂東土非中華文物之會。並不知列祖相承之德。妄以春秋之義。引孔子之評管仲。甚至有惑呂留良之逆說者。其名爲欲正大義。而不知反戾生人之大義也。夫計世運之升隆。必以治統爲轉移。而稽治統之轉移。又必以道統爲依歸。唐虞三代之盛。承帝統者首推大舜。頌至德者終惟文王。孟子曰。舜生於諸馮。東夷之人也。文王生於岐周。西夷之人也。是唐虞三代之聖人。已不盡生中土。秦及五季千五百餘年。二帝三王周孔之道。晦盲否塞。至宋而天運始旋。其道不行於上而明於下。其開道統者。始於周濂溪。集成者爲朱子。周子生於湖南永州。而遷於江西。朱子生於安徽徽州。而學於福建。永州福建。未嘗非古所謂三苗八閩之區。而謂聖人之生。顧以地限耶。

以上所述歸仁說之論調。宛爲雍正帝之口吻。帝曰。曾靜豚魚不如之人物。一日感格。其悔罪如此。靜痛心稽首。歷歷吐供。自稱向爲禽獸。今轉人胎。聖人眞可信及豚魚云。然覺迷錄頒布。不能見效。後乾隆中命收回此書。入諸禁書目錄。曾靜及黨與。均被殺戮焉。

破除滿漢之見　曾靜之企圖雖失敗。而激烈之漢人舉動。實起滿洲朝廷改革之動機。其一即雍正帝破除滿漢之見是也。雍正六年。蒙古八旗都統宗室滿珠錫禮請以京營武弁參將以下千總以上。參用滿員。不可專用漢人。於是帝降諭旨曰。從來治道在開誠布公。遐邇一體。若因滿漢而存分別之見。是有意猜疑互相漠視。豈能爲治哉。天之生人滿漢一理。其材質不齊。有善者有不善者。乃人情之常。用人惟當辨其可否。不當論其滿漢。我太祖開國之初。卽兼用滿漢。是以規模宏遠。中外歸心。蓋漢人中固有不可用之人。而可用者亦多如三藩變亂之際。漢人中能奮勇效力。以及捐軀殉節者。正不乏人。豈漢人不可用耶。滿人中固有可用之人。而不可用者亦多。且滿洲人數本少。今僅補用中外緊要之官職。若參將以下之員弁。悉補用滿人。人數不足。恐無補授之人。又朕屢諭在廷諸臣。當一德一心和衷共濟。不可各存私見。滿人當禮重漢人。毋故意相遠。常抱至公無我之心。去黨同伐異之習蓋天下之人。必不可同。滿人長騎射。漢人長文章。西北之人果決有餘。東南之人穎慧較勝朕不知滿漢之分別。惟知天下之大公云。帝於三藩平定之際。援漢人之勳勞。戒滿人之跋扈。最爲得當。撤去漢缺滿缺之別。亦數見不鮮。滿缺專任滿人。漢缺專任漢人。國初重要位置。多爲滿人所占。雖有時不盡然。乃爲特別箝制漢人之勢力而設。傳聞滿洲副都御史出缺時。帝命九卿密保。時宰相鄂爾泰保許希孔。帝曰。彼資格無礙否。鄂曰。臣爲朝廷得人計初不論定制。帝仍從鄂言。此事雖小然都御史乃朝廷之耳目。委諸漢人。不以爲怪。是帝之態度公平可見矣。至第二種之措置。則不過警誡一般滿洲人。使保存國俗而已。

康熙帝之祭明太祖　對於前代君主之廟陵。加以敬禮。以爲收拾人心之政策。至康熙帝實行之。清廷對其祖上金國之先陵。從不崇祀。至帝始優禮中國前代加意保存。康熙三十八年。帝南巡。親祀明孝陵於南京。孝陵爲明太祖之墓。時扈從大學士等奏曰。昔皇上南巡時。既經兩次親奠。今此可遣大臣代奠。不必親臨。帝曰否。洪武爲英武偉烈之主。非尋常帝王可比。何可不親往奠醊。御製祭文如左。

帝天錫勇智。奮起布衣。統一寰區。周詳制作。鴻謨偉烈。前代莫倫。朕曩歲時巡。躬修酹薦。仰其遺轍。不囿成規。茲因閱視河防。省方南邁。園陵如故。睇松柏以興思。功德猶存。稽典章而可範。溯懷彌切。奠酬重申。靈其鑒茲。尚期歆享。

帝於親祭之後。見陵寢圮廢。由於有司之怠慢。缺少專司者。因勅訪明代之後裔。使世守孝陵。大學士等謂明裔難急於查訪。姑以地方官代祀。雍正二年。帝繼父皇之意志。敕封明太祖十三代之子代王之後朱之璉爲侯爵。使掌管孝陵及昌平等十三陵之祀事。抑吾人所不可忘者。康熙帝非貿然禮祀前代。苟有不如意者。且黜而不祀焉。當帝之末年。禮部具奏歷代入祀之議。帝黜萬曆泰昌天啓三帝不得入祀。以有明之天下。非亡於崇禎。實壞於三帝之時。崇禎非亡國之君。何可與三帝同視云。帝在位六十年間。巡行江蘇浙江間者。實前後六回。每至南京拜祀孝陵。有御製金陵論一篇。可想見帝之眷眷於此地矣。

滿洲習俗漸壞　承平日久。人民不見兵革。八旗子弟漸趨於奢靡。王公皆然。雍正帝嘗恐彼等沾染漢習。失其固有之習俗。然一般風尚依然仍悅漢習。抑所謂八旗子弟者。本一極駁雜之團體。其中有黑龍江之蠻人。有豆滿江之野人。亦有棲息於松花江上流地方深林之女眞。行獵於嫩江流域之打虎兒人及索倫人。此等概冠以新舊滿洲之名稱。其中有在尼布楚俘歸之俄國捕虜百餘名。亦稱八旗。編於一佐領之下。此等八旗之外。有蒙古八旗漢軍八旗。惟其所謂親軍者僅滿洲八旗。彼等本乏固有之思想。一旦染京華之臭味。靡然從風。模倣漢習。曾無有適當方法。可以抑制此趨向。雍正二年。吉林官吏趙殿最奏請於該地建造太廟設立學校。教滿漢子弟讀書應考。帝覩之不悅。下諭卻其奏曰。

我滿洲人等。自居漢地。不得已而與本國之習俗日相遠。惟烏喇(今吉林)寧古塔等處兵丁。不改易滿洲本習。今若崇尚文藝。子弟之稍穎悟者。俱專意讀書。不留心武備。卽果能力學。亦豈能及江南之漢人。我滿人篤於事長上。孝於事父母。不好貨財。雖極貧困不行無恥卑鄙之事。此我滿洲人之所長也。讀書貴能知能行。徒讀書不能行。不若不讀。本朝龍興。混一區宇。惟恃實行與武備。幷未嘗博虛文事粉飾。然則我滿洲之實行。不優於漢人之文藝。蒙古之經典哉。今若崇尚文藝。一概學習。勢必至一二十年。始有端緒。恐武事既廢。文事又不能通。徒成爲兩無用之人耳。如學校考試之請。皆爲流罪發遣人內稍識文字之匪類搖惑所致。果能得材勇卓越者數人。以爲朕之股肱。比成就一二駑劣無能之生員遠勝矣。

此論文於實際有何效驗。雖不得而知。然帝之熱心態度。欲增加幾分滿洲固有之武力。固不容疑。依帝之言。雍正五年中查八旗親軍及護軍之內。能挽八人力之硬弓者。凡一萬八千人。更於武官選用考試之際。試考力量。有能挽十八人力及十六七人力之硬弓者。餘皆能挽十三人力以上十五人力以下。帝視彼等之態度頗形滿足。當此時也。以弓馬武力爲中心之八旗。尙不失勁旅之實。雖然。一般滿人對於漢人文化嗜好。終不能減殺。相率染南人之習俗。而八旗之生計亦漸窮矣。

優容回教徒　奉摩罕默德教義之信徒。一從南海廣東方面而來。一從西北天山南路而來。在清初時戶口最多者。推陝西甘肅兩地。支那人以東干或回回稱之者皆是也。雍正七年。帝思各省回民爲當時戶口之重要部分。特發上諭。戒飭地方官吏曰。

直隸各省皆有回民居住。由來已久。其人既爲國家之編氓。卽爲國家之赤子。不可以異類視之。數年以來。屢有人密奏回民自爲一敎。異言異服。肆爲不法。請嚴加懲治約束。朕以爲不然。回民之有敎。乃其先代所留遺之家風土俗。如中國人籍貫之不同。回民有禮拜寺之名。有衣服文字之別。要之從俗從宜。各安其習。初非惑世誣民者可比。故回民之敎儀可置之不論也。惟凡人生產之地不同而同在天地覆載之內。其敎之大略。亦不能外綱常仁義之事。據朕之所見回民之登文武顯宦者。常不乏人。可知其漸次服習中國之敎矣。人之賢愚不一。回民雖有刁悍。漢人中亦不能保其必無。地方官不宜以回民異視。當以治中國人之方法治回民。而回民亦不可以回民自異云云。

於是政府更於北京宣武門內設回回館。以便與其餘諸國一同進貢。然當時陝西回民比他省尤占多數。不免有私藏兵器賭博私販等不法之行爲。又政府謀耕作力之增加。下命禁止屠牛。其法不能盡行於彼等間。因回民不食豚肉。愛用牛肉。此種禁令。頗覺不便也。

彈劾回民之疏被斥 雍正八年。安徽按察使魯國華。對於回民之不法行爲。上奏彈劾曰。回民不奉本朝正朔。隨意爲曆書。且設立禮拜清眞等寺院。帝對於此疏。意不爲然。以年號係彼等之私記。不足爲咎。白帽爲彼等習慣。非違背服制。禮拜清眞寺院等。與各省村邑所崇奉之土俗神祇無異。律不爲罪。反舉回民中拔萃人物。如馬進良馬雄及四川征苗有功之哈元生等以折之。帝之所以對於回敎徒示以寬容態度者。買結彼等之歡心耳。蓋以回敎之實力。及其根據地在甘肅一帶地方。深知與彼等搆難。恐有不利也。而尤有說者。回敎多行於中國細民之間。清代之末。有數多之回兵者。以中國募兵時。應募者多爲窮民也。或。曰回民之禮拜寺。乃貧民之集合所。兵營乃回敎之中心。故變亂時起也。又云。彼等自居於一城之中。不與漢人混住。大概密集一隅。而以禮拜寺爲中心云。

第四十三章　雍正帝及其政績

皇太子之密建　雍正帝於皇位繼承一事。頗有困苦之經驗。故於生前不宣布冊立皇太子云。帝即位之後。預就諸皇子中可以託負宗社者定之。親寫其名。密封於匣。置於乾清宮內之正大光明匾額後。以備不虞。又以此意諭示諸王大臣。迨帝死後。君臣共同啓視。然後紹大統。是爲高宗。乾隆帝　密建之制度。爾後似爲愛親覺羅之家法。但亦不盡然。乾隆帝曰。建儲一事。如井田封建之必不可行。朕雖未有立儲明詔。然既於太祖之前。齋心默告。實與立太子無異。又曰。父子兄弟之間。猜疑漸生。至釀成大禍。當思朕今日之言。觀帝之言。則知採用密建。不過懲前代之弊。若此弊別有保障之法。帝亦不必以密建之宗法爲善也。時帝以倦於六十年聽政之長日月。宣布立第六皇子永琰爲皇太子。退位之後。稱太上皇。行訓政事。乾隆六十一年之曆書。新帝年號之曆書。并行於世。可謂拋棄家法之明徵。抑帝果以永琰之名藏於匾額之內與否。不能確信。據當時之傳說。帝屬望於第五皇子。不幸夭死。始與皇位於六子永琰云。

軍機處之創設　清朝之初。承明之舊制。諸種軍務。皆內閣統轄其樞機。既如前述。而其關於軍事者。交議政王大臣。令其擬奏。康熙中諭旨之撰擬。由南書房翰林呈進。是時南書房居宮廷最切近之地此高士奇所由以權傾當時也。當時卿相如張廷玉蔣廷錫厲廷儀魏廷珍等皆供職於南書房。然雍正年間用兵於西北兩路。又內閣在太和門外辦事者多。恐洩漏事機。始設軍需房於隆宗門內選內閣中書之謹密者入值繕寫後名軍機處。地近宮廷。便於宣召且軍機大臣皆以親臣重臣承旨。一切政治皆出於此。原夫軍機處之初乃內閣之一分局。然帝所以漸昇為獨立之官廳。使成為御前會議輔弼機務之處者。蓋欲達君主裁斷萬機之旨。絕嬖臣盜弄國柄之憂也。而軍機處遂漸成為唯一最高之統治機關矣。其創立年代。不一其說。大約在雍正八年與十年之間。

凡出納詔命自魏以來。皆屬中書。故六朝之時。中書令極貴。必以重臣任之。中書令官雖貴。常不奏事而使中書舍人入奏。於是中書亦為最權要之地。唐之始猶然。高宗時分其職於北門學士。玄宗時又移於翰林學士。於是中書門下權遂輕微。迨唐之中葉以後宦官操國柄設樞密使之職。生殺與奪皆由此出。學士及中書俱承其下流。以是樞密一官極為權要。昭宗時大誅宦官宮中無復奄寺。始命蔣元暉為純粹之樞密使。此樞密院移於朝臣之始地。居要津為人所競羨。(中略)五代時之樞密院。即六朝之中書。於唐則國初之中書。中葉之學士。末季之樞密合而為一者也。至宋金樞密使專掌兵事。與宰相分職。當時謂之兩府。而他機務不與焉。元時軍國之事。皆歸於中書省。明太祖誅胡惟庸後。

廢中書省。使六部奏事。自是事權漸歸宸斷。雖然。一日萬機之記錄。不能不設官以掌其事。故永樂中遂有內閣之設。批答本章。撰擬諭旨。漸復中書之舊。此後天子與閣臣常不見。有諭則命內監先寫事目。付閣撰文。於是宮內有所謂秉筆太監者。其權遂居內閣之上。與唐之樞密院無異。及清朝宦官不得與政。世祖章皇帝親政之初。卽日至票本房。使大學士在御前擬票。康熙中雖有南書房擬旨之制。而機要仍屬內閣。雍正以來。本章歸內閣。機務及用兵。由軍機大臣承旨。天子無日不與大臣相見。宦寺之不得參事。固不待論。卽承旨諸大臣。亦祇供傳述繕寫。不能稍贊畫於其間也。軍機處置方略館及內繙書房。皆隸屬於軍機大臣。分掌一定之事務。略述其組織於左。

(一)方略館。　凡軍功告成。及政事有重大者。每奉旨紀其始末。名曰方略。又曰紀略。方略館。卽修纂此方畧及紀略者。以軍機大臣一人。總裁其事務。提調各二人。收掌滿漢各二人。由軍機章京中補充。提調收掌。掌送達章奏。及其他文書。纂修分掌編纂之事。尚有校對。掌文書校訂之事。由內閣中書兼任。無定員。

(二)內繙書房。　凡有諭旨時。滿字漢譯之。漢字滿譯之。由各衙門經內閣送軍機處之文書。亦同。其緊要文書之繙譯。爲內繙書房所掌。滿軍機大臣掌管之。提調官二人。協辦提調官二人。收掌四人。而掌檔官四人。則掌文書之授受。帳簿之保存。別有兼行走。(由

翰林院及其他兼任）繙譯官四十人。掌繙譯之事。（以上均見清行政法第一卷）

唯一最高統治機關　軍機處設立之本旨。雖在策畫軍國大事。既而庶政之機密。亦歸裁決。乃漸離內閣之權限而移於軍機處。吾人讀嘉慶會典所錄諭旨。綜軍國之要以贊機務云云。則權限日大矣。是故歷代帝王完全舉君主親政之實者。以清朝爲最。其一雖由於英邁之主。繼續數朝。又其一則由於君主直接把握政治最高之機關。不委於臣僚之故。蓋在專制政體。機密二字爲主權發動最切要之事。帝以軍機處充當此等重大之目的。大著成效矣。

福建廣東與正音書院　版圖擴大。語言必不統一。然未有如中國之甚者也。雍正六年。帝下諭旨曰。朕引見大小臣僚。聽其履歷。惟福建廣東兩省之人。盡皆鄉音。不能通曉。彼等已爲官吏。將赴各省。安得宣讀訓諭。審斷詞訟。想必由胥吏中間傳遞。百病叢生。事理之貽誤。亦所難免。卽如官吏對於兩省之人民。言語不通曉。扞格上下官民之意志。不便殊甚。但語言乃自兒童習成。驟難更改之事。該地方督撫。通飭所屬各州縣。語言務求明白。正音書院。卽本此諭旨而設。專以學習官話。繼續至於道光時代云。

賤民之解除　中國四民平等。均有爲官吏之資格。其間毫無差別。蓋以君主乃承上天之寵命。代有治民之職。訪求賢能。以爲輔佐。不問門第流品也。故或曰。古來平等思想之發達。

如中國者不可多見也。但可注意者。有例外之一種。卽齊民與賤民之區別是。齊民乃一般人民。賤民則屬特別階級。營特別職業。不能與齊民爲伍者。例如俳優、娼妓、樂人、剃頭、奴僕、各衙門之差役等。皆爲賤民。無讀書應科舉任用爲官吏之資格。雖然。此等階級之人。其人種與一般齊民殊乎。或爲先天的賤種乎。彼等殆多爲政治上之失敗者。此則不可不知也。試揭一例。散在山西陝西兩省之業戶（俳優）乃明永樂帝自北京起兵討建文帝於南京時。不加入永樂之兵者。遂編入樂籍。世世不得爲良民。散在浙江之惰民。雖不知其起原。大約爲反抗明太祖之陳友諒之後裔。亦未可知。但據大淸會典所載。所謂賤民之種類。不一而足。江南之丐民。廣東之蜑戶。浙江之九姓漁戶。及衙役類之皂隸、馬快、步快、小馬、禁卒、門子、弓兵、仵作、及長隨等。皆指爲賤民。則又未必卽爲先天之賤民耳。雍正自卽位之初。屢次下勅。欲彼等賤民。轉爲一般良民。帝乃許彼等入籍爲良民。後曾祖祖父三代果眞淸白無論何時。皆得享有公民之權。是亦所謂移風易俗之仁政乎。

雍正帝與康熙帝之比較　內苦於諸王之排擠。外苦於臣僚之朋黨。帝之自身。不能採用光明之處置。吾人不能不原諒之。帝禁抑諸王之倔強。甚至幽之殺之。以塞朋黨之禍源。是亦不得已也。總之不僅財政一事。所有方面。均覺父皇康熙之處置過於寬大。在父皇尙可。在他人不免破綻。此帝之心事也。故於卽位之始。上自總督巡撫。下至州縣小吏。均發數千言之諭旨。以行政之緊縮與整頓爲歸。父皇康熙。實踐其藏富於四海。民足則君足之理想。帝則渴望府庫之充盈。父皇欲繼統堯舜。忘其爲外國之君。帝則明白承認愛親覺羅之地位。若舉例求之。康雍兩帝酷肖國初之太祖太宗兩帝。太祖乃滿洲之創業者。康熙乃大清朝之創業者也。太宗如整頓太祖開闢之耕地。世宗(雍正)乃就聖祖之耕地。著著使之充實者也。雖此收穫至乾隆帝時益復殷賑。然若非帝之緊縮政策。則清朝尚不能臻此光輝之盛運焉。

帝之密探及微行　帝曾派遣多數密探於各處。雍正某年元旦。王雲錦退朝。與友人約弄葉子戲。業已數局。忽失一葉。遍求室中不得。遂罷。後一日謁見。時帝問曰。爾元旦以何事消遣。錦具以實告。帝笑曰。不欺暗室。眞狀元也。乃從袖中出一葉還之。當時爲防止諸王朋黨之禍。設緹騎四出羅察。偵探閭閻之細故。有引見之官吏某。在途中購新帽。次日入朝免冠時。帝笑謂勿污爾之新帽。此事見禮親王著述中。北京父老傳說雍正時內閣小役有藍某者。人頗謹愼。雍正六年之元宵。同僚皆歸家。藍獨留閣中。對月獨酌。忽見一偉丈夫至。冠服甚麗。藍以爲內廷宿值之官吏。奉觴致敬。偉丈夫欣然就坐。問曰。君爲何官。藍曰。予非官。乃雇吏。問何職。曰、收發文牘。同事若干人。曰、四十人。因問本夕令節、皆歸宿。君何獨留、曰朝廷公事甚重。萬一事起意外。咎將誰歸。又問此役有何好處、曰至將來滿期。冀得一小官。若運好能得廣東一河泊所官則大幸。蓋河泊所近海。舟楫往來多有餽送故也。偉丈夫笑而頷之。又傾數杯別去。翌日帝視朝。問諸大臣廣東有河泊所所官缺出可補授內閣雇傭之藍某。諸大臣皆驚。帝又密將刑部大門之匾額取下。復以匾額之有無質於部員。部員皆以有對。帝命舁出額示之。謂額在此已久。汝輩尚未知。平素出入時疏忽可知。大加詰責。嗣後刑部大門遂無匾額云。

派間諜於地方官　河東總督田文鏡。與鄂爾泰李敏達鼎足而稱。一時大臣。無有出其右者。世傳有幕客鄔先生事。文鏡赴任時。聞紹興人鄔先生之名。延之爲幕客。鄔先生謂文鏡曰。公是否願爲名督撫。抑僅爲尋常督撫。文鏡曰必爲名督撫。曰、然則任我之所爲不可掣肘。文鏡問何爲。曰、吾將爲公草一疏上奏。然疏中卻一字不許公見。此疏得上。公之事乃成公信否。文鏡知其奇。特許之。鄔先生疏稿既成。署文鏡之名上之。蓋彈劾國舅隆科多之疏也。隆科多爲帝舅。又先帝顧命之臣。恃功驕恣。前已敘述。時帝頗苦於處置。中外大臣憚其威勢。無一敢言其罪者。疏上。隆科多果獲罪。而文鏡之寵遇日隆。已而文鏡以事與鄔先生齟齬。漸不用其言。鄔先生憤而辭去。自是文鏡之奏事。輒不當意。數被譴責。文鏡不得已。又求鄔先生。以重幣再聘之。鄔先生要求每日出銀五十兩。文鏡不得已許之。鄔先生再至任地。開封。不入文鏡衙署。彼惟桌上見有元寶一箇。即欣然執筆。若偶缺之。便翩然而去。文鏡益憚之。嗣是雍正帝之祝文鏡又復如前所謂鄔先生者。恐卽帝之心腹也。按察使王士俊將赴任。攜一健僕。係張廷玉所推薦。後多年王將入朝。僕遽辭去。王問何故。曰汝數年間無大咎。吾亦常見茲特爲汝先容耳。王於是始知僕實帝之侍衞受命而來偵察其行動者也。

血書聖祖二字　帝之性格。就政治家而論。所成就不能遠大。因其不能無刻薄寡恩之憾也。而內外不得親臣。但見一般吏民畏帝執法(因密探)之嚴。幷無有愛戴之者。雖極力示其誠意。表其仁慈。其果出自眞心與否。不能無疑也。當選定父皇謚法時。自破指端血書聖祖二字。據其所親隨張廷玉之言。其於飮食時雖飯粒餅屑不忍遺棄。常語廷玉等謂宜珍惜五穀。不可暴殄天物。又其爲親王時。不履同行人之影。亦從不踐蟲蟻。有時廷玉得小病已愈。帝語近侍曰、股肱不安。數日得癒。衆爭問起居。帝乃謂張廷玉病。豈非朕之股肱乎。此等佳話。指不勝屈。以吾人觀之。不得謂非僞飾仁慈也。不然。何以禁抑兄弟。鞏固自己地位。駕御臣僚。而弄其巧術也。唯學術文章及思想。均堪繼武康熙。不愧英主。此則不可沒耳。

禎祥頻至　在康熙時說祥瑞者甚少。及雍正時則禎祥頻至。此可注意也。雍正元年。江南山東穀麥雙穗。內地蓮蓬同莖分蒂。大學士等上奏。以爲聖德之所感。二年。又欽天監報告有日月合璧。五星聯珠等奇瑞。帝勅付史館。使中外聞知。四年。有嘉禾生於籍田。一莖雙穗。以至八九穗。同時潮州進瑞繭。其大如帽。同年。黃河六省俱淸。五星聚奎壁。七年。孔廟大成殿上梁之時。卿雲現於闕里。八年正月。有鳳凰集天臺山皇陵有靈芝繞石之瑞。所謂禎祥者。無歲不見。帝之胸中。果嘉許瑞應與否。雖不能無疑。然當民氣沮喪。人心不滿之時。祥瑞出現。頗可爲粉飾之助。特一般愚民。反以爲災異頻仍。中國有別出眞主之兆。正不止一查嗣庭之空想而已。雍正十三年八月帝崩駕。第四皇子寶親王承統。稱乾隆帝。高宗

第四十四章　中俄通商及恰克圖條約

中俄交際之始　俄人與支那人在政治上商業上實行交際。雖始自清朝。而互相交通。則始自明朝。以吾人之所知。隆慶元年。紀元一五六七年 俄國始派遣大使彼德羅夫及亞力息夫兩人於支那。但因彼等未進貢物。不許朝見。萬曆四十七年。派第二使臣華守哥彼德林。仍以無貢物不許朝見。此時多母司科多賀司科等西比利亞各地諸將軍。始注意通商於支那。後順治十二年、十三年、十七年、及康熙九年所派使臣。皆爲商人兼之。或以商人隨行者。清廷以其爲朝貢使。如行跪拜磕頭之禮。許其朝見。頒以恩賜。否則却其貢物。遣還之。雖然其所攜貨物。大概許其買賣。康熙十五年。受俄國使臣之命而至北京之義哥來司巴夫亞利者。爲荷蘭商人。謂俄國僻處遠方。不諳中華文義禮法。兩次抒誠致多闕失。實非得已。於是行三跪九叩禮。進貢方物。得以允許通商。

視俄國大使如朝貢使　依尼布楚條約第六條所載。一國之內。外國臣民攜帶護照者。得

以自由通商。但此約不獲實行。於是俄皇彼德。又派德國人哀非爾伊司勃蘭伊德司 Ides 者於北京。照尼布楚條約所載。率俄國商隊至北京。請許其自由通商。先是伊德司於西歷一六九二年。出發莫司科。旅行一年又八月。於康熙三十二年十一月。與九十人之從者共達北京。然因其國書列康熙帝之名於彼得後。以俄羅斯察罕汗之奏表。不合外國奏表之體裁。與貢物一併返還。將來俄國之奏表。應先由黑龍江將軍閱看。倘不合式。卽就地駁回。合式則許其使臣進京。行三跪九叩首禮。將表奏上。然以伊德司不知中國制度。犯此過失。爰指示奏章不合式之處。復行三跪九叩首禮朝見數回。照常頒以恩賜。幷許其發賣攜帶貨物。爾後二百人以內之俄國商隊。每三年一回至北京。寓俄羅斯館八十日間。許以免稅通商。而伊德司於康熙三十三年發北京。翌年一月到莫斯科。由是俄國政府乃有派遣商隊於北京之權。私人亦以通商獲利。得中國通商權爲喜。在清廷見此種商隊。依然目爲朝貢使。管理於理藩院。使之行三跪九叩首之禮。以自誇云。

北京與庫倫之通商並停止　在北京三年一回定期通商。既如前述。而喀爾喀土謝圖汗部與西比利亞接壤地方。則於土拉河色楞格河岸。歲一開市。互爲通商。清廷任土謝圖汗自行管理。並不設官監督。故至通商時。兩國人民叢集。極爲紛擾。當時俄人又以毛皮貿易爲名。通商於黑龍江下流雅克薩地方。建築礮臺。潛踞要隘。如前所述。於是康熙帝一面派蒙古人圍雅克薩。三年後昭之。一面於北京貿易及國境貿易。加以種種限制。禁止俄國商隊之入北京。凡俄國人通商於國境內者。皆命停止。西歷一七一九年。(康熙五十八年) 俄帝彼德爲劃定兩國境界。確定兩國通商事宜。派遣阿夫巴西羅起伊思邁羅夫 (Lomayleff) 於北京。其隨行者有曾遊中國之瑞典醫生特蘭客。其人於一七二〇年 (康熙五十九年) 十一月始達北京。居留至一七二一年 (康熙六十年) 五月。六閱月之久。當時伊思邁羅夫與清廷交涉。聲明他日清廷派遣使臣於俄國時。從俄國之風俗禮節。於是行三跪九叩首禮。准其朝見。又伊思邁羅夫住北京時。康熙帝屢延見之。雖極其優待。至於條約改正之事。從不置答。而內地商民至庫倫貿易者。嚴行監督。經管理官吏之手。將其貨物人數。報告於理藩院。其領執照出邊境時。呈示關吏。若不得其驗明。不得貿易。又從理藩院派一監督官。二年一任。與土謝圖汗會同監督庫倫貿易。而俄國爲保護其利益。及繼續修改條約之交涉起見。使特蘭客爲外交辦事官。住居北京。此事雖得清廷允許。然自伊思邁羅夫去後。待特蘭客殆如囚虜。北京通商。因管理商務官勒索誅求。甚不發達。於庫倫亦有衆多俄人入而與內地商人互爲通商。不奉監督官命令。紛擾益甚。土謝圖汗請於清廷。禁止庫倫之通商。又兩國邊境蒙古人越境逃歸俄境者。清廷雖要求引渡。而俄人不允。又當時北京有基督教會教師。不喜俄人。以驅逐特蘭客唆康熙帝。至康熙六十一年。遂命特蘭客離北京。旋發命令。凡俄人居國境內者。悉行逐出。餘是北京之商隊通商。庫倫之歲市通商。一時停止。清俄外交。再斷絕其關係。

俄國索還雅克薩之捕虜　伊特司出使來華。其目的爲俄國商隊得通商於北京。此外尚有在留北京之俄國捕虜。由黑龍江雅克薩之戰得來者。亦要求放還。雖然清廷待遇俄國捕虜甚優。授以官爵。賜以裘帽。又編爲八旗佐領。安置於北京城內一隅之地。許以信敎自由。隨本國風俗。行祈禱禮拜等事。又進而以國費建設一寺院給與之。故康熙雖應特蘭客之請。放之使還。俄人皆住於北京。不欲歸國。依中國官書所記。康熙二十二年。從尼布楚得來捕虜三十一名。將順治五年來歸之伍朗各里。康熙七年來歸之伊番等。編爲半箇佐領。以伍朗各里管理之。後又二回有捕虜七十名。遂編爲整佐領。隸於鑲黃旗。其措置得宜可知。其中有牧師一名米理者。在北京傳敎於俄人中。時年已高。俄國商人等。恐其死後無人傳敎。請允許由俄國另派牧師。康熙五十一年。兵部郞中圖理琛派遣於窩爾加河沿岸之土爾扈特部。土爾扈特部者。與準噶爾部均爲厄魯特蒙古四部之一。本遊牧於塔爾巴哈台近傍。後與準噶爾部有隙。遁於俄境。遊牧於加斯賓海之西。窩爾加河之南。云及康熙三十五年。準噶爾部噶爾丹敗死。其阿玉奇汗遣使遠來入貢。時康熙帝欲識其國情。派遣使臣。假道於俄。以入其境。使臣往還。皆經由特波爾斯科。除比羅理翁牧師外。尚有牧師副牧師各一人伴行。於康熙五十四年（西曆一七一五）歸北京。後俄國以比羅理翁爲高等宗敎官。以敎戒雅克薩人。其時康熙招聘醫生。因特波爾斯科無名醫。當地知府由莫斯科訪得英醫夏爾賓古與瑞典人特蘭客。共於圖理琛歸國後。送於北京。特蘭客一七一八年回俄國。後隨伊思邁羅夫至北京。如上述。

恰克圖條約告成　康熙不應俄國修改各種條約之要求。前已略述。至是俄國女皇嘉茶齡。再以鄔羅紀斯路啓爲使臣。於一七　七年。派至北京。除通商之外。更欲議定蒙古國界事宜。時適康熙帝崩。雍正初立。其提議大要。悉予承認。但以從無與外國使臣在北京訂結條約之舊例。先使俄使退於土拉河上。其地有全權理藩院尙書圖禮善。遂與之開議。其關於國界者。則以貝嘉爾湖南之恰克圖爲起點。東則過普羅科提。嶺經啓蘭、技古德亞羅技茲爾、亞倫看且孫、諸村落。沿啓果河前進。更經哀爾伯嘉且茲安坎烏拉諸地。橫斷俄人部落與蒙古部落間之沙漠。至亞爾昆河堤岸止。西由阿爾果子。四啓古特果斯角。經過多羅司。果尼印諸嶺。而至散濱嶺止。此界約至清末尙不變云。其關於通商者。則開放恰克圖。些林亞尼布楚爲通商地。於各地起造需用之建築。特於恰克圖設關稅倉庫。其北京商隊人數。增至三百人。延長住在時期爲三年。此商隊所帶他貨物。并議定免稅。禁止人民踰兩國境界雜居。但公事來往文書。清廷依然以理藩院主持之。俄國則歸元老院司其事。所用印璽。則或御璽。或特波爾斯科市廳印皆可云。此等規定。頗不平等。加以特典。爲俄人而設一教堂於北京。及允許俄人六名居於北京。以研究中國語言。條約中更有可注意者。尼布楚東邊烏河一帶公共地方。仍爲一種中立地是也。

實物交換之通商　從前條約所載。指定商場在近俄國恰克圖。與近中國之買賣城之間。立以鄂博(界標)之地。允之商民通商。兩國官憲嚴行監督。其方法係實物交換。嚴禁用銀及貨幣。俄人則以闊幅黑羽紗。精美獸皮及羊皮。與中國商人所販紅茶、磚茶絹綢及綿布等物交換。全爲物與物交換之貿易。如上等黑羽紗換紅茶若干。又絹一疋換羊皮若干。然明敏之中國人。與全無經驗之俄人相貿易。俄人每受損失。約言之。定國際通商之普通標準時。黑羽紗不見有何重價。紅茶大有價値。此事與後日起於廣東之外國通商事情并考可也。

第四十五章　擴大外藩及治藩事業

(一)　承認西藏及達賴

西藏與青海蒙古　西藏至第五代達賴。得漸固其政治上之地步者。以利用青海厄魯特部固始汗爲始。初西藏分四部。東曰喀木。曰青海。西曰衛。曰藏。固始汗乃合併東二部。以青海爲回族遊牧地。而喀木則徵收其租稅。西歷一六四二年。(崇禎十五年)固始汗乘藏衛內訌。進兵占領西二部。汗本誠心信喇嘛教者。獻其地於達賴。然西藏主權尚爲固始汗所有。達賴遇事不免稍有牽掣。當時達賴之行政官(第巴)桑結者與藏地之藏巴汗不相能。謂拉藏毀黃教。乃乞固始汗翦滅之。以班禪喇嘛居其地。分治兩藏之地。一六五四年固始汗病沒。第巴逞其威權。事多由彼專決。達賴儼然爲國王。實始於此。時青海派來之監督官至是殆同木偶。據某種記載。則該監督官於康熙之初已去其地云。

達賴至北京 崇德四五年中。太宗在盛京。送書於西藏達賴。七年達賴命喇嘛一人及青海酋長至清廷。此爲清藏交通之始。使者至翌八年辭去。彼等之目的。初不專爲傳教而來可知也。順治九年。達賴聞清朝占領北京以代明朝。欲親訪清廷。因於是年冬到北京。世祖乃建西黃寺於北京以爲客館。授以西天大善自在佛領天下釋教普通鄂濟達賴喇嘛之尊號。又賜以金册印章。當時達賴對於清廷。多所顧慮。因以此地水土不宜。從人又病。欲辭歸爲言。達賴親來訪北京。彼見清廷無甚實力。胸中頗覺失望。徵之於吳三桂亂時。康熙帝命青海蒙古由西藏東南之松潘入四川。達賴問諸臣僚。出而阻止。併代三桂提出和議。或與世璠約攻守同盟等事。均可推知也。康熙二十一年(西曆一六八二)達賴示寂。

第巴秘不發喪 西藏教王政府。前此哲布尊丹巴。允許以化身與蒙古。欲以喀爾喀一帶爲自已勢力範圍。至呼圖克圖入庫倫。漸次不甘西藏頤指。於伯勒齊爾會盟時。設呼圖克圖之坐位與教王政府使臣對等。前節已述之矣。因此會盟。與準噶爾部以口實。遂致喀爾喀生一大擾亂。此事不徒爲噶爾丹之口實。或卽教王政府所授意。康熙三十五年。聖祖親驅逐噶爾丹於克魯倫河上。噶爾丹之兵大敗。彼慰其部下曰。此行全非本意。乃因達賴使者告我以南征大吉故也。康熙帝聞之。乃致書於教王政府之第巴。大意如下曰。朕詢之蕃人。皆云達賴脫緇已久。爾至今匿不奏聞。且達賴生存當時。塞外無事已六十年。爾乃屢唆噶爾丹興兵。爲樂道法何在。達賴與班禪互相主持。達賴果厭世。當告之護法諸王。以班禪爲宗喀巴教之主。若不用命。朕當檄雲南四川陝西之兵。見爾於城下。翌年第巴大懼。密奏達賴示寂。

達賴推選權之混亂。　第巴今已發表第五世示寂。不得不指定轉生之化身。乃擇衛地一少年爲達賴候補者。恐拉藏汗反對。思毒死之。然反爲汗藏汗所襲殺。拉藏汗者青海固始汗之孫也。同時藏中又出一候補者。卽博克達山之伊西嘉穆錯。是爲第六世達賴。青海蒙古又不服。別立一裏塘之噶爾藏嘉穆錯爲眞達賴。要求北京批准。康熙帝以遽行批准。不免釀成紛爭。乃使青海蒙古之候補者居於西寧之塔山。暫待時機。塔山者昔時宗喀巴瘞胞衣於此地。自古稱爲黃教之祖寺。青海周圍數百里。有十三峯環繞之。海中有二島。人迹不至。習佛法僧之禪定者。於冬季結冰時。攜一歲之糧入之。往往有異僧出於其中。所謂青海佛法。與西藏不相亞者。卻非偶然也。

準噶爾部侵西藏　準噶爾部之策妄那布坦。見噶爾丹之死。思恢復其祖業。已如前述（參照第三十五節）噶爾丹每利用西藏。策妄又思收西藏於自己勢力之下。於是以拉藏之女贅其子丹衷於伊犁。不使之歸。康熙帝夙知策妄之意。使拉藏汗講防患之策。汗老耄不以為意。衛地之布達拉西北三十里。有騰格里海。其西接後藏之界。周圍百里。北岸綿延大山。伊犁之準部入藏。必由此路。中有鐵索橋之天險。一夫當關。萬夫莫開。又舍此別無旁徑。奈拉藏汗不為守備。康熙五十五年十月。策妄果使大策零敦多布領精兵八千。徒步繞戈壁。逾和闐南之大雪山。晝伏夜行。以次年七月。始達藏界。彼聲稱丹衷夫婦歸藏。由騰格里海突進。破藏兵。遂圍布達拉。執拉藏汗殺之。搜各寺廟之寶器。送於伊犁。且囚禁新達賴

達賴冊立權移於清廷　準部入寇西藏。為清廷之一絕好機會。得報。直命西安將軍進兵喀喇河之戰。幾全軍覆沒。翌年再以皇子永禵為大將軍。屯於青海木魯河。將軍傅爾丹、富寧安、出巴里坤。牽掣其北方。將軍噶爾弼出四川。將軍延信出青海。由兩路擣西藏。康熙五十九年春。戰於青海西部。準部大敗。遂棄西藏而北竄。清軍遂將前此安置塔爾山之達賴候補者。護送至藏。西藏亦有歡迎青海蒙古所擁立之呼畢爾罕之心。遂眾口一詞。述推戴之意。康熙帝下詔。賜以冊印。承認為第六世達賴。由是冊立達賴。實握其全權。自我言之。大為

成功。自彼言之。喪失主權。以蒙古兵二千留於西藏。以爲守備焉。

(二) 青海蒙古之略定

青海蒙古與準噶爾部　清初青海蒙古酋長固始汗。領有唐古特四大部。初不敢侵犯清朝版圖。順治十三年汗死後。其裔分二支。在藏地者稱拉藏汗。在青海及河套者稱鄂齊圖汗及阿拉善王。尋鄂齊圖汗爲噶爾丹所破。阿拉善王雖受清廷保護。然康熙帝賜以賀蘭山爲游牧地。故青海一時無汗。康熙帝素有取青海之意與否。不得而知。但其地域居新疆及中國本部之間。當準噶爾之衆稱霸西北時。不能不收青海爲屏藩。此亦必然之勢也。所以帝之出塞時。接見青海八台吉。即問誰爲固始汗後裔。而封達什巴圖爲親王。其餘亦共封以貝子貝勒等爵。康熙五十九年。彼等皆因平定西藏之功。所謂八家者復興。而並不應準部之煽惑。然及達什巴圖之子羅卜藏丹津出。青海又動搖矣。

丹津所意想之霸業　羅卜藏丹津統治青海。回想先人霸業。輒欲以青海及西藏屬於自己治下。而建造一大王國。雍正元年夏。誘諸部各稱故號。革王公等清朝所賜之爵。自號達賴渾台吉。彼意欲如乃祖鄂齊爾汗之據西藏。以遙制青海。部下之親王察罕丹津郡王額爾德尼等不從。遂向甘肅河洲關外來奔。雍正帝得報。即派駐西寧之官。說以利害。爲丹津所拘。酋長等舉兵相隨。並有大剌麻察罕諾們之響應。騷亂益大。此大剌麻係從西藏分住青海塔爾寺者。爲黃教之宗師。部衆信仰甚厚。丹津設法誘彼。彼從其意。於是遠近風靡。遊牧之番人剌麻等。同時響應。其數逾二十萬。南犯西寧。

年岳二將立功青海　雍正帝乃以川陝總督年羹堯爲大將軍。駐於西寧。別以四川提督岳鍾琪參畫軍務。年羹堯先出兵於甘肅永昌及布隆吉河 Polaukir 一線。防其南下。一面扼四川關外巴塘裏塘及黃勝關。塞其入藏之路。又請別隊出吐魯蕃及噶斯泊 Casnor 截其通準部之路。各路進兵。爲包圍青海之計畫。丹津始懼。歸還所拘官吏以請罪。帝不許。雍正二年春。岳鍾琪出發西寧。欲先殺其黨羽。頻焚燬其廬舍。當時斬馘越六千級。惟丹津據烏蘭呼爾之柴達木。無如之何。年卽欲長驅衝其根據地。岳鍾琪曰否。青海地方寥闊。番衆尚不下十萬。我軍深入。賊若散而誘我。四面受敵。此危道也。不若乘春草未生。以精兵五千。馬一萬匹。兼程以擣不備。雍正帝許可其說。專以岳鍾琪視軍。

岳鍾琪追擊丹津　雍正三年二月。岳鍾琪從西寧進兵。中途殪敵數百。又夜破哈達河之守兵。追奔一晝夜。士卒飢渴。塞外嚴凍。岳禱於天。忽湧甘泉。一軍歡奮。遂追殲敵兵二千人。敵於此地無哨探。岳軍銜枚夜行百六十餘里。黎明抵敵帳。丹津部下尚未起。馬皆未銜勒。倉皇大潰。丹津著番婦衣。騎白駝而遁。岳窮追日三百里。數日至桑駱海。紅柳蔽天。極目無際。乃退師。桑駱海 Tcharin nor 卽在今西藏青海交界處河源之西七百餘里木魯河之北。王樹土司之西。斥鹵不毛。蓋清兵恐敵竄入西藏。沿河源西南而進。賊已由嘉峪關之西方噶爾遜。河橫過戈壁。北入準噶爾矣。是役也。岳鍾琪斬餘黨八萬。降數萬。奏凱而旋。於是分青海爲二十九區。其喀爾喀土爾扈特輝特等部。各自獨立。不屬青海。西寧附近之降番別設土司統之。不隸蒙古。以分厄魯特之勢。其朝貢三年一回。互市場設於西寧之日月山Nara Sara Tahahan。設青海辦事大臣於西寧。而朝廷又鑒於諸們剌麻之弊。使各寺繳出明國師印。每寺之剌麻。其數限三百人以下。禁止貯藏兵器與設立城堡。於是準噶爾乃不窺青海。支那本部與西藏之交通。又得以復活。

分設阿拉善蒙古　黃河外賀蘭山之北。有蒙古之一部落。俗稱阿拉善蒙古。先是青海固始汗之孫有十四子。其四子居青海。和羅理等十子居此地。是爲二部分地之始。康熙中和羅理避噶爾丹。因居大草灘。盧帳萬餘。清吏驅之不去。後因西藏達賴之請。與以甘州東北之龍頭山。雍正中全與青海分離。阿拉善之最大富源。爲吉蘭鹽地與河套之花馬鹽地。并稱花鹽。不如吉鹽之潔。故甘肅人民多仰給於阿拉善。

(三)　與準噶爾汗之戰事

準部之復強　噶爾丹死後。其孫策妄那布坦。欲回復祖業。頻經營伊犁各地。收集四方散亡。不經年而又成大部落。當夫康熙三十六年。大軍殄滅噶爾丹時。伊犁數千里之間空而無主。策妄生聚未盛。中國方當勃興之勢。若急進大兵。收其部落。殺其羽翼。戍以偏師。其版籍可郡縣也。聖祖以其曠莽遼隔。費於轉輸。又以策妄獻噶爾丹尸之故。遂畫阿爾泰山以西伊犁一帶。爲其遊牧地。西域之大部落。於是復出現。即此以觀。清廷兵力不能越阿爾泰山可知矣。策妄既領有準部。於是東北出額爾齊斯河上流。占今科布多全土。離間土爾扈特部。沒收阿玉奇汗之子及其萬餘戶。從來交聘於清朝之阿玉奇汗。攜其全部投於俄國。於是內訌起。總之康熙末年。併土爾扈特控制和碩特大部於青海。再成準噶爾大王國。清朝見其致此強大。實出意外。康熙五十八年。命巴里坤出重兵。六十一年。進守烏魯木齊。

清兵大舉北伐　雍正五年。策妄死。子噶爾丹策零嗣立。驍勇好兵。盡如乃父。屢侵略四方不已。於是清廷議大舉以覆準噶爾之根據。大學士朱軾以爲時機未到。惟尚書張廷玉慫慂最力。於是薦將軍傅爾丹。彼乃國初著名費英東之裔。幹軀頎然。鬚髯秀美。有名將之風。立爲元帥。率滿洲及綠營等五萬人出發。蒙古諸藩臣皆從行。時都統達福力諫不聽。帝曰。策妄殂落。噶爾丹新立。彼地有分崩之勢。又何不可。達福曰。策妄雖死。老臣固在。彼親賢使能。諸酋長感先人之德。扞禦盡力。主少則諫易。臣強則制專。我以千里轉餉之勞。攻彼效死之士。臣未見其可也。況天正溽暑。未便行軍乎。張廷玉從旁贊帝之意曰。六月興師。載之於詩經小雅之篇。諸君豈不知乎。帝曰。達福患暑疾。盡不灌鹵汁。達福聞之。詞色俱厲。帝曰。然則以汝副傅爾丹汝尙敢辭乎。達語塞。遂出。帝親行禱祭。以大壯傅爾丹之行色。然當北京出發時。大雨如注。旗纛盡溼。狼狽出都門。識者以爲不祥云。

築科布多城　雍正九年四月。大將軍傅爾丹之大兵集於科布多。彼之意欲越阿爾泰山一舉而奪準噶爾之巢窟。依波玆多乃夫之言。則科布多爲拔出海面四千呎至四千二百六十呎之高原。至於科布多創建時日。則史策所記甚爲簡略。其言曰。康熙帝敗噶爾丹。還喀爾喀所領地。進軍於阿爾泰。駐兵於科布多云。雖然依科布多昂邦所言。科布多最初決無城砦。康熙帝破噶爾丹之軍後。雖駐屯於喀爾喀與準噶爾境。而兵營尙遠在科布多以南。當時此地不過耕作地耳。愛爾得宜理所編蒙古誌曰。雍正八年（西曆一七三〇年）庚戌。大軍鎭撫四方。巡閱科布多附近。建築此城。命駐屯戍兵。卽於本年築城址。需用之附屬材料與鐵。均由喀爾喀輸送而來。此一說尙爲可信云。六月。獲諜報。知準噶爾之前哨現於去科布三日程之阿爾泰山東幹之博克托嶺。一說以此報乃準部之詭謀。又某可信之記錄有曰。策零先以一將僞降。云其國內人心離叛。與哈薩交戰經年。馬駝羸弱。士氣疲乏。襲之可滅其部落。傅爾丹有勇無智。輕信其言。於是前進。

清兵敗於和通泊　傅爾丹之軍出科布多西進數百里。不見賊壘。諜曰。敵在博克托嶺。乃派先鋒。未至數里。聞胡笳聲遠作。忽氈裘四合。乘高突擊。遂將清兵四千。圍困於和通泊。傅爾丹以後隊往援。敵已滅其先鋒。卽突入其本營。傅爾丹於是急麾索倫蒙古兵禦之。定制科爾沁蒙古樹紅旗。土默特蒙古樹白旗以爲誌。轉戰之間。科爾沁王偃旗先遁。土默特公沙津達賴奮身入賊壘。白旗耀然。索倫兵遙見蒙古敗誤呼曰。白旗兵陷於賊陣。諸軍遂大潰。終夜甲仗之聲不絕。傅爾丹率滿兵四千戒曰。愼無墮家聲。扞衞輜重。且戰且走。迨渡哈爾河時。副將軍皆戰死。八月朔。得還於科布多者不過二千人。此時岳鍾琪一隊。攻烏魯木齊。以分敵勢。然準噶爾之兵。早已退去。故無所得云。

車戰之得失　和通泊之敗。不無歸罪於車騎營之制者。此制創始於雍正中。岳鍾琪與準噶爾戰爭之時。據傳聞則岳鍾琪仿明邱濬舊制。稍加損益。凡車寬二尺。長五尺。用一人推車。四人護之。五輛車爲伍。二十五輛車爲乘。百車爲隊。千車爲營。行軍時載糧餉被服。夜則團聚爲營。戰時兩隊居前。專司衝突。三隊在後隨之。其餘五隊護司令官。以防敵襲。其陣形大要如左。

一車圖
卒
卒
車夫車將
卒史卒
伍圖
車
車
車
車
車

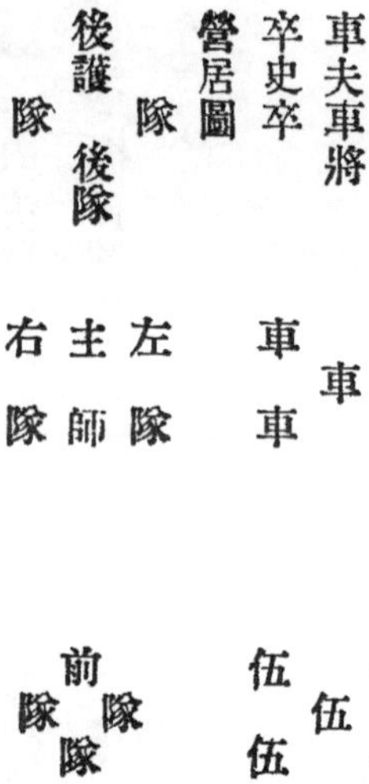
營居圖
隊
後護
隊
後隊
左隊
主師
右隊
乘圖
隊營
倣此
伍
伍
伍
伍
伍
前隊
隊
隊

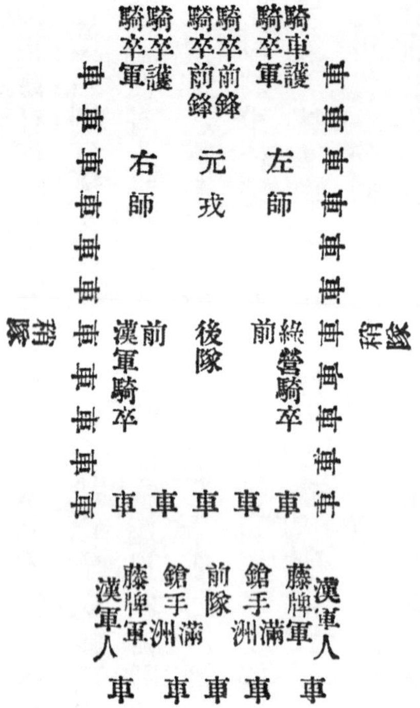
戰圖
稍隊
騎車護
騎卒軍
騎卒前鋒
騎卒前鋒
騎卒護
騎卒軍
左師
元戎
右師
前
綠營騎卒
後隊
前
漢軍騎卒
稍隊
漢軍人
藤牌軍
鎗手
滿洲
前隊
鎗手
滿洲
藤牌軍
漢軍人
車

營居車圖

後軍帳
主師帳
前軍帳
左帳
右帳
車

按右之車營形式。與專防禦敵人强襲之一種遊動堡壘相類。車戰可以行於平原。不能行於峽谷。岳鍾琪實用此營制於天山南路之平野。屢得奏捷。固其宜也。但當注意者。車戰制無論何如。皆以消極目的爲主。如古之春秋時之車戰。不以衝潰敵隊爲目的者是也。唐宋以後。中國人與塞外人交戰之際。每利用車戰。其方法與古代車戰制不同。觀於岳鍾琪之陣圖配置强有力之騎兵團。接近前隊。可以證之矣。

準部三次入喀爾喀。　清兵懲於和通泊之敗。移其科布多之大營於南二百里察罕泊之地。九月。準部乘勝東犯喀爾喀。以察罕泊及科布多有清兵之故。乃取道阿爾泰山以南。一由小額爾齊斯河。一由大額爾齊斯河。以精騎六千突入。額駙策凌頗能戰守。使之空還。詔進策凌爲和碩親王。又鑑於此戰爭。將準部入寇之要路。堆河翁金河及拜達理克河三處。築以城垣。與察罕泊大營接近。十年七月。噶爾丹策零再親率大兵入額爾齊斯河。潛行至杭愛山。掠哲布尊丹巴胡土克圖所居地之額爾德尼招附近。時哲布尊丹巴已徙其帳幕於內蒙古之多倫泊。以是空無所得。八月。彼等探知額駙策凌之軍遠出。襲其帳於塔密爾河。盡掠其子女畜牲。親王策凌途中聞之。計無所出。見理藩院侍郎綽爾鐸。謀奔訴於北京朝廷。侍郎曰。余素以豪傑待王。今乃知王爲匹夫。夫蒙古諸藩以王爲最。朝廷方倚之辦賊今妻雖被擄。勁卒尚存。王若統率諸部。舉全力斷敵歸路。一戰成功。然後妻孥可全。疆域可復。朝廷必旌王之功賚酬其勞。收功豈不大哉。今若不顧大計。單騎歸朝。諸將帥不知王之心。按以軍律。嚴行處罰。吾恐漠北諸部。非復王有矣。策凌聞之。感激歎曰。君言良是也。男兒一腔熱血。當爲諸顏而傾。因之返旆赴敵。諸顏蒙古語君也

光顯寺之戰　額駙策凌部下有脫克渾者。能晝夜行百餘里。健足不衰。每登高峯。輒以兩手張其衣。如皂鵰之鼓翼而立。故敵雖遠望。不覺其爲偵探者。於是得一一報告敵情。策凌遂以彼爲嚮導。督蒙兵三萬。繞間道出山背。黎明直奔噶爾丹策零之本營。如暴風雨從天而下。敵於夢中驚起。人不及弓。馬不及甲。追擊至喀喇森齊泊。戰兩日之久。準噶爾大敗。向鄂爾昆河源之南退走。杭愛山。卽古燕然山也。其地右阻山。左逼水。道狹不容大兵。光顯寺（額爾德尼招）之大廟宇。橫亙道上。準噶爾失其歸路。蒙兵乘暮薄險。呼聲大震。準部三萬餘衆。半墜水中。半被殺戮。蒙兵死傷者極少。惟西路之援師不至。策零突圍出。繞山而遁。委棄輜重於山谷。塡塞道路。策凌雖急移檄拜達里克之淸將。命絕其退路。然守將怯懦。不敢出戰。

三音諾顏部成立　光顯寺之大捷。皆由額駙策凌之力。於是進爲超勇親王。授大扎薩克。扎薩克雖爲酋長之義。此乃作爲特種之旗長之義。喀爾喀破準部後。乘勢拓地。大展於西北。而土謝圖汗十七旗。亦繁盛至三十八旗。乃分二十旗。與策凌創建三音諾顏部。牧地自

鄂爾昆河西北。至烏里雅蘇河。以翁金河爲王庭。爲中西東三部之屏障。從此喀爾喀有四部矣。按策凌初尚康熙公主。後公主夭死。歸住塔米爾河谷地。於乾隆十五年死。奉詔配享太廟。蒙古人血食於清朝宗廟者以彼爲始云。準噶爾與清兵衝突。爾後屢見於巴里坤附近。張廣泗代岳鍾琪。廢車戰之制。奏捷不少。雍正十二年。政府派尚書傅鼐於準噶爾王庭。再以阿爾泰山爲界。互相議定游牧地。乾隆五年。又許其通商。准其進藏並舉行謁見達賴剌嘛之禮。但限以人馬之數云。由是康熙末至雍正用兵之事。作一結束。清史家計其戰費踰銀七千餘萬兩。耗去雍正朝貯藏之一半。

（四）平定準噶爾

準部內亂　準噶爾汗自噶爾丹以後。三代皆梟雄。善用其衆。乾隆十年（西曆一七四五年）噶爾丹策零死。所部遂亂。初策零有三子一女。長名剌麻達爾扎。次居那木扎爾。又次名莫克什。女名烏蘭巴雅爾。其中扎爾之母出於貴族。蒙古人最重嫡庶之別。國人卽立扎爾。使之坐牀。坐牀云者。卽位之意也。那木扎爾旣嗣汗位。童昏無行。恣害大臣。幽殺兄弟。達爾扎自危。乃弑扎爾而自立。此時烏蘭巴雅爾與其夫共有擁戴功。憾其委任疏遠。叛去。達又擒殺之。時有大策零之孫達瓦齊與輝特部之台吉阿睦爾撒納。別居於雅爾地方。各有阿拉巴圖數千戶。阿拉巴圖者。奴僕之謂也。達出兵欲捕殺此二人。達瓦齊計無所出。日夜涕泣。阿睦爾撒納曰。我等與其東手待擒。何若自投死地。因率精兵千餘。由間道入伊犁。乘其不備。貪夜入幕。達爾扎方圍爐擁妾飲酒。阿睦爾撒納立斬之。撫其部落。迎立達瓦齊

阿睦爾撒納奔清廷　阿睦爾撒納者。拉藏汗之孫也。先是大策零立國。欲以衞藏爲右臂。與之和親。冀免後顧憂。於是以女嫁拉藏汗王子。以同盟說藏王頗羅鼐。藏王不許。策零怒。進兵西藏。爲導者所誤。陷於大澤。窮蹙而歸。遂殺其贅壻。其妻有遺腹。適阿睦爾撒納之父傳聞阿睦爾撒納生時滿身鮮血。人皆謂彼子爲復仇而來云。達瓦齊雖由彼而立。然未幾又生睽離。放言不諱。阿某禍終不止。阿睦爾撒納知不敵。乾隆十九年。遂來奔清廷

熱河謁見　乾隆帝之窺準噶爾。殆非一日。至是得阿睦爾撒納來歸之報。帝詔議出兵可否。人皆懲於和通泊之敗。以爲不可。惟大學士傅恆力贊帝意。帝急往熱河。以王公大臣陪阿睦爾撒納開歡迎宴。行接見禮。帝從容撫慰。賜以乘馬。互較騎射。幷以蒙語詢其變亂始末。宴終而退。阿悚然懷懼。傅恆憤其禮遇太優。曰予膽裂而不知己之生死矣。此時又封阿爲親王。及其二台吉爲郡王。

達瓦齊被執　乾隆二十年二月。兩路出兵。班弟爲北路將軍。阿睦爾撒納副之。永常爲西路將軍。薩賴爾副之。每路兵二萬五千。馬七萬匹。西路出巴里坤。北路出烏里雅蘇臺。各攜二箇月糧餉。會於伊犁東北三百里之博羅搭拉河地方。兩副將軍皆準部之渠帥。建纛先

進。各部落望風而靡。其同族大台吉及舊回部之酋長等。先後迎降。史家謂之師行千里。無一抗顏者。以五月朔。長驅集合於目的地。達瓦齊素荒於酒。毫無防備。倉卒派親信者出而徵兵。自率萬人據伊犂西北百八十里之格登山。阻水為營。五月五日、清兵渡伊犂河急追。時有阿玉錫者。準部舊將也。率二十餘騎。乘夜大呼斫營。達部下瓦解。於是達投奔於回疆烏什城之回酋。然此時回酋已受清將之命。達遂受縛。並獲前由青海逃來之羅卜藏丹津。致於軍前。此戰之終結。進阿睦爾撒納為雙親王。然此非其本意也。故於乾隆二十一年遂舉叛旗。

阿睦爾撒納之叛　乾隆帝征服伊犂。設厄魯特四部。以分其勢力。猶編喀爾喀為七旗也。然此事為阿睦爾撒納所不喜。帝知之。以科爾沁親王附於彼。以為內偵。親王故意黨於阿。阿亦以親王為腹心。平伊犂後。阿遇事不奉將軍之命。生殺自專。副將軍印置之不用。舊準噶爾汗國原有小紅鈐記。彼擅用之於簿書。又通謀鄰國哈薩克及俄羅斯等。自言彼非降於北京朝廷。但率滿蒙之兵以平定準噶爾耳。將軍班弟不能制之。朝廷亦以伊犂初定後。忽卒撤大兵。不可謂非失策。帝得鄂容安之密奏。命捕誅之。時班弟部下兵僅五百。其餘皆新附之準部人。遂不能行事。於是再召阿還熱河。伴以喀爾喀親王額林沁多爾濟。阿不得已。於八月中至烏隆古河。一夕。阿設幕招額酒。已數行。阿起曰。阿某非不臣。但中國寡信。今入其境。如驅牛羊入市。大丈夫當自立。安肯延頸受戮耶。遂命呼酒者再。伏兵四起。旌旗耀日。擁阿出營而去。瀕行。徐解其副將軍印擲與額曰。汝持此還大皇帝可也。遂據鞍馳去。額林沁多爾濟瞠目視之。無如之何。

伊犂平定　阿睦爾撒納既出亡。一時清廷莫知所措。但阿於博羅多拉河建立汗庭。再復準噶爾王國。然舊部皆不堪其頤使。西曆一七五七年（乾隆二十二年）。命將軍成袞札布從北路。將軍兆惠從西路。各率大兵進發。適逢準噶爾諸部內訌極甚。且痘疫流行。死亡相望。兆惠之兵長驅而至。諸部悉潰。阿睦爾撒納奔投哈薩克。兆惠與其副將軍張兩翼。分數路入伊犂。搜討準噶爾。斬殺殆盡。兆惠一軍。追擊阿睦爾撒納。從伊犂出吉里吉斯曠野。哈薩克拒之。被清兵擊破。進逼其牙帳。阿睦爾撒納徒步奔俄境。為其官吏所獲。送於本國。清將順德訥往索阿。俄官諉為不知。時北京朝廷恐以為一逋逃人致與俄稱兵。漢大臣無不主張卽行退兵。乾隆帝曰。書生之迂語。豈足聽耶。因命理藩院通諜於俄索阿。時阿已死於痘症。俄人送還其屍於恰克圖。伊犂始平。據史家言。將軍兆惠等殺戮準人。凡山陬水涯。漁獵資生之地。悉搜剔無遺。雖一部數十百戶。無敢抗者。先呼其壯丁出。次第斬殺。寂然無聲。駢首就戮。又此時準人病死者十之三。逃亡於俄及吉里斯斯者十之三。為清兵所殺者十之五。數千里之內。無一準人。案準噶爾盛時。有二十四鄂拓克。九集賽。及各台吉之二十一昂吉。統計戶數二十餘萬。人口六十餘萬。鄂拓克者。汗之部屬。昂吉者。台吉之戶下而集賽為剌嘛之集團。其人數有六千餘人。

（五）駐藏大臣及活佛掣籤

駐藏大臣之始　康熙五十九年。設駐防於西藏。貝子康濟鼐管理前藏。台吉頗羅鼐管理後藏。前已言之。雍正三年冬。藏中噶布倫（土官名）等三人。忌康濟鼐之權。聚兵殺之。北投準噶爾。清廷得報。出兵未至其地。而頗羅鼐率後藏及阿里之兵。已生擒噶布倫。詔進頗羅鼐為貝子公。統全藏事務。賜以犒士銀若干。同時留正副大臣各一人。隨帶四川陝西之兵二千。此為駐藏大臣之始。是年準噶爾之策妄死。子策零嗣立。入藏行煎茶禮。又聲言送還所捕拉藏汗之二子。清廷仍嚴兵備。乃收前藏東南之巴塘裏塘。編入四川。設宣撫土司治之。其中甸維西二廳。隸屬雲南。移達賴於西裏塘之惠遠寺。以避準兵。八年又移於泰寧。然雍正十二年中。策零與清廷議和成立。清政府送達賴歸藏。減駐防四分之三。此時達賴雖與章嘉胡圖克圖相通。要求返還巴塘裏塘。清廷不允。惟於達賴誕生地建設宏麗寺院。賦稅歸達賴而已。乾隆十五年。有朱爾墨特之亂。形勢又為一變。

增加西藏駐防　朱爾墨特者。頗羅鼐之子。以乾隆十二年襲封郡王。思駐藏大臣之不便於己。先奏請罷駐防。陰通準噶爾。使為外援。時駐藏大臣傅清及左都御史拉布敦二人。早知其情。欲先發制之。左右無一兵。乃以計誘彼至寺中登樓時手刃之。二人亦隨被害。達賴剌麻捕朱爾墨特之餘黨。報告北京。於是下命凡從來汗王貝子之稱號等。一概廢絕。設四名噶布倫。分管政事。又增加一千五百駐防兵。乾隆五十六年。用兵廓爾喀。駐屯土番兵三千。漢蒙兵一千。由此始大增加其威力。駐藏大臣與達賴班禪立於對等之位置。凡噶布倫及土官之任免。均須大臣與達賴會同辦理。凡商上剌麻之出入。春秋二季之巡閱國境。亦須經大臣與達賴會同行之。商上剌麻者。隨從達賴班禪之一種會計官也。從前大臣乃一監督官。今乃實握政權矣。乾隆二年。查理藩院檔册。達賴所轄寺院三千零五十餘所。剌麻三十萬二千五百餘人。百姓十二萬千四百三十八戶。班禪所轄寺院三百二十七所。剌麻一萬三千七百餘人。百姓六千七百五十二戶。其剌麻稱胡圖克圖者。不可勝數。

呼圖克圖之化身掣籤　達賴剌麻之化身。第一代第二代出於後藏。第三代出於前藏。第四代出於蒙古。第五代出於前藏。第六代出於裏塘。皆非限於一族一地而出者。班禪及大呼圖克圖亦然。至乾隆末年。各大剌麻均以兄弟叔姪之關係而爲之。且多爲蒙古王貝勒之子弟所占。甚至於哲卜尊丹巴示寂時。適土謝圖汗夫人有孕。蒙古人指其胎爲哲卜布尊丹巴化身。及產生時。乃非男子而一女子也。一時傳爲笑柄。乾隆五十七年。清廷乘廓爾喀用兵之餘威。設金奔巴瓶一筒於中藏大招寺。命令以掣籤之法。選呼畢爾罕之候補者。

其寺爲著名唐吐番會盟碑建設之所。至關於金瓶掣籤之布置。則有將軍福康安之報告如左曰。

查達賴班禪。從黃敎之宗喀巴流傳至今。凡達賴班禪圓寂。俱有呼畢爾罕出世。以衍其敎。從來吹忠（卽師巫）之作法。亦能公平信實。以指認此呼畢爾罕。故僧俗亦皆深信而弗疑。歷輩以來。各蒙古部族及大小番族。俱以吹忠之作法爲歸。其習慣已有牢不可破之勢。雖然。行之既久。其中妄指之弊。亦不能免。卽藏內之呼圖克圖中。仲巴乃前輩班禪之兄也。哲卜尊丹巴乃達賴之姪也。而丹津班珠爾之子。卽係三巴呼圖克圖之化身也。族屬姻婭。遞相傳襲。恰與世職無異。各呼畢爾罕同出於一家親族。使人不能不疑。此次設金本巴瓶。將吹忠四人所指定之呼畢爾罕姓名及生年月日。各書一籤。貯於瓶內。令於公衆之前指定之。是實足以杜將來之惡弊。而滿足衆人之心者也。

關於此種辦法。從來專占威福之達賴之族戚。皆表示反對之意。然際此駐藏大臣權力滿張時。遂以北京命令。使服從此方法矣。別據福康安之所言。謂豫先使吹忠四名演其生平降神之法。一旦達賴示寂時。則吹忠卽將呼畢爾罕之姓名生年月日各書一籤。藏於金瓶內。剌麻誦經七日後。招集各呼圖克圖於佛前。駐藏大臣臨席而後掣籤。然若四人指定之呼畢勒罕同爲一人時。則以空籤一枝放於瓶內。若掣出空籤。則以爲無佛佑。更別爲掣籤云其籤文則書以滿漢藏三種字。蓋使衆人易於明瞭也。至北京雍和宮所設之金瓶。係決定各扎薩克蒙古所依歸之呼圖克圖之呼畢爾罕者由理藩院大臣與在京之章嘉剌麻。會同掣籤行之。但其金瓶只二箇云。雖然淸朝控制西藏統御沙漠南北之蒙古。其術皆以操縱剌麻爲主。此爲最有意味之事。俗稱之曰『活佛掣籤』者是也。

（六）　平定回部

回部宗黨分派　天山南路諸城皆奉回教。因名其地曰回部。土著之民雖不盡同。大概爲土耳其之一種。西歷千四百年時發生內亂。著名之特甫爾克鐵木耳汗國分而爲二。一據喀什噶爾。一據阿克蘇。互相爭殺。其餘土民乘隙侵略。無所不至。明末時有梟雄蘇丹晒特若起而平定天山南北路。四境漸歸平靜。雖然未幾又起宗黨分派之爭。史家所記回人分爲白帽回黑帽回兩派。因其人民分白山黑山兩派之故。宗黨中有稱和卓木者爲讀罕默德後裔。譯意有君主之義。西歷一六四五年。白山派有於果查地方稱阿巴克者以道德著聞。四方歸仰者甚多。喀什噶爾領主依斯邁爾本信奉黑山派。頗反對。遂驅逐之。於是阿巴克大怒。走喀什米爾。又赴西藏親近其教王達賴。藉以求伊犁準噶爾之應援以報怨。準噶爾之梟雄噶爾丹以阿巴克之請援爲好機會。西歷一六七八年遂加兵於喀什噶爾。直收其地。立阿巴克爲首領。取償金定貢賦云。

大小和卓木　康熙三十五年噶爾丹敗死後。有嘗被監禁於西藏之回酋阿布都實特者。至是潛逃而歸葉爾羌。其子瑪罕木特企圖自立。及噶爾丹策零立。復被執。幷將其二子。與數千回民。俱移於伊犂。長子名博羅尼都。(或稱布那敦)次子名霍集占。所謂大小和卓木者是也。乾隆二十年。夏平定伊犂。先釋大和卓木。歸葉爾羌。而小和卓木尚留伊犂。管理回民事務。後小和卓木附和阿睦爾撒納之叛亂。與台吉宰桑(官名)戰。及再戡定伊犂。時彼乃逃歸於兄大和卓木所居之葉爾羌地方。此時淸廷尚無用兵回部之意。仍先以將軍兆惠招撫其兄弟二人。大和卓木曰。請就招撫。小和卓木曰。否。我等若聽淸廷之處分。則必分兄弟中一人。留於北京。以爲質。我祖我父。世世以此受制於人。今幸無强鄰逼處。不以此時自立。長爲人奴。非計也。中國新定準部。其地方反側。尙未大定。不能遽行出兵。卽使來戰。我守險拒之。糧餉不繼。戰必可挫也。在坐之諸伯克、阿渾(官名)等。大以此說爲然。遂擁附其兄弟。豎獨立之旗。回戶數十萬。皆靡然從風。惟庫車、拜城、阿克蘇、三城之阿奇木伯克(官名)鄂對等。不應。走伊犂以依兆惠。而淸廷前此所遣之招撫使。至是被害於庫車城。

圍困庫車城　靖逆將軍雅爾哈善。從土魯番攻庫車城。時在乾隆二十三年五月。和卓木兄弟聞之。率銃手萬餘。越阿克蘇之戈壁而來。援淸將愛隆阿等迎擊於途。殲其先鋒。又擒殺回兵於城外鄂根河者甚多。奪其大纛。截其歸路。於是和卓木兄弟乃收殘兵千餘。入庫車城。雅爾哈善曰。是其自投羅網也。鄂對曰。否。賊必不長居圍城之中。勢必逃遁。其道有二。一由城西涉渭干河。一由北山口向阿克蘇戈壁。請分兩路設伏以待。雅爾哈善不信。後果不出鄂對所料。和卓木兄弟及伯克阿布都等。以四百騎遁。皆走阿克蘇。而阿克蘇之伯克霍吉斯閉門不納。再赴烏什。烏什亦不納。於是小和卓木奪取葉爾羌。大和卓木奪取喀什噶爾。

黑水之戰　駐伊犂將軍兆惠。以是年八月南征。先以鄂對招撫和闐。親率步騎四千急趨回部根據地。十月六日。至葉爾羌城東。欲先奪取其壘。回兵固守不出。葉爾羌城周圍十餘里。四面有十三門。兆惠兵少不能攻城。乃相機而動。先於城東葱嶺南河對岸草地紮營焉。由葱嶺發源南流者有兩河。南北分注。其北河經喀什噶爾之外。其南河經葉爾羌之外。土人稱北河曰赤水。南河曰黑水。此所謂黑水營者也。兆惠已分遣兵八百扼喀什噶爾援兵之來路。又偵知敵在牧場之城內英奇盤山下。欲渡黑水取之。十三日。留兵守黑水營。而自率千餘騎由東而南。甫渡四百騎。橋忽斷。城中回兵見之。出五千騎來截。清兵奮勇直馳其陣。彼又以步兵萬餘再由城中出援。張兩翼以圍困清兵。時黑水營之兵隔河不得往救。又其地一帶泥濘。難以自由馳騁。此戰自朝至暮。被回兵殺傷甚多。人馬多陷於淖中。因而死傷者亦不少。將軍之馬中鎗彈斃。再斃再易。明瑞、高天喜等皆同戰沒。其戰爭之慘烈可見矣。回兵卽乘勝築長圍以困黑水營。或決上游之水以灌營。或夜襲斫營。清兵甚勇敢。圍困三月。曾不少衰。乾隆帝聞黑水營被圍。因發索倫察哈爾之兵以出援。

回部諸城皆陷　乾隆二十四年正月。清之援軍遂解兆惠之圍。歸阿克蘇。翌年夏。欲克復和闐諸城。以步騎三萬由兩路進兵。兆惠由烏什赴喀什噶爾。富德由和闐向葉爾羌。和卓木兄弟此時棄兩城越葱嶺西遁。清先鋒追博羅尼都及於阿楚爾山。斬獲甚衆。遂窮追至巴達克山界之伊西渾河。後巴達克山地酋長殺和卓木兄弟。贈尸於清朝云。準噶爾及喀什噶爾之地。至此盡入版圖。稱爲新疆。建伊犂、塔爾巴哈台、烏魯木齊、喀什噶爾四鎭。設參贊大臣。辦事大臣。及領隊大臣。大小相統屬。各管其方。而諸城其中伊犂爲新疆全部重鎭。創建惠遠惠寧二城。置將軍一人。參贊大臣一人。領隊大臣五人。統率滿洲蒙古綠營索倫喜伯、厄魯特、回部諸營。惟科布多及烏里雅蘇台二部別爲管轄。然清朝以寬大政策對回敎。此事大可注意。蓋以爲兵力所得之地。未必心服。土地人民之配置。毫不改革。各城或各部設阿奇木伯克爲長官。使之屬於參贊大臣或辦事大臣。其位不得越三品。又設伊什罕伯克爲阿奇木伯克之副官。城分數區。稱區長爲密剌布伯克。皆由土人中選任之。至土人之宗教風俗。似無何等關係。而辮髮之制。除由四品以上官吏許可者外。餘皆禁止。可謂特例。徵收租稅甚少。當時仍依準噶爾時舊制。收原價二十分之一。

（七）緬甸之服屬

木疏部長甕籍牙之雄圖　當明末淸初時。平西王吳三桂窮追明永曆帝於緬甸之阿瓦。緬酋莽達剌捕之獻於軍前。自此之後。緬甸負其獻捕之功。不入朝貢。乾隆十六年時有阿瓦北境木疏。Mozobo 之部長名甕籍牙 Alonpura 者。適南方白古之酋長等。襲殺莽達剌。甕籍牙乃驅除之。回復國都。自建新緬甸國。甕一作雍。據彼致淸廷之書觀之。其先世爲雍田漢利帝永元九年授印綬。爾來經千七百年云。甕籍牙併白古。更移兵降阿撒毋。至子孟駁嗣立時。圍攻暹羅國都猶地亞。陷之。

緬酋寇雲南西邊　甕籍牙克復阿瓦。盡臣服其舊部時。唯桂家、木邦二土司。抗不服命。遂與新緬搆兵。二土司敗。前後走孟坑。桂家乃故明桂王之裔。世世據波龍之銀廠。以富甲諸邦。稱其酋有宮裏雁者。旣被破。竄於雲南邊境。永昌知府誘而殺之。新緬王於是益無忌憚。尋逼雲南西南之耿馬土司。且以兵進邊外。欲索木邦之逸酋。蓋以諸土司之內屬者。向例每年於緬甸輸入一定之私幣。自木疏繼起。諸土司不行此例故也。當此絕好之機會。淸吏不解其消息。反助彼翦殺桂家等二土司。不可謂爲非失計矣。新緬酋今乃更勒索內屬諸土司。揚言將嗾孟養土司渡滾龍江。而入寇云。

邊吏弄兵　緬甸雖揚言入寇。實無與淸朝爲難之意。乾隆三十一年。大學士楊應琚爲雲南總督。聽巡撫常鈞之言。自駐永昌。屬吏之喜功者。無不爭說取緬甸之易。有騰越州之知州陳廷獻者。使人招土司。土司不聽。則使其所屬之土目虛獻孟密。又使木邦故土司子弟之在孟坑者虛獻木邦。遂以外收二土司、地千里、戶十萬、入告。實則孟密木邦仍在緬甸。非二姓之所能獻也。翌三十二年。副將趙宏榜以兵數百攻襲蠻暮之新街。蠻暮之地。扼金沙江水口。爲緬甸與中國通商之地。據緬甸國都阿瓦之上游。緬甸直驅逐清兵尾追至雲南西南境隴川之虎踞關。然緬人不取攻勢。惟以兵出沒於永昌騰越之各邊境。而楊應琚以征緬甸得不償失。遂請拋棄諸新附土司之地上奏。乾隆帝震怒。楊被逮。史家評此時之政策。以緬酋孟駁實無內犯之心。諸邊臣徒張皇而啓兵端。本可罷戰。而其情不能上聞。於是授將軍明瑞滿兵三千與雲南四川兵二萬餘。大舉以征緬甸

將軍明瑞戰死　征緬軍以雲南爲起點。分爲兩路。明瑞由木邦、孟艮、攻其東路。參贊額爾登額由孟密、老官屯、攻其北路。約會齊於國都阿瓦。明瑞之行程。於錫箔、江天生橋等處。與敵會戰。皆得勝利。至象孔時迷失道。彼以爲北路軍約由孟密而入其地。近孟籠必有敵糧屯積。乃議向孟籠。果獲糧餉。雖然時既深入緬甸二千餘里。而北路之師杳無消息。乃復議取道大山土司。向木邦而歸。緬甸偵知之。以爲國都不必顧慮。悉衆追戰。清兵且戰且退。每日先以一軍拒敵。即以一軍退於數里外列陳以待。軍至則迎戰。明瑞等更番殿戰。步步爲

營。每日行不滿三十里。由象孔至小猛育二千餘里之地。約須六十餘日。其困憊可想見矣。向北路之額爾登額。亦同遭困難。中途阻於老官屯者月餘。帝命其急進。然未達小猛育而明瑞等諸將已戰死。

緬人請降　明瑞之死。兵氣沮喪。緬人不知。恐清兵之再討。遂放還俘虜八名。使擺夷持貝葉書求和。北京朝廷以其求款不遣本處頭目。未免不誠。拒絕之三十三年十一月。適得陷於賊者某守備之密書。以緬甸方與暹羅仇殺。可約而夾攻。又兩廣總督李侍堯奏暹羅爲緬甸所殘破。國土爲土酋割據。由是用暹羅之議遂寢政府更以大學士傅恆爲經略。名將阿桂爲副將軍。明德爲總督。再行南伐。

緬甸服屬　傅恆等之遠征。以乾隆三十五年夏七月出發雲南。不得不先與暑熱瘴氣戰。大概失利。十月各路之師皆勝。雖然。彼等有副將軍阿里袞之病。議不即擣國都阿瓦。惟取老官屯之敵壘。緬甸死守。遂不能下。乾隆帝派大軍以張國威。實則空使將士冒瘴癘耳。可謂失算者矣。緬甸酋長預知清軍退却。自陳請入貢。清兵不得已。遂班師。乾隆四十二年。暹羅之遺臣鄭昭 Phuya Nak 起而謀恢復故國。緬甸不能支。鄭昭者。乃今暹羅國王之祖也。同五十一年。冊封昭子鄭華 Phuya Chakri 爲國王。緬甸聞之益懼。同五十三年。緬酋孟雲 Polo Apara 款關入貢。五十五年。求冊封國王。朝貢十年一次。

（八）安南黎氏之册封與阮朝之創立

明朝之册封與安南　安南雖自明成祖於永樂十二年征服後。入中國版圖。然國人久習自治。不喜大國之干涉。上下皆切望地方豪族之自立。時交趾之清華州中有豪族名黎利者。衆望所歸。起而圖全國自立。未及數年。悉驅逐明軍。交趾復儼然成一大國。國中有二都。一爲交趾之首都。一爲清華州之清華。稱交都爲東京。清華爲西京。又號西都。黎氏歷代與中國不睦。雖其使節往返者不少。册封之典。亦屢屢行之。然不過表面而已。明朝之衰。有宰臣鄭氏者。對於宗主國之態度。益加冷淡。及永明王自雲南請援時。彼僅以兵出國境爲聲援而已。康熙五年。略定雲南。黎王繳納明桂王之勅印。淸朝更册封黎王維禑爲安南國王。凡六傳至維褍。而阮氏之亂起。

阮氏起於廣南　黎主維褍幼冲。權臣鄭氏專事威福。大爲人民上下所怨惡。廣南州有大豪族阮氏。本有名之族。且能愛士。富甲國中。諸豪族地方之民。戴之儼如君臣。阮氏本爲前黎家左右輔政之一。及鄭獨專國政。怏怏自失。遂去而歸其鄉。在廣南順化府稱王。號廣南王。於是安南分爲南北二朝。一居東京。領舊交趾全部。一領廣南以南之地。治月城。後改稱順化府。Huê 兩家之爭。連年不解。阮氏至第十一代阮福映。(嘉隆王)始與中國交聘。

西山黨舉兵　西曆一七七三年頃。乾隆三十八年東京西山中有大富豪阮文岳 Nguyen Van-

Nhac 者。與其弟文惠文慮舉兵。自稱西山黨。逼順化府。於是安南史上之最大事件出現。阮朝之兵頻敗。阮惠王先斃於賊手。其姪阮福政立。亦陷於賊中。其弟福映遂卽位於亂離之中。稱爲嘉隆王。實一七七九年秋也。王之七年。卽一七八五年。西山黨勢益張。阮文岳自稱爲帝。統治中交趾。以文惠統治上交趾。使當東京之黎氏。末弟文慮統治下交趾。由是嘉隆王不能容於國中。數年以來。寄寓暹羅。日夜頻謀恢復。將校不赴援。兵卒不用。命居城西貢。屢次克復。又被奪取。至一七八六年。乾隆五十一年乃逃避於富國島。（一名西貢島）

佛•蘭•西•敎•士•悲•柔•與•嘉•隆•王•　西曆一七六五年。乾隆三十年有（Pigneux de Retaine）百多祿。悲柔者。由印度之法國領地。到安南交趾支那。從事布敎。蓋耶穌會敎士也。爲嘉隆王所親信。常不離左右。時勉勵王。必以恢復爲志。嘉隆王對悲柔曰。今賊未平。而四顧無援。卿爲我使泰西蘭英葡三國。乞發兵助我。悲柔勸其請兵於己國法蘭西。且問質物。曰列國交以子爲質。吾子景叡甫六歲。今以屬卿。卿其善護之。乃以一書託悲柔。獻於法王路易十六世。其書曰。

上國乃富强大國。下國地勢褊小。又相懸隔。但深信陛下必能諒我誠悃。輒從百多祿神父之請。專望上國之一助。茲謹委百多祿送王子齎國寶。赴上國求援。下國知陛下仁慈必能俯聽王子之請。嘗不數日。卽可發援軍與王子同來也。盼望之至。

悲柔乃與王子於一七八七年（乾隆五十二年）到法國謁見法王。請爲援助以復嘉隆之位。悲柔曾送書於巴黎外國傳敎會中。序述王子景叡出發時之情況如下。曰

茲有望諸君之助者一事。無他。卽余受嘉隆王之託。以敎育王子是也。事之成否。雖不可預知。以余所願。由耶穌敎敎育王子。易其在塵世所失之冠冕。希冀得益加貴重。益加永遠之冠冕。以償之也。能助余盡此責任者。唯諸君耳。王子年僅六齡。旣能誦祈禱文。又富於智力。對於宗敎。亦甚表熱心。又其父母祖母乳母等及其他五百餘之從者。一旦臨別之時。在他人未有不涕泣者。而王子初無悲哀之狀。一惟戀戀於余。是有夙因。非所能解也。耶穌敎徒以爲天帝之殊恩。以爲我宗敎隆盛之好兆。而知識淺薄之敎外之徒。反以余爲幻術鉤惑王子云云。

與嘉隆王締結條約　悲柔爲使至法國時。游說當路。其大要所傳如左。曰

於印度政治上之權力。偏重於英國。今欲得其平衡。頗爲不易。雖然若可以得確實効果者。不如於交趾支那之地。設永久之組織。試考察交趾支那之物產及海港之情形。可知於此地設永遠之組織。無論平時戰時。必可得最大利益也。

第一　我等在亞細亞欲與英人爭。當以傾覆其商業。或削弱其商業。爲最適當之手段。我等當以較低廉較便利之方法。以與英人爭庶大殺其中國通商之利益。

第二 若交戰之時。先派軍艦巡邏海口。倘更欲有效。則以軍艦巡遊於廣東珠江支流之虎門左近。可以隨時攔斷船舶之出入。

第三 在交趾支那修理船舶。或製造新艦。均可設法而得價廉之效果。

第四 我艦隊所要之糧食及其他殖民地所需品。皆可於此得之。

第五 於緊急時。在交趾支那可以募集人員補充兵士及水手。

第六 英人雖向東洋張其羽翼。此計畫可爲我所排除。

悲柔之說詞大略如此。西曆一七八七年十一月二十八日。卽大安南國嘉隆九年九月二十八日。法全權陸軍少將門磨林與安南全權阿特蘭敎正悲柔締結攻守同盟條約。依此條約。法王路易約預備遠征軍助嘉隆王復位。又嘉隆王之報酬。則於國內平靖時。供給製一等戰艦十四艘之材料。又法人得設領事。於領事駐在地製造軍艦。且允法國伐國內之森林。又爲達此目的。法國再派海軍兵士一隊。永駐交趾支那。又割茶麟灣及茶麟半島及其他二島與法國。又法國人在此處遇他國之侵襲時。安南準給以兵六萬。又法國爲印度戰爭之用。公認其募集安南兵一萬四千。且有練習之權利。然此條約當時不但不能實在履行。締約後二年。又有大革命之事。一七八九年。悲柔奉王子歸西貢。

西山黨入交都 先是東京黎王朝廷有宰相鄭氏兄弟相爭。上下互相軋轢。人皆不顧朝政而黎王景興又不知鎮壓。獨處深宮。袖手旁觀。西山黨首領阮文惠乘之。一戰而破黎氏之兵。整隊入東京首府。首府交都。卽今之河內也。鄭氏一族。不知所爲。與其戚族皆自盡。文惠於是代黎氏執政。掌握萬機。一七八七年。黎王景興沒於位。王子維祁卽位。稱爲紹統王。

黎氏求援於淸廷。　當阮文惠入侵東京時。人民以姓阮之故。爲交趾王之同族。心竊嚮之。輒棄鄭氏之令以迎阮軍。至是文惠及其部下。漸逞暴戾。行爲縱行。聚斂。兵士效之。肆爲掠奪。人民漸生惡感。又知其爲非交趾王族。乃西山無賴賊徒。衆乃大憤。阮氏尙未之覺。自以爲東京皆已就緒。一如己意。殆無足憂。彼仍還交趾。與其兄文岳之軍相會合於歸仁州。東京復陷於亂。東京之人。或云得一鄭氏之子孫爲攝政。或云不設攝政。專以黎王親政。東西分黨。互相作戰。文惠聞之。旋又馳入東京。討平黎氏之二三族。及各黨之首魁等。遂廢紹統王。自號東京王。黎王維祁乃於一七八七年（乾隆五十二年）。去而入中國。乞哀於北京朝廷。

淸兵入河內。　乾隆五十三年。（西曆一七八八）容黎維祁之請。命兩廣總督孫士毅督大軍。提督許世亨副之。又以雲南提督烏大經從之。奉維祁入安南。討西山黨。當時淸兵號十萬。士毅將之。入安南境。傳檄各地。諭以順逆。安南土司乃爭縛送黨人。各地人民。簞食壺漿以犒軍。請爲嚮導。此時阮文惠在河內府中。勢益猖獗。兵亦甚衆。聞淸兵將入境。急走而叩關。請進貢。且以黎氏之存亡。不可知。請更立故王維祁子翁皇司維禚。委以國事。孫士毅據情代奏。乾隆帝怒曰。維祁在我國。安得謂爲不知存亡。阮賊何敢出此狡詠。以緩我師。使士毅嚴斥其請。且急進兵。進安南之道路凡三。其一由廣西思明府出鎭南關。經安南諒山州。達北寧。此爲本道。其二由欽州泛海。繞烏雷山。東經安南之廣南州萬寧府。陸路達廣安府。其三由雲南蒙自縣經蓮花灘。達安南宣光州宣光府。以至洮江地方。孫士毅許世亨於十一月出鎭南關。達諒山。烏大經由蒙自入宣光州。所過如入無人之境。終達河內外門之紅河。阮文惠以不能拒守。不若退而圖再舉。遂棄城而走。據傳聞云。孫士毅入府中時。見有土壘高數尺許。上植叢竹。內有磚城二。卽王宮百官衙署之所在。然皆蕩然無存。僅見斷礎舊墟而已。其荒廢之狀可見。士毅招黎維祁。宣詔册封爲安南王。卽以此意旨頒布國中。

西山黨奪回河內　孫士毅已志得意滿。然册封告終後。尙勾留河內。不可謂非失策。乾隆五十四年正月朔。置酒高會。設樂宴飲。忽來警報。敵兵大至。事出倉卒。守兵不知所措。紹統王挈家孥先走。孫士毅以近衛僅免。及渡江。急斷浮橋以拒追兵。而後至之清兵不得渡。提督總兵以下數千人悉被殺。士毅異常狼狽。由諒山直入鎭南關。閉關固拒。又將關外糧械火藥燒棄。但烏大經一軍。幸未損一卒。安然而還。乾隆帝得報大怒曰。此皆由懸軍稽留。以挫國勢而損士卒。罪不可寬。勅褫其職。改任福康安爲兩廣總督。

阮光平受封　阮文惠既逐清兵。又讋服近鄰諸州。自立爲東京王。時其兄文岳方與暹羅搆兵。彼知與清廷講和爲要圖。遂遣兄子光顯入貢稱臣。以謝前罪。其謝表之大意。以曩昔之役。非出本意。蓋出於勢不得已。且已改名阮光平。請許爲東京王云。乾隆帝詔諸大臣曰。黎維祁再失其冠冕册印。不能守其國土。是天實厭黎氏也。而阮光平既請親覲。且入貢稱臣。蓋非盜臣僭職之徒。宥其前愆。允其所請可也。於是遣光顯還。許以王位。但當時北京不舉封册之典。乾隆五十五年。阮光平因祝帝八旬壽辰。進見於熱河離宮。當時列其班於親王之下。郡王之上。始賜以冠帶封册焉。光平於一七九二年三月歿。子阮光瓚嗣位。後乾隆帝憫恤黎維祁。賜以三品銜。編其一族於八旗云。然西山阮黨之政治。依然不改。當時有以烏艚船組織一種海賊隊者。多招納亡命。海面不靖。遠至廣東福建海濱。肆行剽掠。所謂盜艇之亂。自嘉慶初亙數十年。爲患海上者。乃阮黨採用補救財政之一方法也。其時避難於暹羅之嘉隆王。乃漸次進兵。謀光復。

越南王之封　嘉隆王此時在暹羅首都盤谷府。無一日忘其恢復故土之念。日夜翹足以待法軍之來援。且使信臣莫敦等奪回西貢之沃土。適全權使悲柔奉送王子并偕法國軍官二十餘名兵丁若干以歸。法國援軍之少。雖不能滿王之望。然法國來援之風聲傳遍全國。王軍士氣倍於往日。於是進軍克歸仁港。未幾阮文惠死。西山黨之士氣頓衰。嘉隆十六年。王子偕悲柔及法國軍官等率兵六萬。討伐西山。時軍中有野礮數門。係從法國運來者。

西山黨愈。懼當斯時。阮文岳與文惠之子。叔姪之間。釀成不和。文岳遂被殺廿年嘉隆王大舉兵北伐。陷歸仁。取順化府。一八〇二年（嘉慶七年）六月。陷河內。自西山黨倡亂。殆三十年。至是始。平定嘉隆王統一東京交趾支那全部。自稱安南王。號嘉隆。頒布國中。同年十二月。王遣使北京。陳其數年以來搆兵復仇之意。且乞册封。皆如其所請。嘉慶九年。改封爲越南王。且定二年一貢四年一朝之制。

（九）兩屬之琉球

尚巴志統一三山　近代琉球歷史。發端於尚巴志之統一三山。琉球分裂。爲時已久。當明永樂。二十年秋巴志遣使明廷曰。我琉球國分而爲三者。百有餘年。戰無已時。臣巴志不勝悲憤。爲此發兵克復山南山北。今已歸太平矣。伏願陛下聖鑒不違舊規。賜臣襲封。謹貢以土產之馬及方物云。巴志者。尚思紹之子。其名曰勢治高眞。軀幹短小。長不盈五尺。深沈有武略。方二十一歲。父謂彼曰。王城不德。國家分裂。生民苦於塗炭已久。今觀諸案司碌碌無大志。汝有器度。必能發揚大志。汝當代吾爲案司。拯救人民也。王城者。謂中山王。琉球之分三山。卽在此時代云。巴志乃慨然代父。與人民同飢寒。共勞苦。貯蓄糧食。訓練兵馬。大里案司聞之。會羣臣曰。諸案司不足懼。惟佐敷案司之子巴志。勇武絕倫。非常人也。今聞代父爲案司。余與巴志素不善。彼若起兵。必先攻吾。爲之奈何。言未畢。喊聲徹耳。大里案司大驚使人偵之。見巴志已自督兵來攻。事出急遽。不遑召兵。竟被虜。巴志併大里。勢大振。召將士曰。開闢以來。惟有一王。如山南者乃為偽王。今中山不德。政亂衆叛。先伐中山以定基礎。然後平二山。安社稷。如何。將士僉曰可。於是大舉攻中山。降之。尋滅山南。巴志之父思紹。前已併山北。西曆一四三九年。巴志始歿。據其國史。彼敷政教。興文學。改定全國里程。紀其廣狹險易。設郵驛傳命令。人民樂業。可號為中興之主焉。至其與明朝之關係。則洪武中應明朝之招諭。遂不時朝貢。正統帝乃限以貢船來朝。歲有二艘。每艘百名。多則百五十人。又命於福建南臺外建設蕃使館以居之。

日琉關係之初期　於尚巴志之子尚忠時代。日本將軍足利義教使島津忠國加賜琉球國。其事雖得實在之佐證。然當十五世紀之中期。日本堺浦商人與琉球人。即有關係。島津之監督此貿易。無非由足利氏之委託。日本文明三年（西曆一四七一年）。堺浦之船擅通行於琉球。島津立久遣五代友平於日京。報知將軍足利政義。以符授立久。使禁他國船之往來琉球者。且諭琉球來聘。同十二年。足利氏命薩摩催中山王之朝貢。日本政府之意。在獨占琉球貿易權。此時琉球非消費地。亦非供給地。可謂之為對中國貿易之經過市場。更有附言者。足利氏時代。北朝政府甘受明朝之册封。冀與中國通商。然西海賊船。卻不受日政府之拘束。常侵略中國沿岸。故日本仍不能進而通商。於是利用琉球對於中國之關係。以收間接或直接之效果焉日本天正十七年。琉球王尙寧之使者。謁見豐臣秀吉於聚落第。是爲島津氏率琉球使者朝於幕府之始。

島津家久討琉球　日本當征韓之役。秀吉徵糧於琉球。此事與滿洲之徵糧於朝鮮相同。琉球雖勉强奉命。然從此而彼我之睽離遂生。家久常勸德川氏與之交聘。日本慶長十一年。幕府欲以琉球作介。告於明朝。請照舊互爲通商。法司鄭迥固拒不從。鄭迥卽謝那親方也。爲洪武中閩人移住琉球三十六姓之一。都事鄭祿之第二子也。早在明朝入其大學。後舉爲法司。同十四年。家久遂發三千兵攻琉球。擒其國王。島津氏之意。以自室町以來中國貿易之事。琉球最多關係。且知利用此種關係。可以潤澤府庫。若徒用兵於其地。則反使人心懷怨懟也。此次用兵之目的。大約不外兩種。其一所以加打擊於中國派之領袖。其二所以固自己政治上之位置。而島津氏又利用中國琉球關係。營間接貿易。非常盡力焉。日本寬永中。家久因府庫異常空乏。使其臣蓄髮變易姓名。扮琉球人。與其國使者共赴福州貿易。嘗購布帛等類以歸。日本所謂御絲荷者也。

兩屬關係之經過　明亡於清琉球再受册封。稱爲琉球國中山王。約二年一貢。既而與島津氏依然繼續一種私關係。島津氏既不反對清廷。亦不甚追究。雖其實權皆在日本。而表面上則爲清朝之外藩。每當國王新立之時。派册封使於琉球。而琉球政府於使船未到之際。輒下命令如左。

一使船到國時。凡日本年號日本人名氏日本書集及此外所有惹動人目者。該船主可各自藏避。

一日本歌日本語言或與人以日本語言對談。皆爲不宜。

一不可現出日本之風儀等。

當淸使帆影甫到時。日本人均避於浦添之城間村。船則改泊於北岸之運天港。琉球貢船赴中國時。藏匿其與日本有關係之情形亦同。日本亦利用此策。無非使中國人歡迎琉球船。琉球著名之政治家蔡温有言曰『當國者以小國之力爲王國之飾』云。可謂一語道破者矣。

(十)廓爾喀之歸服

廓爾喀侵西藏　當西曆一七七〇年時代。喜馬拉山之南方諸州甚亂。際此之時。廓爾喀酋長甫利啓奈拉揚起而攻略四方。尼泊爾三部爲所合併。以卡特曼特爲首都 Kathamandu 乾隆五十三年。突然入寇西藏。其原因所說不一。魏源之言以爲當乾隆四十六年中第六代班禪赴乾隆帝七旬萬壽節。其時中外之施舍甚盛。適班禪示寂於北京。帝命送其貲於西藏。然全部貲財。爲其兄仲巴呼圖克圖所領。各寺院及西藏兵皆不分與。又擯其弟舍瑪爾尼爲紅敎徒。不使與喪事。舍懷不平。以後藏之封殖。與清將仲巴之專擅。煽動廓爾喀。廓爾喀於是借增加商稅及食鹽品質不佳爲口實。入犯藏地。禮親王則別持一說。以爲有班禪之部下丹津班珠爾者。以罪被黥。竄入其地。結識酋長拉特木巴珠爾。又怨後藏人倚班禪之勢。於通商時不給價値。於是入寇云。

清將約納歲幣　清廷得廓爾喀侵入之報。一面使四川之兵急進西藏。以理藩院侍郎巴忠能西藏語。任爲監軍。巴忠恃其爲乾隆帝之近臣。不預通知四川督撫。而與廓爾喀人議和。提議對於彼所侵地。每年出元寶一千錠爲賠償費。巴忠蓋以朝貢之約。掩飾其卑劣手段也。據傳說廓爾喀人不滿意於巴忠之誓約。要求達賴交換條約。達賴不允。惟此事已由巴忠之糊塗了結。至於翌歲。廓爾喀之首領果索取前許之歲幣。達賴吝而不與。其進北京之表。語多不恭。駐藏大臣匿不奏聞。廓爾喀遂歸咎其背約。於是入犯取後藏邊界之聶拉木。於其地執噶布倫丹津珠爾。占領濟瓏。進迫薩迦溝。札什倫布之班禪出走前藏。駐藏大臣保泰擁重兵不之救。以放棄前藏說達賴。廓爾喀人於是大掠札什倫布之寶器而去。報達北京。乾隆帝命名將海蘭察及廣東總督福康安。從各路進兵討之。

福康安敗於尼泊爾　乾隆五十七年春。福康安海蘭察之兵。與之戰於擦木及瑪爾轄爾地。直趨濟瓏。而成德率一軍由別路進。又從聶拉木轉戰而入。凡廓爾喀所侵地。至此皆恢復六月十日。進尼泊爾破之於噶多溥。又克其鐵索橋。取其利底。轉戰七百餘里。遂進迫卡特曼特之北方。福康安以爲勢如破竹。旦夕可奏功。志得意驕。擁肩輿揮羽扇而出戰。自比於諸葛武侯。上將如此。兵士皆解甲憩息。廓爾喀乘機突進。淸兵狼狽大潰。死傷甚多。幸海蘭察隔河應戰。名將額勒登保扼橋力戰。敵始退卻。廓爾喀遣人請和。福康安遂許其請。

英人拒廓爾喀之請援　當戰爭時。廓爾喀人乞援於加爾格達之英國官廳。然當時英總督箇倫華利侯。慮其於中國南方通商事業有礙。不應其請。意欲調和兩軍。派一大佐於卡特曼特。然尙未抵其地。諸事皆已爲淸將所處置。且通西藏之隘路。對於印度人民。不准通行。某英人曾評之。以爲英國官廳如此舉動。徒挑發淸人之猜疑。與尼泊爾之侮慢耳。

（十二）　土爾扈特之來歸

土爾扈特入於俄領　土爾扈特乃四衞拉特之一。其先爲元臣曰翁罕。數傳至和鄂爾勒克。居於雅爾之額什爾努拉地方。時準噶爾之琿台吉恃其强盛。輕侮諸部。和鄂爾勒克不欲爲其所屬。徙於中央亞細亞之東北地方。過吉里吉斯入於俄境。時明崇禎三年（西曆一六三〇年）也。至一六三六年。土爾扈特二十餘萬人。擕五萬之帳。再渡衞巴河。闖入後窩瓦之曠野地。遂占領之。乃進而侵掠俄境之阿斯打拉坎、沙拉特夫、噴茲恩、且波甫、等各地方。又掠略西部西比里至特波耳斯科府。於是使俄政府不得不用兵。然當時正與波蘭交戰。不能分兵。自是和鄂爾勒克益加跋扈。遂戰死於阿斯打拉坎。部下稍稍離散。失其進取之勢。順治十一年（一六五九年）遂屬於俄國。其後刼掠亦甚。順治年間和鄂爾勒克之子書庫爾岱青、伊勒登諸顏、羅卜藏諸顏等。相繼派使者進貢清朝。後至書庫爾岱青之孫阿玉奇。始自稱汗。康熙年中表貢不絕。對於俄國則屢侵擊其部落。然亦時效力於俄國。如康熙十年（一六七一年）巴西啓爾人叛俄國時。酋長阿玉奇出兵五千騎援救俄國。擊巴西啓爾之叛民平之。又出部屬一萬人移住於盾戈薩克屯田地。爲之守其境界。俄國因之殖民於頓河與特宜脫河之間。永充邊界之警備。又俄國大彼得征波斯時。亦有功。以是頗受俄國政府之好遇。然而思慕故國之念常不絕。則以在西藏有宗教上之關係。在清朝有政治上之關係。且與清朝往來不斷故也。

俄國改土爾扈特之政敎　先是阿玉奇屢遣使於清朝。進貢方物。及準噶爾與清朝絕時。往來道路隔絕。若不假道於俄。乃不得達。於是其朝貢遂廢。康熙五十一年（一七一二年）復貢方物於清廷。帝嘉其誠。并欲詳悉其部落疆域。派內閣侍讀圖理琛等往復三年。詳記其道程山川民俗物產。覆奏。至雍正年間。俄國與土爾扈特之關係。始稍變更。蓋俄發苛令。禁其剽掠。查其部落。設諸方法以羈束之。且欲改其宗教爲基督敎。於是土爾扈特漸厭惡之。而思慕清朝之念益熾。

乾隆帝收容土爾扈特　阿玉奇之曾孫渥巴錫登汗位。俄國不肯承認渥巴錫。心懷不平。適其時清朝蕩滅準噶爾。兼收伊犂土爾扈特之一族舍稜者。遁至窩瓦河歸附渥巴錫。且說以現今準噶爾空虛可入而據之。乾隆三十六年（一七七一年）渥巴錫率全部三萬餘戶人口十六萬餘去俄境。沿途刦掠。殘破城池者四處。俄國出兵追之不及。僅捕獲落後之少數者而還。渥巴錫率所部經過吉里吉斯曠野。亦受吉里吉斯人之刦掠。遂與之戰於巴爾喀什湖。南大敗。人畜失其過半。至翌年六月初始達伊犂。此時準噶爾既平。伊犂全歸清朝管轄。無可據之地。於是彼等以俄國非興喇嘛教之地。爲辭來歸清朝。其實非眞意也。清廷頗慮俄國之關係。熟議其得失。後遂收容之。分部衆爲新舊二部。舊土爾扈特部以渥巴錫領之。小別其部落爲東西南北四路。稱爲舊土爾扈特。其稱新土爾扈特者。以舍稜領之。遊牧於甫爾哈爾河伴谷地。其疆域東界烏魯木齊。南至庫車。西鄰伊犂所屬之察哈爾遊牧地。北接科布多所屬之唐努烏梁海諸部。各設札薩克。均歸伊犂將軍節制云。又俄國於土爾扈特遁走後。盡收其徒衆不問其所往。然其種族現今之存在者不少。居盾戈薩克及窩瓦河右岸者。皆其遺種也。

（十二）　苗疆之剿治

苗族與土司制度　四川雲南貴州之苗族。至元明兩代漸衰。因此兩朝以三省爲賞功之地。苗族之土地。與漢人之土地。漸次交錯。理番防蠻之問題。相偪而起。史家有云。『無君長不相統屬者爲苗。各長其部。割據一方者爲蠻。廣西之獞。黎。貴州湖北之猺。四川之生番。雲南之猓。皆無君長之統屬。故皆爲苗。究竟蠻族若強。羣苗亦受其喙。使在明朝時。該地方大動兵甲。殫天下之力。後乃剷平。故雲貴川廣四省。恆以土司之向背。爲治亂』土司乃酋長之義。漢人因懷柔彼等。多授以世襲官職。以統率其部落。亦因地制宜之制度也。元明時代所設之宣慰宣撫招討安撫等官職。皆可謂土司之異名。清初吳三桂領有雲貴時。討水西宣威安坤三地之苗。略取其地。至三藩之亂。吳欲借苗族之力。故仍還其地於土司。表面上似三桂亡後。苗族歸服清朝。實則無所設施。通康熙一代。貴州省之戶口調査。迄不舉行。亦可想見其情形矣。是故清朝對於苗族之設施。斷自雍正始。

改土歸流之議 雍正四年。雲南總督鄂爾泰奏曰。雲貴二省之大患。無如苗蠻。欲安人民。必先制苗。欲制苗非改土歸流不可。而苗疆多與鄰省犬牙交錯。又必事權歸併於一。始可一勞永逸。改土歸流者。改從來管理土司之土官。爲普通行政官署之謂也。鄂爾泰又說事權統一之要曰。

東川烏蒙鎭雄之土司。皆爲四川之土府。東川與雲南僅隔一嶺。前者烏蒙土司掠東川時。雲南兵擊退之。川兵則事後纔至。烏蒙土司又去雲南省城不遠。康熙五十三年土司祿鼎乾不法。政府會審之結果。不過處罰。土司益跳梁而無所憚。烏蒙土司之租稅。歲不過二百餘兩。然土司徵取於苗民。殆可百倍。東川土司之改流。殆經三十年之久。然其地依然爲土目所盤踞。管轄之文武長官。僅寓居省城膏腴之平野。無一人往而開墾。此等事與四川有相關聯者。雲貴廣西境上及雲南湖北境上。亦無不然。臣思明代置流官與土司之別。原因住民不適於新地之瘴癘。因地制宜。以彼等嚮導彈壓。然經數百年至今日。尚襲前制。以苗人治苗人之結果。遂使苗猓無法律。土司無裁制。一旦事件發生。乃行賄賂以爲鎮靜。是不可謂得策也。以臣之見。莫如改流之法。捕縛苗族爲上策。勦滅次之。使其自首爲上策。使彼等中捕獻其酋長爲下策。約言之。治苗不可不練兵。練兵不得不選將。先治內而後攘外。所向可奏效。雲貴之邊防。百年之利益也。

雍正帝以鄂爾泰之言爲然。先以東川烏蒙鎮雄三土府改隸雲南。後復鑄三省總督之印。使彼兼制廣西。自是以還。改土歸流之事。行至九年。雖重以種種之艱難與失敗。然鄂爾泰拔名將哈元生於行伍間。大加任用。卒得次第收成效。哈元生長於將略。且係漢回出身。治雲貴川廣。頗得多數回民之援助。雍正十二年。哈遂進呈新闢苗疆圖誌焉。

苗局之動搖　鄂爾泰之於苗疆。開拓三千餘里。幾敵貴州全省之半。無非以兵力驅逐苗族於一方。雍正十三年三月。因徵稅官不法。遠近各寨大舉入犯。鄂爾泰謂不驅逐貴川南方之苗族。彼等將出台拱清江一帶。而遮斷由湖南通貴陽之大道。四月。提督哈元生至苗民等乃不敢向平越都勻等處進衝。然是時因虐殺降苗事體益形紛擾。政府徵四川等六省之兵。進攻苗寨。提督主張進戰撫定。苗疆大臣張照等主張招撫。兩相齟齬。不得決行。於是已進之兵。紛紛改調。移文辯論。曠時閱月。兵士疲於奔命。錯置失宜。苗疆全局幾爲大變。八月。雍正帝崩。乾隆帝以張廣泗爲七省經略。哈元生以下。均受張之節制焉。

張廣泗治苗疆　張廣泗受命後。聚兵於貴陽之東鎭遠之地。爲通雲貴之大路。派精兵由此地而南。攻上下九股。親下清江下流之各寨。號令嚴明。所向皆捷。其中最難行軍者。爲九股河上流獨山之北丹江八寨都勻等之各寨是也。乾隆元年春。廣泗復出兵侵苗族之根據地。該地方爲著名之深林密箐。上則危巖切雲。下則泥潦沒脛。雖近地之苗蠻不能深悉其奧。故廣泗之政策。在築長圍以困之。乃分兵扼各箐口。又張奇兵於箐外。截其脫走。以漸逼巢穴。自四月以後。放火焚箐。漸次進兵。據張所報告。當時燬其千二百二十四寨。赦免三百八十八寨。斬一萬七千餘名。俘二萬五千餘名。獲銃四萬六千五百餘。刀矛弓甲無算云。苗疆漸平定。政府仍以新地之故。免其租稅。禁苗地之典賣。凡苗族之訴訟。率從苗俗。不拘律例。以廣泗爲貴州總督兼巡撫事。

（十三）　金川之平定

大金川及小金川　金川在成都之西。小金沙江之上游。一爲大金川。一爲小金川。以有金礦山得名。萬山叢矗。中有洶溪繞之。以皮船與筰橋爲通路。其地之險阻可想。人民與前藏同。漢人以土番稱之。驚悍好死戰。建石碉爲城砦。康熙五年。其土司嘉勒巴者內附。給以演化禪師之印。領其衆。其庶孫有莎羅奔者。曾從將軍岳鍾琪征西藏羊峒蠻有功。雍正中。授爲金川巡撫司。自號爲大金川。而舊土司澤旺則爲小金川。兩金川各不和睦。乾隆中。莎羅奔刼澤旺。掠奪官印。四川總督檄諭繳還其印。十二年。莎羅奔之兵。已及於打箭爐西之明正土司。當時四川總督用兵於瞻對。土司草率了事。頗不滿乾隆之意。巡撫紀山。頗思奪總督之位。默窺帝意。遂進用兵之說。帝壯之。命紀山出兵。然敗績而歸。而所謂金川用兵者從此始。

莎羅奔歸降　紀山既敗歸。帝思張廣泗在雲南之功。改任爲四川總督。廣泗曰。區區彈丸黑子之地。旦夕可奏功。由是調兵三萬。分兩路進兵。事有出意外者。兵阻於險隘。不得進。廣泗此時不據實情入告。謂此種醜類。容易殄滅。十三年春。清師敗績。諸將之陣亡者不少。乃請求增兵。帝疑廣泗之妄。遣近臣訥親前往。訥親徒恃帝寵。不解兵事。據傳言。訥初至軍限三日取敵寨。諸將畏軍法出戰。及戰多敗沒。訥從此不敢戰。時廣泗已老耄。彼以僞降之敵酋之弟良羅吉爲腹心。有事必與謀。軍中之事。悉爲敵知。敵乃得早爲之備。於是兵老氣竭。

經半歲之久。無尺寸功。帝大怒。逮捕張訥二人。處以斬罪。別命大學士傅恆爲經略。統率八旗兵。募吉林黑龍江之兵以從。是年冬。將軍岳鍾琪以輕騎至莎羅奔營。彼夙服岳之威德。遂降服。

金川又叛　金川未幾復亂。先是有莎羅奔之兄子郎卡者。代主土司之事務。乾隆二十年。逐小金川之澤旺。侵附近之都市。總督阿爾泰雖傳檄諭之。仍侵鄰境不已。三十一年。政府命總督合九土司環攻之。總督姑息不加兵。但諭以返諸土司侵地。而賜安撫司之印於郎卡。抑清朝待土司之根本政策。在解散其勢力之集合。多設土司。令其互相牽掣。如分蒙古爲四盟四路四部八十六旗者然。總督阿爾泰不依此政策。反承認郎卡與綽斯甲土司結爲婚媾。實爲大錯矣。聞史家言。當時得與大金川敵者。惟綽斯甲與小金川而已。許其通婚。使其各釋仇結約。則兩金川互爲狼狽。而諸小土司皆不敢抗矣。後郎卡死。其子索諾木立。侵掠依然不改。又與僧桑格共攻破明正土司。總督阿爾泰之兵駐打箭爐半歲。不敢進伐。乾隆帝嚴責其罪。賜死。

木果木之敗　乾隆三十六年。大學士溫福、由汶川出西路。尚書桂林、由打箭爐出南路。專討小金川不聲大金川之罪。三十七年冬。桂林之軍。以阿桂代將之。遂達美諾。美諾者。僧桑格之要塞。而小金川之根據地也。小金川之衆。悉逃於大金川。清廷命大金川捕僧桑格。不應。三十八年春清兵起美諾由數路入大金川不意溫福大營在木果木被敵酋襲破小金川再被僧桑格恢復將軍明亮當時語人曰木果木之敗因將軍溫福狃於易勝提督董天弼輩置酒高會之故若當時嚴肅軍紀舉全力從事一鼓可殲也慘哉將軍溫福身著常服而被生擒董牛張諸將皆戰死軍退潰時我兵自相踐踏終夜不絕及渡銷鎖橋互相擁擠鎖崩橋斷落水死者不下千數予方在美諾陣中曾目覩之云阿桂得報赴西路明亮得報赴南路轉戰五晝夜乃再奪回小金川

大金川平定　大金川負其天險清兵討伐爲難乾隆十二三年以來番民盡全力增設石碉遂造成十倍之陣地大金川之根據地有二處一名勒烏圍一名噶爾崖乾隆三十九年秋將軍阿桂使海蘭察等從三路繞其後福康安稱等攻前面四十年春清兵攻克勒烏圍至冬三路之兵皆齊集於噶爾崖築長圍以大礮晝夜轟擊酋長索諾木窮促送其兄於阿桂營乞哀自稱病堅匿碉內不敢出先是敵已窮迫揚言若城破當舉家自焚乾隆知番俗最忌白狀不聽其言果也絕其退路外圍益急索諾木攜莎羅奔及其頭目妻子衆二千餘出碉至軍門而降金川平阿桂以功封英勇公

（十四）　外藩政策及對於理藩事業之批評

內外蒙古與長城　愛親覺羅氏在太宗之時其政策在親密長城以北之諸族吸收長城

以南之漢人歷代均奉其遺策。太宗之母。出於葉赫。蒙古種族之血統。已與女眞相混。太宗更娶於內蒙古之科爾沁。生順治帝。其攻取北京之際。科爾沁以外戚出重兵。使新朝廷安然經營南方。故清廷之懷柔蒙古。決非爲消極的利益可知也。內蒙古既視爲內地。於是土地接壤。習俗相同之外蒙古。亦不能無所施設。康熙帝有言曰。漢人雖築長城。以防禦北人。然不能達其目的。修築長城。乃最無益之事也。又曰。昔秦興土木之工。修築長城。我朝施恩於喀爾喀。使之防禦朔方。較長城更堅矣。喀爾喀卽外蒙古。帝此言發於康熙三十年。則清廷之意思何如。可以徵之。種種後來之施設。皆秉此大方針而行者也。

與蒙古之血族關係　立后限於滿人。已爲順治以來之定制。而公主、格格、宗女之下嫁於外藩蒙古。則頗有微意存焉。公主卽皇女。格格、與宗女。乃親王以下皇族女之稱。清廷所由以皇女下嫁者。蓋因內外蒙古之地。幅員極廣。不得專用兵力控制。而加恩結納之良法。無過於血族親誼之關係。舉其所知者而言。自有名之三音諾顏部長策凌。始凡巴林、阿拉善、等王公。皆尙康熙帝之公主。其中三音諾顏部。定牧地於舊喀爾喀之中間。西防準噶爾。東牽制車臣、土謝圖二汗。得此便宜。故清廷結以姻親。爲策凌幼時。與其母格楚勒哈屯。由塔米爾河來歸。康熙帝使之居北京。與以豐衣足食。教養於內廷。長後乃尙公主。此盡人所知也。然則帝之末年。使彼歸塔米爾之舊牧地。則豈非最忠誠之藩王。已配置於外蒙古之最要地哉。光顯寺之戰捷。策淩之勇也。抑亦由於報恩之念切歟。更欲研究此等血族關係。則乾隆帝賜宴蒙古王公時之詩句。可以證之。帝註該詩曰領此次之宴者大率不外朕之兒孫輩行云。然則在帝之時。內外蒙古豈非皆皇室之姻眷哉。嘉慶四年乾隆帝崩。內蒙古之都爾伯特汗至於殉死。此更足以觀矣。

內外蒙古與理藩院　清朝總稱內外蒙古、新疆及西藏爲藩部。雖掌管藩部事務者。內有理藩院。外有將軍都統大臣等官。就其實際觀之。清朝惟有其主權而已。其內部行政。均世襲之酋長或喇嘛處理之。清廷不過監督之而已。而派遣官與理藩院亦不必有統屬關係。兩者均隸於皇帝之下。其行政區劃。部之最小者爲旗。合旗爲部（蒙古語 Aimak 愛瑪克）合部爲盟。（蒙古語 Chogolgan）皆從會盟地之名稱。例如哲里木盟、汗阿林盟、克魯倫巴爾利屯盟等是。凡屬於內蒙古者。盟六。部二十四。旗四十九。屬於外蒙古喀爾喀者盟四。部六。旗八十六。屬於杜爾伯特者盟二。部四。旗十五。屬於土爾扈特者盟五。旗十二。此外和碩特有一盟三旗。旗置旗長（札薩克 Dzassak）盟設盟長。皆爲世襲之官。其關於內政者。雖由理藩院擬定。而實際不受其拘束。據會典事例所載。蒙古人一概由蒙古律處斷。其有犯罪於邊境內者。亦不依中國本部之律。所謂蒙古律者。卽習慣成例也。今揭一例。處罪方法。有以九數之牲畜論者。有以五數之牲畜論者。如隱匿盜賊之王公。罰九九。知情不報者罰三九所謂九者馬二。犍牛二。乳牛二。牯牛二歲牛二。㸬牛三歲牛一是也。所謂五者犍牛一。乳牛一。牯牛一。㸬牛二是也。

蒙古旗地典賣於漢人　因中國本部人口增加。漢人移住於蒙地者不少。徵之康熙帝使口北之山東人歸還本籍。可知當時早有妨蒙古人生計之事矣。政府慮此後兩者問發生諸種葛藤。常舉漢人之越墾者使還內地。然亦終不能絕其根株。乾隆十三年據政府調查在土默特喀刺沁之蒙古旗地漢人之承典者。已有二千數百頃。政府頗思整理之。雖然漢人本不必越墾土地。實因蒙古王公欲典質於漢人。得貨財以供其揮霍也。觀乾隆十三年之整理方法。政府使各札薩克(卽旗長)查明典賣之人。價銀百兩以下。耕作及五年者。再經一年撤回。價銀二百兩以下者。再後三年撤回。皆給還原主。雖然若蒙古人無力贖回。不得已而延長典質年限者。亦仍不免也。政府絕對禁止漢人之典質。然此禁令多流爲空文。乾隆四十一年。政府乃再行贖回焉。猶之湖南貴州雲南諸省苗猺之土地。政府常禁止漢人之典買。而其實際亦不盡履行也。

敕建刺麻寺之分布　內外蒙古之入版圖也。利用刺麻教以收功。前已言之。誠以外藩全土。西藏可稱爲祖山。青海喀爾喀內蒙古及伊犂等處。皆爲其檀徒。所以爭外藩必先爭西藏之推選達賴權。得以黃教之名目號令諸部也。康熙帝於多倫諾爾建立彙宗寺。此乃迎外蒙古之格根哲布尊丹巴之所也。雍正帝又於西裏塘建立惠遠寺。此乃迎達賴剌嘛之所也。乾隆帝於熱河建立西藏式之札什倫布廟。此乃迎班禪額爾德尼之所也。乾隆二十四年。復於熱河創建安遠寺廟。則尤有興味。就吾人所知而論。漠北之部族。利用剌嘛教於政治者。古來無過扈魯特。明末時。固始汗爲黃教之保護者。嘗併衛藏諸部焉噶爾丹受博碩克圖之封號於達賴。策妄阿拉布坦由西藏敗歸後。復受大慶王之封號於僞達賴。皆受鐵劵梵文之賜焉。所以立固爾札廟於伊犁河北。立海努克廟於其河南。容剌嘛六千餘人。以一萬六百餘戶充其供養者。此皆歷世之政策所表見。國家之大疑大計。皆就此而決焉。策妄等三代交迭之際。彼等各赴西藏。往往爲煎茶諷經參見剌嘛之禮。每次出費二十餘萬兩。其眷眷於西藏。從可知焉。安遠廟者。乃因平定伊犁時。燒燬固爾札、海努克二寺。乃建立此廟。以買準部降人之歡心也。康熙帝又出內帑創建慶寧寺於土拉河源不爾罕山之南麓。此乃哲布尊丹巴之故居。爲新興之黃教之一中心。卽今之庫倫烏爾嘉是也。

章嘉剌嘛與乾隆　駐錫於北京旃檀寺之章嘉國師。以精通佛典。久受乾隆帝之優禮。阿睦爾撒納之陰謀顯露時。帝命喀爾喀親王額林沁使彼與阿共來北京。親王途中洩其謀。故意縱之去。帝震怒。賜額自縊。案故事。元太祖之裔。無受死罪者。蒙古諸部於是搖動。曰成吉斯汗之後。無正法之理。羣欲奉其兄哲敦國師爲主。勢頗洶洶。章嘉國師時扈從於熱河北木蘭之地。帝出所得諜報告之。國師曰。皇上勿慮。老僧請以手書鎮撫之。因夜修書札云。『清朝撫綏外藩。恩德至厚。今以額自作不軌之故。帝乃不得已而置之法。此非視蒙古與內臣無異而何耶。如元裔即不可誅。若宗室犯法。又如之何。況吾儕方外之人。久已棄骨肉於度外。安可妄動。以預人家國事。』云云。使其徒白剌嘛、星馳數百里。旬日始達其境。時哲敦已整兵備。將不日出發。使者至。嚴護衞。坐胡牀。命白匍匐而進。白本善詞令。備陳其事之顛末。哲敦已被折服。更讀國師手書。乃以爲善。遣白歸。喀爾喀之衆乃解散。據趙翼所聞見。國師顏貌殊醜劣。行步須人扶持。蒙古經、及漢譯大藏經皆能背誦。云元旦國師入朝。時其黃幰車涌過之處。北京人爭鋪手帕於途。見其輪壓過者。以爲有福。其車可出入東華門。蓋所以尊寵章嘉也。有名之漢、滿、蒙、番四文之藏經。由乾隆帝印行者。實成於國師董率贊襄之力。國師姓張。西寧人也。達賴第五代之大弟子。康熙帝自西藏招彼至。初居於彙宗寺。其定居於北京。則後日事也。示寂於乾隆四十一年。

外藩擴張之次序及利病　西曆一六九七年。清朝與準噶爾汗國戰爭於外蒙古之一角。時準噶爾敗績。清兵之前哨。遠出沒於烏里雅蘇台、科布多一帶。以後約二十餘年間無甚變動。一七二五年、清兵取青海。時天山南北之形勢。爲之一變。今推究其次序。清朝早收黃河屈曲地點之鄂爾多斯一帶。故從嘉峪關至哈密之道途。得以疏通。然欲使此道常通。非收其側面之青海不可。加之青海原屬於衞拉特之一部。每爲伊犁準噶爾汗國之手足。雍正帝掃蕩此一帶。實爲後來蕩平西域之基礎。大將軍年羹堯。所以敢輕視北京朝廷者。亦以此戰役著有殊勳耳。據史家所言。清朝對於此地前後用出經費七千餘萬兩（參照第四六章）取青海後。更於三十二年。略取伊犁後二年。更平定天山南路。餘威遂震於葱嶺以西。伊犁之所以不得不攻取者。因俄國由吉里吉斯侵入之禍。可以預防也。在昔清俄曾結有恰克圖條約。雖由阿爾捆河至於乍賓嶺一線。定爲國界。而塔爾巴哈台及烏梁海兩地。清之威力。有所不及。既取伊犁。此等問題。可以無慮矣。西藏宗主權。雖於康熙時已獲取。而派遣駐藏大臣。則在雍正以後。其事又與攻取青海有影響。由四川打箭爐經裏塘巴塘等地至拉薩之路。至是乃愈形安全也。但駐藏大臣之位置。不得不藉兵力之增加。乾隆末年廓爾喀用兵。乘此機會。一面并可以防備英領印度之侵逼焉。清兵若無此一大遠征。恐尼泊爾早爲英人所有。而西藏之宗主權危矣。史家之言曰。將軍福康安侵入廓爾喀時。尼泊爾求援於東南之哲孟雄。及南面之披楞。披楞各約以割地爲酬報。披楞者加爾格達也。時福兵已近其首都卡特曼特。彼告急於披楞。披楞佯爲應諾。實則將侵逼尼泊爾邊地。尼泊爾腹背受敵。且恐清兵聞披楞之態度。遂哀乞和好云。此事雖有多少不實。然其形勢固如斯也。緬甸安南之二次戰役。雖以固雲南兩廣之藩籬。而用兵結果。皆無甚效驗。其宗主權不甚確實雖同爲外藩。而與蒙古回部等相差甚遠矣。

回民與漢人之交際　北京政府不許漢人與回民往來。甚可注意之政策也。其政策唯何。惟實行監督耳。葉爾羌也、喀什噶爾也。此等回部之名城。皆有漢城與回城二座。北京所派往之官吏居漢城。奇木伯克等回官住回城。其交通甚嚴。例如回人婦女。禁止私入漢城。漢滿人等不得隨意入回人部落。各城回民之交通。不得自由。而漢人之由中國本部至者。不帶護照。不得入境。或雖帶護照而人與照不符者。亦皆飭回本籍。其餘金錢之貸借。貨幣之使用。及勞役上之賃資。皆有限制。漢回兩族之結婚。亦行禁止。而最奇異者。各城之回民。如有王公以下之世職。及有功國家之伯克之子孫。方許留辮髮。其餘伯克中有請留辮者。非官至四品者。概不許可。當清朝威力盛大之時。竟以辮髮爲一種極名譽之標識焉。

回疆平定與香妃　回部之王妃某有國色。爲土耳人。生而體有異香。不假薰沐。國人號爲香妃。有稱其美於中國者。乾隆帝心豔之。當將軍兆惠出發時。從容與之言及香妃。語兆惠曰。不可不一領其異。回疆既平。兆惠果生得香妃。先以密疏奏聞。帝大喜。命沿途地方官護視其起居。蓋慮跋涉風霜。損其顏色而減其美麗也。既至。居於宮禁之西南。香妃在宮中。意色泰然。似不知有亡國恨者。惟見帝至。則凛然如冰霜。與之語。百問不一答。無已。使宮女之巧於辭令者。傳知其意。妃慨然出袖中白刃示之曰。死志久決矣。雖然。不效兒女子之碌碌徒死。必欲得一當以報故主耳。帝若强逼妾。妾請遂其志矣。聞者大驚。詭奪其刃。妃笑而言曰。妾衵衣之中。尚有數十利刃。且汝輩若强犯妾。妾將先飲刃。汝輩其奈之何。宮人具以語帝。帝亦無如何也。但時幸其宮少坐。卽復出。使諸侍者日夜邏守之。妃既不得遂所願。且至北京已久。甚思故鄉風物。乃時潛然泣下。帝聞之。乃於妃所居之樓外西苑中。設回式之街市、住宅、與禮拜堂等。以悅其意。一說妃侍帝寢時。數驚近御。意者妃復仇志切。不使帝得犯之也。奉天宮中有威弧獲鹿手卷。謂帝與香妃之遊獵圖。後香妃被乾隆帝太后所絞殺。以上所述。雖與清朝之攻取新疆無重大之意義。然所謂西域用兵者。固由乾隆時財力之豐厚。使然。抑亦香妃爲其用兵之動機歟。

公中地域與緩衝地帶。　外藩擴張之外。尚有可視爲重要者。卽雍正帝於恰克圖條約中。欲補足尼布楚條約是也。康熙二十八年之界約。保存黑龍江上流之西爾嘉及阿爾捆兩河合流之北方烏特（或烏地）河一帶爲共有之地。恰克圖條約則以此地爲兩國公中地域。各不得侵占居住。所以然者。以他日俄國若南下。則驅逐之於外興安嶺以北。故預置中立地域於尼布楚之東而爲之備也。至於與朝鮮之界約。則康熙五十一年以後。亦設有中立點於鴨綠江右岸及豆滿江左岸之地。至乾隆中再申明此事例。於鳳凰城外百里之空地。爲中立點而保存之焉。更有所謂會哨制度者。因恐兩國人有潛住於此中立地。或建築家屋及從事耕作者。乃會哨以杜絕之。以春秋二季爲期。兩國使臣相會於預定地。如蟒牛哨者。以商辦其事務。此種辦法。因清初以來兩國邊境之偸採人參及越界開墾諸事而起。併以防朝鮮人之侵犯也。此外清朝對於一般外藩之政策。如內外蒙古廣漠之土地。不必圈入爲自己之領土。其中亦殆有別情。康熙帝對於外蒙政策。惟取其爲邊外藩籬而已。至乾隆時。版圖雖次第擴張。而其對於外藩土地。初不施行與內地相同之政治。如天山南路、如朝鮮、如尼泊爾、如安南。其政治一任其國人之自爲。從一方面解釋之。雖原因於兵力之不足。然政府之初意。則亦視爲一種緩衝地帶（以其當外衝也）。天山南路。所以當葱嶺以西諸國。朝鮮所以當日本。尼泊爾所以當英領印度。外蒙古所以當俄國。清朝之對外藩政策。其在當時可謂施行最善者矣。

用兵外藩及經費　在康熙時。所用軍費若干。亦難明瞭。但依一七二三年（康熙六十一年）報告。戶部庫存不過八百餘萬兩。雍正間（一七二三至三五）漸積至六千餘萬兩。西北兩路用兵之結果。所貯存者一半用盡。乾隆卽位之初。戶部庫存不過二千四百餘萬兩。乾隆時（西曆一七三六至九五）用兵範圍廣遠。需用頻繁。觀乾隆中戶部軍需局之結算。乾隆十二三年至十四年。用於討伐金川者。銀七百七十五萬兩。（實銷六百五十八萬移駁一百十七萬）自十九年至二十五年。新疆軍需銀二千三百十一萬兩。（實銷二千二百四十七萬行査未結六十三萬）自三十年至三十四年。緬甸軍需銀九百十一萬兩。自三十六年至四十二年。金川軍需。銀六千三百七十萬兩。外如臺灣軍需。八百餘萬。安南軍需百餘萬。廓爾喀西藏等用兵之費。尚不在內。約計乾隆一代所用軍費。殆在一億二千萬兩以上。此數自今日觀之。雖不爲大。然在當時國庫歲入。年僅銀三千萬兩。則歲出不可謂不鉅矣。乾隆時支出如此重大之軍費。而國庫之貯存。於一七八一年頃。（乾隆四十一年）尚增至七千八百萬兩。當時免全國租稅者。前後四回。免七省漕糧者二回。江南巡幸前後六回。共計二千餘萬兩。加之大征伐大軍費。尚未增加賦稅。乾隆時之財政。可謂達於極盛。惟征討廣闊之天山南北路。不出三千萬兩。而不滿十二分之一之大小金川。反費去六千餘萬。不可謂非下策。然此事與清朝兵制之得失。與軍紀之張弛。不無關係焉。

政府之所謂理藩事業　理藩事業。政府此時尚無何等成算。徒以改土歸流。給其官職。編入州縣。謂之理藩而已。要之、苗與民（民卽漢人）之土地。雖嚴定法律。其事屬於邊郡之政績。政府之所不遑監督者也。無論何時。所謂苗禍者。皆因漢人之狡計。以激起苗人之忿怒。雍正五年。湖廣總督傅敏。條呈關於兵民與苗人之策如下。曰漢民柔奸。利愚苗之所有。故哄誘以典賣其田產。或借貸銀穀。始甚親暱。騙其財物。苗人目不識一丁字。告訴無所賴。苗人屈而不伸。至持刀槍而起。蓋出於不得已云。此事可與起於東部蒙古之漢人典地事業合而觀之。

第四十六章　盛運期之財政

壯丁稅之定限　康熙治世中。其影響於後世稅制上之最大者。卽中國本部人口數之定額是也。康熙五十一年（西曆一七一二）。三月。下諭如左曰

今海內承平已久。戶口日繁。若案現在人丁加徵錢糧。事無不可。人丁雖增。地畝幷不加廣。故使直省督撫。照現今錢糧册目。無增無減。永爲定額。其自後所生人丁。必不徵收錢糧。戶口編纂。只示以增加之實數可也

編纂者調查戶口之意。自明代以來相承。爲壯丁稅之基礎。然帝更下諭說明其由來。曰從來巡幸地方。所至詢問戶口之實況。一戶有五六丁者。而納稅止一人。或雖有九丁十丁。其納稅止二三人。質其理由。彼等皆稱皇恩優渥。幷無差徭。共享安樂。前雲南、貴州、廣西、四川各省叛亂以來。地方殘壞。田畝拋荒。不堪聞見。平定以來人民漸增加開墾無遺地。間或沙石堆積。難於耕種。而山谷崎嶇之地。已無棄土。由是觀之。人民生齒實繁。朕但欲知人丁之實數。非有加徵錢糧之意。今國幣充裕。頻年免租。其額不下千萬。國用所需。幷無不足。故出此命令云。帝蓋知官吏胥役之私心。調查戶口。有名無實。此舉於地方。不能不視爲有益。據戶部公告。各省丁額二千四百一十七萬名。其丁銀三百三十九萬餘兩。但編審五年一回。康熙五十年以後之增加人口。稱爲盛世滋生人口。永不加賦云。所謂丁者。男子自十六歲

以上至於六十歲者是也。據官府之文書所記。至雍正末年。人丁滋生。幾增加九十餘萬。乾隆十四年。直省人丁增加至一億七千七百四十九萬。距康熙時僅三十餘年。其定額之增加至於七倍。實可驚異。然此種增加率。必不可信。雍正以後。壯丁稅之定額。歸入地租。知無納稅負擔之慮。遂絕其從來隱匿之弊。二男三女。報告皆為實數矣。但其稅制。至雍正時。攤入地糧。則其法更簡便云。

正稅之虧空甚多　康熙帝以寓富於海內之主義。常蠲免租稅。因之拖延完納正稅者。督撫對之。稍覺寬大。帝於晚年。詳述其虧空錢糧條例。蓋始知仁政頻繁。反以起地方官拖延之弊也。然雍正登位之始。卽降嚴查度支之諭。殆承述父皇未完之事業而然者。抑凡父皇之政綱。從新帝之手腕。不得不加一層收縮也。雍正帝卽位。所下對於戶部之諭如左。

皇考躬行節儉。裕國愛民。六十餘年以來。蠲免租稅。殆無虛日。休養生息之恩至矣。而近日道府州縣之虧空錢糧者不少。揆厥所由。或係上官之勒索。或自己之消費。豈皆流用於公事者耶。康熙帝仁德如天。不忍正以典刑。故彼等每恃寬容。毫無畏懼。恣意虧空。動累千萬。督撫明知其弊。相為容隱。至萬難掩飾。往往改私銷為公用。加限追徵。但完此責任者甚少。遷延歲月之久。徒存追捕之空名耳。自今以後。除陝西省外。限以三年。各省督撫將所屬錢糧。嚴行稽查。凡有虧空。無論大小。三年之中。務期塡補。毋得累及民間云云。

帝於是以怡親王。（允祥）國舅隆科多。大學士白潢。左都御史朱軾。會同辦理此事。設一會考府。追徵江蘇歷年之未納地租八百餘萬兩。帝更進而整頓稅制。計國庫之收入焉。

康熙時財政之豐歉　在康熙時。國庫之收入久不得其平準。其主要原因。不得不歸結於平定三藩。準噶爾用兵等之費用。加之帝政尚寬。又減一億內外之收入。所以當時戶部財政不免窘迫也。然至康熙四十八年。戶部有收藏五千萬兩之報告。而視從前之戶部庫存一二千萬者。不得謂非異常之成效。帝時語人曰。時已承平。無用兵之費。又無土木工程。存庫之銀兩。並無別用。去年蠲免地租八百餘萬。存庫之銀兩。依然不若出部庫之一二千萬兩。分貯各省。由此觀之。康熙時之財政。自三十八九年以後。漸次得平準。可以意定而前記四十八年之實數。爲康熙中之最盛矣。惟帝不以國庫之豐盛爲施治之目的。故初不盡力於此一事。本年又議全免各省地丁錢糧。當時戶部尚書希福納曰。每年全國地租及人丁稅。鹽課。關稅等一切之賦稅。除存留於各省應用及協濟別省之財政外。一歲之收入銀一千三百餘萬兩。從中除去北京俸餉一年之需用九百萬兩。每年所貯存不過一二百萬兩云。可知帝之此種設施。過於疏忽。戶部當局所引以爲憂者也。及其來年再用兵於西北。至帝之崩駕時。國庫所貯存。僅不過八百萬兩而已。

雍正帝之財政策　雍正帝既承康熙疏節闊目之後。除先嚴查會計外。更以積極政策。講國庫收入之方法。今舉其顯著者約有四端、曰火耗之歸公、曰常例之捐輸、曰鹽課之增收。曰關稅之實徵是也。以下各節互爲說明之。且有可得而附言者、帝之對於吏治之根本思想。比父皇康熙遠爲卓越。常對於直省督撫曰、邇來不能體聖祖寬仁之德意、吏治漸致廢弛。朕之嚴加整飭、并非苛酷云云。諭戶工二部曰、財者利用之源也。古帝王計富國裕民、務必謹其制度。朕每恐府庫之金錢、爲胥吏侵蝕中飽云。其時凡戶工二部所用費額、雖無分細大、送册報告各省藩庫之官吏、對於私用官金額、即以各員之俸銀補償、名雖如此、彼等於正課之外、未嘗不有所附加也。據禮親王之言、帝在位十三年、日夜憂勤、毫無聲色土木之娛。聞內務府司員之查舊檔案者、謂雍正中惟特造風雲雷雨四神祠外、初未建造一離宮別館、以供遊賞。宜乎當時國帑豐盈、人民富庶云。

火耗與廉吏　火耗一名耗羨。其制始於明代。於正稅之外、加徵幾分。清朝之初、設爲厲禁。順治元年令曰、若官吏徵收租稅、有私加火耗者、以贓論。康熙四年定有額外收稅、許人民控告之律。同十七年有徵取火耗、上官不得徇隱之律。對於火耗之禁令、不可謂不嚴。但其實際依然不改。康熙帝嘗對河南巡撫鹿祐曰、所謂廉吏者、非一文不取之謂。若纖毫無所資給、則居常日用、及家人胥役、以何爲生。如州縣官取一分火耗、（一兩之百分一）此外一分不取、便稱好官。若一概糾摘、則屬吏不勝其參劾矣。徵帝之言、知火耗乃政府之所默認。惟僅禁止過多之附加而已。當時各省之耗羨。對於每兩取之最多至一錢。獨湖南加至二三錢。帝爲擇廉吏。故使趙申喬、陳瓊巡撫湘沅。禁約所屬。康熙六十一年。陝西有納租虧空之事。總督年羹堯巡撫噶什圖條呈以陝西火耗有每兩加二三錢至四五錢者。請酌留各官吏之用度。以其餘者俱捐出而彌補之。帝曰、斷不可行。又曰私派（卽私課）之罪甚重。由於州縣之用度不敷。略加些微。本爲私事。朕曾謂陳瓊曰加一火耗。似尚可寬容。瓊以聖恩寬大。但不可明許。其如此爲言。今年羹堯等雖係密奏。朕若批答。公布竟變爲奏准之事。加派之惡名。朕豈忍受哉。徵之以上各事。知火耗實不可禁止。帝僅許以一分。地方官以種種名目徵收至數倍。其勢不至公然加徵不止。果然所謂火耗歸公之議。於雍正二年提出矣。

火耗歸公之議　火耗之事。議論已久。前已敍述。雍正帝欲公認官吏之附加稅七種。一旦改爲政府之歲入。而對於官吏。則從此收入中支出一定之用費。其餘悉充各地之塡補欠租。以增加中央戶部之收入。故雍正二年中。有山西布政使高成齡發耗羨歸公之議。似非出於本人之意。殆爲帝之授意無疑。成齡之言以爲直隸各省正稅之外。向有耗羨。其多寡雖不同。皆沒於州縣之私囊。但由人民而奉給於國家者。卽可視爲朝廷之財賦。臣意凡州縣之耗羨銀兩。自提解於司庫。再由地方大吏酌量分給其用途。專以充養廉銀爲主。或爲地方不得已之費用亦可。若一任州縣恣意徵收。則徒以塡補所私用之官款而已。現在山西巡撫諾岷每年貯存耗羨銀二十萬兩。成效卓然。提解歸公未嘗不可適用於各省。此議提起於同年六月。帝於翌月可其奏。出諭如下。

火耗雖本來爲不可有之項。然各省之公費各官吏之養廉。有不得不取此而給者。朕非不願天下之州縣。不取絲毫於民。顧其勢有所不能。且歷年以來。火耗皆爲州縣所收。加派橫征。侵蝕國帑。私消公金。不下數百萬。原其所由。以火耗賄賂上司。上司則爲州縣吏容隱。此從來吏治之積弊。不能剷除者也。與其存火耗於州縣。以養上司。何若撥上司之火耗。以養州縣乎。朕意火耗之率。視乎土地之廣狹大小。未可預爲公定。若公定火耗。將來成額。必至有增而無減。殊非朕提解之本志也。而閣議則謂諾岷高成齡二人。優於操守。使彼等先由山西試辦。此殊不然。天下事可行與不可行。僅有兩端。若可行。當施之全土。若不可。未可獨行於山西云。要之提解火耗。係一時權宜之計。若將來虧空清楚。府庫充裕。地方皆良有司。提解自不必行。火耗亦漸可減。此朕之願也。

由以上觀之。康熙年中年羹堯提出之議案。至此始得實行。自此稅制行。地方租稅之遲解者。漸次歸入國庫。各省之文官養廉銀約支二百八十萬兩。其他地方公費一切皆於是乎取資。中央政府因之減一重之擔負。

常例之捐輸　清廷欲救一時財政之窮迫。乃出賣官爵而利其收入。其制非始於咸豐以後。所謂捐輸助餉者。已於康熙平定三藩時。卽有之矣。康熙十六年。據宋德宜之奏。呈頻年出內帑以辦兵餉。度支不繼。乃開捐輸之例。計三年間所得不過二百萬兩。其捐納之最多者。莫若知縣。已達五百餘人。請飭戶部限期停止云。然則捐輸賣官在當時終無成效可知。又康熙三十年正月。與準噶爾戰爭時。戶部對於捐輸糧草者。與以貢監、紀錄、加級、復級、封贈、及捐免保舉等。陸隴其陳菁等反對之。亦無效。蓋雖明知賣售官爵妨害正途之出仕。但不過以爲一時救急之策。而捐輸不踴躍。收入無多者。則以知康熙年間清朝之爵賞。尙不能籠絡人心也。至雍正一朝。行幾次之捐輸。雖不知其詳數。惟自雍正七年。與準噶爾及青海交戰之際。捐輸於以發端。殆不容疑。至帝之末年。此成效頗佳。約每年可收三百萬兩云。抑此時所賣之官。皆爲候補官。無任命爲實官者。此不可不知也。

鹽課之增加　鹽課者。鹽稅也。清朝制度。各省製鹽。自始皆轄於官。由官立每處鹽商之定額。（鹽引）招集鹽商專賣其場所產之鹽。又定各處製鹽之發售地域。某地之鹽。發銷某處。不得越某境以奪佔他塲製鹽銷售之地。例如四川省之鹽引。限於四川及湖北之宜昌施南二府是也。鹽稅於順治初年。不過五十六萬兩上下。至其末年。漸次增加至二百萬兩。康熙中達於三百萬兩。因其時產鹽地兩淮、兩浙、福建等處。皆入於版圖之故。平定三藩。其財源半出於兩淮鹽稅。鹽稅之增加。未有不隨於消費力爲增加者。由康熙末年至雍正皆屬太平。其發達大可想見。而對於鹽政之設施。至乾隆時效驗大著。乾隆十八年。約達七百一萬四千九百餘兩。此數通嘉慶年間無大差異。

關稅之整頓　以上三大進款之次爲關稅。康熙時以疏節闊目之爲政。不見有若干之盈餘。或且政府所指定之額有時不足焉。雍正帝思革其弊。卽位之初。以滸墅、龍江等九關交巡撫委員辦理。先是康熙時稅吏故意報告稅額盈餘。以求升官者不少。帝又下諭以落地之稅銀雖不比錢糧正項之有定數。侵隱欺匿固應加以處分。其故意爭多者亦必須加以懲處。仍對於該稅吏與以限制焉。案當時關稅進項正項與盈餘(卽一種之耗羨)合併約不過四百餘萬兩。而能徵收此實數。則帝之熱心整頓可知也。乾隆十四年之諭。以康熙年間關差各有專員。恣意侵蝕。不但無盈餘。並不敷正額。雍正間加以清理。於是以盈餘報者相屬。而缺額之事不聞。又雍正十三年。諸弊清肅之時。亦豐約適中之會。以後盈餘之成規。卽以雍正十三年爲準云云。由是得一千餘萬兩之增加矣。雍正帝躬行節儉。外整吏治。一時國庫所積至六千萬兩。豈非可驚異之富足耶。雖準噶爾用兵之結果。消用其一半。乾隆卽位之時。尚剩存二千四百萬兩。總言之。帝承康熙疏節闊目之後。稍加清理。遂創定清朝財政之基礎。至後日盛運期之財政。實帝之所賜也。譬如農事。康熙爲之開墾。雍正爲之種植。而乾隆得以收穫也。然翼贊此等事業者。皇室之懿親怡賢親王。其功亦不可沒云。

乾隆時之全盛　乾隆在位六十年之久。西略伊犁。南征尼泊爾。東北絕海之庫頁酋長。亦重譯而朝於北京。版圖之擴張。伴以兵力。故軍用之浩繁。亦歷代無其比。乾隆二十二年。討平新疆。費達二千餘萬兩。然出此軍需。國庫仍不罄乏。時戶部報告剩餘銀尚有七千萬兩。四十一年。大小金川戰起。前後軍需用去七千餘萬兩。是年之上諭。仍報國庫尚存銀六千餘萬兩。四十六年。又增加至七千八百萬兩。如此多數之剩餘金。東西各國所不見其例者也。據史家之確言。乾隆帝普免天下之錢糧者四回。免七省之漕運米者二回。巡幸江南者六回。其數殆達二億萬兩。然五十一年之詔。仍有七千餘萬兩之剩餘金。又逾九年。至讓位之時。其數依然不減。可謂清朝府藏之極盛時也。但乾隆五十七年。戶部之總冊。有各省實徵歲入銀四千三百五十九萬兩。歲出三千一百七十七萬兩。而餘銀一千一百八十九萬兩。驟視之不得不疑其過多。但乾隆時人口之增加。及土地之開墾。範圍擴張。得如此財政豐富之結果。亦何容疑。

大學士阿桂憂慮將來之財政　國庫剩餘銀之豐富雖如此。然能永久維持此狀態與否。亦不能無疑。乾隆四十七年。以增加兵備之必要。爲名降諭如下。曰朕當卽位之始。部庫之貯銀不及三千萬兩。今已增加至七千八百萬兩。尚何不足用之。有各省兵丁餉糈約四十萬兩。可作爲正當支出。毋庸裁扣。又北京增兵四千九百名。陝甘增兵一萬二千九百名。其餘併馬步糧餉約五十萬兩。合以上兩項。不及一百萬兩。各省武員之俸。別作爲養廉銀開支。亦通計不及二百萬兩。庶官員等無生計拮据之慮。而各省亦得增加其兵備。由此觀之乾隆帝要求於本年以降支出歲額三百萬兩可以知也。其果得財政家之同意否耶。時名將阿桂上疏。論將來財政。此事於淸朝軍事費上爲一大關鍵。抄出如左

惟是國家經費。歲有常規。有不得不通盤籌算者。臣於乾隆十年中。在銀庫耶中任內。曾詳悉查核。每年各省所入地丁關稅鹽課漕項等銀。約三千餘萬兩。災賑蠲緩。不在此數。此歲入歲出之大略也。又查康熙六十一年。部庫所存八百餘萬兩。雍正間漸積至二千四百餘萬兩。而由西北兩路用兵。支出大半。乾隆初年。戸部庫款不過二千四百萬兩。自四十六年以來。並未增加賦稅。而府庫充實。國用富饒。部庫增至七千餘萬兩。皇上時時以藏富於民爲念。凡三次普免全國地租錢糧。兩次普蠲各省漕糧。又加之以賑災。而歷年各處用兵。凡爲捍衞生民所費。又何啻萬萬。皇上本不稍存靳惜。但此等動支。尙非本來經費可比。夫經費驟加。雖不覺其多。歲支則續繼爲難。從前開拓新疆二萬餘里。每年所費。卽由陝甘兵餉裁移添補。於國用幷未增加。今奉諭旨。添加陝甘各營一萬二千七百餘名。西安旗兵二千五百餘名。京營四千九百名。其馬步糧餉。與從來各省之兵丁賞邺紅白銀之用。合算歲支已有百餘萬兩。若又武官之名糧。改給養廉銀。挑補其實額歲

需又約二百萬。共計每年增額爲三百萬。統計二十餘年。卽需銀七千萬兩。併思雲南貴州之地。控制邊陲。兵力不宜單弱。四川省自平定兩金川後。內地兵丁。移駐新疆。未免不敷守禦。其他福建廣東沿海之地。不可不增添兵額。以資彈壓。乞敕戶部通盤核算一年之出入。並扣除增額三百萬兩後。每年國庫尙有餘存與否。使軍機大臣會同該部一併妥議。應理財足兵。兩無妨礙也。

當時戶部答阿桂之駁議。以爲每年度支約有五百萬之剩餘。今支出三百萬。尙有二百萬之剩餘。一切開支尙屬裕如。阿桂之議。遂不得行。惟不幸自乾隆末至嘉慶初。民亂連綿甚久。國庫貯存頓形減少。阿桂之言。似爲先見矣。

銀貨之變化　今當篇終之際。就金融狀況言。尙有一大變動。影響於中國經濟全體者。卽銀之價値之變化是也。清初銀一兩換銅錢七八百文。據馮桂芬之言。當今之銀價十分之四五。卽順治時始至咸豐同治年間。銀價忽倍。是清朝財政上甚困難之事也。以兵餉論。清初一日五分。自長髮之亂。義勇兵起。成爲常備兵。其時兵餉一日二錢。又如治河。清初黃河氾濫時。一回用費百萬兩。至道咸時。黃河氾濫一次。必須千萬兩之費。凡費用日加多。而政府進項毫不增長。清朝財政之所以日困歟。

第四十七章　文運大興編纂四庫全書

東南各省之富力增進　支那歷朝以來。凡承平日久。則人口益繁。而新墾之地亦廣。康熙郅治六十年。雍正帝立更整頓吏治。及乾隆年間。國庫存款不下五六千萬。此不獨吏治之效。實清朝入關以來百餘年生聚。恢復東南各省富力有以致之。最著者爲江蘇浙江二省。查乾隆時戶口冊。直隸一省之數。不足當揚州一府。山西一省之數。不足當松江一府。陝西河南甘肅三省亦然。概言之。江蘇浙江之戶口。可以七八倍於北方諸省。卽湖南湖北四川山東諸省。亦不過其二分之一。江浙戶口增加。卽富力增加。富力增加。卽促起文運之發達。明季浙江黃宗羲有言。當秦漢之際。關中田野開闢。人物殷盛。江南方脫蠻夷之號。故金陵不能與之爭勝。今乃不然。關中人物久矣不及吳會。萬曆六年調查戶口時。全國總計六千六十九萬餘口。金陵所轄一千五十萬。天下之有吳會。猶如富室之有倉庫。但戰爭之餘。都城村落不免失其十之二三耳。信如所言。清朝盛時。可謂復萬曆極盛時代之狀矣。蓋支那文運。近古以來。江浙爲之中心。其所以促進之故。可以灼見。

學問之新氣運　自明崇禎末至康熙時。江蘇崑山顧炎武。浙江餘姚黃宗羲。湖南衡陽王夫之。直隸博野顏元。湖北天門胡承諾等。各樹特立學風。蔚明季遺儒之大觀。卽以開新朝初期學術之範。炎武（參照第四十一章）經學宗宋儒。然非其本來面目。以彼之言經學卽理學也。舍經學而言理學。乃墮於禪學而不自知云。其名著日知錄。雜載考據考訂之意見。彼對此著述。語其感慨曰。有王者起。將以見諸行事。炎武之學重考證。可以知之。宗羲（參照第四十一章）學承劉念臺。雖以王陽明爲宗。惟所長在歷史有用之學。非宋人所謂之理學。其名著爲明儒學案。明史案及關於算學律呂諸篇。王夫之號薑齋。以船山知名。在湖南之石船上築土室以居。彼以宋學爲門戶。然以朱子爲正宗。力闢陸王。其所著讀通鑑論。最稱卓絕。顏元字渾然。號習齋。生於崇禎八年。四歲時遭兵亂。父被捕於滿軍。彼幼耽兵學道術。壯年宗宋儒。後翻然拋棄舊學。提倡折衷六藝。其著多不傳。然有門人王源劉齊李塨等出。其學行於北方。胡承諾號石莊。有繹志六十一篇。屬詞如文中子。其學全不行於當時。綜上所述。不能考見陸王之心學。然以吾人觀之。明末雖有心學橫流之歎。然此不獨王學末流之咎。實由於明値衰運。社會上皆尙簡易便捷。乏博大之氣象。以心學偶有類禪家語錄者。適與當時人心相應。然反抗此一般思潮。而熱心實學。開清初學術之運者。今猶可以想見。此諸人其開創者。而非大成者也。顧黃二人勿論已。如船山著黃書。述少數專制之不平。自題其墓碣曰。明遺臣王某之墓。習齋求其亡父。哭祭於遼東之野。均有追懷故國之思。故其學問尙實用也。清學者被此遺風。其傾向惟擇一途。遂作考證學之先聲。

康熙帝與朱子學 既厭舊學之空疎而替代之新學又未成立之時。在支那儒術中。朱子學似近於折衷之地位。康熙帝之推崇朱子。以格物致知說符於西洋科學形式之故。參觀第三十三章從一方面言。倡導此學派。亦以融化其排滿之思想也。清朝於是以朱子學爲標準。刋行其性理大全。朱子全書。科舉考試人才。以經書爲題目。其解義一依據朱子。又當時受明季理學者之感化。其中如浙江平湖陸隴其。江蘇太倉陸世儀。山東濟陽張爾岐。浙江桐鄉張履祥。福建安谿李光地等。皆以朱學正宗稱。河南歸德湯斌。直隸大興朱軾。最爲馳名。浙江呂留良。陝西李顒。亦以朱學著聞。以上諸人中。陸隴其李湯朱等。仕清朝。官至太學士。不得謂其皆由朱學而致榮顯。然以當時風氣尚朱學。以排斥陸王理學。或卽爲此學風之鼓吹者。由是朱學遂成爲一種科舉學。卑汚之輩。亦以斯學爲緣飾仕途之具。斯不能無遺憾也。但當注意者。滿洲人習理學者。多趨於朱學是也。

漢學大起於東南 清朝之奬勵朱學。不隨世運爲轉移。皮錫瑞著經學史有曰。凡事有近因有遠因。經學所以衰而復盛者。由於本朝之尊崇朱學。以朱子在宋儒中學最篤實也。元明雖崇尚朱學。未盡得朱子之旨。王顧黃三大儒。皆嘗潛心朱學。於是開國初漢宋兼采之學派。於宋學漢學交替之期。然勢力甚微。故漢學大興於東南。自雍正至乾隆初。其事較然說者或以東南之士。講宋學者屈事北廷。如孫嘉淦、楊名時、陳鵬年。等稍勵風節。多以禹步舜趨博顯要爲陋。又以文章著名之徐乾學、高士奇、張照、齊召南。等亦均厭仕滿朝。乃相率而從事於漢學之考證。彼等多夷然不應科舉。亦不通姓名於顯宦。如此云云。是以漢學之起。由於不慊然於朱學者之立身。實則東南學者。爲研究學問。故組織新學派云。時江蘇吳縣之惠氏。安徽歙縣之江永。休寧之戴震。其巨擘也。

漢學分吳皖二派　譏評宋學空疎之一派。專批評經書之本文。亦可謂自然之潮流也。彼等自命爲漢學。凡兩漢以下書不讀。據彼等之言。漢儒距孔孟之時未遠。比較尚不失古義。欲講明經學。不得不先考察漢儒之言。所謂兩漢訓詁之學。於是以生江蘇吳縣之惠周惕。其子士奇、孫棟三世承述家學。同縣之余蕭客、江聲、江藩皆出其門。有浙西吳派之目。本文批評之外。有江永者。出自安徽婺源。一傳休寧戴震。東原再傳江蘇金壇段玉裁。此派注重於解釋字音。以讀經書先要詳識古音。所謂小學專門派。有皖派之目。江蘇高郵之王懷祖及其子王引之。亦屬此派。以上兩派。縱斷雍乾兩代之學界。及惠棟著周易述一篇。漢學之絕者千有五百年。至此復燦然而彰云。戴震以經之載道。明道爲詞。謂成詞者字也。學者先由字通其詞。由詞以求其道。予自十七歲志於聞道。謂非求之六經不得孔孟之眞。非從事於字義。無以通其制度名物語言。爲之拮据數十年。灼然而知古今治亂之源。謂宋儒之譏訓詁輕語言文字。猶渡江河而棄舟楫。是已開放排斥宋儒之先聲矣。

校勘輯佚金石之學　從批評經書原文。研究字音。於是校勘之益精。各校刻善本。戴震之功可推第一。此外浙江杭州盧文弨。起抱經堂。從事校讐。刻逸周書經典釋文春秋繁露方言等書。歸安丁杰助戴氏者。吳縣顧廣圻江聲出於其門。校勘乃愈出愈精。以裒輯佚書。可以供研究漢學之要。惠門之余蕭客。始刻古經解鉤沈。採唐以前之遺說。又輯曹魏六朝說經。江西金谿王謨。彙刊漢魏遺書。其較後者。有江蘇陽湖孫星衍。刻平津館叢書。介紹佚書。皆有促進時運之效。金石文字者。以研究鐘鼎彝器。乃至刻石碑板之文字。爲一派。前有直隸大興翁方綱（覃溪）。江蘇青浦王昶（蘭泉）。後有嘉定錢大昕。斯學與史學有密接之關係。約言之。以上三種學問。皆可爲研究漢學之補助學科。互相關聯。以張其氣焰。

浙東學派及史學　漢學約發生於浙西。同時黃宗羲之史學。又起於浙東。宗羲之學。一傳而有寧波萬斯同。萬斯大。再傳而有餘姚邵晉涵。寧波全祖望。至會稽章學誠。雖未親受業於梨洲之門。而史學至此始集大成。其名著之文史通義。稱爲古今絕作。諸人大抵皆熱心傳布前明之遺事。因之以刺激排滿之感情。不可謂爲非浙東人之特色。（參照第四十一章）雖同爲史學。而嘉定王鳴盛。出於吳派。著十七史商榷。錢大昕出自皖派。編廿二史考異。此一代之述作。可以稱斯學之最盛者。錢氏之外。尚有弟大昭等。與高郵王氏。吳縣惠氏。均以累世家學稱。以上舉新學之梗概。併附記先達之鄉邦。綜而觀之。今之南京以東江浙二省之沃土。爲此種思想之養育地。如吾人所謂由東南富力促進文化。非虛言也。但戴東原出自休寧。介於安徽萬山之間。若非力役不能爲生。或謂東原學之說文。乃影響於其勤苦習俗之故云。然戴氏之學。非成於故鄉。出揚子江之沃土。然後其著作乃發達。清朝對於此種新現象。講如何之方法與否。又新學之發生影響及於舊學與否。乾隆帝所設之四庫全書館。頗於此有關云。

康熙帝編纂圖書集成　康熙帝命內閣學士蔣廷錫等。纂輯經史百家名古今圖書集成。凡一萬卷。其內容之浩瀚。古今不見其比。雍正帝立。始印行之。圖書集成之材料及其編纂之次序。雖未詳其概。但知其出自永樂大典者甚多。圖書集成。一大類書也。類書者。將散見於諸書之事實。載於一類之謂。要不離乎簡便之旨。類書之出於支那已久。如唐之藝文類聚、北堂書鈔、宋之太平御覽、册府元龜、皆是。永樂大典。又可謂廣義之類書。雖然人文進步篤學之士。甘拔他人之萃與否。甚屬疑問。其兆早見於明代之原書彙刻。帝之事業。比之利用西洋文明。不得謂非失策也。依吾人所想像。圖書集成。雖得謂伴於清初之文化。而不足以施之於乾隆時之學風。質言之。今乃類書時代告終之期。而進於購讀原書之新時代。是也。清朝當此保護文化聲譽微末之時。宜加一層思慮以處之。然當時不能不顧慮者。卽其財政之態度也。

四庫全書與乾隆帝 乾隆三十七年。清廷發表四庫全書之諭旨。四庫者。謂經史子集之四部。帝之意志可於其諭旨而得之。曰御極之初。卽詔中外搜訪遺書。並令儒臣校勘十三經。二一史。後開館纂修綱目三編通鑑輯覽及三通諸書。惟蒐羅益廣。則研討愈精。如康熙年間所修圖書集成全部。極方策之大觀。引用諸編。率屬因類取裁。勢不能悉載全文。使閱者沿流溯源。一一徵其來處云。可知帝之意以學者不能滿足於類書。故別圖編纂一大叢書。於是自乾隆三十八年。開設四庫全書館。任皇室郡王及大學士爲大總裁。六部尚書及侍郎爲副總裁。然實際任編纂者。乃爲總纂官孫士毅、陸錫熊、紀昀三人。而紀昀(曉嵐)之力尤多。分任編纂之事者。不少著名學者。如校勘永樂大典纂修官有戴震、邵晉涵。校辦各省送到遺書纂修官有姚鼐、朱筠。篆隸分校官有王念孫。總目協勘官有任大椿。副總裁以下無慮三百餘名。該書至乾隆四十七年告竣。總計存書三千四百五十七部。七萬九千七十卷。存目六千七百六十六部。九萬三千五百五十六卷云。所謂存書。乃著錄於四庫者。存目乃僅錄其書目而已。

四庫全書之內容及編纂之方法 四庫館編纂之主旨。採六種方法。第一爲勅撰本。自清初以至乾隆時。依勅旨所編纂者。舉其例如左。

周易述義十卷
周官義疏四十八卷
禮記義疏八十二卷
律呂正義後編百二十卷
同文韻統六卷
音韻述微三十卷
遼金元三史國語解四十六卷
御批通鑑輯覽百十六卷附唐桂二王本末三卷
通鑑綱目三編四十卷
續通志五百二十七卷
皇朝通典百卷
滿洲氏族通譜八十卷
宗室王公功績表十二卷
勝朝殉節諸臣錄十二卷
大清一統志五百卷

周易折中二十卷
儀禮義疏四十八卷
春秋直解十五卷
詩經樂譜三十卷
叶韻彙輯五十八卷
明史三百三十六卷
皇清開國方略三十二卷
續通典百四十四卷
續通考二百六十卷
皇朝通考二百卷
皇朝通志二百卷
蒙古王公功績表傳十二卷
臺灣紀略七十卷
日下舊文考百二十卷

熱河志八十卷　滿洲源流考二十卷
平定準噶爾方略前編五十四卷正編八十五卷續篇三十三卷
平定兩金川方略百五十二卷　蘭州紀略二十卷
皇輿西域圖志五十二卷　盛京通志百二十卷（外各省通志）
國子監志六十二卷　歷代職官表六十三卷
大清通禮五十卷　皇朝禮器圖式二十八卷
國朝宮史三十六卷　滿洲祭神祭天典禮六卷
康濟錄六卷　淳化閣帖釋文十卷
經史講義三十一卷　儀象考成三十二卷
曆象考成後編十卷　協紀辨方書三十六卷
石渠寶笈四十四卷　祕殿珠林二十四卷
唐宋文醇五十八卷　唐宋詩醇四十七卷
皇清文穎百二十卷

此種勅撰本。與對於他書者異。皆列各門例之前。第二、內府本。乃康熙以來自宮廷收藏者。凡經史子集。存書約三百二十六部。存目凡三百六十七部。第三、永樂大典。明成祖時所編纂。一萬餘册貯藏於翰林院者。就其中拔出存書存目凡五百餘種。今揭其著名於當時者。如舊五代史。續資治通鑑長篇。建炎以來繫年要錄。嶺外代答。諸蕃志。宋朝事實等。案採取大典本之說。乃尙書徐乾學之宿案。彼死於康熙中。不得行其志。至是安徽學政使朱筠主上此議。第四、爲各省採進本。命總督巡撫等。進獻其地方遺書。採書最多者爲浙江。最少者爲廣東湖北湖南山西陝西次之。據浙江採集遺書總錄。總數四千五百二十三種。五萬六千九百五十五卷。別分卷者二千九十二册。第五、私人進獻本。係當時著名之藏書家所進獻。知名於淸初者。如浙江寧波范氏之天一閣。慈谿鄭氏之二老閣。杭州趙氏之小山堂。嘉興項氏之天籟閣。朱氏之曝書亭。江蘇常熟錢氏之述古樓。崑山徐氏之傳是樓等。至乾隆時已歸他姓者不少。四庫館令此等藏書家之子孫進獻之。約以進獻之書。謄寫後卽付還。因之地方藏書家進獻頗多。一人送到五百餘種以上者不少。朝廷各賞圖書集成一部。百種以上者。賜以初印之佩文韻府一部。第六、通行本。乃世間流行之書籍。約以上各端。乾隆之編纂四庫全書。在支那書籍之蒐集史上。實爲空前之偉觀。所可惜者。當時四庫之館臣。採永樂大册時。殊不盡職。據傳聞云。彼等大抵取其卷帙略少者。宏編巨册。措而不問。後來徐伯星所輯宋中興禮書。政和五禮新儀等。皆從大典錄出者。卽此可見。咸豐中。張穆語以此事。謂永樂大典。尙有秘本甚多。大典自明代卽失其副本。翰林藏本稱爲獨一無二者。館臣草率了事。實爲缺憾。光緒二十六年。當拳匪之亂。翰林院罹於兵火。其卷帙多散佚或燒失。殊可惜也。

建七閣貯藏四庫　乾隆帝編纂四庫全書。造文淵閣於北京紫禁城內。造文源閣於雍正爲皇子時讀書之圓明園。造文溯閣於奉天陪都宮殿之地。造文津閣於塞外之熱河。爲貯藏之所。此稱內廷四閣。文淵閣建造式。帝命仿浙江范氏天一閣爲之。當全書告成之後。又命起文匯閣於江蘇揚州之大觀堂。起文宗閣於鎮江金山寺。起文瀾閣於浙江杭州聖因寺之行宮。亦各藏四庫全書一部。此稱江浙三閣。凡七閣。閣既成。帝曰。我國家荷承休命。重熙累洽。同軌同文。所謂禮樂百年而後興。此其時也。又謂朕蒐集四庫之書。非徒博右文之名。以示其得意。爲內廷四閣。非特別之資格與得許可者。不准閱覽。江浙三閣。聽學者皆得閱覽抄錄。七閣之中。今日尙儼然存者。惟文津、文溯、文淵三閣。他如文宗文匯二閣。亡於太平之兵亂。圓明園文源閣。燬於火。文瀾閣亦少有散亡云。

對於四庫全書編纂之批評　四庫全書編纂之旨。雖可於帝之宣言知之。然未必非乘國帑之豐裕。以逞其好名之心也。吾人前以四庫館之開設。爲東南各省人文發達所促成。其實從一面言之。又無非北京朝廷從來崇尙之宋學漸次失收服人心之效力使然耳。而四庫館對於門戶之見。力避忌宋漢兩派之爭。固不必言。且以講學之風爲可厭。又以講學乃講明義理其方針爲排斥宋學者所不許。聞其初大興朱筠。請開設四庫館尚書劉統勳力持不可。大學士于敏中力爭。乃得准行。劉駁斥之意如何吾人未能深知然徵其生平之言行。必非無所揣摩而出此者。據清末一學士所解釋本朝學術之分歧。實四庫館開其端緒。至有咸豐時天下不亂於長髮賊而亂於漢學之說。學術分歧今乃益甚。始知劉統勳所見之遠云。

乾隆帝之禁書令　在編纂四庫全書諭旨前後。又布一禁書令。甚可注意。禁書者。卽明代關於滿洲祖先之著述。據帝之諭旨。此等逆書不合於本朝一統之旨。勿使行於世。蓋文弱之漢人。被北人驅逐時。藉文學以發抒不平之氣。爲唯一之武器。其著述之數極多。帝此時不僅欲一掃此種明末之記錄。幷思將其正史一切付諸銷毀。其處置殊不公允。此種命令。始於乾隆三十九年。至四十三年。再加二年之期限至四十六年。又展限一年。據兵部報告。當時銷毀之次數二十四回。書五百三十八種。共一萬三千八百六十二部云。然猶以爲未足。至乾隆五十三年。尚嚴諭遵行。從大體而言。在北方諸省。較完全遵行。其東南各省。未能禁絕。時諭中有江西江蘇浙江等省。分較大。素稱文人之淵藪。民間書籍繁多。所以不能禁絕者。皆由督撫等。視此事爲等閒云。後流傳於日本之錢謙益詩文集。亦被銷燬。於此時乾隆帝一方誇蒐集四庫全書之功於漢人。他方立文字之禁。貽後世排滿口實。殊爲可惜。

第四十八章　乾隆帝及其政績

康熙帝與乾隆帝　乾隆帝幼時聰明。六歲時能誦宋儒周濂溪愛蓮說。康熙帝初見之於皇子邸宅牡丹臺。謂其後福甚大。命養之於禁庭。朝夕教訓。過於諸皇孫。又扈從於熱河狩獵場時。有熊躍出。帝乃仆以小銃。令彼往射殺之。意欲予以初獵獲熊之名而已。彼急乘馬。仆熊復立。帝又發銃殪之。帝歸語諸妃云。此子福未可量。使彼至被仆之熊前。熊再起。安然無事云。自是益加寵愛。據某史家之言。康熙以帝始無立雍正之意。彼由其愛寶親王（乾隆帝）以子名其父雍親王。乃得以卽位。此說不無可信。以次略述其母。其女家爲滿洲旗籍那拉氏。費揚古之女。幼時在承德。母家貧無婢奴。六七歲時。父母嘗遣之入市買雜物。十三歲時入北京。値選擇秀女之時。秀女者。八旗處女達於十二歲時。戶部案籍奉仕於宮皇之謂。廷后及皇妃。皆由其中選擇。時彼適與一羣秀女觀於宮門。衞者誤以彼爲在籍之人。得引見之榮。彼容貌端正。於是中選。分於皇子之邸。而爲雍親王府之人。府卽世宗（雍正諡法）之潛邸。（皇子府）會親王罹時疫。看護者多不願。彼乃奉王妃之命。旦夕服事。至五六旬。疾乃大癒。遂得留侍親王。生乾隆帝。一說又云。乾隆非那拉氏所出。實浙江海寧陳氏之子也。未知孰是。

制度大備　凡百制度。至此時乃大備。關於皇位承繼事情。實淸朝最難問題。此時制定不能越一定等輩之法。等輩者。永緜奕載溥毓恆啟燾闓增祺等十二字。次第之謂。例如乾隆帝之皇嗣子與嘉慶帝爲兄弟及從兄弟。皆上爲一永字。下一字皆從王。如永璜永璉永琰等類。次乃道光之兄弟。上一字爲緜。下一字從心。如緜寧緜愷緜忻等是。咸豐乃奕字輩。故其兄弟上一字爲奕。下一字從言。如奕許奕訴等。同治乃載字輩。下字從水。如載淳載澂等。惟光緒與同治同輩。以先皇無子爲言。擇載字輩。當時紊亂祖法之議大起。此等制得乾隆批准。然皆模仿前明之典例。加以損益者也。此種名字與國初之太祖太宗及其兄弟等之名比較。不能不覺爲變遷之著者。帝最忌滿人之類漢名。有滿洲人大家之一鈕鈷祿氏。以郎爲姓。乃鄙而罵之曰。爾非狠乎。總之制度之完備。滿洲朝廷漸次化於漢人。可以證之。

國語及國俗之保存　滿洲之保存其固有風俗。雖自康熙以來不改。至乾隆時。其手段爲之一變。帝患滿人感染漢習。察其原因。由於北人文化不及漢人。欲補此缺陷。惟有禁其模仿漢習。一面製作關於滿洲之文獻。如滿洲源流考首載諭旨一道。其意以國姓之愛親覺羅。乃與國語之金同意。我滿洲與金源氏同爲一脈。雖祖宗之時受明朝之封。乃爲與明修好。假此以結兩國之歡而已。爲樂天保生之計。故不拒絕云。據金使世紀。顯於唐代之渤海國有文學禮樂。證明金之先卽有文字。以見滿洲部族文化之久。然此等述作有效與否。不能無疑。吾人對於此事。可引國初太宗戒羣臣者一節。以爲參考曰。

爾等宜審聽之。世宗者。蒙古漢人諸國聲名顯著之賢君也。故後世咸稱爲小堯舜。朕披覽此書。悉其梗概。殊覺心往神馳。耳目倍加明快。不勝歎賞。朕觀金太祖太宗法度詳明。可垂久遠。至熙宗哈喇及完顏亮之世。盡廢之。耽於酒色。般樂無度。傚漢人之陋習。世宗即位。奮圖法祖。勤求治理。惟恐子孫仍傚法漢俗。預爲禁約。屢以無忘祖宗爲訓。衣服語言。悉遵舊制。時時練習騎射。以備武事。雖垂訓如此。後世之君。漸至懈廢。忘其騎射。及哀宗社稷傾危。國遂滅亡。乃知凡爲君者。耽於酒色。未有不亡者。先時儒臣巴克什達海、庫爾纏。屢勸朕改滿洲衣冠。傚漢人服飾制度。見朕不從。輒以爲朕不納諫。朕試設爲比喻。如我等於此聚集。寬衣大袖。左佩矢。右挾弓。忽有勇者突入。我等能禦之乎。朕發此言。實爲子孫萬世之計也。恐後世子孫忘舊制。廢騎射。以傚漢俗。故常切此慮耳。

以上乃崇德元年讀滿文所譯之金史本紀時之感慨也。不幸太宗之此種豫測。至乾隆時昭然發現。彼等不僅仿傚漢人之風俗。且忘其國語也。在當時所增補之四體及五體清文鑑。雖在網羅中土及外藩之語言。實由於強其國語威權之政見而生。姑以吾人所知而言。滿洲語之整頓及增加後。徒出一稀代之文人名和素者。惟翻譯元明之著名小說如西廂記金瓶梅等。投一般之嗜好而已。

英國大使馬加特尼所傳說之乾隆帝

乾隆五十八年。英國大使馬加特尼所傳說如下曰。皇帝午前三時起牀。入皇室用之塔拜佛。後閱覽諸官憲之奏疏。此等官憲限於有直接上奏之資格者七時朝餐食後與女官宦官等共逍遙於宮城園庭次召首相御覽現行之事然後賜朝見通常午後三時食後赴劇場否則卽從事於他種娛樂至就寢時入室躭讀其所愛之書其就寢時間無逾七時以後者又曰婦人室皇后一人(今已故)第一級之妃二人第二級者六人宮女百人故后所生皇子有數人妃及宮女所生者又有幾人皇女數人嫁於韃靼諸公或韃靼諸大臣未有一人嫁於漢人者彼有才能有學識勤勉且信仰之念厚富於仁慈對其臣下叮嚀溫和對於其敵復仇之念甚强絲毫無所假借當其地位偉大勢力隆盛意氣揚揚若少招失敗卽痛恨不已無論何事嫌落人後不甚信任諸大臣一旦震怒不易安慰皇子等雖有達四十餘歲者尙不與參密議又不與以重權太子屬諸誰何人不得而知也其第一皇孫才能秀出亦不與聞諸事然頗得其鍾愛云又曰皇帝常云倦於政務數年之後定讓位之時日因時日過於迫切改期亦所不免今乃千七百九十六年尙不聞有讓位之命其本來體力旺盛雖八十三歲尙無衰弱之病也

康熙乾隆兩代之比較　馬加特尼又有言曰趙大人(大使護送者)欲喫煙時以其無從者余於袋中取小盒自來火擦之而燃彼見身內藏火毫無傷害大爲驚異余因說明其故卽以一盒贈之如此細微之事視爲奇異余因以知支那國民於機械學中未始無所優長而於醫藥之外科術及科學知識則甚劣於他國余在支那見盲者甚多有木製之足者又

有四肢不具者。苟人遭此不幸。而無良外科醫傷害之後。束手待斃。可以斷言。總督以余所見爲然。余又語以於英國諸種之技術。例如溺死者因器械手術之診治而復蘇。盲目者因割障膜而復明。或有因治療之必要而切斷其手足者。又謂若支那朝廷允許。余當偕此種技師同來時。總督與其同僚如夢始覺。余對支那朝廷於新學術之發明。毫不關心。不能無憾。此三人所探問所批評所思想。度量豁達。見解聰明。余認其出於尋常支那人之上也。支那大臣劣於此三人與否。與大臣忠實盡職。能決行其所信與否。不得而知。嘗與大臣於熱河會見時。余於歐洲諸種發明物中。特述輕氣球事。謂宜備置一球於北京。且當雇使用教授者一人。彼非獨不容余言。卽同在一處之諸長官。亦皆以爲不然。觀支那新聞。此諸長官皆占樞要位置者。其他尙何言乎。據幼特教派報告。康熙帝頗留心化學。能繼承帝之偉大性質者。殆無其人。余今始知支那朝廷之政略。與自負心相關聯。彼欲陵駕諸國之上而對於實際所見不遠。不知利用之方。惟防止人智之進步。此終無益之事也。又曰以韃靼朝廷之權勢政略。其抑制支那臣民之活動。至於何年而止。實一問題也。今其各地方之暴動時有所聞。此等暴徒雖一時之征服。而其患常隱伏於內。一旦同時發動。其鎭壓頗非易事。如病入膏肓。遂無如之何矣。

同化漢人之乾隆帝　乾隆帝雖惡旗人之感染漢習。而在己一身則甚耽漢人之文化。其御製詩至十餘萬首。所作之多。爲陸放翁所不及。常誇其博雅。每一詩成使儒臣解釋。不能卽答者。許其歸家涉獵。往往有翻閱萬卷。而不得其解者。帝乃舉其出處。以爲笑樂。又好鑒別書畫。嘗獲宋刻後漢書及九家杜註。甚愛惜之。命畫苑之供奉畫其像於書上。對於岳氏五經。特建五經華室藏之。又馬和之國風圖。歷數十年始獲全部。保存於學詩堂。如此之類。不遑枚舉。帝於書法酷愛董其昌。與康熙帝相似。爲當時書家張得天所傾倒。但自吾人觀之。其書法雖妙。似少氣魄。康熙帝則骨力有餘。豐潤不足。至雍正之書。有才有氣。不類王者筆跡。各見其長。關於語學。雖不聞如康熙之常學拉丁。但精於蒙古滿洲語。殆可深信。惟帝之異於康熙者。在西洋科學知識之缺乏是也。對於西洋畫法之趣味。兩帝所同。有觀焦秉貞之畫耕織圖。可以知康熙之性格。觀意大利人朗西寧 Toseph Castigling 所畫準噶爾貢馬圖。可以窺乾隆之嗜好。康熙乾隆時雖並稱。仔細思之。一爲創業之主。開拓國運。一爲守成之君。坐享太平。譬如一家。前者自田間奮起。經營產業。有備嘗甘苦之象。後者則否。生爲貴公子。長爲富家翁。有席豐履厚之觀。彼雖讓位於仁宗。尙行訓政。吏治廢弛。人心暌離。可恐怖之民亂。實釀生於此時。將於次節述其嗣君之梗概。

第四十九章　嘉慶時之民亂

乾隆帝訓政　乾隆在位已六十年。齡逾八旬。自頌曰。漢唐以來。古稀之天子纔六人。其中至八旬者。纔得三人。而三帝中惟元世祖。僅可稱賢。其他兩人。則朕之所鄙。卽元世祖。亦未有五世同堂如朕者。乃命鑄八徵耄念之印璽。又自作御製十全記。繙爲蒙回等四種文字。立石於聖祖御碑之側。十全者。紀其在位時十全之武功。卽二平準噶爾。一定回部。再掃蕩金川。一靖臺灣。降緬甸安南各一。受廓爾喀之降有二。合之而爲十功也。又附言以內地三叛么麽爲不足數。其得意可想。然得意之餘。失意之漸。時帝自以精神强固。內外庶政。尙可坐聽。故讓位之後。稱太上皇。行訓政事。時嗣子嘉慶帝年已三十七。決非幼主。且材能不凡。無論軍國大事。外藩交涉。必須請訓。卽瑣屑事件。亦必禀命而行。帝之訓政。其用心未嘗不善。而不知亂機卽伏於隱微之中。此所以有大害而無寸功。徒貽嗣君以全國紊亂之內政也。

白蓮教匪之緣起

白蓮教非始於清朝。宋亡元興。至於順帝。紀綱不振。有欒城韓山童者。以其祖父所創之白蓮教。煽惑人民。焚香誘衆。倡言彌勒佛降生。河南江淮之愚民多信之。自言彼爲宋徽宗之後。當爲中華正統之君。於是刑白馬烏牛。誓告天地。得劉福通等同謀起兵。以紅巾爲號。事覺。山童被擒。其子林兒逃亡。與黨劉福通遂反。衆號十萬。後迎林兒爲幼帝。小明王。據亳州。國號宋。及明朱元璋起。乃亡。白蓮教之名。自此始。以後二百餘年。明朝隆盛之時。不聞其名。至天啟五年。白蓮會又蔓延於山東、直隸、山西、河南、陝西、四川等省。初有蘇州人王森者。得妖狐之異香。倡白蓮敎。自稱聞香敎主。其徒設大小傳頭及會主之號。後被捕斃於獄中。其子好賢。及鉅野徐鴻儒。武邑于宏志等。奉行其敎。徒黨益衆。好賢鴻儒期以是年中秋起兵。會謀被洩。迫不及待。鴻儒遂先期反。自號中興福烈帝。舉兵陷鄆城。又陷鄒滕嶧等三縣。後被官軍長圍。食盡。其黨徒皆降。鴻儒被擒。磔於京師。彼臨刑歎曰。我與王好賢父子。經營二十年。衆不下二百萬。事不成。天也。自是白蓮會銳氣大挫。至明清興廢之際。尙伏而未動。及乾隆帝對於明尊及白雲派下嚴令。白蓮會於是又起。

敎匪初起　白蓮敎敎義以禱告及念咒可以治病。號召黨徒。與前明不異。首領曰劉松安。徽人也。嘗密派使者傳敎於西部各省。事覺流於甘肅。餘黨劉之協宋之淸等。乃布敎於陝西四川湖南諸省。日久黨徒益衆。乃宣言淸運將終。推同鄉王發生。僞稱朱明後裔。以煽動流俗。乾隆五十六年事覺被捕。發生以年幼免死。流於新疆。獨劉之協遠遁。有旨大索州縣官吏。逐戶搜緝。胥役之徒。多逞威虐。有武昌府同知常丹葵者。查荊州宜昌地方。時株連羅織。及於數千。富者破家。貧者庾死。時川鄂黔粤人民。困於征討苗族軍費。又無賴之徒。因禁止食鹽密賣。及貨幣私鑄。失業者頗多。於是皆仇官思亂。以荊州襄陽達州爲根據。煽惑陝西各地。

匪勢擴張　時聶傑人張正謨之徒。起於荊州。姚之富齊林之妻王氏。起於襄陽。孫士鳳、徐天德、冷天祿、起於四川。張士龍、張漢湖、張天倫、起於陝西。有席捲西部諸省之勢。清廷始以爲小醜。不足介意。今忽變爲大敵。實出意外。匪亂之主動力。雖以白蓮教之煽惑。然實由於清朝之種種措置。相激而成。且地方官之討伐軍。初亦無有速靖匪氛之意。至於白蓮教之是否邪教。殊未易言。何以故。支那民間信仰頗雜。必非出於儒釋道三教之一途。釋道教多互相混合。如何而爲釋教。一般人之心中甚不明瞭。指人民之信仰。卽以爲邪教。未得爲當。究其眞意。謂此種信仰。稍帶有政治意味。未始不可。然事多出於受動之結果。不能歸罪人民信仰。而在上者。反卸其責任。而不問也。嘉慶元年。湖廣總督畢沅。都統永保。彈壓湖北省總督宜綿。討伐陝西。福寧英掃蕩四川。皆不奏功。如永保者。徒率大兵尾追。寇賊不敢迎擊匪徒於是蹂躪四方。肆無忌憚。據嘉慶二年春記事。荊州襄陽一帶。被害最甚。焚掠十八州縣。通四川道路。幾千里。皆被蹂躪。其慘狀可見。然尙不止此。

堅壁淸野之議起。　官兵徒事驕奢。武力衰弱。不足應用。於此次平匪亂見之。（參觀第五十章）有識者思靖亂之法。惟有堅壁自守之策。嘉慶二年。明亮及德楞泰條陳如下曰。

臣等由湖北入陝西。所經村莊。皆已焚燬。蓋藏皆已搜刼。男婦皆已擄掠。目不忍見。已被擾者。固宜安䘏。未擾者。尤宜隄防。查各州縣城居之民。有城池爲之保障。賊匪不能攻下。其村落市鎭。恃一二隘口鄉勇。或遠不及防。或失守。間道倉皇逃避。不僅衣糧盡爲賊有。

且備衛之火藥器械。反資藉於寇盜。而賊所至得屋舍衣食火藥。倡脅良民爲之鄉導。所以用兵以來。所殺無慮數萬。而賊不加少。且兵力急於保城。村市已被焚掠。若荆州襄陽有急房竹安康諸縣。已難兼顧。爲今之計。困賊必須衛民。近賊州縣。勸於市鎭修築土堡。環以深溝。其餘因地制宜。或十餘村立一堡。或數十村立一堡。賊近則更番守禦。賊去則乘暇耕作。如此所謂以逸待勞。賊匪自可得而清。近日襄陽紳士梁有穀者用此法以守。賊遂不可犯。此保障之成效也。

此條陳雖未採用。而人民漸知爲要圖。多設堡壘。堅爲守禦。或云楞德泰等此奏。從征苗之役經驗而來。殊難斷定。惟官兵之力。不足以討賊。除人民之自禦。別無善法。清廷於兵制上非大加變革不可。時所謂靖寇之策。尙無成算。軍費次第增加。三年冬。詔開川楚善後捐官制之例。依戶部所奏。連年征勦。撥國帑既已八千餘萬兩。請姑開捐例。以資儲畜。科道覆議以乾隆年間。川運有例。暫可仿行。以素稱豐富之乾隆內帑。早已告竭。翌年正月。太上皇崩訓政始撤。

斬寵相和珅　嘉慶承乾隆之後。與雍正承康熙之後。其形雖一。其實則不同。其親政之始。傳乾隆臨終之言曰。我皇考至彌留頃。親執朕手。頻望西南。似有遺憾。太上皇功頌十全。壽祝八徵。其末路尙有何不幸耶。帝更言曰。皇考臨御六十年。四征不庭。雖空荒絕域。無不指日奏凱。內地亂民。如王倫田五等。偶作不靖。旬日立殄。從未有勞師數年。糜餉數千萬。尚未蕆事。若教匪一日不平。朕一日負不孝之疚。內而軍機大臣。外而領兵諸將。同爲不忠之臣。此非一時感慨之言。實焦思之所致也。帝指摘弊害。不僅一端。就中太上皇晚年執法過於寬大。如誤軍事之永保。雖一時交刑部。後再放釋。各路諸將。掩敗爲勝。在京將領。爭請出征。歸時無不營置田產。頓至殷富。將吏日以玩兵養寇爲事。此皆內亂擴張之最大原因也。然支那以如是政體。至於如此現象者。不可獨責在外將吏。當先考太上皇訓政及其所伏之隱患。嘉慶親政。即治大學士襄勤公和珅。處以斬罪。和珅者。太上皇之寵相也。

和珅之罪狀　所宣布和珅之罪狀如左。

一　洩漏先帝機密。以册立皇太子爲擁戴功。

二　如騎馬過正大光明殿之禁地。

三　輿儓出入大內。

四　娶內廷使用女子爲妾。

五　民亂以來。故意延閣各路軍報。並欺蔽實情。

六　先帝不豫之時。舉措不愼。

七　擅改先帝詔書。

八　彼兼吏部及刑部事務。又兼理戶部。三部事務。一人專斷。
九　隱匿邊情。
十　誤外藩撫綏之法。
十一　徧用官吏。
十二　任意撤去軍機處記名人員。
十三　查彼家屋僭侈踰制。其多寶閣及隔段式樣。皆仿照寧壽宮制度。其園寓之點綴。與圓明園蓬島瑤臺無異。
十四　薊州墳墓居然設立宮殿。開設隧道。附近居民有和陵之稱。
十五　私藏品中珍珠手串有二百餘串。較之大內。多至數倍。又有大珠。比御用冠頂大。
十六　有內府所無之寶石。
十七　家內銀兩衣服等件逾千萬。
十八　夾牆之內藏金二萬六千餘兩。私庫藏金六千兩。有埋藏於地窖銀百餘兩。
十九　借款十餘萬於通州附近之當鋪錢居以生利息。
二十　家僕雖至賤。有二十餘萬資產。
據和珅供詞所載。屬於其私產中之珠玉金銀等。正珠小朝珠。三十二盤。正珠念珠。十七盤。

正珠手串七串。紅寶石四百五十六塊。共重二百二十七兩七分七釐。藍寶石一百十三塊。共重九十六兩四錢六分釐。金錠金葉二兩半。共重二萬六千八百八十二兩。外於金銀庫有六千餘兩。又據其當時續發之諭旨。朕已清查和珅之遺產。共計有一百零九號。內八十三號。尚未估價。仍將原單交付八王爺、綿二爺、劉中爺。會同戶部估價。已估價者六十六號。合算共計銀二億二千三百八十九萬五千一百六十兩。豈非可駭之數耶。或人目和珅私產。不下八億萬兩。當時政府之正入。七千萬兩。以和珅二十年宰相所蓄。至當一國十年之歲入云。時有康熙雍正乾隆三朝之元氣。斲喪於一孌倖之手之譏評。淸單如左。

正屋一所十三進七十二間　東屋一所七進三十八間　西屋一所七進三十六間　徽式屋一所六十二間　花園一所樓臺四十二座　東屋側室一所五十二間　欽賜花園一所樓臺六十四座四角樓更樓十二座更夫百二十名　雜房百二十餘間　古銅鼎二十二座　漢銅鼎十一座　端硯七百餘方　玉鼎十八座　宋硯十一方　玉磬二十八架　古劍十把　大自鳴鐘十九座　小自鳴鐘十九座　洋表百餘箇　大東珠六十餘顆每顆十兩　珍珠十八顆　手串共二百二十六串　珍珠朝珠十八盤　大紅寶石一百八十餘塊　小紅寶石九百八十餘塊　藍寶石大小共四千七十塊　寶石朝珠千零八盤　珊瑚朝珠三百七十三盤　蜜蠟朝珠十三盤　寶石珊瑚帽頂二百三十六箇　玉馬二匹高一尺二寸長四尺　珊瑚樹十顆高三尺八寸　白玉觀音一尊　漢玉羅漢十八尊長一尺二寸　全羅漢十八尊長一尺八寸　白玉九如意三百八十七箇　玭璽大燕碗九十九箇　白玉湯碗一百五十四箇　白玉酒杯一百二十四箇　金碗碟三十二桌共四千二百八十八件

銀碗碟四千二百八十八件嵌玉如意一千六百零一箇嵌玉九如意一千零十八箇水晶酒杯一百二十三箇金鑲玉箸五百副整玉如意一百二十餘枝金鑲象箸五百副白玉大冰盤二十五箇玭璽大冰盤十八箇白玉煙壺八百餘箇玭璽煙壺三百餘箇瑪瑙煙壺一百餘箇漢玉煙壺一百餘箇白玉唾盂二百餘箇金唾盂一百二十箇銀唾盂六百餘箇金面盆五十三箇銀面盆一百五十箇金面盆六十四箇銀面盆八十三箇鑲金八寶炕屏四十架鏤金八寶大屏二十三架鑲金炕屏二十四架鑲金炕牀二十牀四季夾單紗帳全老金鏤絲牀帳六頂鑲金八寶炕牀一百二十牀金鑲玻璨炕牀三十二牀金珠翠寶首飾大小共計二萬八千件金元寶一千箇每箇重量一百兩計銀一百五十萬兩銀元寶一千箇每箇重一百兩赤金五百八十萬兩估銀一千七百萬兩生沙金二百萬餘兩估銀一千八百萬兩元寶銀九百四十萬兩洋錢五萬八千員估銀四萬零六百兩制錢一千五十五串估銀一千五百兩人參六百八十餘兩估銀二十七萬兩當鋪七十五座資本銀三千萬兩銀號四十二座資本銀四千萬兩古炕鋪十三座資本銀二十萬兩玉器庫兩間估銀七十萬兩古玩鋪十三座資本銀二十萬兩玉器庫兩間估銀七十萬兩綢緞庫兩間估銀八十萬兩洋貨庫兩間五色大呢八百板鷲鷲一百一板五色羽緞六百餘板五色嗶嘰二百餘板皮張庫一間元狐十二張各色狐一千五百張貂皮八百餘張雜皮五萬六千張瓷器庫一間估銀一萬兩錫器庫一間共估銀六萬四千一百三十七兩珍羞庫十六間鐵黎紫檀器庫六間八千六百餘件玻璨器皿一間八百餘件貂皮女衣六百十一件貂皮男衣八百零六件雜皮男衣八百零六件雜皮女衣四百三十七件棉夾單紗男衣三千二百零八件棉夾單紗女衣二千一百零八件貂帽五十四頂貂蟒袍三十七件貂掛四十八件貂靴

一百二十雙　藥材房一間（估銀五千兩）　地畝八千餘頃（估銀八百萬兩）　外鈔劉馬二家人宅子內外大小共一百八十二間　金銀古玩（估銀三百六十八萬六千兩）　衣飾器皿（估銀一百四十萬三千兩）　洋貨皮張綢緞（估銀三萬兩）　人參（估銀四萬兩）　當鋪四座（本銀一百二十萬兩）　古玩鋪四座（本銀四萬兩）　地畝六百餘頃（估銀六十萬兩）　市房二十七所（契價銀二萬五千兩）

和珅專政之影響　和珅爲滿洲正紅旗官學生。一日車駕將發。倉卒求黃蓋不得。帝曰是誰之過歟。各員瞠目相向。不知所措。和珅應聲曰典守者不得辭其責。帝見其儀度俊雅。聲音清亮。乃曰汝輩之中安得有此。然和珅本無學問。惟四書五經稍能記憶。故供奉之傍對於帝之應答。頗能稱旨。自是得倖寵之門。一躍而爲侍衞。旋擢爲副都統。再遷侍郎。使在軍機大臣上行走。備極尊寵。又由尙書授大學士。此事約在乾隆四十二三年以后。彼號致齋。其子豐伸殷德。尙乾隆公主。性甚吝嗇。出入金銀。持籌握算。無不親爲。稱兌宅中費用。係下官供差。不發私財。其家姬妾雖多。皆無賞給。日食薄粥而已。彼因爲肥私囊。先陰慫慂地方官收賄。於是侵虧公銀者不少。最著者。爲國泰、王亶望、陳輝祖、福崧、五拉納、浦霖之罪案等。贓款動及數十百萬之多。爲前代所未覩。推其始。無非爲和珅之黨。及罪狀敗露。不能爲救。多處以法。犯罪之誅殛愈衆。上下之貪風益增。地方官惟惴惴焉恐罹法網。多行賄賂爲自全之地。在當時之風尙陷於貪慾。其最大原因。不可謂非和珅之壓迫所致。於是吏風頹敗激成教匪之亂。又稽壓軍報。索重賂於出征將帥。而爲邀獎敍起見。不能不供其求。因之多索軍餉。費額。征勦既久。民亂益擴張。軍費益增加。至於不可收拾。嘉慶帝於父皇崩後。卽有處彼以死之意。必非待廣興及王念孫之彈劾而始然也。

●洪亮吉之意見書　嘉慶三年。洪亮吉爲救濟時艱。條陳意見於當道。其大要如下曰。

今者楚蜀之民。聚徒刼衆。跳梁於一隅。逃死於晷刻。始入白蓮天主八卦等教。欲以祈福。繼由地方官挾制萬端。又黔省之苗氛不靖。派及數省。賦外加賦。横求無藝。忿不思患。欲借起事以避禍。邪教起事之由如此。然臣以爲邪教實不足平。何則自古焚香聚徒。如漢張魯張角。皆起於中葉以後。政治略弛之時。然尚不旋踵而撲滅。如我朝聖賢相承。振飭綱紀。每有賑卹。皆不惜百萬帑金。此不特中外知之。陷入邪教者亦知之。卽邪教之首領亦知之。故臨陣撑拒。必云受地方官之害。以致背皇上大德。試思此等皆身罹叛逆萬死不足贖之人。而良心不昧如此。臣故云邪教不足平。臣今敢有請者。以爲脅從宜貸。邪教入一村則燒一村。入一鎭則燒一鎭。僅以脅良民爲賊。邪教既退。州縣官又利其燒燼所餘。屏民而不得歸。良民於此始不得不從賊。邪教滋擾數省。首尾三年。燒村鎭愈多。無身家衣食之民。附之者愈衆。邪教之徒。又不愛惜此等。每行必驅之前。或抑之在後。以抵官兵。故諸臣入告。殺數千人數百人者。卽此無業遊民。非眞邪教。非眞賊也。且此曹每動於州縣。輒以萬計。此豈可盡戮耶。卽得盡戮。亦非所忍。故臣以爲脅從宜貸。一以開愚民之自新。一離邪教之黨羽。黨羽一散。眞賊乃出。官兵刀箭槍礮之所傷乃眞邪教。乃眞賊也。一則吏治宜肅。今日州縣之惡。百倍於十年二十年以前。上敢隳天子之法。下敢竭百姓之脊。臣所聞湖北宜昌四川達州。雖稍有邪教。民皆保身家不犯法。州縣官旣不能化導於前。及事已萌蘖。卽借邪教之名。誅求之不逼至爲賊不止。臣請凡邪教所起之地方。必究其由。分別懲治之。然此輩一日不可姑容。如明示懲治。旣可舒萬姓之冤。亦可塞邪民之口。蓋今日之州縣。其罪有三。凡朝廷賑卹之項。中飽於有司。此上恩之不下逮。一也。無事蝕冒糧餉。有事避罪就功。州縣以之蒙府道。府道以之蒙督撫。督撫以之蒙皇上。此下情不上達。二也。若有功。長隨幕友皆冒得之。若失事。掩取遷流顚踣於道之良民以塞責。然此實不止州縣。封疆大吏統率將弁。皆公然行之。安怪州縣之效尤。三也。一則責成宜專。楚撫守楚。豫撫守豫。陝撫守陝。戰雖不足。守必有餘。則以陝西言。武關。潼關。蒲關。東面三門也。大震關。大散關。駱谷關。西面三門也。其地皆重巖極險。豫爲之備。先以百人守之。賊以何能入武關。以何能進劍閣。又以何能復入雞頭趨褒斜。東西蹂躪數千里。如入無人之境。此非封疆大吏不知地利。失於先事預防耶。夫朝廷之馭天下。不過賞罰二端。前平金川。平緬甸。所以卽日告功者。賞罰嚴明。賞必待有功。罰不避勳貴故也。今行軍數年。

花翎之錫。至於千百。果安在哉。將弁棄營陣棄堡壘。常相避賊鋒。大吏又務爲掩飾。咎果誰任耶。況有功而無功者受賞。有功者解體。有罪而無罪者代其罰。有罪者益恣。故臣以爲今日之事。朝廷則賞必當罰必行。親民之吏則各本良心。封疆之臣各守地界。刪上下相蒙之弊。除彼此推諉之情。如是邪教不平。臣不信也。

此條陳既上。以深中時弊。人爭傳誦。大學士朱珪薦之於朝廷。彼不肯受招。臨去復上書於王公。多誹謗朝廷語。因之流於伊犂。不踰年而釋歸。嘉慶帝私居。常置此條陳於座右。曰是朕座右之良箴也。於是嘉慶四年中。發布御製邪教說。但治從逆者。不治從教者。後賊首王三槐於北京被擒。當軍機大臣會審時。僅答以官逼民反四字。聞帝之惻然。下詔曰。國家深仁厚澤。百餘年。百姓生長太平。非迫於萬不得已。安肯不顧身家。挺而走險。皆由州縣官吏朘削小民。以奉上司。上司以餽結和珅。今大憝已去。綱紀肅清。下情無不上達。復不致爲下民累。惟是教匪脅良民。遇官兵又驅之前行。甚以剪髮刺面。防其逃遁。小民進退皆死。朕日夜痛之。自古惟聞用兵於敵國。未聞用兵於吾民。朕安可負洪亮吉之直言。詔中似以斬和珅。朝廷得以肅清。然以二十年惡政之結果。一時民心不能恢復。就中最甚者爲八旗官兵卽常備軍之廢弛是也。

堅壁清野之議與鄉勇　嘉慶二年中。德楞泰條呈堅壁清野之法。以地方市鎮。堅築堡壘。

不給賊以焚掠之資。待其自滅。此法於湖北隨州行之。頗奏功效。廷議以保障生民之良策。無過於是。若四川陝西河南等。皆仿行之。賊何從而蹂躪。乃命將軍勒保會同督撫實行此法。又有著名之合州知州龔景瀚條呈。謂八旗官兵不可恃。其軍紀廢弛。所過地方受害甚於盜賊。並調兵及增兵皆無益而有害云。考清廷之採此方法。以惟供給武器於民間不煩徵兵。軍費可以節省也。嘉慶四年。嘗詔徵黑龍江之兵。往返數千里。供應浩繁。水土不服。不熟賊情。計調一黑龍江之兵。可以募數十鄉勇。且可衞身家免虜掠。當使嗣後鄉勇有功者。如八旗官兵保奏議卹。以收敵愾同仇之效。可知清廷意在節省經費。募集鄉勇行德楞泰之策。自嘉慶元年至二年。四川一省。鄉勇之數。已越三十萬人。其駁此議者。以組織團練各保鄉里。未始不可。惟民間一時罷兵。徒惹起將來之大紛擾。痛論其不可行。總之無論爲堅壁清野或募集鄉勇。皆可證明滿洲常備軍。不足以保障國家維持社會也。然其腐敗尚不止此。常有出於破壞國家之舉動者。

常備軍之腐敗　此種常備兵。忘平素之恩遇。非特懸重賞。不爲朝廷之用。不但八旗兵已也。綠營腐敗亦復相同。當交戰時。罷兵鄉勇爲先鋒。漢人之綠旗營次之。其素稱饒勇絕倫之滿洲兵吉林兵及索倫兵在最後。賊軍亦然。亦驅難民以當鋒鏑。眞賊在後觀望。鄉勇與難民交戰。而官兵與賊兵不相値。倘鄉民傷亡。匿而不報。或稍得勝利。卽取以爲己功。然與賊會之時甚稀。多不當賊鋒。如某某將軍。惟尾追而不迎擊。至有迎送伯之綽號。甚至地方村民豫備糧餉。請其出兵。拒而不納。常求無賊之地駐軍。軍中費用之侈。駭人聽聞。據當時從軍者言。兵餉多爲管糧員所侵蝕。實際待遇兵士甚薄。聊舉一例。時有建昌道石作瑞者。侵蝕五十萬兩。但非其自貯蓄。不過用於延諸將帥宴飲而已。嘗於深菁荒麓間。供一品五六兩之珍羞。一席至三四十品之多。有某尚書初至陣中。彼贈以珍珠三斛。與蜀錦一萬匹。他物稱是。豈非可駭之贈送耶。嘯亭雜錄著者。嘗聞於將軍明亮。謂征天山烏什之變。時軍中大帥。不過一斤肉與數品之鹽酪而已。未數十年。風氣一變。至此軍人奢靡。實古今所未聞。可不爲浩歎耶。

民亂之平定與團練之將來　明亮、與德楞泰之堅壁清野策。始由保勒行於四川。繼而那彥成、松筠、台布、長麟等。行之於陝西甘肅。後吳熊光等。行之於湖北。總之民亂之平定。堡塞修築。團練發達。相需爲用。漸次奏功。此等布置。以地方數十之小郭。收聚於一城中。行政上自然生變革。非一年半年所能集事。故至平定前後。實有七年之久。和珅去後。朝廷威信漸次恢復。軍人中如將軍額勒登保、明亮、德楞泰、提督楊遇春、楊芳等。卓越人材。於是出現。各逞能力。故捕王三槐。斬姚之富冉文儔。又討羅其清。平林之華。擒王廷登。民亂於此悉歸戡定。戰爭既減少。漸議裁撤雇兵。嘉慶六年。額勒登保及德楞泰。奏善後事宜。曰本朝用兵於準回兩部大小金川。無需鄉勇。征臺灣苗疆教匪。皆因勦內地之亂民。與外藩不同。必良民能自保。不爲脅迫。而後乃可孤賊勢。且防江守城及堵隘。要多兵額。常設兵力所不及。自嘉慶元年至二年。募集舊勇。四川至三十萬。其中流民不過十之一二。加之本地人民爲官兵嚮導。四川賴以保護。勦保再至四川後。賊勢日衰。先後加裁汰。僅存萬餘。從未有解勇激變之事。目前共計四川湖北陝西鄉勇。已不及二萬。皆爲土著有業之民。事竣必不願入營。惟從軍之兵勇有一萬七千。多外省無業遊民。其中有家族者十之一二。希望入隊者不下一萬。近有湖北三千五百。陝西六千。四川千名。共增兵一萬之議。請卽安置此無業之勇兵。其願歸籍者。厚其遺贈。以銷後患。此豫想不幸而中。後嘉慶十年。寧陝鎭之勇兵。値提督楊遇春入覲之時。共舉叛旗。要皆不滿意於餉銀。遇春中途聞變。率諸軍與戰。脆而敗績。楊芳進言曰。叛兵皆百戰之餘。饒勇且習地利。而官兵勤勞九年。瘡痍未復。且與叛兵多同功一體之人。以兵攻兵。終無鬭志。某請單騎入賊軍。曉以順逆。遇春從之。時賊勢甚熾。勢不可測。衆叩馬力阻。芳曰。不然。我與楊公計之熟矣。若天佑蒼生。我必不死。若得爲國息兵。卽死亦得所。我有何恨。遂乘馬而前。萬衆怍愕。往見賊魁蒲大方。卽痛哭曰。吾與汝曹戮力數年。同患難生死。今對壘如仇敵。吾不忍汝曹滅族。請先殺我。於是衆皆泣。後逾二日解散。

兵制漸變　吾人於本節之終。不得不一言者。清朝兵制。有漸次改變之傾向是也。清廷募集鄉勇。惟供給兵器。可輕減國家負擔。且一時陷於不可收拾之民亂。藉鄉勇之力。得以掃平。然窺漢人內情。第一皆熟練使用兵器之法。第二知官兵之無能。此豈清廷之大計耶。地方官中亦早有預料出此恐怖之傾向者。時陝西總督長麟謂團練有益於今日。有大害於將來。民氣日趨强悍。或聚衆鬪爭。抗官拒捕。不可不防其漸。請乘此設委員稽查兵器實數。及賊氛一靖。不難按籍稽查。不可謂非卓見。此議亂後實行。民間兵器。一時收買。又謂非毀堡壘則不可行。總之敎匪之亂。甚斵喪國家之元氣。愛親覺羅之威望。一朝墜地。民亂自此無已時矣。

第五十章　八旗生計漸窮

滿洲八旗不長於生產　八旗兵之實力。至嘉慶時遽衰。因其狃於戰捷。平時不事訓練。又從一方面觀察。其原因不外於生計漸蹙也。案八旗兵餉。騎兵領催。每月多不過銀四兩。少則三兩。歲支米四十八斛。次綠旗約給二分之一。出征兵餉。又加幾分。通乾隆年間。不見大有增減。尙不得謂薄餉。八旗又有朝廷之親軍。受歷代之恩眷。不一而足。其家丁除當兵者給餉糈外。餘皆擇肥美之地以與之。又當國家有典禮時。必沐恩賜。但政府因維持風化。禁止旗人經商。其故由於國初滿人受親王府之命。四方經營商業。或以出賣人參爲名。擾害地方。爲諸種不正之需索。甚招漢人之惡感。後一律禁止之。沿襲既久。遂盲於生產事業。

旗人戶口總數 八旗除京營駐札於中央首都外。各地分設駐防。稱八旗駐防。例如直隸設熱河及察哈爾都統。於山西設綏遠將軍。於甘肅置寧長將軍。青海辦事大臣。此以防禦蒙古爲主。并以杜漢人與蒙人之交通。兼監督其商務。黑龍江有黑龍江將軍。一面防蒙古。一面防朝鮮俄國。山東青州有副都統。陝西有西安將軍。江蘇有江寧將軍。浙江有杭州將軍。湖北有荊州將軍。四川有成都將軍。福建有福州將軍。廣東有廣州將軍。但廣州有漢軍。乃於國初耿尚二藩之餘也。以上駐防。皆擇內省要地。以防漢人爲惟一之目的。於一城中常分爲二部。以居常自居內城。而置漢人於外城。占領近城肥美之地。以資生計。據魏源之說。通計中外之駐防禁旅二十萬有奇。而北京居其半。據嘉慶中戶部之報告。八旗丁口滿洲二十二萬九百六十人。蒙古五萬五千六百三十九。漢軍并內務府及五旗之包衣十四萬三千八百九十三。合計約五十萬有奇。若合老幼婦女。當在百五十萬口內外。此當時八旗之全數也。戶口增加率雖未詳知。然比之國初。殆七八倍無疑。

生計困難之二因 國家以旗人爲常備軍。生計毫無顧慮。歷世之方策。又對於彼等。講求特別保護之法。今舉其一例。康熙帝設官庫於各旗。使旗大臣管理之。因彼等不善治生。多至負債。茲爲防其未然計。採用此法。以爲救濟之用。康熙四十二年。由戶部撥銀六百五十五萬兩。以爲該庫資本。同時又免欠納租銀數百萬兩。保護之道。可謂力矣。然此種特別救濟。仍然無效。據雍正五年之諭旨曰。從來先帝軫念兵士戰功。爲其償還債務。發帑金五百四十餘萬。一家平均賜給數百兩。然不聞置有何等產業。一二年間蕩然無餘。其後先帝又賜六百五十餘萬兩。亦如前次立卽用盡。朕卽位以來。八旗兵丁每回賜給三十五六萬。已有數次。不待十日又悉妄用。此庫銀非百姓之膏脂乎。彼等將來若不改惡習。雖加以恩惠。終於無益。可知彼等依賴皇家特別保護。保護之度增加。卻反長其濫費之癖。據乾隆之言。謂彼等金錢入手。徑赴市上。濫費綢緞。不知愛惜。一般兵士常先借一年之俸餉。至次年又借半年。以爲習慣。此旗人生計所以益陷於窮困也。是雖基於奢侈無度。而其戶口增加。亦其一重大原因也。雍正帝早留意於此。倡移旗人於東三省之議。終於不行。乾隆元年。御史舒赫德再上旗丁移屯之議。

京營八旗移住之議起　八旗戶口增加。政府軍備不能遽行增加。國初八旗人口較少。土地家屋賞賜甚多。故生計頗裕。今人口逾十倍。而土地家屋反少。家屋缺少時。於北京尚可融通。而土地一旦典賣於漢人。贖回之事。頗非容易。舒於是建言以所餘戶口移墾於東三省。東三省。乃滿洲發祥地。此種建議。無非爲便益計。舒曰。八旗兵數越十萬。成丁閒散而不得職之豫備兵數萬。老弱尚不在此數。若分居黑龍江盛京寧古塔三處。不惟京師勁旅。不虞單弱。且於根本之地。更添強兵。事自兩便云。此殆雍正之遺策。至乾隆六年。戶部侍郞梁詩正。再上八旗屯種之疏。大意如左。

每歲於春秋二期。計戶部收入。多者銀七八百萬兩。少者不過四五百萬兩。而京中各項支銷。合計一千二百萬兩。所入不敷所出。比歲皆然。蓋八旗兵餉浩繁。故所出常多。各省綠旗兵餉。日增加。故所入漸少。惟兵餉一項。實居國用十分之六七。萬一臨時需費。不免左支右絀。臣請斟酌變通。查八旗人除駐防各省屯田於近畿五百里者外。悉羣聚北京。此雖出於國家統治上之必要。然百年休養。戶口增加。若不營商工之業。彼等皆仰食朝廷。朝廷遇彼等。亦無不委曲備至。何以如彼窮乏。臣以彼等不講治生之方。實由於恃官府給養之故。此終不可不改者也。臣之所知。雍正帝常慮及此。決定移住彼等過剩戶口於東三省。未至施行。乾隆以來。廷臣亦不無提此議者。然於此有一難。因旗人久生長輦下。一旦遷於邊外。有所不便是也。卽中外臣僚見事體重大。亦不輕言此議。所以扞格不行也。伏願顧慮將來數十百年後。施行八旗移墾之議。

乾隆准其奏。先以八旗三千餘丁。發遣於吉林之拉林及阿勒楚喀二地。乾隆十年。御史柴潮生上給餉遣散漢軍之議。不行。此議發於乾隆初期。財政尚未如從來之豐富。帝務從實際著手。後大征伐。大軍費起。國家收入亦形發達。移墾之事。尚不視爲重要。至嘉慶時財政困難之時。因之再提前說。

移墾屯田不著成效　以素習於北京生活之八旗子弟。甘居於邊外之屯田與否。不能無疑。政府所指定之拉林等二地。不僅土地豐饒。并可利用松花江水運之便。初發遣時。政府每戶給若干為準備費。沿途給以車輛馬糧。到該地時。又供給產業資本與官設家屋田地。并耕作所需牛犁種粒等。計一戶支出費銀百餘兩。總共金額數萬餘兩。此政策行。可略減京營八旗生計之困難。乃屯田之始。彼等即無意永住。未幾仍放蕩為生。棄地而還北京者不少。乾隆帝命將此輩加以處治。命令多不行。所謂旗屯益見衰微。吾人對於此問題所當注意者。政府所以發遣旗人於東三省及熱河等邊外空地。以為必不似在內地時售所給與之土地於漢人。而資以浪費。至於無力贖回。觀前所擇地方可知矣。其後漢人亦隨之而往邊外。關於土地之現象。至與內地同一情形焉。

第五十一章　內外發生叛亂

甲　通謀宮廷之會黨

會黨之陰謀與宦官　嘉慶十五年。有極大膽之陰謀。破裂於北京宮廷。陰謀作於天理教徒。其時因政府對於白蓮教之法律過嚴。此乃其變名。實則仍為白蓮教也。陰謀之計畫者為李文成林清兩人。李在河南多集徒黨。林在直隸山東多集徒黨。此二人皆假觀天文以豫言人事。上下人等頗多尊信之者。於是林清賄其為內監之徒弟。使之收徒於宮中而已約定期於山東河南同時並起。時方九月之末。林淸使其黨二百餘人。僞裝農人。由宣武門潛入內城。身藏武器。混於酒肆之中。日晡。犯東華西華兩門。頭上各纏白巾爲號。太監劉金引其東。高廣福等引其西。閻進喜等爲內應。是時林淸之徒旣得內監之導。已知大內所在。不幸誤由尙衣監之文穎館侵入。侍衛急閉隆宗門。於是不復入宮中。一時混亂。迷其方向。帝之第二皇子（後爲道光）知之。大駭。督諸太監防匪徒。又命急取小銃。有通敎徒之內監與以空丸之小銃。俄有手擧白旗攀垣者。將踰養心殿。擊之不中。大怪。視之。知爲空丸。急拆衣服之銀扣爲丸。始斃之。敎徒不敢越垣進。遂放火於崇文門。諸王大臣聞警者。此時漸由神武門率禁兵馳來。一時礮火相交。敎徒大敗。會薄暮。雷雨大作。其中數名被震死於御河。餘黨盡奔竄逃去。通謀敎徒之內監。被捕者不少。

●林淸被捕●　林淸旣於隔北京數里之黃村。以何宮廷破裂之結果如何。且覘山東河南蜂起形勢何若。時有一伶俐太監。知林淸匿於黃村。馳馬車至其處。詐祝其陰謀之成功。且告以宮城已歸其手。今計畫進兵之方。急於迎首領之意。林淸輕信其言。與之馳赴北京。途中聞其謀已敗。黨與滅絕。自知陷於術中。維時已遲。遂爲其所擒。河南知縣强克捷偵知李文成陰謀。急捕之下獄。且斷其脛。於是暴動遂起。三千敎徒聞首領被慘刑。一時蜂動。戕知縣。刼文成於獄。遂據滑縣。同時其徒起於山東河南各地。斬殺官吏。奪取數城。文成脛創甚。雖不能自立陣前爲指揮。仍命其黨占領運河要地道口鎭。扼糧餉之途。制北京死命。以號召四方敎徒。

滑縣之包圍　朝廷知賊勢不易制。調將軍楊遇春於陝西。遇春至衞輝。卽親率兵由運河之西進覘道口。遇敎徒數千。擊破之。擒二百人斬之。敎徒敗入道口。楊遇春自立陣前以攻道口。所向之處。敎徒望見。驚將軍投劍而走。未幾克復道口。焚殺一萬人。又擊破桃源之賊三千。進圍滑縣。該縣乃古滑州之舊治。城壁極堅厚。外部疊磚。內部積土。中包以砂。雖以大礮攻之。礮丸遇砂卽止。不易破。且敎徒占領道口。獲一歲之糧。城中又無敢爲內應者。官軍乃三面包圍。惟北門僅隔葦塘。開之。桃源敎首劉國明者。潛入城中。扶李文成由北門逃走。遇春諜知之。自後追擊。殲殺敎徒二千。文成焚死。滑縣遂復。除敎徒首領外。城中二萬良民多被虐殺。

乙　紅苗之亂不靖

苗地之侵占　湖南與貴州交界之地。於山岳重疊之中。有一種苗族割據其地。清朝呼之爲紅苗。彼等不喜居此山地。沅江流域。乃其舊居處地。永順辰州一帶。皆與此族地相逼近。於是有所謂苗禍者。苗族與漢人所起之紛擾。其主要原因。乃在漢人之侵其土地。漢人繞紅苗之地築城。其都市如鳳凰永綏松桃保靖乾州等。又由此等之地。出而蠶食苗地。苗禍之起。蓋胚胎於乾隆五十六年。先是漢城永綏廳。孤懸於苗族之間。環城以外。皆苗族之地。不數十年。盡占爲民地。獸窮則齧。勢所必然。因之苗中之豪右。倡言驅逐客民。以苗族之羣寨復歸其故地。爭起而殺漢官。貴州銅仁府之苗石柳鄧、鎭筸之苗吳半生、吳隴登、吳八月等衆最强。彼等始而焚掠松桃廳之正大營。復圍永綏。陷乾州。勢不可侮。苗疆於是大震。

吳三桂後裔之託稱　乾隆六十年。北京朝廷命雲貴總督忠銳嘉勇公福康安。四川總督和琳及湖廣督撫等合兵討之。又命侍衞額勒登保、德楞泰贊畫軍務。至三月間。貴州苗事略平定。惟永綏之圍。頗不易解。四月。兵由瀘溪（辰州南）入乾州。途中遇伏。主將福寧僅以身免。然猶虛報朝廷殺賊無算。詔嘉獎之。仍責以胡不乘勝追北。回守空城。自此一敗。無敢再由東路進者。按察使以詰捕通苗之漢人爲能事。日擒良民以邀朝賞。苗族橫行。殆不足怪。永綏城中有劉君輔者。提孤軍出隆團。與援兵會。卽由此地出發轉戰。至八月。解其圍。其勢至此尚不少衰。吳八月據平隴。遂稱吳王。自稱吳三桂之後。石氏之黨。皆附之。

福康安和琳相繼死於軍中　由瀘溪至乾州之路程。不過十里。以西南七省之兵。一年餘之歲月。相持不下。苗族之强悍可知矣。又討伐軍之懦弱。初無一定用兵之法。不僅用兵爲然。卽對苗族政策。亦毫無成算。始以大兵壓之。一旦交戰不利。乃棄從來之征勦策。而納苗族之豪右。以官爵金錢。此策殊無成效。雖吳王吳八月被擒後。其餘黨尚抵抗不已。乾州城仍歸於苗族之手。據魏源云。此城之不能速恢復者。不得盡歸罪於用兵之拙劣。實諸帥爭功內訌使之然也。始指苗族爲么麼賊不足數。及老師曠日。頻爲山潦暴雨所阻。行軍困難。先後增兵及於數萬。降苗受官爵者百餘人。月給鹽糧及銀幣者數萬人。旋撫旋叛。從軍兵士因不習水土。死於暑疫者日衆。數省轉輸之費。已達巨萬。朝廷焦勞。日盼捷書。敕詢絡繹不絕云。此說頗有可信。嘉慶元年五月。忠銳、福康安、共死軍中。翌月。漸克復乾州。至八月。和琳又死於軍。

畢沅力請罷兵。湖廣總督畢沅等。條陳善後章程。大意謂民地歸民。苗地歸苗。撤去舊設之營防。以覊縻苗族。併收買其兵器。畢爲湖廣地方官。因直接受此戰爭之影響。意不欲以一小地方而受極大之害也。九月。平隴之隘口。爲官兵所奪取。畢沅力請罷兵。蓋此時教匪四方蜂起。征苗軍勇將花連布。因討貴州銅仁之苗戰死。畢沅無如之何。欲移征苗之兵力於內地。帝又切責不許。翌年三月。大軍斬石柳鄧父子。於是班師。此凱旋不過一時之退兵而已。朝廷雖以大勝相祝。而苗族之刦掠。較前益加慘烈。至嘉慶四年。黑苗吳陳受寇掠之報。達於北京。時帝詰之曰。楚苗久勘定。何復糾衆數千。連綿內犯云。卽此可見。又鳳凰廳同知傅鼐答總督百齡治苗策一篇。亦可參考。

丙　清人與番人之戰爭

清廷管轄之眞意　康熙二十二年臺灣已離鄭氏之手而歸於清朝掌握在當時有兩種議論發生卽或謂仍置之化外或謂當歸之於版圖也將軍施琊主張後說政府從之於臺灣府之外新設安平鳳山諸羅三縣使屬於福建省歸閩浙總督管轄然清廷占領此島其意不在開拓富源乃視之爲化外或爲匪徒巢穴或再據於荷蘭餘波及於福建浙江沿岸其經營之不完全可知已唯此際新發見極可注意之事卽漢人不問政府之奬勵或壓抑紛紛移住於島上是也彼第以其文明與智巧爲利器侵略番人奪其田園占其山澤甚至掠其狩獵所得之物而猶以爲未足發矢縱火以攻番人至使彼等有不能不退入深山之勢此事可與前節所述苗漢之爭同一解說蓋生番以外來人爲最可畏由畏生惡凡遇外人皆視若仇敵加之性情猛惡所以清朝二百年間漢人與番人間人種的戰爭殆無寧日

朱一貴之亂　中國政府對於人種戰爭向無公道主張卽在中國人民亦不維持正道任其强壓弱大抑小而已故强大者逞其勢逸於理法之外弱小者爲避其禍患不得不出以暴烈之手段此其間屢生匪患之所由來也自康熙二十二年清朝占領臺灣起至光緒十九年止二百三十年間前後發生叛亂二十二回今示其概如左

康熙二十二年　臺灣入版圖。

三十五年　吳球肇亂於新港。（臺南）

四十年　劉卻起諸羅（嘉義）爲亂。

六十年　朱一貴肇亂於臺灣（臺南）諸羅之賊應之。全島一時爲賊巢。朱一貴稱帝。至雍正元年始平。

雍正九年　鳳山之吳福生叛亂。

乾隆三年　許國珍楊文隣之亂。

三十五年　鳳山黃教之亂。

五十一年　林爽文取嘉義彰化。杜大田取臺南、鳳山。南北相應。一時全島陷於賊手。

六十年　陳光愛之亂。

嘉慶五年　汪降之亂。

七年　海賊蔡牽襲厦門。入大擔門。奪巨礮而去。牽爲同安縣人。十年入臺灣。掠淡水。又擾鹿港。縱殺戮。焚掠臺南鳳山。

嘉慶十二年　海賊朱濆犯蘇澳。（宜蘭）

十五年　許北之亂。

十六年　臺北柑園之高䕫作亂。

道光　二　年　林永春之亂。
十二年　嘉義之張丙作亂。
咸豐　三　年　鳳山之林供謀亂。
三　年　宜蘭之林文英吳瑳作亂。
四　年　嘉義之賴屑作亂。
五　年　林房王辨之亂。
十一年　戴萬生肇亂於彰化焚掠三年有餘。
同治十一年　廖富之亂。
光緒十四年　施九段作亂於彰化。

以上二十二回之叛亂中。如朱一貴殆擾亂全島。自稱帝號。改元永和。觀其興廢之跡。當時民心之易於煽動。官吏之庸惰無能。可見一般。朱一貴乃由大陸渡來之一賤民。爲四鄰所輕視。初爲警吏之僕。不久失業。改而牧鴨。臺灣蓄鴨之風甚盛。多者千百爲羣。一人牧之。游行於水田澤渚間。朱一貴身爲此役。僅足自活而已。相傳彼因放鴨。見其羣衆進退之狀。遂習兵略。於是集不逞之徒。圖謀叛亂。自以朱姓。稱爲明朝天子之後裔。又嘗聽桃園結義之說。因效其法。聯結盟友。官吏疏略。遺棄此可燃性之物質。散在都邑之中。而不知收拾。至是一人導之。遂蔓延於全土。政府派兵擊之。官吏以數兩之銀。募集其頭。數日有持其頭以獻者。官吏乃報稱大敗賊兵。餘黨散亂。而眞朱一貴乃乘其未備。侵入臺灣府。奪其文書倉庫。不須臾由臺南而波及淡水。官吏僅以身免。避於廈門。於是朱一貴遂稱帝。福建總督初欲征服。謂非一萬五千兵不可。可以卜當時支那政治之狀態矣。

林爽文之亂與械鬬　支那移住之民。多由福建泉州漳州及廣東而來。移住人民。數世紀之間。不受善政良法之保育。惟苦寇盜奸豪之侵略。無告之苦。不可勝言。至其結果。乃同姓相團結。與異姓戰。同姓之力或不足。更借異姓之力以爲助。互相爭鬬。因而成風。一姓儼如一國。一姓之族長。儼如一國之君主。械鬬一開。必戰至一姓一族之滅亡而後止。此種風俗在內地初亦有之。其到臺灣者。沾染愈深。加之臺灣官吏。放棄責務。反以人民由械鬬自行解決爲必要。於是臺灣之械鬬。比內地尤多。乾隆四十七年。彰化附近之泉州人與漳州人。因博奕相爭。官吏干涉其間。偏袒一方。漳州人檄其同族同姓。以攻政府。時林爽文杜大田等兇悍好亂之徒入之。遂南自臺南北及新竹淡水。起一大亂。此變不僅爲人民間此黨與彼黨之爭。又爲政府與人民之爭。後福建官軍至。始行鎭定。其實人民早已疲勞。自息爭競也。其後咸豐九年。又於大科崁附近。有泉漳二派之爭鬬。前後三年。政府不知所爲。除待彼等自疲弊之外。無他策。次咸豐十一年。戴萬生稱王。敗後有廣東與福建人之大械鬬。互相殺傷者至三千人。凡關於此種爭亂支那官吏之舉措。有極可笑者。如戴萬生稱王敗走時。其部下有戇虎晟者。其妻蕭氏素有美名。官軍之將某會過其門。見蕭氏目送者久之。遣人求之。蕭氏怫然怒罵之爲賊。後蕭氏亦與戰。遇火傷。某卽悉殺匪徒。而獨招醫師以治蕭氏曰。療此逆婦以報十年前目送之情。一時傳爲笑談云。

哥老會之源流

哥老會或云哥弟會。同治年間。湘軍子弟平定太平軍時。恐撤營之後。窮於衣食之途。各組織團體。後遂日盛。其中有陸軍水軍之將校士卒。此外皆賭徒及强盜。當時兩廣總督李某某由廣東歸京。以百餘隻船舶載以財貨。自湘江而下。曾被哥老會所襲。掠奪其船舶八十艘。其强横可知。然其目的在復五祖之仇。其理想在傚梁山泊之義舉。故嚴禁竊盜。不害良民。但盜不義之富。刦不正之官吏而已。做强盜稱武差事。業賭博稱文差事。曰洪家。又曰紅帮者。會之正統也。又有稱靑帮者。乃鹽梟及光蛋。卽安慶道友會是也。此輩前皆從事於漕運者。至糧由海運。遂失其業。窮於衣食之途。乃集於大族潘氏兄弟之下。組織團體。或販運私鹽。或應商家之託。瞞關漏稅爲職業。名之爲潘家。亦會之支派也。

第五十二章　新疆回教徒之騷亂

清兵西征之風說　一七五七年。清朝既立新疆。邊境土民盡歸服。屬其威大震於鄰近。霍罕王亦請歸服。求其保護。因之葱嶺以西諸國起一種清朝猶欲西征之風說。甚有稱兵已越境者。於是布哈拉及阿富汗諸王國。大起恐懼。結為同盟。起抗清軍。出而徵兵。一七六三年。其先鋒已達霍贈特。然清兵實未越境。諸王亦自知無事。唯既已出兵。遂一轉而向巴達克山。於是烏什之變起。先是巴達克山王。殺喀什噶爾領主博羅尼都。獻其尸於清朝以通好。阿富汗王聞之大怒。至是乃攻巴達克山殺其王而屠其城。

烏什之變及昌吉之亂　烏什之阿奇伯克（地方官名）中有阿甫托拉者。本出自哈密。暴戾無親。與其從屬藉官廳之威。大肆利欲。又辦事大臣蘇成者。耽於酒色。不問政務。常留各伯克之妻於官署。使兵卒裸逐之以為樂。人民憤怨無所控訴。會布哈拉及阿富汗王等有應援之約。於一七六五年。住民同操兵器起而為亂。盡殺阿奇伯克及清之官吏兵卒。於是駐防阿克蘇及庫車之清將。各率兵赴之。皆為叛民所敗。然其時又有由喀什噶爾及伊犁來之兵萬餘。與之相會。圍城攻之。叛民防戰。及三閱月。所期之應援不至。城遂以陷。城內居民盡為清兵所屠殺。烏什亂後。不過二年。又有昌吉之變。一七六七年。（乾隆二十二年）居烏魯木齊管內昌吉城中之謫戍屯田官吏。以中秋夜犒流人置酒山坡。男女雜處。官吏等乘醉偪流婦使謳。流人激怒。俄起變亂。殺害官吏。掠奪兵器。遂據城而叛。烏魯木齊防軍進而討之。叛軍不能支未幾即平。後乾隆帝常舉烏什及昌吉二事。以戒飭新疆官吏云。

新疆騷亂之原因　自經以上二次亂後。頗留心選派官吏。嚴號令。新疆全土約五六十年間得保無事。然至道光年間。因和卓侵犯之事起。新疆西部又惹起無窮之騷亂。初清廷於新疆各地課無賃之土差。又以諸城中阿奇伯克等官吏多用東部之人。此等事為土人所不喜。久之法令漸弛。官吏又不得人。至以凌辱土人經營私利為常。土人不服者日衆。或有移住於霍罕時道及清朝之殘暴與故鄉之困苦者。而同宗同族之人聞知其事。遂起相憐之念。於是內外皆怨敵視清人之勢漸成。先是舊喀什噶爾城主大和卓博羅尼都之子。哂爾毋哂克者。由巴達克山避難。流寓四方。欲復和卓之威權。然其志不成。後潛匿霍罕。集故鄉逃來之亡命。慷慨憤激。與圖恢復事。清廷知之。恐其羽翼將成。與霍罕王約。年給銀一萬兩。使之看守哂爾毋哂克。欲動不能。其次子張格爾者。有氣力。欲繼父志。竊伺機會。會其時由喀什噶爾移居者益多。又天山之布魯特族中亦有怨清朝者。

張格爾之亂　一八二〇年（嘉慶二十五年）霍罕王死。張格爾與故國亡命者。投奔布魯特。率其衆襲喀什噶爾之邊塞。然戰不利而退。清兵亦不追。因復據奈林河源。募集義兵。出沒而侵邊塞。喀什噶爾人民中有與之密通者。然清兵出輒遁。一八二五年（道光五年）秋。參贊大臣永芹遣五百兵出塞。欲乘其不意。張格爾偵知之。初避清兵之鋒。後絕其歸路。於山谷間殲之。於是捷報傳於四方。他兵來加者日多。一八二六年五月。率其烏合之衆。突出喀什噶爾。邀擊清兵。大敗之。退保漢城。（即所謂苦爾扱克乃設於各城傍之兵營也）張格爾就而圍之。英吉沙爾居民聞之。皆起各殺清兵。毁其城壘。派援兵於喀什噶爾。至七月。霍罕王亦率大軍來助張格爾。時清兵據漢城。四方受敵。防戰七十餘日。援兵不至。粮食亦絕。至食履革。守將見事不可爲。自殺。城遂以陷。清兵六千。皆盡於此。張格爾西既恢復四城。以和卓之威權。善調和白山黑山兩黨人民。喜爲之用。事業大振。阿克蘇城亦動。然不知乘此機會。而徙據守喀什噶爾城。從事改革吏治。坐俟清兵之至。一八二七年。（道光七年）諸路之清兵。乃集於阿克蘇。而爲進取之計矣。

清兵進喀什噶爾　道光七年二月。清將軍長齡及楊遇春。率兵三萬。向喀什噶爾。張格爾亦總喀什噶爾、葉爾羌、和闐、霍罕、布魯特等之衆。出陣於央基罷特以邀之。清兵由三面放礮而進。霍罕之兵先動。餘衆繼之而走。張格爾不能支。遂大敗而遁於山中。三月。長齡入喀什噶爾。分遣諸將。復其餘三城。又使楊遇春楊芳。率兵八千。出塞追捕張格爾。

張格爾之死　清廷懼張格爾爲後患。必欲獲之而後已。懸賞郡王之封爵。並銀十萬兩以購之。張格爾亦糾合殘兵。欲圖再舉。時長齡陰使土人出塞。揚言曰。清兵已撤去喀什噶爾城中空虛。居民翹首以望和卓。而陰爲嚴備以待。張格爾果以五百兵來襲。清兵擊破之。追至喀爾鐵蓋山。斬獲殆盡。張格爾僅以身免。後布魯特人誘而執之。以獻清廷。據法國耶穌敎士幼谷君之說。張格爾獲送至北京。時因以鐵檻以供衆覽。清帝亦欲見之。大臣等恐張格爾於帝之前陳吏治之惡弊。進以毒藥使失其口舌之能。故於帝前口角吹沫。情形甚苦。所問之事一不能答。遂判決寸磔之以飼犬焉。

●霍罕王擾亂喀什噶爾　初張格爾就擒。將軍長齡檄霍罕及布哈拉獻其家族。霍罕王答曰。兵民之家族可獻。至於獻和卓之裔孫。於經典無其例。不能應。因之清朝盡捕霍罕人之居住於喀什噶爾者。沒收其資本。斷絕通商。時霍罕王國變爲摩罕穆德稱汗。輔相又得人。近鄰之吉爾吉司人亦漸屈伏。又略卡拉德金、打爾溫諸國。威勢稍盛。至清朝與之斷絕通商。則大窘。遂謀以兵力解決之。其時張格爾之兄和卓摩罕穆德玉普素者在甫拉卡。霍罕王以爲非和卓之威勢。不足使喀什噶爾之信用。竊迎玉普素於布哈拉。說之以恢復之事。於一八三〇年(道光十年)九月。率其將克克爾及里西格爾等率兵四萬向喀什噶爾進發。移居於霍罕之回民一萬餘亦出而從軍。

●摩罕穆德玉普素之亂　喀什噶爾鎭守參贊大臣札隆阿出兵拒之。皆爲霍罕兵所敗。玉普素乘勝長驅。直廹喀什噶爾城。城中之人屬於白山派者皆出迎之。屬於黑山派者與清商等同奔投漢城。玉普素之兵搜括黑山派之家屋。抄掠無所不至。玉普素更進而略英吉沙爾。又取葉爾羌據之。一八三一年春。清朝援兵又出。諸道集阿克蘇。時參贊大臣札隆阿據喀什噶爾之漢城辦事大臣璧昌。據葉爾羌之漢城。皆爲敵兵所圍。僅能保其壁壘而已。會霍罕與布哈拉生嫌隙。召還其兵。於是霍罕之兵解圍。縱掠而去。玉普素知不能抗拒清兵。亦遁。白山派之人隨而走者六七萬人。及清兵援師到時。已各城皆空矣。

長齡講善後之計　明年春。清帝命大學士長齡及伊犁將軍玉麟赴喀什噶爾講善後之策。適霍罕使者三人至。欲議通商。長齡留其一人。使其餘二人還。命之獻和卓及所虜之兵民。至十月其使者歸報。謂被虜兵民可以釋還。然出和卓乃經典所未有。不能從。其言驕甚。且通商之外。又請免霍罕商民之稅。并要求返還前次抄沒之資產。長齡以爲今若選精銳三萬人。聲言由喀什噶爾、伊犁、及烏什三路并進。掃蕩霍罕。固非難事。然塞外主客形殊。且界於霍罕及布魯特之間。有鐵列克嶺。其路最險。恐勞師遠征無功。故不如相機以羈縻之爲妥云。後以此意奏請清廷。從之。盡依其言。使霍罕嚴密監守和卓。和約成。通商復如初。

七和卓之亂　道光二十七年（西歷一八四七年）春。和卓卡打罕及其同族六人。相率糾合喀什噶爾之移住民。驅布魯特向東而進。襲清戍兵一百於閔幼塞。又進而廹喀什噶爾城。城長欲抗之。時霍罕之監督商務官奈米特者。煽惑居民。開城以迎。城長及其他不從者。皆奔投漢城。於是卡打罕等入據喀什噶爾。傳檄四方。倡言恢復。出示徵兵。然諸城多懲於前事。不應。因大修防備。爲攻取之計。至十一月。復攻葉爾羌。清兵邀擊破之。卡打罕退保喀什噶爾居民閉門不納伊犂之清兵。時亦由馬拉爾巴西進擊卡打罕。稍與之戰。遂又奔霍罕喀什噶爾人之畏罪同奔者男女老幼共二萬餘人。皆越鐵列克嶺而走。時値正月嚴寒。山中遇雪。凍死者殆過其半云。

窪利罕之亂 霍罕以清朝猶主和睦。且見和卓之亂。其勢寖張。漸輕清朝。不以監守和卓爲意。自一八五五年至次年之間。和卓數圖恢復喀什噶爾。以邊防甚固不能入。又次年窪利罕和卓遂達其志。入據喀城。窪利罕之勢一時甚熾。先攻英吉沙爾取之。急移兵圍喀什噶爾漢城及葉爾羌。又分兵略和闐、及阿克蘇。然軍事雖大有進步。而吏治不得其宜。且窪利罕不好喀什之風俗。使土人皆傚霍罕風俗。土民不喜。遂大肆殺戮。喀什噶爾河岸積人首成堆。人人危懼。避難諸方者不少。會清兵大隊由伊犂入。喀城之霍罕兵聞之。皆走。窪利罕不能禁止。占喀城僅四月。又不得已而奔霍罕。商民繼之。此次由喀城而移居霍罕者。又達一萬五千人。計和卓之擾亂喀什噶爾至此已前後四次。清廷始決意盡誅與叛者。固守邊塞。嚴責霍罕堅守舊約。雖然以恢復故國爲名之和卓之亂。一再不已。既漸挫清朝之威勢。而服從回敎之土民中。自立之念亦因此激發。新疆全部漸成騷亂之局矣。

第五十三章　西南最初與外國關係

葡萄牙人之來及其遠征之初期 歐洲有海軍之國。與中國直接發生關係者爲葡萄牙。

明正德六年。西曆一五一一年打破克爾。Alfonso Dalboquerque(D'Albuquerque) 占領當時國際貿易之中心地馬拉加。後五年比里特爾羅氏。Rafael Perestrello 以自國固有之小船作前途有望之遠征。至是達中國。正德十二年閭特里特氏。Fernas Perez d' Andrade 以葡萄牙船四艘。馬來船四艘。航行碇泊於上川 Shang Chuen 島。上川島卽今之聖約翰愛蘭。而聖弗蘭蘇爾 St. Francis Xarier 所到之處也。閭特里特以二艘向廣東。彼與臥亞知事所派爲明使之比里司同行。閭特里特。持穩健慰撫之態度而來。至其弟西門特閭特里特乃不然。於正德十三年。以大船一艘。小船三艘。至上川島經商。對於中國人。常以貪婪偏私横暴之態度。橫行無所不至。甚至造設壘砦。行使刑罰權。於是明之官吏。遂行封港。使不得入。至正德十六年。始逃出此地。時彼之兄弟啡愛奈爾阿被逐於上川島。又王國公使比里司亦被捕。嘉靖二年死於獄。嘉靖元年。Alfonso Martins de Mell- 米羅出使於明。到上川島。又被襲擊。同行數艘之船員。盡被鏖殺。幸免於危者。走浪白滘 Lanpaco(Lang-peh-kan) 然葡人在此地通商上之地位者。尚得保持。至五十年以後。正德十二年頃。George Masc-arenhas 馬司加林哈計。由上川島邊之方位。達福建海岸。於是繼彼而經商於泉州福州及寧波各地者日多。寧波殖民。至嘉靖十二年。其勢頗盛。因繁榮而生傲慢。由傲慢而流於非禮。嘉靖二十四年。遂受海陸兩面之征討。其結果則一萬二千之基督敎民。內有葡萄牙人八百。均被殺戮。三十五艘之船。皆被燒燬。嘉靖二十八年。泉州事變與此相等。其生存者。亡命於浪白滘。

葡萄牙大使到北京 嘉靖三十一年（西曆一五五一年）臥亞知事派大使於明廷。途中爲馬拉加知事所阻。不果行。至清康熙六年。復派第四次大使。此行爲對於澳門之通商阻礙。特行提議。請中國皇帝親下命令。然終不得要領。後又以墨奈擇司 Alexandr Metells souza Y Menezes 氏任爲第五次大使。雍正二年。達北京。與皇帝通書數回。又不見效。乾隆十八年。復派第六次大使。爲關於商業之問題。雖交涉屢次。亦無所得。要之就中國人之見。則以公使之來。爲致臣下之禮。而執行朝貢者。初無有提議條約之資格。於是公使乃跪受支那皇帝之贈物焉。

澳門之居住 自北方殘殺以來。葡人可以經商之地。惟浪白滘而已。嘉靖三十六年。納賄於澳中官吏。請於女神阿媽港 Amakau (Macao) 之荒島。卽今之澳門。建小屋以乾曬船貨。又保藏一切。竟得其允許焉。此雖稱島。實乃半島。萬歷元年。中國大使就地峽狹處築城。出入皆由此城。此爲防備誘拐之事而設。對此不正之行爲。均懷不平。有起而爲難之象。於是萬歷十年。廣東總督於地方首府肇慶府。召集澳門知事裁判官及其他官吏。當此等人之應召而來也。人民皆表示敵意。羣起而欲驅逐之。然以總督及其隨員等已得葡人贈遺。知事等乃得無恙。由是葡人得知欲保其地位於澳門。非賄賂不可。故萬歷二十一年。由葡國元老院上國王書中。亦謂於此處欲固基礎。非多用錢於中國人不可云。

清廷維持澳門之管轄權　葡人常要求澳門管轄權於中國政府。光緒十三年以前。迄未允許。清朝所索之地租。自道光二十九年以前。皆完納於香山縣。其額初定千兩。自康熙三十年至乾隆五年。每歲六百兩。後爲五百兩。乾隆四十二年。澳門之牧師代理知事。送書於元老院中。曰因完租而得中國皇帝之允許。使澳門暫時作爲葡人之用。實有利益云云。嘉慶七年。英國軍隊奉印度總督威爾蘇里卿之命。因防法人之攻擊。占領澳門。支那大吏以侵犯國土。出而抗議。時英軍聞雅敏 Amiens 條約已成。因退去。然當明特卿守備臥亞。以防法人之時。嘉慶十三年。復派軍隊於澳門。在當時東印度商會管理者之意見。謂已得葡人之許諾。中國政府之交涉。毫不足介懷。然廣東總督聞之。要求英國海陸軍隊速行撤去。以停止通商。强行諸稅。脅之。於是脫里幼里 Admiral Drury 提督請與總督會談。不應。提督爲會談計。經虎門 Bogue 而進。然中國軍隊阻之不果。因此英國軍隊悉去澳門港。其地復歸中國。

在澳門關於土地及犯罪之清廷權限　就管轄權之問題言。則萬歷十五年以前。明廷皇帝任命官吏管理澳門。其事見於記錄。此種官吏之居於澳門也。凡與中國人關係事件。無論原被告皆歸裁判。後此職權乃移於卡塞勃蘭卡 Casa Branca 之長官。此長官有萬歷九年橫斷地峽所建堡砦之監督權。其後康熙二十九年。香山縣又排斥其顧問之人。凡澳門範圍內之事自行裁斷。乾隆九年。派特使蘇丹 Tsotang 代香山縣辦理澳門之事。因此至嘉慶五年。常往來澳門行使其管轄權焉。先是乾隆十四年。有葡人證據確實之罪犯。以悔過爲名。不送至法廷。而使彼等逃隱於教堂。於是清朝大吏對於葡人日用之物。均不供給。命其商人離開澳門。葡人不得已。交出逃犯。至訂一種暫行之條約。此條約之諸項中第五條載定凡於卡塞勃蘭卡犯殺人罪時。中國官吏到澳門公同相驗屍身。其判決時當送其證物於廣東。第七條。若非完適當租稅。得卡塞勃蘭卡副執政官允可者。不得於澳門建設家屋埠頭及堡壘等事。然此條於道光二十三年耆英刪除之。

在澳門之清廷財政管理權　財政管理。中國政府在澳門極爲認眞。明崇禎四年。禁止廣東外國貿易。澳門自在其內。雖此禁不久廢止。而中國商人獨行通商組織商號。足以持久。實爲優美之處。康熙三十七年之上諭。澳門專爲中國權限內所有。而來此處之外國人。行動良善。皆以赤子相待。此上諭於康熙五十六年猶遵奉之。當此時葡國元老院要求於澳門保有特權。廢止他國商人之同等利益。其答頗單簡曰。照此處置不能允許云。雍正四年。廣東總督致葡人書。謂此種裁決屬於皇帝之特權。非汝元老院所能干豫。總督更於雍正十年。要求葡官吏將各進出口外國船。及所屬國名。與其噸數。隻數。種類。凡往來之地。詳行報告云。

歐洲各國通商根據地之澳門 葡人之經商。雖就衰微。而澳門一隅。則漸繁盛。與廣東共爲通商根據地。凡船舶進口時。領船者及火夫等。皆從此地雇請船隻。開往何地。其方針皆由此定。各年節之終。凡由廣東商館歸來之人。皆集於此。以豫備再進廣東。此地居住外國人數。據十九世紀所調查如次。但教士軍人不在內。

		一八一〇年	一八三〇年
白人	男	一・一七二人	一・二〇二人
白人	女	一・八四六人	二・一四九人
奴僕	男	四二五人	三五〇人
奴僕	女	六〇六人	七七九人
		四・〇四九人	四・四八〇人

由此調查表觀之。男女之數不平均。爲殖民地所不常見也。

西班牙與支那人之關係 次於葡人與中國通商者。爲西班牙人。其始由馬尼拉以教士二名爲使者。明萬歷三年到廣東。於肇慶府面會總督。受懇切之待遇。然毫無發展而歸馬尼拉。時支那突然與菲律賓島往來通商。商人皆福建廈門泉州福州人。往來於其地者異常增加。西班牙人畏其勢力之膨脹。於萬歷三十一年盡行殺之。此次被害在西班牙管轄地內凡二萬人。得免者無幾。後中國商人復往。於崇禎十二年。菲律賓羣島又遭一次殺戮。三萬三千人中。殆殺其三分之二。於是限定中國商人之數。以六千人爲限。每人尙歲完六圓之稅。又凡不奉教者。悉行驅出。然商人尙依然增加。總之西班牙人與中國通商。其舉動確無善狀。特其於嘉慶八年。(西曆一八〇三年)介紹種牛痘法於中國。其功不可沒也。

荷蘭人之來與臺灣之占領　又其次者爲荷蘭人。明萬歷二十五年。(西曆一五九四年)荷蘭船舶。因葡國禁止其出入於里司本(葡京)。對於中國生產物間接之需用。至此已絕。其途於萬歷三十四年。乃命窪甫蘭特王禾尾 Wybrand Van Warwick 氏。直航船於廣東。然以澳門官吏之壓制。不得通商。同治三十五年。同樣之計畫。亦成畫餅。天啟二年。(西曆一六二〇年)戈奈里司哩夜孫 Kornelis Rayerszoon 氏。率船十五艘。出現澳門海面。以八百人上岸。加以攻擊。盡被卻走。損其人員三分之一。於是轉而欲占領澎湖島。攻防二年。後卒退而赴臺灣。當時臺灣殆如無人之地。毫無抵抗之者。彼先設立臺灣府。於其地築赤嵌城礮臺 Fort Zelandia。爲淡水基隆及其他各要地。皆設要塞。惟臺灣淡水。至今尙存。後者爲英領事館所占用。順治十年。彼等欲通商於廣東。爲葡人所阻不果。十二年。比打士過野 Peter de Goyer 及夜可卜士啟乍 Iaeob de keyzer 兩人帶大使之命。奉使北京。彼之要求。清帝皆許可。因彼呈有高貴物品。人皆稱為進貢。彼亦如是云云。故得如是酬報也。彼等於神聖玉座之前。行三跪九叩首之禮。尊支那為天朝。自處於藩屬。安之若素云。彼等又欲於日本得通商特權。而其所得。不過八年得派大使一次。及可隨商船四艘而已。

蘭人被驅於臺灣　明永曆餘黨。以國姓爺著名。而世人皆知之者。非鄭成功乎。當其時廈門大陸之根據地。被滿兵所奪。西曆一六六一年。率兵隊二萬五千人渡臺灣。成功知為敵者惟荷蘭人。遂圍赤嵌城。九閱月降之。荷人死者千六百人。荷人在臺灣權利。全失。於是會議於巴達維亞。其結果。對待國姓爺。宜與清軍同力合作。派兵船十二艘於福州。占領其聯合地廈門。實則此時大陸之地。全屬於清朝。臺灣毫不被其影響。其後二年。卽康熙三年。西曆一六六四年　荷國又派比打王芳 Pieter van Hoorn 為大使至北京。仍執藩主之禮。謝其援助之恩。大使甫倫翌年又至北京。但其來非為滿洲朝廷。亦非為自己國家。勇敢不撓。欲樹偉功。而其胸中專欲為同胞求商業之利益而已。其曲從清廷。無異十年前過野等兩人。然進貢方物。叩頭行禮。皆載入大皇帝進貢國冊錄之中。但無有何種報答物。而特權亦不能稍得矣。康熙二十二年。清帝欲征臺灣。要求忠實之荷蘭人。以數艘兵艦相助。荷人從之。及兵艦至時。清廷已奏凱矣。嗣後於福建海岸諸港。祕密行商。不知費若干之金錢。始行許可。最後於乾隆二十七年。在廣東設立商館。其時廣東各外國商館皆已成立。對於外人之暴亂行爲。殆已絕跡矣。

大使鐵俊甫與文譜蘭 乾隆六十年。荷派使者鐵俊甫 Isaac Titsingh 及 A. E. van Braam 文譜蘭兩人於北京。彼等鑑於英國大使馬加特尼之失敗。決不蹈其覆轍。而亦不行三跪九叩禮。較之前屢次使節。稍有改變。又不執藩主之禮。其結果據史家所述。則彼等於北京待之如罪囚。遇之如乞丐。然後依指導者之言。行三跪九叩之禮。情形狼狽。空還廣東。毫無效果云。

據大清會典所載。朝鮮每歲派使節一次。琉球二年一次。安南六年一次。老撾十年一次。暹羅三年一次。蘇祿五年一次。各遣使節來朝。荷蘭使節來時。經廣東虎門水道。爲期無定。順治十二年。定爲八年一次。派一人或二人爲公使。一人爲祕書官。及若干之從者。但其中到北京者。不能滿二十人。緬甸公使來時。經雲南永昌府。十年一次。其大使之隨從。在百人以內。但進北京者。不能越二十人。凡伊大利、英吉利、葡萄牙、各國公使。皆通過虎門而行。然不限定時期。各大使可乘船三艘而來。但各乘船人員。不得越一百人。進北京者。不得越二十人。餘人留於廣東。

英人至中國 英人與日本通商之事。在十七世紀初期。當明崇禎十年（西曆一六三七年）也。先是崇禎八年時。得臥亞葡國殖民知事之許可。派約翰威特 Captain John Weddell 爲指揮。率船五艘爲一艦隊。其中四艘以崇禎十年六月二十五日抵澳門灣。該地官吏不認其在中國海岸有通商之權利。對於威特加以種種妨害。又囑其待通商許可之命。既已數日。尚未接報。乃遣舟數艘。先尋進廣東之水道。而後率船四艘由虎門而進。廣東大吏更通知再待六日。孰知此乃中國緩兵之策。乘此時整備各處礮臺。再經數日。亦不得回答。於是威特起碇溯河而入。忽然數處礮發。彼卽應之。敵礮不復發。竟入廣東。將貨物賣去。載砂糖與薑而返。其次事件起於康熙三年。時英船一艘。到澳門。葡人照例加以種種妨害。支那官吏對於貨物。要求二千兩稅銀。英人請減半數。亦不許。支那兵一隊。札於商人之家屋。以爲警備。該船在澳門停住五箇月。後歸於班打。康熙十三年。又有英船一艘到澳門。交換貨物。其中僅織物二十一疋。得低價賣去而歸。康熙九年。始通商於廈門及臺灣。臺灣之通商協定。與該島主人翁國姓爺訂定之。而廈門通商亦無齟齬。康熙十六年。更遣一貨船來於西曆一六七八年。英商之投資額現金達三萬先令貨物二萬先令西曆一六八一年。該處商館關閉。後四年再開。然臺灣自清朝占領以後。該島通商事務。又全停止。

英國設商館於廣東　康熙二十年。英人欲通商於廣東。然時已在葡人占領之後。葡人年出二萬四千兩。始獲通商。無論英人及其他外人。皆不得享有此通商之權利。至康熙二十四年。撤去海禁。支那沿海各港。准其通商。英人由東印度商會之力。獲得在廣東設一商館之權利。康熙二十八年。始得正式派商船。然船到時先停船待其許可入港。廣東稅關辦事員。測定容積。約費兩星期時日。對於船積依當局之測定應完稅若干。然當時忽起一爭論。因測定雖自船首至船尾。加以測量。時若進以賄賂。則可僅測前檣之後部以至後檣之前部。容積減少。完稅可以減輕。此等辦法。英國及他國船皆以爲法律上習慣上合法之規定也。當時之要求額。則爲二千四百八十四兩。販貨人皆以爲不當。寧可不通商。將貨運回以脅之。經此爭論。至一星期後。減爲千五百兩。內千二百兩爲測量費。二百兩爲關稅。康熙四十年。英國商會派一船於寧波。試行通商。資本十萬一千三百磅。知此額過大。後同年往廈門者。不過三萬四千四百磅。往廣東者四萬零八百磅而已。其結果皆失敗。由於不規則之中國官吏需索過甚。其額比廣東更大故也。

英國東印度商會設商館於廣東　康熙五十四年。東印度商會。議決與支那通商宜立於安固之地位。因於廣東設立一商館。以常任職員主持其事。隨時派商船前往。然至乾隆三十五年。其常任職員。不過運貨人之集合體耳。此時期中。凡英人於支那通商之歷史。及英國印度商會之歷史。廣東商館之歷史。述之別節。今先就英國所派往北京之大使二人。畧一敘之。

大使馬加特尼卿　英政府派馬加特尼伯 Farl of macartney 爲使節。因之東印度商會經理人等不免有疑懼。何以故。爲歷年辛苦經營商務稍立基礎。若無端加以强有力之主張。恐觸怒中國政府。或演出停止外國通商之惡劇。該商會雖抱此憂慮。但對於政府所派使節。亦不反對。大使乃於一七九二年九月二十六日。出發至翌年八月五日。到大沽口。此時之待遇。與前葡萄牙荷蘭兩國大使可相比較。但馬加特尼卿自稱王者之使節。實避商業上密使之名。故甚保持其威嚴態度。時直隸總督爲儀式上之拜訪。由保定至大沽。隨以皇帝所派迎接大使之三品文官。備以適當船隻。裝載大使及其帶來之進物六百箱。溯白河而達北京。凡食物一切。自到大沽之日起。至歸廣東出發之日止。皆政府供給。北京朝廷。不僅待遇如此而已。尙決定凡朝貢叩頭諸儀節等。可以從寬。大使所乘之舟車。皆樹以「英吉利朝貢」之大字旗。馬加特尼非不解此意義。其所以不起而抗議者。恐有礙使節致外交陷於斷絕之窮境也。又如叩頭儀節一事。彼等再三勸說馬加特尼。謂此不過對於王者。乃自古中國表其敬意之形式。而大使之意。亦欲委曲求全。而對於中國皇帝。不得不一盡適當之禮。所以對此要求。亦無絕對拒絕之意見。但中國若以英國爲屬國。則決不承認。因欲證實其事。提議以文字彼此立一契約。大旨謂倘爲中國臣民對於英皇肖像所肯行之敬禮。本大使亦肯行之於中國皇帝之前。中國官史審查之結果。則曰英大使在該國主像前曲一足之儀節。可行於中國皇帝之前云。大使自八月到。至十月七日去北京。其間未決議一件大事。又無一次論難。要之此時大使所持目的。在輕減廣東通商之束縛與稅額。其他之希望。則在要求天津寧波舟山等處自由通商。兩事皆始終拒絕。惟對於大使以無上之禮節迎送之。以無上之禮遇款待之。種種皆不過虛文。而實利則毫無所獲也。

脫里斯號事件　第二次英國大使爲阿拇哈司 Amhenrst 時在嘉慶二十一年。西曆一八一六年其目的在使中英兩政府之間結成直接關係。圖一般商業上良好之結果。然此次所以急於派遣大使者。則以嘉慶十九年。英船脫里斯號之行動。亦最有關焉。脫里斯爲英國國有船。以澳門爲根據。而遠航於廣東海面。四月頃於拉頓浪 Ladrone 左近捕獲美國商船一艘。名漢打者。作爲捕獲船。帶至澳門港。又其翌月。脫里斯之豫備小艇。自澳門之附近。追美國斯克爾船一艘。至黃埔又捕獲之。此種行爲。中國以爲違反局外中立行爲。幷宣言侵害中國統治權。但中國官吏之意。謂彼等既爲英國民。不問其誰何。就其行爲而論。東印度會社長。（卽大班） 應負其責任。遂以此事件。向東印度商會之選出委員交涉。命其將脫里斯號開出中國海以外。然該委員答曰。對於國有之船。無有命令之權。中國卽宣布謂脫里斯號若不去。卽停止與英之通商。以爲脅迫之計。又一面勵行禁止外人雇中國人爲奴僕之規則。

英國大使阿拇哈司卿　英國政府絕不回顧前次馬加特尼大使之失敗。復派第二次使節於北京。此次之任務。欲除屢次所受之害及將來有類於是者。其意必請中國皇帝之保護。使東印度商會之通商事業。立於安全鞏固之地位。而免有地方官吏無限之蹂躪也。而受此重任之大使。卽爲阿拇哈司卿。於嘉慶二十一年（西曆一八一六年）八月二十八日到北京。時乾隆帝已崩。新帝登極。阿拇哈司卿所乘之小舟。仍如前例。於旗上大書朝貢字樣。自大沽至北京之途中。關於覲見禮節。叩首與否。議論不絕。然英國政府之意。以爲實行使節之目的起見。若得便宜。無論中國政府如何要求。皆可隨機應之。而東印度商會經理之意見。則鑒於前此廣東所生之結果。在北京縱得明確重大之利益。而禮儀待遇之點。若有減殺國家威勢之處。斷不可讓步。阿拇哈司卿到通州。中國官吏卽促其向圓明園官殿日夜兼程。二十九日午前五時到其地。凡服禮服以迎大使之皇族及大吏等皆集於此。稍事休息不移時。卽引導謁見。聲言再三。大使以體甚疲勞。禮服及國書又未到。答之。中國政府卽與以大侮辱。令大使及隨員等速離此地返國。阿拇哈司卿乃一無所事。遽返廣東。總之此時中國之意見。謂凡附庸以外之國民。欲如荷蘭人之取得通商特權。而不肯作臣服之態度。則爲絕對的不可能之事也。

法蘭西與中國通商　法人其後絕無通商之事。至順治十七年。再派船於廣東。雍正六年。

雖在該地設立一商館。然通十八世紀觀之。該國人商業規模皆甚小。法國領事之旗。由亞敏 Amiens 平和條約結定後。於嘉慶七年始行建立。又因英國再開戰爭。嘉慶八年復取下。或云道光九年曾承認其管理本國商人得置一如大班 Taipan 之領事。然道光十二年。（西曆一八三二年）尚不見該處有領事旗云。

美人之與中國通商　美人向來以茶業與中國人交易。皆由東印度商會之介紹。至維塞爾條約成立之明年。卽乾隆四十九年。始派船到廣東。其商務甚盛。從無釁端。因亞美利加商人及水夫等素善營業。二十五年之間。歐洲國民中惟美人執局外中立態度。而其商務乃忽一躍而占廣東外人商界之第二位。其他國民於廣東經商者有瑞典人。丹麥人。普魯士人。漢堡人。不來梅人。墺領尼桑蘭人。伊大利人。秘魯人。墨西哥人及智利人等。然此等商業無敍述之必要。亦無事件發生之可言。但嘉慶十年有俄國船二艘爲求通商而到廣東。忽北京有命令。謂俄國已得陸路通商之特權。於海路再行通商。決乎不可。速將廣東商館商務停止云。

第五十四章　乾隆帝與英大使馬加特尼卿

熱河離宮之謁見　乾隆五十八年。英王佐治二世所派遣之使臣馬加特尼氏。於塞外熱河離宮謁見乾隆。其情形已於前節敍其梗概。馬加特尼卿不肯如從來歐洲各國對於清廷執附庸之禮。欲以對等國之禮謁見。茲將馬加特尼之日記抄出。可以觀乾隆帝之態度。及馬卿之意見。并可以窺察當時清廷官吏之懷抱。其文如左。

九月八日（禮拜日）晨。由科拉邱由 Cola-cho-you 出發。此地距熱河有十二哩。而至距熱河二哩弱之匡烏蘭 Quon-ur-long 止。在此整備衣冠排隊進行。其盛觀可得而記者。列下。

中國官吏騎馬者百人

邊孫 Benson 步兵中佐

輕裝龍騎兵四人

牧師代理

大皷 橫笛

礮手四名

礮手四名 礮兵伍長一名

少尉一名

步兵四名

步兵四名

步兵四名
步兵四名
步兵什長
下僕二名
下僕二名
下僕二名
下僕二名
給仕二名
樂人二名
樂人二名
（以上）著有金色綠色之彩服裝

大使隨行員二名
大使隨行員二名
大使隨行員二名
（以上）著緋色繡金花之服

馬加特尼卿
斯當東君 Ser George staunton
（以上）馬車

下僕一名—制服

•熱•河。九月八日（禮拜日）（續）余等既達此地。未幾使節來。將余所交陳述書返還。若余交此書於大臣。必可得回書云。

時余等之繙譯官來。以在萬大人趙大人處所聞。告余曰。中國皇帝在此地公園之最高某處。御覽余等排列而行。甚形歡悅。卽命首相及王公等。前來訪問。少間萬大人等兩人又告余曰。以余所居地甚狹。首相若來隨從甚衆。恐不能容。首相不得已而中止。更言首相膝間。少有傷。身體不便行動云。此日天氣頗暖。急遽行事。下僕等皆疲倦。行李一切尚未整頓。余以殷勤語答之曰。倘此時有要談。卽請斯當東代余。以今夕往會首相。何如。乃云首相希望於今日午後與斯當東會。屆時斯當東及其子。偕余之繙譯員赴首相邸。自余之宿舍。至該處。殆有一哩。途中經過熱河之大半。至後。滿洲迎接員由大門導余等於一室。首相在焉。官吏四人侍其側。此四人帽上皆飾以紅珠。中二人著黃色短衣。至斯當東回寓。始知首相欲聞英王致中國皇帝書中之意。與斯當東又致余書。謂宜從中國禮節云。

•九•月•九•日（禮拜一）晨、又派三人來。勸余要求廢棄對等之禮。余謂待附屬國之禮。與待獨立國之禮。其間自然有別。余初不知以此開罪於中國皇帝。余以彼必思所以調停之也。

九月十日（禮拜二）又派滿洲人三名前來。仍將關於禮節之事。復行提起。余對彼等云。若大使對於外國君主行禮。竟比對於本國君主加重。甚非得當。但以鄭重之禮來答以鄭重之禮。有時不在此例耳。於是彼等問曰。然則對於英王之禮儀如何。余答曰。曲一膝持陛下之手而接吻。彼等乃高聲曰。然則對於敝國皇帝行此禮如何。余答曰。無論何時皆可行之。余又云。余等以對於本國君主之禮。對於貴國君主。敬愛之道可謂盡矣。彼等聞行此禮。表面上似甚滿意而去。午後趙大人來訪余曰。彼已見首相。將關於謁見禮儀。會商良久。將來或照英國式辦法。或敝國式辦法。二者必擇其一。但尚未決定云。余亦不答一言。少間又派人來云。若用英國式。但持皇帝之手接吻與敝國風俗尚屬未便。然廢此一節。而代之以屈兩膝之禮如何。余答之曰。已如余所云。中國人伏身於地。僅重大之禮爲然。如英人之屈一膝者。是彼等云。然則省去接吻可也。余諾之。尚曰。省略接吻之禮。乃閣下等之創造者。余依閣下等之言而行。實則非完全禮節。余切望行完全禮節。以對貴皇帝也。於是此煩瑣之談判乃定。由此可觀察中國朝廷之特質。與廷臣等之外交言論矣。

九月十一日（禮拜三）上午九時半。派三人至余寓。導余至首相處。首相接余等以親和之態。余首述旅行之疲勞。業已平復。特來面謁。幷希望將敝國王致貴皇帝之書速行奉上。以疏通彼此意思。至爲幸事云。

余又云。余曾屢次請大皇帝御安。祝聖壽之無疆。幷喜中國國民得沐浴恩惠。實爲至幸。若西歐之大王聞知此事。亦必祝東亞大皇帝前途之幸福。首相以敬詞答曰。大使自遠國奉命而來。所送之物。乃希世珍品也。因之敝國從來不變易之慣例。今特格外通融。改行貴國之禮式。英國國王之書。欲直呈於敝皇帝。亦無不可。又云。下禮拜四。乃朝廷大慶典日。擬以此日使余得拜謁皇帝。所談論頗久。彼問余等航海中曾有何事。在何處停泊。余等答以在交趾支那多倫灣 Turon 稍停泊。此乃貴國之朝貢國也。又問英國與俄國相距若何。兩國親睦否。又意大利、葡萄牙與貴國甚近。亦嘗朝於貴國否。余以中國里數告知英國與俄國相距遠近。尙繼語曰。敝國對於現在世界無敵視之者。故俄國亦與其他各國同敦睦誼云。然而現在兩國間交誼。比前稍薄。其故何在。因敝國王愛平和守正道。憐小弱。見俄國之抑壓土耳其。欲起而持正論。故俄國甚爲不喜。意國與葡國並非敝國之朝貢國。但爲世界和平計。確守正道。願各國勢力平均。故敝國王保護此兩國。敦厚交誼之事。屢見不一。言至此。起而辭去。首相執余手曰。不日將於北京圓明園可再得晤談之機會。因在熱河之地。事務繁忙。毫無暇晷。而近日皇帝舉行大祭諸事。準備更繁云。

九月十四日（禮拜四）午前四時。余等偕萬趙兩大人向宮廷而行。相距三哩之遙。行一時餘始達。進行之列。樂隊衛隊轎子或乘馬之文武官員大使隨員等頗呈盛觀。余穿斑點之桑核形天鵝絨服。佩金鋼石星章。以表彰奈特 Night（騎士）之勳爵。斯當東氏著繡花天鵝絨服。外加牛津大學出身法學博士緋色之帶。余之敍述如此瑣屑者。以見余等之隨機應變。盡力模仿東洋風俗習慣思想之苦心也。余等於花園門前下車。徒步而進。及導至近御座之側。在準備之大天幕內。約待一時之久。大鼓音作。雅樂聲喧報龍駕已近。一同出幕。行至綠色絨氈上。見帝坐輿上。輿夫十六人扛行。有持傘者。有捧大小旗者。有司百官扈從其後。輿駕經過時。中國臣民皆俯伏不敢仰視。余等以一膝屈拜之禮迎之。待其已就玉座。余持黃金製飾金鋼石之英王書信箱。由天幕門前向內而行。以愼重之態度。由側面石階而上。親自捧而呈之於帝。帝交之首相。而置於繡墊上。於是帝以贈英王之玉如意授余。述其欲與英王以後常親善之希望。此玉如意長尺半許。施以雕刻。中國人爲無上貴品。以余觀之。亦無何等價值之可言也。

次又贈余以綠色之玉如意。余同時奉呈美麗琺瑯所製之時表二個。鏤以金鋼石。帝閱看後。交與首相斯當東者。受有命令。若余死亡時。彼可代理行余之職務。余述其原由。以介紹於皇帝。彼仍行一膝屈拜之禮。如余後捧呈美麗之空氣鎗二挺。帝亦賜以綠色玉如意。同時余之隨員等。皆得賜物。於是余等乃離御座。循階而降。就列於帝左邊之席。同時右邊有滿洲諸王公及大臣等。依位次就席。皆著品級相等之禮服。此等席面之上不設桌布。惟配置山海珍味而已。皇帝以自己席上之數品饗余等。又以中國酒下賜。此酒非由葡萄所釀成。乃以米與蜂蜜製成之者。後經半時許。召余與斯當東出座。賜余等以御手所斟之酒各一杯。余等於御前飲之。寒酷天氣。身心頓覺溫暖焉。

此時頻頻問答。既而以英王之年齒詢余。余答以希望如帝有八十二歲之高齡云。帝威風凛然。而親愛謙讓之德。流露於外。待遇余等。可謂殷勤盡致。觀其風神。年雖矍鑠。可以淩駕少年人。望之如六十歲人。飲食之際。傳進食品。次序規則。極其嚴密。殊堪驚異。其儀式靜肅而莊嚴。頗似聖餐式之典禮。御座設於圓形天幕之內。其直徑不過二十四五碼。內中樹柱甚多。有鍍金者。有著色者。有塗漆者。諸器具之配布。一見皆覺其壯麗華美。各種懸掛之物。鋪設之品。屋脊窗櫺。形狀位置。均調和得宜。色彩之變化。巧妙而整齊。縱覽一過。頗覺愉快。此雖眩目之虛飾。見之尙覺淸快安靜。絕無煩雜之象。此儀式之特長。乃於靜肅中帶威嚴也。謹嚴壯麗。爲亞細亞之特色。歐洲式之精微。殆有未及。時有達祖 T-atze 卽 Pigu 之大使三人、卞爾揭克 Calumucks 大使六人、(回回敎徒也) 臨場。但彼等幷不惹人注目。其間有拳術、走繩等諸戲。皆如演劇然。臺設御座前。相離甚遠。余等見此如觀「瑣羅門王之榮華」一劇。余對此時之光榮。不得不回憶少時所見之傀儡戲。其中「瑣羅門王之榮華」一劇。當時以爲極人間之威福者。不圖於今日實現之也。

九月十五日（禮拜日）余於支那旅行中凡山水庭園古跡等處皆欲一觀其勝此事偶達天聽。於是命余等觀覽熱河公園由首相傳旨。此園稱萬樹園。是實諸樹蓊鬱之樂園也。余等聞此無上之光榮。心甚感激。早三時起。與高級之大臣等共赴宮殿。伺帝駕出待至三時之久。漸傳御駕起行。照舊乘十六擡之輿。有無數之護衞兵音樂隊旌旗馬傘等隨從。余等正面而立。御目覽及余等。稍進。卽命停止。帝親與余等談話。今日照常例赴廟燒香行禮。因與余等宗敎不同。不便同至其地。帝之態度。雖對下位。毫無傲色。實可褒揚。當帝猶未行禮之時。首相及諸大臣等導余等於休息之屋內。稍進茶點。後乃騎馬前進。以游盛大之御園。余等行於園中約三哩餘。見其監理法之整備。實可驚歎。如行於英國白脫夫特瀉 Bedfordshire 之路敦 Luton 近郊。土地互爲高下。有林有石。景色天成傍插靑松。夾道而行。前爲一大湖。望其對岸。遠在渺茫之中。此處有大遊船一艇。以候余等。又有無數小艇。以迎從者。皆施以彩旗裝飾美麗。余等逢優美景色。無論何處。卽上岸觀覽。如是者約航行四五十次。有時泊於奇異之宮殿焉。至於游船之內部裝飾物品之可注目者。如遊獵巡幸之畫飾。以碧玉瑪瑙之珍奇花瓶。精美之陶器。漆器。歐洲製之各種器具及地球儀太陽系儀掛鐘自動音樂器等。精巧貴重。對之深駭。余等所贈之物。與之比較。遜色多矣。然此等當爲中國婦人室所陳之物。比之圓明園之歐洲物品。尚屬劣等云。各亭臺皆設寶座。其傍面懸以玉如意。與昨日所贈於英王之物相似。

十月三日（禮拜三）時已到北京。早間余至圓明園。甚遲首相及其弟等。坐以待余。他大臣無一人在。首相以珠山（舟山）送來之函數通授余。其一通乃馬慶德 Captain MaCkintosh 船長之書。由其一等轉運手送來者。他二通爲 Ser Erasmus Gower 沙拉司厮嘉窪君寄來者。彼問此等信件內中所報何事。答以賴昂兵艦急遽準備。由舟山出發。然賓士坦兵艦。因艦長未到。尚不能出發云云。余卽以此書授首相。以證余之所告皆非虛語。藉釋其疑。彼又問余之病。及余自動身以來。從者數人之死亡。并云外國人等。常苦北京嚴寒。天候倘霜降節前不出北京。恐有不健康之虞。頗爲憂慮也。又常以書告余謂新年祝典宴會。豫備在熱河。其娛樂之事。再三敍述。時余答以天氣寒冷。體弱不堪忍受。無在北京度歲之意。現在防寒亦甚留意云。余自初見時。卽將余所受之英王之命。詳細說明。於其中諸點。欲試行交涉。余至此亦如從前。侃侃而道余之見解。欲向中國皇帝請其派大使往英國。余并誓言必使之安全達英國而回中國。凡日用必用品物。及所用船舶。可以預先籌備。而禮遇自不必言矣。余又概括而說明之。抑對於中國。欲不論何事能無一毫障礙。則言辭態度間。不得不愼。所以請派大使者。以對於英國王。表示仁慈友愛之意。其臣民亦因此深感中國皇帝之保護及恩澤也。

首相忽轉言力避此議。則知此種言論於前途有困難矣。又進言余健康之狀態。皇帝之所以勸余歸去者以此。若身體無恙。帝甚喜余居此云。

余歸宅。接他人所來信函。言皇帝回英王之函。現已草就。今由中國語譯拉丁文。余因之知中國朝廷所抱之意思。似微露一種促余出京之命令。雖出余之懸揣。而事實上似可據久在此地之萬趙兩大人之語。而得首相來函。召余明晨在宮中相會。余問以答英王之書。是否交於余手。彼等乃佯爲不知有此事者。然彼等更言若此時能卽出發。頗有便益。余思彼出此言。或有所授意。然彼等雖出促余出發之言語。而態度間一種悄然之象。殆不可蔽。以余等若能盡大使之職而去。彼等因此可以得利益。今其所以不得意者。以爲此次招接余等。殆無加功進級之望也。

十月四日(禮拜四) 晨滿洲使者來。謂首相及諸大臣皆齊集宮殿相待。望余速臨云。此時余睡在病牀。聞使者言。甚覺不快。勉强下榻整理衣服。不移時到其處。余以爲必候我已久。詎知首相及諸大臣之到臨。尚在三小時之後。彼等至。遂導余經過二三廣大庭園。渡許多極壯麗之橋梁。始到正殿階下。向上而觀。殿內見黃絹之高几。並列其間。旁有屏風。皇帝贈英王之書。卽置於几上。余等照例行敬禮。而後進正殿。於是將高几幷書恭敬而擡至余前。

首相因對余等說明常例禮節之意味。後更明言將贈英王之禮物及書信送至余寓。其內容何如。未一言及。次指桌上黃色之各包。某爲皇帝贈英王之物。某爲贈余及余之隨員等者。此時首相之態度。不僅不如平素之殷勤。且見抑制强硬之態。更將余所贈之物交還。至此知其眞有嫌厭之情。但托言不敢收受贈禮。因之交還而已。而諸大臣亦固辭余之贈物。

時余疲勞已極。請行告退。更以昨日所言。請首相注意。謂解決此問題。致英王信中。雖已言之。然余乃英王所命者。因余不耐談話。請其與斯當東說明可也。彼允之。更云以書信通知亦可。但暗示此要求必不成功之意。卽余後日所送書信。亦皆爲無效。昨日會見之際。由彼之舉動。可以推知也。

余將致首相之書寫就送去。卽早間所要求者。再一敍述。雖明知其無效。姑將所受於本國政府之命令。述其主要者六項。

（第一）許英國商人在舟山寧波天津諸港通商。

（第二）英國人願倣以前俄國人在北京設一倉庫以爲銷貨計。

（第三）於舟山附近。無城砦之孤島。設一倉庫。以堆積英國商人賣餘之貨物。又爲監督起見。設定租界以居彼等。

（第四）於廣東附近。與以同樣特權或其他之恩典。

（第五）澳門與廣東之間。廢止通行稅。至少減至一千七百八十二年之標準。

（第六）英國商人及中國皇帝許以居住權者。不强制以出稅而居住之許可證。往往不能辨別眞僞。以後須直接交付彼等。

十月七日（禮拜二）此日正午。余等出北京將赴舟山。余往訪諸大臣。時軍機大臣和琳及諸大官。並皆盛裝。而鋪黃絹之桌上。置有二紙卷。大臣指曰。其一爲對於要求事項之勅答。其一爲勅諭類之目錄。余曰。望皇帝對於余所要求。允可數事。庶余離首都時藉以稍慰云。然彼聞之。似覺不快。以遁辭答復。謂足下所要求各事。甚望收幾分之效果云。時皇帝又派侍郎松筠爲至舟山之嚮導。

十月十日（禮拜四）是日午後。萬大人告余曰。侍郎松筠受勅旨前來。茲先告知。然未幾見松筠之船。漸近向我處而來。

彼辭去後。夜間萬趙兩大人告余云。大使此次旅行。使用船隻。及中國隨行官吏坐船等。合計四十艘。隨行數千人。又中國皇帝准每日支費用五千兩。倘有不足。卽於所過地方官取之。又余等在北京居住時。每日費用千五百兩。尙不止云。此次大使之供應。需莫大之費。固爲不虛。然實際所用。未必如此。皇帝允准之時。雖金額甚鉅。其間有中國人等所謂官廳回扣者。經過數處。到最後時。殆成爲最小數。常記憶趙大人語余云。往年廣東大水。有一村蕩盡。居民僅以身免。皇帝於蠶時遊獵費之中。撥賜五萬兩。作爲救濟之用。然此額中先由禮部扣去二萬兩。次扣一萬。再次扣去五千兩。次第扣抽。至後難民所實受者。不過二萬內外。於是余以爲中國素誇爲有道之邦。以此觀之。其道德固不能較他國爲優。孔子之子孫。殆如歐西諸國利慾神之後裔矣。

十月二十一日(禮拜一)早。余訪侍郞松筠。談甚久。其主要問題。卽關於中國皇帝致英王之書信。彼云。余十月三日之書簡中所云英大使要求條項。恐非出自英王之意。似係該大使之意云云。余對於此。稍事解釋。彼聞之。尙以爲不應對於朝廷有如此要求。可知中國人士所見。殆謂要求非英王之初意。乃大使不稟知君主。而私自以一人之見爲之者。殊爲不當矣。

此等說法。對於英王不失尊敬。而對於大使。不免有難安之處。余亦不與之爭。然余之所慮者。恐中國以余爲傳教人。因與松筠討論之。彼果視余等與一般歐洲人同。以爲專以熱心傳布宗敎爲事者也。余答之曰。歐人、或者有之。至英人從未以宗敎誘人。不過對於支配宇宙最大之天神。世人果肯眞實信奉。無論其宗敎之形式如何。初亦不必反對。英人決非爲布敎而來中國。如廣東澳門之商人。并未曾偕一敎士而來。至於謂余以傳敎之使命來。則尤誤也。觀余之隨從。無一敎士。其事可知。余之從者。皆去邪從正。好善惡惡。非常愼重。斷不以信仰强人之必從也。至於書中所言。不過述英人自古與葡萄牙及其他歐西各國。雖同一宗敎。然英人與彼等異者。則不强使信他敎者信己敎耳。今以歐西各國敎士。與英國同一而觀。我則怪之。

余就皇帝答書中察其意思。第一英國公使常駐北京一事。皇帝甚爲注意。（卽不得同意）對於余之使命。避而不言。乃力述英國商人可受親切待遇之一般實證。第二恐余於宗敎上有一種企圖。（旣如余所述）又對余所否認之一種特占權。謂爲抱有野心。不知余等所希望厚待我英人者。不過使皇帝之餘恩。及於歐西國民。未有別種非望。抑余曾將在廣東商人所受壓抑。及其他不平之事。再三言之。此事皇帝書中亦避而不言。置之無足輕重。然在我英人視之。極其重大。若非速圖救濟之法。廣東通商將萎靡沈淪。中國之不利益。殆由此益甚也。松筠惟安慰余。使余勿因書中之語。心抱不安。並謂中國之法律及習慣。不易變更。故不能更張舊制承認余等之要求。至謂對余等請求之事。漠不措意。殊不盡然。何以故。以雖不信任歐西諸國民。而對余等。則極有同情。此後廣東之英人。或有幸福亦未可知。彼又云。中國行政之大體。皆視諸總督之聰明與盡力如何。所當注意者。是時簡大臣長齡爲廣東總督是也。此人對諸國人。皆極丁寧親切。又其公正誠實。於浙江任中已足見之。對於辦新事業。適當其選也。彼奉命中值廣東問題繁興。彼必詳查其原因。切實審考。將其事件。改正實行。對於英船。必不致有無理之事也。余聞之心中喜悅。不可抑制。余此時囑彼。望將以上之事實。由中國皇帝再致一書於英王。余之所希望者。有此辦法。可以解歐西人士之疑。松筠聞余言。頗以爲難。謂余可往杭州與長齡一見。可以證明各種言論之確實也。

西曆一七九三年　乾隆帝與英王之勅諭

咨爾國王。遠在重洋。傾心向化。特遣使恭齎表章。航海來庭。叩祝萬壽。並備進方物。用將忱悃。朕披閱表文。辭意肫懇。具見國王恭順之誠。深爲嘉許。所有齎表奉貢之正副使。念其奉使遠涉。推恩加禮。已使大臣帶領瞻覲。錫予筵宴。疊加賞賚。用示懷柔。其已回舟山之管船官役人等六百餘人。雖未來京。朕亦優加賞賜。俾得普沾恩惠。一視同仁。爾國王表內懇請派一爾國人居住天朝。照管爾國買賣一節。此則與天朝體制不合。斷不可行。向來西洋各國。願來天朝當差之人。原准其來京。但既來之後。卽遵用天朝服色。安置京內。永不准復回本國。此係天朝定制。想爾國王亦所知悉。今爾國王。欲求派一爾國人居住京城。既不能若來京當差之西洋人。在京居住。不歸本國。又不可聽其往來。常通信息。實爲無益之事。且天朝所管地方至爲廣遠。凡外藩使臣來京。譯館供給。行止出入。俱有一定體制。無聽其自便之例。今爾國若留人在京。言語不通。服飾殊制。無地可以安置。若必以來京當差之西洋人。令其一例改易服飾。天朝亦從不肯强人以所難。設天朝欲差人常住爾國。亦豈爾國所能遵行。況西洋諸國甚多。非止爾一國。若俱如爾國王所請派人留京。豈能一一聽許。是此事斷斷難行。豈能因爾一人之請。以致更張天朝百餘年法度。若云爾國王爲照料買賣起見。則爾國人在澳門貿易。已非一日。原無不加恩一視。卽如從前葡萄牙意大利等國。屢次遣使來朝。亦曾以照料貿易爲請。天朝鑒其悃忱。優加體卹。凡遇該國等貿易之事。無不照料周備。前次廣東商人吳昭平有拖欠洋船價值銀兩者。俱飭令該管總督由庫內先行動支帑項代爲清還。並將拖欠商人重治其罪。想此事爾國亦聞知矣。爾國又何必派人留京。爲此越例斷不能行之請。況留人在京。距澳門貿易之處幾及萬里。伊亦何能照料耶。若云仰慕天朝。觀習教化。則天朝自有天朝禮法。與爾國各不相同。爾國所留之人。卽能學者。爾國自有風俗制度。亦斷不能效法中國。卽學會亦屬無用。天朝撫有四海。惟勵精圖治。辦理政務。奇珍異寶。並不貴重。爾國王此次齎進各物。念其誠心遠獻。特諭該管衙門收納。其實天朝德威遠被。萬國來王。種種貴重之物。梯航畢集。無所不有。爾之正使等所親見。然從不貴奇巧。更無需爾國製辦物件。是爾國王所請派人留京一事。於天朝體制。既屬不合。而於爾國亦殊覺無益。特此詳晰開示。遣令貢使等安程回國。爾國王惟當善體朕意。益勵誠款。永矢恭順。以保乂爾有邦。共享太平之福。正副使臣以下各官及通事兵役人等。正賞加賞各物。中除另單賞給外。茲因爾國使臣歸國。特頒勅諭。並錫賚爾國王文綺珍物。具如常儀。加賜綵緞羅綺文玩器具諸珍。另有清單。王其祗受。悉朕睠懷。特此勅諭。

其二

爾國王遠慕聲教。嚮化維殷。遣使恭齎表貢。航海祝釐。朕見爾國恭順之誠。使大臣帶領使臣等瞻覲。賜之筵宴。賚予駢蕃。業已頒給勅諭。賜爾國王文綺珍玩。用示懷柔。昨爾使臣以爾王貿易之事。稟請大臣等轉奏。皆係更張定制。不便准行。向來西洋各國及爾國夷商。赴天朝貿易。悉於澳門互市。歷久相沿。已非一日。天朝物產豐盈。無所不有。原不藉外夷貨物。以通有無。特因天朝所產茶葉、瓷器、絲斤。爲西洋各國及爾國必需之物。是以加恩體卹。在澳門開設洋行。俾得日用有資。並沾餘潤。今爾國使臣於定例之外。多所陳乞。大乖天朝加惠遠人撫育四國之道。且天朝統馭萬國。一視同仁。卽在廣東貿易者。亦不僅爾英吉利一國。若俱紛紛效尤。以難行之事妄行干瀆。豈能曲徇所請。耶念爾國僻處荒遠。間隔重瀛。於天朝之體制原未諳悉。是以命大臣等向使臣詳加開導。遣令回國。恐爾使臣等回國後稟達未能明晰。復將所請各條繕敕。逐一曉諭。想能領悉。據爾使臣稱爾國貨船。請於將來或到寧波、舟山、及天津廣東地方駐泊交易一節。向來西洋各國前赴天朝地方貿易。俱在澳門。設有洋行。收發各貨由來已久。爾國亦已遵行多年。並無異語。其浙江寧波直隸天津等處海口。均未設有洋行。爾國船隻到彼。亦無從銷賣貨物。況該處並無通事。不能諳曉爾國語言。諸多未便。除廣東澳門地方仍准照舊交易外。所有爾使臣懇請吾浙江寧波舟山及直隸天津地方泊船貿易。皆不可行。又據爾使臣稱爾國買賣人要在天朝京城另立一行。收貯貨物發賣。仿照俄羅斯之例。更斷不可行。京城爲萬方拱極之區。體制森嚴。法令整肅。從無外藩人等在京城設立貨行之事。爾國向在澳門交易。亦因澳門海口較近。且係西洋聚會之處。往來便益。從前俄人在京城設館貿易。由未立恰克圖以前。不過暫行給屋居住。嗣設立恰克圖以後。俄羅斯在該處交易買賣。卽不許在京城居住。亦已數十年。現在俄羅斯在恰克圖邊界交易。即與爾在澳門交易相似。爾國既有澳門洋行發賣貨物。何必又欲在京城另立一行。天朝疆界嚴明。從不許外藩人等。稍有越界攙雜。爾國欲在京城立行之事。必不可行。又據爾使臣稱欲求舟山相近之小島一處。商人到彼。即在該處停歇。以便收存貨物一節。爾國欲在舟山地方住居。原爲發賣貨物而起。今舟山地方既無洋行。又無通事。爾國船隻。已不在彼停舶。爾國要此海島亦屬無用。天朝尺土俱歸版籍。疆址森然。即島嶼沙洲。亦必畫界分疆。各有所屬。況外夷嚮化天朝交易貨物者。非僅爾英吉利一國。若別國紛紛效尤。懇請賞給地方居住買賣之人。豈能各應所求。且天朝亦無此體制。此事尤不便進行。又請撥給廣東省城附近地方一處居住爾國夷商。或使澳門居住之人。出入自便一節。向來西洋各國夷商居住澳門貿易。畫定住址地界。不得踰越尺寸。其赴洋行發貨之夷商。亦不能擅入省城。原以杜夷民之爭論。立中外之大防。今欲於省城地方另撥一處給爾國夷商居住。已非西洋夷商歷來在澳門之定例。況西洋各國在廣東貿易多年。獲利豐厚。來者日衆。豈能一一撥地方分住耶。至夷商等出入往來。悉由地方官督率洋行商人隨時稽察。若竟毫無限制。恐內地人民與爾夷人間有爭論。轉非體卹之意。覈之事理。自應仍照定例。在澳門居住。方爲妥善。又據稱英吉利夷商由廣東下澳門。從內河行走貨物或不上稅。或少上稅一節。夷商貿易往來納稅。皆有定則。西洋各國。均屬相同。此時既不能因爾國船隻較多。徵收少有溢額。亦不便將爾國上稅之例。獨爲減少。惟應照例公平抽收。與別國一體辦理。嗣後爾國夷商販貨前赴澳門。仍當隨時照料用示體卹。又據稱爾國船隻請照例上稅一節。粵海關徵收船費。向有定例。今既未便於他處海口設行交易。自應仍在粵海關按例納稅。毋庸別行曉諭。至於爾國所奉之天主教。原係西洋各國向奉之教。天朝自開闢以來。聖帝明王。垂教創法。四方億兆。率由有素。不敢惑於異說。卽在京當差西洋人等。居住在京。亦不准與中國人交結。妄行傳教。華夷之辨甚嚴。今爾國使臣之意。欲任聽夷人傳教。尤屬不可。以上所論各條。原因爾使臣之妄說。爾國王或未深悉天朝體制。並非有意妄干。朕於入貢諸邦。誠心向化者。無不加之體卹。用示懷柔。如有懇求之事。若於體制無妨。無不曲從所請。況爾國王僻處重洋。輸誠納貢。朕之錫予優嘉。倍於他國。今爾使臣所懇各條。不但於天朝之法則攸關。卽爲爾國王謀。亦俱爲無益難行之事。茲再明白曉諭。爾國王當仰體朕心。永遠遵奉。共享太平之福。若經此次詳諭。後爾國王或誤聽臣下之言。任從夷商將貨船駛至浙江天津地方。欲求上岸交易。天朝法制森嚴。各處守土文武。恪遵功令。爾國船隻到彼。未免使爾國夷商往返徒勞。勿謂言之不豫也。其懍遵毋忽。特此再諭。

第五十五章　廣東外國商館與公行

貿易中心之廣東　自十七世紀末年（康熙三十八年）以前。在中國通商之外人。皆集中於廣東。此由廈門、寧波等港。中國官吏強收之稅過重。且無限制。而主張多收稅之中國官吏。與主張少納稅之外國商人。其間常起交涉。中國官吏以外商等進口獲有利權。應納相當之代價。彼外商當需索過多之會。往往暫不通商。由辦貨人先與廣東官吏交涉。倘在稅額未論定時。則停船於虎門之外。此普通手段也。而關於收稅之事。其整頓之第一步。始於康熙四十一年。當時有所謂官商者。其性質實指定一人為經手人。外國人等購買茶絹。皆出於其手。又其時外貨銷入內地者。由彼購買少數。以限制之。此專賣法不僅妨害一般實對於外商。而加以當頭之棒。何則。以有此專賣權而名為官商者。並非廣東豪商。故買賣一般貨物。不得不生遲延之弊。又因之指定之官商外之商人等。失其貿易之利。中國官吏對於外國船舶之權力。雖毫無所損。然藉此以徵收產物稅。則其權甚大。後二年。當局有鑒於此。不得不分此專賣權於他人。為取償計。就各船強徵五千兩。是為特別通商稅之一種。

廣東稅吏與東印度會社之契約　康熙五十四年（西曆一七一五年）英國東印度會社。決與中國整頓通商事件。適是時中國之官吏及商人等。亦頗願整頓。又販貨人等苦從來妨害通商之重稅。及其餘困難事情。因設定粵海關一種條約。舉其條項之要者如下。

一　不受限制得自由通商。

二　雇用中國傭僕。或訂雇或解雇。雇主可任意爲之。幷雇用英國奴僕權限之自由。

三　凡商館及船舶。倘需用購買食物及其他必要用品。得任意採辦。

四　非賣品之貨物及商館之需要品。皆免除稅金。

五　在海岸設幕屋。於其處修繕帆桅等。

六　船舶所屬之小艇。掛有其所屬之旗者。不受檢查得以通過。

七　管理運貨人之寫字桌及箱。不受檢查得以通過。

八　非理之輸入輸出稅。及强求稅。不得再行賦課。常人與官吏之侮辱。及納稅有留難者。稅關官吏應加保護。

上所定各條。雖無前例。竟表同意。然尙有第九條。廣東稅關官吏不能認允。第九條所言。卽減去四分稅之事是也。此四分云者。從買賣物之價格而設定。其四分之一爲酬謝辦理此事之紹介人者。其他三分。係由船內營業商人抽收者。專爲外國商人而設。要之全部分爲中國官吏所得。習慣上遂成爲一種之稅矣。

・廣東創設公行・　康熙五十九年。廣東商人等組織一種機關。名曰公行。亦稱爲外國協商組合。其目的專爲劃定價格而設。卽販賣於歐人之貨物。彼等定以正當之價格。不論賣者爲何人。總之對於貨物應得若干之純利益。則於此協定之也。然官吏則藉此爲抑制外國貿易之行動。蓋此行雖非由官命而設。而實爲官吏所擁護。於是販貨人等提出抗議。謂總督若不禁止此種之獨占團體。則寧停止通商。因此公行一時廢止。然不久仍復舊觀。

稅金之增加與東印度會社之抗議　照例之强求稅。依然年年增加。販貨人更揚言曰。若此稅不減。卽將諸船離廣東。向廈門通商。於是廣東稅關官吏約減至官稅額以下。其翌年對於販賣於外人之貨。又照價格課一成附加費。於是外人不平。向總督抗議無效。雍正十年。諸船皆泊虎門外。要求確踐康熙五十四年之約。廣東稅關官吏雖卽時承諾。然稅法之不統一。依然如故。至西曆一七三六年。乾隆帝新卽位。帝德廣遠。對於廣東特發恩命。免除一成之附加稅。總督乘此機會大收賄賂。以肥私囊。其額不下三萬兩云。然所謂不正當之强求稅與船舶進口時之船舶檢查費。次第結合。遂成爲一千九百五十兩之定稅。此稅定後。自雍正十二年起。乾隆二年。十二年。十七年。十九年。二十五年。每提起反抗。皆歸無效

廣東之商人保護制　乾隆十九年。運貨人等見强求稅太重。不能負擔。以此通告總督。謂此稅若繼續如此。以後之商船無一艘來廣東。總督乃命稅關吏以力之所及。講究救濟之法。諸船乃相約入口。是年總督以命令設定商人保護制。翌年對於公行商業交易之事加

以限制。又商業上無資力之小商人。令其閉歇。因此限制束縛。直影響於外商之商業。彼等提起抗議。以斷絕通商相脅。答詞則曰宜自圖救濟。然其態度甚冷淡。徒爲無效之回答。商業益受壓抑矣。

定廣東爲唯一外國通商口岸　廣東之商人。因外人之抗議。乘機起而圖謀之。其結果乾隆二十二年。頒布上諭。定廣東爲唯一之外國通商口岸。其他各港皆禁止與外人通商。當時東印度會社。在厦門、寧波、經營商務之策畫。竟歸畫餅。東印度會社曾託天津大吏代奏。亦屬無效。勝利之效果。爲廣東之官吏及商人所收。乾隆二十五年。公行又正式成立矣。

公行之解散　然公行究不能不受官吏之壓制。乾隆三十六年。其大部分皆破產。尚有欠完稅金者。於是公行被解散。然其對於外商之債務。皆使償清。其額約十萬兩。皆交還東印度會社。

外國資本流入廣東　有一種輸入品。不被檢查。不納稅金。得以潛暗而入者。非他資金是也。然何故而資金輸入獨盛乎。當時廣東利息。普通月五分。暫借者二分或三分。而用價值不變之品擔保者。尚不下一月一分。有此種利息。於是無限制之金錢。由印度搬運而來。貸與廣東商人。因此至乾隆四十七年。廣東商人多負債於外商。其額達三百八十萬千零七十七先令之鉅。此等債權債務金錢上之信用。本爲中國人固有之美質。償還債務。從不懈怠。政府亦發布敕旨命債務速卽償還。並戒彼等後來不得再負債務。結果則設立一種組織。依舊名之爲公行。對於外國通商爲唯一之經理者。又對於政府命令保證其適當之服從。成爲政府與外商之傳遞機關。又可作爲紹介者。而基金又歸該行管理。此基金係備課外國通商三分直接稅之用。者而有時亦兼可利用爲應答債務罰款損失等之義務責任。

官吏與公行之關係　廣東商人設立公行。所有特權及組織。此後六十年間毫無改變。既因政府之權力而鞏固其地位。復爲政府之手足以活動。又爲官吏收入賄貨之門戶。廣東關稅吏除得公布之稅金外。其附隨正稅之所得者。遠過於正式所入之上。公行卽彼之器械。用之以司外國通商金貨流出之機關。計其私人之收入。僉評爲羅馬盛時以來無此巨額之金也。總督雖於地位上有保全法律及秩序之責任。然實際上則傚廣東關稅吏。私以不正方法取得巨金。彼等從多年之經驗。知保全其十分尊嚴之態度。而又可維繫外商人等。其最簡之方法。不外於以公行爲媒介。總督如此。所有廣東官吏莫不如此。於是遇有爭論之事。公行爲一不可缺之當衝機關矣。

束縛外商自由之規定　自乾隆二十四年。因總督李侍堯之奏。採用所謂防範外夷之五事。以來而對於一般外人及其船隻與通商等件種種壓抑之規則。又隨時而增補其條項。此等條項之宣布於外國商館也。命繙譯高聲讀之。以表明其非空文。云其重要者如左。

一　戰艦碇泊於江口外面。不得入虎門水道。軍艦到時。要求艦內測量費。此規則常行於十八世紀至十九世紀間。通常拒絕此要求。然亦有時應諸者。

二　婦人不可偕來商館。銃礮槍及其他武器。不得備置該處。此規則奉行嚴厲。至西歷一八三〇年四月頃尙行之。某日對於澳門來訪英國商館之三婦人。卽時命其出發。以停止商務脅之。又是年十月。美國婦人若干名來此處居住數日間。又惹起紛擾。

三　公行不可負外人之債。規則雖如此定。然外人等貸放不止。中國人亦借用不已。兩方公然保存帳目字據。曾幾次命其淸算。公行於道光十一年。（西歷一八三一年）始行淸帳。然其後五年間。此種應還債額。仍達三百萬先令。

四　外國商人等不準用中國僕婦。此條項後漸通融。然於嘉慶十九年及道光十四年十九年多事之際。中國官吏亦利用爲唯一之武器。

五　外國人不準用轎。

步行爲外國人當然之事。今不必贅言。

六　外國人等不得乘舟游行江上。每月惟初八十八二十八三日。得遊玩於花園。但不能不帶繙譯。繙譯隨意雇請。但其雇主之外人有不當行爲時。繙譯當負其責任。

此規則惟於遊行市街最爲注意。

七　外國人等不得自行進稟。凡各種請願。不可不由公行經過。

此規則乃公行擅權之基礎。毫不能通融。至道光十一年稍爲更改。凡公行若隱瞞其請願書不爲呈送。准外國人一名以謙讓之態度。得到城門口。但不得入城。將其稟單託守城人進呈。此雖明示讓步。然亦成爲空文不實行也。

八　所有住商館之外國人。不得不受公行員之指揮。其購買貨物。無一不經其手。此在當初恐外來之商受本地奸商之欺誑。及其後也。對於所有住商館之外商。不許隨意出入。恐其有與本地奸商交易。及其他秘密買賣之事也。

此種規則歐洲中世之商行嘗强行之。卽十世紀頃行於英國。其後意大利、法蘭西、荷蘭、亦行之焉。

九　通商時期已過。外國商人等禁止其在廣東居住。卽在此時期以內。貨物賣完。卽將所購之物裝載歸國。若不歸。可往澳門。

歐洲商人相當之時限爲四十日。但廣東當局以金錢運動之故。商人得以種種口實數日暫留於商館。且每年退去時須納退去之許可金。其額普通爲三百兩。

以上係關於外國商人等之主要規則。壓制可謂甚矣。

廣東商館之外人生活　外國商人等冬季居廣東時。住於辦事之商館。此館爲公行所有。以其全部或一部出租於外人。商館之數。凡有十三處。此等商館之外國商人欲雇用司帳員、驗定金質者、傭僕、廚役、擔水夫、及船夫等。皆由護商人介紹之。又公行員亦常保護彼等。卽彼等虧累時。爲之申辦。對於政府而負責任。惟彼等獲得利益之時。索取報酬金而已。

澳門及廣東之往復　外國商人等有出相當之稅金。得澳門知事之許可。而至此等商館者。計其進口時期。適當十月下旬西南貿易風未終之時。此風由馬拉加海峽向廣東方面直貫中國海。是時乘風行船。其行甚速。當以此時向廣東進行。先與護商人協定契約。此種護商人。非彼十三商館者不可。凡關於外商之行爲。對其船及船員由購求一籃果物之小事。以致殺人之大事。皆由護商人擔責任。該船當東北貿易風尚旺裝載貨物。下中國海赴澳門。而臨去時。爲下次復來之許可。計非再出相當之稅金不可。

船舶進口辦法　往廣東之船舶。先赴澳門。直至知事衙門。請一人爲引導者。其引導者之費。與淺灘所用小艇等費用。共百五十先令。又於此地雇繙譯。其工食正當開銷。自百七十五先令起至二百五十先令止。但繙譯而外。兼辦庶務者。別須報酬。由此處至黃埔。當雇雜貨商在船內販賣小品食物等。其工資亦由五十先令至二百六十先令不等。緣供給船內食物及貨品。非彼不可。故每故意高其價目以牟利。由是船乃向虎門水而出發、到虎門卽行檢查船內繳納稅金。然後向黃埔出發。船在黃埔普通停泊三月。其間繙譯員、船內雜貨商、挑夫、舟子及其他各種人等。得利益亦頗多。又爲航行自由起見。對於下級官吏每日每月常略出小費云。

輸入品之販賣　船達黃埔。由廣東之運貨人。取商品目錄。詳細說明。交於護商人。外國商人從此關於輸入貨物之事。置之不問。悉聽護商人之所爲。且亦不知有正稅官及吏之强求稅。惟出其總價格之三分爲費用而已。其販賣之主顧。僅以護商人爲限。護商人爲外國商人供給其事務所及倉庫及宿舍及雇用傭僕等。其輸入品專用特別之艀船運至倉庫。而護商人之定價格也。先將利益與開銷各項通盤計算。有利息若干。以爲標準。其稱爲開銷者。卽完政府之各稅及官吏之强求稅。皆在其內。據東印度會社所言。由英國販至廣東之英國產物二十三年間之眞正損失。達百六十八萬八千一百零三鎊之巨額。其故實由於需要强求稅太多。更由於護商人有絕對權。商人不能自由競爭自定價格之所致也。

輸出品之購辦　輸入品既如上所述各種辦法。無煩外國商人等之思慮矣。今以其賣出之款。購買貨物。以現款辦貨。亦有限制。絹物一船限載百四十擔。中國產物。除茶葉外。亦無別種之重要購求物。故茶葉實占外國貨物之重要部分。但輸出品與輸入品。一律皆由護商人之手採辦。然茶葉一項習慣上外人可以容喙。此通商期告終。得定下通商期之定價定量。否則單估定量。而價格待下期開始。從其時價。亦可特彼等決定今年或明年之價格時。不得由彼等個人意見。須與護商人協定耳。又當輸出品之購買也。公行對於買賣之總價格。往往使之買浮於賣。其他如介紹某商船交易。全爲一人經手。表面上雖取現金。實則以貨物交換。若茶價下落時。護商人等常於其間隨意減其輸入品之價。使之平衡。事情如此。故白克氏嘗以中國專業權與東印度會社相比較。其中有云。「中國專業權。於國內受中國地方行政官之保護。提出種種條項。使之實行者。乃中國商人之分內事。而與外國人何與焉」然而外國商人。亦服從此規則。則所以抑壓而監督者亦甚矣。今更論其關於財政者。

對於船舶稅之強求　船舶上不法之支出金。屬於祕密者頗不少。如前述船內之雜貨商專有供給物品之獨占權。是其一例也。政府之收稅辦事員。其下級者不能不與以賄贈。且進入於開放之河川時。對於其許可及檢查等件。亦需一種之稅。此種稅有法定與非法定二種。凡進口船舶。皆不能不納。

各種貨物之强求稅　附隨輸入輸出之貨物而取一種之强求稅。其金額殊出意料之外。蓋其應行支出之價格。包括於要求之價格之中也。然外人亦莫能明了。以平日且不許游行街市。故外國品之需要若何。中國物產之豐歉若何。價格之漲落若何。一切皆不得要領也。某歷史家謂此等不定稅。有時全爲無理由之課賦云。

外國商館之不平　住於商館之商人。於其所以受害之原由。雖無從覺察。然不能自由買賣。及不能自行買賣。則其苦痛易知也。且於正稅之外。並課以任意增加之稅。則章明昭著。易起不平者也。其所以對於永久多額之强求稅不能不憤者。以徒負納稅之義務。而終不得保護之利益也。

外國船舶之增加　外國商人。雖爲强求稅所苦。然其商業猶漸次繁盛。蓋中國乃外國商人所欲經營之地。故百折不回如此也。乾隆十六年（西曆一七五一年）英船九艘。荷蘭船四艘。法船二艘。丹麥船一艘。瑞典船二艘。總計十八艘。泊於黃埔。後乾隆五十四年（西曆一七八九年）。船漸增加。英船六十一艘。美船十五艘。荷蘭船五艘。法船一艘。丹麥船一艘。葡船三艘。總計八十六艘。然至英法戰爭之時。其鮮明旗幟。翩翻於中國海上者。惟英船美船而已。以當時英國已握海上霸權。而美國守局外中立。對於各國皆無嫌怨故也。自嘉慶十七年（西曆一八一二年）至十九年。美船獨營他人所不能營之商業。至平和克復後。歐洲大陸國民極力經營。自一八二五年至一八三四年、此十年間。荷蘭人平均每年派千五百二十賴司特（近代噸數二千六百六十噸）之船七艘東來。此種船平均載價值四十九萬八千九百五十先令之輸入品、四十六萬八千三百三十先令之輸出品。其他諸國視此。

英國通商之內容　英國商務因鴉片而益加繁盛。比較十六年之初期、約占輸入品六分之一。至後期則達二分之一以上。其次之重要品為印度綿花。約占輸入品四分之一。英國產物。其重要者為羊毛織物。占總數八分之一。又鴉片綿類以外印度所產之各物及南海香料島物品。至後期而約在十分之一以下。輸出品中茶占五分之三。絹占五分之一。綿織物亦為當時中國輸出品之一。英國之通商、概而言之。以三角形動作為基礎。即英國以物產送印度。又以印度物產鴉片綿花及其餘者送入中國。因之中國對於此種輸入品以茶及其餘物品為對換之一部。轉送入英國。而英國以此種產物賣出之剩餘現金送入印度。復為通商云。

美國通商之內容　美國通商。輸入輸出每年共達六百萬先令以上。加以每年開支船費稅額約三十六萬先令。其商館維持費亦不相上下。此種交易多為現款。自後物品增加。而需要現金亦因之增加。覺貨物交換買賣為利益。而現金交易為之一減。商品之重要者。為亞細亞諸國之鴉片。及該地物產等。各船所載。殆無本國之物。惟購買茶葉、絹物、綿布送回本國。美國通商亦成三角形。美國先以本國物品至歐洲。於其地發賣。運其所得西班牙貨幣送入中國。後又送回本國。其船隻當拿坡侖戰爭時局外中立。得利益不小。在歐洲諸港從事商務。滿載西班牙貨幣向中國之廣東出發。買中國之茶葉、絹物及綿布滿載而還美國。其間循環往來。往往用現金。據記錄所載。道光十二年。在廣東之美國商人需倫敦匯票二百四十八萬零八百四十一先令。又道光十三年需四百七十七萬二千五百十一先令此匯款為美船供給輸出品之用者也。

一般滿意之通商狀態　住於商館之外國商人等。對於中國商人。就其位置關係上。尚無不平之感。因公行制度雖獨握專業權。而軋轢之事。幸亦未見。外國商人等亦因其本國與商場相隔甚遠。交通不易。寧喜彼等有專業權。可以代其辦理也。東印度會社仍保存英國商業之獨占權。當時股金之利息。由中國通商所得之利益開支。外國商人等除對於船舶稅及基金外。不直接繳納稅金。又凡中國官吏強徵豪奪之虐政。皆為間接。並未身受。惟幽居於商館之中。以過此不愉快之生涯。而講求將來滿足其希望之法而已。而在中國商人亦頗滿足。卽公行之中。可毫無口實而得數萬之金圓為基金。且支出之後。其補償又源源而來。而當時之官商例得賄贈。其滿足更不待言。不特此也。中國商人與外國商人更生親密之個人的關係。而商行為上之名譽及誠實。中國人之特質。為豎古今橫東西之所絕無。

其所謂商行爲者。無須字據之契約。但憑口頭之契約。且公行制度之優點。不但使外人得有貿易贏餘。且置有相當之財產。（意卽俗所謂太平公積）倘外人經濟困難。而負債不能償還時。卽以此款爲抵消。則當時感情之融洽。固可以想見。而中國商人贏利之厚。得有如此之餘裕。亦可推測而知。至於中國商人有負債時。外人不但借以金錢。凡交易上之債務。於一年之終應完外商者。常達三百萬先令以上云。

中國官吏對於公行之壓制　公行由外國貿易獲取利益。然其負擔亦甚重。爲公益而捐十萬兩五萬兩之事。常常有之。例如歲値飢饉。或黃河汎溢。或開官職捐時。報效捐款。皆是也。道光十一年。以勅令償還中國商人負外商之債務時。公行員某曾捐百十萬先令。餘亦準此。又道光十一年。贖還廣東市之時。又捐百萬先令。此種捐款。可謂課於公行之額外追加稅也。彼等由正當或不正當所得之入款。供給官吏。如自來水管。然源源不絕。以如此重大款項之支出。而當時行員名何呱　Howpua　者。已有二千六百萬先令之財產。亦奇矣。此額在當時。乃爲至大資產。然尙不過作福作威之官吏。百端需索之後。所剩餘者而已。

外國商人不平之條件　外國商業上之成效。雖甚樂觀。而同時關於外商地位之低下。則頗多不平之聲。其不平之要旨如次。

第一　通商課重稅

第二　公行之專業制
第三　中國商人負債償還之不確實。
第四　商館居住之生活規則過於嚴峻。及禁止長年住留廣東等事。
第五　不得直接稟呈官吏。若緊要時。必經由惟一之公行。

英美各商地位之對照與東印度會社獨占權之廢止　通商限於廣東一港。實對於中國人不平之重要原因也。當時各國政府對於中國官吏。並未要求改良救濟之法。因之住於商館內之英國商人。頗有抱悲觀者。彼等僅得由東印度會社許可而來通商。而與本國之通商。全然離絕。因此與美人之自由通商相比較。實有天淵之別。且此等美人出入於商界時日尚淺。由拿破崙戰爭中守局外中立之時起。加之以天賦之才能。敏捷之行動。與其水夫等之勇敢剛毅。而美人在廣東之商業。忽立於英人之次位。當時美人眞可謂自由通商。因美國無一專業權之會社。限止通商故也。而波斯頓、沙類梅、紐約之商人、及水夫等專求良好地方。以貿易。毫無牽掣。此乃英國商人所希望而不得者也。於是在廣東之英商與在本國之從事製造業者。乃提出英商與美商比照之議論。更欲將東印度會社之專業權所行使於中國通商者。盡行廢止。一時釀成物議。遂爲事實之母。時道光十四年（西曆一八三四年）也。

中國人之疑懼　此事於數年前。已有豫兆。中國官吏所最懸念者。以無有統率如大班者。

則如此散漫無稽之英人將無法管轄也。但差得無事者。因英國通商。尚受統率於公行之下。至不得已時。猶可命此統率者行其壓迫手段。以停止通商為最後之方法焉。道光十一年（西曆一八三一年）。正月廣東總督命公行對於東印度會社管理人提出一種希望。即「該會社或有解散之時。則宜置一通達商情之大班。以之處理商業交易等項」云云。雖然此在中國。則以為東印度會社之委員長。而在英國。則以為中國通商之欽命主務監督。其主觀又各自不同已。

第五十六章　拿皮樓及其對等權之主張

東印度會社專賣權廢止後之勅令　廢止東印度商會專業管理權。使中英通商。一旦開放。為將來規定之準備起見。英國政府又發布勅令焉。第一、出入廣東當完全受中國法令之管轄。英國當派一監督。與以管轄商人之全權。第二、於廣東及廣東停泊之船上。設刑事上及管轄海上之法庭。其庭長以當時之主務監督充之。

拿皮樓卿任命為主務監督　一八三三年十二月一日。英王任命拿皮樓 Napier 為主務。監督勃羅登 Plouden 為副監督。又任帶威 Davis 為第三監督。此皆以管轄廣東虎門以內為限。監督英國商民在中國之通商事務。所屬地域。依一八三六年五月二十八日之命令。擴張至澳門及伶仃兩處。勃羅登當時為東印度會社特派委員長。於任命未到以前。

已去。中國再任魯濱孫 Robinson 爲第三監督。帶威陞爲副監督。此兩人皆由特派委員中選出者。而其書記官則爲阿斯迭。

拿皮樓卿所受英王之手諭及外務大臣之訓令　據一八三三年十二月三十一日。國王蓋印之手諭。誥誡監督。極其詳細。書中大意。所有處置。皆取親睦中國之精神。監督在廣東擇一應盡其職務之地居之。其在廣東與廣東港內及河內各處。此後悉依英國政府指定之地。此外則非其權限所屬也。如英國國民之間。或與中國人及其他外人等有爭論時。當由監督等妥爲調處開導。務使兩者和平解決。又監督人等有時或與中國官吏等抗議。宜持溫和態度。若以恐嚇言辭。並求海陸軍保護等事。皆屬不可。但非常事變時不在此限。該監督人等。切不可使中國人民及中國政府。猜忌我、憤怒我、或疑我有叵測之謀。當留意於言語行爲之態度。該監督等爲維持親睦起見。宜研究實際法。各監督守此法令。無論對於英國人民、或中國人民及其他外人等。以正道與誠篤出之。至於服從中國之法律習慣。尤應身體力行焉。

又一八三四年正月二十五日。外務大臣巴馬斯統卿。Lord Palmerston 以特別訓令誡拿皮樓曰。關於裁判事件。非有極重之事由。不可逕行勅令所許之司法權。又曰。從中國所規定。英國戰艦一艘。不可入虎門水線內。但非常之時。不在此限。又依此項禁令。卽載拿皮樓往廣東之速行船。亦同受此限制。蓋英國政府將由通商團體。所得英國通商之管理權。讓與中國。以買其反對黨之歡心。此種訓令實無異廣東總督所起草也。

拿卿到廣東　一八三四年七月十五日。拿卿到澳門。設立公館後。乘軍艦赴穿鼻。卽至黃埔。二十五日晨乘一商船小艇到廣東。卽欲以書報告總督盧坤。當繙譯中文之際。公行員二人來訪拿卿。彼等爲傳送總督之命令而來。對於命令以丁寧鄭重之禮。卻還之。拿卿致總督書中。表示其爲英王之代表。不受命令性質之文書。並自言爲英國通商主務監督。與帶威氏及魯濱孫。同受王命協辦此事。因此特到廣東。具告總督。更述有保護獎勵英國通商之權。得隨時行使司法行政權。而請親與總督面晤。

拿卿致書於廣東總督　書記官以中文譯之。於二十六日送去。然總督官吏等衙署。均在城內。外人不許入。照向例遞書於城門。欲以適當儀式交與總督。而不經公行員之手。免致如前此之輕視。然送書者在城門待至三時間之久。受各種侮辱。所遞之書。終被拒絕。據其所聞。商務監督之信件。以經公行員之手爲正當辦法。繙譯者請出書信之原稿示之。彼乃拒絕。待之許久。廣東按察使來。因以書簡呈之。被拒回。又向公行領袖何呱託其設法。彼亦不納。於是由總督衙門退回。再呈其書於按察使。復被拒。翌二十七日。公行員咸來訪監督等。彼等之來。從廣東總督之指使。要求書中文字稍加更易。拿卿雖允許。然不肯改公函爲呈請。二十八日。何呱通知拿卿。謂去書若不照呈請辦法。總督不願接受也。

中國官吏之行動　拿卿來廣東。致書總督。通告來廣東之任務。而發揮其平等權之主張。總督乃於七月二十一日。發命令於公行員。問以此次新來之首長。其位置與舊時大班比較之有無異同。結果乃知大班係從事通商者。對於他之商人。立於管理之地位。由中國許可而來廣東省者也。然新來之首長。則不可與大班同一看待。總督乃派公行員至澳門。詢該首長來中國之目的如何。是否因東印度會社特權廢止之故。爲商改通商之辦法而來。並告該首長除服從中國法律者及大班與商人外。非經北京政府之照會。無論何人皆不得來廣東。該首長縱爲有特別之職務而來。然須俟總督請朝旨之准否。而後可以定奪也。

總督之命令　公行員乃將此等命令傳知拿皮樓。及抵澳門。則拿皮樓已去廣東矣。蓋中國官吏素性迂緩。乏決斷力故也。七月二十六日。拿皮樓致函總督。要求以書簡代稟單。二十七日。總督絕對拒絕。並於是日發命令書。使公行員傳達於拿皮樓。

總督對於當時情事之評論　命令書署云。英人通商廣東。百有餘年。當時曾服從現行之規則。此規則曾上奏皇帝。特蒙嘉獎。故近來以之爲中國之國法。彼英人既如此服從。所以能獲通商之利。而享平和之福也。規則之主旨。僅許英人在澳門居住。若以通商之目的。欲入廣東。則必由廣東稅關發出許可證書。而後可行。是以公行員等。攜通譯者及經理人等至此。必以此旨明告之者。亦當然之結果也。今夷酋拿皮樓在澳門。不待總督之令。不獲稅關之許可。竟至廣東。實屬目無法紀。該稅關官吏以怠慢職務之故。因是而被審問。尙以拿皮樓不通中國法律。付諸原諒之列。彼關於通商情事。仍許其調查。惟調查告終。須卽歸澳門。不得延遲。以後非許可。不得再至廣東云。於是總督籌所以對付之法。卽表示其意見如下。

夷酋至廣東之目的在通商。大清帝國任命文官。所以管理庶民。武員所以鎭壓匪類。如通商瑣事。一任商人處理。官憲之於商務。漫無關係。夷人通商。如欲變更通商之規則。無論何時。須與公行員接洽。兩者連合以陳述於稅關監督。再稟呈於余之官廳。至其許可與否。須待公布。有提起新問題時。則奏明皇上。俟上諭之下。卽爲解決之期。辦事方爲有效。命令既發。必須服從。

大清帝國諸大臣。不得以私交與外國人通信。前夷酋之送信於余也。余爲總督。例不可受。廣東城外有一商館。名東印度會社。係外國人至廣東通商所居之地。彼等在商館內。雖許其衣食起臥。買賣自由。若出外逍遙者。禁此。皆由法律命令所規定。不可違反。要之國家之有法律。到處皆然。英國亦有法律。况堂堂天朝乎。大清帝國之大法大令。赫赫炎炎。其威力不異雷霆。誰敢於天日之下。蔑視此大法哉。受天朝之保護。沐浴恩澤之國。數殆以十萬計。不第四面環海之一英國已也。夷酋越波濤萬里而來。職司商務監督。既有高貴之權威。必熟悉通商之原則。身爲首長。須體會自身之職務。不盡厥職。將何以管轄英國商人等耶。

最後總督通知公行員。謂公行員及通譯者。有疎通拿皮樓之意思。使其服從命令之責任。並言及彼等與外人直接多年。關係密切。熟悉外人之習慣。若不能說服外人。則公行員須受嚴重譴責。卽通譯者之生命。將亦不保也。

命公行員等各負責任 總督發此命令於公行員等三日後。卽七月三十日。又提起此事。更遞到嚴重之命令。略曰。大班與商人。服從上諭所定之規則條令。始許其至廣東。而夷酋之來中國。以此次爲始。夷酋至廣東一節。已成一新問題。仍須居留澳門。不可違抗。乃夷酋則云。吾不知服從中國之法律。公行員對於外人之一切事項。當然有處置之責任。故令其詳細調查當時情形。報告前來。一面須設法使夷酋卽時出發。早去廣東。嗣後又發命令言夷酋不得徘徊於廣東市附近。及居留市外之外國商館地方。彼縱有關於直接監督上之必要事件。亦當暫居澳門。敬待朝命。如有反抗命令之事。則治公行員以辱沒國家權威。並其懦弱之罪云。

外國公行員境遇之困難 八月八日。公行員之首領二人進訪監督。勸其卽歸澳門避暑。

因當炎熱之際。澳門較廣東爲適宜也。此時公行員之地位。前有猛虎。後臨深淵。困難萬端。莫可言狀。回思過去五十年間。政府之命令常由彼等傳達。在政府固確信其能服從命令。遵奉規定。是以外人凡關於通商所發生一切之責任。常賴彼等擔負。然外人無論如何禮讓。或如何抗議。其結果則中國官吏與外人之間。尚無十分隔閡。卽不得已有時用最後之手段。停止通商。因此尚可使外國商人受我之指揮。今則發生關係者不獨商人已也。就中國高級官吏之通信觀之。亦絕對拒絕公行員之介紹。而此時此際。勸告監督之往澳門。所持爲唯一之理由者。則在避暑適宜。論據非常薄弱。語氣更難振奮。欲以曩時對待外商之語調。强迫拿皮樓以就我範圍。又實無此勇氣。故拿皮樓深知之。亦拒絕其會見焉。

再制定束縛外商之規則　八月四日。公行員由廣東稅關接獲命令。此令彙集總督信函。於限制外商現行規定中。復制定緊要部分。更命其實力勵行。其綱要如下。

第一　從來夷酋及船長等其乘船所附之小艇。如樹立有旗。卽可不受檢查及抑留。可自由通過。但送信船限用中國舢板。自今以後。無論何艇。悉至稅關碼頭防有武器及違禁貨物。不可不檢查。

第二　在廣東之外國商人等。不得攜帶小槍大礮。從來稅關吏之檢查軍隊之偵探。皆有責任。今後若遇外人以大礮及軍器秘密輸入廣東。須盡全力防止。此時軍隊如疎忽不能發見或發見後又故意放過。無論官長兵卒。執刑不赦。

第三　外國人等不得秘密以外國婦人運入廣東。若有故意反抗情事。即停止通商。將此等婦人强制送還澳門。如稅關之巡視兵。發見外國人運此等婦人進入廣東。須即時阻止。勿使偸入。

第四　外國商人等居住公行員之商館。內公行員當負抑制檢查之責任。勿使其隨意出入。此無他。恐外人與中國莠民交接。締結秘密協約之故耳。

第五　外國人等或有求稟事件。重大者可將其請願書代爲提出。交於護商人。唯外人不得自到市門。上請願書。關於通商普通事件。可交付稅關 Hoppo

一八一六年。（嘉慶二十一年）某總督對於外國人一身上之限制。寛嚴互用。大畧如左。

外國人等幽閉外國商館內。恐其中生有病人。從今以後。可許其如前散步河南寺 Haichwangsze 及花園地方。彼等每月三回。即八日十八日、二十八日。可往此等地方游行。唯一羣不得過十人。以外同行之通譯者。凡過稅關及西砦等處。須將當日之情形報告。日沒後須還稅關。然後報知歸館。彼外國人等不准有飮酒亂暴及外宿等事。又不得逍遙廣東市附近及諸市場。所以如此者。蓋絕其釀亂之源也。

英商之行動 八月十日。公行員擬於明日在其本部。召集英國商人等。協議時事。不料拿皮樓卿。先此會期。開會對待。彼與帶威主張。不到公行員等所召之會。英商滿場一致決議贊成。其所持理由。一因彼等並無何種善法。一則因無論何種行動。不欲脫離商務監督者。以此之故。公行員之協議。竟歸無效。乃於十一日將總督及稅關所下之命令書。送達英商資格較深之維廉却典。WilliamJardine 與勒斯羅鄧脫及拜火敎徒夫蘭其等。Lancelot Dent此命令書卽前節所述者是也。

停止通商之威嚇 公行員等。爲保全自己地位計。於八月十六日。任意決議停止商業。凡關於英商之貨物。一概停止載運。其初拿皮樓卿聞此種行動。係依總督之口頭命令爲之。至八月二十七日。始知此事並非總督箇人之本意。彼蓋於八月二十七日總督與公行員之命令書見之也。此命令書者。總督就自己之觀察點。調查當時事實。加以批評。謂夷酋之不規則。係一人之過失。因此累及多數人之通商。殊不得當。但又云中國內地物產如茶絲絹大黃爲英人經營生活上必要之原素。如彼黑絨駱駝毛布。在中國並無何等重要。因此之故。拿皮樓卿不得不就總督所見。再三詳察。彼以爲總督主張頑固。如一步不讓。則自己對於國民開放市場之希望。不能達到。而通商卽時停止。商業關係。亦將永遠斷絕矣。

會議之開始 拿皮樓以爲確定使命之目的。須有唯一之手段。遂定直接通函總督之計。

其措辭有云推中國人之意思。以爲通商者。英人之利也。不知通商之利。不僅在一國。中國人亦可獲同等利益。八月十八日。拿皮樓使公行員名茂呱者。對於總督。代述其願爲私覲之意。復被拒絕。二十二日彼聞翌日有中國三官吏訪問之消息。大喜。以爲事之可早日就緒也。此三官吏爲廣州府、潮州府、及廣東按察使。奉總督命。對於以下諸項。要求答問而來第一、卽拿皮樓來廣東之理由。第二、彼受命於本國職務之性質。第三、回澳門之時日。拿皮樓答第一問云。一八三一年。總督命令公行。使東印度會社之特別委員長。當此會社解散之時。爲整理商務起見。得派一有力之代表於廣東。余特爲調查此等情事。來充英國通商之主務監督。第二問已詳致總督函中。望三官憲開閱。卽知。但有一條件。閱後須將此書送至總督。至於第三問。則視我之便宜而定。於是禮讓之會議。暫時告終。

英國商業會議所之設立　八月二十五日。英國商人因欲確實其一致之行動。公然創立商業會議所。二十六日。拿皮樓就當時之態度。發表意見。以中國石版印刷。發布之。

廣東總督命令停止通商　總督命令連續發布。八月二十七日。命公行員忠告拿皮樓使其遵奉法律。三十日。以拿皮樓進入廣東之故。彼等又被譴責。三十一日。復責彼等。使要求拿皮樓。卽回澳門。九月二日。發令停止英國通商。此令係總督及知府共發。歷數拿皮樓行爲不合之條項。以中國誇張自大之筆法。罵拿氏爲愚鈍頑迷。以彼外國人等。與天朝大皇帝所任命之官憲比較。儼如足下之塵埃。八月十六日。即停止通商。發令之日。以前所定之契約。一概無效。與英人之買賣。一切停止。即外國商館所雇用之通譯掌櫃奴僕人等。悉命其辭去。其命令之後節總括全部略云。

自此命令發布之日。始中國內地地方之商人。無論大小貨物。不得與英國國民交易。即各種雇人、職工、舟夫等。亦不得應外國人等之雇用。如有秘密應雇等事。一經地方官憲調查得實。即逮捕之。凡與外國民秘密交通者。照法律之條項。處以相當之刑。夷酋拿皮樓。不受本總督及知府之勸告。自與大清帝國絕交。但外國商人等。除英人外。其通商如前。關於此事。勿生疑慮。

自此令發布後四日。廣東擾騷特甚。兵士勵行檢視。凡被雇於商館之奴僕人夫等。一律使其退去。此時氣候酷暑。又正在暑氣極盛之廣東。英人因奴僕之解雇。不免大受困難。中國人民有供給食物於英人者。處死刑。英人以外之外國人。供給食物於英人者有罰。並與以英人同樣之待遇。其宣言如此。

虎門水道之強航　　總督盧坤停止通商後。九月五日。拿氏下令於快走艦依莫禁號。及安東羅滅古號。於七月八日。不避敵之礮火。強航虎門之水道。於十一日。抵黃埔。而小守備隊船。於六日。到商館地。八日。拿氏發出布告。係用英國商業會議所之書簡體。反對總督及知事所下之命令並以戰局將開。警告彼等。以總督之行爲。對於大淸皇帝爲詐僞叛逆。而竭力主張英王之主權與其威力。十一日。總督以命令交公行員。謂英人欲改大班而代以酋長。可以照行。但一切通信須經公行員之手。此規則不可不從。中國素來除關於儀式禮讓、或進貢來朝之大使以外。中國高級官吏與外國官吏之間。並無何種直接關係。且卽就英國政府任命拿氏言之。旣無正式之通告。彼又無信任狀。而彼並不與總督以照會。北京時日之猶豫。貿然惹起新問題。主務監督輕視帝國法律。（在今當云國際公法）導引軍隊進入商館地域。礮擊堡壘。闖入河內。其罪甚大。理宜詰問。最後又言彼等軍勢。總督不難以數千兵壓服之云。

危機漸迫　英國商館九月四日被軍隊包圍。前面臨河泊有武裝之船。出鐵製之鎖練。脅迫英人。形勢殆瀕於危機。英人所用之中國奴僕。悉解雇而去。糧道全絕。由河汲水。尙且非常困難。英人生命實危如纍卵。交通道路。卽黃埔與快走艦之間。亦爲所斷絕。而海陸軍之勢並無退去之形。凡與外國通商有關係之中國人。總督亦加以壓迫。如通譯者、及水路引導者、皆所不免。而水路引導者受禍更烈。以爲拿氏由黃埔之來廣東也。彼等最與有力。悉投諸獄。並受苦刑。其實彼等關於拿氏之來。並無所知也。

拿皮樓憤死於澳門通商復開　九月一日以來。拿氏罹病。尙屬輕症。至九日。突遭熱病。尙帶病盡職竭力從事至十四日。據英商報告。謂拿還澳門。則通商停止命令可解。由此觀之。總督盧坤與拿氏之軋轢。非商業行爲之關係。而在個人關係。總督但望拿之速去。并欲英國快走艦之駛開也。至九月十八日。侍醫見拿氏病益深。勸其休息。以他人代行談判。於是協商就緒。卽英國快走艦。無論如何。不以中國政府之命令退去。而拿氏允往澳門是也。於是快走艦受拿氏二十一日之書函自行退去。拿氏復於是日由廣東乘小艇。以八隻武裝之艇護衛出發。遲延復遲延。乃於九月二十六日抵澳門。至十月十一日。拿氏於此地逝世。侍醫以其病源全由在廣東發生積勞成疾。赴澳門道中熱病再劇。抵岸以後。身體非常衰弱。遂至溘逝。至九月二十九日。於是解除通商禁止令。

英政府之行動無效　英國政府之失策。今已成不可掩之事實矣。先是一八三一年。英國政府受英商之要求任命代表者。協定一般商業關係之規則。派至廣東。然英政府之希望。在保持英國民之秩序安寧。維持平和。與相當之服從。故創設裁判所。尙與以特別訓令。言在中國之英國民全體。非遇極重大事件。不得開庭。又以爲中國官吏主張之目的。英人須實行之。英政府欲調和當時生起之軋轢。故對於通商行爲之協定。不派大使及特命公使。僅任命英國商務監督三人。其長爲拿皮樓。其副監督及第三者。卽以在廣東東印度會社之特派委員中選任。並未派遣兵隊。卽以隸屬於特派委員之軍隊。爲此三人之護衛。雖有特派命令。實與東印度會社之管理人等。年年在廣東派出者無異。亦可謂圓融之至矣。然所派之英國大使。不但無尺寸之功。而英商所受中國人之妨害與其抑制。反因之加多。英政府見會社代表者之失敗。尙存成功之望。故命拿氏勿害中國人之感情。勿輕易召集軍隊。乃至介紹於中國皇帝及中國官吏之信任狀。亦未付與。並未將任命拿氏之事通報北京及廣東。拿氏由英出發時。曾以此事要求政府。仍屬無效。蓋當時平和主義。常爲英政府之政策。不僅巴馬斯統卿持此主義。卽自由黨內閣與保守黨內閣。亦莫不皆然也。一八三五年二月二日。英國外交部接到八月二十一日拿皮樓之書函。是時外交秘書官烏葉林統公於英皇手諭蓋印之命令書中。特附書二節。訓令拿氏。謂英國當抱持平和主義。勿輕出恐嚇之言辭。勿訴諸武力。當順中國之法律慣例。其後幅則曰。英皇帝欲英國人民與中國國民之間。開始繼續商業上之交通。勿以武力腕力爲之。一依平和的處置。已於命令書中屢言及之矣。

拿皮樓之政策　拿氏爲英國貴族。出身海軍大佐。其任爲通商之主務監督者。係以公使之資格選出。總之彼之處置。極溫和。極適宜。而又極明瞭。彼之受政府訓命以入廣東也。其他之地。並未一往。依從訓命。用對等之言辭。致函總督。若此際總督承認其來函。拿氏必反陷於可憐之地位。何以故。以在當時總督若有所要求。彼實處於不能應之地位。卽無委任狀是也。然彼欲回答此要求。必待本國政府之訓令。約需十個月以上之時間。若他方面突然發生事變。又無相當之準備。當時爲公使者。以電報通信。尙多阻礙。如用郵船。更難速達。彼對於發生問題。無論如何。自己斷不能不決用相當之處置。此亦當然之事實。既至八月十四日。拿氏以爲輕開談判。係本國訓令所禁。但在必要時期。亦可耽延時刻。以挫中國人之意思。中國政府外强中乾。以爲用强健之力壓迫之。或可奏外交之功。及至無可如何。乃云英國代表者。如因中國軍隊之壓力。退去此地。總督如斯處置。未免損傷英國皇帝之威嚴。蓋英皇之神聖不可侵犯。當與大淸國皇帝同也。則其動作之活潑。亦可見矣。

廣東總督之意見　一世紀以前。廣東通商所行之條件。尙屬粗定。乾隆四十七年以後。此半世紀間。依精密之規定行之。故中國官吏。高枕安居。外國人等受相當之抑制。且由外商徵收稅金。所入之額。非常豐富。當拿氏未至廣東之先。其地寂然無事。中國官吏與公行員關於通商事件。皆持安靜之態度。及拿氏至此。一切行動。與通商規則背謬。不待總督之許可而進入廣東。不承認官界通信機關之公行員。彼使命之目的。究屬如何。無知之者。於是總督之意見。首在挫其銳鋒。故拿氏提出之案。全行拒絕。既有確立之先例。斷然固執。可謂得當矣。九月八日。總督將此意見上奏。附有建白書。此書曾由廣東稅關及滿洲將軍等協議。其中皆誇張之辭。使當時總督竟依拿氏之要求。不知北京意思。究當如何。吾恐總督或以失策被議。亦未可知也。試觀英國快走艦闖入內河之報告一至北京。總督卽受革職留任之處分。俟拿氏逐出廣東由內河逐出外國船之報告上達。於是既奪之官職。乃得恢復。則亦可以知北京政府之意矣。

第五十七章　英國之沈默政略及其放棄

英國之沈默政略及其宣言　英國主務監督拿皮樓卿憤死於澳門以後。帶威繼其後任。其同僚監督則爲魯濱孫及阿斯迭二人。卻布典、葉利我妥則繼阿斯迭之舊位置爲祕書官。帶威舉拿氏客死之事。報告於巴馬斯統卿。是時英國代表者。對於中國所持之政略。絕對的持沈默靜止之態度。遇有問題發生。須待本國之訓令。帶威嘗在東印度會社。來往中國者有年。精通中國語言。在外人中實首屈一指。西紀一八一六年。（嘉慶二十二年）曾隨從大使阿姆哈司爲通譯官。拿皮樓卿至中國時。彼在東印度會社特派員中。爲最能者。洞悉中國人之性質。對於此次中國方面事件之進行。早已知其結果。其後經過十二日。至十月二十四日。彼曾寄書印度總督。玩彼書中之意。則知當時欲得中國皇帝之許可。而與中國官吏謀之者。實非彼之所贊成。然則彼惟有維持沈默之態度。以待本國之訓令而已。訓令一日不來。則沈默之代表者。有如奄奄欲睡而已。

廣東總督命英國商人選出大班　兩廣總督盧坤持消極之狀態。而其結果反獲勝利。卽驅逐入境之夷酋。逼退侵入內河之英國軍艦是也。十月十九二十兩日。總督送命令書於公行員案從前之手續。必由公行員之手。送命令書於外國商人之長之大班。今當東印度會社廢止專業權。英商失其首領。全無統率。於是命彼英人。以拿氏既逝之結果。可要求本國再任命大班。并以為大班為熟悉商務之商業家。如再任命如前此之夷酋。則徒惹起紛擾。無益於事云。後十月二十三日之命令書。總督以拿氏之失策。為英國政府解釋。大致以為派遣拿氏之國王。豈欲使其起紛擾哉。後又將一八三四年十一月六日。及其翌年二月二十五日之兩次命令書。重敘於內。催其選出商務長之大班。

商務監督等之通告　監督帶威。於十一月十日。發通告於在中國之英國人。大約謂與中國政府之官吏交通。恨無通信之方法。頗欲以中國皇帝之希望。陳於英帝。而商業上所沿用之通信法。殊不適當。中國政府所出之命令書。監督者亦難於理。受監督者惟有緘默。以待英帝最後之決斷。而爾等為英國國民者。切勿授中國政府以口實。即有不平。可報告監督者。再行決定云云。

英商之懷抱　當時英國商人。不滿意於沈默靜止之政略。蓋以東印度會社之專業。已經廢止。而該會社所發之通商許可狀。今已失效。從來印度限制之私商賣買。今轉得擴張。而不受何等之抑制。拿皮樓係英國高級官吏。其死後承繼者。所謂主務監督及第二第三之監督。皆不外東印度會社之特派委員。故商人等皆不願受其管轄。伊等既有此等懷抱。乃於十二月九日上奏英王。陳述意見書。請於沈默靜止以外。別採用一種政略。

英商之建白書　此建白書。首論中國當局不承認監督者。及不許居住於政府所賦與之管轄地內。又論彼等之要求。不得直接北京。致有拿皮樓之受辱而英國民所蒙之損害。全無要求賠償之路。至於受中國之侮辱而爲沈默之服從。尤足損英國之名譽與權力。以此種無禮非道之待遇。竟甘之如飴。殊爲大錯且拿皮樓之爲監督。並無抗議之權力。深堪惋惜。有此官職。卽應有此權力。富於外交經驗之全權大使。宜賦與以特權。且爲完全盡其職務。起見。當備以軍隊。使與中國中央政府交涉。一旦有事。卽可向北方進行。而此軍隊準備一事不知者以爲將開重大之戰爭。其知者以爲非此不足以避衝突之危險。欲求安全之策。舍是末由。通商不必限於廣東。能開廣東以外之港。更爲進步。但爲全權大使者。宜與在廣東之商人協議。最後又言關係通商之事。嘗蒙中國當局之侮辱侵害。而我等無一言反抗。唯唯諾諾。祇知服從。又何必任命英國公使。且竟由中國政府任命可也。

監督者反對英商之意見書　帶威嘲笑此建白書。直目爲不完全無識見之請願書。其署名雖有居住廣東之六十四英人。實數恐無其半。帶威之意見在保持其舊日之狀態。以輕率變更。爲無滿足之理由云。

主務監督易人　帶威於一八三五年一月十九日辭職。魯濱孫遞升爲主務監督。阿斯迭爲第二監督書記官卻布典葉利我妥爲第三監督。覺斯統爲書記官。十一月二十一日以前阿斯迭再爲東印度會社之監督長。卻布典葉利我妥與覺斯統。各爲第二第三監督。葉穆斯利 Kdward Elmelie 爲書記官帶威由中國出發之際。命其同僚繼續沈默政策。故繼其後者堅守不移。

葉利我妥受辱　阿柔號之水手。爲上川島 St Johns Island 之島民所捕獲。要求贖金。遂又發生與中國官吏交涉之機會。乃將此事實以書簡陳述之。一月三十日。三監督蓋印署名此書由監督之通譯西加子柔之手。翻成中語。二月一日。不經公行員之手。由葉利我妥偕西加子柔及阿柔號之船長。直接到玉蘭B ubar 門。此時葉利我妥。服英國海軍大佐之盛裝三人方至玉蘭門。被衆人圍襲。葉利我妥倒於地上。大受侮辱。當言此書簡關係英水夫等十二人之生命。而中國官吏亦無一人受理。內有最高官吏曰。余輩受理者稟單而已。不知有書簡也。遂置之不理。其後仍設法將捕虜之水夫釋放。彼等於二月十九日歸船。

再發抑制外人之規定　三月八日。廣東稅關送命令於公行員。此係上奏皇帝已經裁可之案。由總督發布防制外人。更加嚴重規定八條。大要如左。

第一　外國軍艦。負保護商船之任務而來。不得進入河內。違則停止通商。

第二　外國人等秘密以小槍大礮輸入廣東。或外國婦人如外國水夫秘密入境者。公行員須負責任。受嚴重之處罰。
第三　嚮導及掌櫃非受正式許可者。不得僱入。
第四　商館僱用中國奴僕之數宜有嚴重限制。此等姓名每月當報告地方長官。此事由公行員負責任。
第五　屬於商船之小艇。船頭雖樹有國旗。今後亦不可不經檢查。關於閒遊之制限當再發布。
第六　無論何種問題。凡屬外國人請願事件。其稟單須經公行員之手。代爲呈上。若以經公行員之手爲不可。則可直接票請其地方長官。但不受理書函。
第七　外國船舶。由護商人保護之。仍如往時。但除此以外有需要護商人之時。僅許用特派者。免至有不法行爲。
第八　廣東以外之地。嚴禁通商。違反此規則者。由海軍及該地方官吏處分之。
英監督之無能　魯濱孫爲主務監督。其政略猶守帶威之沈默。靜止此種無魄力之監督。對於中國人所加之凌辱侵害。不敢要求賠償。卽欲以交涉整理事務。或强行通信之交換。及以不平條件申送北京政府。皆不敢爲。不僅此也。彼等監督者在中國辦理通商。卽當然可以行使之支配權。亦不能利用也。

家境號之來往被禁　一八三六年一月一日。英國汽船家境號。由伶仃島赴廣東。途中向穿鼻試航。其意欲繼續廣東伶仃間之定期航海。以圖郵務旅客之利便也。然該船在穿鼻忽被停止禁止通過虎門。其後中國當局復禁此船來往內海。而英國監督以他船尙可適用於通商。故對此禁止亦左袒中國人巴馬斯統卿於一八三六年七月二十二日。致書監督勸告其注意。

英國主務監督設事務所於伶仃島　廣東通商。自來船舶必先到澳門。其去中國。亦以澳門爲最後之地點。已成慣例。今乃以伶仃島代澳門矣。其抵伶仃島也。商人等卽將輸送之鴉片卸於貯藏之躉船。然後受往廣東黃埔之命令。一八三五年八月中。各船合有二十二艘在黃埔。二十七艘在伶仃島云。然黃埔及伶仃島之英船。澳門之監督者。關於彼等船舶事務所要求之署名蓋印。非常濡滯。頗有極不活動之狀態。在廣東之商人。於十一月二十五日。要求英國代表者一人居於伶仃島。種種商議以後。由英帝國加他路易薩號發布之。然正與拿皮樓所受之訓令反對。拿皮樓時之訓令。則監督在廣東盡其職守。其他無論何處。在所不許。而因時制宜之巴馬斯統卿。發訓令於魯濱孫。則云英國代表者之管轄區域包含伶仃島與澳門。惟代表者不得永久居住伶仃島云。

主務監督葉利我妥　一八三七年魯濱孫退職。葉利我妥正式爲主務監督。當魯濱孫爲監督時。每有機會。卽報告外務卿。謂已所持之沈默政略。必可使通商滿足進行。其關於通商事宜。始終毫無毀譽。卽政府亦未曾與以訓令。及葉利我妥之繼任也。一月二十五日。外務部所發之書簡。卽云欲維持奬勵中國商業上之交通。而以平和的政略行之。此正英政府之希望。惟此政略。爲居住廣東六七十之商人所不承認。卽余之意見。亦覺欲使通商政策之有效。非可以尋常之手段成就之也。蓋英國政府以葉利我妥爲先鋒。而自己於帷幄之中。持積極的政略。乃棄曩時之沈默政略。而開致勝之途矣。

葉利我妥送請願書於廣東總督　葉利我妥就主務監督之職。於十二月十四日。決然放棄沈默政略。致書總督。報告自己爲英國主務長官。然後請求進入廣東之旅行許可證。（紅牌）此書仍依稟單之形式。記載此意於封面。彼之報告巴馬斯統卿。謂此種形式。與中國官吏對於長官之報告同。非英語之所謂請願書。云云。然總督答復仍用命令書。不交主務監督。交於公行員。命葉利我妥仍駐澳門。敬俟皇帝之裁可。

許英監督入廣東　兩廣總督鄧廷楨上奏朝廷。言葉利我妥其資格略如侍從長。彼受英政府之任命。在管轄商人及水夫等。關於通商上。並無管轄權。若其間惹起紛擾。則由彼一身擔負責任。彼來廣東。當適用與大班同一之規則。此案由二月二日之上諭裁可。由總督交於稅關。稅關依三月十八日之命令書。送達公行員。此許可之發出。可謂得時。葉利我妥向廣東出發。四月十二日抵岸。彼留連廣東約三週間。然後歸澳門。

英政府之訓令與監督者之態度　葉利我妥在廣東時。致書巴馬斯統卿。言彼與總督之間。欲直接以公文書類交換。卽令總督拒絕。亦當以巧妙之處置竭力爲之。此時總督之命令書。照例送於洋行員。此命令書中。總督輕視大班之處甚多。如云大班不用「天朝」之敬語。而用對等之「貴國」。殊爲不合。又曰大清帝國之威嚴。大班勿再凌辱。又曰大班去澳門以前。或再歸澳門以後。無論何時。當報知地方行政官廳。又曰汝善保其地位。勤勉厥職。然巴馬斯統卿洞察當時之形勢。已看破其眞髓。其受葉氏之報告也。再三再四。發布訓令。命葉氏與總督直接交換通信。無論如何。不可經公行員之手。並不必採用請願書之形式。葉氏十一月二十一日接到此書。當時尙在廣東。彼一面遵從訓令。一面窺度中國官吏之意思。苦心經營。至於再三。而總督之意。絲毫不爲所動。葉氏於是卷旗息鼓。退歸澳門。當時彼致書外務卿。言欲得對等之權利。訴諸兵力。方能有效云。

英國派遣軍艦保護通商　二月二日及七日。葉氏所發之書簡。言鴉片事早晚必起衝突。十一月二日。巴馬斯統卿通知提督。命在東印度之艦隊司令長官海軍少將薩弗勒得列滅妥蘭朶 Sir Frederick Maitland 赴中國。就其力之所能。派遣一隻或數隻軍艦。第一在保護英人之利益。英國民中或有正當理由。對於中國官吏申訴時。主務監督可左袒之。應提議時可即提議第二在廣東之英商對於主務監督之主張不可不順從由是英政府從來之訓令主張平和者今日乃政策一變使英國商人立於英政府直接保護監督之下而英船英人之生命財產獲保護而可以無慮矣

英海軍少將滅妥蘭朶　滅妥蘭朶受命往中國於一八三八年（道光十八年）七月十三日抵岸正鴉片問題紛擾之時當另述於後葉利我妥之入廣東其許可由澳門政廳之手許可之命令非他即上諭也七月二十九日葉氏致書總督言滅妥蘭朶提督已至中國請派官吏面謁之此書簡並非請願書由布政使呈於總督復於是日擲還公行員謂總督守政府之嚴令非請願書一切不得受理此時正有斯枯拿船頗穆別號載旅客在定期航海中突於虎門被停止先由礮台發射數礮後被中國人闖入該船內質問船中有滅妥蘭朶及其部下之兵士否又有婦人與水夫否如有此等在其中則此船不准航行虎門水道且申言並非搜查鴉片云而虎島之內部堡壘亦起同樣之事變質問與所語皆同觀此雖可見總督口頭已經否認而文書上尙無表示八月四日滅妥蘭朶提督率軍艦三隻出發穿鼻要求說明略謂余非敢欲加暴行於中國但余受命保護通商對於英國之國光不能忍此侮辱後由廣東某提督調和處置交換相互之儀禮英船乃於八月六日退泊銅鼓灣

侮辱之通告之頻繁　中國當局所發之侮辱的言論指不勝屈總督與稅關連署於其翌

年又發出通告命公行員及通譯者。當以文明教授外國人等。外人之傲慢放縱。須嚴加管束。外人不得購中國少年充奴僕。又不得以娼婦供彼淫蕩。外人倘欲以一家族乘一船中。則船主不得受其僱用。中國商人或通譯者。有助成其淫蕩者嚴罰。年年所發之令。貼於洋行公所正門之上。其侮辱不亦甚哉。而鴉片戰爭之原因。於是伏矣。

第五十八章　鴉片問題

中國製出鴉片之初期　製造鴉片之罌子粟。其記載散見於唐詩。其爲醫藥之用。則北宋初年。開寶本草中已著錄矣。考第十二世紀研究醫藥之記錄。則爲一種揑粉。製成魚形扁平之餅。以備用。又考某書。此揑粉可治下痢。效力甚著。如用量過多。則有陷於死亡之危險。此卽鴉片也。關於此事最初記述者。爲明弘治元年(西曆一四八八年)王璽之著書。彼鎭守甘肅二十餘年。間與此地之回教徒交接。通悉亞拉比亞人之美術工藝。此後萬歷中朝鮮之醫臣許竣。撰東醫寶鑑。書中謂鴉片一名啞芙蓉。卽罌粟花也。未開時。以竹鍼刺十數孔。其津液自出。次日用竹刀刮之。於瓷器內積多。則以紙囤封之。曬二七日。卽成片。不可性急多用。所言與今日所行之方法相似。十六世紀中葉。李挺著醫學入門。所言鴉片製造之法亦同。中國海岸地方。譯此名爲鴉片。亞拉比亞語爲阿芙蓉 afyan 雲南常受回教徒之影響。故土產之鴉片。至今日猶稱爲阿芙蓉。見公文書類及納稅領收書等。由此觀之。發見製鴉片之罌子粟。至少在西紀千三百年以前。用於醫藥則在九百年前。知其含有醫藥之特性。則在六百年前。而造成近代形狀之鴉片。不過四百年或四百年前。而實由中國造成之云。

凡他國人之用鴉片。概入之於口。送之於胃。中國人獨不然。以菸草吸用法爲媒介。茲更就菸草之起原考之。西班牙人通過西洋以至東洋。曾由菲律賓羣島運載美國產痲醉性之菸草。彼等從廈門泉州以中國商人之間接。而與中國通商。此種菸草遂於明泰昌元年(西紀一六二〇年)由福建紹介以至臺灣。菸草之吸食。中國諸帝頗惡之。如明末清初諸帝。不欲人民染此惡習。屢次發令禁止。然卒無效。其影響所瀰蔓。現今除少數人以外。無論男子婦人及乳臭未脫之小兒。無不吸菸矣。

臺灣與鴉片之需要 臺灣乃林藪之地。稱爲馬拉利亞熱潛伏之處。凡此病流行之地。自然生產鴉片。初期移住此地之人。嘗於菸草中加鴉片或砒素以治病。此砒素卽今日中國人所謂水菸草也。西紀一六二四年至同六六年。臺灣在荷蘭人支配之下。而鴉片與菸草之混用。彼等由爪哇傳至此島。此法遂大行。而傳播於大陸焉。至於廢止鴉片與菸草混用法之時期。並無確據。唯乾隆五十八年(西紀一七九三年)英國大使至北京。馬家安尼卿之記述中。有一節關於菸草之事者。祇言由吸菸所出之臭味。含有鴉片及香氣物之混合香云。然總之嘉慶五年以前。縱有吸食鴉片之人。然決不至有多數。可斷言也。

康熙二十二年（西紀一六八三年）清廷占領廈門。征服臺灣及廈門附近地方。此等地方之人民早染惡習。而皇帝對此惡習。并無訓誡。雍正即位之後六年（西紀一七二九年）始發令禁止。凡販賣鴉片及開鴉片煙店者。科以苛酷之刑。然吸鴉片者如故。亦幷無一人受刑也。

外國鴉片之輸入及其禁止　外國鴉片初入中國。由通商之葡人。始雍正七年上諭發布之輸入數。一年大約不出二百箱。此輸入至乾隆三十八年。專在葡人手中。此時輸入之數。次第增加。乾隆三十二年時。已有一千箱。要之上諭之目的。在禁止吸鴉片。若僅對於二百箱。可無庸用其威嚇也。蓋十八世紀時。外國輸入鴉片。僅爲醫藥用品。已經許可。明萬歷十七年對於鴉片沒藥乳香阿魏等商品之輸入。課取關稅。萬歷四十三年及康熙二十七年雍正十一年。制定稅則。鴉片亦照樣處置。乾隆十八年廣東稅關之紀錄中。鴉片一擔取三兩。自雍正七年起。外國鴉片輸入。不受中國政府之關涉。至乾隆三十八年止。每年約加增二十箱。是年英國東印度會社。獲取由孟加拉 Bengal 彼哇 Behar 及我利薩 Orissa 產出鴉片之專賣權。而英國商人最初輸入鴉片。即在乾隆三十八年。（西紀一七九六年）由加爾格達送於廣東。數年之間。由箇人經營之下。乾隆四十五年。英國東印度會社。行使專賣之權利。收其全權於掌中。乾隆五十四年。由印度輸出。漸次增加至四千零五十四箱。由是中國國內到處皆有鴉片。惟廣東爲最。因外國鴉片。皆由此地進入。供給他處。嘉慶元年（西紀一七九六年）

北京政府以廣東總督之建白書爲根據。再下雍正七年之勅令。幷增加其刑罰。嘉慶帝更發勅令。爲最後之處置。禁止外國輸入鴉片及國內栽種罌粟。

下令後通商上所受之影響　鴉片至此時。雖已成通商上一種商品。但海岸地方吸食者頗抱戒懼。小商人之家。官吏突然侵入。發見鴉片而被罰者。亦所時有。但海上與陸上不同。並無制限耳。自是以前。鴉片與英國製之黑綢及印度綿相等。同爲輸入貨。公然買賣。禁止令發布以後。未能如此。凡積載鴉片之船。不必上陸。向廣東河口之黃埔行駛。然后販賣。卽在船側授受。普通概用此法。至道光元年。一年最大之輸入數。僅五千箱。由嘉慶五年至十六年。每年平均四千零十六箱。嘉慶十六年至道光元年。每年平均不過四千四百九十四箱。

廣東鴉片買賣法　禁止輸入鴉片之勅令。最初二十年間。視爲不足重輕之事。輸入法亦隨程度而變更。旣如上述矣。然禁止之貨物。當然不能課收關稅。當然不能進入商館。而在澳門或黃埔船側。尙可買賣。遂別有一種不定之賦稅。蓋此賦課金。盡爲敷衍下級官吏之用。伊等蓋受上級官吏之命。執行抑制者也。其金由買手之中國人過付。而後外國商人等乃得賣其貨物。領受現金以去。晏如無事。然買手之中國人。尙須爲官吏協定一切。此協定之結果。故積載輸入品於船側。雖有監視艇在旁。亦閉眼如不見。而默許其不法行爲也。

被逐於伶仃島之鴉片貿易船　道光九年九月。受鴉片上不法賦課之官吏。與總督密切關係之他官吏。其間發生軋轢。總督不得已須有適當處置。乃實行禁止鴉片。澳門與黃埔之間。已被閉鎖。於是貿易船之第一著手。將中國管轄區域外所產之鴉片。用區域外之船轉載之。其次著手。則冬季中在廣東港外之伶仃島。俟西南季候風吹來之時。移於急水門、金星門、及香港之碇泊所。

伶仃島買賣鴉片手段　伶仃島之貿易。與以前黃埔之方法無異。鴉片船之泊伶仃島也。先卸於此地之躉船。然後以適宜之貨物。進入黃埔交易。以現金賣者。得金後卽付收據於買者。買者與官吏協定一切。然後自躉船受其鴉片。此時由箱取出。量其容積之大小。以蓆製之袋包之。然後以五十人或七十人之武裝船運載之。白晝之間。公然行駛。卽有監視船在前。亦無妨礙。此監視船報告船舶在外海無事云。總督雖屢有外海諸船退出之命。未嘗有效。偶有新任高級官吏。因其職掌。視察狀況。密商之機關。一時閉息。買者或懷金而返。然未幾。機關又復活動。貿易於焉繼續。因此結果。此地之通商。日益膨脹。嘉慶十六年至道光元年之間。輸入年年增加。平均至四千四百九十四箱。道光元年至八年。每年平均至九千七百零八箱。其後範圍日廣。道光十五年至十九年之四年間。每年平均至三萬箱云。

許乃濟論鴉片貿易之合法　道光十六年六月。太常寺少卿許乃濟上意見書。論鴉片貿易之合法。彼於道光十四年。曾在廣東按察使之職者也。其大意曰。鴉片在明代名阿芙蓉。使用過度則有害。然可用爲醫藥。乾隆時代及其以前。海關則例中。列入藥材。每一擔則抽輸入稅三兩。附加稅二兩四錢五分。總計爲五兩四錢五分之規定。至嘉慶元年。吸鴉片者有罪。處以枷杖之刑。以後刑之種類增加。又加以各種流刑及長期徒刑及絞刑。然增加此種苛酷之刑。未嘗實行。故吸者益衆。曩時鴉片。尙與輸出之貨物交換。今也爲秘密之現金買賣。嘉慶初輸入數止數百箱。至現時有二萬箱。現金之流出。概算殆在千數百萬元以上。可以一千萬兩計。因此銀價騰貴。昔時銀一兩可換銅錢一千文。今至千二百文。乃至千三百文。於是野有餓殍之歎矣。因防過鴉片之輸入。乃至停止通商。此絕對的不可也。自來法令愈嚴。賄賂愈多。下級官吏愈多刻薄。惡人之爲惡。其計亦愈狡猾。防止秘密輸入而不能奏效者。以有絕大收入之希望存也。吸鴉片者社會之蠹賊而已。吾人可以不顧。惟救濟國家流出之現金。其處置豈可不講哉。鴉片以醫藥輸入。既付關稅。自爲合法之貿易。但須賣於公行員。更當以物換物。不得以販賣鴉片而將鑄造已成及整塊之現金輸出。官吏儒士兵士等。仍禁止吸食。犯者有刑。庶一面可以防止鴉片之濫用。一面亦不損政府之權威。又可防金屬之流出於外國云。此建白書由六月十二日之上諭。交廣東總督與海關熟議後。明白答復。

公行之呈請　總督鄧廷楨乃集谷廣思。以定意見而公行於七月中復命。其所呈略如下。

第一　鑄塊現銀秘密載運。如非公行之船。無從阻止其行爲。

第二　以中國製產物與外國輸入品交換。公行能說明其處置并說明與專業權無損害。以獎勵其繼續。

第三　外商賣鴉片之錢。原不能强其悉買輸出貨物。然可規定三分之一之剩餘金以買輸出品爲目。品而貸與他人。

第四　既承認鴉片貿易爲合法。當與他之生產物一律看待。且通商之地。不以廣東爲限。

總督及巡撫之復命　廣東總督及巡撫以探查所得者復命。反對吸食鴉片之舊制。定及反對鴉片輸入之上諭。皆歸失敗。總督巡撫實認鴉片貿易爲合法。徵收關稅。允許輸入。將此提案上告。因爲防害起見。規定九條如下。

第一　凡輸入之鴉片。概可交換貨物。但置該貨物於保稅倉庫。當輸入船未出發之間。不許交換一物。

第二　派巡邏船及監視船。盡力防止秘密之輸入。

第三　就嘉慶二十三年（西紀一八一八年）之舊規定。無論何船。無論何種貴重品。

準輸入品三折之金貨許其攜歸。其規定仍得繼續。惟一船取得之總額。不得過五萬先令。

第四　鴉片可照他之商品。賣於護商人。

第五　輸入稅一擔三兩。外附加稅三錢。計量費八分六釐。總計三兩三錢八分六釐。

第六　價格雖不能一定。但鴉片須常保其自然之市場平準。

第七　通商僅限於廣東。未通過廣東稅關之鴉片。一概沒收。

第八　本國栽種之禁令。輕減幾分。以對抗外國鴉片。

第九　官吏學生兵士不許吸食。

上疏嚴禁　廣東總督疏至京。未幾有內閣學士兼禮部侍郎銜朱嶟上疏反對。其要旨謂凡禍所存在之物。不可不禁。從前發布之法令。非能無爲而治。咎在地方官吏奉行不力。外國人本不能獨力輸入鴉片。必待漢奸之協力。一方勵行禁止。一方對於種種惡行爲。官吏又默許行之。如此輕視法律。則其無效也。不待贅言。嘉慶二十五年中。將外國商人等由澳門放逐伶仃島。此策甚是。其後何又將彼等召還耶。以茶與鴉片交換。不可用銀。夫既能禁止銀幣之輸出。何不能禁止鴉片之輸入耶。如謂藉內地栽種。以停止外國之輸入。從此本國之鴉片。產出甚多。如福建廣東浙江山東雲南貴州等地。無不上書主張禁止令之更加、嚴重要求執行矣。總之鴉片之爲物。使國民腐敗。使國民衰弱。有萬害而無一利。赤髯之英夷以此輸入中國。實如荷蘭人以手段征服爪哇之所爲。故中國亦將陷入此危難之地位。嘉慶二十五年。嘗命廣東總督如外人有違法之行爲。寬恕至再三再四。犯而不改。然後斷然處置。今也鴉片之毒。使軍隊沈淪於腐敗墮落之淵。官吏與儒生。亦染斯毒。一般人民德義上之標準。從此低下。當此千鈞一髮之秋。復舉抑制之力。一切除去。則彼等滔滔相率而就自滅之途。大禍尙堪設想耶。

嚴定治罪條例之疏　當此時給事中許球。亦主張全禁。上書言事。以爲往時豐富之金銀。至今日益形缺乏。因此不法之輸出。每年國家所失之數。在一千萬兩以上也。且其初係外國鑄之銀貨。今乃中國鑄之塊銀。金銀溢出如此。十年以後。將至幾億兩矣。如此滔滔之勢。豈能防遏耶。是必鴉片之輸入與金銀之輸出。一同禁止。始爲正當之辦法。若解一方之禁。則他方何以維持其禁令乎。凡事先治己而后治人。此古聖人之格言。正本清源。不可不自本國民始。法令所定之刑罰。毫無容赦。以後檢查外商之行爲。或逮捕彼等。或將其倉庫船。由伶仃島令其返國。或宣告彼等若再以倉庫船誘惑中國人通商。必至斷絕其居留。民亦不免受死刑。使其本國政府知如此之利害關係。外人必覺其身之危險。竭力避其危難。不敢再有輕蔑我政府之事矣。更進觀彼等日常之起居。伊等乘轎而使中國人擡之。生活放恣亂暴行。爲違犯法規。將欲制其放縱。勵行禁令。不可不有敏捷之處置。又本國人煽動外人叛逆不道。亦當明定法令。置之死地。此實最良之策也。

外國商人九名被逐　西紀一八三六年（道光十六年）十一月二十三日。下命令於外國公行員。著將外國人九名於十五日以內。逐出廣東。九名中英人四名。拜火敎徒三名。美人一名。其一人不明其國籍。是皆關於鴉片貿易被有嫌疑者。後十二月十三日之命令。謂此放逐可猶豫四箇月。至翌年四月四日。於是葉利我妥乃提出抗議。被逐者亦遷延不去。

命令鴉片貿易船退去　外國人九名既遷延不去。六月二十二日。發布條例。由皇帝之特派員發令。凡在廣東河海之密輸鴉片船。全然廢止。即外國船一艘。亦不許停泊港外。又命令英國管理者。現在停泊諸處之收容船。限十日以內。一律退去。後又有八月十七日最後之命令。大致謂英國管理者何故不遵命令。要求其說明。凡停泊伶仃島之船舶及廣東以外各地之船舶。并諭以退去後。不許再輸入如鴉片等之違禁貨物。九月十八日總督復命謂外人在外國有違反法律者。毫不假借。我政府仿照其辦法。對於多數橫逆之外人。不可不罰。但從來從順懇懃之英人。派監督者葉利我妥於廣東。取締犯罪者。葉氏不使收容船退去。彼實不稱其職。倉庫船本宣命其退去。而彼通知英國國王。反曰倉庫船可不歸國云。九月十九日。乃再命令葉利我妥。停止其東海岸之通商。

葉利我妥拒絕命令　如此命令之連續。英國葉利我妥乃巧其言詞。以港外所泊之船。不僅一國。凡未掛英國國旗者。無權力可及。彼又利用此機宣言文書之內容。凡未經中國官吏之手者。不能送達英國國王。於是總督不能緘默。九月二十九日。致函葉利我妥對於鴉片貿易之事。大加辨駁。滔滔不絕。此函不由公行員送達。如長官之對屬吏。用命令書之形式。以廣東知府及按察使之名。送交葉利我妥。收閱葉氏回書。宣言己之使命在與中國通商範圍之內。他非所知云。

禁止通商時外人之警戒　閱十日後。卽十一月二十九日。葉利我妥照六月十二日巴馬斯統卿之訓令。將其館所樹之英國國旗取下。以示決裂之意。十一月二十日。總督鄧廷楨下令於公行員言。鴉片貿易船如不退去。所有通商。概行停止。又於十二月三十日上書皇帝。報告鎮壓鴉片貿易之處置。幷令伶仃島於英船之外。尚有美、法、荷、班、丹之諸船。已將停止通商之意。暗示彼等矣。

當局者之無定見　道光十八年。實爲混亂無定之時代。方承認鴉片貿易爲合法。忽又下停止命令。貿易商被逐矣。貿易船追放於國外矣。密輸入艇復破壞矣。多數之密輸入者皆下獄矣。然紛紛擾擾之際。而貿易忽又由他方法行之。卽由外國船交之中國官艇是也。此通商在外人及在中國。彼此均有利。官艇一星期間可得數千圓之利益。而數艘之巡洋船遂輸送鴉片至虎門之內海。此道光元年以來所未嘗有者也。六月。在黃埔之病院船。又違背密輸入禁止之命。賣於中國人。時禁止令頻下。鴉片輸入船。有被捕獲而付之一炬者。然鴉片販賣暗中發達。虎門花地之內河各處皆成通商之舞台。偶爾查出八箱鴉片。四箱不知失在何處。所餘四箱。一入警官之手。又變成四箱之砂土。於是官吏等非常注意。卒之嚴下敕令。官吏放縱怠慢之態度。大受譴責。於是彼等之夢醒。卽發布命令。開始捕獲執行刑罰。

停止通商　十二月三日。約有二百斤鴉片在商館前上陸之際。竟被查出據擔夫之言。係送於英人應奈斯者。於是當局命應奈斯與藏載鴉片之本船。限三日內退去。更云行此命令之期間。卽停止通商。旣而提出抗議。官吏等下判定曰。輸入者爲美人妥頗脫。彼由美船妥馬斯巴金斯號。賣鴉片於應奈斯。應奈斯又秘密販賣於中國護商人阿某。故此美人與其船。應受退去之命。阿某則枷刑遊街。妥頗脫以絕對虛僞之嫌疑。雖略受困難。終得免罪。十二月十六日。應奈斯退去而往澳門

商館附近之施行絞刑　過去數年間。遵十八世紀之敕令。凡開設吸食鴉片煙之店者。逮捕下獄。或沒收其所有。或流竄於極邊。或處以絞刑。十二月一日。一官吏至商館。於接近美國旗杆之瑞典商館之前。安置死刑所用之磔架及其他用具。預備絞殺某鴉片商人。外國

商人見此舉動集觀者如蟻。第一美國領事館。見以商館之園庭爲刑場。乃下旗以示反抗之意。外國人等亦將天幕幷他器具。設置此地以爲其妨害。官吏乃去此地而至商館所在地外部之街市上處犯罪者之刑。時値正午。中國人羣聚商館之前。外人觀者甚衆。頓起騷擾。至四時許地方長官率兵一隊至。始解散而去。

總督對於外人抗議之主張　外國商業會議所致書總督鄧廷楨。責以不宜用外人之娛樂場爲刑場。總督答以商館之地。卽許外人一時使用。仍爲中國之領土。用爲刑場亦無妨礙。況所執行者爲違反鴉片禁止令之刑。戮命其在商館附近施行者。欲引起凡人之注意。促其反省。使相互警戒也。如外人承認中國法令法典之威力。頓起服從之念。善者可永久維持通商上之交際。惡者可戒其不良之念。此等外國人卽生於化外。要爲人類。庶幾畏敬恐怖之心油然而生歟。

密商艇退去之命令與通商之開始　通商之禁止。由十二月十六日應奈斯退去及妥頗脫正式之宥恕後卽行解除。然因十二月十二日之事變。又仍復舊。葉利我妥於十二日之夜來廣東。十七日召集居留者開會。昔知英國臣民卽第一條從事不法貿易之船艇。概使行於虎門之外方。第二條從事秘密貿易之英人。倘有殺中國人者處以死刑。第三密輸入如被捕獲。須將其保護狀取去。第四條警告密輸入艇。對於調查不得有劇烈之抵抗及掠奪為輕蔑法律之行為二十三日知密輸入艇之尚在黃埔葉利我妥見此形勢思與總督一致以極嚴之命令用一種方法實行於是請願總督要求協力回書以長官及按察使之名答復承認葉氏之行動更命其嚴酷處置因此結果密輸入艇離去內河解除禁止於一月一日再開始通商

商館前絞殺罪犯　通商復活惟鴉片貿易則阻遏難行鴉片消費此際已達五萬箱以上自八月被禁後月復一月漸次緩弛奸商之以身試法者愈多或被捕或被罰有查出者皆在廣東及其附近地於是又採用行刑於商館附近之方法俾外人自然恐怖又以為外人反對則可採用禁止通商之手段以收其效果如強葉利我妥之頓首及放逐船艇是也二月二十六日又命於商館之前而處絞殺之刑此次處刑並無從前之騷擾而英美法荷則咸取下國旗以示抗議之意葉利我妥依請願書之形式申明抗議總督絲毫不承認依命令書之形式致公行員以回答之云

禁止令既下後之中國官吏　北京政府由嘉慶五年禁止鴉片輸入而吸食之禁則在七十年前所可怪者當時政府之威力未衰而敕令之死文字竟毫無效力與清末之禁賭相同而鴉片輸入既漸次增加國產鴉片亦有加無已吸食者普及全國矣況從前之貿易商尚在監督之下自放逐伶仃島以後無當局之監視故輸入更加迅速之度且鴉片既禁止

鴉片關稅當然廢絕而官吏則私收此關稅三倍之金錢。蓋徵收禁止貨物之稅。實中國官界之通弊現時往時皆然者也。雖有稅則者亦必加以不法稅而多少尙有一定。若無稅則者。則多少惟其命矣。當時廣東及沿岸地方官吏之腐敗輸入之默許。而其結果則反使不法貿易。較合法貿易爲大擴張事實昭著。漸至不可掩飾。道光十八年夏季。此等不肖官吏亦大受攻擊。北京欽差將到。彼等知不免執行法律之調查。乃欲以六個月之短期回復三十八年間廢弛之事實。乃於法令執行上只可急則治標。更用殘忍刻薄之處置矣。

英國政府之訓令　英國政府於西紀一八三七年十一月十九日書信中關於鴉片問題。頗有斷然之處置。但其書中幷無特別命令。其大意則通告本國商人言英國政府不願英國國民蹂躪通商國之法律。又曰或有犯罪行爲。因中國法律適當執刑。其所受之損害無論如何種類。皆由彼自作自受。對於商館前面施行絞刑之反抗。亦不同意。幷再三戒葉利我。妥英國臣民所企望之衝突及强硬之手段。皆宜注意。在支那管轄權內取締水夫之規定亦須得總督許可云云。總之自拿皮樓逝世起。至林則徐抵廣東時。止其唯一之訓令。不過對於中國當局者面會之方法。通信之形式而已。

第五十九章　欽差大臣林則徐及其政策

道光帝之資性　中國有官職者。對於廣東通商之財源。無不思染指。上下皆然恬不爲怪。

道光十八年中官吏之在上位者。清廉自勵。希望廢止鴉片通商。以除中國之害者。寥寥可數。道光帝之卽位。當此放恣因循之朝廷。紊亂腐敗之政府。叛亂紛擾之時代。先改革朝廷上之積弊。使惡習一掃而空。帝所裁奪之諸問題。中最緊急者爲鴉片問題。其所執之態度。非常果斷。志在實行改革。而誠實熱心之官吏奉意實行者。卽林則徐其人也。

林則徐之權力　林生於海航交衝之福建侯官縣。自應知外人之實相。然壯而宦遊四方。常不在鄉里。故關於海上之知識。未必精通。但彼在滔滔官吏之中。心術技能。已現頭角矣。爲江蘇按察使時。決獄公平。人民呼爲林青天。在湖廣總督任內。有意見書論鴉片問題。與帝旨協合。乃委託以軍事行政上之最上權。以欽差大臣之資格。調查廣東之形勢。并命其適當處置。欽差大臣云者。卽全權辦理委員也。有支配一般官吏之權力。又於其任務範圍內。實爲皇帝之代理者。林之欽差任務。非形式的。實絕對的。清朝自開國後。不過三次。彼體皇帝之意。決心停止鴉片之供給及吸食。乃往廣東調查焉。

林則徐至廣東　欽差大臣林則徐。以道光十八年之冬任命。至翌年三月十日始至廣東。直入府學。釋其旅裝。外人翹首待命。彼則沈默不言。經過八日。至十八日。傳集怡和洋行以下。指摘彼等處置之誤。告以不守法令之外人。將有重大之處置。又傳諭外人所藏之鴉片。如不能見捨。則將取一二人處刑。以示例。

繳出鴉片之命令及約束書之蓋印　同日。直接發令外人。要領如下。外國人等既經營通商。能致今日之膨脹者。於茲有年。若令停止。彼等未免困難。中國所產之茶與大黃。若不供給在本國之外人。彼等之生活。必陷於困難之地。彼等對此恩惠。宜有相當之感謝。則惟停止鴉片之輸入耳。反對鴉片通商之法令。往時雖稍弛緩。今將嚴密施行。有吸食者處死刑。外國人亦當與中國人服從同樣之法律。余今將發命令。此命令一到。彼等卽當服從。倉庫中之鴉片。悉繳出於政府。著洋行員將各處之鴉片。撰一目錄。使繳出鴉片之數目。一目瞭然。此際外國人若有隱匿或抵抗之行爲。不可不以外國語中國語兩種。呈出證書。其內容之趣旨如下。「本船若再來此地。決不輸送鴉片。萬一攜來少許。發見以後。爲政府所沒收。並無異言。而各人受法令所定之死刑。並無所悔。甘受處刑」。抑外國人等有善良之信仰。若遵奉此命令。痛加懺悔。必有獎勵。若怙惡不悛。並不服膺命令。反以此爲口實。冀免其罪。則須受新法令所定之嚴刑。當此緊急之時。余爲欽差大臣。親奉聖意。苟爲法令所在之處。無論帝國何地。必當勵行。此乃余所以由首都來此之任務也。余視爲正當之處置。卽有實行之權力。此權力與普通事件有別。關於鴉片通商。以禁絕爲限。此地一日不絕。余決不去此地。誓始終其事。半途放棄之念。雖寤寐之間。亦不敢存云云。此令公布。廣東輿論反對鴉片貿易之意。愈覺強固。不俟招集軍隊。大有以義勇兵爲國出力之氣概。而販賣鴉片之外人姓名。查出以後。與鴉片貿易無關係之外人。褒賞以勵之。使之指摘敗德之同胞。而繳出其所有鴉片。再行呈出證書云。而其事限於三日內履行之

發布外商拘束令　三月十九日。廣東稅關發如次條件之命令。卽欽差大臣滯留廣東時日未定之間。對於外國人本國人調查之結果未確定之間。凡外國居留者。悉不許赴澳門。余送命令於公行員。公行員受命卽通示外人以服從之意。自今以後外人等不得請赴澳門云。然外國人等過去四十年之間。習聞所發之命令。大抵發布日或緊急期間尚遵守命令。稍遲卽弛。習以爲常。此次之命令。不比從前。殊不能玩視。外國人等居於商館所在地。無異被縛之囚徒。並絕彼等與船舶之交通。此等船舶許來廣東。不許還黃埔。而二十一日更以礮艦數艘。載武裝兵士集合於商館前之河川

葉利我妥準備戰鬬　葉利我妥至澳門。彼以爲最初之打擊。當在泊於廣東內河外部之船舶。又以爲欽差大臣必設本部於澳門故也。彼於二十二日。得三月十八日之命令。卽時通告泊於外海之英國船。立刻開向香港。樹立英國國旗。對於中國政府之舉動準備抵抗。使在中國海之英國軍艦力任保護。同時送書總督。署名者爲軍隊、戰艦、火船等。意以爲今乃英國皇帝之代表者。倘欲與英國國民及其戰艦開戰端與否。望確實迅速答復。彼又致書巴馬斯統卿。謂以確定之語調與態度。防壓此地方官吏之強暴。三月二十三日。彼布達

謂死刑執行戰爭準備。禁止出廣東以外。此等事雖非宣戰之行爲。將來有必不可逃避之戰端。更述欽差大臣言辭之恐嚇。以警告在廣東之英國民全體。並要求全體退去之許可。以爲一切之準備。

嚴重之監禁　既而葉利我妥又至廣東上陸。警報忽傳播於四方。商館周圍之通路。皆被封閉。商館前之衢園。不見人影。此園入口。均已防衛。商館大門前二晚不過數人守衛。今則持槍提燈。有多數之武裝者。羣集於斯。前面河川。布置船舶三重。載有多數之武裝者。兵士等配備於隣近家屋之上。更命商館所雇中國奴僕。悉使退去。至夜九時。不見中國人一人。僅有二三百名外國人之居留於此者耳。於是商館地接近之部分。已支配於軍法之下。騎兵哨兵士官。往來各處。頗爲紛忙。喇叭之聲。銅鑼之響。更加以暗黑悽愴之夜景。與紛亂騷擾之事情相和合。翌三月二十五日。中國人等擬監禁外人。以木柵橫阻於河川。妨其交通。即一片之食物。一桶之水。亦無人供給焉。

林則徐之布告　三月二十六日。葉利我妥之屋、及明呱商館牆壁。貼有欽差大臣所發之告示。述鴉片應速行繳出之理由。

一、天道報施不爽。逆天者不得善終。如英人羅拔圖占澳門。卒不能達目的。客死該地。拿皮樓亦以存心陰險。中道夭死。

二、中國皇帝待外人恩澤深厚。外人當服從中國法律。與本國同。

三、若以鴉片之故。以致通商全行停止。則茶及大黃等需要之物。亦不可得。何苦以鴉片之故。而犧牲全體通商。

四、交還鴉片之後。仍准照舊通商。利害得失。一目了然。何去何從。幸善自擇。

次日有數船請求出港許可狀。廣東稅關乘機下令。謂欽差大臣在廣東時。又對於鴉片商人處置執行時。現時在黃埔諸船。禁止載運起卸。非有出港許可狀之船。不許出港。澳門政廳更發命令。不准爲航行引導者。

葉利我妥要求通行許可狀 三月二十五日。對於在廣東之英國船及英國民全體。正式要求總督。限三日內交附通航券。若通航券不發。英國居留民及英國船強制被留。當此時機。應有適當之行動。

繳出鴉片之命令 總督回書。謂監督者葉利我妥請求通航券。對於繳出鴉片之命令。並無一言提及。殊屬非是。當先服從命令。繳出鴉片。然後發通航券。於是葉利我妥復致書林則徐。要求交還以前之書信。並謝其失言。最後請許可奴僕與食物進入商館地內。三月二十六日。林則徐以命令書答之。仍令其繳出鴉片。並將當日所發林欽差之布告封入。

葉利我妥欲繳出英人所有鴉片 葉利我妥當此窘迫之境。遇中國當局以爲內河內部所行之鴉片密輸入可以停止。三月二十七日。葉利我妥欲將英國民手中所有之鴉片。全部繳出。報知官吏。以此意思發出布告。

二萬二百八十三箱之繳出　三月二十八日。葉利我妥通知林則徐。承認以英國所有二萬二百八十三箱鴉片。交還爲其責任。但此數實有少許誤謬。焉蓋應奈斯之八箱。尙應補入。而實際船中不過一萬九千七百六十箱。因拜火敎徒之二商社。誤爲重複之報告。合有五百二十三箱之不足。葉利我妥不得已。更購自他處。以補其不足之數云。

無罪黨之波及　林則徐又注意美、法、荷各國之商人。因關係鴉片通商。與英人同等也。三月二十五日。美國商人金古送請願書於林則徐。謂彼在廣東通商多年。未曾以一片鴉片與碎銀一兩買賣交換。請將彼之船舶。復舊并許其再雇奴僕。林則徐答以善良之外人。爲惡者所累。非不知之。但不能因此更變余之大計畫。荷蘭領事萬巴塞。於三月三十日。四月五日。陳述二次。亦答以凡住於商館之外國人。當速繳出鴉片云。

緊密監禁及輕減之約束　然葉利我妥雖服從。而監禁益緊密。自三月二十八日起。通商館地四條街道。除舊中國街以外。其餘三街。皆以牆壁遮斷。商館地之後門。以磚瓦封塞。外人舟艇。悉曳上海岸。警衞更比前嚴重。每日午後運水二桶於各商館。總督主張二三日中。可以繳出。後以彼等遲滯綏慢。亦屬萬不得已之事。四月二日。始發令言食物與水。暫許供給鴉片繳出如稍遲緩。必再絕此供給。又曰。全數四分之一繳出後。許黃埔與澳門通信。又云。繳出四分之一。解除通商禁止。全部繳出時。萬事悉復其舊云

證書問題　將來對於私賣鴉片證書之件。尚爲一困難問題。三月二十五日。要求葉氏署名之證書。此證書之意。言鴉片繳出之外。不加刑罰。此中國皇帝之恩德。宜表示感謝之意。而彼等之政府。使其國之商人。全然服從中國政府之禁止令。不再以鴉片輸入內地。鴉片貿易既被禁止。若犯此法律。卽沒收其船舶貨物。此犯罪之關係者。悉交中國政府之手。處以死刑。不得有異言。此其大概也。

葉利我妥之拒絕　研究此證書之性質。覺全體之形勢。由商業的而移於政治的。四月二十一日。林則徐又將此證書送於葉利我妥。促其承認。葉卽於使者之前。將證書撕裂。并云寧斷我之頭。而此種之證書。可不必送來也。

十六人之外解其監禁　四月十三日。奴僕數名復歸商館。十九日。始許奴僕全體歸館。蓋以鴉片繳出徐徐進行也。五月四日。虎門、澳門及其他諸處。允許交通。解除通商之禁止。監禁之十六人。英人十二名。拜火教徒四名。此等爲輸入鴉片之魁首。尚禁在廣東。於是葉利我妥發布告。準備一體離去廣東焉。

鴉片繳出之完結及葉利我妥之命令　二萬零二百九十一箱鴉片之繳出。於五月二十

一日完結翌二十二日。葉利我妥發出布告。命英人與彼同去廣東。又云。現在之形勢。英國船不可入廣東港云。

十六人之放逐 五月二十三日。林欽差及廣東總督。連署以命令洋行員。對於鴉片輸入商之魁首十六人。命其蓋印於証書。許彼去廣東。惟無論如何事件。不得再至此地。然此証書內並無刑事上之條件。彼等依葉利我妥之勸告。一同蓋印。蓋以如再拒絕。更不免繼續拘留也。

英商去廣東 五月二十四日。葉利我妥。率英人去廣東。往澳門。六月一日。居留廣東之外人。僅餘美人二十五名而已。考當時外人之筆記。由廣東至香港。途中。中國官吏談話頗親密。可見林則徐宣言之誠實。卽鴉片全部繳出後。諸事悉復其舊態之宣言。果不謬也。

燒燬鴉片 繳出之二萬零二百九十一箱鴉片。一時貯藏於穿鼻附近之村落。本擬全部送於北京。然朝旨命就地銷燬。其目的所在。使海岸地方之住民。及在廣東之外人等。一概聞見。引起彼等恐怖之念也。銷燬之方法。以石灰與鹽水混合鴉片內。然後投於海中。自六月三日始。連日繼續行之。至全部終了爲止。銷燬者居然誠實從事。完全無憾云。

鴉片密輸入之衒與 鴉片密輸入。雖受防遏。究未滅絕。是年一月。有一萬箱之鴉片。在中國海上出現。至三月末。已成二倍。先是欽差大臣林則徐未到時。兩三商店。曾致書於印度及其他之買賣商辭去以後。鴉片之委託販賣。然箇人雖被束縛。而商社依然活動。至六月英人退去以後。未幾海岸地方之貿易船。又有鴉片矣。七月。據葉利我妥之報告。福建諸處之本地商人。對於林則徐之處置。秘密成一組織。政府官吏之力有所不能及。此極敏活之通商。行於廣東東方約二百哩之處。九月十一日。英國船舶爲相互保護之故。集中於香港。其時葉利我妥命令英國船長。船中不得稍藏鴉片。使之設誓。並要求從事鴉片貿易之英國船。悉去此港及海岸。同日有英國某海軍長官致書葉利我妥。謂英國海軍士官等決不保護中國沿岸之私販鴉片者。然至三四月之後。沿岸地方從事私販之船。其數雖不較昔日爲多。亦不較昔日爲減云。

葉利我妥停止通商　欽差大臣林則徐。以要求之滿足。再許通商。然以英人於中國產之茶與大黃。不甚要求。頗有意外之疑。五月十九日。廣東總督有命令。欲入黃埔之船舶須先訂規定。六月五日。葉利我妥報告林則徐。關於將來之行爲。以英國政府命令未到以前爲限。凡所到英國船。命其在澳門起卸貨物。廣東稅關受欽差大臣及總督之訓令。六月九日禁止澳門以外之通商。凡船舶入黃埔。積載貨物終了後。卽當直航本國。何則以既不入港。卽當去港也。

美人依然通商　英船雖在港外。然美船尙入港內。據九月某日調查。香港及澳門有英船六十三艘。美船三艘。黃埔有美船十一艘。丹麥船二艘。德船二艘。西班牙船一艘。美船乃乘此機而得利。爲美國拉色爾會社代理店之船舶數艘。積載一噸三十圓乃至四十圓之價格之英國貨物。與一包七圓之印度綿。在香港黃埔間往來不絕。以此極活潑之商行爲經營。於美國國旗之下。既與非常便利於有友誼之英人。自己同時亦獲得大利。輸入貨物售完後。卽以茶輸送於英國。該代理店後用九百噸之肯不利幾號。備極堅之甲板。積載價値十五萬磅之英國貨物。於一八四〇年六月二十二日。將封港之際、運送黃埔云。

香港暴動事件 林則徐使外人屈服。因尙未收得勝利之效果。未免不快。乃無端而有七月七日之事。英國水夫等、在香港停泊地。忽起暴動。因水夫等欲領酒不得。遂加暴行於老幼男女。而全無關係之林維喜受傷。而於翌日死亡。七月十日。葉利我妥探究此事之眞相。一方面提出懸賞金。確實查出殺人者予二百先令。查出暴動之原因者予百先令。死者家族自己以千五百先令爲其賠償金。欽差大臣卽時派遣官吏。調查此事。七月十三日。葉利我妥毫無所隱。報知官吏。既而探究已有結果。於八月十二日審問。并通告中國官吏。云如上級官吏命有榮譽之官吏出席此審問場。葉利我妥必稱其人之位置。以相當之尊敬待遇之。

暴動之審問 其報告之文曰。大淸皇帝領土內。審問英國民之犯罪。當以刑事及海軍裁判所之權限組織裁判。爰在去中國海岸一百哩以內之公海。於八月十二日。開於英國船中至此日訴訟有二十三人上級陪審官起訴殺害者為英國水夫長水夫五人與有關係對於殺害者最初之起訴付之不問水夫五人至十二人下級陪審官之前承認有罪葉利我妥被衆推為裁判官。於是下判決三人處以二十磅罰金六箇月監禁二人罰金十五磅監禁三個月。此監禁并聲明在大英國之獄舍云。

逐出英人於澳門　中國官吏不承認英國裁判權。八月二日。欽差大臣、廣東總督、及廣州知府連署布告。約言中國人等關於此殺害事件調查之結果並言葉利我妥欲以金錢止人之言。此事件之關係者。為英國水兵據美國領事之辯解。對於犯殺人罪之外國人當用中國裁判權云。於是香港英船之食物禁止供給但服從規則之通譯者及許可之船之為雜貨商者不在此限。未幾。欽差大臣與廣東總督。引率大軍在廣東與澳門中間之香山地方。八月十五日。發布告二道。其一、對於澳門船中之英人。絕其供給但在澳門之葡人及其他外人。毫無關係。仍各保其權利。其二、英人所雇之奴僕掌櫃等。三日以內。悉解去其職。不從者依法律處刑。此命令即時實行。

英之老弱男女悉去澳門　際此困難時期。葉利我妥由澳門赴香港。二十四日。澳門知事命令放逐英國商人及其家族。是日由澳門至香港道中斯古爾船不拉古覺古號於海上受掠奪。英人聞之。大爲恐慌。葡萄牙知事更告英人。謂英人之安全。不能保證。公會決議。亦云宜速退去。八月二十六日。英人不論男女大小。悉去居宅。遷於船中。以由小艇斯古爾船、羅卡船編成之小艦隊。滿載衆人。現出種種悲哀之氣。徐徐由港退去。

規定將來通商之布告　八月二十五日。香山縣所發布告中。明言其結果曰。

欽差大臣林及兩廣總督鄧再發布告。本年六月。關於載運鴉片之外國船。余等曾受敕令。以發布新法令。卽若外國船秘密販賣鴉片。首犯處梟首之刑。從犯處以絞殺。所有鴉片。全行沒收。本年中六月間。余等對於願意繳出鴉片之犯罪者。免除死刑。是也。新令則不然。今日及今日以後。通商之外國人等。不可不服從新令。今明瞭詳述。使外人等知之。

第一、未載鴉片之船。明白通告。要求入港。須受檢查。至允許卸貨物時爲止。但其間不得任意行動。

第二、秘密載運鴉片之船。順從命令。繳出。准免其罪。全部繳出完結。然後入港。許其開艙營商。

第三、不欲入港之船。不得從事通商。可卽歸本國。

第四、殺害香港村民林維喜之犯人。卽與絕交。若庇護彼者。與同罪。

以上條項。余等對於外國人表示之慈悲也。如此明瞭說明。使汝等易曉。若汝等不遵此令。到處秘密販賣貨物。是汝等冥頑不靈。自取罪戾。如被逮捕。卽於新法令之下。宣告其罪。汝等倘聚衆反抗。則當一律處罰。決不輕恕。

給武器於村民　八月三十一日。發出布告召集沿岸地方之人民。不啻宣戰書。略云。購求武器。與汝等村民之强健者。講求自衛之道。若前述之外國人在海岸紛擾村民。可發礮抵抗之。或擊退。或捕虜。彼等數少。到底不能與汝等多數抗。又彼等如上陸汲水。可遮其道路。使不得自由飲用。然如外人等未赴海岸。不得自進以近其船。襲其艇。又不得因他事自起騷擾。犯此禁者有刑。汝等宜知之。

同日又發布告。禁英船之航行引導者。如敢故違。卽將雇用者斬殺。梟其首於埠頭。

對於停止食物供給之抗議　英人保護之軍艦。並無一艘。八月三十一日。艦長葉其斯米斯所率英國軍艦武葸幾號將到。葉利我妥得此軍艦。九月一日。英國商人及其家族再來澳門居住。仰助力於其地之葡萄牙知事。知事拒其言。以抱歉答之。二日。在香港發一布告。禁止人民投毒於井。此原不過恐嚇之意。香港之船。苦於不得新鮮食物。遂致抗議書於九龍之中國官吏。略謂數千英人。不得食物。如此狀態。必起紛擾無疑。對此紛擾之責任。自當由官吏諸君担負。所以言此者無他。不過爲平和及正義而已。葉利我妥親擕此抗議書至九龍。然待踈六七時間。而所得之結果。則爲曖昧之遁辭。其怒也自不待言。輸送食物之武裝船。又被礮擊。九月十一日。英國斯古爾船薩幾號之艦長。三日前不知何往。至今始發覺。恐彼爲官吏所捕拘留爲質。以俟殺林維喜者之交出。於是發布告欲封港廣東港。幸未實施。十六日又撤回布告。其原因以失踪之艦長業已歸船也。

西班牙船之燒棄　澳門與馬尼拉之間西班牙從事正式通商之二檣船必爾別號。九月十二日在澳門。受中國人攻擊。竟捕獲而燒棄焉。林則徐以此船即英船瓦幾里阿。曾從事鴉片貿易者。其後復變其主張。謂此船掛西班牙之國旗。爲英人運輸鴉片。應獲相當之罪云。其實瓦幾里阿號。數月前已不在中國海。一八四一年六月結局。受賠償金及廣東市之贖罪金共二萬五千先令。西班牙代表者。對此頗表滿足之意而去。

葉利我妥之回答　林則徐更要求曰。從事鴉片貿易之船。及本年春季繳出鴉片之船。現時悉宜退去中國海。葉利我妥答以船中有鴉片者。悉使去香港。對於不在香港之船。無權干涉。即令有之。亦不過於其從事不法貿易時。不加保護而已。至於本年春季所有之船。或有已去者。或有賣於美人者。尚有數艘將去。正在裝貨云。

商人十六名被逐　曾經放逐之十六人。廣東當局要求其速去此地。葉利我妥於十月五日。答云六名已去。四名將出發。其他因共犯者之關係。尚有監禁之必要。俟出發日豫定後即行報告也。

葉利我妥拒絕通商　英商頗願承認不賣鴉片之證書。以希望入而通商。葉利我妥以爲不得不待本國之訓令。況新法令規定凡刑罰不依見證證據及審問卽可執行。彼頗不認可也。

協商成立　十月中旬而協商乃告一段落。是月二十日。監督葉利我妥告英商人。謂雖不提出證書。但其船進穿鼻之停泊地。能如以前之在黃埔。完中國式之稅。受貨物之檢查等。亦得通商。而英船妥馬斯古利茲號。十月十三日至澳門十五日求中國官吏許可通商。對於證書則爲相當之蓋印。於死刑及船貨物之沒收。二者俱已承認。此行動實毀損葉利我妥之威權。同時更使林則徐鼓舞其再戰之勇氣也。

林則徐再提出要求　十月二十五日。毅然發命令。廹將殺害林維喜者交出。又令在黃埔之諸船。限三日以內入河。或退去。二者任擇其一。不然則以礮火寸斷之。葉利我妥簡單答曰。英政府對於此種犯罪者。本不加保護。特海岸地方所起事件。在自己權限之外。無可如何耳。遂訪窪烈幾號之船長斯米斯。斯米斯爲在中國之英國海軍司令官。以爲英國船舶。爲中國政府所把持。將來必陷於重大危險之苦境。如有最良之處置。誓卽實行。斯米斯卽率窪烈幾號海安西斯號。二十八日發澳門。途中遇逆風。以十一月二日到穿鼻。卽刻上陸送書於欽差大臣林則徐及廣東總督。要求撤回恫嚇英船之命令。幷及英商人家族。財產之擔保。以至安居海岸。雇用奴僕。供給食用品等事。不得妨礙。

穿鼻之海戰。　十一月三日午前中國武裝船二十九隻向二隻英船方面進行。斯米斯送書中國提督要求將此等船駛還沙角以北之停泊地。中國提督答曰此際余所欲得者殺害林維喜之犯人一人而已。能於一定時間內與我以交出犯人之保證。當卽退卻此時葉利我妥在窪烈幾號船答曰屢次通牒陳明何人殺害。尙不可知。如果發見必行處罰今日或將來如捕得時。必罰無赦。於是斯米斯欲拒卻中國艇隊開礮擊之此一場戰鬭之開始英人方面無甚損害。而中國方面兵船沉沒四隻。其他亦大受損害。此實大戰爭之端緒也

英政府之政策及其行動　英政府之公布政策。時機已至。尙在躊躇。實則英政府自一八三三年以來。去從前之獨裁的支配。純然爲無政府的態度。故於廣東通商情事。全然變更矣。監督葉利我妥屢要求政府之訓令。以伸長自己之威權。彼五六年間。除特別命令以外未得活動。商人之動作。未得干涉。而英政府終無訓令以表明特別之意見。九月二十一日英國外務部。明知在廣東之外交紛擾。亦仍無訓令之發表。英國議會研究此問題。政府黨以爲侮辱英國。英人之在中國者危險至極。主張通商禁止說。而反對黨則主張繼續通商唱非戰爭說以應之。倫敦之東印度協會及各商業會議所提出之建白書。務使政府執確實活潑之態度。一八四〇年三月會議決定中國人之侵害。不可不得滿足之結果與賠償。

以此目的捕獲中國船舶及其貨物。亦不爲過。如中國政府肯賠償與讓步。則英政府亦不必爲復仇的戰爭。

中國政府與外國政府之異見　就中國一方面言之。鴉片爲戰爭唯一之原因。有此正當理由。必可期西方諸國之援助與贊成。林則徐致維多利亞女皇有名之書簡中。於戰爭原因。乃節外生枝。並非純在鴉片之故。以及英人要求賠償。實爲困苦之故。均不提及。惟以鴉片爲唯一之問題。而令英國負唯一之責任。云其實鴉片問題。以排外爲重要原因。而禁止貿易。尚爲附隨的事件也。英政府對於臣民之鴉片商業及密輸入之行爲。假令經善良之審問。假使減斬首之刑。而爲絞殺。則亦未始無商量之餘地。而巴馬斯統卿掌握外交權之間。尚不至生起大事。然外國商人身受壓迫。要求救濟不幸之事實。往往出於鴉片問題。以外自有拿皮樓抗議以來。戰爭之空氣。常磅礴於周圍。蓋此戰爭已醞釀至二十年之時期。而東西洋國際的通商之局。乃於是正式開幕矣。

第六十章　鴉片戰爭及其經過

再申吸食鴉片之禁令　林則徐對於輸入鴉片之外人。及買賣鴉片之中國人。使陷於窮窘之地。復排擊英人國法判決之要求。最後停止英國船舶於廣東港外。以不肯署名蓋印於證書爲口實。其態度如此。戰爭之來。終不能免。彼亦早知之。彼曾云余等毫不畏戰。於是對於國內竭力禁止吸食鴉片。一八三九年七月六日出示。以十八箇月爲限。斷絕鴉片。違者處死。又翌年五月由廣州府所發之告示。警告廣東地方之人民。猶豫期限以一月十七日爲止。城門之外設置懲治監多處。專辦鴉片罪犯。九月二十七日林則徐又發布告。述期限之日漸少。犯罪者之死期將至。以促人民之猛省云。

於是問題告急矣。一八三九年(道光十九年)十一月二十日。葉利我妥發通告。禁止英船入廣東港。二十六日。林則徐又發命令。十二月六日以後。不許英船入港。翌年一月五日。宣言英國船舶及英國並其附庸諸國之生產物。永久不許入港。然實則英國之貨物。隱於局外中立之幕中。依然輸入。亦無從禁止也。

英國貨物依然由英船運來。不能公然輸送廣東。長置船中。又受莫大之損失。於是葉利我妥於一月一日。致書葡國澳門知事。謂因與中國人斷絕貿易。請納普通市稅。允許英國貨物運至陸上。以便貯藏。知事答云。中國當局者無論國內何處。不許英國貨物上陸。若英人上陸。必視爲在葡萄牙人擁護之下。實不敢負此責任云。二月一日。道台貼布告於澳門各處牆上。逮捕葉利我妥及指名之五英人。此五人皆携帶妻子。欲永久住該地者。二日後。風傳中國兵若干。私入澳門。將行逮捕。葉利我妥請葡萄牙行政部派軍隊護衛。又被拒絕。翌日英國軍艦海安新斯駛入港內。大召中國人葡萄牙人之物議。遂由中國當局之抗議。斯米斯承諾將此船退去。五日。澳門之中國兵退卻。六日。海安新斯號亦退卻。

英之通商由局外中立者繼續、二月十二日。廣東發布十二月二十九日之勅令。林則徐由欽差大臣轉任為廣東總督。英國通商之永久禁止。愈以確實。並命其調查英貨由局外中立者暗中貿易與否。中國商人等購求鴉片輸出金銀與否。又茶與大黃有人供給英人與否。勅令由廣東稅關布告。其執行則在公行員之手。實際言之不過一死文字而已。在此際中立的通商照從前實行。而以美國領事之斡旋為多。故為己為人之美國通商。曲意求全。并無阻礙。承前繼續。彼等除本國船舶外。兼用英船二艘。惟不用英旗而以丹麥之國旗代之。無論合法之通商與代英人之通商。常用此二艘焉。四月二十五日。美國商人送請願書於兩廣總督。謂廣東之封鎖由英人所為之結果。與美無涉。請美船直航黃埔。許可開艙。總督答此請願書。并謂英人之行封鎖。實為謬見。膽大妄為云云。

葉利我妥得英政府承認後之行動　葉利我妥五月二十九日。送書本國。報告自己與外國人等受強制的監禁。鴉片交出之情形。及英商出境。禁止英船入港等事。情事既已如斯。於是前者拿皮樓所謂採用敏活政策之時期已至。帶威與魯濱孫。請英政府以正式發表其政策。英政府遂決定一切行動。負完全責任。使清政府對於過去須賠償其損失。對於將來須保證其安全。至九月末。英政府承認葉利我妥之處置。任命其甥佐治葉利我妥提督。同爲全權大使。

佐治葉利我妥之東來　此冬季及春季中。英船泊於九龍西面近廣東內海之沿岸。船中搭載多數商人及其家族。十一月十三日。諸船在九龍方面。爲礮所擊。幸無大損害。至四月末。豫料應候之西南風將來。急下水門。然在此又爲十餘艘火船所襲云。自六月二十一日起。英國軍艦及運送艦漸到。二十二日司令官不烈馬發布告二通。其一、二十八日及以後確定封鎖廣東港及河口。其二、指定商船停泊於急水門與馬港之錨地。此時英軍游弋中國海之兵力。計軍艦十六隻。上有大礮五百四十門。武裝汽船四隻。軍隊輸送船一隻。運送船二十七隻。尙有兵器完備之軍隊四千人。巴烈大佐爲陸戰隊之司令官。提督佐治葉利我妥爲海陸兩軍之總司令官。

宣戰與懸賞及其評論　兩廣總督林則徐。照例布告宣戰。捕獲英船或破壞者賞。生擒或殺戮英國士官兵卒者賞。捕獲軍艦者。船中一切准歸其所有。唯彈藥槍礮及艦中之鴉片。須納於官。此外賞金甚多。獲大礮八十門之船。賞現金二萬先令。以下每減一門少百先令。以此類推。捕虜海軍司令官者。賞五千先令。以下每一級減五百先令。能殺此等人者。與以上述之賞金三分之一。捕虜英水兵英兵士英商人者。每一人百先令。殺一人四十先令。印度兵及印度水夫準此。捕虜中國人之謀反者賞百先令。戰局漸進。中國人之感情愈覺激昂。一八四一年。(道光二十一年)二月二十五日。廣東知府發布告更加以最激烈之擊刺焉。

占領舟山島　英國之兵略。首先實行封塞廣東河。其所執之第一手段。凡防禦此河之物。悉破壞之。然英國之訓令。命其向北部地方活動。佐治葉利我妥提督與葉利我妥兩全權委員。六月三十日。向此方面出發。七月六日。到浙江省舟山島之定海。四日。不利馬提督勸告定海降伏。五日。占領之。在此地之中國人。全無抗戰之準備。定海知縣姚懷祥典史全福死節。而此時又出英清兩國間之爭點問題。卽巴馬斯統卿有一函致清政府。擬由清廷官吏轉交。以快走艦一隻。送書至厦門。七月二日。至其地。小艇樹立白旗。中國人以爲敵艇。卽開礮擊之。快走艦應戰。礮火相交。而書函不能送達。按英人之記事。戰爭自始至終。遭遇一困難事。卽用白旗休戰。中國人尙不知有此新規則是也。高級將校時與以相當訓示。而下級將校往往忘其適用。至不能遵守。對於白旗開礮。英人大起激昂。恰如英人攻擊礮臺。不由防備之正面。而由側面攻擊。中國人目之爲卑劣行爲。有同等之憤激也。七月十日。至寧波。寧波對於白旗。以相當之敬意迎之。持函者亦受禮遇。惟照錄一份。拒絕其函。云二全權委員。實行封鎖寧波及揚子江口。然後於七月二十八日。赴白河河口。八月十五天津之直隸總督琦善始接受此函云。以後英國艦隊之配置及其任務如下。北直隸灣以備大礮百八十門之船五隻及汽船一隻。封鎖之有七十四門之船一隻。在定海擱淺正在設法出險。有三十八門之船二隻。封鎖揚子江口。有四十六門之船二隻。封鎖寧波有七十四門之船一隻。封鎖厦門。有百零二門之船四隻及汽船一隻。封鎖廣東河口。

琦善與英國全權之會晤　八月二十七日。英國艦隊向大沽礮臺準備强行通過。適琦善之受書後。述二十四二十五曾兩次遣使因其地幷無一船。故未早達。幷言總督因官職上境遇上之關係。不能至海上訪問正全權委員佐治葉利我妥。請副全權委員葉利我妥上陸會。而於是於八月三十日會見。以相當之尊敬。迎葉利我妥議論縱橫。不肯相讓。於是不得不進而照會北京。再以船數隻遣往北京。然此等船於九月十二日下白河歸來。協定談判在廣東之地舉行。因其地爲解決一切紛擾之處。事實上之眞僞在此亦易明確故也。英國二全權委員先報知琦善。不再執攻擊之行動。以九月十五日去白河歸舟山。九月二十八日抵定海。林則徐。卽以是月免兩廣總督。貶往伊犁。

鎭江休戰之宣言　十一月六日。舟山之布告。述鎭江一帶地方之休戰。已得南京總督之同意。欽差大臣伊里布所來之通信。亦皆傾向於平和。英國全權委員十一月十五日去舟山。二十日抵澳門。於是此兩人乃以飛函致琦善。時琦善爲欽差大臣。對於廣東一切事件。

為皇帝之代表者。二十一日。葉利我妥將此書狀。以竪白旗之汽船送至虎門。虎門礮臺不問其有白旗與否。以礮擊之。復持還澳門。經其他中國官吏之手。始送達於琦善。彼卽時回信。并言關於使用白旗。已發訓令。云尋佐治葉利我妥以病辭職。葉利我妥一人為全權大使。

香港割讓之要求與開戰 林則徐之政略。無論何事。在使英人默從。琦善乃不然。彼以此項政策為不適時宜。彼意以兵力防禦英人攻擊。為必要。英人如有要求。可於談判之際主張之。更進言禁止鴉片通商不可採暴壓手段宜以曠日持久之策。使英人倦怠。於是於十二日從事談判。然其後究為英人所拒絕。葉利我妥不稍讓步。談判至香港割讓之一點。乃破裂。琦善則以割讓帝國之領土。不能得皇帝之裁可。葉利我妥則欲以香港為英軍作戰之根據地。主張甚烈。議論不能一致。於是又準備開戰。西紀一八四一年（道光二十一年）一月七日。虎門之外側及穿鼻大角頭之礮臺。悉被英軍占領。八日。英軍準備攻擊虎門諸堡砦。適接休戰之命令。於是再開談判。

草約之蓋印 一月二十日。葉利我妥布告條項如下。

英帝國全權大使。與大清帝國總理第一回協定之結果。記之於下。

第一 香港之港及島。讓與英國。 商業上交納清廷正當諸稅。如在黃埔所行之時。此地亦然。

第二歸六百萬圓之償金於英政府。當交一百萬圓。其餘陸續付至千八百四十六年止。

第三兩國之間公事上之直接交際。有對等之資格。

第四廣東港之通商。於淸廷新春十日以內開放黃埔亦行貿易。

英政府否認草約　英政府對於全權大使之行爲。不肯承認巴馬斯統卿。報於維多利亞女皇曰。

葉利我妥殊屬輕視本國之訓令。英國艦隊完全奏功之時。彼反承認此等不利益之條件。淸廷交還鴉片之賠償數。不足鴉片全體之價格。對於遠征軍之費用。及破產洋行員之負債。英人居留中國之完全保證。均無著落。就舟山島言之。據前此報告。謂俟償金全部還淸時始行退去。今已遽行退去。豈非輕舉而不信任乎。香港讓與尚加交納諸稅之條件。此島尚可云完全爲英有乎。

四月三十日。英國閣議。決定以下諸條項。卽英政府不能承認此條約。對於過去之損害。要求多數償金。對於將來之通商。要求十分保證。再占領舟山。召還葉利我妥。以璞鼎查 Sir Henry Pottinger 代之是也。

葉利我妥對於草約之意思　葉利我妥之意見。以爲通商繼續。則被封鎖之二萬噸之船船。可得三千萬磅之茶。英國財源中。得收入三百萬磅之稅金。廣東平和通商。從此可以維持。無論何處。亦可消滅敵意。至於遠征之費用。概算似失之多。至於洋行員之負債。以壓迫手段使其卽時交付。未免不得當。宜照已定之契約任意交付可也。此時所執之良策。卽在保持香港。集注英國之利益於此地耳。

清廷否認草約　草約締結之際。有歸還穿鼻礮臺撤去舟山軍隊之約。同時廷國更交出捕虜云。一月二十三日。以欽差大臣發署名蓋印之布告。香港於二十六日。正式歸英人所有。葉利我妥乃於二十九日。對香港行政廳發出布告。宣言在此地之中國人。由中國之法律習慣支配。但除拷問之刑。又云在此地之英人及諸外國人。受英國法律保護之下。二月一日。又發布告。中國人居住香港者。作爲英國國民。草約之實行者。不過以上數件而通商本應於二月一日開始。然密雲不雨。倏已逾時。此由中國人對於英人之草約。頗不滿意。所得者小而割地償金之所失者大。且不法之鴉片貿易。非但不得壓制。反許其再行通商。此最足以助開戰黨之氣燄。而得多數之贊同者也。先是道光帝本無和平之意。特以九月十七日。受北部英國遠征軍之影響。始有講和之勅令。任命琦善爲交涉委員長。及一月六日。更發勅令。命其兼理浙江軍隊廣東軍隊。幷命將來外人所有請願。悉行拒絕。是卽交涉破裂之導機。此外尚有命令。謂海岸無論何地。可以開始戰爭。琦善以爲維持廣東秩序之手段。應因時制宜。從前主戰政策。似不可用。奏報至而道光帝不信。一月三十日。罷琦善及伊里布。以宗室奕山爲靖逆將軍。尙書隆文及湖南提督楊芳爲參贊大臣。命赴廣東勦辦洋夷。且召集湖北四川及貴州每地方各二千之兵。命其急赴廣東實行勦辦云。

戰爭之再開及虎門礮臺之占領　廣東之開戰黨。雄心勃發。密事準備。已爲英人所知。葉利我妥屢次欲由中國官吏獲得平和之保證。其結果仍不能不以兵戎相見。二月二十日。司令官不利馬率其部下之船。進入虎門水道。戰爭遂於二十三日起。當時對於捕獲英人之懸賞金。知事又有布告。二月二十六日。虎門諸礮臺歸英人之手。捕虜數百人。擊潰諸方面之敵人。而英軍報告此役。并未死傷一人。是日司令官亦發布告。商船可往虎門水道河內之障害。確已除去。戰艦卽時前進。破壞黃埔之下之一礮臺。肯不利期號（當時中國所有）亦被爆裂。擊散四十艘之武裝艇隊。三月二日。英艦竟進泊廣東焉。

通商再活　當時已到廣東者。獨湖南提督楊芳而已。三月三日。持休戰旗訪英國全權大使。再開媾和之交涉。於是休戰三日。此交涉毫無結果。惟有關於廣東問題。仍須通知北京之提案而已。三月六日。薩葉果將軍 General Sir Hugh Gough 占領一堡壘。於是葉利我妥布告。以後如有敵意之行動。廣東市必全受禍。三月十六日。休戰旗受中國軍之礮擊。故英船又開始運動。十八日。占領商館地。葉利我妥與楊芳約定休戰。二十日。廣東再開始通商而清政府所課之稅金如故。

戰爭再起　四月十四日。大臣奕山與隆文至廣東。官吏之敵愾心。更行激烈。葉利我妥送書。當局詰其經營戰備。不得結果。於五月十日赴廣東。十七日。起海陸軍勢之行動。二十一日。英軍至距廣東市十哩之地。彼等又下外國人等悉去此地之令。午後十一時。中國人礮擊商館前面河中之英船。戰鬪又於茲開始。繼續數日之間。此時七十一艘之武裝艇隊悉被破壞。有礮六十門之海岸礮臺。亦為所奪取。英軍渡河而南。向市之北方側面進行。所以執此行動者。防清兵及暴徒等。入商館地。恣其劫掠也。二十五日早辰。英軍占領防禦北面之礮臺。二十七日。英軍合步兵礮兵二千三百九十五人。將開始攻擊城市。適其時草約締結。進軍之勢。於是暫止。

草約之蓋印　中國當局者與葉利我妥締結草約。由以下五項而成。

第一、奕山隆文楊芳三人。及廣東所屬以外之軍隊。悉於六日以內去廣州。可往六十哩以上之地。

第二、於一星期以內交納英國六百萬圓。二十七日日沒前。先交一百萬圓。

第三、償金悉交出時。英軍棄虎門水道退卻。以河之內部為始。其餘一切之堡壘地。一概歸還。

第四、對於商館及西班牙二檣船比耳別諾號之破壞賠償損失。

第五、廣州府知府（談判者）由前記三名總督滿洲將軍及知事之連署得發生十分之權力。

清廷軍隊與廣東市民。免爲捕虜。廣東省城免爲敵所佔領。豈不甚善。然傲慢自大反覆無常之行爲。無論如何之手段。亦不能壓服之也。廣東地方官吏入報朝廷。尚云驅逐外人於廣東城以外。至於本國之弱點。並無拒絕英人要求之實力。則暫時諱而不言。時英軍急欲得償金。故退至虎門之外。而廣東人對於外國人箇人恆存敵意。又種將來紛擾之因矣。

香港爲自由港　斯時英國已組織香港行政廳。四月三十日。公布關於英商到港之規則。六月二十二日。特派窮斯統爲殖民政府監督。六月七日。葉利我妥發布告於廣東及其他中國各地之英商曰。英商人及英船至香港。可行自由通商。商人在此地。可受英國高級官吏十分之保護。又香港在大清帝國之海岸。不納絲毫輸出入稅。六月十四日。香港之土地命以免役租競賣。其地區總計三十五。廣四十一萬七千二百平方尺。賣三千零三十三磅。男爵璞鼎查大佐。八月十日至此地。爲英帝國之唯一全權大使。又爲英國通商之主務監督。與在東印度之英海軍司令長官海軍少將把加協力。就任。把加爲指揮英海軍之便。亦來此地。葉利我妥與不利馬提督。由陸路返英。

璞鼎查之東來　巴馬斯統卿於一八四一年（道光二十一年）訓令璞鼎查曰。全權大使雖有決定一切之權。然若將來有强使服從我要求時。卻不可反對或妨止海陸軍之行動。巴馬斯統卿更訓令曰。一到中國收得軍隊以後。其第一著之處置。即照葉利我妥草約。已經撤兵之舟山再占領之可也。英國政府之意恉。在調查應行要求賠償之細目。如英國民之安全。英國通商之擴張。香港之讓與。通商諸港商館之設置等事。皆是香港在富源地上有如何之資格。更須研究而在此英國所有地。徵集中國商人之關稅與否。議論不一。巴馬斯統卿引證前例。贊成徵集關稅之義。謂可以發展殖民地之通商也。璞鼎查由倫敦出發之際。更受巴馬斯統卿之訓示。大略如下。據聞一月之草約。清朝皇帝不肯承認。由二月至四月。已對廣東省城進兵。我英國宜保持香港。占領九龍角。或以之爲中立地。以待清帝之批准云云。通商依然行於廣東。

璞鼎查以其就任之義。通報廣東地方官吏。命其秘書莫加穆少佐持書至省。廣東官吏以廣州府知府爲代表。八月十八日往澳門。對於英國全權大使致敬意。然璞鼎查在亞州甚久。知知府之官階遠遜於己。遂拒絕其謁見。委托莫加穆少佐與知府會面。此時及此數月之間。又發生此後五十年現出之狀態。即清帝國或有一部分與英國公然開戰。他之部分則仍舊通商是也。而由英國官吏等所禁止其國人者。即武器輸入一事。因英國普通商船。輸入武器於澳門。名義上賣於葡萄牙人。事實上以中國人爲目的也。
占領廈門定海寧波　璞鼎查以小部隊之兵士與戰艦五艘。留守香港。八月二十一日。以有礮三百二十門之戰艦十艘。有礮十六門之汽船四艘。及陸軍二千五百十九人。向北方出發。八月二十六日。占領廈門。留兵守此港內面之鼓浪嶼。九月五日。更北進至定海。定海自三月撤兵以來。築成堅固之要砦。至十月一日。又爲英人所占領。鎭海雖有中國兵頑固抵抗。十日遂陷之。寧波絕無抵抗。十三日。占領之。欽差大臣裕謙死節。英軍以寧波爲中心。又焚掠餘姚慈谿兩市。一八四二年(道光二十二年)三月十日。揚威將軍奕經爲將。以一萬二千之兵攻擊寧波及鎭海。爲英軍所擊退。英軍轉守爲攻。三月十五日。又於慈谿擊破八千或一萬之清軍。

英人組織香港行政部　璞鼎查一月下旬還南方。一月二十七白。以通商上主務監督之資格。由澳門赴廣東。二月十六日。宣言曰。香港及定海。以後可視爲自由港。此二港無論對於何船。以後不得課關稅及他稅。由是法國旗及美國旗。均以一八四二年復揭於廣東。中國此時廣東通商。較前盛行。賦稅比從前更重。至於政治上之形勢。中國人由自己方面著想。甚不滿足。卽一八四一年五月休戰事情之下。覺封鎖更加强固。且英海軍捕獲中國之船。先後亦不少焉。及一八四二年二月一日。璞鼎查禁止捕獲。已經捕獲者。仍各還附。然中國人蔑視草約之條件。仍抱不平。至十月。廣東之防禦軍編成。廣東河中之障害工事。早已著手。至十二月完成。此工事以數千噸之石投諸河中。廣東附近建設五座新堡壘。備以四噸重之礮。防備軍達三萬人。

英之難船被屠於臺灣　一八四一年九月。運送船拿不達號在臺灣海岸遇難。在船之英人除船長、運轉手及英國第五十五聯隊所屬之將校一名、下士卒十七名乘所用之小艇而去外。尚餘印度人二百四十八人(內百七十名擔架夫七十名水夫)溺於波中。中有二人生還。其餘或溺死或餓死或者至翌年八月。爲臺灣之清廷官吏所殺。約百五十人。又翌年三月二檣船安號亦於臺灣海岸破船。乘船者五十七名中。十一名得免。二名餓死。其餘四十四名。爲清廷官吏所殺。

英國增發援軍　英國政府。於一八四一年九月下旬。一切處分。皆委託全權大使決定。印度政府受英政府之訓令。將可用之海陸軍。集注於新加坡。其目的在遮斷中國內部之交通。務必速往以壓迫主要之地點。使大清政府。訂結滿足之條約。此指定之地點。即在鎮江。此地爲揚子江東西分走之水路。有通南北之大運河交叉之故。在鎮江封鎖此大運河。又封鎖揚子江之江口。停止輸送於此地之米穀首都所在之北部地方與南部地方商品之交換。因此可以阻止焉。英國援軍爲海軍與陸軍。其海軍則有礮六百六十八門之戰艦二十五艘有礮五十六門之汽船十四艘。病院船九艘。尙有測量船及其他之船。運送船尙不在內。其陸軍則礮兵以外。步隊一萬人以上。香港（一聯隊）廈門定海（一聯隊）及鎭海有强固之守兵。七月二十一日。攻擊鎭江。凡將校下士總計六千九百零七人。

乍浦之激戰　英由寧波進軍。六月中集合於吳淞。此時全權大使尙在香港。五月十八日。占領乍浦。此際副都統長善統率之兵約八萬人。中有千七百人係北來之滿洲兵。英軍始與滿軍戰。滿軍抵抗英人甚服其勇。更可驚者。滿人在其所立之地一步不退。敵不殺彼等則彼等遂自殺。據某英人之日記言。彼等見戰不利。至此或發狂而自殺。實可戰慄。家族亦然。婦人先殺其子。投之於井。而後自行投井。夫縊其妻。或毒殺之。而後自斷其喉云。此戰英軍死者九名。負傷者五十五名。清兵之負傷者在千二百人至千五百人之間。英軍中收容之清廷負傷兵及捕虜。待遇懇切。伊里布對英人致感謝之辭。前在舟山捕虜之英人十六名及印度人。亦一概放免焉。

上海鎭江之占領及滿州兵之全覆　在乍浦之英軍。六月十三日。與艦隊共到吳淞。十六日。與礮臺戰。戰法變化不一。卽清時人所謂卑劣之行動。向側面攻擊者。遂使諸臺所備二百五十三門之礮。全行無用。十九日。英軍占領上海。幷無抵抗。於是援軍至。相合而向鎭江前進。守鎭江之兵約九千人。在距市五哩許之地列陣。其外滿洲兵千六百人。又加以八百之中國兵。在城壁之內。英國陸上攻擊軍。凡六千九百零七人。如此龐大之淸帝國。於其國內戰略上要害地之防禦。只有如此之兵數。可證其軍略之疏忽。然滿洲兵於此處先行抵抗。頗足發揮其偉大之精神。嘗於五月。在乍浦目擊彼等之大膽有勇及慘酷自殺之光景。七月。於鎭江又現一段痛烈之情形。滿洲兵之中。殆無一生存者。副都統海齡全家殉節焉。

南京。條約蓋印　鎭江占領以後。英軍配置守兵本隊向南京急進此時鎭江對岸瓜州之鹽商。出五十萬圓之賠金。乞免攻擊。蓋因揚子江及大運河上下之商業大受影響也。先是清廷有書信致英軍。一爲欽差大臣伊里布所發。一爲總督牛鑑所發。据此書信所言。有談判條約之意。請全權大使暫時停留。璞鼎查仍前進不止。八月九日。据南京。此日伊里布亦至。未幾與耆英會見。由兩人與南京總督之協力。與英人討論和平之方法。以三人送英大使最初之書信。略爲緩慢。八月十日。卽著手南京攻擊之準備。彼等更發書信要求英使讓步。璞鼎查則示以不能讓步之最小限定。故十四日仍命攻擊南京城頭。卽於此日樹立白旗。十七日。英國提出條項。由中國承認。祇以考察細目。翻譯英文及中國文尙需時日。故於八月二十九日。在英國軍艦孔我利斯 Cornwallis 內成立南京條約。由代表英國者璞鼎查。代表清廷者耆英、伊里布、及兩江總督牛鑑蓋印。清朝皇帝批准。九月十五日。達於南京。十二月二十八日。英女皇批准。兩項批准之文。於一八四三年六月二十六日。交換於香港。

南京條約之內容

一中國政府賠償鴉片損失。幷賠償軍費。出二千一百萬兩。但先出六百萬兩。其餘每年交付。英軍受六百萬兩。退去南京上海。其餘各地所留之英軍。俟總數收淸後退出。

二中國政府割讓香港於英國。

三中國開福州厦門寧波廣東上海五港。爲通商場。且此等地方。許英國設立商館。英商之家族可自由往來。

四中英兩國彼此行對等之禮。自今決不可稱英人爲夷狄野蠻人。

第六十二章　學風詩文繪畫及戲曲小說之變遷

宋學之頹廢。　今者宋學漸漸廢矣。自北京朝廷。開四庫全書館。示以漢宋兼採之態度。於是一般漢人。不復如從前之墨守宋學。嘉慶中著嘯亭雜錄之禮親王。嘗云。予嘗欲得明薛瑄之讀書記。胡居仁之居業錄。求之北京書肆。賈人謝曰。近二十餘年。吾等書肆久無此種書籍。恐購者無人。徒傷資本也。讀書記居業錄二書。宋學者奉爲一種之教科書。雖中國書籍。會萃之北京。亦不見其影。可見斯學衰廢之甚矣。禮親王又云。乾隆末期。于敏中和珅爲相以來。士風爲之一變。其黠者譏誚正人。文飾己過。其迂者株守考訂。以訾議宋儒爲能事。所謂濂洛關閩之書。束之高閣。無讀之者。斯言實當時正當之觀測也。總之康熙時代。所放之宋學之曙光。再沒入於地平線。而別有一新研究新學問之氣運。代之以興。將捲起一大洪浪。而不破壞舊思想不止。故乾隆至嘉慶。嘉慶至道光。學問上自成一時期焉。所謂新學問者何。即以漢學爲先驅。風潮駸駸日進。溯洄先秦。而極之中國文化根源之夏殷周三代是也。而種種學問之分派。乃乘此大風潮而發生。

學問之趨古　自清初考證之學風發達。由類書纂修之氣運。一轉而爲山經、地志、別集、野史類之研究。故馴成一雜駁不統一之學風。今乃不然。所謂樸學者流。接踵而起。各就一途。施以精密之研究。遂有漢學之大流行。漢學者。即前節所述行於漢代之學是也。其在當時。秦始皇焚書坑儒之後。經籍至稀。僅由口授傳世。易有田生。尚書有伏生。詩有申公。培轅固生。禮有高堂生。春秋有胡毋生、董仲舒等。守一經。重師法。產出專門之學風。清朝純然研究漢學者。由江蘇元和三惠始。三惠者。惠周惕、惠士奇、惠棟之父子孫三代。自乾隆四庫全書開館以後。即自乾隆末年至嘉慶朝。爲斯學之極盛時代。而六書(文字)、九數(算學)、聲韻、金石之研究。亦達極點。此可謂清代學術之大成時代。由此以降。師法所趨。漸啟黨同伐異之風。經學則有魏源之詩書古微。力翻舊說。文章則有桐城之義法。墨守一師。不顧先賢著述。然要之皆爲專門的研究之進步。漸次進於科學的研究之態度矣。

浙西學派爲學術之淵叢　浙西即錢塘江之西。浙西學派始於著名之顧炎武(亭林)及閻若璩(潛邱)繼出著古文尙書疏證。頗聳動一世之視聽。若璩以前之學者。對於書經之孔安國傳信而不疑。而若璩則以東晉時豫章內史梅賾所上之古文尙書孔安國傳五十八篇之中。其三十三篇有鄭玄註者爲可信。其餘二十五篇。加以考證。斷爲僞作。是實前人未發之新說。開拓尊漢卑宋之氣運者也。學風之盛。分吳派與皖派。吳派由三惠所起。惠棟之門下有余蕭客、江聲。余著古經解鉤沈。門下江藩著國朝漢學師承記。標明漢學旗幟。對於宋學有肉薄敵陣之概。又此學派之別支有揚州學派。汪中、劉台拱皆爲健將。而阮元集其大成。汪中文章以六朝駢儷體爲主。如黃鶴樓銘漢上琴臺銘。深爲世人所贊賞。屬於吳派者如王鳴盛、錢大昕等。皆有名之學者。皖派由江永傳於戴震。殆立於集合諸儒成說之地位。出其門者爲段玉裁、王念孫。及念孫之子引之。聲韻六書之學。爲前古未曾有之大發達焉。此學派之特色。不僅博學而已。立一家之系統。以其家法。爲取舍折衷之點。後代如兪樾、孫詒讓。大體亦屬此學派云。總之浙西學派。由漢學引伸之研究古代之制度文物、三禮(周禮儀禮禮記)以及六書、聲韻、金石文字。實可稱爲清代特別學問之淵藪也。

顏李學流再起　清初崛起北方之顏元(習齋)一派。至此時而復興。顏說學術爲人才之本。人才爲政事之本。而政事爲民命之本。無學術則無人才。無人才則無政事。因而無治平無民命矣。嘗曰。程朱之道不熄。則孔周之道不著。劃然區別程朱與孔周爲二。孔周之道禮樂也。程朱之學禪道也。所著有存治編、存生編、存學編、存人編。存治編錄政治、經濟、兵制、貢舉等事。論當日之學校徒習文字。不能與古人之小學大學並論。卽進退灑掃應對之訓練修身治國之明智亦盡非所習。如此而欲人才之輩出。王道之隆興。不可得也。存生編立論本孟子之性善。凡人之氣質。縱有淸濁厚薄之別。而總歸於一善。惡者乃其後起之習染也。存學編以學爲士之事。周官取士以六德六行六藝。數孔門之人以禮樂兵農。卽心身一致加功者爲正學。反之則皆浮學也。存人編所以喚起沈溺於佛道二敎者。使入我聖人之門。指摘韓愈、程朱、陽明、爲異端所欺。或不免與之通氣脈云。要之顏元之學。在忍嗜慾苦筋力。勤家養親。以其餘習六藝。講世務。以備天下國家之用。使弟子講習六藝。加之以兵學農學。學堂之中。陳列器具。使習揖讓進退之禮。謳歌舞蹈之節。其門下有李塨王源。李塨博學能文。曾輔其友治劇邑。政敎大行。名重公卿之間。遇李光地薦舉。辭而不就。著有恕谷集。大學辨集、小學辨集、聖經學規等書。顏李沒後。繼承學統者無人。有爝火將滅之狀態。同治八年。戴望作顏元學記。煽揚其學風。有復興之姿焉。又有劉獻廷者。著書散逸。僅傳廣陽雜記一書。其所企畫者。實爲淸朝學界之新機軸。卽創造一種本於梵語之新文字。新韻譜及地文學與人文地理學之新研究是也。

桐城派之學風及其文章　此學派乃以漢學參加於宋學之學派也。接續漢宋。實爲應時而興。其開祖爲方苞。顯於康熙乾隆間。其文法則以明代歸有光爲宗。極盡呼應頓挫之妙。其學經劉大櫆傳於姚鼐。以義理考證文章三者不可相離爲標準。其文大行於世。方苞、劉大櫆、姚鼐等皆安徽省之桐城人。故世人目之爲桐城派。當時漢學大行。以考訂名物象數爲實學。以身心性命之說爲空踈。姚鼐乃著九經說、與古文辭類纂。以矯正之。門下有管同、梅曾亮同里之門下則有方東樹。從孫則有姚瑩。江西桐城派有魯仕驥、吳德旋。廣西之桐城派。由吳德旋之友人呂璜所傳。流在湖南有楊彝珍、孫鼎臣、郭嵩燾。最著者則爲曾國藩。桐城派之文章。於是如日中天矣。桐城派對於漢學者抗爭之意。由方東樹所著之漢學商兌發明之。此道光初年事也。漢學者之常言曰。研精漢儒之傳注。及說文諸書。由聲音文字求訓詁。由訓詁求義理。實事求是。不主一家云云。方東樹乃引古聖人之修身齊家治國平天下之大道。加以痛駁。云彼等欲貪名望。占地步。故推重漢代之鄭玄許愼。又取諸經中難解之三禮之名物制度。以自炫耀也。後曾國藩戰勝洪楊。建大勳業。桐城派由是復流行。然以張裕釗、吳汝綸爲桐城派之殿將焉。

常州學派。公羊學之勃興　江蘇省自常州孫星衍、洪亮吉以後。多出工綺文精詞曲之人。莊存與更提倡公羊學。此學至清末乃大流行。爲研究中國近代思想史必要之學派。莊存與爲乾隆十年進士。讀尙書最信閻若璩之說。當時有人以若璩指摘之古文尙書。請由學官除去存與以爲古籍至今日多所湮晦。轉賴僞書僅存。且古文尙書。關係天下之風敎也。其所著有春秋正辭。從子述祖、孫綬甲。述祖有二甥。劉逢祿及宋翔鳳。並受公羊學於存與。逢祿著有公羊何氏釋例、公羊何氏解詁箋、發墨守評、穀梁廢疾申何、左氏春秋考證、箴膏肓評、論語述何等。彼有名之龔自珍。由逢祿受學。著有春秋決事比、五經大義始終論。答問九章等。其友魏源著詩古微、書古微、公羊微、董子春秋發微等。此二人之文章。非無人目爲僞體。然至清末。其文章大行。可見公羊學之大彰矣。抑所謂公羊學者何也。孔子春秋凡有三傳。卽公羊傳、穀梁傳、左氏傳是也。據公羊學派之說。西漢今文之學。與東漢古文之學大異。以公羊爲西漢今文之學。傳孔子之微言大義。其意曰。孔子作春秋。自卽素王之位。行褒貶賞罰之大權。凡孔子之經籍。皆當以此意解之。可知經籍爲孔子經營天下之具。係自撰述。決非由古代所傳也。抑所謂西漢今文與東漢古文者何也。秦始皇焚書以後。當漢之興。經籍再出世。伏生等老儒。口授所傳。以當時所行之隸書(今文)筆記之。卽西漢今文之學也。其後由孔氏壁中。發見科斗文字(古文)之經籍。其經籍出自西漢之末。至東漢而研究之。故稱爲東漢古文之學也。公羊傳今文也。左氏傳、與周禮等古文也。故以左氏傳爲學則之古文學者。與今文學者起爭端也。近來湖南之王闓運、皮錫瑞。四川之廖平。皆屬此派有力之學者。戊戌政變之康有爲。著孔子改制考、新學僞經考。極端鼓吹公羊學之特色。而反對公羊今文之古文學派。如劉文淇一家。即文淇及其子毓崧、孫壽曾、曾孫師培等。相繼以研究左氏傳聞。俞樾門下之章炳麟。亦據左傳立一家之言。又如張之洞之不喜公羊家。孫貽讓之研究周禮(古文)。皆不爲氣運所轉移者也。

彭尺木之儒佛混合　自佛教入中國以來。雖儒佛之爭甚烈。然宋學勃興與佛教有關係。亦不容諱者也。金代之王嚞唱三教歸一之說。其流風遂及於明代。趙貞吉(大洲)公然以儒證佛。及李贄(卓吾)則包括三教。別出新意。與西儒利瑪竇往來。并參入天主教焉。趙貞吉與李贄同屬陽明學派之人。此流派乃一轉而爲彭紹升(尺木)所主張之儒佛混合說。彭紹升稱際清居士。爲清朝佛教界之大人物。乾隆以後信奉佛教者。殆悉聞其遺風而起。尺木之時代。恰當雍正帝自命得臨濟之正脈。以鉗制學人之後。當時佛教稍有興起之狀。浙西吳派之余蕭客。參道義於元妙觀。閱佛教於南禪寺。其友薛起鳳(香聞)汪縉(愛廬)等。由陽明學而入佛教。紹升亦與以上諸人同行。逕紹升爲兵部尚書彭啓豐(芝庭)之第三子。爲乾隆二十六年進士。初慕漢賈誼之爲人。中以程明道爲標的。致力理學。既而沈潛佛義。知所謂大我者。在捨己爲人爲世。以成救濟之業。於是作一乘決疑論。以撤儒佛之障壁。作華嚴念佛三昧論。以解禪淨之諍論。作淨土三教論。以發揮淨土教中未明之奧旨。欲以念佛之一法。統一全佛教。而持戒堅固。多慈善行。爲薰化所及。過於僧侶焉。關於儒教之著書。有論語集註疑、大學章句疑、中庸章句疑、孟子集註疑等。所著之居士傳。取舍甚嚴。不取作楞嚴經疏蒙鈔之錢謙益。而取殉難烈士之金正希、熊魚山等。引菩提心卽忠義心之語。以證明眞佛弟子。可見其對社會之思想則取儒敎也。紹升有友人羅有高（臺山）儒佛混合。亦與有力云。

公羊派之佛說 彭紹升歿后十餘年。常州學派之龔自珍。驅使瑰麗之文辭。發揚公羊學派之勢燄。自珍私淑紹升。紹升稱知歸子。彼自稱懷歸子。著有龍藏考證等書。觀定庵文集所收之釋魂魄、闡告子、發大心文等。可知其思想之傾向。晚年讀天台宗之書。頗信從之。與自珍幷稱之魏源。亦信奉佛敎。著書有淨土四經。（無量壽經、觀無量壽佛經、阿彌陀經及華嚴之普賢行願品）據其總說。則唐之永明、明之雲棲所胚胎之思想。以彭紹升所發明爲多云。王闓運以佛敎之趣味豐富。聞其門人廖平、以素王（孔子）空王（佛陀）爲一致。曾研究佛敎。自不待言。康有爲視孔子。與敎主耶穌同等。更將廖平之說。無痕換骨矣。龔魏以來。公羊學派多公然爲佛弟子。以研究佛敎者。實最近八十年以內所起之現象。此爲公羊學之一變化。所以然者。尊信公羊。勢不得不尊孔子爲敎主也。且微言大義。必借纖緯以神其說。纖緯之學。不足以服人心。公羊家之採佛說。或亦其力求捷徑歟。

研究墨學 公羊學盛行。尊崇孔子之念愈高。其反動則研究諸子之風亦熾。就中以研究老子、墨子爲最盛。墨子之說。與西洋理學相類。至以墨子與孔子受同等之尊敬。鼓吹者之第一人。當推孫詒讓。孫受公羊學派戴望之學術。與俞樾、黃以周等交。不從今文之學。而修古文之學。所著周禮正義言周禮者。極贊賞之。著墨子閒詁。謂墨子行誼極賢。墨子多古字古言。本難讀之書。古來學者著述甚少。詒讓集衆說。以己意裁之。可知詒讓研究墨子之深矣。詒讓歿於光緒三十四年。

詩風之變遷　清初之詩風。繼續明代。而於前後七才子主張盛唐外。中唐晚唐亦可。宋元亦可者。則有錢謙益（牧齋）以中唐、晚唐之艷柔爲主者。則有馮班（鈍吟）兄弟。不問盛中晚唐至宋元。以風韻爲主者。則有王士禎（漁洋）此等詩風。互順治、康熙、雍正至乾隆初年皆盛行。王漁洋稱爲一代正宗、比於宋之蘇東坡、元之虞道園、明之高靑邱。然不免有才力薄弱之譏耳。其所選之古詩選、唐賢三昧集。絕力鼓吹其神韻說。神韻者。句中不下斷語。使讀者自入其境之謂也。又有吳偉業（梅村）長於歌行。情韻與風華兼具。又有朱彝尊（竹垞）長篇險韻。有縱橫自在之妙。其他如施閏章（愚山）宋琬（荔裳）趙執信（秋谷）查愼行（初白）等。各皆一時之選。沈德潛（歸愚）顯達於乾隆年間。著古詩源、唐詩、明詩別裁等。以導後進。同時有袁枚（隨園）謂詩寫性靈。人人以發揮性情爲歸的。世人靡然向風。此二人之詩風。當時實所謂二大潮流。互相排斥。沈門之王昶。著湖海詩傳。其實不外對袁枚隨園詩話之意耳。同時有蔣士銓（藏園）王文治（夢樓）趙翼（甌北）吳錫麒（穀人）洪亮吉（稚存）黃景仁（仲則）張問陶（船山）阮元（芸臺）等。嘉慶時有舒位（鐵雲）陳文述（雲伯）楊芳燦（蓉裳）吳嵩梁（嵐雪）郭麐（頻伽）等羣起。或細緻或縟麗或飄宕或流利或織春花於錦繡或競秋草之芬芳。清詩之特調具備矣。至道光朝張維屏（南山）朱次琦（九江）湯成彥等出。此時受桐城派之影響。發動復古的氣運。如蘇東坡黃山谷之磊落兀傲之詩風遂至復興。而學蘇者尤不如學黃者之多。此詩派之流行直至清朝之末焉。

文章之變遷　清朝以科舉制度登用官吏。制舉之文謂之八股文。股者對比之謂也。清朝三百年間之人才多在其中消耗精力。漢學勃興。浙西學派之文章家及常州學派之文章家等。均以六朝駢儷之文爲正宗。斥唐宋八家之古文爲僞體。汪中（容甫）以文章之衰爲起於韓昌黎。阮元著文筆考。以有韻者爲文。於是清朝之駢體發達至極。桐城派對之傳唐宋八家之散文派。又合二派以開一派。如王闓運之文章其一也。譚獻又其一也。可稱爲駢散合一體。

畫風之變遷　清初畫風。亦汲明末南宗之流。清初之代表者。首推四王吳惲。四王者、王時敏（煙客）王鑑（廉州）王翬（石谷）王原祁（麓臺）之四人。吳係吳歷（漁山）惲卽惲壽平（南田）。煙客少時。與董其昌陳繼儒相知。而與董更親愛。煙客係明代著名江蘇太倉王錫爵相國之孫。家本富。於收藏。若遇名蹟。不惜重金購入。好黃大癡之筆法。晚年益極其閫奧焉。而常熟之石谷。則師事彼者也。王鑑與煙客同鄉。爲王弇州(世貞)之孫。最得力於董源與巨然。石谷學煙客。後見王鑑。自悟古法。遂併得二王之粹。世傳畫有石谷詩有王漁洋。其爲人所推賞如此。麓臺爲煙客之孫。康熙帝嘉賞其畫。使供奉內庭。爲帝畫南巡圖。又畫萬壽盛典。清人之著錄。謂彼與黃大癡有獨絕之妙云。概觀四王之畫風。爲明末蘇州、太倉、常熟一帶盛行之吳派之承繼者。吳惲二人則不然。乃清代特色之寫生派也。吳歷江蘇吳縣人。亦汲大癡之流。然彼又於南派畫之上。加以新畫法。卽畫設色山水是也。中國之繪畫。素無西洋趣味。自彼肆力於西法。乃開拓一段之新境。爾後此法益進步。及有唐岱者出。與同在內廷供奉之伊大利人郞世寧。合筆。乃更大成矣。惲南田亦江蘇武進人。工詩文。好畫山水。及見石谷。謂不能出其右。乃棄從來之畫法。專習花卉。南田材質不及石谷。知其已達絕頂。不願爲天下第二手。故遂獨開生面。爲寫生之正派。厥後汲其流而揭其波者。爲吳興之沈詮。(南蘋)南田專繪花鳥。南蘋更推廣範圍。繪畫動物。西歷一七三一年。曾至日本長崎。留二年始去。畫風盛傳東瀛。日本受其影響者不少。清朝之內廷供奉。卽所謂畫院者。其畫風承繼前代。原不脫南畫之範圍。而清朝畫院。實由南畫與西洋畫混合而成。就吾人所知者言之。焦秉貞以畫苑之筆。參用西法。繪耕織圖。仍得康熙帝之鑑奬。唐岱亦然。沈源亦然。

金廷標亦然。郎世寧之流。既畫準噶爾貢馬圖。及阿玉錫持矛蕩寇圖。伊大利人艾啓蒙。更徧繪動物。鼓吹西法焉。

戲曲之變遷　清初之戲曲界。推吳偉業（梅村）與尤侗（西堂）。吳有秣陵秋。尤有鈞天樂。此外則李漁（笠翁）爲喜劇家。著十種曲。以曲文之華美稱者。有洪昉思（稗村）之長生殿傳奇。孔尚任（云亭）之桃花扇傳奇。長生殿傳奇流布一時。順治帝皇后之忌日。某家亦演此戲。當時觀者如趙執信（秋谷）查愼行（初白）等。均以此落官。傳爲文藝界之悲慘事云。清代諸帝中。乾隆帝尤好戲曲。命張照製諸院本進呈。亦有御製者。而音律家如莊親王。又有九宮大成南北宮譜等之著作焉。蔣藏園九種曲。夏惺齋六種曲。接踵而起。其餘有作十種或十種以上者。且戲曲流行。批評亦隨之而盛。如李調元（童山）之曲話。梁廷枏（籐花主人）之曲話。多行於世。道光以後。不出作曲之大家。南北宮詞。遂亦頹廢。至清末。戲劇改良之聲漸高。遂至演翻譯西洋之戲曲焉。

小說之變遷　清初流行之小說。首推蒲松齡之聊齋志異。書中記狐鬼與人之關係。大約四百餘條。文章極綺縟。使讀者如身入其境。目睹其事焉。蒲松齡號柳泉。其所著之聊齋文集。有關於學術者。有關於時務者。亦非以妖怪譚爲遊戲三昧也。乾隆時。紀昀（曉嵐）著閱微草堂筆記二十四卷。其說頗多狐鬼。亦受聊齋志異流行之影響者也。其次有鈕玉樵之觚賸。余澹心之板橋雜記。張山來之虞初新誌等。盛行於世。又諢詞小說。有李漁之十二樓。一名覺世名言。共十二篇。多則六回。少則不過一回之短篇。又抱甕老人所選之今古奇觀四十種。頗行於世。品花寶鑑。寫俳優之情事。儒林外史。表書生之狀態。皆具特殊之筆致。與情諷兒女英雄傳者。清朝一大名著。紅樓夢之反動也。紅樓夢爲人情小說。與金瓶梅之寫市井委巷之瑣猥者不同。此書專寫上流社會之狀態。入微入細。文章又綺縟沈麗。此書一出。當時之上流社會。卽滿洲貴族腐敗之狀態。盡皆暴露於外。後有紅樓續夢、紅樓後夢、紅樓夢補、并紅樓夢詩、紅樓夢詞、紅樓夢評贊、紅樓夢譜、紅樓夢圖詠等。不遑枚舉。卽所謂紅樓夢傳奇。亦有三種之多焉。而其受西洋交通頻繁之影響者。則有鏡花緣云。

批評小說之金聖歎　聖歎名釆字苦釆。與李漁同時、好評書。評者有離騷、莊子、史記、杜詩、西廂記、水滸傳。名六才子書。曾踞貫華堂之高座。以講經。謂經爲聖。自覺三昧。最喜易講乾坤兩卦。至十萬餘言。其解杜詩。時有人由夢中語曰。諸詩皆可說。惟古詩十九首不可說。聖歎因戒之。後因醉縱談青青河畔草之一章。未幾卽罹慘禍。臨刑歎曰。斫頭是最苦事。不意於無意中得之。聖歎評西廂記、水滸傳。以自家之見。縱橫批評。明快如火、辛辣如老吏。筆如躍。句如舞。眞可謂鬼才也。聖歎敎人以讀書之法云。大凡讀書。必先知作者是何種心胸。如史記是太史公發揮一肚皮宿怨。所以他於游俠、貨殖傳。特地著精神。其餘諸記傳中。凡遇揮金殺人之事。便嘖嘖賞歎不置。一部史記。只是緩急人所時有六個字。是他一生著書之旨意。水滸傳卻不然。施耐庵本無發揮宿怨之必要。只是飽煖無事。又值心閒。不免伸紙弄墨。尋個題目。寫出自家之錦心繡口。故是非皆不謬於聖人。後來人不知。卻於水滸上加忠義之字。遂比於史公發憤著書之例。正是使不得也。聖歎以特別之見識。批文章之妙處。別作奇警之新熟字。以爲命名。如西廂有烘雲托月法。移堂就樹法。月渡廻廊法。羯鼓解穢法。那輾法。淺深恰好法。起倒變動法。水滸有倒插法。夾敍法。草蛇灰線法。大落墨法。綿針泥刺法。背面鋪敍法。弄引法。獺尾法。正犯法。略犯法。極省法。欲合故縱法。鸞膠續絃法。不遑枚舉。聖歎之才。可以想見。清初之士。多奇節。多才略。多軼出軌範。此皆由遭遇國變。懷抱痛憤。藉此以遣其殘年。金聖歎與李漁。皆其人也。

第六十二章　太平軍之大起

叛亂之起因。　嘉慶朝人民作亂。皆因上下之惡政所激起。道光帝卽位。欲努力以救濟政治上之缺點。然禍根已深。非一時之手段所能挽回。西歷一八二〇年。嘉慶帝以糜爛之國土。遺傳於道光帝。一八五〇年。道光帝又以失政不平腐敗叛亂之遺產。遺傳於嗣皇咸豐帝。而叛亂漸入於中國歷代所行之常軌矣。然從來中國之內亂。普通關於其國內部之歷史。非由外國關係而來。而太平軍之擴大及其鎭定。則關係於淸國與外國之軋轢甚多。又就一方面言之。則待外國之援軍是也。

繼續之內地叛亂　當此大亂之前。已有無數之內亂。茲先述之。道光朝之紀元。廣西省東北之一隅有亂民起。越二年。山西省騷然不靖。漸次沸揚。道光十五年。遂爆發於趙城縣。將軍賽尚阿討平之。道光六年。貴州省有叛亂。是年及十年。臺灣有亂。翌十一年。廣西南部及海南島叛徒蜂起。道光十四年。江蘇省亂起。十六年。縛其首魁。而十四年。湖北亦有叛亂。十六年之末。竟至占領地方諸市。是年十月。臺灣又亂。十四年之末。四川騷動。至翌年六月。始平定。道光二十六年二月。韶州附近有重大之紛亂。廣東總督往平之。是年三月。湖南又亂。英領之香港。前後防禦中國人秘密會黨之侵害。政府以道光二十五年春。關於三合會等秘密機關發諭。略言會黨得審問之確證。處以三年以下之禁錮。如有脫逃。則刺記號於其身體以放逐之。

趙金龍之亂　金龍者。湖南永州錦田之猺也。所以稱金龍者。以著黃色之衣。繡龍於其上也。有以巫鬼惑衆之才能。時値湖南及廣東地方之奸民。結天地會。屢劫猺寨之禾穀。猺等無所愬。金龍煽惑其徒。倡言復仇。糾合黨羽。以翌歲犯廣東之南部。官兵屢敗。至冬十月中。金龍戰死。即報鎮定。其實至十二月尚未息。道光十三年三月。官兵以金錢賂其頭目。獲金龍一族。處以淩遲之刑。亂始寢云。

廣西叛亂之繼續　道光二十七年。廣西大饑饉。湖南雷再浩、又南擾廣西之內地。廣西之柳、慶、恩、潯、南寧、梧州各郡。尤被剽掠。越二年。湖南新寧人李沅發亦舉兵於桂州。沅發雖於翌年被捕。而廣西之土匪蜂起四方。陳亞發、歐祖潤、山猪箭、顏品珽諸頭目。各率其黨羽數千人。尙有未著名之頭目數十人。彼等以白布作大旗。上書官逼民變。或天厭滿清、或朱明再興等字。亦各集黨掠擾四方。彼等皆屬三合會者也。至咸豐元年秋八月。洪秀全乃占領廣西永安州城。

官軍之司令官　北京見事實之重大。派遣中央官吏。鎮定叛徒。然屢戰屢敗。聲名墜地。道光三十年。廣東巡撫鄭祖琛督其部下至平樂。毫無表見。又派廣東總督徐廣縉。然政府仍不愜意。乃起最負威望之林則徐於福建。用爲欽差大臣。使赴廣西。十一月二十七日林死於途。李星沅由兩江總督轉廣東總督。亦以五月十二日死於陣中。最後命大學士賽尙阿。以咸豐二年十二月。至洪軍所據永安州之前。此時官兵約三萬人。有副都統達洪阿、烏蘭泰隨行。二人皆爲滿洲將軍。洪軍中以天德王爲司令官。天德王蓋湖南人洪大全也。

洪秀全之學識　洪秀全以嘉慶十八年生於廣東花縣。彼族實由嘉應州移來之客民也。身幹長大。有雄姿。略識文字。其父名國游。母早死。頗信基督教。其後得香港美國宣教師羅把茲 Isachar Roberts 之教訓。然尙未受洗禮。未幾彼忽組織上帝會。其黨與爲馮雲山與洪仁英將戈登所保存之粵匪起事根由述之如下。

洪秀全廣東之秀才也。應考赴省途中得讚美天書一本。不應試而歸。詢其同學友王綸干。綸干乃爲秀全卜吉凶。得『後來定有九五之尊』八字。秀全代綸干卜。得『後來定爲我君師』七字。二人欣然大笑。綸干曰。我有一友名馮雲山。知天文地理。可邀來議此事如何。秀全卽攜讚美書往見雲山。曰昨夜觀天文。今見此書。果與天文合。國運果然退矣。秀全又命雲山卜。又有九五之尊。三人顧而大笑。秀全曰。雖有九五之位。兵馬、糧草、將官全無。如何能有天下。雲山曰。兵馬糧草不足憂。但不能久住本省。我等須到廣西。廣西山多而人蠻。最能招集英雄。買聚馬糧。於是決議赴廣西。王綸干獨貧苦。以無資不能同行。二人乃扮算命先生出發。行至廣西地界。有一鎭名金田。二人乃落住旅店。以行其嘯集四方之策。

洪秀全爲基督之弟　以上乃道光二十九年至三十年事也。此時集合多數之黨羽。皆有熱烈之信仰。受其訓練。守其紀律。彼主張神聖之三位一體。卽第一位爲天父。第二位爲基督卽天兄。（天之長子）而己則爲天弟。（天之次子）此其著手也。

永安之占領及國號之制定　彼在桂平縣之金田村意外成功。乃沿西江支流。取貴縣。渡江侵略潯州之對岸。咸豐元年正月。在大黃江自號太平王。五月。由武宜北至象州。爲滿洲軍所遮斷。乃退入桂平之新墟。占據紫荊山一帶。八月。往永安州之方向。翌閏八月。陷其城。在此建立太平天國之國號。自稱天王。以楊秀清爲東王。蕭朝貴爲西王。馮雲山爲南王。韋昌輝爲北王。石達開爲翼王。洪大全爲天德王。秦日綱、羅亞旺、范連德、胡以晃等四十八人。均任丞相軍師之職。有功之將士八百餘人。盡授職位。

授位之宣言書　授職位時。發宣言書。其略如下。

天王詔令。凡軍中大小兵將。各宜認眞奉行大道。吾等宜知天父上主皇上帝。乃是眞神。眞神以外皆非神。天父上主皇上帝。無所不知。無所不能。無所不在。又無一人非其所生所養。故天父上主皇上帝以外。皆不得僭稱上。僭稱帝。自今衆兵將可呼朕爲主。不可稱上。以冒天父。天父稱天聖父。天兄稱救世聖主。天父天兄得稱聖。自今衆兵將呼朕爲主。不可稱聖。以冒天父天兄。天父神爺也。又魂爺也。從前左輔右弼前導後護之各軍師。朕命爲王爺。此乃姑從不正之例。若據眞道論之。有冒犯之嫌。今特封左輔正軍師爲東王。管治東方各國。封右弼又右正軍師爲西王。管治西方各國。封前導副軍師爲南王。管治南方各國。封後護又副軍師爲北王。管治北方諸國。又封達開爲翼王。使羽翼天朝。以上所封各王。俱受東王節制。別詔稱后宮爲娘娘。貴妃爲王娘。欽此。

太平軍由永安向南京　咸豐二年正月。清將軍賽尙阿包圍永安。太平黨於二月。率兵三千乃至一萬。逼桂林不能陷。包圍三十日。東向以入湖南。四月、陷全州。五月取道州。六月。得桂陽及郴州。渡河奪安仁及醴陵。七月。至長沙。圍七十餘日。不能陷。洪天王獲玉璽於此城之南門外。衆歡呼萬歲。西王蕭朝貴戰死。九月。棄長沙。西向轉常德。又於沅水下流之益陽捕獲小艇數千艘。乘之渡洞庭。以至岳州。岳州毫無守備。十月安然入城。獲多數之武器。蓋康熙朝討吳三桂時所得之武器。均貯積於此也。更以十一月下揚子江。占領北岸之漢陽。封鎖南岸之武昌省城。十二月。占領之。巡撫常大淳等皆戰死。此地留一月餘。整頓艤裝。然後東下長江。用兵神速。由九江之陷至安慶之陷。不出一星期之時日。蕪湖太平不過一日。咸豐三年二月十日。遂進南京。屠殺城中之滿兵及婦女二萬餘人。投其屍於江。

太平黨北伐之第一軍　太平黨定鼎南京。以爲本營。更東取鎭江。鎭江之滿洲兵。不發一彈。棄城逃走。二月。占領揚州瓜州。以此地扼大運河之口故也。更欲征服首都之北京。乃派遣第一軍。統率者爲林鳳祥。四月。陷安徽省之鳳陽。五月取河南之歸德。七月。太平軍之軍隊渡黃河。占領懷慶。時官兵雖獲勝利。而太平軍尚保持懷慶。至此而行程忽變。換其方向。不進軍於東方河南、直隸之低地。而向東北登山西之山地。九月。陷平陽。轉東下直隸之平野。同日占領藁城。滿軍之司令官勝保。敗太平軍於此地。太平軍向深州走東方。十月。太平軍又陷深州。更東向進運河畔之靜海及獨流。靜海去天津不過十里。內外爲官軍所包圍咸豐四年二月。遂向南方退卻。三月末取念祖。三月初陷連鎮。中旬戰於阜城縣。蒙古科爾沁親王僧格林沁。統率之騎兵最善戰。據彼報告。太平軍幾爲所盡殲。然實則太平軍自阜城出擊彼軍云。

太平軍之第二軍　先是洪天王發第二軍。爲第一軍之應援。使向北方。主將爲吉文元及李開方。此軍於咸豐三年十月發安慶。陷桐城。取舒城。十二月陷廬州。安徽巡撫江忠源死之。六合又陷。咸豐四年四月。取山東省之臨清州。保守至翌年春。然不能由此北進。五月陷距臨清者十里之高唐州。至明年三月。保持此地。阜城之殘兵與此軍合否不可知。據北京方面之報告。第一軍之統率者林鳳祥。被縛於連鎮之窟室。送至北京殺之云。僧格林沁移全師於高唐。太平軍棄此地而往馮官屯。屯去高唐四十五里。距荏平十八里。防禦甚固。屯內本多富豪。皆構高樓大廈。乃於高樓置展望兵。以旗之搖動。爲發礮之記號。官軍遂不能得志。僧王以爲非用水攻不可。擬引運河之水。命道員張晉祥擔任此事。遂由東昌縣之三孔橋。至馮官屯之石橋。長二萬二千一百七十六丈。寬口一丈七八尺。底寬六七尺。深五六尺不等。工價費京錢五萬二千餘貫文。由二月初旬至三月四日完成。運河之水遂決。馮官屯果窮蹙。四月十六日。主將李開方遣使者至僧王處請降。僧王命先繳軍器而後出陣。太平軍果送出軍器。繼有一隊數十人高張紅傘而來。即李開方也。僧王傳命留首領八名於帳幕之外。獨使開方進見。李戴黃綢繡花帽。身著月白色綢短襖。紅色綢褲。穿紅鞋。年齡約三十二三。有兩童著大紅色繡花衣。穿紅鞋。年約十六七。美如女子。左右揮扇。從開方直入帳中。開方僅向僧王及德貝子各屈一膝。即盤腿坐地。兩童東西侍立。帳內之總兵以下。皆持刀環立。怒目視之。李開方及二童。仰面四顧。毫無懼色。但云若寬放予。敢說金陵諸將歸降。幷求飯。遂開懷大嚼。笑語如常。旁若無人。僧王等心大懼。乃解送北京。磔殺之。計官員於高唐及馮官屯之戰。將卒亡者八千餘人。

清軍司令官之後繼者　太平軍所向皆克。諸軍潰走。大自總督巡撫。小至地方州縣。相繼死亡。最初之欽差大臣賽尚阿。庸懦無能。咸豐元年。當太平軍圍長沙時。已被貶黜。以廣東之徐廣縉代之。督辦軍務。又於咸豐三年革職。而二年十一月。以兩江總督陸建瀛。及河南巡撫琦善。爲欽差大臣。命其率軍進兵揚子江。案三年三月之上諭。賽尚阿、徐廣縉、陸建瀛三名。皆籍沒其家族。六月諭文。徐廣縉被處死刑。賽尚阿亦議處死。七月。始許其戴罪圖功云。陸建瀛死。命楊文貞署理南京總督。六月被黜。以怡良代之。案七月之諭文。一八四二年條約之際。南京總督牛鑑。貶黜於河南。十月勝保被斥。以科爾沁郡王率騎兵代之。由上觀之。擁護國家之官吏。多不保首領。當此時也。帝位危如累卵。救亡者惟有二人。其一人爲湖南之在籍侍郎曾國藩。又其一人爲安徽之李鴻章。但曾爲兩江總督。係咸豐十年事。李爲江蘇巡撫。係同治元年事。不可不知也。更附言之。則清朝之救亡者。非滿人。實漢人也。

廣東廣西之叛亂　太平軍以南京為首府。征服附近六大省時。其別軍如疾風之勢。席捲中原。前已言及。此時他省又有他種叛軍。活躍於舞臺之上。此等叛徒之團結。不能如太平軍之鞏固。而其對抗官軍之害則甚大。咸豐二年四月。洪王在永安公布宣言書時。尚遺留多數之分遣隊於廣東廣西。至是年七月。有所謂河賊者出。由梧州至上流之西江。全為所蔓延。九月得廣西中部之馬平。十二月。得廣東省之曲江縣。咸豐三年閏七月。又有叛徒起於桂林縣之興安。及靈州附近。省城桂林。再受攻擊。至十二月。廣東之惠州附近又起事。咸豐四年之形勢。最為危急。廣東諸處。所在猖獗。七月奪潮州。東莞石龍。又陷佛山。廣東富豪不能安居其地。多避居香港。叛軍之活動。竟及於香港之對面九龍。西歷一八五五年一月。香港政廳。發局外中立之法令。在香港領海之清廷軍及叛軍之戰艦。均命其退去。於是叛軍艦隊之一將。致書於薩借僕林格。關於軍事行動。申請英國之同盟協助焉。

各地形勢之動搖　福建省亦起叛亂。惟與上所述者。無連絡之現象耳。咸豐三年四月。廈門之清廷官吏。通告英領事曰。三萬五千叛徒之一隊。已占領漳州泉州。今方向廈門進軍。英領事接此報。使鴉片收容船。深入港內。以便保護。未幾叛徒以大艇隊來擊。並無抵抗。占領廈門。此地之貧民。與彼等相接。外人毫無受害。十月叛軍由廈門出發。占領福州。時浙江省又暴徒蜂起。咸豐二年三月。在寧波之陸上及海上大行掠殺。咸豐七年福建與浙江叛徒紛起。翌年八月。又棄浙江南部地方走福建。江蘇省一般人民雖奉政府之命尙多不平之聲。咸豐二年九月。青浦因反抗加稅突起騷亂。政府派兵三千平之。翌年二月上海東南之南滙亦因反對租稅暴動。破壞縣衙。八月。地方叛徒之一隊。占領上海至咸豐五年正月。凡閱十七箇月之久。然咸豐六年有一不可不注意之大事。出卽太平軍中勇謀兼全之翼王石達開。對於洪王抱一種之不平。率一軍以入四川是也。渠曾稱王於該地。後於咸豐十三年卒被捕殺。據記錄所言。咸豐四五年時。陝西、甘肅兩省。爲兩方之力所不及。其餘十六省。凡無官軍軍隊所在者。北京統治權卽不能行於其地。舊日行政組織既已破壞。又無別項民政機關代之。際此中國國力最脆弱之時代。故英國海軍出兵鎭撫海上之掠奪。以及三條約國要求改正條約。均在此時也。

•太平天國初次宣言書•　洪王嘗語人曰。三合會之目的。在反清復明。其會之組織。在康熙朝。其目的亦可謂適當。然至二百年之今日。反清可也。復明則未知其是。吾既恢復舊山河。不可不建立新朝。今時尙用復明之語。焉能震起人心耶。若吾人說眞教。賴上帝有威力之援助。則吾輩數人。可抵敵人百萬。予不知所以尊重孫臏、吳起、孔明等名將者何在。且彼三合會之諸豪傑。有何等之價値也。太平天國壬子二年。頒行奉天討胡之檄文。以眞天命太平天國秀師贖病主左輔正軍師東王楊秀淸。及右弼又正軍師西王蕭朝貴之名發行。如左。

嗟爾有衆。明聽。予言。予惟天下者、上帝之天下。非胡虜之天下。衣食爲上帝之衣食。非胡虜之衣食。子女人民爲上帝之子女人民。非胡虜之子女人民。慨自滿洲肆毒。混亂中國。以六合之大。九州之衆。一任其胡行。恬不爲怪。中國尚爲有人乎。妖胡虐焰燔蒼穹。淫毒穢宸極。腥風播四海。妖氛慘五湖。而中國反低首下心。甘爲婢僕。甚矣中國之無人也。夫中國首也。胡虜足也。中國神州也。胡虜妖人也。名中國爲神州者何。天父皇上帝眞人也。天地山海是所造成。故從前以神州名中國。目胡虜爲妖人者何。蛇魔邪鬼也。惟韃靼妖胡。實敬拜之。故當今以妖人目胡虜也。奈何足反加首。妖人反盜神州。驅我中國悉變妖魔也。罄南山之竹簡。寫不盡滿地之淫汚。決東海之波濤。洗不淨彌天之罪孽。予謹略言其彰著者。夫中國有中國之形像。今滿洲悉削髮。爲禽獸。中國有中國之衣冠。今滿洲別頂戴。胡衣猴冠。而壞我先代之服冕。是使中國之人忘其本也。中國有中國之人倫。前僞妖康熙。暗使韃子一人管理十家。淫亂中國之女子。是使中國之人盡爲胡種也。中國有中國之配偶。今滿洲妖魔悉收中國之美姬。爲奴爲妾。三千粉黛。皆爲羯狗所汚。百萬紅顏。竟與騷狐同寢。言之痛心。談之汚舌。是盡中國之女子而汚辱之也。中國有中國之制度。今滿洲造爲妖魔之條律。使我中國之人。不能脫其網羅。手足無所措。是盡中國之男兒而脅制之也。中國有中國之語言。今滿洲造爲京腔。更中國之音。是以胡言胡語惑中國也。凡有水旱。毫不憐恤坐視餓莩。流離暴露。有如草芥。是欲我中國之人稀少也。滿洲又縱貪官汚吏。布滿天下。剝民脂膏。士女皆哭泣於道路。是欲我中國之人貧窮也。官以賄得。刑以錢免。富兒當權。豪傑絕望。是使我中國之英俊抑鬱而死也。凡有英雄代天報仇。動輒誣以謀反大逆。夷其九族。是欲絕我中國英雄之志也。滿洲之所以愚弄中國。欺侮中國者。無所不用其極。巧哉。昔姚弋仲胡種也。猶戒其子襄。使歸義中國。苻融胡種也。每勸其兄堅。勿攻中國。今滿洲乃忘其根源之醜賤。乘吳三桂之招引。霸占中國。極惡窮凶。予細查滿韃子之始末。其祖宗乃白狐與赤狗交媾成精。遂產妖人。種類日滋。自相配合。并無人倫之風化。乘中國無人。盜據中夏。妖坐之設。野狐升據。蛇窩之內。沐猴而冠。我中國不能犁其窟而鋤其穴。反中其詭謀。受其淩辱。聽其嚇詐。甚至庸惡陋劣。貪圖蠅頭。拜跪於狐羣狗黨之中。今有三尺童子。至無知也。指犬豕而使之拜。則艴然怒。今胡虜猶犬豕也。何公等讀書知古。毫不知羞也。昔文天祥謝枋得誓死不事元。史可法瞿式耜誓死不事胡。此皆諸公所熟聞也。予總計滿洲之衆。不過十數萬。而我中國之衆。不下五千餘萬。以五千餘萬之衆。受制十萬。亦孔之醜矣。今幸天道好還。中國有永興之兆。人心思治胡虜有必滅之徵。三七之妖運告終。九五之貴人已出。胡罪貫盈。皇天震怒。命我天主。肅示天威。創建義旗。掃除妖孼。乂安中國。恭行天罰。言遠言邇。孰無左袒之心。爲官爲民應急揚徽之志。甲冑干戈。載義聲以生色。夫婦男女。攄公憤以前驅。誓屠八旗。以安九有特召四方之英俊。速拜上帝。以獎天衷。執守緒於蔡州。擒妥懽於應昌。興創久淪之境土。振起上帝之綱常。有擒狗韃子之咸豐來獻者。或能斬其首級來投者。又或能擒斬一切滿洲胡人之頭目者。奏封大官。決不食言。蓋皇上帝當初六日造成之天下。今既蒙皇上帝開大恩。命我主天王治之。豈胡虜之所得久亂乎。公等世居中國。孰非上帝之子女。倘能奉天誅妖。執蝥弧以先登。戒防風之後至。在世則英雄無比。在天則榮耀無疆。若或執迷不悟。從僞拒眞。將生爲胡人。死作胡鬼矣。順逆有大體。夏夷有定名。各宜順天應人。公等苦滿洲之禍久矣。至今猶不知變計。同心戮力。掃盪胡塵。何以對上帝也。予興義兵。上爲上帝報瞞天之讎。下爲天國解下首之苦。務肅清胡氛。同享太平之樂。順天有厚福。逆天有顯戮。布告天下。咸使聞知。

太平軍初起之時。欽差大臣林則徐欲招撫彼等。與一書於洪楊。其答書略如下。

滿洲人已二百年間世襲中國王位矣。抑彼等特異國異民之末裔耳。彼等率其老練之兵。奪吾等之財寶土地與政府。吾等各村落出租稅。由北京派吏徵收之。吾等果有何罪哉。而猶向吾等駐防軍隊。是豈非不正之甚哉。滿人非他國人乎。他國人有受捕虜地方之稅之權利乎。又得任命官吏以虐人民乎。今也普通之王位。非屬於滿洲人乎。支配之權利。非為其所獨占乎。(下略)

此書至後林則徐正在病中。遂無回答。

太平軍之組織及其軍制　太平軍之軍制。其初甚為完備。洪王右手握劍。左手捧耶穌教之信條。專鼓吹全軍之勇氣。至於行軍用兵之大事。一任東王楊秀清。就中吾人所最宜注意者。天國諸王。悉皆青年。占領南京之際。無一人過四十歲者。青春氣銳。志剛勝利。不足喜敗北不足憂。始終以忠誠從事。所可惜者。洪王占領南京以後。安於小成。自以為天弟之化身。避居深宮。對於北伐大計。不能決心耳。由永安至長沙途上所發表之軍制如下。伍長管四人。兩司馬管五箇伍長。卒長管四箇兩司馬。旅帥管五箇卒長。師帥管五箇旅帥軍帥管五箇師帥。共一萬三千一百五十五人。師帥分前後左右中五營。旅帥亦同。卒長分壹貳叁肆伍。兩司馬。分東西南北。軍帥之上。有監軍總制。有侍衛丞相以下。皆用三角旗。副軍帥並翼王用四角旗。到南京後。時在一八五八年之末期。置籍太平軍者。有五十萬。乃至六十萬之男子。女子在五十萬以上。兵之訓練。就定營規條觀之。陣營中之教訓。並不懈怠。恪遵天命。熟誦天條。讚美。男女兩營有別。禁吸阿片飲酒。約法極嚴。軍中最初來者。為廣西人。其次由廣東來者。類皆熱血膨脹之青年。當時西人見之。非常欽服。其初人數極稀。其由永安州至南京也。到處受人民之歡迎。多數人衆集於旗下。咸豐二年六月。入湖南。不過二萬人。八月。未過郴州。已超過三萬人。以雪崩之勢。通過湖南。席捲湖北、安徽、江蘇。舳艫相銜。以下揚子江。每至一處。來歸者甚衆。官兵則無紀律。無勇氣。惟劫掠殺人之暴行。較太平軍有過之無不及耳。太平軍初頒之規條如左。

定營規條十要

一 恪遵天令。

二 熟識天條讚美。早晚禮拜。以感謝頒布之規矩及詔諭。

三 因欲鍊成好心腸。不得吸煙飲酒。宜公正和平。毋得弄弊狥情。順下逆上。

四 同心合力。各遵有司。不得隱藏兵數及收匿金銀器飾。

五 男營與女營有別。不得授受相親。

六 宜熟諳日夜點兵、鳴鑼、吹角、擂鼓之號令。

七 無事勿得過他營。行別軍。以荒誤公事。

八 宜學習爲官之稱呼問答禮制。

九 各整軍裝鎗礮。以備急用。

十 不許謊言國法王章詭傳軍機將令。

南京之共產主義 統治軍政天京分設男館女館。男館分前後左右中五軍。女館分八軍。軍有女軍師一人。下有女百長數十。此館之創置。一面預防逃亡。一面便於布敎。咸豐三四年中收容此館者男館廣西約千五百人。廣東約二千五百人。湖南約一萬人。湖北約三萬人。安徽約三千人。各省約二千人。金陵約五萬人。鎭江揚州約五千人。女館廣東約二千人。湖南約四萬人。湖北約二萬五千人。安慶約二千人。鎭江揚州約一萬人。金陵十萬人。共計二十四五萬人。對於城南一般之住民。行門牌制。凡男子自十六歲至五十歲者爲牌面。其餘曰牌尾。以便戶口之稽査。而土地分給之制度。則由彼等所創造者也。癸好三年（西曆一八五三）頒行之天朝田畝制度。分田爲九等。每田一畝以早晚二季。出千二百斤者爲上上田。出千一百斤者爲上中田。以下遞減。出四百斤者爲下下田。上上田一畝。當下下田三畝。照人口分給。受田之標準。男婦一人每十六歲以上受田。十五歲以下給其半。若一家六人。則三人受好田。三人受劣田。以一年爲定。關於此制之精神。確有所在。彼云天下之田。天下之人同耕之。此處不足。遷移彼處。彼處不足。遷移此處。又曰凡天下之田。豐荒相通。此處若荒移彼豐處。以賑此荒處。彼處若荒。移此豐處。以賑彼荒處。務使天下共享天父上主皇上帝之大福。有田同耕。有飯同食。有衣同穿。使地無不均勻。使人無不飽暖。此等理想之下。土地田畝不爲私有金錢。不許私藏。故貯藏銀十兩金一兩者。爲私藏犯法。須處罰云。

頒布新曆　種種制度皆係新創。而新曆之頒布。亦不可不記。咸豐元年在永安州。創建太平天國之國號。同時東王等五王。提出以下意見。請天王裁可。略云天父上主皇上帝開大恩。差遣我主降凡。以爲天下太平之主。眞是太平之天日。平匀圓滿毫無虧缺。是以臣等造曆。以三百六十六日爲一年。單月三十一日。雙月三十日。立春清明芒種立秋寒露大雪俱十六日。餘俱十五日。我天朝天國。永遠之江山。萬萬年無窮無盡。乃是天父上主皇上帝差我主降凡之意。照此意見。奇數之月一、三、五、七、九、十一、六箇月皆以三十一日計。偶數之月以三十日計。然一年爲三百六十六日。恰與太陽曆之閏年相當。每四年不得不生三日之差。後亦覺此曆之不合用。由九年十月之詔。加以改訂。日本田中萃一郎氏。謂此曆實行。可以戈登之文書證之。云該曆書以正月十三日爲天兄昇天節。二月二日爲報爺節。二月二十一日爲天兄天王登極節。三月三日爲爺降節。七月二十七日爲東王昇天節。九月九日爲哥降節。併日曜日同紀載焉。

太平天國新曆	清曆	西曆
辛開元年正月元日庚寅	咸豐元年正月三日	一八五一年二月三日
壬子二年正月元日丙申	咸豐元年十二月十五日	一八五二年二月四日

癸好三年正月元日壬寅	咸豐二年十二月二十七日	一八五三年二月四日
甲寅四年正月元日戊申	咸豐四年正月八日	一八五四年二月五日
乙榮五年正月元日甲寅	咸豐四年十二月二十日	一八五五年二月六日
丙辰六年正月元日庚申	咸豐六年正月二日	一八五六年二月七日
丁巳七年正月元日丙寅	咸豐七年正月二十三日	一八五七年二月七日
戊午八年正月元日壬申	咸豐七年十二月二十五日	一八五八年二月八日
己未九年正月元日戊寅	咸豐九年正月七日	一八五九年二月九日
庚申十年正月元日甲申	咸豐十年正月十九日	一八六〇年二月十日
辛酉十一年正月元日庚寅	咸豐十一年正月元日	一八六一年二月十日
壬戌十二年正月元日丙申	同治元年正月十三日	一八六二年二月十一日
癸開十三年正月元日壬寅	同治元年十二月二十五日	一八六三年二月十二日
甲子十四年正月元日戊申	同治三年正月六日	一八六四年二月十三日

變體基督教之宣傳　洪軍宣傳之基督教。先有一種之變態。可於洪王自稱天帝之寵兒。基督之弟。徵之太平天國二年所發布之天條書。首列悔罪規則。次則洗禮祈禱。并摩西十誡。有曰原道救世詔者。第一不正淫爲首。第二不正忤父母。第三不正行殺害。第四不正爲

盜賊。第五不正爲巫覡，第六不正好賭博云云。此比十誡。尤爲適切中國人之病。原道醒世詔所云天下凡間分言之有萬國統言之實爲一家天下男人盡是兄弟之輩天下女子盡是姊妹之羣。何得存此疆彼界之私。又作幼學詩、三字經。敷演基督教之宗旨。努力改良風俗。耳目一新。禁婦人纏足之風。禁買賣奴隸。禁娼妓。禁人民蓄妾。不一而足。類皆提倡人權裨益風化。維多利亞僧正謂彼等較清教徒尤爲嚴正。又革除肉慾之風習。不遺餘力。卽引發春情之淫穢歌謠。促起亂行之一切刺戟物。在所嚴禁。如飲酒、喫煙、賭博、虛僞、喫阿片等。絲毫不假借云。玆附其三字經於後。

三字經　　　　太平天國癸好三年鐫刻

皇上帝　造天地　造山海　萬物備　六日間　盡造成　人宰物　得光榮　七日拜
報天恩　普天下　把心虔　說當初　講番國　敬上帝　以色列　十二子　徒麥西
帝眷顧　子孫齊　後狂出　鬼人心　忌興旺　苦害侵　命養女　莫養男　煩役苦
實難堪　皇上帝　垂憫他　命摩西　還本家　命亞倫　迎摩西　同啓奏　神蹟施
狂硬心　不肯釋　上帝怒　降猛虱　降螳螂　及蟾蜍　匐進宮　逼入爐　不准放
海化血　飲苦水　麥西國　降瘡疥　及瘟瘨　降重雹　最難當　終不放　殺長子
麥西狂　無法使　乃釋放　出麥西　皇上帝　甚扶持　日乘雲　夜火柱　皇上帝
親救苦　狂硬心　帶兵追　上帝怒　發天威　到紅海　水汪洋　以色列　實驚慌

追兵到　上帝欄　親打戰　民無煩　令紅海　水兩開　立如牆　可往來　以色列
邁步行　如履旱　得全生　追兵過　車脫輻　水復合　盡淹覆　皇上帝　大權能
以色列　盡保全　行至野　食無糧　皇上帝　諭莫慌　降甜露　人一斛　甜如蜜
飽其民　民多欲　想食肉　鶉鴿降　千萬斛　西奈山　顯神蹟　命摩西　造碑石
皇上帝　設天條　列十款　罪不饒　親繕寫　付摩西　天上法　無更移　傳至後
暫不遵　中魔計　陷沈淪　皇上帝　憫世人　遣太子　降凡塵　曰耶穌　救世主
代贖罪　眞受苦　十字架　釘其身　流寶血　救凡人　死三日　復番生　四十日
論天情　臨昇天　命門徒　傳福音　宣詔書　信得救　得上天　不信者　定罪先
普天下　一上帝　大主宰　無有二　中國初　帝眷顧　同番國　共條路　盤古下
至三代　敬上帝　書冊載　商有湯　周有文　敬上帝　最慇勤　湯盤銘　日日新
帝命湯　狂其身　文翼翼　照事帝　人歸心　三有二　至秦政　惑神仙　中魔計
二千年　漢武宣　皆效尤　狂悖甚　秦政徒　武臨老　雖悔悟　少壯時　既錯路
漢明懸　迎佛法　立寺觀　大遭劫　至宋徽　猶猖狂　改上帝　稱玉皇　皇上帝
乃上主　普天下　大天父　號尊崇　傳久載　徽何人　敢亂改　宜宋徽　被金擄
同其子　漢北朽　自宋徽　到於今　七百年　陷溺深　講上帝　人不識　閻羅妖
作怪極　皇上帝　海底量　魔害人　不成樣　上帝怒　遣己子　命下凡　先讀史
丁酉歲　接上天　天情事　指明先　皇上帝　親教導　授詩草　賦眞道　帝賜印

竝賜劍　交權能　威難犯　命同兄　是耶穌　逐妖魔　神使扶　紅眼睛　卽閻羅
最作怪　此蛇魔　皇上帝　手段高　敎其子　制服妖　戰服他　不放寬　紅眼睛
心膽寒　戰勝妖　復還天　皇上帝　託大權　天母慈　最恩愛　嬌貴極　不可賽
天嫂賢　最思量　時勸兄　且慫揚　皇上帝　愛世人　仍命子　降凡塵　送下凡
囑莫慌　有我在　作主張　戊申歲　子煩愁　皇上帝　乃出頭　率耶穌　同下凡
敎其子　勝肩擔　帝立子　存永遠　散邪謀　威權顯　審判世　分善惡　地獄苦
天堂樂　天做事　天擔當　普天下　盡來王　小孩子　拜上帝　守天條　莫放肆
要錬正　莫歪心　皇上帝　時鑒臨　要錬好　莫錬歪　自作孽　禍之階　愼厥終
惟其始　差毫釐　失千里　謹其小　愼其微　皇上帝　不可欺　小孩子　醒精神
天上法　不僥情　善降祥　惡降殃　順天存　逆天亡　皇上帝　乃神爺　萬物件
做靠他　皇上帝　乃魂父　虔服事　獲祝嘏　順肉親　享遐齡　能報本　福本應
勿奸淫　勿汚穢　勿說謊　勿殺害　勿偸竊　勿貪婪　皇上帝　法甚嚴　遵天誡
享天福　謝天恩　食天祿　天福善　禍淫人　小孩子　正其身　正是人　邪是鬼
小孩子　求不愧　帝愛正　最惡邪　小孩子　愼莫差　皇上帝　眼恢恢　欲享福
錬正來

西人對於太平軍之觀測　太平天國。定南京爲基礎。誘起西歐諸國之大注意。英美二國尤甚因洪軍幾百萬人。皆改宗基督教新教故也。又因洪軍宣言顚覆腐敗傲慢之滿州朝廷。純然以新中國政府代之。其言光明正大也。法蘭西則不然。聞洪軍採用基督教新教。最初卽不表示贊成之意。其在中國內地之傳道師。皆係羅馬舊教徒。臭味旣不相同。故其報告自然不加贊語。法國以偏於一方面之結果。故太平軍之宣言。頗不信服。洪軍得南京後。英國全權大使薩基朋喊。單身往其地。調查彼知淸廷官吏。前在廣東。明白主張排斥外人。今見洪軍之進行。思必將求外國海軍之援助。淸廷果於三月十五日。（西曆一八五三年）對上海之三領事。正式要求派遣戰艦。救濟南京。朋喊於四月二十七日至南京。與太平軍諸王會見。決定英政府所持之政策。於兩對抗軍之間。保守嚴格之局外中立。若直接被攻擊。則英國爲利害關係之防衞上。卽應以相當之處置。此朋喊之觀測也。美國代表者馬夏爾、及馬古倫皆與朋喊同一意見。報告彼國政府。一八五三年十二月。法國公使朶不爾不龍至南京。見太平軍之秩序與其訓練。普及一般。爲之大驚。於是亦以局外中立報告政府。可見太平政府之初期。外人無不欽佩。惜其後不能爲適宜之處置。遂遭大失敗也。

李忠王侵略蘇浙　咸豐五年中太平軍所出之第一軍及第二軍。未能收北伐之功。曾國藩在湖北之地位。漸加堅固。至翌六年。因阿羅號事件。與英國釀起紛擾。而形勢又一變。然太平軍之戰爭。主要在湖北。惟漢陽嘗爲官兵保守。至此年終末。武昌漢陽漢口三處又爲太平軍占領此實第三回占領也。咸豐七年。英國封鎖廣東河口。英法聯軍占領廣東。八年。聯軍入白河。五月。天津條約成。太平軍利用此時機由南京出發。九月。連陷數城。至十月之終。沿長江。占領太平、蕪湖、池州、安慶、及北岸一帶。然南京之下。安慶之上。未曾確守一地。咸豐九年五月。英法全權大使。爲交換條約批准。向北京途中。受大沽礮臺之礮擊。咸豐十一年。聯軍强航大沽礮臺之通路。八月。咸豐帝蒙塵熱河。捻匪由山東蜂起。與太平軍握手。突然由南京來之太平軍。由名將忠王李秀成指揮之下。一復從前之勝利。占領江蘇、浙江、兩省豐富諸城。英王陳玉成指揮之一隊。救援安慶。自七月起。英法聯軍方準備攻擊大沽礮臺。而李忠王迫脅上海。亦正與外人利害關係複雜之秋也。

第六十三章　曾國藩起湘軍

曾國藩起於湘鄉。常備軍廢弛已久。不能爲用。太平軍之士卒。皆以年壯氣銳者充之。湖南失陷數城。武昌省城。亦委於敵手。此皆常備兵之廢弛致之也。王闓運之湘軍志言其略如下。

> 自軍興。綠營將帥。雖統率幾千調發之兵。然武器窳鈍。不堪用。彼等以地方州縣之人夫。搬運其武器鍋帳。已則拱手乘車馬。徵地方之公館爲宿舍。兵卒或步行而不攜武器。徙徵發民家旅店。使居人惶怖。而恨其不去。其遇敵也。先作低矮之壘壁。居於其中。而營門

之負販則往來雜糅焉。諸將帥雖欲畫一而不能。唯滿蒙軍稍整齊。而驕傲貴倨。雖督撫不能易置。無已。多使用綠營。而其弊又如此。

北京朝廷知八旗親貴之無用。乃起湘鄉家居之侍郞曾國藩。命其幇同辦理本省團練。先是湘鄉有練局。爲義勇兵之團體。曾請國藩主事。彼以居母喪。不可與聞軍事。且行軍用兵。非其素習。固辭不出。及朝命下。受友人郭嵩燾弟國荃之贊襄。遂投袂而起。

募集義勇兵　團練爲自治之必要。嘉慶民亂之際。均被解散。此時復行召募。太平軍之入湖南也。知縣江忠源在副都統烏蘭泰指揮之下。募鄉勇三百人。號爲楚勇。湖南義勇兵之外出。以此爲始。敝衣槁項之楚勇。與威儀赫赫之常備軍爲伍。不能禁滿人之失笑。然至臨戰。則彼等之勇氣。數倍官兵。烏蘭泰目睹戰況曰。君等蔑視楚勇。今何如也。由是楚勇之聲價。爲官兵所嫉視。勇與兵之感情谿惡。往往在駐屯之地私鬭。戰敗又不相救援。無節制之勇。與軍紀廢弛之兵。又何所擇焉。咸豐二年冬。湖北解散橫恣之潮勇。（潮州人充勇者）歸途剽奪良民。焚掠街市。故人人皆言官兵畢竟不若長毛。人心之歸向。於此谿失。

曾國藩勸告鄉黨　曾國藩應朝命時。大要言之如下。軍興以來二年有餘。糜餉非不多。調集大兵非不衆。而往往見賊逃潰。未嘗轉戰。兵器皆用大礮烏鎗。遠遠轟擊而已。未曾長短交鋒。其故何也。兵未練習。而無膽無藝故也。今省城設一團練。先募鄉民之壯健樸實者。有一人之敎練。則收一人之益。行一月之敎練。則有一月之效。又曰湖南會匪。大半附賊而去。然嘯聚成羣者猶不少。地方官吏亦知之。特不欲其禍由自己之地方而發。相與掩飾彌縫而已。彼等今見髮賊之猖獗。遂覺法律長官之不足畏懼。故處今日須用嚴刑峻法。除根本的不逞之志云云。於是立三等之法。不經過府縣獄。直接處罰。以手書勸告鄉黨之人士耆老。雖幼賤身自下之。必與以對等之禮。布告皆採書狀之式。自署其名。以招致地方之賢俊。自咸豐二年十二月起。曾國藩乃實際練兵矣。

湘軍始戰於江西　咸豐三年正月。太平軍棄武昌南下。幸不受兵。乃益招募敎練。經三月。捕殺不逞之徒。五十餘人。五月。太平軍包圍南昌。江忠源要求援兵。國藩使羅澤南出發。附以湘勇千二百人。忠源之楚勇亦同行。國藩以爲綠營將卒積敗不可用。倘純以書生爲營官。則忠誠可恃。但彼等未曾臨戰。楚勇雖身經百戰。而營制不免疎略。羅澤南之行也。彼頗躊躇云。七月。湘軍至南昌。書生爭先搏戰。敵陽退。襲其後方。五六營官戰死。羅澤南收衆入城。國藩得報。謂湘軍果可用。彼等雖敗。猶敢深入。官兵畢竟不如義勇兵云。

書生與農民爲湘軍之基礎　曾國藩懲常備兵之腐敗。轉而求之募兵。彼曾說明募兵之制度曰。爲兵勇者。年少力強。樸實有農民之氣者爲上。油頭滑面。有市井氣。有衙門氣者。概不收用。則可知彼以樸實農民爲湘軍之基礎也。物色統兵之人。得同鄉人羅澤南及其羣弟子。澤南講朱子學亦貧書生也。國藩當時致江忠源書中。以爲今日極可傷恨者。在兵敗不相救。蓋調發之初。徵兵一千。自數營中或數十營中抽選。卒與卒不相知。統領之將又非平日本營之官。遂乖然不相入。至官兵與義勇兵。尤相嫌恨。如今日之組織營伍。雖聖者亦不能得一致之協力。足下前徵雲貴湖廣之兵六千。加以義勇兵三千。合爲一萬。夫六千之兵。必有一二鎭將統之。但其勢力不相下。而將官中又多卑庸不足與語。予不好此種編制。予教練一萬人。求吾黨質直通曉軍事之君子。將之以忠義之氣。輔之以訓練之勤。相激相劘。而後言戰。忠源不幸。不及用此意。見楚勇之健銳者。皆去彼。故是歲九月。敗於田家鎭也。當時湘軍三百六十人爲一營。中營羅澤南統之。左營弟子王珍統之。右營鄒壽璋統之。參將塔齊布率兵勇二營。周鳳山儲玫躬各二營。曾國葆一營。以上之中左右三營。實爲湘軍之基礎。

曾國藩討賊之檄　曾國藩作保守平安歌。其中分「莫逃走」「要齊心」「操武藝」三章。意在鼓舞其一致心與義勇心。可見用意之周到矣。咸豐四年。頒布討粵匪檄。其文如下

逆賊洪秀全楊秀淸稱亂以來。於今五年矣。荼毒生靈數百餘萬。蹂躪州縣五千餘里。所過之境。船隻無論大小。人民無論貧富。一概搶掠罄盡。寸草不留。其擄入賊中者。剝取衣服。搜括銀錢。銀滿五兩不獻賊者。卽行斬首。男子日給米一合。驅之臨陣向前。驅之築城

濬壕。婦人日給米一合。驅之登陴守夜。驅之運米挑煤。婦女有不肯解腳者。則立斬其足。以示眾婦。船戶有陰謀逃歸者。則倒𢷬其屍。以示眾船。粵匪自處於安富尊榮。而視我兩湖三江被脅之人。曾犬豕牛馬之不若。此其殘忍慘酷。凡有血氣者。未有聞之而不痛憾者也。自唐虞三代以來。歷世聖人扶持名教。敦敘人倫。君臣父子。上下尊卑。秩然如冠履之不可倒置。粵匪竊外夷之緒。崇天主之教。自其偽君偽相。下逮兵卒賤役。皆以兄弟稱之。謂惟天可稱父。此外凡民之父。皆兄弟也。凡民之母。皆姊妹也。農不能自耕以納賦。謂田皆天主之田也。商不能自買以取息。謂貨皆天主之貨也。士不能誦孔子之經。而別有所謂耶穌之說。新約之書。舉中國數千年禮義人倫詩書典則。一旦掃地蕩盡。此豈獨我大清之變。乃開闢以來名教之奇變。我孔子孟子之所痛哭於九泉。凡讀書識字者。又焉能袖手坐觀。不思一為之所也。自古生有功德。沒則為神。王道治明。神道治幽。雖亂臣賊子。窮凶極醜。亦往往敬畏神祇。李自成至曲阜。不犯聖廟。張獻忠至梓潼。亦祭文昌。粵匪焚郴州之學宮。毀宣聖之木主。十哲兩廡。狼藉滿地。所過州縣。先毀廟宇。即忠臣義士如關帝岳王之凜凜。亦汙其宮室。殘其身首。以至佛寺道院。城隍社壇。無廟不焚。無像不滅。此又鬼神所共憤怒。欲一雪此憾於冥冥之中者也。本部堂奉天子命。統師二萬。水陸並進。誓將臥薪嘗膽。殄此凶逆。以救我被擄之船隻。拔出被脅之人民。不特紓君父宵旰之勤勞而且慰孔孟人倫之隱痛。不特爲百萬生靈報枉殺之仇。而且爲上下神祇雪被辱之憾。是用傳檄遠近。咸使聞知。倘有血性男子。號召義旅。助吾征勦者。本部堂引爲心腹。酌給口糧。倘有抱道君子。痛天主敎之橫行中原。赫然震怒。以衞吾道者。本部堂禮之幕府。待以賓師。倘有仗義仁人。捐銀助餉者。千金以內。給以實收部照。千金以上。專摺奏請優敍。倘有久陷賊中。自拔來歸。殺其頭目。以城來降者。本部堂收之帳下。奏授官爵。倘有被脅經年。髮長數寸。臨陣棄械。徒手歸誠者。一概免死。資遣回籍。在昔漢唐元明之末。羣盜如毛。皆由主昏政亂。今天子憂勤惕厲。敬天恤民。田不加賦。戶不抽丁。以列聖深厚之仁。討暴虐無賴之賊。不論遲速。終歸滅亡。不待智者而明矣。若爾被脅之人。甘心從逆。抗拒天誅。大兵一壓。玉石俱焚。亦不能更爲分別也。本部堂德薄能鮮。獨仗忠信二字爲行軍之本。上有日月。下有鬼神。明有浩浩長江之水。幽有前此殉難各忠臣烈士之魂。實鑒吾心。咸聽吾言。檄到如律令。無忽。

檄文之批評　檄文數洪軍之罪惡如下。一、破壞中國固有之人倫。二、破壞從來之風俗。三、攪亂社會之安寧秩序。四、强迫人民信仰天主敎。五、束縛生產之自由。六、焚毀偶像。七、破壞寺廟。其所指摘之條項中。無一可視爲太平軍之罪案。不特非罪案。例如禁止婦女纏足。且可視爲善政。至云保障社會安寧。則洪軍之起。皆因行政不善。人民塗炭之結果。應由政府負責。清軍行動。亂暴過於洪軍。所謂保障安寧秩序者。又何在也。洪天王至南京之途上。發布宣言。大意以爲無論何處。官吏貪婪。較盜賊尤兇。官軍之腐敗。與虎狼何擇。總裁國務之君主。邪惡昏迷。恣行賞罰。驅良民於邊地。親佞臣於左右。賣官職以收其利。故忠言不能入耳。貪慾之心日熾。以收賄之多寡。定官階之高下。故富者強者可以無罪。貧賤者雖欲救濟其罪過而不能。言之令人髮指。強徵地租。近來更甚。一時雖有三十年免納之說。頃刻卽變令也。人民之資財。不使罄盡不止。此等眼前之不幸。吾人豈可坐視不救乎。處今日之途。惟有將各地虎狼由根柢驅逐之一法而已。今當進軍。凡農商職工。仍從職業。保護其和平。富者出其貯蓄。以供軍餉。由出資之多寡。與以憑證。以便他日之償還。更望賢者出山。翼贊吾人之大業。如有地方匪徒。乘機暴動。可卽報告。以兵勦除云云。以上所言。就實情判斷。政治之腐敗。軍紀之弛廢。無論如何不能辯護也。然則曾國藩之檄文。毫無影響乎。曰是不然。湘中主將。皆係書生。祇知中國固有之學問名敎。曾之檄文。實湘軍之精神。彼指摘洪軍焚郴州之學宮。毀孔子之木主。及十哲之兩廡等。謂孔子孟子當痛哭於九原。此語最爲緊要。後日洪軍之政策。亦許讀孔孟書。以冀人心之和緩矣。據長沙人言。洪天王圍長沙時。有一人布衣單履。與天王論攻守建國之策。天王不能用。其人乘夜逃去。後湘人欲縛此獻策者。因不知其姓名。其事遂寢。然考清末刊行之書。有曰『支那』者。以爲此人卽左宗棠也。且勸洪天王棄天主耶穌。專崇儒教。推祭左宗棠之性格。此說或不誣也。

兵與勇之衝突　常備兵與義勇兵各不相能。各處屢行私鬭。長沙爲湘軍發展之區。此等事發生尤多。曾國藩雖爲侍郞本一文吏。在長沙之滿洲武官及綠營諸人。不肯受命於地方之紳士。故滿洲武將塔齊布輔國藩治軍。滿洲人咸罵塔齊布爲諂媚。常備兵輕侮湘軍。驕慢益甚。某日湘勇演習放槍。誤傷營兵。營長得報大怒。出旗隊以攻鄉勇。國藩不得已鞭放槍者以謝罪。而辰勇又與永順之兵私鬭。辰勇係辰州之義勇兵。爲塔齊布所教練。常備兵列隊以討辰勇。國藩以爲內鬨無已時。若長此放任。恐此地之吏民益輕朝廷。不若移文提督以捕之。提督卽縛送國藩。任其處罰。國藩欲斬所縛者。尙在猶疑之際。常備兵早包圍國藩官舍。突入殺其使丁。幾傷國藩。巡撫得報。陽爲驚駭。卽還所縛者以謝。亂兵之舉動。付之不問。國藩之幕僚頗憤怒。均主張出奏。國藩歎曰。時事方急。爲臣子者旣無弭定大亂之能。何敢以己事瀆君父之聽也。予寧避之。卽日移駐衡州。

發見戰船之需要　洪軍在湖南益陽奪收民船。軍勢驟加。咸豐二年冬。洪軍包圍武昌時。巡撫常大淳。曾主張調集湖南江蘇之礮艦。阻遏敵勢。併以斷其糧道。此所謂礮艦者。全係空名。不過以商船載礮而已。北京朝廷所徵之山東登州水師。亦不過召募商船。卽洪軍由武昌東下數千之船舶。亦係商船。而兩方均稱爲戰艦。名實殊不相符云。咸豐三年春。九江陷。大臣向榮主張調外海戰船至江南。五月。洪軍北渡淮河。南圍南昌。御史黃經、乃上書請命東南各省督撫各造戰艦。北京朝廷指湖南爲造船地。巡撫駱秉章不甚注意。然長江既爲戰地。此等內河適用之戰艦。殊爲當時之急務也。

創設長江水師　長江水師之創設。因湘軍見洪軍在南昌之戰船。郭嵩燾遂以之說江忠源。此實權輿也。先是曾國藩聞湖北戰船破於田家鎮、乃連繫木筏於湘水。載礮其上。橫於水面。以爲防禦、及其移駐衡州也。就地遍訪造船術。咸豐三年十月。北京朝廷命彼率戰艦出征。以援武漢。羽檄旁午。一日數至。國藩不出發。人人疑其逗留。國藩歎曰。今敵人橫斷江湖。若無舟檝。難與爭利害。且一旦出師。當爲東征不歸之計。九江以上數百里。一城未爲我有。如何以倉卒召募之衆。殘缺不完全之武器。徒步數百里。而當百萬之强敵也。既而國藩博訪之餘。參以己意。改造商船。試驗發礮。船果不動搖。造船經費。卽取供給江南大營之餉銀八萬兩。仿照廣東船式。增置槳坐。又由廣西招致褚汝航、夏鑾等。分設一廠於湘潭。船成後。使長沙黃冕觀之。冕曰。予閱船多矣。從無如此整齊者。然長江港汊紛歧。敵船容易隱匿。江南小戰船有名舢板者。每營添設十艘。可充搜索窺探之用。國藩卽採其說。更改營制。四年二月。艦隊告成。大小二百四十。輜重礮船百二十。輜重民船百。水兵五千。分十營。設糧餉本部於舟中。器物食用工匠。畢備。合陸軍五千。由衡州出發。浮湘水東下。

靖港之失敗　水師已過洞庭。至岳州城下。適當別將王珍潰走。敵棄船上陸。奪靖港據之。遂陷湘潭。省城長沙陷於敵中。水師十營皆至。推彭玉麟定計。彭曰率五營直向湘潭。明日請國藩率五營繼之。當此時國藩不履行彭約。輕向靖港。立令旗於靖江岸上。聲言退步者斬。然毫無效力。兵皆繞旗側而退。國藩憤而投水。從者救之。得不死。既而還長沙。接湘潭水陸大捷之報。然國藩以此回戰爭之經過。知弊在不精練。遂裁汰其一半焉。

武漢恢復之戰。　長江水師之利於恢復武漢。見之國藩漸次由洞庭驅逐敵船。恢復岳州。收嘉魚。遂圖武昌。水師勇敢直下武漢之中流。破壞沿岸之敵砦。與由西南包圍省城之羅澤南軍相呼應。最爲有力。敵人顧慮水師約有二點。一破壞彼等退路之船舶。二目擊湘軍之勇猛是也。湘軍乘舢板。突擊之時。皆露立而進。若俯首避彈。則以爲耻。水師之首將彭玉麟以外。尚有楊載福。八月湘軍收復武昌。十月與太平軍之前哨會戰於田家鎮。

田家鎮之戰　曾國藩恢復武昌。欲一舉而覆太平軍根據之地。乃舍武昌。赴田家鎮。此地爲張亮基、江忠源戰敗之地。當揚子江之北。諸山峻立。江南有大山名半壁山。三面斗絕。山下有富池口。江水南趨。繞山東折。故舟行由田家鎮以避急湍之危險。先是咸豐三年官兵失半壁山。太平軍設堅固之要砦。北方由田家鎮至蘄州約四十里之間。築壘於長江沿岸。以鐵索橫江面。由半壁山以連田家鎮。此計畫原在防禦湘軍水師。有衆十萬守之。其主將爲英王陳玉成。聞曾國藩東下。防禦益嚴。卽由江面橫過之鐵索。連繫以舟。更作大筏。上列礮。以礮艦守之。其下流有五六千之船舶。是皆捉商船以運輸糧食者。十月。羅澤南攻半壁山大破之。由崖縋下。斫斷江鎖之一節。然至翌日。鐵鎖復續。曾國藩令曰。我水軍爲蘄州敵人所牽制。蘄寇與舟師相犄角。宜分船衝其下流。至半壁山。能與陸軍合則破敵必矣。彭楊二將領命。順流而下。敵人由岸上發礮。水師死傷不少。蘄州之敵船。果乘西風走守田家鎭。彭楊二人乃入陸師塔齊布之軍。聚議合攻。以截斷江中鐵鎖爲目的。

彭楊二將截斷鐵鎖　新銳之湘軍。乃遇最後努力之機會矣。彭玉麟先備鑪鞴椎斧炭剪之屬。使劉國斌、孫昌凱領之。昌凱本係鐵工。習鍛冶術。使專事於斷鐵鎖。彭又戒昌凱曰。發礮勿仰視。直趨彼筏上。予親爲公等防禦敵舟。國斌近筏。推鎖下之鉗。鉗落筏離。昌凱乃鼓鞴冶鐵鎖。鎖斷纜開。筏上之敵人潰走。溺水者甚多。楊載福卽率三隊衝入突進下流。楊進至武穴。回船擲火燒之。彭又燒敵船而下。會東風大起。楊乘風。彭乘流。敵益不利。幾至全滅。翌日。前軍至九江。田家鎭遂破。然湘軍陸兵圍九江。羅澤南之一隊。已攻擊湖口。曾國藩統率一隊。方偵察鄱陽湖、湖口。敵人以堅固之浮橋連接兩岸。湘軍水師一半被封鎖於湖內。外江與內湖。遂至離隔亘四年之久。太平軍置要砦於石鐘山。屹立江岸。湘軍形勢。一時頗窘。

羅澤南死於武昌　內湖外江兩水師分隔，湘軍之行動不能一致。咸豐五年。太平軍三陷武昌。則其時省城守備之薄弱。可以想見。漢陽上下。再入洪軍之範圍。清巡撫之號令不出三十里。當是時李孟羣率水師一隊。駐武昌附近。塔齊布牽掣九江。曾國藩駐屯南康。形勢頗爲渙散。羅澤南慮之。請曾國藩救武昌。其說曰。武漢東南之樞紐也。形勢百倍九江。今兩城久爲敵據。崇陽通城方面之敵。可自由出沒於江西湖南矣。欲制九江之命。必由武漢而下。欲解武昌之圍。必由崇通而入。澤南遂以十一月。占領武昌西面之洪山陣地。然以敵人九江之援軍方加入。武昌陷之不易。六年三月。援軍又來。澤南要之。追及城門。城兵開門突擊。澤南兵破。身亦中彈而死。弟子李續賓代領其衆。十一月湘軍攻武昌。敵遂遁走。湘軍乃再東下。而占領九江城左右之地。

武漢之固守與胡林翼　名將羅澤南未竟之志。今由胡林翼起而賡續之矣。胡謂平寇之要。不在攻戰。彼自恢復省城以後。免附近四十六州縣之租稅。而復牙帖稅。徵鹽稅。收釐金。藉以補充軍資。胡當時獻言之大意曰。自古用兵之地。荊襄爲南北之關鍵。而武漢其咽喉也。武漢有警。鄰疆震驚。南服均阻。無控制之術。昔周室征淮。先出江漢。晉武平吳。豫謀荊襄。據扼長江。惟鄂爲要。今也四年之中。三陷武昌。四陷漢陽。夫善鬭者必審其勢。今於武漢設立重鎭。則水陸東征之師。武漢特爲根本大營。有據險之勢。軍士無反顧之虞。軍器糧餉之供給不絕。傷卒病兵之休養得所。平吳之策。必在保鄂也明矣。又彼就地方行政。言之如下。曰湖北地方官。多不得人。被擾亂之三十餘州縣。元氣傷殘。良莠不分。未擾亂之三十餘州縣。官仇人民。人民仇官。吏治不修。兵禍之所以起也。士氣不振。民心之所以變也。上下交接。委之幕僚。官民之事。諉之門下。州縣之所謂小事。即百姓之大事也。今日之所謂小賊。即明日之大賊也。予恐湖北之民。揭竿而起。不待髮賊之再至矣。林翼以考察之所得。經營湖北。幸總督官文爲滿人。聽胡之言。大小事任之不疑。薛福成以此爲胡之權略。巧於操縱滿人云。然而湖北之屹然爲重鎭。則自胡林翼之保障始。

天京之內訌　天京即南京也。內訌之起。在天王之猜疑心。與東王楊秀清之跋扈。先是南王馮雲山死於全州。西王蕭朝貴斃於長沙。入南京者。不過東北翼三王及丞相秦日綱。就中東王楊秀清。威壓全朝。內外機務。總攬於其手。不但北王不喜。即天王亦不快意。咸豐六年八月。捕東王殺之。或云係北王韋昌輝所刺殺。又按李忠王之口供。則云楊秀清要求與天王有同等之位置。故天王命北翼二王捕殺之也。此事件之起也。不止殺楊秀清一人。並置全家徒黨於死。一時所殺之男女。多至二萬人以上。翼王石達開在安慶。見韋昌輝之虐殺。大怒。命其部下至南京捕韋殺之。於是五王之中。前二王死於戰役。後二王死於內訌。所餘者翼王石達開一人而已。石爲桂平縣白沙人。家富好讀書。巧於用兵。或謂兵略出東王上北王死後彼代視朝務。衆心悅服。天王忌之。專用安福二王。安王卽洪王長兄仁發。福王其次兄仁達也。二人擢用朝中。頗觖望。據李忠王口供。則彼等二人無才智無識慮。徒祟奉天王而已。彼等每事挾制翼王。翼王遂棄南京而遠征。李忠王口供有云。翼王出京之後。人心改變。政事不一。主上嘗以被弄於東北翼三王之故。未敢信任外臣。唯專信同姓而已。當時人心有解散之勢。所以不遽解散者。因淸將聲言捕殺廣西人不赦。否則天京解散已久矣。此言亦頗有理也。

安徽北半之形勢　咸豐九年秋。江西湖南二省。漸不見太平軍之旗影。湖北有胡林翼熱心計畫糧餉充實。而前年由湖南入廣西。轉入貴州之翼王石達開。今又將北窺四川。當時湖北之鹽由四川供給。胡林翼以所課之鹽稅。爲收入之大宗。意欲曾國藩往剿之。而曾國藩以爲建國號之敵。與流賊不同。今洪秀全踞金陵。陳玉成踞安慶。私立正朔以稱王。此竊號之賊也。石達開由浙江至福建。由福建至江西。以入湖南廣西貴州。是流賊也。捻匪亦流賊也。流賊則待其至。堅守以挫其銳可耳。竊號之賊則不然。必先剪其枝葉。而後拔其老巢。觀彼等自洪楊內訌。凶燄久衰。唯陳玉成往來江北。與捻匪連結而已。安徽省之北半。糜爛日廣。敵人糧餉。供給不斷。予以爲廓淸諸路。必先攻南京。攻南京必先占領安徽東北部之滁、城和州。欲取滁和。必先圍安慶。誠能圍安慶。攻廬州。略取附近之州縣。則何有彼之北竄平。據其所云。則以占領安慶。爲當務之急也。同時實行四路進取之策。第一路由宿松窺安慶。國藩親任之。第二路由太湖潛山取桐城。多隆阿、鮑超任之。第三路由英山取舒城。胡林翼任之。第四路由商城窺廬州。李續宜任之。以上諸路。皆屬安徽北半之地帶。作南京之前衞陣地觀可也。咸豐十年三月。曾國藩待其弟國荃之來。營駐於安徽之集賢關。適此時南京東側之和春之江南大營新潰。國藩乃委其弟國荃攻取安慶。自引兵至江西、安徽之境上駐屯祁門縣。

曾國荃取安慶

曾國藩之屯祁門。防敵之侵入江西也。敵果悉衆圍繞祁門。一時糧餉通信之道幾絕。有人勸國藩退師。國藩不聽。以劍懸帳外。自矢曰。去此一步無死所。堅忍數旬。乃漸得脫云。曾國荃之安慶攻圍軍。當敵之正面。敵軍來襲之猛烈。非諸路比。去年冬。受英王陳玉成之攻擊以後。至三月又來襲。至七月。又率輔王、章王、干王等十餘萬衆。以一半援安慶。以一半守桐城。由背後以脅國荃之軍。攻撲亙六晝夜。力戰卻之。八月一日。湘軍遂克復安慶省城。此城陷於洪軍者九年。至此始得占領焉。而自江南大營潰後。政府任命曾國藩爲兩江總督。控制東南四省。不別置大營。當大營陷時。左宗棠聞之歎曰。天意其有轉機乎。或問其故。曰江南大營將蹇兵疲。豈足討賊。得此一番洗蕩。後來庶可以措手耳。據此批評可見江南大營之有損無益。而綜合前後事情。則曾國藩未任兩江總督以前約七八年之間頗在困難之境遇也。

第六十四章　太平軍亂中之上海

七首黨陷上海縣城　洪王占領南京已經數月。尙未東取上海。上海商人。惴惴爲恐其來襲。英領事阿利國組織義勇團。防禦居留地。九月七首黨突然占領上海縣城。七首黨係三合會之支流其首領爲廣東人劉麗川。據傳聞劉與上海兵備道吳健彰有舊交。希望吳之登用。爲吳所拒絕又覦道庫之豐富。故召集黨徒以陷之。在上海之廣東人與福建之靑巾黨。江西之編錢會。均加入密謀。不數日召集二千餘人。闖入縣城。斬知縣。入道署以脅吳。吳受英美人保護之下。逃入居留地。匿於敎士之家云。七首黨乃占領道庫。馳報南京。然天王受其報告。未知七首黨之性質如何。特遣使者調查。知係三合會之分身。因指摘彼等腐敗之習慣放恣之性癖不承認其爲黨與。

官兵包圍上海　咸豐四年冬。江蘇巡撫吉爾杭阿。派兵包圍上海縣城。內外交通。爲所遮斷。居留地之外人。依然嚴守中立。通知官賊兩軍。不得用外國居留地。爲攻擊防禦之目的。但軍用品之供給。亦非絕對禁止。攻擊屢行。雙方俱無結果。其中以十二月之戰鬬極爲猛烈。海陸兩面攻擊縣城。仍未成功。此時城牆與城河間之東部郊外。全爲礮火所轟毀。此一帶爲當時商業之中心地。損害約達三百萬先令。自後官兵亦無可如何。僅由河寬六百或七百碼之東岸礮臺發射時時破壞洋涇濱北部之房屋而已。可知其距縣城尚在五六百碼之外也。

外國義勇兵驅逐清兵　清兵終不免暴行。對於外人之局外中立。每不尊重。常以對於本國民傲慢不遜之態度。施於外人。一八四五年四月某小部隊入英國領事館附近之一人家。攻擊二英人。或出沒於居留地附近。攻擊外人。外人欲驅逐此等清兵。乃使陸戰隊上陸。同時又拘留中國武裝之一艇隊以爲質。對於巡撫吉爾杭阿要求於外國居留地之境界上撤退清兵。然而此放縱之清兵。亦非巡撫之命令所能進退。吉爾杭阿聲言己之權力不能滿足外人之要求。於是以英美二國之水兵四百義勇兵共同由居留地驅掃清兵追至西方境界若干距離而止。

七首黨爲法兵所襲擊　上海當時法國居留地。除北門外地方。美國二教士之家外。不過法國領事館與鐘表珠寶玉商人葉穆烈米一家而已。而法國水師提督及其領事。對於縣城之七首黨居然單獨行動。殊不可解。一八五四年十二月。由法船上陸之水兵。占領小東門外之堡壘。但英美司令官仍守中立態度。不爲援助官兵。與法兵同時開始攻擊。然七首黨勇敢抵抗。最後城之東北隅雖爲礮彈所破壞。而奮鬬四時間。攻擊軍力竭。被其擊退。官軍死者千二百人。傷者千人。法兵二百五十人中死傷六十名。一八五五年二月十七日即咸豐五年一月元旦七首黨苦糧道之絕。破圍逃走。上海包圍前後十七箇月。始得成功。然官軍攻城則怯而掠奪則勇。據外人之記述言當時縣民謂七首黨固暴。至官兵則更暴。清兵殘殺行爲。出人意外。甚至開棺斬死者之頭云。三於法人流血之損害賠償。不過二一家房屋。今特附加居留地以上海市與小東門河之間之郊外地。雖曰狹小。然實今上海法界沿河七百碼之良好埠頭也。

避難民麕集於外國居留地。　過去一年半之間上海縣城之行政在七首黨之手中。怯懦而無保護之清人。自不得不立於外國權力之下。抑難民來集。不自此次騷亂始。卽當洪軍取鎭江時。早有棄鄉里而移住於居留地者矣。彼等不待許可。卽在空地造小屋住之。其習慣汚穢。自不待言。並有種種犯罪行爲。於是外國人不得不抑壓之。當時外人之思慮以爲處理清朝人之犯罪。以混合裁判爲至當。無如清廷官吏之狀態。不足副吾等之希望。於是英美二國領事暫任司法。併分擔一般之警察。以處理清朝人之事故。按一記者之語。當時避難者之數。自一八六〇年至一八六四年。居留地約有數千人云。

一般貿易之紊亂與上海。　揚子江流域第一開港場之上海。其經濟狀態。受太平軍之影響不少。輸入品受打擊者。爲木綿商。彼等貨物。空堆積倉庫之中。當此擾亂無秩序之時。一切奢飾品業已滯消。惟鴉片依然繼續。一八四七年至四九年。三年間由吳淞輸入之鴉片。

一年平均量一萬八千八百十四箱。此額約一千四百四十萬先令。一八五七年。三萬一千九百零七箱。此額一千三百零八萬二千先令。同五八年。三萬三千零六十九箱。同五九年。不下三萬三千七百八十六箱。而同年尚有二千六百零五箱。不通過上海。而輸入寧波者。一八六〇年。購買力更受限制。上海之輸入。亦有二萬八千四百三十八箱。

注目之上海　上海爲兩軍必爭之地。與其謂爲地理上之關係。寧可謂爲財源上之關係。最可注意者。過去七年之久。洪軍對於此地。毫不注目。是豈洪軍尊重外人之局外中立歟。然坐失攻守上海縣城之機會。不可謂非失策也。上海爲揚子江口唯一根據地。若由此以進攻沿東海岸之諸港。更可得豐富之資源。外交關係。更爲重要。洪軍如早占上海。保護居留地。西人必不左袒清朝。試思七首黨之騷亂。英美二國不嘗驅逐清兵與叛徒執同一之行動乎。惜哉。因三合會之性質不同。未肯與之共同行動。而專注意北伐軍之越黃河。終未用兵於東方之沃土也。咸豐十年。陷杭州。已在占領南京七年之後矣。是殆因江西、安徽兩省之地。漸爲官兵所恢復。不得已乃東向以窺蘇浙歟。忠王李秀成。攻入江蘇省。漸知上海爲衝要。無如此時清朝與外人之關係。已發現於春申江上。先著已爲清朝所占矣。

第六十五章　平定太平軍

戰線之縮小　曾國荃克安慶後。湘軍以破竹之勢。占領江北。咸豐十一年八月二日。攻守下流對岸之池州江北之桐城、宿松、黃梅、蘄州、廣濟各州縣。望風而解。十一日。其前鋒占領銅陵縣。九月取蕪湖對岸之無爲縣。翌歲四月占領盧州一帶以上各地方。皆太平天國南京根據地之前衞地。今旣奪取。戰線遂被逼壓而縮小於江南。湘軍水陸幷進。四月二十二日。曾國荃占領太平府北之東梁山。直奪金柱關。五月。占領秣陵關。彭玉麟統率水師掩護陸兵。時江心洲以大石築成雙壘。阻礙戰艦通過。水戰猛烈。日沒不休。入夜湘軍攜火具潛由蘆葦中上陸。往敵壘放火。遂陷之。彭率水師卽時掩擊。奪蒲包洲。而停泊於南京之護城河口。至於曾國荃勇敢之態度。尤有足記者。先是向榮、和春之所謂江南大營。以兵士七萬人屯守。爲敵所襲擊。均至敗潰。而水陸不滿二萬之湘軍。駐屯雨花臺。曾國藩亦頗顧慮。然國荃以爲我等湘人起義。以攻南京爲志。今不乘勢薄城下。曠日持久以待敵。非利也。若舍南京攻別地。將士謂徒浪戰於閒地。士氣之弛怠。將由此生。鮑、張諸將益至厭攻戰。逼城以屯。縱曰危險。然無從求萬全也。國藩許之。

李忠王掠蘇浙兩省　南京西北兩面局勢日形壓迫。而東南一方面則又放展。名將李忠王秀成出師。勢如破竹。向揚子江下流及錢塘江流域而進行。當時江蘇、浙江二省防備甚疎。咸豐十年三月。太平軍破和春大營於丹陽。後長驅陷常州。取無錫。卽陷蘇州省城。李忠王以四月入城。太平軍支隊。同月沿揚子江破江陰。次取吳江。取崑山。太倉。五月取嘉興。陷靑浦。松江、婁縣又陷。布政使薛煥。因外交事件赴上海。遂免於難。以上海爲江蘇布政使之衙署。忠王之兵入六月復東向取松江。犯上海。轉取金壇又陷太倉。破常熟而往浙江之太平軍。四月取嘉興。九月取嚴州。翌年三月。取常山、江山、遂安、壽昌、蘭溪、武義。十一月。陷杭州省城。及蕭山、諸暨、紹興。綜之蘇浙名城。十之八九。均爲太平軍所破。北京朝廷大爲狼狽。調曾國荃爲浙江布政使。命其卽往新任。而曾國荃不從。

左李二將分路東下　同治元年正月。政府發諭令兩江總督兼浙江巡撫曾國藩。速援浙江。且自安慶克復以後。曾國荃之威望赫然。北京朝廷擬使國荃平定蘇浙。亦因其所國藩謀之國荃。國荃曰。不然。金陵爲敵之根本。我急攻金陵。敵必以全力援護。而後可以圖蘇杭之地。蓋國荃之素願。以占領南京爲湘軍當負之責任。又爲湘軍當得之光榮。故熟察戰略之得失。姑下此判斷也。國藩壯其言。因以克復南京事業。專屬之國荃。而恢復蘇浙之任。則別選其人以當之。然此時北京朝廷。左支右絀。忽云逆賊李秀成悉衆東向。垂涎松滬。上海兵力不厚。豈能當此大敵。著曾國藩飛催曾國荃督帶湘勇八千。救援上海。忽云現在江浙遍地賊氛。祇鎭江一隅。爲進兵適中之地。催李鴻章迅速赴鎭。遲恐不及。江浙軍務。惟該大臣是賴。於是曾國藩以浙江省委於左宗棠。以江蘇省委於李鴻章。而三月初旬。李鴻章乃統率一隊。突然而現於上海

華爾統率之清兵　上海避難之蘇浙商民甚多。卽地方官吏亦在外國軍保護之下。或思利用其勢。以當太平軍。兩江總督何桂清。曾向準備北京進軍之法英兩軍。請求援助。法軍頗樂爲援助。以英特派大使布爾斯之反對而止。布爾斯惟發一布告。謂上海爲貿易之中心。不可再落於太平軍之手而已。當時上海富商組織一愛國會。各出軍資。使歐人助之。以防太平軍。美國人華爾 Mard 及白齊文 Burgevin 受愛國會之囑託。於一八六〇年六月。募集歐人一百馬尼亞人二百。首先攻擊松江。守兵能戰。華爾因死傷若干人而退。卻旣而華爾成功之後。八月二日。更攻擊青浦。然太平軍則因先是投效之多數英人之指導。擊退華爾。華爾更由上海得大礮二門。攻擊亙七日。而李忠王率援軍突進。出其不意。華爾乃棄去一切槍礮軍需而退。李忠王遂欲乘勝一舉取上海。

李忠王窺上海　清兵於上海縣城西門外。置軍營與兵站。太平軍一蹴奪之。及臨城。忽發見上海道吳煦來傭之英法兵一千人。阻其進路。礮火猛烈。遂不得入城。忠王攻擊四五日。不見成功。不得不退。然觀李忠王口供。則此次退師並非憚外人。因接嘉興方面之急報也。而關於忠王之進退。有蘇州諸生王畹之獻策。頗資參考。其言曰。太平軍宜親和外國以圖清廷。前此洪天王不允外國使臣局外中立之要求。實爲失策。王若此際改與彼等和親。約其不供給軍器火藥於清廷。又以水軍出揚子江口之通州、泰興地方。劫掠上下海路之商船。妨礙貨物之入上海。貿易不通。釐金稅之收入可以斷絕。清兵苦於餉絀。外人坐困。避難上海數十萬人民。必至缺乏食料。於是變生於內。外人必與我修好矣。王晩又獻第二策曰若一時不能與外人和親。而欲先得上海。亦不必集大兵而後成功也。今外人爲徵收借地稅。招蘇浙避難之民。初不問人之來歷。王宜以精兵數千。假作難民。使入居留地中。夜一呼。縱火焚燒。外人必登船退去。其時臨機處置。再招回彼等可也云云。然李忠王始終尊重外國之局外中立。以上二策。均不見用。咸豐十一年十二月。慕王譚紹洸率江浙十萬之衆。陷南滙、川沙、奉賢。進逼上海。寄書英法領事團。要求嚴守中立。但當時形勢既已展開。外人乃採積極的態度。以驅逐太平軍矣。

江蘇官紳代表之要求　李鴻章之赴上海。雖曰曾國藩預定之計畫。然實出於江蘇官紳之切望。當太平軍退後。上海避難者益多。商業益盛。彼等於防衛之必要上僱用義勇兵四五萬。然無節制。與賊軍同。彼等終不滿足。使代表者錢鼎銘至安慶曾國藩大營。具陳江蘇可乘之機會。及不能持久之情事。所攜之書。係馮桂芬所草。國藩大動。同治元年二月。官紳等出銀十八萬兩。僱外國汽船十隻。再溯航安慶。載李鴻章之兵六千東下。此行不特收有程學啓、郭松林、湘軍諸名將。幷統有新由安徽人所編制劉銘傳等之淮軍。先是北京朝廷以鎭江地點重要。欲其從鎭江赴蘇常。李悍然不顧。橫斷敵中。直赴上海。所以然者。非曰依賴外兵。實以上海爲財源地也。彼權鎭江上海之輕重。曰予旣就江蘇巡撫之任。何忍棄每月二十餘萬餉銀之地哉。

常勝軍及外人　江蘇官紳之意見。在依賴外兵以平定太平黨。其始不但不得北京朝廷之同意。且曾國藩亦示反對之意焉。而事實上則英法同盟軍與華爾統率之常勝軍共同行動。已活躍於上海之境外矣。常勝軍始不過五六百人。漸次增加至四五千人。本保守松江。同治元年四月。常勝軍會合英水師提督霍普法水師提督普羅帖。恢復嘉定。次與淮軍相約。占領浦東嘉定松江、爲上海之前衞地。九月。慕王來侵。擊破於四江口之兩岸。於是由松江至上海之一線。確然保定。此時淸軍并未失一名將。而客軍之法提督普羅帖斃於浦東。華爾轉戰浙江慈谿陣亡。華爾臨死薦白齊文。後以不服從淸吏而解職。英國陸軍少將戈登代之。統率常勝軍。戈登於一八六三年三月至松江就任。當時年三十一歲。

戈登陷太倉　常勝軍得戈登。面目一新。以三月下旬襲取福山。救解李忠王包圍常熟淸廷以彼爲總兵。次圖蘇州。然蘇州亦爲敵之根據地。非旦夕所能拔。崑山爲太平軍之武庫。將欲取之。適接飛報。知太倉之會王蔡元隆僞降。及官軍一隊入城。卽閉門掩殺。李鴻章負傷。程學啓潰退。太倉在松江北。自太倉而崑山而蘇州。爲一線之要衝。四月二十九日。戈登率常勝軍三千。馳赴太倉。由南廻西。奪取抱崑山街道之外郭。以絕敵之通路。然後用大礮攻擊太倉有太平軍一萬。其礮兵士官中。有英法美人司指揮。戈登以巨礮毀其城郭之一部。突然猛進。太平軍以死防守。因巨礮之效力甚大。太倉遂陷。會王棄城往嘉興。皆係常勝軍由松江本陣出軍之第四日。當時戈登曾寄家信畧云。陷落太倉。清廷諸將大喜。常勝軍之名。譽嘖嘖稱羨。予今擢爲總兵。雖不覺其光榮。然爲常勝軍之司令官。一戰而勝。予心油然滿足。幷言若目擊叛徒等殘忍之狀。必極憤慨云云。然殘忍實不僅太平軍官兵。陷太倉後。殘忍亦更甚。常勝軍之服裝。皆係暗色絨地之洋服。戴綠帽。槍用英製之滑口槍、及旋條槍。大礮則合野戰礮、攻城礮。約有五十二門。其外尚有小蒸汽船之礮艦。有浮橋架設兵。號令用英式英語。兵數至多五千。中約有歐洲士官一百五十人。爲完全獨立之游擊隊。不受清將之制裁。此戈登受任之初。堅與李鴻章約定者也。

崑山之奇捷　占領太倉以後。歸松江暫時休養。五月下旬。戈登率步兵二千。礮兵六百。往崑山進發。崑山在太倉、蘇州間高丘之腹。城壁堅厚。有一百二十呎之闊濠繞之。敵兵約一萬五千守之。戈登視察地形。看破弱點。由崑山至蘇州之街道。唯有一條。往往有甚狹之處。沿街道一帶之運河。水深可行礮艦。若於此處以兵船扼其通蘇州之街道。則崑山之血脈自然閉塞。卽以程學啓之官兵七千。及部下常勝軍之大部隊。包圍崑山之三方。自以武裝汽船海森號。載善射之槍手三百人。隨小礮艦數隻。奪沿運河街道之一村落。卽安置槍手於此。以爲援應此時蘇州之敵。救崑山而來。無端遭遇戈登。混亂雜糅。死傷不知其數。終至大潰向蘇州退走。戈登追逃。進蘇州之城門。因礮彈不足。再引還崑山。時既日暮。夜色如墨。忽見火光槍聲。起於安置槍手之村落。知崑山之敵。將乘夜往蘇。無端而遇於中途。遂成一場劇戰。海森與他礮船均發礮。敵人仍退崑山。戰勢大挫。翌日又受礮擊。遂出降。於是戈登乃豫備攻擊蘇州。將先絕其左右之股肱。即占領嘉興、吳江。九月。與程學啓等肉薄於蘇州。

湘軍固守南京之陣地　同治元年八月。李忠王在蘇州。大會諸王。使輔王楊輔清。圍南京西南之寧國。護王陳坤書。由太平府窺蕪湖之金柱關。忠王親率十三王兵三十萬。意在驅逐南京城外之湘軍。當時湘軍。併新舊二營。約三萬餘。疫疾流行。殆半數減其戰鬪力。曾國藩之言曰。兄病而弟染。朝笑而夕僵。十暮而五不常。鸌一夫暴斃。數人送葬。比其返而半殪於途。近縣之藥既罄。乃巨艦遠檣。徵藥於皖鄂諸省。則當時病勢之猛烈。於此可見矣。李忠王之兵東由方山。西至板橋鎭。以張其戰線。十九日。集全力於湘軍本營雨花臺附近之陣地。用外國最新式之巨礮。前後夾擊。湘軍力疾防戰。亙十五晝夜。九月三日。侍王李世賢。新率浙江十餘萬之衆。疾馳而至。攻撲愈烈。湘軍出塹濠。破敵之十三壘。會敵所穿之數個地道。同時爆發。鐵飛石裂。頗極壯觀。敵踰牆而進。前者殪而後者登。亂刀交錯。演出白戰。十月五日。湘軍又破敵之數十壘。奇捷之下。轉爲攻勢。前後耐四十六日之苦戰。湘軍實可謂有勇氣而凶悍之太平軍亦罷攻而退卻矣。九月二十四日。曾國藩寄書國荃。謂忠侍兩酋。萃極悍極多之賊。以求逞於吾弟之軍。久病之後。居然堅守無恙。人力之瘁。天事之助。非二者兼至。不得有今日。當我弟受傷血流裹創。忍痛馳馬周巡各營以安軍心時。天地鬼神實鑑此忱云云。其冬國荃之弟貞幹罹疫歿於軍。翌二年四月。湘軍始確實占領雨花臺、及聚寶門外九壘。

恢復蘇州及殺降事件　蘇州既孤立。白齊文等歐洲人之爲太平軍參謀者百餘名。由城內出降程學啓與戈登。一方面防禦南京來援之忠王之兵。一方面攻陷蘇州城東南之外壘。更取城北諸壘。進陷虎邱山及滸關之敵營。蘇州城三萬敵兵。殆爲所包圍。强硬之慕王譚紹洸。欲舉全力以講防禦之手段。城有六門。各有土城石壘。依水作小城。下作窟室以避敵彈。東婁門外之土城最爲堅固。聚精銳於斯。十一月二十九日。清兵向此石壘開始總攻擊。戈登之礮兵。又擊石壘。壘崩十數所。常勝軍卽越濠攀壁肉薄而上。忠王及慕王帥萬餘之衆鏖戰。清兵終占領石壘。城兵屛息不敢出戰。十二月。李忠王先遁。慕王被部下所殺。納王郜雲官、比王任貴文、康王汪安均、寧王周文佳、天將范啟發、張大洲、汪懷武、汪有爲等八人。得戈登之保證。約降。此誓書已經李鴻章之同意。及至彼等出城。程學啓悉捕而戮之。戈登激怒。李鴻章一時亦難辯解。戈登見諸王之死。潸然落淚。勃然大怒。提短槍直追李鴻章。

李知戈登之意潛伏城中不敢出李驚此事之出於意外責程學啓曰君亦降人也何爲已甚戈登一時回兵崑山一八六四年四月再出助李鴻章在常州擊破李忠王之兵奪回其城忠王之兵向南京退卻

左宗棠恢復杭州　左宗棠於一八六一年末至六二年之間恢復金華紹興兩府及湯溪龍游蘭谿永康武義桐廬各縣壓迫敵勢於錢塘江之東一八六二年四月李忠王派遣一將進取寧波知外人之在城內要求彼等退去而外人不從太平黨預送護照貼於其門二十二日城陷有不規律之兵士不顧護照脅迫外人又因不注意之故轟擊停泊港內之英法諸艦外人等大怒宣言曰太平黨對我等發礮認爲開戰五月十日遂使陸戰隊上陸一八六三年五月左宗棠至富陽不得進九月外國軍溯錢塘江而轟擊富陽遂共陷之太平軍不得不退守杭州城戰線展開於由省城亘餘杭四十里之間築堅固壘壁防禦然不幸受蘇州之影響直與清軍以有利之形勢程學啓之全隊由松江占嘉興與浙江軍連絡同治三年三月恢復杭州杭州平時男女有八十一萬內外恢復時僅七八萬荒殘可想矣左宗棠停杭關稅立清賦局減收嘉興湖州杭州地稅三分之一以爲休養之政策云

曾國荃占領鐘山　湘軍占領雨花臺與水師統率者彭玉麟楊玉斌會議掃蕩南京江面先取下關草鞵夾之燕子磯次占領九洑洲太平軍自此地喪失水路之便利全然放棄八

月。湘軍占領江東橋之堡壘。以鞏固西南方面之包圍。乃更進東掃蕩。九月。曾國荃進取中和橋、雙橋門、七甕橋。南取秣陵關。博望鎮一帶。然太平軍之防備疎於西南。而厚於東北一面。此亦形勢上之關係使然也。築造多數堡壘於城側。防備堅固。東北隅之鐘山築天保城。為一大要砦。又於山脊入城壁之處。(名龍脖子)設第二之要砦。是為地保城。彼等素以西南二面之得失。為不足懼。若敵人一旦出現於明陵附近。則舉全力以突破之。前年向榮和春之敗。皆在此地。同治三年一月。曾國荃惡戰苦鬭之餘。遂陷鐘山。五月三十日占領地保城。鐘山高於海面一千八百尺。南京城內。湘軍遂得下瞰。且因玄武湖之喪失。糧道又絕矣。

南京城陷 湘軍運巨礮於山上。不分晝夜。猛烈攻擊。南京遂陷。攻圍軍用攻安慶之手段。穿隧道。燃火藥。以轟城壁。由朝陽門至鐘阜門。約穿三十三箇地道。持篝火入地之工兵。因窟崖崩裂而壓斃者有之。洪軍穿隧以迎薰。以毒煙灌。以沸湯。因而斃命者有之。總之穿一穴。如為敵所發覺。將卒死者不下數百人。尤壯烈者。隧道雖通過城壁。敵未發見。會敵兵插槍入地。隧道之工兵。突見槍首。以為敵已發覺。急引槍而下。敵兵始知地下有人。復迎擊焉。曾國荃見城堞皆破壞。敵人不能立於壁上。乃下令使兵士各持柴草一束。擲於城壁之下。高與城齊。一若將由此攀上者。然城兵果集注。不遑他顧。其實曾國荃已再掘開龍脖子山下之舊隧道。使至太平門之城壁。裝填三萬斤火藥。以大石密封隧口。別設小穴。以竹竿裝火藥。插入火由竹竿點放。其始經一時間微聞雷聲。俄頃寂然。方以爲不奏爆發之效。忽然霹靂一聲。二十餘丈城壁。隨煙直上沖入雲霄。攻圍軍爭由此缺口突入城內。時爲六月十五日午後也。

洪天王之末路　南京被圍。第一困苦卽糧道之斷絕。多數貧民求救於天王之門。國庫不能應。李忠王出私蓄及婦女首飾以供給軍資。陷落之前。王私送出城外者有十三四萬人。刼盜城內四起。天王見大勢已去。於四月二十七日仰毒死。以十六歲之長子洪福嗣位。城破之時。李忠王縱火燒府第。擁洪福走清涼山。再北突出太平門。遂不能遠逃。經數日。忠王就縛於城北之澗西村。洪福則逃往安徽廣德。轉入寧國山中。又南走至江西廣昌。九月二十五日被捕於石城縣荒谷之中。報至北京。命處以極刑在南昌屠戮。湘軍發天王之塚。屠其屍。而自咸豐三年以來。雄據南京閱十五星霜之久。太平天國遂亡。北京朝廷封首勳曾國藩爲一等侯爵。國荃一等伯爵。南京先登之首勳者提督李臣典一等子爵。蕭孚泗一等男爵。李鴻章一等伯爵。越二年又封左宗棠爲一等伯爵。

第六十六章　對於曾國藩之評論

湘軍非勤王之師　曾國藩奉朝命練兵湖南之鄉里。然並非勤王之師。何則。彼當時服母喪退居。咸豐二年中在鄉時。作「保守平安歌」三首。以警告鄉人。第一首『莫逃走』謂湘鄉在藍流如碧之湘江枝流。宜保此洵美之江山。勿離安樂鄉爲第一義。第二首「要齊心」所以要求鄉黨之一致。第三首「操武藝」言保安鄉土。在武器熟練。以上三歌。皆七言俚歌之體。彼先以之要求鄉黨之自衛。幷無一字及於勤王。是年十二月二十五日考其與友人書云。郭嵩燾十五日夜來我家。勸予至長沙帮辦義勇兵事務。予以湖北失守關係甚大。且恐長沙之人心惶懼。故思出而保護桑梓。卽於十七日出發。又觀其前後之家信。亦未見有勤王之意。咸豐四年頒布討粵匪檄。此檄爲湘軍之精神與其信條。前已言及。其旨不外對於社會民生之秩序。中國固有之宗教道德。指摘髮賊之行爲。王闓運亦謂彼自云行軍用兵非其素習。初無出湖南以從戰之志也。

田間之曾國藩　國藩原名子城。字伯涵。後改滌生。清初有曾孟學其人。由衡陽移居湘鄉。孟學生元吉。元吉生輔臣。輔臣生竟希。竟希生玉屏。字星岡。爲國藩之祖父。彼所謂祖訓祖澤云者。卽指星岡公之言行。曾氏由明代以來。世世業農。積善而不顯於世。玉屏少時好任俠。嘗云予少時耽遊惰。嘗於湘潭市上與裘馬少年相徵逐。某日酣寢於市上。有長老譏爲輕薄必覆其家者。予聞之自責。卽沽去乘馬。徒步歸宅。由此未明卽起。毫不懈怠。又曰予三十五歲始講究農事。耕耘之田土。大概在山岳丘陵之下。壟峻如梯。田小如瓦。予鑿石決壤。一開十數畝。然後耕夫從事稍稍容易。予每朝夕行水。聽蟲鳥之鳴聲。知季節之變。觀朝露之上禾顚以爲樂。又種蔬菜半畝之地。晨則耘。予任之。夕則糞。傭保當之。入養豚。出餌魚。一切雜職無所擇。蔬菜由手植手摘。其味彌甘。凡物親歷艱苦。食之彌安也。曾國藩在陣中由長沙親僱園丁。一則曰蔬菜不茂盛。卽家道衰亡之兆。一則曰施糞耕作。爲我家之祖訓。則可知公私生活之趣味。始終不出農家之生活。此所以湘軍兵卒。必由田間募集歟。

宗族之曾國藩　星岡公又以曾氏之祖廟不可不大。其說曰予宗族由元明時代居衡陽之廟山。久不設祠宇。予謀之宗族諸老。建立祠堂。以十月爲致祭之期。遷湘鄉以來。至曾祖基業始宏。故予又謀之宗族。別立祀典。每歲以三月爲致祭之期。世人徒禮神求福。予思神靈之明顯。無若祖考之較著。故他祀姑闕。專奉祀祖先。後世雖貧。禮不可墜。子孫雖愚。家祭不可簡也。又云予早歲怠學。及壯時深爲恥辱。望吾子孫。鑑吾之過。勤求學問。通材宿儒。接跡吾門。此心乃快也。此外遺訓甚多。曾國藩恪守之。或謀於兄弟以改築祠堂。或爲維持祠堂而增設田畝。幷附設圖書館。其設施皆不外祖訓也。

不好官吏生活之曾國藩　國藩壯年作吏北京。甚惡官場臭味。去京以後亦然。此次騷亂以來。知官吏之不足恃。一切不乞彼等之助力。當創設湘軍之時。訂不用市民與官吏之規定。咸豐六年中由江西寄家信於其子紀鴻曰。

由家中來營者。多稱汝之舉動可爲成人。聽之稍慰。凡人多望子孫之爲大官。予不願大官但願爲讀書明理之君子。勤儉自持。習勞習苦。此君子也。予在官二十年。不敢染官宦之氣習。飲食起居。尚守寒素之家風。極儉亦可也。略豐亦可也。太豐我不敢也。凡仕宦之家。由儉入奢易。由奢返儉難。爾年尚幼。切不可貪愛奢華。慣習懶惰。無論大家、小家、與士、農、工、商。勤苦儉約。未有不興。驕奢倦怠。未有不敗。爾讀書識字。不可有間斷。早晨要早起。決勿墮高曾祖考傳來之家風。吾父祖黎明起牀。汝知之乎。富貴功名。皆有命定。半由人力。半由天。事惟學爲聖賢。全由自己作主。與天命不相干涉。爾宜舉止端莊。不妄發言語。則入德之基也。

此爲劍影槍聲之間。從容不迫。執筆所修之家書。由此觀之。彼爲可敬愛之君子人也。星岡有二子。長曰竹亭。卽國藩之生父。國藩兄弟五人。彼居長。次爲國潢國華國荃國葆。國華與湘軍名將李續賓同陣歿於三河。國葆於攻圍南京時病歿。國潢身體比諸人劣弱。不離桑梓。國藩與四弟國荃均全身以成大功。曾國藩之家庭。整齊至極。在鄉黨亦有聲望。彼遇太平之亂。先圖一家庭一宗族之安固。漸及於鄉黨。遂出征四方。所謂齊家治國平天下者矣。

湘軍如宗教軍　國藩兼採漢宋兩學。然趣向實傾於宋學者。實由於前輩倭仁、及湖南之先進者唐鑑二人之著書主教也。當時宋學衰廢。世非漢學不能啓口。彼在鄉黨之間。與同學友羅澤南。善常交換軍事上之意見。澤南之學問。修得於貧苦之中。解義理。重廉恥。維持固有之名教。講究實際之倫理。最否認太平黨之行爲。湘軍非勤王主義。亦非雷同性之侵略。意在維持名教。其最終之目的。卽恢復異宗教之南京是也。是故湘軍可稱爲一種宗教軍。

彭玉麟公之生涯

彭玉麟爲長江水師之指揮者。三十餘年之久。與曾國藩相提攜。先是國藩求同志於衡陽。有人推薦彭有膽略。彭居母喪。不欲出。國藩使人說之曰。鄉里藉藉。父子且不相保。欲長守丘墓耶。彭聞之感奮。遂應湘軍。彭不過縣之附學生。國藩不問資格。直拔爲湘軍水師三千餘人之指揮官。彭當從軍之初。立二誓約。其一曰不私財。其二曰不受朝廷之官。咸豐十一年。授安徽巡撫。彼辭不受。同治三年。克復南京。賞一等輕車都尉世爵。加太子少保銜。續任爲漕運總督。朝賞頻至。彼亦不受。彼上痛切之辭表曰。臣本寒儒。傭書養母。咸豐三年。母物故。曾國藩謬用虛名。強之入營。初次臣見國藩。誓必不受朝廷之官職。國藩見臣語誠實。許之。顧十餘年來。任知府。擢巡撫。由提督補侍郎。未一日居其任。應領收之俸給及一切銀兩。從未領納絲毫。誠以朝恩實受。官猶虛也。又曰。臣素無室家之樂。安逸之志。治軍十餘年。未嘗營一瓦之覆。一畝之殖。受傷積勞。未嘗請一日之假。終年於風濤矢石之中。未嘗移居岸上。以求一人之安。誠以親喪未終。出從戎旅也。既難免不孝之罪。又豈敢爲一己之圖乎。臣嘗聞士大夫之出處進退。關於風俗之盛衰。臣從軍志在滅賊。賊既滅而不歸。近於貪位。夫天下之亂。不徒在盜賊之未平。而在士大夫之進無禮。退無義。伏惟皇上建中興之大業。宜扶樹名敎。振起人心。臣豈敢犯不韙。傷朝廷之雅化哉。當時有彈劾彭不應朝命爲不遜者。然上諭仍允其自由云。彼擴張長江水師。使至一萬餘人。一切兵餉以鹽稅及長江釐金稅充之。不煩戶部。亂平後。尙餘六十餘萬。報告兩江總督。寄託於鹽道之手。取其利息。加水師公費。彼曰予以寒士來。願以寒士歸也。觀以上之事實。湘軍組織之動機。非對於朝廷之義務。又不爲賞爵所激動。全由自衞之必要而起。然則洪軍之平定。樞紐於湘軍。與朝廷無涉。而朝廷之設施。直隔靴搔癢而已。

第六十七章　平定捻黨

黃河流域之捻黨　捻黨始於山東之流民。康熙時代。該地方民間結黨。以拜幅拜捻兩黨爲大拜。捻卽捻黨也。捻黨名稱。不知起原。或曰安徽省東部人民。呼一聚爲一捻。捻匪者卽組織黨徒之匪類也。或曰匪徒刼掠。用明火。有捻紙燃脂之習慣。因以捻名。此不過後代之臆說耳。咸豐元年。北京朝廷。聞太平黨之起於廣西。遂下嚴令。捕拏州縣盜賊。山東、安徽兩省捻黨交起。抵抗官吏。沿海地方動搖。三年。安徽省城及南京失守。捻黨之跋扈益烈。至五年。始知彼等首領。爲張樂行、李兆受二人。張以安徽北部蒙城、亳州爲根據。復北犯歸德府。河南、安徽之平野。非常混亂。適太平黨與彼等結合。故其踪跡及於安徽南部。

山東省之大亂　捻黨集團。一時由其根據地河南、安徽退卻。未幾。又北犯山東。陷濟寧。北京以僧格林沁討伐之。當時捻黨之數。已逾數萬。略曹州附近。山東爲之大亂。僧王負氣。欲一蹴以驅殺彼等。然反敗績。但僧王之兵。皆由蒙古騎兵所組織。來往奔馳。不減捻軍巧妙之特技。故僧王比之滿州諸將。其成績總勝一籌。同治元年。僧王統率山東、河南、直隸、山西四省之兵。備壓迫捻黨集團於安徽北部。捕殺巨魁張樂行。然捻黨尚未全滅。樂行之從子張總愚與任柱、牛洪、賴文光等。四大首領。繼承其後。同治三年秋。與南京奔潰之太平黨結合。

僧王之曹州戰沒　僧王之兵。勇敢而無節制。亂暴甚於捻黨。故民情不願僧王之來。依然應援捻黨。僧王又乘勝壓迫捻黨於河南南方之山谷。屢中伏兵。失其部下良將垣齡、舒通額、蘇克金等。王益憤怒。以數千騎追之。捻黨復向曹州奔竄。同治四年夏。王不聽捻黨之降服。督其部下。激戰於曹州之南方。大敗。退至無名之一空堡。捻黨圍之數重。王以糧草缺乏。不得不破圍而逃。部署諸將。乘夜突出。時已三更。天色如墨。王之從者桂三。原由捻黨來降。俟其出堡。反戈擊殺王。兵步兵約四千。殆無一免。此悲慘之一大混戰。至曉方終。僧王屍受八創。捻黨又大振。

東西捻黨皆平　僧王死後。北京信賴曾國藩之威望。使征勦捻黨。國藩以李鴻章代已。名將劉銘傳、劉松山等從之。同治五年。捻黨分東西。一走湖北。一走陝西。東西兩捻之名大起。六年。入湖北之任柱、賴文光。再入河南。犯山東。遂渡運河。擾登、萊、青三州。李鴻章與劉銘傳。乃扼膠萊河。壓迫彼等於沿海地方。彼等南入海州。尋被撲殺。入陝西捻黨之一隊。爲劉松山所驅逐。走山西。轉直隸。擾保定、天津之間。以黃河方面防備之嚴。不能南走。又向山東奔走。大破於東昌府之茌平。首領張總愚投水死。東西兩捻皆平。

第六十八章　滿洲之封禁破除

滿洲爲內地人之避難所　蒙古人典賣土地於漢人。遂至不能贖回。前已言之。而內地之擾亂不斷。益使漢人流出長城以外。因失其安固之生活。遂成一種流民。移住於比較的平靜之蒙古。足跡所至。見廣闊之沃土。不勝歆羨。沃土者何。卽封禁之北部滿州、及滿蒙交界地方是也。封禁之意。因滿洲朝廷保護其發祥地。且恐採捕豐富之天產物。故嚴禁漢人之侵入。當時除奉天省有僅少之民地外。吉林、黑龍江兩省。舉爲旗地及官府之屬領。乾隆盛時以百萬未滿之人口。領有六萬方里餘之廣土。實不合於理勢。故滿洲以鬬隘之廢弛。官紀之紊亂。中央財政之逼迫。遂破除封禁。而先從滿蒙交界之地始。

郭爾羅斯公之招流民　土地上所起蒙古人與漢人之關係。如土默特喀喇沁等地方。乾隆中政府嘗干涉之。或束縛漢人。或爲蒙古人代行償還。然政府財政餘裕不難實行。不然。政府之命令訓示。屬於無效者亦甚多。就蒙古人方面觀之。以廣漠土地與其委爲牧場。不若使漢人耕種。徵其收穫之幾分。較有利益。此法乃於吉林西邊之郭爾羅斯公之旗地試行之。嘉慶四年吉林將軍秀林之報告。謂郭爾羅斯許可流民開墾。事在乾隆五十六年。爾後逐年發達。不出十年。丈量得既耕地二十六萬五千六百四十八畝。蒙古課此等既耕地。每畝糧四升。約徵銀五百七十八兩餘云。自是之後。開墾之地。益增加而無限制矣。

長春廳之建設　由乾隆末期至嘉慶初年。因內亂之關係。多數流民排出山海關外。移住於接近吉林之蒙古。然吉林之滿洲將軍不知利用此氣勢。嘉慶五年將軍秀林。請將蒙古內地之漢人負納租之義務。居住長春堡界內之蒙古人。徙於別處。清政府乃發諭文曰郭爾羅斯地方。例不准漢人開墾。惟蒙古人不甘遊牧。招墾漢人。既經多年蒙古人又因徵收租稅。可得利益。爲保護彼等起見。業已許可。長春堡界內本係蒙古人游牧之地。豈有使彼等轉徙之理。納租又非是云云。由此觀之。政府保護蒙古人之地上權明矣。惟宜注意者。此新開墾地發生之民事刑事等。一般行政之執行權。皆在新設定之長春廳。而其官以漢人爲之是也。長春堡俗名寬城子。一躍而爲保護新殖民地之官廳所在地。以統轄該地方之流民。

流民又入吉林　長春廳特別官廳設定以後。愈足以促進移住民之氣勢。政府苦其抑制。遂命多數漢人無論何時。得以移住吉林。此等移住民。或從郭爾羅斯旗地而來。或由中國本部而來。而從中國本部來者。大都爲處流刑之漢人。在該地方已有一定之資產。雖彼等之處流刑也。多分配於滿洲驛站。在站長旗人之下。服從苦役。然彼等一旦至滿洲。卽出自己之資產以贖罪。實際服苦役者不多。就旗人等方面言之。與其使役彼等以買其怨。不如與以自由。且得免管理上所生經濟之負擔。然此官紀廢弛之一事。原爲違法。故嘉慶十一年。政府發諭嚴禁此習慣。但政府徒下嚴令。不講究善後之處置。安能望下之實行耶。則亦空文而已矣。

雙城堡之開拓　乾隆年間。試行北京八旗之移住。雖無成績。然吉林將軍富俊。仍於種種口實之下。希望此方法之續行。實際上京旗之戶口增加。國庫無餘力輔助。以此方法補救時艱。亦爲適切。但政府雖百方勸說。而應募者寥寥。無論如何不能至豫定之十一。應募者舍多年之北京生活。一旦赴吉林開墾。地未免不耐塞外之風霜。種種藉口。再歸北京。較之漢人之服從耐勞。馴而易治。其難易大爲懸絕。而富俊尚以素來招募之拉林阿勒楚喀二地爲不足。又主張新於拉林東北之夾信溝。起三屯以移住京旗。嘉慶二十年。政府從富俊之議。開放夾信溝一帶沃土。移民之足。爭踵其地。不出數年。雙城堡變爲漢人之部落。至設立雙城堡官衙。流民得將軍富俊之保護。愈益發展。伯都訥、五常廳一帶之地。無處不見彼等之蹤跡矣。

移住鴨綠江溪谷之流民　鴨綠江之溪谷。南由鳳凰邊門出靉陽。至興京東北旺清邊門。劃爲一線。而佟家江及寬甸之平野。則爲中立地帶。清韓兩國人。皆不能利用此沃土。然因法度之廢弛。流民多數隨時侵入此地方。道光二十二年。由朝鮮對於奉天將軍抗議。謂上土、滿浦兩鎮隔江近處。上國清廷有構舍墾田者。照乾隆十三年之例。應行毀撤云云。上土、滿浦兩鎭之隔江卽鴨綠江沿岸。今之輯安縣地方。淸廷對此抗議。曾有答復。然道光二十六年。再由朝鮮抗議。謂流民之移住毫不禁止。江界府及上土鎭等。上國人越邊而來。已有四十餘處。居舍結帳幕而從事於伐木墾田。由我種種開諭。終不撤還。奉天將軍答覆曰。

本將軍曾派遣官吏於該地方。拏捕犯人。焚毀窩棚。務期淨盡。今未幾年。又有結廬墾地之事。是本國之人民。愍不畏法。大干例禁。必須從嚴究辦。現派官兵。嚴密搜查。不准留寸椽尺土。惟思鴨綠江沿岸一帶。山廠遼闊。草木叢茂。雖派員搜捕。恐致查勘不周。故本將軍發遣委員。會同貴國之地方官。望無遺漏爲要。

此往復之結果。北京朝廷因有統巡會哨之制。春秋二季。兩國委員出發。齊至鴨綠之上流頭道溝會合云。

朝鮮之要求不行。　會哨之制起。似乎流民之開墾。大受打擊。然所謂禁止者。徒與官吏以私肥之機會而已。咸豐末年至同治初年。移民之多數。實可驚異。通化、懷仁、寬甸之平野。不待言矣。更進由輝發江之平野。向長白山之山麓。到處下鋤。同治六七年間。代表移民團體之漢人何慶名。以開放旺淸邊門外六道河一帶地方。並照吉林五常廳之例。要求奉天將軍。風氣之一變。於此可徵。案當時將軍衙門發表之意見曰。沿邊設門。定制森嚴。孰敢輕議歷朝之舊章。妄獻展邊之策。況靉陽、鳳凰等邊門。與朝鮮各浦堡接壤。關係太鉅。康熙年間。

曾對於沿道流民之建家屋墾土地者。嚴行禁止。乾隆年間。於鳳凰城邊門之外。特保留空地一百里。使隔截內外。但今觀何慶名等之陳情。若固守舊制。嚴行驅逐。則數十萬之移民。一朝失多年之基業。衣食困窮之結果。必相率而爲匪類。今日之事。寧可從順輿情云云。朝鮮得此報。大驚。於是由鳳凰門至旺淸門邊門外。既墾之地。又驟增幾萬方里矣。

豆滿江流域之開拓　南達長白山。北至吉林東部。在此潛行之流民。又出豆滿江之中立地帶。自然之趨勢也。此地方早成都市。琿春地方。大約於道光末年。有流民之足跡。爾後移住者頗多。延吉廳地方。同治初年已有移住者。更進而蔓延於海參威之西北。此地方與朝鮮北部之都市接近。朝鮮人之移住者。極占多數。至光緒朝。遂惹起邊界上所謂間島問題者。

黑龍江省之民墾地　黑龍江省從來創設之城堡。爲防禦邊境旗兵之屯城。并非正式之田賦。亦非民墾地。咸豐十年中。將軍特普欽。開放呼蘭城所屬之蒙古爾山地方百餘萬方。以招致流民。是爲此省民墾之始。蒙古爾山受通肯河之灌溉。氣候較暖。土地沃腴。冠於全省。故開放未久。而吸收移民殊衆。時黑龍江省之當局者。漸知以廣漠之土地。委棄於不知稼穡之旗人爲可惜。乃主張移殖漢人開墾。課以租稅。兼以備俄國之侵略云。

開拓滿洲者及山東人　前述多數之移住民。究竟來自中國本部之何處。殊爲世人所注意。日本人所著滿洲地誌中。有「滿蒙西伯利亞與山東人」一節。足資參考。揭之如下。

山東人沐孔子之遺澤。受管仲之敎化。樸訥寡文。重鄉土。視遷徙出境者。不啻投入蠻夷。謂之違反人道。而父母在時。若出游四方。則以爲悖於孝道。爲道德所不許。至淸康熙年間。復禁止山東人入北滿洲。載諸國法。垂爲訓典。然山東地本磽确。益以生齒日繁。故雖有禁令。仍不免侵入於滿洲之沃野者。乃生活上自然之趨勢也。其始入滿洲者。不過採取人參及行商而已。積久遂有拓地耕種者。採金伐木者。舉滿洲之利。已足以欣動貧瘠之山東人。加之淸朝國法。有名無實。雖有禁令。可以視若弁髦。故移住滿洲者。遂澎湃如潮。一發而不能遏矣

上述之觀察。誠爲卓見。關於山東行商之事。實雖無確證。然衡諸兩地今日之實況。頗可識其大概。蓋山東人與滿洲之關係密切。自古已然。固不必以一事一物推測也。當洪楊方盛之時。北方之捻匪蠭起。滿洲之防衛。因之廢弛。山東人遂乘勢侵入。先據松花江下流一帶。進而據鴨綠江之沃土。而遼河之上流地方。豆滿江之下流地方。亦皆次第開墾。倏成膏腴。當時滿洲朝廷。雖視此爲心腹之患。然絀於財力。竟不能制。數十年間。滿洲之沃壤。殆全入於山東人之掌握。然滿洲者。淸廷發祥地也。今爲山東人所據。是不啻喪其故土。而客寄於中國本部也。有心人處此。能勿爲杞人之憂乎。關於山東人此後發展之事。滿洲地誌中。更

有一節。足資考證。茲揭於下。

近年來俄國在東部西伯利亞之經營。有待於此等山東苦力者殊多。故山東人趨之如蟻附羶。當時俄國有囊括滿洲之志。欲占領遼東半島。故先經營東淸鐵路。赫赫之業。將告成功。而東部西伯利亞之經濟的勢力。仍未少展。實權仍握於山東人之手。如築礮臺。採鑛伐木之利。通航轉運之業。莫不操於山東人之手。旅人之初經是地者。不啻有誤入山東之感。蓋山東人之社會團結力最强。守秩序。重條理。無或紊亂。尤工於實業之技能。生存競爭。適者生存。彼俄人者惡足以制勝哉。又曰山東人勵精克己。勤儉耐勞。富於團結力。勞働者互相扶助。商人互通緩急。恰如一大公司。其各商店則似支店。互相補給商品。以資流通。而金錢上尤能融通自在。故雖有起而與之爭者。奈山東人制勝之機關備具。終不足以制之也。滿洲人及俄國商人固無論矣。卽德國人之精於商者。亦退避三舍。不能與山東人抗衡。是以山東人在滿洲西伯利亞一帶經濟上之勢力。足以凌駕一切。握商業上之霸權。又能應該地之需要。供給勞動。故勢力日益張大。最宜注意者。彼等皆富於獨立生活之力。能勝强劇之商業競爭。曾有俄人某見中國人侵入西伯利亞荒原者日衆。乃著論警告其國人。又昔年中俄締結條約時。李文忠曾語人云。他日西伯利亞成中國人之殖民地。時則俄國必追悔今日占領滿洲之失計。亦可以想見山東人之勢力矣。

第六十九章　英法聯軍入北京

清廷之蔑視條約　南京條約之口血未乾。清道光帝憤外人權利由此伸長。欲抑制之。臣下莫不迎承其意旨者。先是帝不欲福州開港。思以他處代之。事爲英公使璞鼎查所知。不果行。而官吏之主張廢棄條約者益衆。一八四三年。英船二隻過臺灣海。遭暴風。地方官遂命土人將被難者縛而屠之。又中國工人與英水兵鬬於廣東。工人負傷。中國人大怒。遂放火焚英國商館。此等瑣事。不勝枚舉。幸中國婉辭以謝。未至決裂。然兩國感情至是益惡。蓋自南京條約成立後。英人意甚滿足。輕於撤退駐兵。使清廷視爲易與。而清廷之大望。不在改正屈辱的條約。而在逐外人於中國領域以外。故英之自恃而不設防。即英人之失敗也。

英美法促迫履行條約　中國官吏中。增惡英人最甚者。惟廣東總督葉名琛。葉不僅憎惡英人。苟爲碧眼者。皆疾視之。故不顧條約之明文。禁止歐洲人出入廣東。英人痛恨其頑冥不法。然未敢首禍。仍欲以圓滑手段解決之。交涉亙十年。各執一說。迄無定議。吾人於此際應注意者。中國之內亂。以洪楊勃興時爲最烈。歐洲各國視南京儼如國王。而南京條約以後。法美兩國又締結與英同等之條約。就中法國專派遣天主教之宣教師。誘導中國人。使之改宗。由來已久。和議既成。三國有鑒於從前依違之失計。乃各派特使。責清廷以履行條約。且調軍艦數隻集於中國海。以為聲援。正折衝樽俎之際。而阿羅號（Arrow）事件發生於廣東。

阿羅號事件　一八五六年十月八日。有中國船名阿羅號。揭英國國旗。船載英人二名。中國人十二名。由厦門來泊於廣東。中國官吏忽率四十人闖入船中。中國人遂被縛送於廣東監獄。並將英國國旗撤卸。船主英人大怒。直訴於在廣東之英領事巴夏禮 H. S. Parkes 巴氏乃引一八四三年江寧條約補遺之明文。要求總督葉名琛交回犯人。葉答曰。阿羅號非英國船。乃中國船也。中國官入中國船。捕中國之海賊。於理為當。葉之主張不為無理。蓋阿羅號以中國船而受英國登記。在當時期滿已逾十日矣。葉之敢於作如是主張者此也。巴氏知葉非易與。乃強辯曰。登記期限屆滿。但事在航行之中。遲速非能豫計。不能以尋常期滿不續者論。且船之主持者實英人。又揚英國國旗。其為英船也無疑。要求交還益力。葉終不之顧。事為香港之英國貿易監督、官薄林所聞。知口舌之爭。無益於事。乃送最後之通牒於總督。迫其於二十四時間以內答覆理由。送還所捕之人。且告之曰。過時不答。則視為交涉決裂。葉以薄林為無能為。過二十四時間。終不答覆。

英軍之陷廣東。　薄林見葉不置答。乃命駐香港之海軍少將沙密楷昔斯率碇泊諸艦攻擊廣東。是月二十三日。毀黃埔河岸之堡砦。其後攻唐門堡砦。攻亞娘之雙保砦。攻大角頭之堡砦悉拔。之進攻廣東街市。城陷。葉總督一時不知爲計。而英軍遂乘勢放火焚衙署。事在十一月十三日。蓋戰事已亙一月矣。英軍尚欲進攻。因印度偶起騷亂。遂退兵。

對於薄林行動之批評　薄林當時之處置。英國本不加贊否。塔比卿於一八五七年（咸豐七年）二月二十四日。提議於貴族院。言在中國之英國官吏處置失當。林達士卿亦韙其言。林之言曰。阿羅號者。係中國所造。其所有者係中國人。且乘之者亦中國人。就此一事而言。英國官吏處置失當。已無可諱。況吾人雖得與相等之權利於外人及外國船。然不得與相等之權利於海賊。換言之。吾英國官吏。若以違背英國法律之自由界之淸廷海賊船。是僅自己與自己政府間之關係。而更於他國無與。何得遷怒。反之若以違背淸廷法律之自由界之海賊船。則我國正有不能辭其咎者。今吾國官吏之處置正坐此也。此種議論一時於議場頗占勢力。薄林處置失當之說。遂制多數。其後英國人聞國旗被撤卸事。議論始譁然。議員中之一派有言曰。阿羅號揚英國國旗。事之當否。非淸廷官吏所能預。彼淸廷官吏見英國國旗。卽應作英國船論。今加侮蔑。是不啻侮蔑英國國家也。輿論韙其言。塔比卿之議。遂歸於無效。其後是月二十六日。克布點發議於衆議院。反對薄林之處置。贊成其說者衆。此事爲英國議會創設以來之奇觀。反對薄林之說。旣制多數。遂通過於議場。未幾議會解散。首相巴馬斯統卿。當衆演說其事之結束曰。

彼野蠻人弄威權於廣東。傲慢無禮。辱我國旗。蔑視條約。懸賞以購英人之頭。屢用暗殺謀殺毒殺之毒計。以虐我國人。慘無人理。殊堪痛恨。是以我政府欲陳師鞠旅。以正彼野蠻人之罪。然有如塔比卿等者。短識無謀。猥與彼野蠻人爲黨。置我國辱於度外。蓋彼等祇知握權怙勢。欲借此爲攻擊政府之具。故不惜左袒敵人也。似此顧權利而亡國家者。望諸君勿爲所惑也可。

此演說之效力殊大。及再選之時。凡持平和主義者。及其他反對政府對中國政策者。皆不當選。而巴馬斯統內閣遂益鞏固。英政府乃與法國聯合。興兵問罪。海疆從此多事矣。

中國人燬英法人之館舍　自經英軍蹂躪中國人之攘夷熱益甚。有某甲某乙者。以焚燬洋館相號召。應者麕至。乃以此議揭貼於廣州府到處之牆上。人心大爲煽動。英法兩國領事聞之。不能安。飛書葉總督。詰其理由。葉答曰。此事只施之於英人。與他國無涉。盍少安。兩領事各以其旨趣通告其本國人。居留之民。方思設備。不圖於一八五六年十二月十三日。中國人突然放火焚燬英人館舍。並及於歐洲各國人之館舍。火勢炎炎之中。唯聞「殺盡蠻夷勿留一人」之叫聲。歐人陡遭不測。乃持凶器以當之。無如攻者蠭至。不能勝。僅以身遁於軍艦。

英法興問罪之師　廣東暴動之報。達於歐美諸國。皆怒其無禮。而法帝拿破崙第三功名之志甚熾。尤以爲唯一之機會。且頗嫉英人獨擅東方之勢力。於是遂與英聯合興師問罪。英以海軍少將西厤爲總督。以陸軍少將婉士脫羅品奇 VanStroubenzee 率本國及孟加拉。之兵爲援。法以海軍少將釐而度格衛爲總督。一八五七年。兩軍合攻廣東。翌月二十九日。遂拔之。葉總督亦被俘獲。廣東遂陷於無政府地位。於是英命葉耳景伯爵。法命果羅男爵。Baron Gros 美命力得俄命夫恰溪均爲全權公使連名致書於清當道謀善後之策。一八五四年。要求清廷選派處理此事之委員於上海。

清廷派遣委員之拒絕。　清廷不納諸公使之議。於是英法兩國公使。率二艦隊。溯直隸灣。是月二十日進白河口。聲言問罪。清廷仍遷延不答。僅遣官員二人迎之。兩公使遂要求派遣全權公使於大沽。勢益急。清廷不得已。乃命直隸總督恆副與兩公使謀處決一切。然恆副非有全權特命。遇事非奏報不能決。荏苒歲月。迄無成議。兩公使知遷延爲清廷之慣技。故容忍以待。至五月十二日。而清廷答語曖昧模糊。言外似有拒絕之意。兩公使至是乃通牒於直隸總督。其意如下。

吾等奉命來此。不能久稽。今欲進兵與清廷直接交涉。願足下委白河兩岸之堡壘於我軍。一以便我等艦隊之交通。一以保足下自己之安全。事固至急。望於二時間裁答。

兩公使之赴天津。　期限倏過。清廷無答覆。兩公使乃進兵擊堡壘。清兵抵抗之不能支。遂逃散。聯合軍遂拔堡壘。進至天津。然海水淺。船觸砂洲。盡力駛至白河運河合流之處。始得投錨。由此至天津水路甚便。及兩公使到天津。而美公使力得、俄公使夫恰溪亦來與會。

天津條約　白河堡壘既陷。聯合軍進逼天津。清廷聞報。狼狽不知所爲。知非乞和不可。乃命大學士桂良、及尚書花沙納爲全權大臣。至天津與兩公使議和。遷延躊躇。倏忽半月。至一八五八年六月二十六日。和議始告成。締結天津條約。今舉其重要條款如下。

第一　英法兩國各派遣公使駐於北京。中國亦得派遣公使駐於倫敦巴黎。

第二　中國政府承認耶穌教傳教事宜。

第三　中國政府許英法二國之商船航行國內諸河。並許兩國人民入中國內地。

第四　除以前所開廣州、福州、廈門、寧波、上海五港外。更開牛莊、登州、臺灣、潮州、瓊州五港。

第五　中國納償金各貳百萬兩於英法二國。

第六　中國不得再稱歐羅巴人爲蠻夷。

批准條約之英法公使　天津條約中載明自一八五八年六月二十七日起。滿一年之內。在北京批准交換。於是英國根據此約。至翌年三月。以葉耳景卿之弟布爾士爲公使。法國亦任布魯伯倫爲公使。布爾士公使出發之先。外務大臣馬厄美西別卿告之曰。此行抵白河後。由此舟行進天津。再由天津到北京。以實行條約交換之事。又曰。外國使節入北京。清政府常懷厭惡。故每假託事故。左右支吾。以妨害其到著期間。此行倘遇有此情形。宜有果斷之處置。抵白河之先。衞隊宜備。苟有不得已者。可乘英國軍艦赴天津。卿於同時又下訓令於駐清海軍總督艦隊長賀普 Abmiral Hope 曰。整備海軍。護送布爾士公使於白河口。英法兩國公使。遂於是年五月下旬。由歐洲本國解纜東航。以六月二十日抵白河

清廷之舉動可疑　賀普艦隊長於兩公使未到之先三日。以兩使不日來京之意。照會清吏。清吏答以未奉朝旨。不敢接待。倘欲通行。須先咨報天津總督云云。一面復修繕所在堡壘。列杙於河底。以礙舟行。外人於是始有戒心。豫料和議之必破。賀普乃重遣使者。先除河中之障礙。並要求清廷守官。於公使通行之際。不可阻撓。守者不之拒。唯云已將艦隊將到之意。報於天津而已。及至六月二十日。兩公使到白河口。清廷警備益嚴。磨厲以待有兵戎相見之勢。賀普於是又告清廷武官曰。爾所要求者一未見諸行事。請即答復。俾公使安全通過。否則恐難免兵禍。而武官不置答。蓋至是愈不能免於戰禍矣。是月二十三日。乃決定嚴整軍備。

英法艦隊敗績於白河口　兩公使抵白河口時。軍備已整。乃決意突進。是月二十三日。法國護衞艦越白河第一柵。深入敵之腹壁。不見人影。礮門亦皆覆以蓆。法人知陷敵中。然勢

成騎虎不能反顧。至二十五日。英艦隊長賀普氏所遣之陸戰隊越第一柵。進至第二柵。阻於厚板。以火藥攻之不能碎。艦隊長乃命礮艦駛近堡壘。欲攻陷之。正進行中。礮臺忽發數彈。直斷前進二艦之錨索。垂暮。再陷堡壘進行。而清軍四面襲擊。英軍困甚。自英軍陣地至堡壘之間。土地廣漠。泥濘沒於腰際。且設陷穽。三英軍陷沒者殊多。進退維谷。歷盡險阻。方達堡壘。而衆寡懸絕。終爲清軍所制。賀普氏傷足。英軍彈藥皆溼不堪用。艦上階梯皆碎於彈丸。不能昇降。少佐某亦負重傷。陸戰隊不能奏效。遂退於兵艦。是役也。英軍與戰事者凡千人。法軍凡百人。死傷凡四百五十人。沈小艘三隻。英法兩公使雖痛恨清國之狡展。然以衆寡懸絕。無可如何。遂退歸上海。告其事於本國政府。徐圖報復之計。

英國輿論之激昂　兩公使既返上海。英廷得報。輿論殊激昂。咸以阻撓使節進路之大沽官吏。係受清廷密旨。並歸咎清廷。謂我屢約盟好。而彼不置可否。且不懲罰無理之官吏。英人引此以爲奇辱。咸欲提兵問罪。有必致公使於北京之概。同時又有歸咎於布爾士公使之處置失當而誹議之者。其言曰。公使之兄葉耳景卿。彼曾言在條約批准前。吾英無航行白河之權利。然則不顧清廷官吏之如何失禮。如何譎詐。而吾英欲强力通行。以至北京。實非得策。此强力通行一事。其責不在公使。而在當時之外務大臣馬厄美西別卿。縱令卿之意。並不主張武力。然揆諸當日對於公使所下之訓令。令人易生誤解。以爲令其强力通行也。此時之議會。莫不以輕率無謀爲政府罪。然斯時保守黨內閣既倒。執政者爲改進黨。巴馬斯統內閣。故對於議會之攻擊。僅冷淡答之而已。不肯代負責任。而持武力解決主見者。因之益激昂。興師問罪之聲。遂喧傳於國內矣。

英法之發遣聯軍　英法兩國政府於是定計興師。先派遣葉爾景伯爵、及果羅男爵於清廷。二人者曩時天津條約締結時曾與其事。今茲奉使東行。仍以批准交換條約爲主。是年十一月。英任陸軍中將沙霍甫格蘭爲總督。法任陸軍中將古善孟特班爲總督。兩國約出兵二萬五千。各由其亞洲之根據地出發。會於中國海岸。兩國擬先置主力於香港。後以香港與北方隔絕。軍略上殊不便。乃改定爲舟山。先是英法公使致牒清廷。詰問白河之事。限一箇月回答。清廷見布爾士退歸上海。以英人爲可侮。不答。至四月八日竟拒絕兩國之要求。於是戰端開。聯合軍以五月占領舟山。六月英占遼東。法奪山東芝罘。皆據之。八月又取白河北方之北塘。進據新河。擊塘沽。陷之。連拔白河之堡壘。遂進而占領天津。清政府見清軍屢敗。知不可恃。乃決計乞和。再遣使節於英法兩公使之前。

清廷之復用詐術　清廷此次所遣使節。即曾與前年天津條約之大學士桂良尚書花沙納也。葉爾景要求於前年天津條約外。再開天津爲商港。並此次戰事償金百萬兩。償金未交出以前。不交還白河諸壘。至九月五日。清使與兩公使接見。因協定此和約之批准交換。

均於北京行之。當此之時。清廷仍無誠意。陽與兩公使媾和。陰則納親王僧格林沁之言。厚集兵力。事爲巴夏禮等所覷破。乃先迫桂良花沙納二人索全權之上諭。二人辭以未經攜帶。且誑言以紿之。九月六日巴夏禮遂急報於葉爾景。言清使之非眞。勿爲所紿。英法兩使乃決定進兵通州。然後議款。

張家灣及八里橋之戰　九月八日。英法聯軍由天津北進。清廷聞報。命怡親王等致書兩公使。自稱議和全權。英法將士有鑒於從前之詐僞。不之信。仍督率進兵。至河西務。怡親王之書又至。約以河西務爲議和之地。聯軍乃命巴夏禮等先入通州偵敵情。清兵逮巴夏禮等縛而檻送於北京。聯軍聞之怒。遂於九月十八日。陷張家灣。尋占領通州。二十一日戰於通州北京間之八里橋。是役也。清兵主力全喪。二十二日。咸豐帝之弟恭親王親致書於兩公使。約休戰議和。英法兩使答先還巴夏禮。然後休戰。恭親王不應。十月五日。聯合軍遂北進。

咸豐帝之蒙塵熱河　清廷聞八里橋之敗。上下震撼。咸豐帝遂蒙塵於熱河。英法聯軍益北上。繞出北京之西北。先占領圓明園。石蔭荷氏（Swinhoe）紀當日俘虜之言。有足以資史家之考證者。節譯如次。

某夜將午。一士官捕人來。余起而步出陣外。時皓月當空。玲瓏如畫。篝火連營。蟲聲唧唧。

出自叢草間。光景倍極淒涼。余之陣前。此時亦盛焚篝火。旅長以下皆列於陣外。忽見率一俘虜來。戰慄不能言。身著中國官衣。狀已衰老。據云係清帝閹官。今爲納涼苑留守。清帝已於十五日前。從後宮貴嬪十三人。偕以多兵出狩熱河。太子前夕尚留城中。聞同盟軍將至。乃以閹宦十三人爲衞。倉皇出走。既而曰。是日薄暮法兵開宮門。蠭湧而入。閹宦等拒之而敗。遂殺二人。其餘皆負傷。余知不能守。乃乘馬急馳而遁。不幸被獲。又曰後宮貴嬪十三人。正妻卽皇后。無子。貴嬪中有子者二人。一男四歲。一女五歲。復云皇上今已與皇后及其皇子女同幸熱河離宮。距此間可百里程云云。

清廷放還巴夏禮　先是葉爾景屢贈書恭親王。索還巴夏禮等。恭親王不置答。聯合軍乃於十月四日進攻。七日占領圓明園。然進兵之次日。卽得巴夏禮致威德書。言清廷將放還俘虜。此書係納於清皇太子在圓明園所繙之書簡中。故能達衆。以爲清廷尚詭譎不顧信用。巴夏禮雖如此云。實未足信也。後竟於是月八日放還巴夏禮等。而法大尉之傳令兵羅求及法兵四名亦放還。當巴夏禮被擄時。備受淩虐。遇之無人理。及事急始釋其縛。給其居室使役顧雖如此。而當時被笞杖之瘢痕固猶在也。據巴夏禮所云。俘虜皆分室以居。故同囚縶者幾人。皆不能知云。

葉爾景焚圓明園　清廷既放還巴夏禮等。又開安定門以迎聯合軍。然仍不明言和好。是時英法兩軍。以倉卒出師。未備寒具。難久留。兩公使乃致國書於清廷。約於十月二十三日以內實行和約。逾期則直犯宮廷。葉爾景斯時頗持積極主意。欲乘勢更易清朝之皇統。且爲遭難遺族要求償金卅萬兩遂於十月十八日放火焚圓明園。當時葉爾景氏發表之意見如下。

余之要求。意在徵清廷之贖金。非爲逢厄難者求輔恤也。惟清廷有陷天之惡。僅責以償金。無乃罰薄於罪。余觀清廷殆無整頓之望。一時縱責以多額之賠償。匪惟不能踐約。恐因此更釀他故。余之計在薄責以償金。而注意於要求開港以繼續通商。彼清廷者。避重就輕。必能就我範圍也。閣下受法國政府之命。與果魯男爵同膺重寄。而四年之間。勞師費餉。總計得於中國港運之利益。不啻耗去十之四矣。耗之於兵者。當仍於港運求之。又曰。清廷虐待我國人。幾無人理。又侮我休戰旗章。我若向彼索犯人。彼則以無辜者與我。治之不能。釋之不可。且裂我休戰旗章者。明明僧格林沁也。於法應付軍法會議。今指名要求交付。清廷必不允。我政府亦未能強其交付。故余決計對於清廷之罪。不爲復仇之舉動。惟擇其全吾職務者行之而已。至余之焚圓明園。則亦有說。圓明園爲清帝玩愛之所。余焚之。所以示薄懲。亦卽所以抑其傲慢心也。又曰。試觀歐人被縶之處。情狀殊慘酷。馬具兵器。竟列爲戰勝品。而高貴之法國士官。亦裂毀其服飾以辱之。此番我軍入宮。宜人人憤慨。如有罪大惡極者。宜加重懲。惟無辜人民。不可波及。蓋罪只清帝一人也。請言其故。清帝在納涼苑時。不僅擄我人民。加以虐待。又常懸賞以募殺外人之頭。是皆清帝凶燄之顯然者也。

和議之告成　清廷遭此鉅創。知西人非易與。乃於十月二十四五兩日。由恭親王與兩公使會於禮部衙門。締結條約蓋印。和議遂告成。石蔭荷氏之日記。述當日之情形如次

今日與東洋第一古邦世界第一大國之親王大臣會於一堂。其鄭重莊嚴。誠可想見。詎知會議之堂。皆朽腐不治。地氈之色已灰敗。列席之王大臣。皆垢面不潔。當日之主人恭親王年二十四。面呈蒼白色。自開議之初以至終議。常呈惶悚之態。言語之間。深含怒意。親王著長禮服。兩肩及胸背飾團龍。頸飾珠串。禮畢。親王肅客入席。英人恐置毒。固辭。葉爾景直起行。他人皆從之。同赴安定門。鳴大礮。祝和議之告成。

條約之內容如下。

第一　前此英國全權公使葉爾景伯爵與清廷大臣桂良花沙納結於天津之條約。除此次以補遺條約改正各條款外。一切俱爲有效。

第二　中國政府准其傳布基督敎。

第三　中國政府許英國商船航入國內諸河。並准英國人民來內地游歷。

第四　除以前所開廣東、福州、廈門、寧波、上海外。今更開牛莊、登州、臺灣、潮洲、瓊州五港為商埠。

第五　許英國人民於天津海口通商居留。一切與他商港同。

第六　從前英國領事所借九龍地之一區。今後讓與英國隸屬於香港區域之內。由英國管轄。

第七　前西歷一八五五年條約中。有由中國出償金二百萬兩於英國一節。今廢止之。更由中國出償金八百萬兩。內五十萬兩。於十月十九日在天津交付。三十三萬三千三百三十三兩於十月二十日在廣東交付。其餘由各商埠稅關中之稅金中提出四分之一以充之。

第八　英軍未退出舟山之先。應由清朝皇帝將實行條約之旨宣示全國。待其已經宣示。英國即交還舟山。償金中應由天津廣東交付者。俟已交付。即撤退天津之兵。而大沽之城堡、山東之北海地方、及廣東所駐英軍。皆同時撤歸本國。但奉有女皇勅令者。得隨時歸於本國營陣。

此次和議告成。始終有斡旋之功者。惟俄國公使伊格那提夫。伊格那提夫靈敏機變。竟因此而得最大之領土於北方。清廷割黑龍江屬沿海一帶。以為舟山撤兵之報酬。俄人亦可謂坐收漁人之利矣。

第七十章　同治中興

甲　化除滿漢畛域

湘軍之怨望　湘軍既復南京。名益高。其謀發展勢力益急。乃未幾其首將曾國荃以病歸田里。負先登首功之李臣典亦病沒。所部之二萬五千人。卽時解散。湘人不能遂其功名之念。皆鬱鬱不樂。種種之謠諑以起。或曰。曾國藩兄弟獨擅克復南京之功。如左宗棠、李鴻章。於克復蘇浙時。皆有殊勳。而位在曾氏下。不可謂平。蓋湘軍之名譽。至是掃地。毀謗曾國荃之聲。遂蠭起矣。據曾軍之報告。洪秀全之子洪福係焚死。此時則有人言係逃出江西。爲左宗棠軍所捕獲者。此論殆欲抹煞曾氏之首功也。其他訟言曾氏於南京初下時。多所擄掠者。不一而足。要之事後爭功妬嫉。蜚語中傷。乃漢人天賦之特性。而在滿人則必拊掌而笑深以爲得計也。

重用漢人之議　漢人效死疆場。而首功不與。乃愛親覺羅氏之家法也。徵諸既往之事實。此例益明。然自乾隆以後。滿人漸失其固有之性。勢益寖衰。咸豐初葉。有軍機大臣文慶者。知賽尙阿、納爾經額等諸滿人。皆怯懦不能戡亂。乃慨然言曰。欲辦天下大事。當重用漢人。彼等多來自田間。知民之疾苦。諳其情僞。豈如吾輩滿人。未出國門一步。瞢然於大計者哉。

文慶旗人也。乃以重用漢人爲務。屢進言於咸豐帝。勸帝除去滿漢之見。不拘資格。後用其言。遂開同治一代中興之局。其後肅順恣作威福。數興大獄。然曾國藩之總督兩江。胡林翼之巡撫湖北。皆彼所推薦。左宗棠在湖南被人彈劾。幾獲罪。彼力保之。其爲人亦似有特見者。文慶臨死時。尤力斥滿人之無能。其後數年。洪楊起於廣西。天下大亂。清廷乃重用曾、左、胡、李諸人。羣雄遂滅。

書生建勳非國家之福 滿洲恐內亂蔓延。利用漢人以治之。非誠意也。試舉例以證之。咸豐三年。曾國藩始指揮鄉勇。驅敵武昌一帶。旋告肅清。帝聞報大喜。顧軍機大臣等曰。不圖曾國藩一書生。乃能建此殊勳。祁嶲藻時在軍機。對曰。曾國藩一在籍侍郎。猶匹夫也。匹夫居閭里。一呼蹶起。從者萬人。恐非國家之福。帝聞之。默然變色。又有一事可爲滿人利用漢人無有誠意之證者。咸豐帝恨長髮賊久據南京不下。臨崩時留遺詔。謂克復南京時。無論何人。當封以郡王。及曾氏下南京。論功行賞。僅封世襲一等勇毅侯。而先帝之遺詔。遂歸無效。咸豐帝在位時。惑於祁嶲藻之言。不敢專任漢人。以致賊勢蔓延。久不能平。迨同治元年正月元旦。始拜曾國藩爲兩江總督。任其弟國荃爲浙江按察使。

湘軍之解散 滿人以漢人之力。再造國家。然終以曾氏兄弟擁重兵於江南。恐爲將來患。適軍機大臣翁心存迎合內廷之意。奏言湘軍尾大不掉。請裁撤。上諭准如所請。曾氏遂解散湘軍之大部。或有謂李鴻章欲編制淮軍。故慫慂曾氏使先解散湘軍者。是說也。揆諸李鴻章之素性。殆難保其必無。顧湘軍雖解散。而淮軍又興。清廷之措置不過以兵柄移曾就李而已。於漢人之勢力殊無損也。李自置淮軍。其勢日盛。迨後捻匪蕩平。告捷清廷。而二百年來滿人副署之制遂廢。開漢大臣專報軍情之新例。捻匪之役。猶有滿將卒參與。及左宗棠平回匪時。則盡漢人矣。

滿人爲漢人之傀儡　咸豐中。胡林翼克復武昌。威望日隆。湖廣總督官文欲倚重胡。三往拜之。胡謝而不見。人或說胡曰。公不欲削平巨寇耶。天下未有總督巡撫不和而能辦大事者。胡乃往答拜。官文敬謝不敏。官文有寵妾。値生日。胡親往賀壽。司道以下皆從之。官文大喜。官妾又拜胡母爲義母。饋遺無虛日。兩家之過從益密。官文有門役某。黠而貪。攫利無算。胡欲劾之。而官反薦居要地。陰爲官文爪牙。耗帑無慮十餘萬。胡積不能平。語其幕僚閻敬銘。欲除之。閻曰。公誤矣。夫本朝二百年中。未嘗專任漢人以兵權。今督撫及統兵大臣皆滿漢並用。而卓然有聲績者。常在漢人。此固氣運之轉移。然非朝廷一秉大公。化除畛域。不能至此。湖北當天下之衝。勁兵良將之所聚。爲督撫者必爲朝廷所深信。況官文又係滿人。能利用官文之信用。藉其言以行大事。誠千載一時之遇也。苟有濟於事。區區十萬金。誠不足計。胡聞此語甚喜曰。微足下言。余幾誤事。綜胡之政績。假官文以成之者殊多。彼蓋踵洪承疇之故智而能處以權變者也。

乙　清室之內訌

咸豐帝崩於熱河　當英法聯軍入北京時。帝已在熱河行宮。咸豐十一年三月。遂崩。帝晚年頗溺聲色。據薛福成所記。導帝於邪僻者。實爲怡親王載垣、鄭親王端華、及端華之同母弟肅順。而肅順供奉內廷。尤善迎合帝意。稍稍干涉大政。軍機處之權利。遂移於內廷。至清帝駐蹕熱河以來。肅順益專恣。隨時出入宮廷。誘帝以聲色。北京王大臣屢請回鑾。帝不從。實則阻於此三人也。未幾帝不豫。載垣等遂矯詔公布。帝體素孱弱。接見臣下時甚少。一切要政。悉託於左右近臣。端華等乃與軍機大臣穆蔭、吏部右侍郎匡源等相接納。時稱爲贊襄政務王大臣。凡百庶政。由皇帝面授軍機行之。而勢力之中心。則仍在肅順。

垂簾政治　咸豐帝崩後。遺兩太后。一稱東太后。無子。一稱西太后。卽同治帝之母也。咸豐帝有弟曰恭親王。帝蒙塵。恭親王留守北京。而政治之中心。遂歧而爲二。一在熱河。以肅順爲中心。一在北京。以恭王爲中心。而肅順殊不以恭親王爲意。以爲同治帝吾所擁立。吾何事不可爲。故不利於幼主之回鑾。又不欲恭王之來熱河。常以譎術制止之。而不知東西兩太后及其黨與。已窺伺於其後也。咸豐十一年八月十日。御史董元醇上疏言皇上沖齡未能親政。天步方艱。軍國重事。暫請皇太后垂簾聽政。派近支王公二人輔政。以繫人心。疏既

上恭親王遂不顧肅順之阻擾親赴熱河

肅順及其黨與之失敗　恭親王覲見兩太后時密謀制肅順等之策肅順尙不覺翌日遂定策王回京兩太后卽下回鑾之旨肅順力阻之曰皇上沖齡北京無備若欲回鑾臣等不敢贊一辭兩太后曰倘有意外於汝等無關乃命肅順奉先帝梓宮先行於九月二十三日出發兩太后別從間道出發以怡鄭兩親王爲扈從是時恭親王等欲逐肅順於兩太后之左右乃命在京大學士賈楨周祖培等上疏再請垂簾十月一日車駕至京兩太后下懿旨解贊襄政務王大臣職恭親王從民望任爲議政大臣而民間謠諑蠭起不止兩太后卽於是日引見王大臣同治帝南面稍東向兩太后南面稍西向兩太后數肅順等三人之不法泣數行下幼帝顧太后曰阿孁奴輩敢如此負恩可斬其頭兩太后遂與王大臣密謀以大學士桂良戶部尙書沈兆霖戶部左侍郞文祥右侍郞寶鋆鴻臚寺少卿曹毓瑛等爲軍機大臣次日下詔乘怡鄭兩親王入宮時捕之其黨皆逮捕無一漏網者肅順此時奉梓宮抵密雲縣時夜將午緹騎至肅順閉戶拒之緹騎毀外戶而入肅順據內室咆哮詈罵及毀內室見肅順方擁二姬而臥遂械送京師與怡鄭兩親王同繫於宗人府肅順被繫時叱二王曰早從吾言豈至今日當時以兩太后之英斷恭王等之密謀神速敏捷俄頃而定大計除大患朝野多歸美之其後二王擬死刑特旨賜自盡肅順處淩遲先是肅順已定年號曰祺

祥尙未頒行。至十月帝卽位。改元同治。上東太后尊號曰慈安。西太后曰慈禧。均垂簾聽政。

對於孤兒寡婦之同情 反對垂簾政治一派之失敗果爲清室運祚之幸耶此問題亦難解決也就吾人所見者論之同治改元之初。一番內訌不過出於恭親王一派欲掌政權之野心。卒以此破清朝二百年之家法。開婦女預政之禁。然考諸實際清廷婦女權力之加長。蓋自入關後已然。殆本於漢人之孝弟主義也。恭王等特利用此主義之趨勢以成功耳。歷觀諸臣陳請垂簾疏中所引事例。不逾乎漢之鄧皇后晉之褚皇后宋之宣仁太后明之穆宗皇后而已。要之當時所以激動天下之人心。而制反對垂簾黨之死命者。惟威迫孤兒寡婦一語。其實彼肅順者平日推重曾胡諸人。不遺餘力。而曾國藩之督兩江。肅順尤與有力斯亦不可掩之功勞也。據吾人之論斷同治中興之際。滿人所以得回復舊日之位置者。乃若曾若胡。對於孤兒寡婦表同情之結果也。明敏之恭親王洞察此情。故內而專任漢人。以肅清政治。外而與歐美諸國議和以維和平。滿清親貴中吾於恭王首屈一指矣。

東太后與西太后 宮廷之傳言雖不足信。然東太后鈕鈷祿氏與西太后那拉氏性情適相反。垂簾既久。兩者之間。遂生暌離。據吾人所想像者。東太后爲嫡后。才色不足以邀帝寵。然識大義。能匡帝之失。西太后才色軼衆。善狐媚。寵擅專房。中國世法。嫡后只一人。而西太后以同治帝生母之故。竟與嫡后匹稱。西太后者。追封承恩公惠徵之女也。幼失怙。流寓於廣東某豪富家十七歲始選入宮。咸豐帝賓天時。彼年只二十七也。薛福成之言曰。當時天下稱東宮德優大誅賞大舉錯悉主之。西宮才優判閱奏章裁決庶政悉主之。而召對臣下。諮訪利弊悉中窾竅。東宮則吶吶若無語。每有奏牘必西宮講誦。常經月不決一事。然關於軍國大計及舉賢進能。每行一事。天下無不額手稱慶。同治改元之初。即知曾文正公之賢。授為兩江總督。文正感其知遇。盡心謀國。而東宮則自軍政吏治黜陟賞罰無不諮詢文正而用其言。遂開一代中興之局。西太后性警敏銳於任事。東太后之權悉為所攘。東太后坦然不與之爭。西太后感之。每事必諮而後行。爾後東太后益謙讓。事事皆決於西太后。或者天下大定。益務韜晦乎。

薛福成謂何桂清勝保之軍敗處死。及曾、左、李三人之爵賞。皆出自東太后意。曾以此推為東太后之盛德焉。雖然東太后不識漢文。奏疏不能處決政務。則以同治帝非其所生。故為此謙讓與。此事觀於同治帝之立后問題而益彰著矣。

同治帝及皇后之殉死　帝雖西太后所生。然其孺慕之忱。則對於東太后尤深。帝既成長。東太后欲婚尚書崇文山之女。西太后欲婚鳳秀之女。同治十一年。帝年十八。兩太后遂以婚事命帝自決。帝乃擇東太后所擬定者為后。西太后因之不懌。傳聞大婚之夕。皇后應對頗稱旨。帝命皇后背誦唐詩。無一字誤。益垂寵幸。然帝之欣幸。即西太后之缺望也。西太后乃誡帝曰。鳳秀之女。屈爲慧妃。宜加眷遇。皇后年少。不嫻宮中禮節。宜使學習。勿常往皇后宮。致妨其學習。時帝后新婚。燕爾愛情正摯。乃爲母后無情之嚴諭所中斷。其懊喪爲何如者。帝自被嚴諭。遂不入皇后宮。又不幸慧妃常獨居乾清宮。悠游歲月而已。抑鬱無聊。常好微行。暗疾乃中於帝躬。未幾疾革。遂崩。時同治十三年十二月也。帝崩後未逾百日。皇后亦自盡以殉。論者謂如斯慘劇。乃西太后所釀成也。

據上所述者觀之。漢人之勢力。在此時期。發達最著。不啻爲漢人之天下。然其中宜注意者。漢人勢力之發展。乃託始於討伐太平軍是也。夫太平軍之主義。形式上與漢人固有之文化。殊不相容。而揆其動機。則發於鴉片戰爭後。漢人種之自覺心也。漢人經此鉅創。恍然辱服於滿洲人之下。不足以圖強。乃欲脫其羈絆。建設堅固統一之國家。事雖未成。其志亦足多矣。曾國藩等。乃摧殘漢人之自覺心。舉大好河山奉諸滿洲朝廷。時論莫不羨其成功。實則不過保有其被征服者固有之地位而已。

第七十一章　黑龍江之割讓

俄皇尼古剌一世探檢黑龍江　尼布楚條約之結果。俄領西伯利亞沿海州之地。僅限於石達烏衣山脈、及俄賀次克海間之狹地。而堪察加殖民地、與西方俄羅斯之交通。亦被隔絕。在當日之俄人。誠可謂屈服矣。事經百五十餘年。俄人漸有所悟。欲攘地於黑龍江以展其雄圖。尼古剌一世思占據彼得大帝及加荼林二世所未措意之地。然地勢不詳。困難殊多。帝疑薩哈連島爲自南方達黑龍江所必經之地。係大陸之一部分。又以爲黑龍江縱有江口。不能出海。而當時之俄國外交大臣納塞爾。以爲西伯利亞之地除放逐罪人外無所用。對於中國則宜敬而遠之。所謂絕東膨脹之政策。諫帝不可作是想。不見納。帝乃排除萬難。於一八四六年。（道光二十六年）遣中尉古烏鼇羅夫 Cavrilof 率探檢隊至黑龍江江口。古烏鼇羅夫既達江口。更以小舟上溯十二哩。以餱糧告罄。遂歸國。僅齎得無數誤謬之報告而已。古烏鼇羅夫之報告書曰。黑龍江江口深一呎半至三呎。海上船舶斷難出入。薩哈連島係半島。黑龍江於吾俄國殊無重要之關係也。

俄任莫拉維哀夫將軍爲總督　一八四七年九月。尼古剌二世乘夜車過志拉莫拉維哀夫 Muravief 時爲其地知事。帝乃命爲先鋒。約翌朝七時會於塞爾義福。遂拜莫拉維哀夫爲東部西伯利亞總督。命速赴彼得堡。研究黃金產額之事。整飭宿弊之事。對恰克圖、及中國黑龍江貿易之事。莫拉維哀夫者。於俄土戰爭及高加索斯之事。建有殊勳。前年始出任爲知事。僅一歲。擢爲總督。年僅三八而已。莫氏既抵彼得堡。以靈銳之眼光。從事一切。竭其全力。謀開闢東部西伯利亞。知以利用黑龍江水流爲經營之初步。蓋至是不唯開占領黑龍江上流沿岸之先路。卽江口一帶。亦將被倂吞矣。莫氏經營之成功。有待於海軍者不尠。

陸上之軍力。不過欲先占上流之根據而已。莫氏與聶念爾斯可 Nevelsky 相友善。是年聶氏被任貝加爾號船長。兼理俄賀次克海、及堪察加海沿岸防務。莫氏乃說以黑龍江探檢之重要。且引以為援助。其後莫氏之成功。深有資於聶氏之臂助云。

彼得羅福斯克之築港　莫拉維哀夫於一八四八年發俄京。抵依爾庫庫。留一年。見英國海軍橫行。知經營太平洋之不可忽。且謂有海軍則恰克圖與中國貿易之關係。亦可利賴。遂思開放中國以利海上之交通。一八四九年五月。莫氏以視察之目的。發依爾庫庫。翌月抵俄賀次克。七月。抵海上彼得羅福斯克。此港枕阿瓦西灣。風光明媚。入江之處。北西南三方有火山質之峻嶺。環繞水甚深。故船能直達埠頭。其優於俄賀次克者在此。莫氏心殊滿足。遂欲移置太平洋俄國海軍根據地於此港。於是起大工事。築礮臺。備大礮三百尊。守以可薩克兵二百名。水兵五百名。又親授作戰方略於守備之將官。是年八月。莫氏欲與聶氏遇。乃發本港。經樺太之北部。至阿揚港。九月。莫氏與聶氏共訴經歷。權商以後之方針。就中聶氏之航海。影響於俄國東方之經營者甚大云。

俄人航行韃靼海峽　聶氏發可崙斯達。在一八四八年八月。閱八月。始達彼得羅福斯克。由此過薩哈連之北。次月。抵黑龍江灣。乃派小舟探檢薩哈連、及大陸沿岸。竟發見黑龍江江口。且知薩哈連為緯度長十度之大島。與大陸之間。僅隔四哩。據當時一般揣測。過薩哈連海峽則南北東西皆汪洋。再進則喇叭形之海峽。故當時均謂薩哈連並非島嶼。與大陸必有地峽連續。如十八世紀末、十九世紀初、著名之航海家納別而夫、勒頓庫爾、聖斯得倫等。當發見新地之初。莫不如此云云。斯說也。聶氏不之信。乃自乘小舟遙向南方而進。竟發見薩哈連之確非半島。此發見貢獻於地理學殊大。蓋薩哈連苟爲半島。則欲達海上之黑龍江口勢不得不經俄賀次克海。而俄賀次克之海岸每年結冰。必亙數月之久。是黑龍江口之好地位。航行不便。亦屬徒然。今知薩哈連與大陸實非連絡。則吃水十五呎之船舶能通過不結冰之韃靼海峽而至江口。豈不便利哉。

俄建尼古剌福斯克於黑龍江口　莫拉維哀夫先建尼古剌福斯克於黑龍江口。實爲經營黑龍江之第一步。然當時之情狀。其困難有二。（一）俄官吏對於中國人常懷恐怖之念。懼釀禍未敢輕攖其鋒。（二）當時俄國之財政拮据。無對外設施之餘裕。而第一種之困難。卽俄宰相納塞爾歷年所抱之政見也。莫氏於此時已窺得中國之秘奧。知中國無能爲。乃銳意擴充兵備。以試其蠶食之計。其言曰。中國兵誠何足懼。吾國東方兵力已足制之。且可爲中國之保護者。莫氏之軍事計畫。在練可薩克兵。不仰給兵力於歐洲。故無遣戍轉餉之勞。可薩克兵有缺額時。以尼布楚地方流寓之農夫補充之。幷舉屯於國境之可薩克。與屯於後貝加爾州之可薩克及土人。皆召集而編成一大軍團。每團分十二大隊。每大隊約千餘人。此計畫未幾卽得俄皇之許可。莫氏遂以一八五一年八月。歸依爾庫庫。

俄人之經營黑龍江口　聶會爾斯可先莫拉維哀夫至黑龍江口。乃命大尉白休雅谷（Boshnak）率一格力牙土人爲前導。乘橇入薩哈連內地。探索良好之港灣。未幾歸。其報告有曰。克士脫力士灣、及克齊湖畔。兩處宜設屯營。其後白氏又沿滿洲海岸南進。發見尼古剌一世灣。以缺糧。遂先歸克士脫力士灣。而貝加爾船適由阿揚港來。齎莫拉維哀夫之命令。遂回彼得羅福斯克。於是克士脫力士灣、及克齊湖二地。皆次第占領。惟餘薩哈連島而已。聶氏廻航薩哈連島之極北。沿東岸南進。更經拉別爾志海峽。入韃靼海峽。於薩哈連島之西岸庫西納依河口。發見良好之地。七月。設依林斯克兵營於此地。置兵六人以守之。俄人之占領薩哈連。當以此爲嚆矢。聶氏由此更轉於對岸。置君士坦丁諾福斯克於尼古剌一世灣。又置亞力山大諸福斯克於北方之克士脫力士灣。於是韃靼海沿岸之地。隨在皆有鷹旗之飛揚矣。

莫拉維哀夫下黑龍江　一八五三年。東歐之風雲慘淡。危機一髮。於是莫拉維哀夫以三月赴彼得堡。既而事態益急。遂於次年二月。仍歸依爾庫庫。作遠征黑龍江之準備。出發之先。遣使於淸朝致辭曰。今吾國不幸與歐洲諸國以干戈相見。而東方海岸一帶之領地。又恐敵兵之窺伺。我寡君是以命總督莫拉維哀夫。當極東守備之任。不日率領水陸將士。下黑龍江。願貴國卽派全權大使。會同敝國總督。畫定兩國境界。至於會期會地。則從貴國所定云云。四月。莫氏發依爾庫庫繞貝加爾湖而至恰克圖。此時已得清廷不允查白凌士吉大佐入京之信。而莫氏仍堅持前議進行。遂於五月至西爾加河。時船將加查克爲齊 Kazakevich 之水師。已作準備。汽船阿爾鞏及無數之舟筏。均整列以待莫氏上船之先。開大宴會。演說極其悲壯。士氣大振。其發端之言曰。諸君用武之時機至矣。仰祈上帝助吾成功云云。亦可以想見其當日之意態矣。莫氏之船。於五月二十日過雅克薩之廢墟。與其士官共上陸。惟見蔓草茫茫。白骨埋沙而已。莫氏乃與士官膝地爲禮。弔戰死者之靈。二十八日達距愛琿不遠之地。先遣士官於駐在之中國官。達俄軍假道之旨。清吏見俄軍軍容之盛。惶悚不知所措。俄軍遂通過達烏蘇里。莫氏以視察之目的。乃乘愛琿號船先發。於六月十二日抵瑪利因斯克。由此上陸。步出克士脫力士灣。再乘烏俄斯達號船。會水師提督布恰丁 Putatin 南赴尼古剌一世灣。更北進至陸路尼古剌福斯克。至是始得清朝總理衙門之返書。言清廷將派大員視察邊境。八月十九日。莫氏赴阿揚留十餘日。仍歸依爾庫庫。莫拉維哀夫要求割地　一八五五年十二月。莫氏至俄京。創設郵政於極東。又議定其他之交通機關事竣。卽歸依爾庫庫。爲遠征隊之準備。當此之時。英法方以聯合軍迫清廷議款未定。俄政府乃利用此機。適水師提督布恰丁、與日本結約。歸俄廷。因任爲全權使於北京。議通商條約。兼畫國界。一八五七年咸豐七年三月。布恰丁來依爾庫庫。與莫氏協議。同進至恰克圖。欲遣使由滿洲入北京。清廷置之不答。布恰丁憤其無理。乃送書於俄外部。勸速占領愛琿。而自與莫氏率兵下黑龍江。是年六月。布氏、莫氏同至愛琿對岸之俄營。布氏遂與莫氏別。獨至尼古剌福斯克。七月。遵海而行。投錨於白河河口。當時清廷外困於英法聯軍。內又有洪楊之猖獗。國內騷然。俄人乃得乘其弊。布恰丁先至上海。旋赴天津。與清使交涉一八五八年六月。締結天津條約。同時莫氏又與清欽差將軍弈山談判於愛琿。訂結愛琿條約。事在天津條約告成前兩星期也。當時莫氏提出之要求如下。

一　兩帝國之國境。以下列各地爲定。（一）黑龍江自左岸至河口屬於俄國。自其右岸至烏蘇里屬於中國。

二　兩國國境之河流。其通航之權。只限於兩國之船舶。

三　上述之河流。兩國人均準其自由貿易。

四　現在居住於左岸之中國人。於滿三年之限期內。悉轉居於右岸。

五　關於兩帝國光、利益之事項。經雙方互相協議。可以訂正。

六　此條約爲從前各種條約之附屬者。

愛琿條約告成　當會議之初。清俄兩方全權頗極歡洽。及至國境問題。則雙方之主張均强硬。無轉圜之餘地。莫氏見事久不決。乃稱疾。以五月十二日。使其翻譯官伯羅代己與會。伯羅氏之言曰。俄清兩方世結盟好。今幸不以兵戎相見。一在俄皇之寬容能讓。而清廷堅以一七六九年之尼布楚條約爲辭。抑何其無理由之甚也。夫尼布楚條約成於脅迫。當時清廷。逞其兵威。逼我使臣。爲此斷不可以有效論。前此清廷屢破盟好。蔑視條約。拒我大使。焚我商館。苛征厚歛。及於領土之外。綜其暴厲。不勝屈指。今又執無效之約以相絀。吾俄胡可以忍。事之行否。願速決。卽使興戎。吾俄亦不辭也。伯羅氏之言。理不直而氣盛。竟使清使屈服。所謂愛琿條約者。遂於一八五八年五月十六日捺印。初莫氏與奕山開議。在五月十一日。六日之間。遂告成功。考此條約之規定。哲雅川近傍、及黑龍江左岸滿洲人所住之處。雖仍爲清領。而烏蘇里、及日本海間一帶之地。在未畫界前。爲清俄兩方所共領。此種規定。與尼布楚條約懸殊。殊令莫拉維哀夫回想百餘年前之失計也。蓋尼布楚條約。海濱各地未定所屬。事經百七十年。至愛琿條約之後二年。而國界始劃定。然中國喪地滋多矣。

締結北京條約及割讓黑龍江邊地　一八五八年六月一日。卽締結愛琿條約後第二星期中。俄條約告成。兩國於天津捺印。清廷自是允開港七處。並置領事館。關於兩國國境問題。載於此條約之附錄。將來兩帝國互派全權協商劃界。永絕種種爭端。當此時英法聯軍將迫北京。俄以機可圖。乃於一八五九年。命將軍依格那提夫 Ignatief 爲全權。與清劃定烏蘇里地方國界。莫拉維哀夫迎依格那提夫於道。偕赴恰克圖。旋得清廷報。允依氏來北京。依氏遂南進。親赴總理衙門。折衝幾次至翌年十一月二日締結北京條約清廷喪其沿海一帶九十萬三千方哩之地於俄。莫拉維哀夫之宿望以償。

莫拉維哀夫到日本之江口　一八五九年。莫拉維哀夫命大佐普度格士克、測量烏蘇里地方。率測量隊出發。莫氏則親下黑龍江。測量滿洲沿岸。欲與日本議定薩哈連境界。乃南進至克士脫力士灣。建燈臺於谷特斯達孔樸岬。七月。抵日本之品川。先是布恰丁與日本議薩哈連島之主權未決。至是莫氏乃提出此案。與德川幕府交涉。月之二十六日。幕府以遠藤但馬守、酒井右京亮為全權。訪俄使於天德寺。重理前案。顧俄使頑強不屈。堅欲併吞薩哈連全島。茲紀其當日之主張於次。

一　兩國國境以島與島間之海為定。由此以北屬俄國。由此以南屬日本。兩國所轄之地。即依此標準確定。所謂海峽者。即指拉白耳斯 La Peyrousl 而言。

二　在薩哈連島以南阿尼窪 Aniva 港住居之日本漁戶。自今以後。仍準照舊住居。但須受俄國之保護。

三　日本人於俄領東部西伯利亞。即過東洋海之諸地。可以自由擇地建築房屋。或修理房屋以充居室。

四　薩哈連及其他俄領各地移住之日本人。準其奉己國之宗教。及建設己國習俗之寺院。但一切須守俄國法律。

俄國之屬望太奢。交涉遂歸無效。莫氏乃於八月發日本品川。乘英法聯軍攻陷大沽礮臺之後。再入白河。轉向威海衞。未幾以十月一日歸尼古剌福斯克。經依爾庫庫返彼德堡。俄人初得門戶於東洋。　莫拉維哀夫幾番航海。所得殊多。而以測量烏蘇里沿海一帶。發見良灣港爲最著。近朝鮮處有大灣。彼知其關於國防經營者重。乃詳考其形勢。命名曰彼得大帝灣。瀕於此灣者。有浦鹽斯德、及薄石西耶得兩良港。預擬爲將來之殖民地。溯彼之初就東部西伯利亞總督任也。於一八四九年。卽擇彼得羅福斯克。爲將來俄國太平洋海軍根據地。其後與聶會爾斯可幾番探檢。及經英法聯軍之抗擊彼德羅福斯克。然後恍然於尼古剌福斯克及克士。脫力士兩地之優勝。及愛琿條約告成。淸政府內遭長髮之亂。外有英法之擾。危機一髮。自顧不遑。彼乃利用此時機。指定彼得大帝灣爲海軍之根據地。於是本此計畫。力圖進行。一八六〇年七月。命四十人結隊。占領浦鹽斯德。又以步兵若干人屯於薄石西耶得。未幾十一月。北京條約成。遂舉其地以入於俄國版圖。於是益圖殖民。移可薩克及農民以實之。烏蘇里右岸、及海岸一帶之地。昔爲荒煙蔓草之區。忽焉而人跡頻繁矣。然當時無業之中國人。結隊橫行。俄人苦之。俄太尉某率敗兵來此。一八六八年。亂民叢聚。自數百至數千。各結爲隊。大肆掠奪。甚則放火。俄兵以衆寡懸絕。未能制亂民。乃益逞。既而黑龍江之援兵到。始剿滅之。一八七二年俄國東洋海軍根據地由尼古剌福斯克移於浦鹽斯德。至是俄國領土幾接壤於朝鮮。此港得地勢之優勝。迥非原港所能比擬。港灣冬期結氷期不過一二月。以銳利之破氷船可以碎之。實則冬季船舶之出入無阻也。自大彼得以來。即欲得良港於東方。今始遂其雄圖矣。

第七十二章　清廷衰弱之影響與日本之關係

清日脣齒之關係　鴉片戰爭如投巨石於太平洋。驚濤洶洶。逼於亞東。遂及於日本。日本鑒於鴉片戰敗。適當德川幕府末期。人心因之奮勵焉。中國自滿洲執柄以來。與日本國交幾絕。其後康熙乾隆百餘年間。天下無事。版籍之擴充。倍於禹域。殆所謂天地淑秀之氣。鍾於滿洲人者耶。曾幾何時。而西力東漸。英併印度。俄略黑龍江。駸駸乎有席卷亞東之勢。此時日本人士。知故步自封。不足以圖存。於是翻然改圖。期勿蹈中國覆轍。茲舉日本人會澤泊氏所著『新論』之一節以證之。

今西夷駕大艦。風馳電奔。瞬息萬里。視大洋如坦途。縮絕域爲鄰境。而日本四面瀕海。豈可無備。向所恃爲天險者。今則反爲賊衝。保疆安防之大計。寧能執疇昔之道而不知所變通哉。以今日之形勢論。南海之島。東海之地。既爲各國所併。大地之勢。日朘月削。日本介居其間。譬猶孤城獨峙。勢將危殆。如土耳其者。尙能以其舊日之聲勢。與東方爲犄角。而以餘力禁俄羅斯之東侵。莫臥兒亦戮力與土耳其爭波斯之地。凡此皆所以制俄羅斯之勢也。若夫未嘗沐回回敎羅馬敎之化者。日本之外。惟有滿淸。今日之日本求脣齒之邦於宇內。舍滿淸殆無有也。

伯氏此論。有感而發。引滿淸爲脣齒之邦。冀可爲輔車之助。滿淸昧於大計。罔識變遷。外勢旣廹。內憂頻起。倏忽數十年。卒底於亡。伯氏之論。徒託空言矣。

鴉片戰爭及荷蘭之忠告日本　淸廷焚燬鴉片。英國興師問罪。鏖戰亙三載。英軍卒制勝。陷舟山。破寧波。進鎭江。直逼南京。金甌無缺之中國。向以天朝自誇者。一旦盡墜其聲譽。償金割地。開五口以通商。城下之盟旣締。日本幕府聞之。益寒膽。當時荷蘭人至長崎者。言英人將挾其戰勝之餘威。轉向而東。日本朝野上下。大爲震恐。一時之海防論。紛然以起。然當時之日本幕府。尙以鎖國爲政策。道光二十四年。卽日本弘化三年。荷蘭國王曾致書於幕府。勸其開港通商。其中言中英關係者一節。足資考證。錄如左。

（前略）近者英吉利國王與中國搆兵。龐然大國。卒歸於敗。誠以歐洲之兵學。優於中國也。中國爲宇內大邦。自古聲譽燦然。徒以政治紊亂。遂不能制勝於歐人。夫歐洲之盛。近三十年間事耳。當時歐洲之大亂旣平。人心思治。奉聖敎之帝王。又復爲民多開商賈之道以謀繁殖。製造繁興。發明極盛。種種造作。耗費日廣。而大利未集。國用因之奇窘。就中英國素稱饒富。其人民亦以勇武稱。而以耀兵域外。帑藏如洗。故英國之政府常欲導英商於不正之途。以得利益。或與外國挑釁。及事起。而本國爲之援。廣東之戰。其先例也。中國昧於時局。貿然一決。卒歸於敗。爲城下之盟。償金數百萬以蕆事。貴國倘亦有意避此屈辱乎。夫屈辱之來。發自倉卒。今日本海面外艦之浮遊者日衆。安保其不起爭端。是不可不熟察也。殿下高明之見。爲國家百年長久之計。其必有以處此。

日本幕府得荷蘭國王之書。至翌年六月始報之。仍執鎖國舊法。且欲拒絕荷蘭之交通云。

清領庫頁與其交通　薩哈連島日本稱樺太島。清稱庫頁島。此島入清版籍約在康熙時代。其先爲費牙喀人所據。清廷視爲無足重輕。僅於島之北端及鄰近黑龍江地方測量較詳。其南則漠然置之。故雖隸版籍。不過羈縻而已。未嘗措意於政治的經營也。此島之特宜注意者。貿易之權常操諸官吏。自明以來。卽相沿如此。清時派此類官吏於賀哈河與黑龍江合流之地（卽三姓城）入夏則沿黑龍江而下。奇吉湖附近及其他各地均設機關。使納定額之皮類。而以衣服及材料償之以爲酬。其北部之山丹人。與南部之蝦夷人。所行之貿易。殊不足紀。山丹人以得於滿清官吏之財帛。售之樺太人及蝦夷人。而蝦夷人又藉之而與日本交易。彼時樺太介於黑龍江與北部日本之間。不啻爲兩地之居間人也。清廷之勢力及於樺太島者。至乾隆朝而止。嘉慶以降。不遑遠略。樺太島之主權。至是遂茫無所屬。先是一六五〇年。俄國曾遣探檢隊於其地。一七八五年。日本幕府復遣吏偵察之。一七九二年。日人最上常矩至其地。後十五年。近藤守重又至。千八百零五六年間。有間宮林藏者。越韃靼海峽。至黑龍江之特連地方而還。自時厥後。樺太乃爲日俄所共爭之地。

俄國根據愛琿條約對於日本之新要求　俄自尼古剌一世卽位以來。經營黑龍江。不遺餘力。及擢莫拉維哀夫當經營之任。黑龍江左岸之地。遂全脫淸廷之羈絆。愛琿條約者。不過實際占領後之一種手續而已。（參照第七十一章）此時樺太島已爲日俄所共領。而因疆界問題。兩國常起糾紛。一八五九年。卽日本安政六年。俄國莫拉維哀夫率軍艦四艘。傲然入日本之品川灣。居於天德寺。猶憶其當日之提議曰。

吾俄與中國新締條約。黑龍江一帶之地。自是永爲俄領。而薩哈連（卽樺太）原與黑龍江相連繫。黑龍江旣入於吾俄。薩哈連自應同例。貴國漁民向往於島之南端阿泥窪者。吾俄不妨其業。唯須速擧樺太全地以歸吾俄。

所謂新條約者。卽指愛琿條約言也。日本政府峻拒之。彼不得要領。遂去品川。俄國自愛琿條約成後。不出二年。再掠沿海一帶。其南下之前哨達浦鹽斯德及婆塞徒時。又欲向日本重倡前議。樺太問題。蓋至是而益急。

外勢之壓迫與日本之開國 外勢既迫。曰開國。曰鎖國。曰海防。日本國內議論不一。時中國有太平軍之亂。有英法聯軍之危。兵力之薄弱。昭然宇內。而日本對清政策。乃得乘機以進。當日日本諸侯島津齊彬之言。紀如下。

琉球船報清廷之近狀曰。英法兩國聯合以兵脅中國。陷北京。清帝蒙塵於滿洲。卒爲城下之盟。齊彬聞之。喟然歎曰。不圖清廷一弱之至於斯也。以彼地廣人衆。豈無忠臣義士。而鴉片戰爭以後。政治仍然不整。內有長髮之撓。外被英法之侵。割地請和。天子蒙塵。謂非恥辱之大者耶。吾國介在東陲。誠不可不早爲之備。英法既得志於清。勢將轉向而東。先發制人。後發制於人。以今日之形勢論。宜先命將出師。取中國之一省。而置根據於亞東大陸之上。內以增日本之勢力。外以昭勇武於宇內。則英法雖强悍。或不敢干涉我矣。夫中國沿海諸地。關係於日本國防者。惟福州爲最。取而代之。於國防有莫大之利焉。況中國人與日本人異。苟兵力足以制其民。則無不帖然從服。彼英法遠隔重洋。尙不憚用兵之勞以取之。況我日本乎。然吾之主張先取福州。非以清廷之滅亡爲幸。實冀其早自覺悟。力圖整頓。與日本協力以禦英法也。然清廷向以地廣人衆。慢傲自尊。視日本如屬邦。則是所謂協力禦侮者。亦終成夢想而已。故我之入手第一著。當以防外夷之攻略爲上策。或助明末之遺臣。先取臺灣福州兩地。以去日本之外患。欲取此二地。卽我薩隅之兵已足。惟無軍艦。則不足以爭長於海上。故當今之計。又以充實軍備為急圖云云。齊彬之偉畫。必待政治之改革。始能施行。當時誠痛切言之。顧以幕府執政。終無人贊成其議者。然自中國同治中興之後。(西紀一八四六年)四年。遂闢日本維新之治。而前此久懸未決之樺太問題。至明治時代而解決矣。

第七十三章　對外思想之不變(創設總理衙門)

鴉片戰爭後之對外觀念　自一八四二年。南京條約成。北京政府始知世界之上。尚有對等國家。然南京條約。究非出於誠意。故約成之後。尚與有約國經無益之戰爭數次也。或謂固陋之思想。僅限於滿洲官吏。而一般國民。懲於鴉片戰爭之失敗。已有覺悟。觀於同治中興後種種設施。可以證之。此非至當之論也。以吾人觀之。鴉片戰爭之失敗。徒使漢人輕蔑滿洲官吏之無能。而欲問鼎之輕重。多數中國人之思想。仍未改也。太平天國之亂。由於鴉片戰爭之結果。固不俟論。彼等之思想。仍囿於舊觀。彼所以奉耶穌教者。不過求幸福而已。且與西洋之耶穌教固殊。而自成一種中國式。洪氏稱耶穌為天兄。而自稱天弟天王。謂係耶和華之臨凡。此種思想。恰與中國自古帝王以天之寵兒自誇者。同出一源。故其設官分職。曰丞相。曰天官。曰地官。曰司馬。蓋出自周漢之官制也。彼知西洋之曆法而不用。又屏中國之舊曆法。而另創造之。此可為洪氏不納西法之證。考太平天國之發生。在與外人交通頻繁之地。而智識之固陋。尙且如斯。孰謂中國多數國民之思想有變遷哉。

由北京協商所得之反感　一八六〇年。英法聯軍逼都城。卒爲城下之盟。是爲北京協商。自是之後。英法將卒。於北京附近大肆奪掠。遂生多數之反感。以吾人觀之。葉爾景之焚圓明園。殊爲失計。當時外人之見。莫不以鎖國主義。出自滿洲官吏。故欲恐喝之以收其效。然事實則與此相反也。彼伊里布、耆英、牛鑑等。皆以旗人而訂南京條約者也。而北京條約亦成於恭親王、文祥等旗人之手。其後耆英竟以頑固者之排斥。遂賜自盡。尤令吾人感歎不置。蓋當時之滿人。鑑於內亂。以輕於開釁爲不利。多持和平解決主義。而反對此主義者。實在滿人以外。及時事遷移。而勢益張。所謂滿人以外者何。卽隨漢人勃興而生之思想是也。述其要於後。

中華本位之思想　中華本位者。卽漢人本位之思想也。雍正之中。頻興文字之獄。卽欲遏抑此思想者。當時帝曾親頒一書。曰大義覺迷錄。曉示天下。至乾隆帝。復禁止之。蓋兩帝之操術雖殊。而要以遏抑漢人爲計。乾隆帝當時。恐滿人同化於漢人。曾欲恢復滿洲語及滿洲風俗。而卒未奏效。蓋滿洲人素不抱根本思想。故一入中國。遂不覺數典而亡其祖也。彼等起於東夷。乘明季衰亂。入爲皇帝。故文物、制度、語言。莫不取範於漢人。自實際論之。直以客帝寄於中國本部而已。康熙雍正兩帝。知之甚稔。故不惜以種種政策。抑制漢人。又恐兵力壓迫非持久之策。故引蒙、回、藏諸異族。加以優禮。以爲對漢政策之輔助。康熙一代。多採用西洋之文化。即所以補滿洲、文化之不足。欲以對抗漢人種之强固思想也。惜乎其勢不長。厥後西洋之宣教師。竟遭嚴酷之拘束。而中華本位之思想。至是乃益發展。

漢人之同化力問題。 漢人之同化力。爲漢人千餘年之特色。根深蒂固。誠無少替。彼等自移住黃河沿岸以來。四圍之民族。其文化皆不足與之比數。雖武事非其所長。而以文化發展之故。宗族法遂益整備。外來之勢力。皆足以同化之。觀於近世紀金人據中國領土之半。不數稘而國俗習慣。悉化於中土。降及元朝。莫不皆然。在昔成周時代。漢人呼北人爲犬種。呼南人爲蟲種。自秦及今。相沿不改。故尊內卑外之思想。遂橫隘於漢人種之間。世人或咎清朝之同化於漢人。在國語喪失。兵力衰頹。此非至當之論。夫滿人兵力之發展。徒助長漢人尊內卑外之思想而已。原無補於滿人之同化也。彼以異族入主中國。欲有以服其心。故不能不因漢人之習俗語言。然則滿人雖欲保存其語言。亦勢有所不能矣。蓋自入關以後。而征服者反移居於被征服者之地位矣。

內尊外卑之思想。 內尊外卑可一言以釋之。曰漢尊夷卑而已。處列國對峙之時。此種思想。殊不適宜。然漢族安於固陋。仍不肯取他人之長。以圖國運之進步。吾人前述起於中國東南之思想。及漢學之向上的發達。即爲此種思想所支配者也。且清朝開國之初。以迄康熙。西洋文化。多所輸入。至是遂被排斥。試舉一例。艾儒略 Julias Areni 所著之職方外記。南懷仁 Velviest 所著之坤輿圖說。皆足以啓發當時之中國人。使知世界之大勢。然中國人則等閑視之。不爲精求也。其後至乾隆朝。修四庫全書。提要一代碩學之紀曉嵐竟等此書於東方朔之十洲記及郭景純注之山海經。不入於地理。而與古代小說同視。可爲卑視西學之證。地圓之說。在十六世紀時。利瑪竇 Mathues Rieei 已昌言之。曾有乾坤體義之著。繼此而起者。則有湯若望 Adam Sohall 其言天文地理。尤詳於利瑪竇氏。其後至乾隆朝。有蔣友仁者。著地球圖說。其言益暢達。然不爲中國人所喜。嘉慶道光之際。阮元爲漢學之泰斗。其所著疇人傳言。天覆地載。動靜倒置。可謂荒謬之極者矣。匪獨科學之無進步也。康熙乾隆時代採用之西洋畫法。至是亦無用之者。試引胡禮垣之論。以爲上述各事之證。

紀公曾於內庭管理四庫全書。阮公曾建設學海堂於廣東、江西、江南各省。南北學士。莫不資法於二公。二公博覽羣書。不愧一代之文宗。今者艾儒略、及南懷仁等。重涉重洋。來詣吾邦。二公表面勉爲敬崇。而不用其學說。其意以爲吾中華一統誌。卷帙五百。至詳且盡。安用此淺近之地球說、略與地圖說等爲。又以爲堯舜之時。已創曆法。垂四千年而不變。彼瑣瑣之說。惡足以易之。噫。是所謂驕傲盈滿也。博雅如二公者。尚復如斯。則謭陋之士。益不知所從矣。盛明之際。已復如此。則衰亂之際可知矣。吾國頻年以來。辱於外邦。不克自振。大都以此。嚮使二公能以謙虛之心。行戒愼之事。考地球之狀態。知中國雖地廣民衆。在地球上特不過其幾分之一。於以圖强。其殆庶幾。今外洋人士。駕駛精絕。縱橫萬里。視大洋若比鄰。他日互市海上。將合宇內爲一國而爭權爭利。又將合數十國以爲吾敵。誠能訪外洋之風土。審其人情。察其舟車武備。則萬國交通。吾國得以乘其利而制其弊。必不至頹敗如今日也。顧當時君臣不知反省。坐失由余入秦之利。徒被楚材晉用之譏。禍至無日矣。

起於驕慢心之攘夷熱　攘夷熱因迫於外勢而發者。乃自然之反動。而中國人之攘夷熱。實歐美人有以激成之。不能以此爲中國人咎也。然中國人攘夷熱之動機。殊異於日本。日本首開長崎一港。委通商之事於荷蘭人。而中國首開廣東一港。歐人皆得染指。日本開港之本意。出於恐怖外勢之念。而中國之開廣東。則始於官吏之貪婪。欲以肥私囊。故雖有外勢之壓迫。終無所感覺也。加以當時之外人。欲壟斷貿易上之利益。故不惜排擠蜚謗。以取媚於中國官吏。而助長其固有之驕慢心。關於此事。薄斯特列福曾有痛切之表面觀察論。茲爲參考計。特節抄之。

當初歐洲人對於中國。欲用脅迫手段以開貿易。終歸失敗。遂一變而爲哀訴懇請。使中國政府甘受束縛而不覺。以漸達其目的。一五四四年（明嘉靖二十三年）以後。凡來中國通商之西班牙人、葡萄牙人、法蘭西人、英吉利人等。唯孜孜於利。不顧國家之恥辱。爲欲得貿易權。故對於中國一切唯命是聽。甚至有服從中國人之習慣及法律者。直言之。當時之歐人皆在中國皇帝威權之下而已。一六三七年。（明崇禎十年）英吉利貿易遠征隊長加比丹威里之代理者。當時因與中國結約。對於廣東官吏曾執跪拜之禮。匪獨英吉利已也。一六五五年。（清順治十一年）荷蘭大使郭義爾、及哈色爾覲見清帝時。亦用三跪九叩首之禮。一六六四年。（康熙三年）荷蘭大使具爾尼、一七二七年。（雍正五年）葡萄牙大使亞勒散達米鐵魯、一七五三年。（乾隆十八年）葡萄牙公使及荷蘭公使、一七九三年。（乾隆五十八年）荷蘭大使義薩克奇都員克等。於覲見時亦然。蓋此等使節既輕棄其國威。而中國人之傲慢心因之益形增長。且更有可鄙夷者。當時商人中。如丹麥人、葡萄牙人、英吉利人、法蘭西人、西班牙人、荷蘭人等。因商業競爭。欲壟斷其利。故互相傾陷排詆於中國人之前。甲曰某國人懷詐而來。不可近。乙復報之。以故中國人之視歐洲人。以爲皆射利而忘義者。此等商人之過也。（東邦協會報告）

前述之論。殊中肯綮。中國人向稱外人爲夷狄。自是而鄙棄外人之念更益增長。驕慢自尊之念既熾於內。而攘夷熱亦由是而生。故中國人之攘夷熱。乃發源於前世紀尊內卑外之思想。非偶生者也。茲引胡禮垣當時之議論於左。

蓋彼洋人始來通商。皆以洋貨輸入。易吾茶絲輸出。雙方共得其利。僅就廣東一市。論當時因貿易而起家者。如潘氏、盧氏、葉氏。皆富至巨萬。伍氏之富。超四千萬。夫民足則國足。國足則可以圖强。乃必然之理也。鴉片雖爲害。不可不除。而令行在人。猶可以制止之也。戒之以漸。安知其無效。苟急切從事。必至決裂。今盧坤、林則徐已罷。繼之者爲驕滿之葉名琛。邊事惡得不敗壞。又曰林、盧、葉。皆名進士。歷官府道。薦至總督。更事既多。因應自可得宜。而此三公者。林則狃於勦回匪之功。尅扣軍餉。盧則泥於非種必鋤之說。深拒固閉。葉則以大人自負。以大國自雄。不問而殺者七萬人。要之皆不能免於驕滿之弊云。

創設總理衙門　咸豐十年。葉爾景焚圓明園之次月。清廷以條約之締結者日繁。商港之開放益多。乃創設總理各國通商事務衙門。命恭親王、及大學士桂良、戶部左侍郎文祥等管理其事。凡條約上一應事宜。悉由該衙門處理。自北京協商以後。英國及歐洲各國皆派遣公使於北京。然當時關於捧呈國書、及接見儀注各節。幾經交涉。迄未解決。蓋清廷原不欲以對等國使臣之禮待各國公使也。未幾咸豐帝崩。同治帝立。太后垂簾聽政。清廷遂以爲口實。凡各國公使要求陛見者。悉謝絕之。迨至一八七三年。同治帝大婚。陛見問題乃再發生矣。

第七十四章　日本全權大使副島種臣之來聘

同治帝之親政　北京協商以來。各國皆援條約。遣公使於北京。欲依公式謁見清帝。清廷不悅。常設法故延其謁見之期。以故各公使國書。迄未捧呈。當時清政府之理由。謂咸豐帝新卽世。今上尚在冲齡。俟帝親政。然後謁見云云。至一八七二年帝年十八歲。舉大婚之禮。乃由恭親王通牒各國公使。謂皇上將於翌年親政。（一八七三年二月二十三日）自是而各公使之要求遂再起。

列國公使之要求　列國公使得恭親王通牒。乃乘機要求易前此之單獨交涉而用公使團名義。其言曰。俄羅斯、德意志、美利堅、英吉利、法蘭西各公使等。奉恭親王之通牒。敬悉皇上於二月二十三日以後親政。公使等謹祝大清帝國之光榮。並請親行表敬意。上祝辭於皇上。以致其忠誠。總理衙門答言。大臣文祥抱病在假。請俟其假滿協議。文祥之病。不過延期之計耳。是年冬。法國公使文烈修請假回國。假滿再來北京。以十二月四日訪恭親王於總理衙門。一時未及注意。以國書之正本交付恭親王。王固機敏。得國書。當以皇帝卽有謝簡通告於文烈修公使。其後清廷遂欲以文公使之例對付各國。各國不之受。問題遂益糾紛。未幾文烈修以病歸歐洲。經年不返。謁見問題遂中止。至同治十三年日本全權大使副島種臣聘於北京。此問題始有解決。

清日之交涉　日本欲開國。不能不先有事於清國。蓋以西有朝鮮。南有臺灣。朝鮮乃宗主權之問題。臺灣乃因生番掠殺日本難民。欲使中國負責任之問題。然在清廷視之。二者皆不足措意。中日修好條約已成。於同治十年。乃李鴻章所斡旋者。非清廷意。故當日本赴歐大使岩倉具視抵歐之時。卽聞中日條約。清廷不允批准交換之事。日本因是諮問李鴻章李不置答。外務卿副島種臣乃獻言曰。欲制列國覬覦臺灣之野心。欲收生番之地於版圖欲得土地於清廷。欲收中國之民心。此數者非臣莫能任。臣請自赴中國。藉交換條約之事以入北京。遊說各國公使。以絕媢嫉之念。然後與清政府議謁清帝之禮。質以韓國之關係告以征番之理由。凡此皆副島與西鄉隆盛等籌之已熟者。日皇納其言。遂決遣副島於北京。事在同治十一年十一月。至翌年二月。任副島爲全權大使。聘清以法人李仙德爲顧問隨從之海陸軍將多人。以是月乘軍艦龍驤號發橫濱。軍艦筑波號護從之。兩艦皆統於海軍少將伊東祐麿。副島過鹿兒灣上陸。謁西鄉隆盛。先航上海。卽向天津與李鴻章晤。五月七日抵北京。

副島力斥跪拜之禮　副島抵北京時。卽遣公使柳原前光、及鄭永寧於總理衙門。示以日本國書副本。並請定謁帝日期。大臣文祥辭以恭親王有疾。請俟其癒協議而後定。副島靜待之約半月。恭親王率大臣詣日本使館。出照會相示。略曰。貴國與中國爲同文之邦。是否應行中國禮節。希由貴大臣照覆云云。副島當卽抗論曰。本大臣代君主聘問貴國皇帝。未能行中國之禮。恭王曰。余非强貴大臣以行跪拜之禮。可否但請答覆。俾可據覆以議。副島卽具文答覆。略曰。本大臣係頭等欽差。代表吾君。各公使均已明認。夫兩國聘問。在五倫屬於朋友。本大臣用是不敢跪拜。僅作三揖。總理衙門仍不承認。再致照會於副島。略曰。

貴大臣所稱三揖之禮。於泰西中國禮節。均不合。未便據以入奏。現在泰西各國。已經議定。改三鞠躬爲五鞠躬。前日之相詢。以貴國誼屬同文。未便歧視也。現在泰西各國之事。擬將具奏。貴大臣面遞國書之事。應從其例。否則將泰西各國之事。先行請旨。貴大臣從緩商辦可也。

副島復總理衙門之書。略曰。

貴王大臣所稱三揖與中國泰西之禮。均不合。然則五鞠躬者。果以其合於中國之禮而據以轉奏者耶。查中國彼此遣接使臣。延見進退。均三揖而止。著爲通例。故本大臣不敢改三爲五。昨曾具文忠告於貴王大臣矣。若以兩國同文之故。責我以行跪拜之禮。則主者亦將跪接能耶否耶。貴王大臣前閱我國書副本。旣知本大臣代表君主而來。而固執强詞。不肯據情入奏。何也。本大臣只知速了使事回國而已。從容商辦云云。顯係拒絕之辭。本大臣不敢與聞。

論駁亙三次。清政府知不可卻。然後允謁見。但欲以各國公使爲頭班。日本大使爲次班。同日謁見副島不從。

謁見之謝絕　六月十六日。總理衙門遣使者致副島書告以謁見次第。大使謂之曰。俄公使已認我爲頭等。總署王大臣亦已奏准特班謁見今何以如是倒置也。使者曰。一因中國接待外國使臣向不設等別。一因各國公使駐京已久。及今始得覲見未便置後。貴國特修盟好來聘中邦而自吾國視之。則固同等之國友也。故以各公使爲頭班行總覲以日本大使爲次班行獨覲。所以序先至後至以示特別也。副島難之曰。日本大使及各國公使皆客也。貴國皇帝主也。頭等者以頭班接待。次等者以次班接待。豈主人之本意耶。抑外人意也。若妄信外人之言而是非倒置。是貴政府自失主權甘受他國之干涉也。明日吾將面駁之。十七日。副島率鄭永寧訪文祥於總理衙門。駁處置之不當。文祥不之答。副島知不可以口舌爭。翌日遣柳原公使於總署。斷然謝絕謁見之事。尙附言曰。我大使專爲修好、及解決朝鮮、臺灣兩問題而來。今既不容謁見皇帝。惟有將此兩問題付之强有力之公論而已。

副島拒絕畫押　六月二十三日。副島決意歸國。摒擋行李。次日先遣隨員樺山資紀、兒玉利國、回國。是夕大臣文祥遣孫士達約明日再議謁帝之事。副島告之曰。本大臣言出必行。不然將無以統外務。今既理歸裝。不能再留。孫士達曰。某受李中堂之知遇。行走總理衙門襄辦外國事務。前年八月。陪隨伊達大臣締結條約。往返於北京者數次。今幸又在北京與貴大使共商使務。是皆文中堂欲重兩國之交誼。故有此重大之委任也。李中堂爲貴大使之事。曾三上封奏。今文中堂聞大使束裝將歸。故託某爲之勸解。尙祈循李中堂之請。以全兩國之好。二十四日。文祥率沈桂芬、董恂、孫士達往日本使署曰。總署已承認日本爲大使。先各國公使覲見。待其退出。各公使方同班覲見。明日皇上當接待於殿閣大使及各公使。須先蒞總署與恭親王演習儀注。茲將儀注稿案奉閱。副島曰。但儀注俟熟察之。二十五日。副島乃承諾一切。董、沈二人謂鄭永寧曰。大使無異議。請於此儀注稿案上畫押爲憑。二十六日。副島請孫士達臨日本使署。陳述如下。

總理衙門使本大使畫押於儀注。豈以本大使對於此種接待爲滿足耶。貴國不通接使之禮。自墜國權。與各公使爭議亙半年。幾如條約之捺印。本大使殊不解其何故而貴國至今尙不悟此義。強欲以自尊自大之禮施諸外國。惟恐外人之不遵。本大使本不能從命。今乃不得已而允爲畫押也。

孫達士送照會及儀注單於副島。即請照覆。副島從之。

副島大使及各公使謁見淸帝　六月二十九日。副島大使於上午四時。率鄭永寧著大禮服。乘轎登西官門內之天元閣。七時有人導於紫光閣之行幄。八時謁見同治帝。捧呈國書。大要如次。

大日本國大皇帝敬白於大中國大皇帝曰。曩者兩國俱與泰西諸國交通往來。而兩國獨未嘗遣一介之使以修盟好。故去歲特簡派大藏卿伊達宗城與貴國議定條約。已蒙批准。宜遣使互換。適聞大皇帝大婚既成。且已親政。朕深爲欣慰。乃特派外務大臣副島種臣於貴國交換和約。幷伸賀忱。朕夙知種臣善於辭令。故使之獨當外務。代表朕躬。願大皇帝篤念鄰交。待茲使臣。加以仁厚。兩國和好。永久不渝。茲特敬白。並祝大皇帝眉壽多福。

睦仁　大日本國璽　副島種臣印

副島謁見既終。俄、美、英、法、荷諸公使皆同觀。最後法國公使捧呈法新大總統之書於清帝。副島之『適清概略』中紀其事實曰。

二十九日午前四時。率永寧著大禮服乘轎。孫士達陪隨。總署以兩騎前導。六時至天安門內天元閣暫息。時總署大臣成林。率騎從千餘人來接。擁至福華門下轎入門。余與鄭二人入內。文祥、沈桂芬、董恂等出迎。成林導入時應宮休息。案上滿陳茶菓約數十品。均極精美。各國公使及譯官二人集於福華門外明代所建之天主堂。由總署大臣從導陸續齊至。文祥等迎迓畢。進茶菓於衆使曰。皇上賜茶菓。衆皆正席嘗之。七時。寶鋆、毛昶熙導余伺候於紫光閣之行幄中。各公使續至。帝八時出宮。九時御紫光閣。寶、毛二大臣引鄭由左階升。進於門內。鄭捧國書從行於余左背後一步。余與鄭均進。斜見御座。卽除帽。作第一揖。復進於正中央向御座作第二揖。又進立於御前黃案之下。作第三揖。是爲謁見之三揖。鄭此時退於余之左肩後一步。毛寶二大臣立於黃案之兩側。北向距黃案數步之遙。設壇於正面。壇上置高座。帝卽高坐其上。恭親王、及皇族之御前大臣均侍立於座之左右。軍機大臣、六部尙書及文武顯官分立於黃案之兩傍。余置國書於黃案之上。一揖。陳述來意。鄭翻譯之。余又揖。帝答之。恭親王跪奉國書於帝。帝卽降至黃案前宣旨曰貴國大皇帝的國書朕收到了。余揖。恭親王復班。帝又有勅語。恭親王跪承之。復降至黃案前宣旨曰。貴國大皇帝安康。兩國交際事宜。可由總理各國事務衙門公平商議。余揖恭親王復班。余又一揖。從鄭退至中央一揖。仍退至遠於御座之處再一揖。是爲退出之三揖。於是戴帽。仍由寶毛二人導至時應宮休息。頭班之獨覲終。英、俄、美、法、前五國公使同覲。均遞呈初來京時之國書。各國譯官以淸廷不允隨從之故。僅德國之譯官從覲。畢。四公使去。法公使獨留遞呈新總統之國書。余俟各國公使歸於時應宮。然後與總署大臣辭謝而去。文祥及諸大臣皆送至福華門。余遂歸使署。時已十一時矣。

謁見已終。同治帝乃賜大使及各公使宴。各公使皆以暑辭。副島大使獨應之。其『適淸概略』中所紀曰。

此日正午。帝宴各使於總署。文祥饗客。致辭曰。天時炎熱。請勿盛服。余遂率鄭以常服赴宴。文祥司座。孫士達陪之。饌六十種。給事均俊秀。酒酣。復以四大盤盛豕牛羊雞。皆炙熟者。堂上列紅案。文祥由座起立。向余曰。皇上饗遠使。將遣內廚至。余起揖受之。舉杯致謝。遂歸館舍。各公使以暑辭。均未至。實則惡清廷之不宴於宮內也。

謁帝於紫光閣之評論　紫光閣之性質。是否合於接見外使。副島當時曾未慮及。及事後忽釀外人之議論。副島歸國後。曾以其事語人曰。紫光閣建於乾隆時代。乃專備蒙古、外藩君長入覲及錫宴之地。閣中揭功臣之畫像、及列朝之武器甚多。可爲貯藏外藩貢品之地。清廷廹於副島之要求。知不能免於覲見於紫禁城之正殿行之。又恐違其祖制。故行之於紫光閣。乃清廷權宜之計。非出於尊重條約國之誠意也。哥爾求所集西文京報附錄紀其事如下。

同治帝親政以來。雨暘時若。人心和暢。時各國使節要求覲見。欲行外國之禮。帶劍上殿。帝離玉座受國書。總理衙門大臣文祥聞是言。不知所措。幾經交涉。至六月六日始行覲見。其前一夕。集各使於一庭。使演禮。各使皆悻然見於辭色。備極嘲笑。次日晨。英、法、美、俄、荷、普六公使。仍帶劍而入。由總署大臣前導。進西安門。各公使每過一門。一門卽閉。須臾至帝前。公使等不跪拜。惟傾首而已。至座之階前。稍側設黃色一脚之几。各公使皆赴立於其側。英公使先誦國書。約二三語。卽五體戰慄。帝曰爾大皇帝健康。英公使不能答。皇帝又曰。汝等屢欲謁朕。其意安在。其速直陳。仍不能答。各公使皆次第捧呈國書。有國書失手落地者。有皇帝問而不能答者。遂與恭親王同被命退出。然恐懼之餘。雙足不能動。及至休息所。汗流浹背。以致總署賜宴。皆不能赴。其後恭親王語各公使曰。吾曾語爾等謁見皇帝。非可以兒戲視之。爾等不信。今果如何。吾中國人豈如爾外國人之輕若雞羽者耶。

謁帝於文華殿　自紫光閣謁見後。各國議論紛然。其後至光緒二十一年。始接見各國使臣於文華殿。距紫光閣謁見後二十一年也。

第七十五章　回教徒之擾亂

甲　雲南之回教徒及其擾亂

回教起亂於雲南　中國本部內亂迭起。其影響及於邊地。多思叛離。如咸豐五年至同治十二年間。雲南回教徒之亂。其最著者也。此事之結果。釀成無窮之禍患。猶如因長髮之亂而惹起上海、寧波、廣東之外交關係也。雲南之回教徒。或云自唐代移來。或言移住於元代。皆不可考。據彼教中人之傳言。西曆第八世紀之頃。雲南大亂。巴格達特（卽八吉打）教王應中國皇帝之請。發土耳其兵三千以助戰。及亂平。回兵因與食豚肉之中國兵久處。不能回國。遂定居於此。是否雖無可證。然徵諸雲南回教徒多與中國人雜居。復按之元代以後之史乘。則固無庸疑也。咸豐元年。西紀一八五一年雲南官吏因漢回相爭。干涉之。回教徒憤其不公。訴於北京朝廷。其五年。回教徒之悍民與漢人起衝突於臨安府之銅鑛。遠近之回教徒。聞風響應。馬金保、藍平貴起於姚州。杜文秀起於蒙化。文秀為永昌州之纍族。曾作亂。被官軍擊破。潛匿於蒙化之闉埂。闉埂之回教徒萬餘人助之。乘提督文祥攻姚州。時大理府無備。攻陷之。大理者。枕於洱海之要地也。咸豐六年。馬世德據臨安、通海間之土城。馬和、馬貴據澂江府。速下呈貢、晉寧、宜良、江川等縣。將廹省城。時雲貴總督恒春以討苗人之亂。督師於貴州。聞雲南亂。遂回省。而亂未能遽平。至咸豐七年。省城竟為回教徒所包圍矣。

馬如龍之招撫　乃未幾而回教徒之內訌起。先是杜文秀舉兵時。專賴回教徒馬先之名望。一切軍事參畫。悉聽之。及文秀占大理。遂不聽馬先。雲南省城之瀕危而不陷者。實本於此。咸豐九年。馬先以五萬回人圍省城。忽轉向雲貴總督張亮基乞降。張納之。任其族人馬如龍為總兵。使率回兵建功。然杜文秀之勢仍不衰。其族人蔡七二。又新陷順寧、永昌、騰越等縣。與緬甸鄰接一帶。悉為回教徒所據。同治二年正月。幾占有雲南府。適馬如龍之部下有馬榮者。率兵三千。突入省城。屯於五華山(城中最高地。吳三桂舊營宮殿於此)署總督潘鐸諭使解散。不應。其黨遂刺殺潘。時代理布政使岑毓英出自廣西土司。有聲望。遣使者於馬如龍。使援省城。二月。馬如龍驅逐城內之回敎徒。馬榮出走南榮。省城幸不陷。岑自是與馬如龍戮力討伐回敎徒。是年九月。遂平定尋甸、曲靖等處。迤東肅清。然杜文秀仍據大理不下。雲南省之大半。仍在回敎徒之手。

雲南之包圍漸解　同治七年正月。回敎徒之勢益張。富民、安寧、昆陽、呈貢等縣相繼陷。擁衆三十六萬。包圍省城西南北三面。時總督張凱嵩以病免。巡撫劉嶽昭爲總督。岑毓英爲巡撫。共在曲靖。有回酋馬添順者。據尋甸與杜文秀相應。省城之交通遂塞。幸楚將李家福通糧道。參將楊玉科由四川入。克復武定、大姚諸縣。省城得以全。十月。又克復澂江。馬如龍、劉嶽昭當尋甸。同治八年五月克之。至八月。省城之圍遂解。

克復澂江竹園　省城附近之回敎徒。悉入於土堆。岑毓英、馬如龍分兵收復附近之州縣。雲南湖南之軍。合攻土堆。九月。劉嶽昭入省城。又復昆陽。昆陽者。在滇池之南。舟行一夜能往返省城。肘腋之患。自是遂除。進攻西部之官兵。十月。圍蒙化。破其馬街土城。逼近大理。十一月。克復麗江。獨迤南之澂江、新興。久不下。同治九年二月。岑毓英親攻澂江。馬如龍攻新興。三月。楊玉科攻姚州。破其土城。生擒馬金保、藍平貴。馬如龍亦克復新興。岑毓英之兵。三面環繞澂江。其南有撫山湖。以形勝聞。包圍亙一年。不能下。同治十年二月。始有克復之望。先是同治九年十月。楊玉科捷於鍊鐵。生擒杜文秀之母兄楊占鵬。大理以北。悉定。是月。進圍竹園不克。次月。回敎徒遂放火自焚。無一降者。竹園者。介在開化、廣南、臨安三府之間。爲迤南之要區。由廣西、安南以入雲南者。以此處爲必經之孔道。官兵此時既克復三十二城。其仍爲賊所據者。大理、永昌、順寧之三郡城。蒙化、騰越之二廳。雲、趙、永平、雲南之四縣而已。

回酋杜文秀之死　同治十七年。楊玉科克復永昌。十二月。岑毓英攻拔館驛之土城。回目馬世德走田心。次年一月。其地遂陷。館驛方面之回敎徒悉平。楊玉科自正月至五月之間。次第克復永平、雲南、趙州、蒙化。悉奪回大理之屏藩。欲進圖大理。杜文秀禦之。戰不利。楊玉科遂以克復大理自任。十一月。以地雷攻土城。扑殺回敎徒二千餘人。杜文秀窮於計。率死黨出戰。亦被擊退。請出降。不許。敵將蔡廷棟擁之出。而杜已服毒。氣將絕矣。乃梟其首送之省城。一說杜求冷水。楊以毒藥與之。未知孰是。十二月。岑毓英親至大理。擒杜之三子一女。併其黨楊榮等百三十人。皆殺之。杜之子女年均幼。又屠殺城中兵萬餘人。同治十二年二月以後。楊玉科克順寧、雲州。李維述克騰越。雲南回敎之亂。至是始告肅清。傳言同治六七年之頃。英國之探險隊。經緬甸入大理。杜文秀優待之。且以其甥爲使節。遣於倫敦。求英國政府之援助。英政府不之應。其事遂敗。回人經此重創。不能復振。而提督馬如龍當用兵時。曾仰給兵器於法國者。至是。法國竟以由紅河入江之航權相要。外交界上。遂生無窮之葛藤矣。

乙　陝甘之回教徒及其騷亂

同治以前回教之亂　陝西甘肅兩省之回教徒。統稱之曰東干。彼等以何時徙於此地。紀載不詳。大約始於元代。至明時其族甚繁衍。漢人之奉回教者亦多。順治五年有河西之回目米剌印、丁國棟者奉明之延長王朱識鋅起事。據甘涼二州。渡黃河。薄河安。至六年春乃平定。至乾隆四十六年。又有石峯堡之變。是時回教中分新舊兩派。官吏干涉之。憤不能平。遂暴動。聲言復仇。清政府聞警。處罰官吏。並禁止回民不得立新教。新教者。屬於白山回教與舊教屬於黑山回教者異。傳言乾隆之初。有屬於黑山派之回僧撒拉爾居於西寧。後循化廳之回人馬明心由西域歸。傳其所習於回疆之新教。而新教舊教之名以起。常互相仇殺。當乾隆以來八十年間。相安無事。及雲南回教徒蜂起後。不數年間（同治元年）陝西之東干。遂起而倡亂。蓋受雲南之影響也。

受太平黨激刺而起之回教徒　同治元年二月。太平黨之扶王陳得才。欲解南京之圍。因與捻匪入河南。轉向陝西。該地之回教徒。遂蠢蠢欲動。先是咸豐末年。河南巡撫嚴樹森。招陝西荔、渭、涇陽地方之回民六百人。編爲義勇兵。使守河南。其後嚴轉任湖北。遂解散回兵。使歸鄉里。及陳得才逼西安。團練大臣張芾與巡撫議。說城內之紳。使當守備之任。又名訓導趙權中說渭南之回目馬世賢、馬四元。率回勇四百與戰。及團練既敗。回兵亦遁。所經之處。皆斬伐民間林木。回漢之間。因此遂起猜疑。華州一帶。民不能安堵。時回敎徒之頭目中有赫明堂、任五者。當咸豐五六年之頃。曾舉兵於雲南。事敗。潛匿於渭南之倉橋渡。見此形勢。以爲有機可乘。乃陰於祈禱之地。（淸眞寺）製旗幟。同治元年四月。舉兵占領渭南一帶。趙權中及紳民五百餘人皆被殺。蓋此等回人之主力。卽前由河南解散回鄉之義勇兵也。

將軍多隆阿之入陝西　大臣張芾奉清廷之命。安撫回民。五月。赴臨潼之油坊街、翌日。倉橋渡之回目十餘人來謁。張撫之曰。汝等皆良回也。肇亂者惟任五。余惟首犯是誅。脅從罔治。不圖首犯任五。正在來謁之回目中。聞張言大憤。潛歸倉橋渡。糾黨數千人。擊張。擒之。手刃以報怨。回敎徒之勢力。至是遂不可侮。圍同州。尋犯西安。清廷知招撫無效。乃命討伐捻匪之欽差大臣勝保入陝西。擢名將多隆阿以當討回之任。多隆阿以善用兵聞。及與回教徒戰。連陷其根據地王閣村、羌白鎭。至翌年七八月之間。省城幾無一回民。陝西略平。餘勢遂蔓延於甘肅。

據寧夏之回敎徒　先是同治元年七月。鳳翔之回民殺漢人。圍郡城。二年正月。甘肅之回民起於平涼。進陷固原。陝甘總督熙麟至慶陽。當征討之任。然未奏功。及多隆阿至西安。朝命救鳳翔平涼。乃以陶茂林當鳳翔。親與曹克忠、穆圖善。助雷正綰討伐咸陽附近之回匪。

戰於蘇家灣、及渭城灣。多所擒殺。餘黨爭走甘肅。適寧夏之回教徒與其地之漢人爭。陷寧夏。又陷靈州寧夏土地肥沃。自古稱形勝之地。西夏趙元昊所據之以苦宋人者也。初陝西回教徒之舉兵也。回教黨與煽動各地回民。靈州之同心城鹽茶廳之預望城皆應之。就中金積堡之馬化龍。招集亡命尤多。馬化龍。卽馬明心所創新教之教主也。曾與其父馬二之友穆大阿渾善。穆臨死。以其所常服之白帽紅衣賜之。遂代行教主之事。及回民陷寧夏。迎之入城。時馬彥龍、馬占鼇、起於和州。陷狄道。馬桂源、馬本源、起於西寧。逐總兵知府。辦事大臣不能制。其後馬文祿據肅州。自稱兵馬大元帥。各地以次變亂。甘肅遂無完土矣。

盩厔之戰　雲南流寇藍大順。由四川突入陝西。奪盩厔城據之。回教徒乘之。因之勢益張。盩厔介在咸陽、鳳翔之間。大順據此。僅老賊數百人。脅從之數亦不多。將軍多隆阿引兵圍之。大順百計守禦。久不能拔。清廷知陝西回匪之勢已衰。而多隆阿勞師費餉。久尚未平。嚴旨切責。多隆阿武人也。不耐摧折。又恥為小寇所困。遂於同治三年二月。掘地道。燃火藥。轟開月城丈餘。率部將先入。不意城內尚有堅卡五道。將士力攻之。不能破。多隆阿自立於礮臺指揮。因身著黃色馬褂。易於識別。遂被狙擊。死之。而盩厔亦於是日陷落。代多隆阿者。為穆圖善。爾後德興阿、劉蓉、等先後帶兵進甘肅。至同治四年至五年之間。官兵與回匪激戰。互有勝負。所以不能卽平者。其故在官軍餉源不濟。標兵亦往往與回匪通也。乃未幾而捻匪又突入陝西。

左宗棠立三路平定之策 同治六年六月。清廷見匪勢日甚。乃命左宗棠總督陝甘。帶欽差大臣之印。當時甘肅之回教徒壓於西境捻匪。廹其東境。而甘肅土匪董福祥又新起。據靈州之花馬池。其勢亦不可侮。左乃先待捻匪平定。同治七年十月。入西安。遂立三路平定之策。三路者南北中三線路也。北路由綏德取道花馬池。直搗金積堡。以劉松山當之。南路由秦州趨鞏昌。討河狄之回教徒。以周開錫當之。中路由左宗棠親率劉典諸軍。盡驅陝西之敵。入於甘肅。十二月。劉松山至綏德。攻大理川小理川之敵壘。擒斬回民八千餘。所向皆捷。不旬日。遂圍董福祥於鎮清堡。福祥之父董世有。惶恐乞降。許之。收其器械馬匹。使暫休養。同治八年二月。左宗棠大營進乾州。督諸將西進。陝西之回匪遂盡趨甘境。戰區始不致蔓延矣。

劉松山之死 六月。宗棠至涇川之瓦雲驛。八月。劉松山之軍進靈州。馬化龍數與劉松山戰。皆敗北。遂託於甘肅之回教徒而乞降。此風一播。由陝西逃出之回教徒益不自安。禹得彥、白彥虎、李經舉等。棄預望城。由鹽茶廳西竄。崔三、馬正彥等。欲與南方河州之回教徒合。官兵知其謀。追擊之。撲殺千五百人。劉松山亦克復靈州。十一月。左宗棠進大營於平涼。馬化龍幾番投降。以非出自本意。不納。馬猶望崔三等之救援。然諸酋皆破於官軍。不能近金積堡。是年十二月。匪以一支隊陷定邊。絕劉松山之糧道。宗棠乃使郭寶昌擊退之。同治九年正月。劉松山攻馬五之寨。飛彈忽中左乳。負重傷。聞寨陷之報。乃瞑目。

馬化龍之伏誅　劉松山死。代之者劉錦棠。松山從子也。時馬化龍之勢尙盛。左宗棠勸其退師。不聽。回酋崔三欲東犯以分官軍之力。突入陝西。被擊退。九年九月。官兵遂盡平金積堡之寨。東方自吳忠至靈州之間。堡寨四百五十悉平。所存者惟馬家灘之四堡而已。洪樂堡爲馬化龍祖先墳塋地。土民素嚴敬之。至是亦被官軍占領。金積堡四周九里有奇。城高四丈。厚三丈。此時馬化龍復求援於河州回匪。不能達。而陝西回敎徒劉秉信奉左宗棠之命。赴金積堡招撫老弱。回敎徒普洱、阿渾、馬清壽等率數百人先降。陳林之衆八千人亦降。旣而王洪、楊明、馬家灘之諸堡皆陷。十一月。馬化龍親詣劉錦棠之營請罪。欲以身緩其黨之刑。同治十年正月。劉錦棠詰馬化龍父子以北口與洋人通商事。不肯實供。乃倂誅之。徙降徒萬餘人於平涼地方。宗棠乃奏曰。西陲之不靖。於今九年。關隴諸地。皆視金積爲嚮背。今金積破。回勢瓦解。三月。寧夏地方平定。五月。左宗棠督諸將討伐河州之回敎徒。蓋以洮河之浮橋渡船皆成。糧餉亦略備也。

白彥虎遁於新疆。　七月。左宗棠移大營於靜寧。八月。又移於安定。先下洮東之康家崖。繼拔洮西之三甲集。二者皆形勝之地也。十月。黑山一帶延袤數十里間大小回壘皆平。十二月。棠川之回壘悉降河州回酋馬占鼇、初遁牟尼溝。再走太子寺。見官兵大舉來逼。遂於同治十一年正月請降。河州平。此時徐占彪已至肅州。而陝西回匪馬長順助馬文祿。勇而善戰。六月。漸下西南諸堡。（馬文祿亦稱馬四。）七月宗棠至蘭州省城。更使諸將西征。是冬。劉錦棠大破敵於西寧及大通。自此戰後。回酋多請降。獨白彥虎率殘黨由永安入肅州。馬四降後。復遁於關外。依喀什噶爾之汗雅克布白克。傳聞馬四出降時。尙有徒衆七千餘人。官兵將首犯處刑後。三聲號礮。盡屠殺其餘黨。是後陝西甘肅之回敎亂。遂影響於玉門關外之回敎徒。廣漠之天山南北。乃疊起紛爭。

考雲南、陝西、甘肅之回敎騷亂。皆各自爲謀。不相連續。然其受太平黨之激刺。思有以自立則一也。蓋回敎徒屢受漢人之輕視。遭官吏之誅求。一旦有隙可乘。遂不謀而合也。回敎徒經此重創。人數頓減。及承平日久。亦漸次加增。今中國全國之回敎徒。竟有千一三百萬之多矣。回敎之所以與漢人不洽者。以彼敎源不發於中國。而發於天方國。其最大原因也。其次則以回敎之發展。多在貧民階級。亦爲原因之一。某旅行者之記錄曰。淸眞寺者名爲回民之禮拜堂。實爲一貧民安置所。彼等所以不同化於漢人者。亦有故。不食豚肉。不與漢人共烹調。旅行途中。不投於異敎者之家。曆書不同於中國。尊重亞剌伯文字。不肯與漢人雜居。皆其主因也。彼等既與漢人不洽。其宗旨之團結遂益强固。故一夫夜呼。應聲而起者衆也猶有可以注意者。卽清之末季。兵勇多由回教徒應募是也。苟有一國對於中國回教徒。或行擁護之權。或間接保護其教徒。則複雜問題起。將由此而釀成重大交涉。總之回教徒將來之勢力。吾人不能不重視之焉。

第七十六章　雅克布白克之叛亂

割據烏魯木齊之淸眞王　新疆之回教徒不一種。或稱達蘭子。或稱東干。前者多住於伊犂。後者分住於新疆東部及伊犂地方。蓋與陝甘兩省之回教徒同一人種也。當同治三年太平黨將衰時。東干有與達蘭子相應獨立之企圖。初陝西省回教徒之阿渾中有妥明者。（一稱妥得鄰）託於星命之術。游金積堡一帶之地。及事起。潛出關至烏魯木齊。主於參將索煥章之家。煥章爲前甘肅提督索文之子。素蓄異志。師事妥明。故妥明在回教徒中勢力日大。提督業布冲額不爲備。是年春。烏魯木齊都統平瑞。徵軍餉之義捐於各州縣。綏來、奇台二縣不應。而迪化知州已諾之。此時州役馬金、馬八等。假都統之命。苛虐人民。以飽其貪囊。漢人憤甚。結團練以相抗。馬金、馬八者東干也。至是又糾回民以備之。四月。漢人與馬金戰於奇台市。適又有南路庫車之回教徒馬滏等聚衆。推黑山派之和卓木布格聶下爲長。謀叛。官軍討之。屢失利。都統平瑞亦自喀喇沙爾敗歸。六月。索煥章遂舉兵叛。手刃提督。據漢城。推妥明爲主。自號爲元帥。九月。陷滿城。奇台、綏來、昌吉、阜康諸縣皆下。吉木薩亦取古城。而哈密、吐魯番、克爾哈剌斯、皆歸於東干之叛徒。布克聶丁南進。下喀喇沙爾、阿克蘇、烏什、葉爾羌。清兵所守者。僅喀什噶爾、英吉沙爾兩城而已。翌年二月。妥明稱清眞王。控制西南路。當時回敎徒金相印起於喀什噶爾。更誘入敖罕之安集延兵以爲助。

雅克布白克入於喀城　新疆之亂。敖罕之利也。彼等援兵於和卓木布士爾克。（張格爾之子）以雅克布白克爲將。進與金相印、及喀什噶爾之回敎徒相應。入其城。布士爾克卽王位。以雅克布白克爲輔佐。使專任軍務。雅克布白克有才略。好功名。欲開喀什噶爾王國之基。遂募兵以資防禦。茲舉其事略於左。

雅克布白克者。本敖罕某敎徒之子。其父生於霍振達。及長。流寓諸方。娶妻於布士肯達。舉一子。卽雅克布。後其母與父離異。攜雅克布以去。再醮於肉店主人。雅克布卽養於其家。因稱爲肉店之子。雅克布幼失父母。流爲舞童。會有一敖罕人過布士肯達。見雅克布愛之。攜歸敖罕。雅克布美風儀。嫺跳舞。人爭欲得之。後歸於敖罕王之侍人。既而侍人官於霍振達。雅克布隨之赴任所。適內亂起。主人被殺。又歸於他西肯達之豪商。年華易逝。歲月如流。雅克布年齒加長。容才稍稍衰歇。會他西肯達之長官。慕其妹之色。娶之。雅克布遂由其妹得近侍於長官。積寵有年。遂進位至阿克美奇之代理者。時俄兵由西爾達利亞來侵。雅克布與戰有功。後連戰於穹肯達邊境。以勇著名。望至是益隆。幾與當日敖罕之輔相阿利克爾相匹敵。未幾。有喀什噶爾之役。雅克布自請赴之。略取西四城。

雅克布白克入喀城時。東干之勢甚熾。彼見回兵之不耐戰。乃雜敖罕兵五百名於新募之兵中。以成一軍。使布士爾克圍喀什噶爾之漢城。自率餘兵略英吉沙爾。向葉爾羌之東干而進。軍不利。遂退。東干欲乘勢一舉而奪喀什噶爾。求援於布格彛丁。大舉來侵。雅克布白克迎戰。大破之。軍威漸振。既而喀什噶爾之漢城又下。初。清兵決死戰以保城。壘防禦歷十四閱月。守戰之術俱窮。辦事大臣奎英。幫辦大臣福淩阿等赴火自焚。城遂陷。雅克布將移師東窺葉爾羌。奇卜察克族衆嫉其權。與和卓木華黎漢、謀除雅克布。雅克布聞之。急回軍。先仆反對黨。以定內亂。次略瑪喇爾巴什、聽斷庫車與葉爾羌之交通。三攻葉爾羌。據之。又紿殺和闐之哈比布剌克。而奪其地。

雅克布白克之自立。

回疆四城。既歸雅克布所有。乃先勸其王布士爾克至麥加、行參詣禮。同治六年。遂自登王位。稱畢調勒特汗。布哈爾汗聞之。贈以阿達利克格吉之尊號。阿達利克格吉者。「能征討不信者之榮譽叔父」之意也。時布格彛丁在庫車。阿克蘇以東皆行其命令。雅克布遂進徇阿克蘇。與布格彛丁戰。破之。庫車、克爾剌、喀喇沙爾諸城皆聞風而潰。乃與烏魯木齊之清眞王妥明劃界。以喀喇沙爾東十二三里之地歸還於喀什噶爾。初、烏魯木齊之變起。北路之漢人皆組織義兵。仿屯田之制。迪化之徐學功最有勇略。擁民兵五千。雅克布聞其名。曾遣使與之議和。同治八年。安明欲制雅克布之東漸。出兵七八千。於烏魯木齊、及吐魯番。使馬泰將之。以取庫車。雅克布聞警。救之。連戰破東干。乘勝至克爾刺。陰使人說馬仲。告以將約吐魯番夾攻安明之計畫。遂乞降。許之。卽以馬仲任阿奇木伯克。總理回務。其後馬仲與徐學功有隙。遂相鬭。馬仲敗。其子馬人得代爲阿奇木伯克。與安明不相容。求救於雅克布。同治九年春。雅克布與徐學功。回吐魯番。安明之遺援兵。皆被擊退。閏八月。遂克之。更欲一舉以覆東干。遂與雅克布攻烏魯木齊。安明迎戰於距城四十里之地。敗績。元帥馬官死之。乃棄烏魯木齊。走綏來。數日病死。昌吉、綏來、呼圖壁、皆下。雅克布白克遂入烏魯木齊。領有其地。雅克布前聞徐學功之勇。欲以之爲介。通於清廷。至是知其徒勇無謀。漸輕焉。使馬八繼任阿奇木伯克之事。徐學功憤其不用。乃縱馬隊以苦敖罕之商人。爲雅克布所破。雅克布歸喀什噶爾。翌年春。移府治於阿克蘇。以窺伊犂之動靜。

俄國占領伊犂及雅克布白克之外交　伊犂地方。至是亦亂。同治四年。安明先遣其黨。略取諸城。五年。布格彝丁下伊犂大城。塔爾巴哈台亦失守。後東干與達蘭子戰而失敗。同治八年。酋長阿布脫刺。卽王位。盡有伊犂之地。西控吉爾吉斯之曠地。先是乾隆二十四年。清兵取伊犂地方時。其左右地方。皆爲所領。列於新版圖。自道光二十年末。（西紀千八百四十年）俄兵由西伯利亞。制馭吉爾吉斯。漸南進。至伊犂之西北。與清戍兵衝突。清兵退。乘勢東進。至於河上之方向。後遂據婆羅賀吉爾。其別隊更乘東干之亂。出鐵克士阿之上流。據姆哲達。控扼天山南北路之交通。是時雅克布欲出輕騎越姆哲達。爲俄兵所逐。故集兵於阿克蘇。以定進取之計。而俄國之意。不肯以如此沃壤爲雅克布所據。乃陽託於治邊安民。陰命土耳其斯坦總督進兵伊犂。將軍克爾巴可夫。於同治十年（西紀千八百七十一）五月。率兵六百。由婆羅賀吉爾進破達蘭子。其王阿布脫剌出降。遂占伊犂。時五月十七日也。是年冬。俄兵又以通商爲名。欲奪烏魯木齊。進至距綏來縣八十里之石河。與徐學功之馬隊戰。敗績。至是遂不敢東進。而雅克布亦知伊犂不可竊取。還喀什噶爾。四五年間。專從事於設施內政。時彼之號令。行於天山南路全部。及北路之烏魯木齊以西至馬納斯。均奉命惟謹。初雅克布之自立也。遣使節於英國印度總督納烏連斯。約與攻守同盟。以當中、俄。兩國納烏嚴拒之。其後英政府以雅克布建國。介在俄領與印度之間。爲有利於英。遂命印度總督美伊納與之通好。美伊納乃遣使於雅克布。締結條約。時一八七三年也。雅克布又嘗遣使於土耳其。其要求承認其獨立。同治十年。又與俄國締結通商條約。

左宗棠之出兵　陝甘兩省底定後。回教頭目白彥虎西走新疆回地。遂亂。俄國之勢漸由天山北路而出。清廷擢用哈密大臣文麟、烏魯木齊都統景廉、與徐學功等。皆屢戰無功。當此之時。內政紊亂。帑藏竭蹶。西北邊事。幾爲當局所諱言。至有倡議放棄回疆。以輕財政上之負擔者。西紀一八七五年。同治帝崩。光緒帝卽位。三月。以左宗棠爲欽差大臣。督辦軍務。以金順爲烏魯木齊都統副之。金順已在關外。五月至古城。所部兵四十營。軍餉額年約二百六十四萬兩。而左宗棠所部馬步合百四十營。軍餉額年約六百四十四萬兩。光緒二年二月。左宗棠發蘭州。首西征之途。其部下劉錦棠先行。當時清廷對於年費軍餉千萬兩。於新疆之事。頗生異議。有倡議棄南八城。封雅克布白克爲外藩者。此說頗有力。蓋受英公使烏耶德向總理衙門勸告之影響也。左宗棠聞之。奏曰。臣一介書生。位極人臣。今年已六十有五。何敢妄貪天功。惟伊犂旣歸俄。有雅克布白克又據喀什噶爾。若付之不問。後患何堪設想云云。

清兵之南伐。　光緒二年五月。劉錦棠至巴里坤。進奪古城。分兵屯木壘河。偵察敵情。時馬人得據烏魯木齊。白彥虎據紅廟子。馬明據古牧。白彥虎奉雅克布白克命。防禦紅廟子。六月。劉錦棠與金順議。以阜康城爲根據。規畫進取之策。二十日。襲黃田。拔其卡。破喀什噶爾援軍。克古城。屠其守兵六千。烏魯木齊守兵聞風皆遁。翌日。錦棠遂攻陷安明所築之王城。於是昌吉、呼圖壁、馬納斯北城、之守兵皆棄城遁。雅克布所遣之五千援兵。至距烏魯木齊二百里之達板。不敢進。天山北路略定。惟馬納斯南城未下而已。七月。左宗棠命劉錦棠與屯於哈密之張曜。伐南路雅克布。時據托克遜。築三城以自衛。托克遜者。噶遜營也。雅克布乃分兵南守吐魯番以拒張曜。北守達板以拒劉錦棠。而烏魯木齊之敗兵。悉集於達板。白彥虎亦入於托克遜。時金順之兵。攻馬納斯南城不下。八月劉錦棠分兵援之。翌年一月二日遂降。乃掘清眞王妥明之尸戮之。擄元帥海玉、馬受、馬有才等。此役也馬玉崑勇戰有殊功。既而以大雪封山。諸軍遂不能越嶺南征。

雅克布白克之死　是年冬。雅克布移至喀喇沙爾。使白彥虎、馬人得、守吐魯番。海克拉守托克遜。大通哈守達板。大通哈者。大總管之義也。光緒三年。劉錦棠乘冰解。卽由烏魯木齊越嶺向達板。張曜由哈密西進。向吐魯番。四日劉錦棠逼達板城。翌日海古拉之援軍亦被擊退。六日下達板城。劉錦棠進至白楊河。聞張曜之前鋒孫金彪破敵兵。與徐占彪之別軍合於哈拉和卓。距左宗棠所駐地。僅兩日程。劉錦棠急遣羅長祐會合之。十三日。徐孫兩將攻吐魯番。白彥虎已遁於東城。留馬人得拒敵。及羅長祐之軍畢集。遂出降。又收復吐魯番滿、漢、兩城。南八城之門戶亦通。是日劉錦棠馳至托克遜。海古拉先遁。守兵應戰。忽焚糧藥而竄。托克遜三城皆降。先是雅克布白克知與清廷不能免戰。頻購兵器於印度。因是租稅日重。國力疲弊。南八城之人心漸離散。雅克布見勢不可爲。四月至庫爾勒城。飲藥死。或曰爲刺客潘搭拉所殺。次子海古拉護其屍至庫車。途中爲馬子艾哥（伯克胡里）所刼。海古拉被殺。馬子艾哥遂入喀什噶爾。卽王位。使白彥虎守庫爾勒。白彥虎時在開都河西岸。

將乘間走俄領。

左宗棠嚴斥英國之提議　英公使烏耶德、要求保全喀什噶爾。駐英公使郭松燾獻議亦同。左宗棠聞之。力請用兵。阻和議。其摺奏中有云。英人爲雅克布白克計。果出於至誠。則宜先劃印度與之。今天山南路。以劉錦棠之三十二營。不難克復。英公使若欲有言。請其來肅州大營商議云云。可謂倔強之至者矣。光緒三年八月二十一日。劉錦棠率大隊發托克遜。五日至曲惠。命余恩虎出庫爾勒之背。己則親向開都河。開都河發源於天山之麓。經庫爾勒喀喇沙爾之間。南流注於博斯騰淖。白彥虎乃決河水。使之暴漲。以防敵兵。束甲不戰。走庫車。九月一日。清兵克復喀喇沙爾。其三日克復庫爾勒。白彥虎此時尙在布告爾。劉錦棠偵知之。急進擊。大破之。劉遂發庫爾勒。凡六日馳九百里。十三日。卽達庫車。再破白彥虎。克其城。清兵所向無前。十五日克復拜城。十八日克復阿克蘇。二十日克復烏什。劉軍之所以制勝者。因各城回民。皆拒白彥虎而納清兵也。白彥虎此時欲分劉之兵力。乃使伯克胡里之衆赴葉爾羌。自赴烏什。幸劉錦棠有備。不爲所乘。

喀什噶爾汗國亡　光緒三年十月一日。張曜由喀喇沙爾進庫車。先是當庫車之南。沙雅爾地方。有麻木爾者。應雅克布而據其地。及聞東西四城陷。始遁於阿克蘇西南四百里之哈番地方。劉錦棠親往攻之。九月。戰於哈番之西。麻木爾負傷遁。其衆星散。劉還軍阿克蘇。

時和闐之伯克地方有呢牙斯者。乘隙圍葉爾羌以爲清兵之聲援。伯克胡里聞之。率五千騎向葉爾羌破呢牙斯。圍解。遂進奪和闐據之。當喀什噶爾被圍時守備何步雲陷敵中至是乃乘虛陷漢城與回城之敵將阿里達什相抗拒。伯克胡里乃捨和闐走英吉沙爾。次歸喀什噶爾。十一月。劉錦棠分兵三路。使黃萬鵬、由烏什進布魯特之邊界。使桂錫楨等由阿克蘇取道巴爾楚克。均奉余恩虎之節制。以向喀什噶爾。劉自駐巴爾楚克瑪納爾巴什。以扼葉爾羌、和闐之要衝。十三日。余黃兩軍近喀什噶爾。守城兵爭遁。白彥虎不能禁。乃留兵一隊守城。餘皆遁入俄領。是夜兩軍抵城下。城內漢城兵應之。同攻回城。翌日遂陷。時劉錦棠在阿耶格爾。十七日。克復葉爾羌。二十日。克復英吉沙爾。二十九日。董福祥之兵收復和闐。劉錦棠乃捕雅克布白克之妻、及其子引上胡里、邁抵胡里、以及兩少子、三孫。皆磔殺之。天山南路悉定。所未平者。惟伊犂而已。

第七十七章　伊犂事件

俄國由訂約所獲之各種權利　自一八四四年。俄征服吉爾吉斯之大部落以後。其圖謀中央亞細亞之心。曾不暫戢。欲占領西爾達利亞谿谷。乃先東窺伊犂各地。卒由俄大佐可巴爾斯奇、與伊犂大臣訂結通商條約。事在咸豐元年。蓋清俄交涉在西伯利亞方面者。自恰克圖界約及市約以來。亙百六十年之久。未經開放門戶。今乃開伊犂之塔爾巴哈台地方。許其通商設領事館。塔爾巴哈台在科布多之西。當耶而吉西河之上流。越七年。中俄締結愛琿條約。併黑龍江左岸之地於俄。同時於天津條約中許俄人設置北京恰克圖間之郵政。且援最惠國之條款。改從前以藩王待遇俄使之禮節。越二年。北京條約成於依格那提夫之辣腕。依氏以再造滿清之恩自居。乃割取沿海州一帶。又開喀什噶爾城互市。并許設領事。凡此皆所以當現金之報酬也。而庫倫與張家口間貿易上之權利。俄人亦多有所獲。一八六三年。俄設領事館於庫倫。要求種種權利。而一八六二年在北京交換之陸路通商條約。已有『兩國國境百清里地方為免稅地帶。兩國均不得徵收關稅』之規定。至於兩國國境在恰克圖界約時。幾以唐努烏梁海之北西端沙弼奈嶺、為蒙古北部之境界線。一八六四年。（同治三年）結塔爾巴哈台條約。始劃定為沙弼奈嶺以南至帕米爾高原一帶焉。俄國由此條約。雖獲特有之權利。然烏梁海之確入於清領。亦由此時始。越歲即一八六五年。俄取敖罕。而清領亦有雅克布白克之亂。取喀什噶爾據烏魯木齊一帶。與東干相應擾亂新疆。一八七一年。（同治十年）俄已占領伊犁各地。更欲由馬納斯而東。以窺烏魯木齊。

俄與清以退還伊犁之公證。　俄既占領伊犁。清廷照會俄國。要求答覆。當時俄政府答云。清廷威令。久不行於此地。載諸約章之通商。往往不能如約保護。今伊犁之吉爾吉斯人屢掠邊境。防禦無策。不得已始占領之。然在俄國。蓋未嘗思吞此土地也。故欲待清廷之威令能行於此方度可以保國境之安全時。然後退還之云云。據吾人所見、俄國此時方與喀什噶爾汗國訂結通商條約。豫知清廷之兵力一時難以及於伊犂。故始爲此退還之約也。光緒四年、左宗棠派遣之將劉錦棠、平定雅克布白克、復天山兩路、清政府乃憑一八七一年之公証。要求退還伊犂。俄政府以事出意外。不能如當時之宣言者以行。乃使其駐北京公使曰。若北京政府能保護將來國境之安全且賠償俄多年耗於伊犂之政治費。方可以退還云云。一八七八年。清政府遂命崇厚爲全權大臣。適俄締結條約。

黲窪薩假約之內容　崇厚赴聖彼德堡久與俄政府交涉不得要領。一八七九年（光緒五年）秋。遂成假條約於黲窪薩。Livadia　據當時各國新聞紙所傳者如下。

（一）俄國返還伊犂地方於清廷。

（二）清廷赦伊犂地方叛民之罪。

（三）由伊犂入於俄國領內之人民、與俄國人民受同等之待遇。享同等之權利。

（四）俄人在伊犂地方之財產。永遠爲俄人所有。

（五）由清廷欽派左宗棠。俄國欽派克夫滿行授受伊犂之事。

（六）因歸還伊犂。清廷應於此條約交換之日起。限一年間與盧布五百萬於俄國以充償金。

(七)因歸還伊犂清廷應將可克斯河以西。何生達山以南。鐵克斯河上流兩岸之大地割與俄國。
(八)改正從前定於塔爾巴哈台條約之宰桑泊國境。
(九)經特派委員改正國境後。各立界碑爲誌。
(十)俄國於伊犂、塔城、喀城、烏爾喀庫倫外。得添設領事官於嘉峪關及吐魯番。
(十一)俄國領事官與清廷地方官因公行文。互稱曰公文。清廷應以待官員之禮節待俄國領事。
(十二)俄國商民照向來通商於蒙古各地免徵課稅之例。今於天山南北路諸城亦概行免稅。
(十三)俄國商民得於張家口及其領事官所在之地建設倉庫。
(十四)俄國商民得由張家口經通州赴天津。或由天津往他港及內地諸城販賣貨物。又得由此路運輸貨物於俄國。
(十五)此條約批准後。五年以內。不得修改。
(十六)總理衙門對於俄商呈請解除粗茶課稅一條。應卽可決。
(十七)若有越界盜掠牲畜之事。淸俄兩方官吏。應照舊約。各使其犯民償還原物。或代價。

(十八)此條約之正本批准後。於一年以內。在聖彼得堡交換。

據以上條約觀之。則知俄政府對淸政策。態度雖極從容。而挾望殊甚宏遠。伊犂之各地雖還。而鐵克斯河之西岸已非淸有。蓋俄國之眞意。視掠取犂姆查爾嶺。尤急於占領鐵克斯河。以據此通路。可直窺天山南路也。鐵克斯河之各地最豐饒。本爲遊牧之民所欣羨。故俄國依此條約將收容歸化之民於此地。徵其賦稅。以圖伊喜庫庫爾湖之連絡。亦可想見矣。迨淸使崇厚歸國。而此約又生出種種之紛議。

淸廷之拒絕批准　大使崇厚方發俄國。而條約之內容。已洩於淸廷。輿論沸騰。咸欲破棄此約。當時張之洞任翰林侍讀。曾有制俄之策。茲引一節以爲証。

我之禦俄。原有可勝之理。但邊疆之戰。勝敗利鈍無常。臣愚以爲俄縱戰勝於新疆。而西不能越嘉峪關。東不能迫寧古塔。而俄人窮兵既久。艱於輸運。勢必自斃。中國强弱之機。在人材消長之會。今猛將謀臣有事變之經驗者。尙足一戰。若再因循數年。則左宗棠年已衰耄。李鴻章亦將就老。精銳將盡。欲戰不能。豈不重可惜哉。俄人既築城堡濬港於東。屯重兵於北。設行棧於西。縱橫倔强於滿蒙一帶者。匪伊朝夕。今且漸及於朝鮮矣。故今日若能施防制於藩籬。則他日卽免爭鬪於堂奧。此改正新約。所以宜先整兵備也。新約不能綏改崇厚不能稽誅中外臣工咸持斯議非臣愚一人之私言也蓋謀輔在疆臣而作氣在百僚據理以力爭之在總理衙門而決大疑定大計始終堅持則在我皇太后皇上事關宗社大計未敢緘默不言仰懇飭下廷臣會議具奏臣不勝憂憤廹切之至

如此上策毫無實際書生空言誠不足怪崇厚知此約之不利曾力爭之而俄外交官倔強不能抗遂失敗以歸清廷大憤力主開戰崇厚遂及於禍十二日政府以彼未奉上諭遽行歸國奪其職西太后復處以死刑和議既破乃大整軍備戰雲日亟而俄國則付之沈默僅責清廷不應治崇厚以死罪因集海軍於中國海面光緒六年（西紀千八百八十年）自春至夏幾釀成戰事然始終持調停之策者有二人卽曾紀澤戈登是也

戈登及曾紀澤之意見　是時中國官吏漸知海防之不可忽已命德人漢納根築港於旅順以爲直隸灣之防備總稅務司英人赫德承清廷之命招致戈登再至中國諮以守戰之策戈登應招於一八八〇年七月訪李鴻章於天津繼入北京力言中國礮臺及軍艦之微弱兵制之不備且曰伊犂若一旦開釁則由黑龍江以襲滿洲不逾兩月敵兵將出於北京城下總理衙門王大臣聞之駭然色變彼臨去之時上意見書於李鴻章多聞所未聞之議其言曰爲清廷革新兵制計宜保存其固有之制而加以變通清兵固不能以整齊之陣與歐洲兵戰然馭之有方則足以制勝是宜多習小戰土工爲清人之絕技宜利用之清兵不

負背囊。進退輕捷。故能倏進倏退。以擾敵。行軍之際。可恃以為制勝之道。宜專用後堂鎗。不可用重大之礮。宜主亂戰。不主成列。以中國人多而勇。苟支配得當。何功不成。勿泥於歐美條理之組織。強以昂貴之火器。自競蓋歐美兵制。匪一旦所能幾及也。戰艦及水雷亦然。均宜擇值廉者用之。又曰。清廷若欲實行此議。不能依賴外人。蓋自己所不能行者。外人亦難以施其技也。戈登又以北京近海。諷清廷遷都。李鴻章以遷都為搖動根本之計。置而不論。外此所言得當者。則有曾紀澤。時曾為駐俄公使。光緒六年春。聞崇厚將治罪。曾電請寬恕。其後四月。復獻恢復伊犁之策。以戒主戰者之狂躁。茲錄其大要。

竊維伊犁善後之計。有三大端。曰劃界、曰通商、曰償金是也。而對俄之方略。亦有三。曰戰、曰守、曰和是也。今之主戰者。則以為左宗棠金順劉錦棠諸將帥。皆擁重兵於邊疆。朝廷朝下一令。不難乘勢西進。一鼓而復伊犁。臣愚以為不然。請言其事如左。伊犁地勢在天山之陰。其地嶮隘。故難攻而易守。主逸而客勞。俄人之堅甲利兵。與西陲回匪。又不可同日而語。今欲興大軍。越險阻。以侵強鄰。是所謂孤注一擲。不能操必勝之權者也。且伊犁本中國地。以中國之兵力。恢復舊土。幸而獲勝。於俄固無所損。而戰端一開。後患綿綿。是伊犁雖僥倖回復。而中俄搆怨。交戰之權。與以起夫。豈計之得者哉。夫俄人所長在陸軍。然其經營東方。則恃海軍。俄人恃其詐力。與泰西各國互爭雄長。其海軍力之彌滿於東方者已久。故俄人之狡計。欲以伊犂爲啓釁之由。以牽制我之兵力。然後以海軍之力擾我東邊也。蓋俄之主力在海而不在陸。俄欲侵擾之區。在東而不在西也。我中國苟欲與俄人戰。非在東海上不可。而回顧海防之準備。果何如乎。今者中原之大難方平。生民之瘡痍未愈。海防之事。雖在進行。而布置未周。成效未睹。就目下而言。臣愚以爲折衝禦侮之方。殆無把握。豈不可危。況東三省爲我朝根本重地。其迤北一帶。黑龍江松花江等處處與俄土毗連。有鞭長莫及之勢。一旦有緩急。則防不勝防。我將疲於奔命。豈非危殆之甚者耶。或謂俄國多內亂。其君臣方切於內顧之憂。必無暇與我搆釁。臣獨以爲不然。俄之內亂無他。以其國之地瘠民貧。而無產失業者之衆也。俄之君臣常幸邊陲之有事。蓋用兵於域外。則不遑之民。其鋒亦可以轉而向外。而內亂以寧。是俄國靖亂之術。不外乎以亂治亂。乃西洋各國所熟知也。故與俄國接壤之各邦。皆知其謀。而嚴爲之備。曾未聞有以俄之內亂爲幸者。當此之時。我中國竟欲乘俄之多故。庸有濟哉。或有謂歐洲列強之中。忌俄國之強大驕橫者多。能使其互相連合。以怵俄人。爲計甚便。臣愚以爲是徒襲往昔戰國之陳論。斷不能再行於今日者也。今日歐洲列國之君主。大異於往昔春戰秋國時之君主。而各國政體。亦與昔時殊。論者或有所不知也。泰西列國雖不盡民主。而國之大政。多爲國會議員所主持。徵諸軍旅之事。其例益著。當興師出衆之際。莫不萬衆一心。同仇敵愾。故今日之勢。雖有蘇張之舌。隨陸之智。遍叩各國議員而遊說之。亦難以收同力抗俄之效。卽或偶然得策。而無厭之求。將何以應。主歐洲列國連合之策者。其迂拙無當。亦可知矣。距今三年前。俄國與土耳其戰。英人助土以抗俄。會議於德京柏林。以收戰後之局。英國之義聲。昭於天下。然西洋各國合從以義。始者必以利終。故俄兵尙未出土境。而居比魯島。已割於英矣。彼西洋列國之連衡合從。唯各圖其利而已。非能以信義友誼相援助者也。又惡可恃哉。況彼西洋列邦。雖外和內忌。各不相善。而其對於東方。對於中國。獨能協力以謀。此無他。則以一國獲權利於中國。各國必均霑其惠也。方今西洋各國虎視眈眈。環而伺我者日益急。幾成共同之行爲。而猶冀人之違背公法。出一旅之師以爲我援。豈非昧於時勢之甚者耶。由是觀之。則主戰說之非計。亦可知矣。（下略）

曾紀澤折衝於俄京　一八八〇年秋。清廷遣曾紀澤於俄京聖彼德堡。重開和議。曾氏所據地位。比於崇厚。其難固萬萬。時俄國外務大臣曰郭恰果夫。清廷之主張。在全廢薹窪薩條約。另有所議。以未得俄國同意。清廷遂讓步。以薹窪薩條約爲商議之根據。論辨經數十回。爲期亘數月。卒以曾氏之細心妙腕。克奏其效。一八八一年二月。（光緒七年）兩國之紛難遂解。崇厚之假條約。招物議最甚者。爲鐵克斯河谷地一條。今茲新約。卽將此條除去。俄國僅限於可爾郭斯河西。劃定界限。償金增至九百萬盧布。是蓋以清廷對於前約。故意拒絕。致俄國多耗餉糈之故。此外有宜注意者。俄國於松花江、烏蘇里江等、及滿洲內河之航行及貿易。均於此新約承認。是也俄國毅然放棄伊犂而不顧者。其眞意果安在耶。俄自領有伊犂各地。垂十年。於吏治上頗具經驗。又知其土地肥沃。所收租稅足以償其行政之所消耗。然則兩國境界。新劃定於可爾郭斯河者。是豈俄人所能滿意也。自舊境之婆羅賀吉爾至可爾郭斯。凡八十餘里。道途平坦可以行車無阻自可爾郭斯至庫爾恰。又僅百四十餘里。清廷欲確定此地點。爲其所有則俄又不能不嚴設邊備。幸清廷有出類拔羣之外交家曾紀澤氏揮妙腕逞辯口於俄京者數月。而西北得數十年之安固。厥功亦偉矣。曾紀澤者。曾國藩之長子。國藩討伐太平黨時紀澤在籍讀書未嘗干預軍事。或云此時來上海習英文。未知孰是。光緒四年。任爲英法兩國公使。六年轉任出使俄國欽差大臣。締結今約。曾氏輸忠於清廷。亦云至矣。曾氏外。左宗棠氏亦熱心經營新疆。成效昭著。吾人所宜知者也。先是左氏聞曾氏赴俄京四月發肅州本營。至哈密。大耀兵威。尋改新疆爲行省。隸於陝甘總督之下。光緒十年。劉錦棠始任爲新疆巡撫。亦左氏所推薦云。

第七十八章　喪失安南之宗主權及其影響

安南王不守嘉隆王之遺言　一八二〇年。安南中興之主嘉隆王薨。次子福皎嗣位。稱明命王。王不喜與外人接納。對於有再造恩之法人所遺之宣教師亦然。聞諸人言。嘉隆王大漸時。遺言於王曰。余身後有二事汝宜恪守。一、敬法國。愛法人。二、確守封境。勿失寸土。勿割與法人。嘉隆王可謂知列國之大本者矣。一八三一年法國欲尋昔日之盟。遣教正悲柔之徒名塞玉者。爲駐安南辦理公使。齎國書至茶麟港。明命王之政府拒而不納。亦不受國書。同時下令排除在留之外人。自是之後。在留之法人及他之耶穌教徒。遂頻被殘虐。或斬或放。或囚禁終身者。實繁有徒。延至一八四〇年。法國積怒於安南益甚。翌年一月。明命王暴薨。子福璇立。稱紹治王。對於外人仍酷遇不少衰。時駐清法國公使納古爾奈派軍艦於茶麟港。責其苛待宣教師之故。兼使通商事務官尋前盟。均爲安南人所拒絕。翌年該公使致書於王。遣使謂之曰。清廷之遇外國宣教師也甚優。而安南反卻之。是何居心。紹治王得書益怒。法人置之不復。且卻還其使者。然前此所繫之宣教師。終被釋放。越二年。卽一八四七年。法軍艦至茶麟港促答書。港吏不爲通。於順化王廷。法人怒。捕獲安南之軍艦。且毀壞之。是爲安南法國交戰之權輿。紹治王聞之。憂憤以死。是年十一月。子洪任立。稱嗣德王。下交趾六州入於法國。　殘害外人至嗣德王而益烈。一八五二年。國中懸銀粒三十（每粒約洋三十元）以購宣教師之頭。法國聞報。勢難置之不問。乃遣全權大臣。以責安南之無理。時法國方從事於克利米亞戰爭。不遑他顧。乃決計扶植勢力於印度支那。期與英領香港相頡頏。一八五六年。海軍少將魯禮約爾乘軍艦克齊奈號來順化府。捧呈國書。中有要求四款。一、安南此後對於宣敎之衰頹。有扶助保護之義務。二、開市場數處以供給法國商船。三、由法國派遣管理兩國交誼事宜之官駐於順化府。四、據一七八七年之約。應割茶麟港於法。且爲保護往來近海之法國商船計。應附與可建堡砦之島嶼一二處於法。安南悉不納。直返其國書。魯理約爾以爲大辱。遂以兵一隊上陸。毀茶麟之堡砦。投火藥於海。所有礮門之釘悉拔去之。安南則遷怒於法國宣敎師。斬其傳敎首長地亞士。又下令逐殺國中之天主敎徒。一八五八年九月。法國之艦隊駛行於安南海岸。於茶麟港上陸。茶麟港距順化府雖只十五英里。而守之實非易易。乃僅留少數之兵於其地。明年二月。棄去之。遂占領西貢。蓋拿坡崙三世在時。曾欲以兵扼湄公河口。由此上溯。通中國之雲南。開爲商路。期與英國競爭。此策惜不果行。至是乃稍得其緒。當時英法聯合軍與滿軍之戰役既終。乃得以多數之兵力轉用於安南西貢附近。數與安南兵大戰。破之。進拔湄公河口之堡壘。西貢者。下交趾之首府。爲該國第一之富源。府城之傍有二砦。城與砦均係嘉隆王時倣歐制築城總工事者爲法國工兵大尉某。一八六二年六月。安南始准法國之要求。割下交趾六州。訂結條約。論者謂安南亡國之禍。蓋始於此約云。

法商久辟酉倡通航紅河之議。　法既戰勝。安南不逞之徒益狂喜。一八五八年。東京又亂。叛徒之首領求援於法軍者殊衆。法國已據下交趾六州。併吞之意益急。乃轉其鋒於東京方面。東京地肥沃。稱爲安南之府庫。當是時。有法國商人久辟酉 Dupuis 者。爲人剛毅果決。好冒險以圖功名。曾以事溯揚子江。居於漢口。調查中國內地頗詳。而最注意於雲南方面。蓋雲南鑛脈極富。清代貨幣均仰給於此。久辟酉知其然。欲占其利。乃百方計劃以謀通運之便。先是雲南富源。已爲英法兩國所注目。英人嘗欲由印度、緬甸以通雲南。事終未成。一八六六年。法國遣海軍中佐弗蘭西斯噶爾鳌 Garnier 與委員數人。同溯湄公河而上。欲探雲南之路。亦未奏效。一說謂法國探險於湄公河。出於拿坡崙第三之意。海軍大佐脫納古列曾與其事。因此一舉。乃發見湄公河終不能航行巨船。中途因陸行入於中國國境。下揚子江。抵於上海。脫納古列因長途疲勞。竟死於雲南之東川。噶爾鳌代任指揮探險隊之職。當其過漢口時。與久辟酉相遇。暢談之下。始知由安南以通雲南。初不必由湄公河溯富良江 Song-Ka（卽紅河）而上。亦可達也。

馬如龍以輸入兵器謀於法商

先是同治七年。雲南之回教徒作亂。勢甚猖獗。提督馬如龍討之無功。逾年糧械亦告罄。久辟酉目擊其事。請於馬如龍。爲之運供糧械。然由漢口至雲南。道路險惡。匪惟不能圖利。恐將以此蒙害。久辟酉至是不免氣阻。然百計圖維。終得一大捷徑。卽紅河是也。紅河者。發源於大理湖附近。經東京而注於東京灣。蓋有人曾以此河之詳情語久辟酉。故能知之。如是其稔也。久辟酉既知紅河通航之利。乃面謁馬如龍。說由紅河運輸兵糧之事。且云欲通航此河。不可不先檢其河流。馬允其請。給以通航紅河之護照。初清廷之制。安南雖爲其附庸。而兩國之交通。必先經兩廣總督。不能直接於北京政府。他省之總督提督。尤與安南無直接交涉之權。然馬如龍之給護照於久辟酉者。因軍事緊急。不遑通知兩廣總督。事屬創例。故安南政府。亦不能抗也。久辟酉以清兵一隊護之。於一八七一年四月。發雲南。出蠻耗。艤舟於此。下紅河約六百里許。遇清廷製之巨船一隻。詢諸人。知係往來於東京灣與雲南間者。久辟酉見如此巨船可以上下自如。則輕汽船斷無不能航行之理。乃不問下游。直返雲南。久辟酉既歸。謁馬如龍。稱紅河水量可通巨船。請受命運輸糧械於軍門。馬卽照前約。命以運輸之事。久辟酉遂辭雲南。經漢口至上海。終歸法國。事在一八七二年。法國聞其事。一般之有識者。莫不注意於紅河通航之事。然推原其始。不過一商人得雲南提督之特許。准其通行而已。法國幷未嘗得有航行之權利也。吾人對於當時之紅河。有不可不知者三事。其一、黎氏之餘黨。尙騷擾於東京地方。其二、安南官吏素不喜法人。其三、長髮之餘黨。尙據有紅河上流之老開是也。法國欲得此河之航行權。則不能不先除此三種之障害。

據於老開之黑旗黨 太平軍既喪失南京之根據地。餘黨四散。就中竄匿於廣東、廣西及東京之山中者。最宜注意。彼等之首領曰吳鯤者。率兵三四千。侵入東京。漸迫河內。安南拒之。不能敵。終請援於淸。僅乃破之。吳鯤乃回奔雲南山中。未幾吳鯤死。部將二人代領其衆。且招其餘黨於雲南與東京境上。沿紅河之老開府。襲而取之。以爲根據地。二人旋不協。互相競爭。遂分兩黨。一留守老開。一下紅河入興安府。據老開者曰黑旗黨。入興安府者曰黃旗黨。皆以所用軍旗著稱。互相仇視。此外尙有白旗黨云。當黃黑兩黨擾亂時。爲安南心腹之患。誠不待論。而安南官吏皆苟且偸安。不聞設一策。加一矢。以相討伐。興安去首府河內甚近。爲黃旗黨所據。且安之若素。況老開之遠在數百里以外者哉。老開當時之戶口三四百。居民千餘人。然富於金穀。地形亦多要害。土人之言語與東京安南全異。而頗類於廣東、廣西之語。故黑旗黨據之以爲得策也。一八七二年。（同治十二年。）久辟酉發海防府。向河內府。與安南官吏接見。安南官吏以黑旗黨爲口實。阻止其前進。

久辟酉之强航紅河　久辟酉不聽安南官吏之阻止。竟發河內。途中疊遭障礙。翌年二月。達老開府。府卽黑旗黨首領劉義之根據地也。三月四日入蠻耗。七日入蒙自。十六日達雲南府。其三日前。已將所齎之品致諸馬如龍之軍門。初久辟酉經東京時。其地之無賴受地方官吏之嗾使。欲加脅迫於久辟酉等途中。施種種防禦。僅免於難。此時所宜注意者。安南之地方官吏雖嫌忌法人。而土人則甚親愛之。若以法人之來。爲能卽除其壓制者。故久辟酉所到之處。皆蒙土人之厚遇。久辟酉亦因土人之指示。而知金銀銅鑛之所在者不少。久辟酉既將糧械輸於雲南。馬如龍大喜。以銅一萬二千包償其值。久辟酉載銅塊於船。計四隻。下紅河。歸於河內。時一八七三年四月也。外商聞其事。相語曰。久辟酉爲紅河通商之鼻祖。凡欲得利於東京雲南者。不可不依賴彼。然久辟酉則不欲以通航之利益。多分於外人也。久辟酉又欲購海鹽於東京。輸於雲南。而安南之制。海鹽不准輸出。亦不准外人販賣。久辟酉乃散巨金以買土人歡心。其結果竟購得精鹽。是年十月。再由河內向雲南進發。途中暴徒之加害也益甚。彼乃於中途易其志。使他人代赴雲南。而自歸河內。紅河之通航。實於此次告終。安南政府見久辟酉之橫暴。不能忍。乃訴於西貢之法國交趾總督。要求放逐久辟酉。

噶爾鼇之戰死　西貢之法國交趾總督。遂容安南之要求。命久辟酉退去。其意蓋不欲與安南輕啓事端。而欲別成有利條約。以爲東京事件之報酬也。是年十一月。總督命噶爾鼇率礮艦二隻入河內。噶爾鼇忽與久辟酉遇。按其事情。與聞諸西貢者大異。乃決意占領河內。先致書於西貢總督曰。今日之勢。不假一卒。不費一兵。一舉而陷東京之首府。於法國決無所損失。況吾法若欲併清領雲南之利爲己有。則占領東京之舉。又惡可忽。諸閣下慎勿以此舉爲暴行也。然西貢總督對於此種提議。仍不能容。中間與順化政府。幾經交涉。至十二月。與安南官吏通謀之黑旗黨一隊。遇噶爾鼇於山西。噶爾鼇陷伏戰死。此時西貢尙不聞戰事。只知噶爾鰲謀占領河內。大驚。乃遣書記官喜納士脫爾於其地。責其不法。及喜納士脫爾入河內時。噶爾鰲已死。卽命久辟酉退去東京。因迫安南政府捺印於所計畫之保護條約。以爲報酬。事在一八七四年三月。此約旣成。安南遂全入於法國之保護。同時對於外國。並證明其爲獨立國。而紅河之航行權。亦於此時獲得。然安南者。淸之屬國也。今締結此約。未免蔑視淸廷之宗主權。故淸廷不能同意。又紅河之航行權。雖載於約章。而究用何等兵力以保護此權利。亦未經規定。故安南政府。仍然利用黑旗黨之勢力。以阻礙法商之通航。

黑旗黨之勢焰益張 黑旗黨前曾斬法國將校五人。函其首於順化政府。順化政府大喜。以老開地方之田租。酬之。黑旗黨之首領劉義。又親赴順化。謁王。劉義字永福。廣西錦州人。體格矮小。面豐滿。時年已垂六十。鬚髮如銀。而勇壯豪邁。富於才畧。好術數。尤長於治御之術。嘗從太平黨之首領吳鯤。轉戰於安南東北部。衆望多歸之。彼亦招致四方之士。以相結託。吳鯤旣死。彼乃率其餘黨。據老開府。時安南國力孱弱。不能制。因表示欲遣使招撫彼等之意。以爲苟安旦夕之計。黑旗黨亦恐安南與中國合而謀己。乃佯喜而從之。安南王不知劉義之深意。遇之漸厚。多予以耕牛耔種。劉義亦以容身有所。屢進藎謀。大得安南王之歡心。至尙安南王之二女。劉義竊於此時。招集同類。施以恩惠。俠義之名。藉藉於人口。黃白兩旗之人亦多聞風來隸其麾下。劉義悉授以田土。生齒日繁。拓地至七百餘方里。遂成一繁盛之都邑。彼乃漸逞驕意。距盟約未經七年。復不肯納稅。安南王始悔前此之失計、無可如何。劉義乃與安南斷絕關係。專決其地方之政。設官分職。興教勸業。兵制亦整飭有緒。又置文武官僚於各市府。使監督軍民各政。未幾。部下皆知文字。怯於私鬬而勇於公戰。迥非安南柔弱之比。蓋劉義多年之遠計。至是始告成功。眼中殆不復有安南矣。老開府當未為劉據之先。樹木叢雜。谿谷幽深。山中多虎狼。樵夫須結伴始能行。及黑旗黨繁殖以來。各地已不復荒涼。老開素多猿猴。黑旗黨所植之粟穀。常為所擾。猿羣咆哮田中。卽數十噸之茅草。一夕可以拔盡。防制無策。黨人乃設法狙擊之。積久其害遂絕。而收穫益豐。衣食富饒。人數亦大繁殖。計黑旗黨八萬餘人。黃旗黨六萬餘人。白旗黨三萬餘人。其他二萬餘人。綜劉義所隸者。不下二十萬人。皆面黑身輕。越林超淵。強捷若猿猴。據於今東京東北部中。儼然若一強國云。

李揚材之擾東京　一八七八年。（光緒四年）東京又大亂。渠魁李揚材。本廣西豪族。為人豪邁負奇氣。不修小節。尤好亂。初出鄉。年二十餘。嘗從太平黨。為其偏裨。轉戰各地。後降於官軍。馮子材擢用之。累進至副將。率兵數營。屢入安南。戍於北寧、太原諸州。及清軍退。彼亦解任歸。進總兵。又出為潯州鎮將。任滿。有詔赴廣東。事在一八七九年（光緒五年）五月。彼乃歎曰。朝防於東京。夕戍於潯州。征鞍甫息。又將他往。誠轅下駒之不若矣。遂蓄異志。招亡命掛冠歸鄉。悉售其貲產以求糧仗。率徒數百突佔東京據之。飛報達順化。上下震恐。速告急於北京。清廷此時得兩廣總督奏報。擬派馮子材而馮遲遲不至。李揚材愈猖獗。北寧陷於重圍。順化政府乃檄黑旗黨。使援北寧。不知黑旗黨已與李揚材通謀在先。約兩不相犯。遂不之應。後馮子材大軍至。李揚材遁於太原州之北鄙。自經此亂。紅河之流域全入於黑旗黨之手。地方無賴。又羣起而附和之。匪惟商品不能航行。卽隻身外人亦絕跡於紅河矣。法國之西貢總督睹其危機。乃請於本國政府。增加東京之衛兵。以爲防備。

屬國之意義及其實質 清廷與安南之宗屬關係。至是遂不能不爲適當之解決。先是一八七四年。締結條約時。法國早已注意及此。所謂安南爲法國保護國之議。已載諸草約。而安南之全權大臣尚書黎循不肯認。曰保護國者。內政外交不能自專之謂也。我安南自古迄今。均爲獨立國。無受制於他國之事。力爭不從。色甚厲。法少將裘普列詰之曰。卿言安南向爲獨立之國。旣已聞命矣。然則朝貢於清廷者。果何說耶。旣可稱藩於清。何獨靳受保護於吾法。黎循與阮文祥辯之曰。安南決非清朝屬邦。不過因彼與我鄰。而强於我。數發兵以略我邊境。御之不能敵。乃定朝貢之例。是不過一時權宜之計。惡得以藩屬稱。況吾國使臣往復。亦只進方物。而內政外交。初不受清朝之干預。尤可爲獨立自治之證。裘普列乃削去法國保護等字而代以獨立之名。吾人徵諸兩國全權之辯難。則中國對於外藩宗主權之實質及意義。可以推測而知矣。據安南全權之言。則中國之宗主權不過於全盛時代粉飾帝王之威儀而已。然及其衰也。徒爲購患之具。此則徵諸尼泊爾朝鮮、及安南莫不如是者也。然竟謂淸朝歷代對於外藩之用意止於如斯。則又不然。試一檢視康熙雍正乾隆間之上諭。可知淸廷視此等屬國爲其屏藩。其意甚明。屏藩本非堅壁之義。一旦與歐洲勢力相觸。不免傾圮。然較之全體破壞者則有間。直言之。屏藩云者。所以免中國本部邊境受直接之侵蝕耳。故雖不足以言保障。而爲外勢侵入之障礙物。則無庸疑也。一八七五年五月。法國駐北京代理公使通告前年西貢條約於總理衙門。併提議開放雲南。淸廷果有異議。至六月。復書曰。謹收到安南與法蘭西兩國盟約之副本。然盟約中有獨立字樣。敝國誠所不解。安南自古卽爲中國屬邦。此項盟約。敝國決不能承認。而當時法國公使館之譯官某誤譯此回書中『安南自古卽爲中國屬邦』一語爲『昔之外藩』。遂釀成雙方之誤解。而紛爭以起。是時淸廷尚未置公使於法京。加之因伊犁事件。方與俄國抗議。一時暫寢其事。至一八七七年。安南朝貢於淸廷。翌年有李揚材之亂。又請援軍於淸廷。越二年再遣朝貢使於北京。上表稱藩。並請每四年一貢。時法國欲阻其朝貢使之出發。已不及。乃以兵力迫安南實行一八七四年之條約。蓋至是而安南與法國之關係。遂一變而爲中國與法國之關係矣。

法國之積極進行　一八八二年四月。法命提督李威耶拔河內。據之。進迫順化政府。實行條約。中國公使曾紀澤。屢言法國蔑視中國之宗主權。中國之輿論因之囂然。兩國和好瀕於危殆。是時安南又請保護於北京。會中國有內亂。不能出師。是年九月。法國弗列西勒內閣交卸。兜谷列爾內閣成立。十一月。下訓令於法公使普勒伊。命與李鴻章會於上海。置安南於兩國保護之下。劃紅河左岸為中國保護區域。紅河右岸為法國保護區域。然此種姑息之條件。法人頗不滿意。一八八三年二月。柔菲利第二內閣成立。政策一變。招還普勒伊公使。對於此問題。執積極的態度。其五月。以久爾阿曼為安南方面之理事官。命交趾屯駐軍司令官布耶將軍統東京遠征軍。又另編東京艦隊。使提督孤拔 Admiral-Counbet 為司令官。以代中國艦隊之派遣隊。

第一順化條約之捺印　安南之當局者。欲依賴清廷及黑旗軍以擊退法人。匪惟未奏寸效。且蒙巨害。法理事官阿曼。深知此中情隱。乃主張欲取東京。先迫順化。時安南嗣德王薨。國內起繼嗣之爭。阿曼乃乘機定討順化之策。八月。迫王城。新保護條約二十八條遂捺印。是為第一次順化條約。阿曼於媾和前數日。曾致書於安南宰臣。大意如左。

今日我法蘭西所要於安南者。非他。不過略行問罪耳。茲舉其概。安南無故阻我法人之入交趾其罪一百方密謀使我法國之威力不行於交趾殖民地中其罪二煽惑法領交趾接壤之平順州之民以妨害交趾之治安其罪三妄犯一八七四年之條款其罪四官吏之意莫不蔑視條約其罪五號召浮浪之徒名曰黑旗黨以供己用其罪六法國領事之在老開及望溪等處者頻蒙黑旗黨之殘害其罪七在西貢之安南領事屢起陰謀煽動土人以擾法國之治安遂使交趾知事疲於奔命其罪八與暹羅百府密謀抗我法人其罪九中國君臨安南不過有此傳說決非眞爲其附庸今乃引中國人以爲己援其罪十我法國不憚征討之勞大興問罪之師者以此

清法戰爭　阿曼迫安南政府捺印之條約於一八八四年經巴徒諾爾 Patenotre 再申明之安南政府無異議獨東京未能如法國之願順化政府之命令亦不能行於此方此蓋有二原因一由於清政府之意欲以此妨法國之行動一由於黑旗黨尙受安南政府之嗾使故也一八八三年曾紀澤再致抗議於法政府求撤退東京遠征軍而法國反不認清廷於東京事件有容喙之權並宣言占領山西、北寧、興安之旨曾紀澤大怒破外交之慣例公表其與本國往復之文書十月發最後之通牒於法政府曰東京之法軍若侵中國之陣地則中國政府卽視爲開戰之原因法國亦復宣言曰若發見中國兵於東京則法國不得已而開戰其責清政府任之一八八四年（光緒十年）二月法兵二萬五千人到東京三月與清兵二萬人衝突於北寧。法兵占其堡壘。清兵多逃於興安方面。法軍追至。圍之至九月。據其地。清兵悉退於紅河上流。法國在東京之地位。經此戰而後確定。然清廷對於安南尚不甘放棄也。

安南永脫清廷之羈絆 一八八四年。締結天津條約。承認法國之安南保護權。并撤退清兵。不幸諒山堡壘受授之際。兩國之兵偶生衝突。法兵之死傷殊多。法國遂以違反條約爲口實。戰端再開。是年七月。提督孤拔溯福建之閩江而上。封鎖其江口。八月。礮擊基隆。轉攻福州船廠。轟沉南洋水師軍艦十二隻。翌年二月。封鎖揚子江口。以絕南北之聯絡。此時東京地方亦在戰爭中。當時諒山爲黑旗黨所據。將軍布里耶攻之。不圖敵殊强悍。至翌年二月。法軍之死傷甚衆。巴黎頻得法軍敗報。人心動搖。六月九日。乃命公使巴徒諾爾與李鴻章新結條約。以爲此事之終局。條約之大概如下。

(一)清廷承認法國與安南所結之一切條約

(二)開老開諒山兩處爲商埠。

(三)法兵之在基隆澎湖者均撤退。

(四)南清鐵路敷設時。應聘用法人。

清廷雖不償一金。不割一地。結對等條約以終局。而安南自是遂永脫羈絆矣。

中法在安南之勢力衝突。實導源於久辟西之航行紅河。蘊釀既久。遂成東京事件。當雲南回教徒騷擾時。清廷官吏本無求援於外人之必要。馬如龍昧於情勢。引外勢以入國。致成安南獨立之事。由今追論。可謂禍由自取矣。東京事件所以紛而難解者。其故在黑旗軍之加入。黑旗黨者。太平軍之餘孽。其初據老開。清廷不能肅清內亂。驅虎狼以出境。遂爲破壞外藩之端。蓋清之衰徵。胥由於此也。而安南主昏臣庸。不知立國之計。妄開釁端。馴至亡國。自一八八五年以後。法人視順化政府不啻俎上之肉。亦可憫矣。

第七十九章　清日初期之關係

朝鮮藩屬問題　清廷對於朝鮮之宗主權。歷歷可數者。曰册立王國。曰受其朝貢而已。所謂奉正朔者。不過徒存其形式。不能强行於民間也。乾隆以來。鴨綠江、及豆滿江之各地一帶。兩國之移民益衆。因之時起交涉。然未嘗以此而涉及於內政。自千八百六十年以降。朝鮮因虐殺法國天主教徒。遂致外患。時國王之父大院君攝政。大院君名李是應。豪邁卓犖。銳氣蓋世。欲挽回國權。而昧於世界大勢。嚴斥外戚。圖王權之發展。卒以此釀衆怨。彼之虐殺宣敎師也。據西人羅都士之解說。則亦有故。一八六五年。俄艦至其國東北部之元山。求通商。大院君乃命法宣敎師伯爾紐勸俄艦退去。伯爾紐不之應。大院君遂疑宣敎師必爲洋夷之間諜。乃決意屠之。以絕患。大院君憂國雖切。而對外知識之淺薄。竟至如此。亦可哀矣。當排外最烈時。建碑於京城鐘路。文曰。『洋夷侵犯。非戰則和。主和賣國』不圖江華灣之法艦。至翌年（一八六六年）全退。遂以攘夷爲得計。大院君之威望乃益發揚。當大院君虐殺法宣教師時。法駐華公使伯羅力曾責問清廷。清廷答云「朝鮮曾爲中國之附庸。今非中國之屬邦」茲引伯羅力當時致清廷之照會於次。

法國皇帝陛下之使臣伯羅力謹奉書恭親王殿下。據令旨「韓國舊爲中國之附庸。今君臣之義已絕」本官敬悉斯義。竊維韓國不過一小弱邦。乃敢肆其凶燄。戮吾法民。至不得不嘐嘐陳辭上擾清聽。實爲遺憾。事在去年三月中。我法教正二名。宣教師九名。及韓人奉天主教而充我僧官者七名。此外尙有老少男女之教徒。均被韓王下令虐殺。我皇帝之政府對於此殘酷之舉。詎能默爾而息。

曩者殿下有言。中國皇帝怒韓王暴戾無道。已取消其封册。若然。則是韓國當肆虐於吾法時。卽已退去王位矣。本官爰於本月本日。將韓國王位空虛之旨。布告於天下。不日卽舉兵向韓聲罪致討。土地人民及王位等處分之權。悉由我英武之法國皇帝專斷之。他國不容置喙。

中國政府屢告本官曰。中國無干涉法國內政之權。本官前此曾要求中國政府。欲應用天津條約於韓國。中國政府嚴拒之。又曾爲宣教師請求旅行韓國之護照。中國政府亦未允照辦。今者我軍欲有事於韓國。中國政府雖意圖干涉。本官等決不能承認其有此權利矣。

千八百六十六年七月十三日　法國代理公使伯羅力

清廷不能干預和戰　江華灣戰爭之歲。大同江畔亦因夏滿號虐殺事件與美國新起葛藤。虐殺之動機雖不至如美人所言之甚。然美國正欲藉此談判迫以訂結條約。故先向清廷欲其負責任。清廷當時應之曰。「朝鮮雖奉中國正朔。而宣戰媾和一任其自理。中國向不干預。」蓋清廷自被英法軍陷北京以來。內政紊亂無紀。不欲輕開釁於歐美各國。故遇事不免委卸。況此事不發生於境內而發生於附庸國。一忽意之中。冒昧為此「朝鮮非屬邦。不干預其外交」之宣言。遂為他日列強之口實也。或有謂歐洲各國幸朝鮮獨立。可以遏某國之發展。清廷信其言。故宣言若斯。未知孰是。然日本則利用此形勢。締結日韓修好條約。其第一款云。朝鮮為自主之邦。與日本有平等權。事在明治九年。此時吾人所宜注意者。清廷之王大臣凡事關朝鮮者。對外務以不負責任為得計。而韓國之攝政大院君則自言係中國屬國。締結條約之權。北京實主之。蓋大院君亦欲以此免外交上之責任也。

琉球列於日本藩國　日本自明治維新以來。即欲吞併琉球。而琉球此時對於歐美各國之態度。亦不殊於朝鮮。美、法、荷蘭等國均與之訂結商約。往來頻繁。儼然以半獨立國視之。顧琉球雖受清國册封。明治政府急欲揮其機智。解決此國之附屬問題。以攘為已有。當一八七一年。日本國內皆廢藩立縣。政府乃於是年。先下令於琉球。置其地於鹿兒縣管轄之下。翌年。琉球王尚泰如京致謝，此計出自外務副卿副島種臣。當倡議時。政府內部多反對此策。謂因此必損中國之感情。副島悍然不顧。斷行其策。并促尚泰王入朝。遂縣琉球。是年（千八百十二年）九月。琉球正使伊江子尚健、副使宜野灣親方、向有恒等來。陛見天皇。其王尚泰亦上。王政維新之賀表。進貢方物。詔封尚泰爲藩王。列入華族。琉球既收入於日本版圖。乃廢去中國福州之琉球館。置於廈門日本領事權內。所有清廷之册封及一切交涉。均移於日本外務省。琉球人當時頗不滿足。是年日本政府接到美國照會。謂合併琉球。日本宜任其維持條約之責。日本政府當卽以照辦。復之。歐洲各國。對於此事之異議漸息。未聞有以處置不當而反抗者。惟淸國以遽失藩籬。反對之聲甚急。一八七九年。値美國卸任大統領格蘭頓東來。淸政府提出割島分隸之議。請美前統領居間調停。而琉球之事大黨亦不樂於合併。無如日本民族之實力發展。圖南之志甚堅。臺灣九州間。斷不容有淸領之存在。故雖遭阻礙。壯志不少阻也。自併有琉球後。淸人之視線集於日本朝鮮問題。遂生幾多之障礙矣。

李鴻章之對韓政策　日韓締結修好條約後。日本派花房義質爲辦理公使。光緖三年。始就任駐劄韓京。由表面觀察之。不過日韓之間重敦舊好而已。惟此約既成。殊惹列强之視聽。美國亦欲乘此時機。藉日本之力。開通商之門戶於朝鮮。讀史者不可不注意及之也。日韓和約告成。日本不啻已得通於大陸之關鍵。而清廷懲於琉球之合併。對於日本愈猜疑亦愈戒懼。當時之議者云。朝鮮問題者。非半島問題。乃東三省問題也。非東三省問題。乃肘腋間之利害問題也。日本苟據有半島。則後患方滋。防不勝防云云。此種解釋。不爲無見。惟清廷謂朝鮮非屬國宣言已久。勢難反汗。不得已乃欲引進歐美諸國之勢力於半島。以殺日本西漸之勢。北京政府持此策甚力。其先被引進者美國也。當時美國欲與朝鮮交涉。派北京公使館附屬武官薛非爾往清廷。竟以軍艦衞之行。薛非爾結約以歸。自後各國與朝鮮訂結條約者。皆以此約爲先例模範。而此約之草稿。即成於李鴻章。聞諸人言。李曾致書於大院君。勸與各國交通。謂締結條約。爲救外患安社稷之良法云。美韓條約既成。英德亦相繼立約。原夫李之盡力於美韓條約者。欲再置朝鮮於屬邦也。觀於李所起草之條文云。「朝鮮者中國之屬邦也。而內政外交。均得自主。今茲立約以後。大韓國君主與大美國伯理璽天德俱平等相待。兩國人民。永敦和好。若他國偶有不公及輕侮之事。宜彼此援助。或居間調停。永保安全」顧草案雖如此。華盛頓政府。實未嘗承認。曾另立草案云。當時李之意向。即清廷之意向也。迨至一八八二年（光緒八年）韓京起大政變。李之鋒鋩。遂不覺乘時畢露矣。

清廷執大院君　日韓條約既成以後。五六年間。日本之勢力。及於朝鮮。遂有開化黨。大現頭角於京城。未幾。此黨組織總理機務衙門。董其事者。爲李載冕、金宏集、樸定陽諸人。彼等曾親赴日本。目擊其國力之發展。自與守舊之大院君不相協。開化黨之改革方針。以兵制爲入手。聘日本軍人崛本中尉。施以新式訓練。然求效過急。被裁之兵士。常發嗟怨之聲。同時又因冊立王太子妃於閔家之事。致令守舊黨激發。閔家者。前王妃之所出。今太子妃又選自閔家。雖不啻姑表聯姻。然此國之習俗如是。無足怪也。惟閔家以兩妃皆爲所出。聲勢赫然。大院君之一派。殊不能默視。一八八二年七月。舊式兵之一派。因月餉不發。叩大院君訴其不平。大院君時居雲峴宮。乃利用之。卽指揮暴徒。犯宮闕。襲閔氏。殺總理機務衙門之官吏。一時之狂燄甚熾。守舊黨又加入之。其鋒遂一轉而爲排日。先攻其公使館。日公使親自督戰。互七時間。遂突圍出奔於仁川。又爲暴徒所襲。乃潛航於月尾島。翌日英艦救之。得不死。是爲著名之大院君之亂。蓋韓廷之愚闇。至是而極矣。國王李載晃。聞變。先遣急使馳告北京之魚允中。使乞援於清廷。李鴻章當時亦知日韓搆隙。必無良結果。乃決計乘日本海軍未集之時。速定內亂。使日本無可藉口。且恐首禍之大院君。爲日本挾去。或日本與之通謀。以圖廢立。於是命馬建忠、吳長慶。率陸軍四千入京城。命丁汝昌率超勇等北洋水師入南陽灣。陰歷六月十七日。馬丁吳三將同入京城。直往拜大院君。午後大院君來答拜。吳等與之筆談。延至日暮。先遣歸大院君之從者。丁汝昌親率小隊。載大院君於肩輿。冒雨夜馳百二十里。十八日至南陽灣。卽幽於軍艦。解赴天津。當時以馬建忠之布告朝鮮。其意如左。

朝鮮向爲中國之藩屬。比年以來。權臣竊柄。政出私門。積毒旣久。遂有今年六月之變。弒妃辱王。戕官同時並舉。頃變告上聞。道路流傳。皆言爾國太公實知其事。用先命爾太公入朝。一俟罪人斯得。再申天討。殲厥渠魁。脅從罔治。廷旨嚴切。敢不懔懼。今統領北洋水師丁軍門。暫以爾國太公航海詣闕。我大皇帝自有權衡。必不深責爾太公。但事出倉皇。誠恐爾上下臣民。未諭斯意。妄生猜疑。姑爲爾等詳言之。昔元時曾執高麗之忠宣忠惠兩王。其後皆邀赦免。倘以從前從逆謀亂之故。妄欲再逞異謀。則目前之大兵水陸並進。已有二十營。相繼而發者。遍於海上。爾等自度。其有抗拒王師。可以一戰之力。則請嚴陣以待。否則鑑於禍福之機。早自悔悟。愼勿執迷。自速誅夷也。天朝視爾朝鮮之主臣誼猶一家。本軍門奉命而來。雷霆日月。備聞斯言。特諭。

自經此變亂以來。清廷以防制朝鮮內亂。爲示恩之作用。遂進而干與內政。使馬建忠屯陸軍於京城。以袁世凱爲朝鮮總領事。李鴻章又薦穆麟德 P. G. Mollendorf 爲外務顧問。以英人赫德 Sir Bobert Hart 爲總稅務司。監督稅關兵制。亦多所改革。是年九月。與朝鮮訂定「中國朝鮮商民水陸貿易章程」中韓之有條約以此爲嚆矢。次年又定「奉天與朝鮮邊民交易章程」二者皆非對等條約。不過宗主國對於藩屬所許之特典而已。

日本黨之激動　由仁川退去之日本公使以是歲八月十二日回任。三十日再結濟物浦條約。中國視朝鮮爲屬邦而此約則大書特書曰大朝鮮國開國紀元而朝鮮之國旗至是復翱翔於空中。其後數月韓廷以樸泳孝爲大使金晚植、金玉均爲副使賫謝罪書於日本。彼等睹日本之進化又廣與朝野之士相接納知革新之不可緩歸國後數進言於國王勸其取法日本。一八八三年正月。日本派竹添進一郞爲辦理公使同時附步兵一中隊使當守備京城之任。是皆根於濟物浦條約而生之事件也。此時韓廷之大僚隱分爲中國日本兩黨各不相下。翌年十二月四日。日本黨金玉均等欲一舉以償其素志乃派遣刺客狙擊反對黨事不成而起事之處係郵政局主局事者又曾以事受日本人之聘約時論遂謂日本公使曾陰助其事雖百喙亦莫辯矣。擾亂既起金玉均及樸泳孝等馳赴王宮告王曰中國兵作亂。閔氏已爲所斃。王大驚出寢殿宮闕之前門轟然一聲已爆裂王益恐急親自作書並鈐玉璽致日本公使請其入衛。竹添公使卽率兵謁王勸移於景祐宮時夜已三更矣。翌日日本黨組織新內閣發表改革政綱延見各國公使然改革終未見諸實行也。

清日兩兵之衝突　一八八四年十二月六日凌晨清兵一隊進於宮門以鎗礮內擬至午

後。鎗聲隆然發於宣仁門外。日本兵乃戒備而守衞宮門之朝鮮兵則相繼逃竄。棄軍器於途。日本兵據宮闕之正門及北壁。清兵來襲。逆擊之斃數十人。此時王已不知去向。竹添公使得袁世凱函。其略云。聞亂民襲闕。貴大人篤於隣誼。率兵入衞。守護國王。弟等亦奉命天朝。有彈壓之責。爲能坐視。卽當帶兵入宮。與貴軍協力鎭亂。惟希查照是幸。下署袁世凱、張有光、吳兆有三人之名。是時日本黨失敗。中國黨勝利。洪英植被殺。金樸二人遁於日本。日本政府聞報。乃以外務卿井上馨爲全權公使。率高島、樺山二將所統之兵一隊。以翌年（千八百八十五年）正月三日入韓京。八日。訂結善後條約。是爲漢城條約。當磋商條件中。清廷所派之吳大澂等。多方阻抑。嘗突入兩全權會議室內。面斥日使。日本恐約成無效。是年三月。遣全權大使伊藤博文於中國。以解決朝鮮之一切問題。

臺灣生番虐殺日本漂民　一八七一年十一月。日船古宮島及八重山。各滿載糧食。向那霸港進發。古宮島遭風。流於臺灣之南端。觸礁。船員六十九人。溺斃者三人。餘悉上陸。乞救於番地之牡丹族。番民不惟不施救。反肆虐殺。被害者五十四人。餘十二人幸脫虎口。當卽訴於清廷官吏。官吏救之。送諸福州之琉球使館。然後還日本。是時日本外務大臣柳原前光在天津。未幾。清廷得福建巡撫之奏報。柳原乃抄致其事於日本外務省。同時日本駐琉球官伊地治貞馨。亦報告其事於外務省。鹿兒島縣參事大山綱良聞之。請大興征討之師。

西鄕隆盛、桐野利秋、副島種臣、板垣退助、等贊成之。臺灣之生番問題。遂爲日本之內閣問題。此時日本欲利用時機。伸其國力於南方。故早已併琉球而册封其王。及虐殺事件旣起。而征討之聲。遂洋洋盈耳矣。

征番問題之歸結　日本對於征番問題。閣議亦不一致。延至翌年正月。備中之村民四人。因風漂流。抵於臺灣之東南岸。由此上陸。幾遭生番之殘害。幸脫危難。由淸官送交於駐上海之日本領事。日本朝野人士聞此。大激昂。多主張不待公命。自討生番。或曰朝議如仍不決。吾輩將隻身入番地。拾吾國人之遺骸。以歸。外務卿副島種臣乃婉慰之曰。戰大事也。苟名不正則師出無名。不幾與寇等。幸勿徒爲暴虎憑河之勇。吾人對於此事。宜深慮者有三。各强國莫不覬覦臺灣。一也。淸政府敎化所及。只及於臺灣之半偏。而妄稱全臺皆爲所有。二也。生番之性好勝而不惜死。三也。吾願先除此三慮。然後與諸君子同取此地。使爲我有云云。蓋前此副島大使訪問北京。正欲解決此問題。不意與淸廷王大臣相交涉。得有「番地在中國化外」之口證。遂決計征番。及副島歸國之時。正値征韓派失敗。副島諸人退歸田野。征番論遂爲文治黨之大久保利通所利用。一八八七年。都督西鄕從道。率薩長人編制之軍一隊。深入番地。受其降。淸廷抗議。日本遂以大久保利通爲全權大使。派遣北京。協定生番事件焉。

第八十章 西藏問題之發生

曾紀澤對於英藏通商之論　光緒十一年（西紀千八百八十五年）七月。駐英公使曾紀澤致書於李鴻章。曰英人欲開印度與西藏通商之路。其經始在百年以前。乾隆四十五年。班禪額爾德尼欲入覲北京。先晤印度總督赫士丁格之使者博格爾。與言曰。英廷還我布丹。感謝不遑。頃又使足下來議印藏通商事宜。甚善。然此事非我所敢擅專。今請足下回印度。由水路赴廣東候命。我當面奏大皇帝召足下入北京。共議通商之事。後班禪果以此入奏。博格爾亦被召入京。會班禪額爾德尼患痘歿於北京。英使博格爾亦歿於廣東。此議遂寢。今英人重申前議。勢在必行。然兩藏共爲中國屬地。故先遣印度總督之秘書馬科蕾入北京有所商議。竊思西洋各大國。近日專以侵奪中國屬國爲事。而以「非中國眞屬國」爲口實。蓋中國之待屬國。不問其內政。不理其外交。本與西洋各國以實力經營其國土者。迥然不同。西藏、蒙古乃中國之屬地。而非屬國。然我之管轄西藏。較西洋之待屬國爲猶寬。西洋各書亦稱西藏爲中國之屬國而已。不肯與內地各省同視。我若於此時對於屬土。總攬其大權。明示於天下。則主權庶幾確定。外人無所藉口。英人本無侵奪之念。但以通商爲主。在我宜慨然允諾。商務苟臻繁盛。則并可以弭兵。此天下之通論也。據英人之紀載。亦云博格爾入藏與曾紀澤所言合。一七八一年四月。博格爾死。赫士丁格又遣塔達那於西藏。重敦舊好。英藏問題乃再燃。

芝罘條約與馬科蕾之奉使北京　英人之勢力既發展於哲孟雄方面。則印藏通商。愈不容緩。當時印度之英人。多盡力於其事。駐北京之英公使惠脫。復爲之策應。一八七六年。因虐殺馬噶利事。中英締結芝罘條約。其附加一條云。

英國政府。擬於來歲派探檢使。由北京經甘肅、青海。或經四川、入西藏。再由西藏歸於印度。總理衙門宜考其情況。至期發給護照。并照會地方長官、及駐藏辦事大臣。若探檢使不由上述之路。而由印度入西藏。則總理衙門接到英公使照會後。應即咨行駐藏大臣。考其情況。派遣吏員保護。一切探檢使之護照。仍由總理衙門發出。俾不致有礙其行程。

然此約因種種妨礙。至一八八五年夏。始經批准。是年秋。馬科蕾遂奉使入北京。

西藏人拒絕英使　馬科蕾抵北京。爲探檢西藏之準備。其事傳於拉薩。西藏之守舊派。不喜開放門戶。羣謀乘馬科蕾未發北京之前。籌所以抵制之方。李鴻章頗協贊馬科蕾之議。格於總理衙門王大臣。事竟不成。當時王大臣之言曰。得拉薩駐藏大臣之報。藏人洶洶反對。皆欲維持其從來閉關自守之策。果如是。則發出之護照。將無效力云云。蓋因駐藏大臣。受刺麻黨之誘惑。報虛情於北京。王大臣信之。故有是言也。馬科蕾者。有經驗。洞悉此中情隱。宣言曰。西藏人民。最初並無反對此舉之事。當拉薩之報告初來時。人民曾向余言。此番妨礙。清廷實主張之。因示以清人國境上所揭禁止交通之榜。令王大臣聞之。卽宣言對於此事不負責任。且如馬科蕾之請發給護照。對於拉薩發出公平親切之公文。先是哲孟雄境上達吉林地方。有加入與馬科蕾同行之人員。業已準備。然未起行。轉瞬之間。卽得北京飛報云。清人滿心希望使者之奏效。然使者此行。恐遭人民之反對。可得由印度來之報告云。藏人震駭。欲圖抵拒。因之大爲前進之阻擾矣。

排外之實質及英使之態度　英使之事。拉薩羣起紛議。事在西藏。曾不足怪。蓋西藏從來對外交際。僅有中國及尼泊爾而已。今一旦而與印度大國交。羣情之疑懼。自不待論。然閉關之策。非西藏人全體之意。剌麻之中。亦有持開放主義者。祇以制於多數之剌麻。遂不克奏效。西藏之剌麻。其腐敗誠不可思議。表面上爲神聖之教士。實則壟斷中國與西藏之貿易。利之所在。雖錙銖亦所必計。英人哈谷論其貪婪之性質。有曰西藏教徒之寄附金。强半爲剌麻所吞噬。而寡廉鮮恥之中國人。又從而剝蝕之。致富鉅萬。胥由此術。卽如此次印藏交通問題。反對之主動者。定在此輩中國人。可不言而喩。至英使一般之態度。未免失於誇大。正使之外。有書記葡爾。有測量師坦運大佐。考查地質學者有博士俄爾丹。考查博物學者。有博士克利哈。任醫事者有博士利赫。又有通譯官烏哈烈。領導者巴普士脫。强特。皆有名之士。元來此行之日的。在使印藏之間。貿易之關係復活。印度次官曾以此旨於英國議會言之。然次官更有言曰。此次使節。實帶有不可言之妙用。故以不遣貿易事務官爲得策。又有英人之批評曰。馬科蕾之使節。其作用在對付無知人民。蓋此輩見經緯儀。較之大礮猶爲恐怖。又隨員之中。悉皆警兵與軍隊。是以和平交際。而爲武裝的態度矣。當時西藏輿論。對於英使一輩。未免言過其實。然觀於英使之態度。則應招物議。誠無足怪。

英使之撤退　英使入藏。刺麻雖早備對抗。尚不敢自信。因遣使迎英使於境。與之約。先止於半途之江孜地方。以圖開條約之談判。英使不得已姑應之。以待時機。乃忽焉而得解任之報。是蓋由於清英兩政府聞拉薩之風傳。而清政府復加以警戒。故有是命也。命既下。乃招還衛兵。解散從者。攜帶之幣物。一任刺麻之掠取。其後一八八六年七月。中英締結緬甸及關於西藏之條約。調印於北京。其第四條卽將前述派遣使節之事。取消其文如左。

中國政府對於芝罘條約別款所定遣使西藏之事。認爲有礙。英國政府允將該使撤退。英國政府爲圖印藏間之貿易發達。中國政府有鼓勵其人民之義務。並可審議其貿易規則。若有不可制之妨礙時。英國政府亦不得强以必行。

據表面觀之。芝罘條約已得之權利。不啻由此約而放棄。然緬甸之英國主權。實由此約協定。於英國殆無絲毫之損失也。自馬科蕾撤退以來。西藏人遂添築礮臺於境上。而哲孟雄王亦逃於西藏。經二年之久。不還本國。英國之政策。殆未嘗奏功。清政府嘗竊笑之。其後英人排除萬難繼前規而圖進取西藏問題。於今猶烈。此與印度貿易之盛衰實有至大關係。留心世事者。惡可忽諸。

西藏閉關之眞因　西藏者佛國也。拉薩者聖地也。故除尼泊爾人常與貿易交際外。他國人之入境者。概不許遍歷。一八六八年英人庫巴爾之被拒絕入藏。亦由剌麻獻言。是蓋由於宗教上之偏見者居多。然哲孟雄方面之西藏人。頗持開放主義。莫不謂閉關主義。清廷官憲實主之。綜當時各種之報告以觀。反對外人之氣勢。不出於札什倫布。亦不出於一般藏人。蓋大半發於拉薩。即以「佛陀靈地不容有外人足跡」之主張而論。當須一費考查。何則。拉薩之地。雖爲人民崇拜之大本山。而大小剌麻之貪婪無厭。甚於俗人。壟斷宗教之利益。已爲世人所公認。茲所持排斥外人之理由。不過一種口實。其中必別有重要事實在。所謂重要事實者。不在因外人之遍歷。墜其宗教上之威權。亦不在因開放門戶。與外國搆釁。釀成兵禍。其主要原因。殆不涉於政治宗教。不過剌麻之財源。恐因印藏通商。減少收入。故不惜爲强頑之抵抗也。西藏貿易。以阿薩姆輸入之磚茶爲大宗。當時倫敦泰晤士報所論。可稱詳盡。茲節譯如下。

英商入藏。大爲英清談判之糾葛者。磚茶之專賣權是也。而清廷之護惜西藏。與西藏之反對英商。咸由於是。苟審乎此。護惜與反對之理由。可不言而解。西藏人民有生來之癖。

卽好茶是也。其生存於世。以得茶飽足爲幸。所嗜之茶。與歐洲市上所供給者全殊。乃一種釀造物。多興奮之質。少痲醉之資。產於四川省之西部。塞羅河隄上。葉長至一吋時採之。潤以唾液。團爲圓球。如茶碗大。然後使之發酵。發酵後。更入於磚形之模型。加以壓榨以炭火乾之。卽成磚形。在淸廷。此茶爲政府專賣。輸出歲額八百萬斤。常託於雅碩商人販賣。年收稅額甚大。西藏之零賣。在法律上一任剌痲爲之。人民全爲剌痲所左右。然以所嗜者在此。往往取貲雖昂。不能不俯首就範。當茶之輸於市場也。則裝成小箱。每箱約二十斤。以人負至壇香露。約二百英里。由此至巴桑。約六十日程。以犛牛馱之。至西藏後。其上品一斤。約値英金四先令。下品約一先令。今西藏閉關自守。國境上之貿易未通。磚茶之利。無與競爭。而其專賣之利益。不啻爲淸政府雅碩商人剌痲等所專有。然據亞桑地方種茶者所計算之利益。則運磚茶於雅魯藏布江之斯吉雅地方者。稍得機會。每斤獲利四安那（一盧布四分之一）至六安那不難。由是觀之。若有便利之道路。前此六十日至巴桑者。能以二十日達之。則不難盡逐淸人於市外。此種情由。必爲北京與拉薩所洞悉。故其對於英商及旅行者。多方阻遏也。

茶與西藏之歷史　上述茶與西藏之關係。尚未詳盡。茲更引庫哈爾之言曰。茶爲西藏人生活上不可缺之要件。淸人征略東西藏。克奏膚功。胥由於此。吾人試考淸初歷史。準噶爾人及蒙古人入藏見刺麻。必施熬茶禮。視爲至敬。由此更可以推見茶與西藏之關係。非伊朝夕也。蓋熬茶之禮。乃西藏以外之信徒依歸刺麻時相見之禮。或欲由刺麻錫予特別徽號。亦執此禮。卽布施貴重之茶是也。刺麻既得多茶。則分賣於西藏人。以攫其利益。如此種種關係。必不始於清代。欲求其源。殊難考見。庫哈爾又曰。茶者不廉之奢侈品也。何則。刺麻之以零售商自專。亦如清人之以販賣自專。凡欲得茶者。不惜以勞力或製造品相交換。終至使彼依賴於己。若穀若犂牛若羊若馬。皆爲換茶之品。甚至有以自己之兒童與貪婪之僧易茶者。然刺麻所得於茶之利益。轉移之間。必復輸於中國人之手。觀於今排斥外人之聲。發自拉薩。其故可不煩言而解矣。一八八五年以來。英國曾請北京政府。謀融和西藏通商之事。且求撤退西藏境上駐兵。交涉亙十八月。迄未解決。至一八八五年。英命大佐格拉漢占領藏境堡壘。西藏兵始撤營而退。乃據懈烈普之險隘。其地甚高。據海約一萬三千尺云。

明代之茶馬市　明代製茶爲官業。監督頗嚴。太祖之時。禁民間蓄茶。不得過一個月之用。有茶馬司者。設於河西洮州西寧等處。其職在以茶應青海、西藏之需要。而兼採西域之軍馬。其關係至清代不改。遂起後世西藏印度間之問題矣。

第八十一章　教案之頻起

雍正以來傳教之概況　雍正一代處置傳教事業之酷烈。已述於前。然當時之西教。已蔓延於各省。全國信徒。約二十萬。而强令表列當時宣教師之散在各省者。各以其宗派而分擔地方之狀況如左。

（一）拉札麓士特派（北京及南京）

（二）法蘭西斯堪派（陝西）

（三）巴黎布教練習所派（四川）

（四）度果尼堪派（福建）

（五）葡萄牙宣教師（澳門）

雍正帝崩後。其壓抑傳教之手段。仍如故。一八一四年。巴黎布教協會之鐵夫力被戮於四川。一八二〇年。拉札麓士特派之古力被戮於湖北。一八四〇年。拉札麓士特派之波爾波依。又被戮於湖北。又凡受洗禮之中國人被戮者無算。當此之時。歐洲各國。以內部之多事。對於清廷布教事業。不遑顧及。遂有此厄也。

傳教事業之公認　鴉片戰爭以後。中國形勢遽變。一八四四年。法國派遣全權委員拉古勒於北京。將黃埔條約蓋印。該條約之第三條曰。若法國人出開港場之境外。或進入清國之內地。決不得虐待之。惟得引渡之於駐在最近港內之領事云。而本年十二月二十八日。道光帝又據蓋印黃埔條約之全權委員之奏請。准自今以後。凡奉天主教者。不問內外國人。苟不違背清廷法律。決不處以刑罰。然此奏章及上諭。卻不公布。凡宣教師之不得許可而欲於開港場以外布教者。仍被禁止。又前此黃埔條約、及全權委員之奏章、與上諭三者。凡關於設立教堂、與公然得行禮拜之事。均無一言之提及。故拉古勒復向北京政府提出談判。其結果則以一八四六年三月二十日之上諭。許可此二事云。

按中國政府。僅將此上諭公布於廣東及浙江之數縣。並不公布於全國。故地方官多不遵奉。道光十八年。處處有虐待教徒之事。至咸豐朝。則官民之嫌忌西教。更甚於前。政府竟將先帝所許拉古勒之特權。悉行廢止。下密旨於地方官。對於教徒嚴重處置。無所用其假借。於是巴黎布教協會之牧師露透爾度禁錮於廣東。經法國公使福耳脫安之抗議。始得解放。時當黃埔條約後十二年。以法國方爲哥里米戰爭之故。不遑回顧遠東。至一八五六年。法國宣教師劊普特倫被捕於廣西。不堪苦刑而死。而道臺某猶命刎其首。於是歐洲乃再注意於清廷之傳教事業。拿破崙第三命公使特克綏向北京政府交涉要求賠償。不得要領。既而中國人又殺法國海軍之武弁。於是法國乃與英聯合而伐清國。所謂英法聯軍者也。

天津條約與法蘭西之特權　一八五七年九月。英國公使葉耳景占領廣東。翌年。與法國果羅所率之法國艦隊相合。迫直隸溯白河至天津。清國乞和。六月二十六日結清英條約。翌日結清法條約。其第十三條之規定如下。

一切基督教會員。凡關於其身體、其財產、其宗教上慣例之自由執行。均受完全之保護。又發一種之旅行券。（卽照會）對於內地旅行之宣教師。與以有力之保證。中國國內人民。或改宗基督教。或襲用基督教之典例。既公認其有自由信仰之權利。則清廷官吏對於此項權利。不得有絲毫之障礙。而向來中國政府所發之命令。凡反對基督教或記述。或宣言。或印刷品。自今而後。中國國內。無論何地。全然廢止。

然中國政府對於此條約。延之一年猶未批准。至一八五九年。英國公使布爾士。爲欲達批准交換之目的。以艦隊入北京。卻被礮擊於大沽。於是英法聯軍乃進襲北京。二十五日天津條約批准。追加四條。其關於布教者如下。

依道光帝一八四六年三月二十日之詔勅。其從來向基督教徒所沒收之教堂、及慈善建設。均由法國公使各返還之原有之主。而附屬於此等之埋葬地、及建築物。亦均返還。

又宣教師內地旅行所攜之旅行劵。則於法國公使館交付。並歐洲牧師。爲基督教會之故。得於中國內地有購買土地權。此等之事。亦經規定。此項權利。非但法國之宣教師享有。凡歐洲各國之天主教徒。亦均得享有焉。則以規定之明文。爲廣義的歐洲牧師。而非狹義的法國牧師也。此時在中國布教之天主教宣教師。不問國籍。爲何國。皆受法國公使之保護。羅馬教皇亦公認法國所得之權利。意大利更不必論。其餘各國。爲欲得中國布教之便利。皆訓令其教徒。使之服從法國公使。此實爲法國國家公然代表天主教之權。與法國公使同時負兩種資格。對於本國則代表本國。對於教皇則代表教權。故至後日一八七〇年天津有仇教之暴動。虐殺宣教師。燒燬教堂。由法國公使獨當談判之衝。遂結天津條約賠償損害者。此其事實之明徵也。

羅馬教皇致書於清廷　一八八四年五月。清法戰爭起。中國天主教之布教事業。又受一大打擊。蓋法人在中國南部之行動。强暴不法。頗招清廷官民之怨恨。故其鬱積之憤氣。遂宣洩於一般之天主教徒者。亦自然之勢也。廣東、貴州、以至其他各地。辱害教士。焚燒教堂。所在而有。法國以與清廷正在交戰。不得開談判。於是羅馬教皇以一八八五年二月一日。託意大利國宣教師儞理亞奈利。提出交涉之書簡於北京。其書中首先感謝清帝於開戰之初。親下勅令。禁止虐待法國宣教師之事。復述中國各地所來之宣教師。不論何國國籍。

要皆爲敎皇之所派遣。復擧基督敎之敎恉。係爲輔助中國國民之道德起見。決無惡意。約乃請求以淸帝之威力保護宣敎師、及信徒。幸勿加以危害。此其大旨也。僻理亞奈利。頗受中國政府之厚待。得淸帝之答書。以一八八五年六月二十五日復命於敎皇。淸廷與羅馬敎皇之交通由此始。

德意志加特力敎會之競爭　當法蘭西在中國獲得保護天主敎之權利。時雖無利用宗敎以達特別目的之意。然自德意志亦欲向中國獲得此項權利。冀利用之。以達政治上之目的。於是德法兩國之競爭起。

苟一覽德國近世史。便知一八七三年至一八七五年。間俾斯麥之對於加特力徒敎。擧其政治上之權力。剝削殆盡。凡不從政府命令之敎士。皆嚴重處分之。此時敎士之避刑遠禍而逃奔他國者。實繁有徒。其中有尙森其人者。逃至荷蘭。在斯泰依耳市創立布敎學校。主意在訓練宣敎師。在此學校畢業而布敎於中國者有二人。卽近年有名之山東省南部牧師長安察耳。及牧師富剌南特美士是也。二人於一八七九年至中國。當時山東全部牧師長爲意大利之法蘭西斯堪派敎長科西斯。由科西斯委任。以管轄地內之一部分。二人非常致力從事布敎。遂得多數之信徒。復由斯泰伊耳招致數名之輔助者。於是羅馬敎皇於一八八六年下命令。分山東省爲南北二布敎區。而安察耳卽爲南部牧師長。然從此而德國宣教師。應否居於法國公使保護權力之下。遂成一問題。依法律。則清法相約保護天主教徒。理應受法國之保護。然以德國人而受法國之保護。要亦勢之所不能。故不得不轉而爲獨立之計謀。時俾斯麥亦自一八八三年以後。採取殖民政策。正在利用宣教師之際。故隱然贊助德國天主教會之運動矣。

然德國天主教會。卻不爲正面之競爭。先欲設法使教皇之公使駐在北京。以破壞法國保護之專有權。其事實如下。

北京城內皇宮左右。隔花崗石橋。有天主教會。稱曰北堂。乃拉札釐士特派教徒。爲記念天津條約。以法國政府之公費建築而成者也。會堂高聳雲霄。左右有鐘塔。每日至午後。則日光所映。而此巍然之塔影。竟倒落於宮中。又每至日曜日。祈禱唱歌之聲。喧然聒於禁內。使人感想一八六〇年之敗績。故一八八六年之冬。西太后正欲設法除去此塔。而此意則爲德國公使所探知。德國公使風普蘭向李鴻章獻策曰。建立北堂之拉札釐士特派。本爲羅馬教皇所直轄。欲去此塔。但須向教皇交涉可也。然貴國與教皇無直接交涉之機會。可先使教皇之公使駐在於北京。任以天主教徒之保護。則著手有方矣。當時中國政府。爲保護宣教師之事。屢受法國公使嚴重之談判。正以爲苦。而羅馬教皇則無軍艦。無陸軍。故以爲假如由教皇保護。則卽使偶不周到。而談判之時。可以折衝於樽俎。

遂納德國公使之獻策。而命總稅務司赫德部下之英人名但者。攜密旨。到羅馬。且素來不滿意於法國之保護專有權者。如英、意、奥、各國。亦均暗助。但以期其成功。羅馬敎皇聞世界最古最大之中國。一旦而其布敎事業。歸其直轄。喜何如之。雖法國素稱爲敎會之長子。奪其特權。似乎不便。然敎皇以爲派遣公使於北京。常與法國公使相提攜。則亦未始不足以貫徹法國之意旨。而初於法國之實權無損也。

白亨之勸說羅馬敎皇 此時法國之特權。已危如纍卵。而巧窺樞紐。轉敗爲勝者。則法國公使白亨之勸說羅馬敎皇也。白亨公使死後。其遺稿出版中有「敎皇立俄十三及俾斯麥」一篇。頗詳其顚末。其言如下。白亨受本國外務大臣富力西奈之訓令。云敎皇派公使至北京。頗害法國之特權。其理由則以爲世界各國之天主敎。普通爲敎皇所直轄。然敎皇與淸廷。素不爲直接之交通。故由法國政府代羅馬敎皇與淸廷結保護布敎之條約。而卽代敎皇保護各國之宣敎師。其事已久。非一朝一夕矣。今若敎皇直接與淸廷派遣公使。則各國將別立一敎皇而擁戴之。以各保護其國民之布敎事業。則我法蘭西亦祇能保護我自國之宣敎師耳。是豈非敎皇自喪失其地位。而使我法國之特權亦因而破棄哉。法國政府本此理由。是以對於敎皇之派遣公使。斷然不贊成也。當時敎皇因法國爲羅馬敎會之唯一保護者。不敢拂其意。而派遣公使之議。遂宣告中止。此一八八六年事也。

俾斯麥與山東之布敎事業　敎皇之派遣公使。事雖中止。然至翌年。卽一八八七年。德國俾斯麥。欲與加特力敎徒接近。以制國會之多數。適當其時。探險家維斯曼烏耳夫之徒。稱揚布敎事業。於領得殖民地有大功。因之國民之膨脹熱。一變而爲傳敎熱。於是往年爲剝奪加特力敎會政權而制定之『五月諸法律』。皆以改正法廢棄之。且制定新法一條。定保護布敎學校之事。於德意志帝國各地牧師長年會。議決以曩年安察耳出身之斯泰依耳學校爲模範。創立同樣之傳習所六箇。而此時山東南部之牧師長安察耳。亦適自羅馬歸柏林。俾斯麥卽接見安察耳。厚加禮貌。與之約束。云今後德國政府。對於布敎事業。當加以熱心之保護。幷云別舉一人。以接任山東南部之牧師長。以置之德國管轄之下。安察耳本以受敎皇之任命爲不然。本不承認與敎皇有協商之義務。遂以獨斷而應俾斯麥之命。由是法國專有之保護權。其一部分。已爲德國所破壞。自是以後。德國宣敎師。不向法國公使領受旅行劵。而於德國公使館內領受旅行劵矣。經此一變化。後日遂生重大事之事實。一八九七年。山東省殺害德國之宣敎師二名。德國遂不依賴法國政府。自進而與中國政府開談判。其結果乃至租借膠州灣。

各地續生之敎案　數十年來。法國專有之天主敎保護權。山東省之一部份。雖爲德國所破壞。而其他各地方。法國之特權。則依然如故也。自後中國敎仇敎事件。屢屢發生。而每發生一事件則清法談判一次。而法國之特權鞏固一次。試舉其一例。光緒十七年。卽西曆一八九一年。揚子江流域所起之仇教事件是也。此事件先爆發於湖北省之南部、及江南地方蕪湖宣教師之住宅悉數破毀。鎭江、丹徒、舒塘諸地方之教徒。皆在萬死一生之危境。南京則徧貼布告將燒宣教師之居宅。危險萬狀。兩江總督頗憂之。發嚴重之命令懲戒暴徒。一方面則以外國軍艦之來集。示威運動。而秩序乃漸得保持。事聞北京之法國公使爲首。集合諸國公使。强迫清廷。取締不逞之徒。結果乃有一八九一年六月十三日之上諭。上諭之大旨。謂外國人傳教之本意在以文化導人民。俾增進人民之福祉。倘加以虐待則罪等大逆。地方官吏宜盡力保護外國商人及教徒。著兩江總督、湖廣總督、江蘇、安徽、湖北諸官吏督勵其部下之文武官員。嚴緝兇徒以絕後患云云。然此實法國公使之主動也。

孚爾里事件・・・・ 中國人仇視外人之心。自上諭發布後。一時雖屛息。然未幾卽又發露其鋒鋩。二十四年及五年。(一八九八至一八九九)仇教之亂又起。此實起於仇教有名之油蠻子。Yumantse 於一八九一年之事變。亦有關係。其結果則以法國公使之請求北京政府乃宣告油蠻子之死刑。經過六年。始被捕下獄。然地方官有庇護此兇漢者。遂得出獄。彼乃愈發洩其生平仇教之戾氣。遂於四川省捕法國宣教師孚爾里而幽禁之。據法國政府發行之黃皮書。一八九八年八月四日。駐在中國之公使披西勇報告外務大臣特耳喀塞者如左。

據重慶府之領事之急報。云有二名之宣敎師在榮昌地方。爲兇徒所捕。其一人幸逃虎口。已負重傷。重慶府之敎堂。在在刦掠破壞。總理衙門猶力辨其無然。其餘一人尙爲兇徒所拘禁。該兇徒於十年前曾宣告死刑。今雖由地方官吏逮捕。然至此時以宣敎師尙在彼等之手中。恐爲彼等所害。且更引起地方之大騷亂。因而總理衙門之意見。責成地方紳士保證兇徒之歸順。以釋放宣敎師。其他之條件。則在北京就近協定。本公使曾發電報。徵集重慶領事之意見焉。總之此次之事變。榮昌知縣、與四川總督。不得不負重大之責任。本公使昨日致書總理衙門。請其將該知縣免職。若宣敎師之生命不保。則兇徒不得不處以嚴刑云。

由法國公使强硬之談判。往復論難。於一八九九年一月二十二日。孚爾里乃得釋放。但釋放之理由。不過中國政府與兇徒油蠻子一種調和之手段而已。此事詎不足怪哉。然試觀察中國地方政治之狀態。則此事亦不足怪。何則四川之富甲天下。乃中國人之素所誇稱者。加以境域之廣。民氣之强。故淸政府特別重視之也。當時亦以不得已之故。以甘言懷柔地方人士。乃始出此怯懦之政策歟。

法國之占領廣州灣　與孚爾里事件相先後者。則一八九八年。廣東敎會之宣敎師西雅奈。在北堂（教堂之名）與多數之教徒。爲暴徒所襲擊而殞命是也。於是法國公使向清廷交涉。提出救濟之方法。適廣東總督與法國人之間又生爭執。及法人占領廣州灣。而爭執益烈。幾至大決裂。然結果則清廷讓步租借廣州灣與法國。嚴罰兇徒。償廣東教會撫恤金八萬圓。事乃漸解。同年十二月。天主教宣教師比利時人特耳普羅被殺害於湖北。法國公使又與總理衙門交涉。一八九九年七月十二日。中國政府處兇徒以嚴刑。出巨額之撫恤金。事又結局。

宣教師之厚遇　各地所起之仇教之暴動。一波未平。一波又起。駐京之法國公使。因與宣教師等熟議。遂請求北京朝廷。欲與宣教師以最大之便宜。其結果則有一八九九年三月十五日（光緒二十五年）之上諭。先是住於北京之加特力教大司教。其受任之際。須得羅馬教皇之恩命。故北京朝廷。敍彼以二品之職銜。贈以頭等赤色雙龍寶星勳章。是實殊遇異數也。而預此恩典者。則以有名之大司教法維哀爲始。彼於一八九八年二月二十日。舉行大司教受任式。直隸總督及總理衙門各大臣、并宗室十餘人。俱臨場道賀。其後數月。北京拉札釐士特教會之祭路林。又敍二品職銜。授以頭等綠色雙龍寶星勳章。得自由出入總理衙門。以與大官會見。從此加特力教徒之地位愈固。氣燄愈高。而從來仇教之地方人民。見中央政府之如此處置。愈不滿意。而最仇教之山東人。遂以爲因一教案之故。而致德國有膠州灣之租借。且英國有威海衞之租借，而戾氣遂有大爆發之徵象。此後日所以有義和團之大亂也已。

第八十二章　中日俄三國之朝鮮角逐

伊藤博文之來北京　一八八五年三月二十七日。日本派全權大使伊藤博文至北京。先訪總理衙門。晤慶親王、閻敬銘、福錕、錫珍等。博文首先聲明來聘之主旨。在永敦兩國之和好。不僅在協商兩國之交涉。其實則唯一目的。在解決朝鮮問題也。慶親王等頗不欲博文之來北京。勸其赴天津。晤直隸總督李鴻章。博文本有此意。然藉此可窺知李與北京政府之關係漸疏。一旦交涉既開。恐李之全權不固。乃先宣示來聘之目的於王大臣。以豫防後日之異議。此時吾人所宜注意者。博文屢以東洋大局兩國和好爲言。王大臣等輒微笑應之。總理衙門爲外交折衝之府。而董其事者大半皆滿大臣。無一人能通外情者。誠不知其何所用意也。彼王大臣等唯知施防柵於紫竹林之上流。以阻外國船、及西洋式船之北溯。遇有交涉。一委之天津李鴻章而已。蓋當此之時。清廷既授權於李。則對外所有樽俎折衝。在天津方面。殆爲重心。而語其實力。亦北京遜於天津。故北京政府對於李鴻章不免常存猜疑也。博文知之深而籌之熟。故先强要王大臣。然後赴天津與李交涉。識者謂其最得對付此時清廷之法。彼英公使者。不諳情形。昧然欲當居間調停之任。宜乎其無成矣。

李伊之折衝於天津　一八八四年八月。朝鮮之變。日本公使竹添之處置失當。吾人不能曲爲之諱。蓋日本之駐兵朝鮮。係原本於濟物浦條約所得之權利。其目的不過保護在韓日人及公使館而已。竹添乃溢出於權限之外。豈非不思之甚耶。兵力微弱之時而欲驟行此非常之手段。宜乎其失敗矣。因一朝之不愼。致勞大使口舌之爭。雖卒歸勝利。竹添要不能無過也。茲記博文與鴻章初晤時之辯論於左。

本大臣談判之主要目的。在鞏固貴國與敝國之和好。爲欲達其目的。可分案件爲二種。其一屬於過去。其一關於將來。茲將關於將來之事。從敝國駐兵朝鮮述起。惟閣下注意及之。距今四年前。朝鮮亂民加暴行於敝國公使。焚我使館。敝國是以與該政府結約駐兵。然此約非永久存續性質。故當時撤去之兵過半。所餘僅一中隊。此情想在洞鑒之中。客歲京城之變。不幸貴國之兵與敝國駐軍衝突。兩國之間遂成嫌隙。繼是以往。倘兩國之兵仍如前駐紮。勢必至損及國交。爲害滋大。倘以兩國之和好爲念。則貴國駐紮朝鮮之兵。望速引退。區區之意。誠非得已。諒蒙鑒及。尚有一事可爲閣下參考之資者。客歲之騷亂。敝國爲應變計。曾添派駐兵。至今猶仍其額。比之變亂以前。其數更增也。

博文分事件爲將來及過去兩種。論將來尚未完竟。忽舌鋒一轉。論及過去之處置。今揭其概。

屬於過去之事爲何。當朝鮮變亂時。敝國公使應該國王之請求。率兵入衛。時貴國將官。知敝國公使在王宮。乃率大兵突入。不幸兩國之兵偶生衝突。貴國將官當時處置未得其當。竟向敝國公使及衞兵加以攻擊。敝國公使及衞兵時已屯於王宮。貴國之兵係從宮外闖入。卽此一事而論。貴國之兵處於進攻地位。敝國之兵處於防守地位。可不煩言而解。此番攻擊。於敝國國威實蒙非常之損害。是以敝國政府不得不將貴國處置失當之指揮官。要求貴國政府處以相當之罰。此外貴國駐兵。慘殺在朝鮮之敝國臣民。或掠取其財物。種種暴行。今後更望有以制止之。以上所要求者。非敢阻遏貴國將官當行之職權。特以兵士恣其兇暴。發蹤者必有其人。尙望閣下亮其不得已之苦衷。施以圓滿之解決爲幸。

鴻章意中豫想博文必有重要之要求。及與接談。所求者只此。殊出意計之外。先是日本遣使來聘之時。上海報章喧言日使之來。要求朝鮮撤兵之外。琉球問題及添開商埠問題。勢必同時並及。而償金之額。必在八十萬以上。然博文於償金不確言其數。於琉球及開港問題。未嘗一語涉及。宜乎非鴻章意料所能及也。蓋此時中法之戰方終。日使之來。表面似乘機要求者然。鴻章最初之想像。固猶是情理中事也。

朝鮮僞詔之辨論　鴻章對於博文之提議。其反對之理由有四。一、朝鮮國王親書日使入衙之詔。僞詔也。二、竹添公使當入衙之時。何以不通知於朝鮮統理機務衙門。三、清廷將官於進兵之前。曾致信於竹添公使。四、清廷將官並未先發銃礮。蓋鴻章於提議之先。已命吳大澂等向朝鮮王徵集關於此案之咨文。以作相當之準備矣。於是鴻章提議曰。大使許我將此強固之理由提出乎。此事原係關於朝鮮之事。故以朝鮮國王之陳述爲此事之證據。於法理上不能云無效。貴大使想亦有同意也。鴻章乃出朝鮮王之咨文以示博文。頗以此咨文不能爲此事之確證。亦深知朝鮮王之不可信賴。蓋鴻章之意。在追究禍首。至事之結果。付之不問。鴻章之言曰。朝鮮國王爲亂黨金玉均所賣。而竹添又爲亂黨所賣。國王性柔弱。少決斷。今日之事。實不能辭其責。至竹添之言。更不足信。其處事亦屬冒昧。恃才傲物。不肯與人商酌云云。談判如斯。愈生枝節矣。

談判之關節及歸結 伊藤博文知局面至此。宜稍變計。乃於四月八日午後。命榎本武揚單獨訪問。以爲次回談判之地步。今引博文復命書中所載者證之。

於是本使(榎本)在總理衙門抗論三日。本使力言務使鴻章之責任稍輕。以移其責任於王大臣。鴻章笑頷之。於是本使暫時無言。以待明日談判時鴻章之持論如何。乃鴻章知本使來訪之本意。不僅如前件所提出者。遂不言。相持不語者良久。

上述記事。爲此次談判之關節。徵諸「鴻章知本使來訪之本意不僅前件」及「鴻章笑領之」云云。則日本要求之內容。鴻章必已深悉。此時日本之目的。主張雙方撤兵。而置損害賠償於不問。雙方會得此意。故談判進行甚速。以四月十五日會晤告終。關於處罰清將一事。博文欲依賴美國大總統審判。鴻章不從。且言曰。頃日回國之袁世凱。亦將官之一。本大臣已革去其職務。貴大使宜將此事轉陳於貴政府。又曰。袁稟性敏捷。有才能。故本大臣使之駐紮朝鮮。頃以處置失當。遂召還云云。博文當時亦表示滿足之意。以上談判之要旨如次。

一中日兩國自條約調印之日起。於四箇月內。雙方撤兵。

二朝鮮練兵。爾後不由兩國派遣。

三將來朝鮮若有重大事件。須中日兩國出兵時。兩國須於出兵前互相知照。事定卽行撤退。

伊藤之才幹　此次談判。日本對於朝鮮。始獲得對當之權利。後此十年中日戰爭之主張。實託於此談判而起。蓋日本欲合併朝鮮。必使之離清廷屬國之關係。表示其獨立之資格於世界而後可也。博文當時語其隨員某曰。朝鮮之屬清非屬清。直屬於直隸總督李鴻章而已。日本從來解釋朝鮮問題。多置重於北京朝廷。殆亦昧於審勢之甚者矣。博文窺見其蘊奧。故將來對清之交涉。甚得肯綮云。鴻章於事後頗推服博文之態度。曾密陳於總理衙門。大概如下。

該使伊藤博文久歷歐美。取短舍長。實有治國之才。專致力於通商睦鄰富國强兵諸政。不欲輕開戰釁。併吞小邦。十年之內。日本之富强。必有可觀。此乃中國之遠患。而非目前之近憂。尙祈當軸諸公早留意於此。是幸。伊藤亦以竹添爲非。謂回國之後。卽別派妥員以充朝鮮駐使。是卽撤差之意也。勿庸再事力爭矣。

以上密陳。殆出於鴻章之眞意無疑。日本爾後專以植勢力於半島爲務。而淸廷則內政不修。鴻章之對韓政策仍如故。兩國遂不能不以兵戎相見矣。

韓廷之派遣使臣問題　朝鮮既與歐美諸國締結條約。則派遣使臣於締盟國。亦當然之權能也。一八八七年。韓廷任朴定陽爲美國公使。淸廷駐在官袁世凱。承李鴻章之命。照會韓廷曰。派遣使臣。應先謀於淸廷。得承認而後行。乃屬國對於宗國當然之道也。玆何以置淸廷於不顧。而擅派使臣。加之朝鮮在外國。無一貿易。無一商賈。徒耗國帑。無益於事。望再三籌思。不可冒昧從事云云。韓廷奉此照會。意頗爲所動。而美國不能緘默不言。當時駐北京美國公使殿畢。Charls Denby 向淸廷抗議曰。韓美條約之成立。曾得淸廷之斡旋。兩國互遣使臣一節。已規定於此條約中。淸廷今玆容喙。其用意果安在。駐朝鮮之美國公使又詰責袁世凱曰。前年朝鮮派使臣於日本。曾不加以干涉。今派使臣於我國。而有異議。是清廷之視日美。顯有軒輊親疏之不同也。待前者何其厚。而待後者何其薄。顧明白示復。顧美國雖如此抗議。而韓在滿廷積威之下。不能自振者。匪依朝夕。於是韓王乃卑辭乞請清廷准其派使滿廷。始允之。惟以所派之使。降清使一等。其資格同於辦理公使。以示不敢與宗國抗衡之意。無論何事。不能派遣全權公使。并云此乃優待屬國。出自特恩。非尋常所能援例。逾數日。更電傳條件三。第一。其使臣抵駐在國時。應先謁清廷公使。即由清廷公使介紹訪問駐在國之外務部。第二。凡遇公會宴會。席次均在清廷公使之下。第三。遇有重要事件。必先謀於清廷公使。承其指示。韓廷對於此條件。悉承認之。使臣乃於是年十一月。向美國進發。而美國不顧清廷追加之條件如何。直以獨立國之使臣待遇之。清廷聞之。殊不滿意。屢屢詰責韓廷。韓廷不得已。乃召回樸定陽。及至中日戰後。朝鮮始再派使臣也。於此有吾人所宜注意者。李鴻章表面上絕不言朝鮮爲其國之附庸。而實際上强加壓迫。日甚一日。薦德人穆麟德以爲外務顧問。然穆不爲鴻章謀。而反爲俄人謀。鴻章知之。急召穆於天津。以美人殿棃 O. N. Denny 代之。事在一八八六年五月。殿棃先充鴻章幕府。其入韓也。鴻章之力。詎殿棃任朝鮮顧問後。見清廷袁世凱權力之大。積不能平。乃著清韓論 China and Covea 以洩鬱憤。俄韓陸路通商條約之成。彼實與有力焉。

清廷大院君之護還　李鴻章拘繫大院君於保定。歷三寒暑。蓋此等處置。不過一時權宜之計。乃閔妃一族。素爲大院君敵者。勢力益增進。遂與清代表袁世凱不協。及穆德麟殿梨入韓。復引俄國勢力於宮廷。而閔氏一族。適欲假他國之力以免清廷之壓迫。袁世凱洞悉其情。乃建議放還大院君歸國。其名義則曰大赦還鄉。一面則利用大院君之勢力以殺閔氏之權力。大院君居清久。知其謀最穩。乃以積極圖韓之策進。其言曰。元代曾有征東行中書省。今日宜仿行之。征東行中書省者。元世祖忽必烈爲統治半島而設者也。大院君又曾說鴻章之幕府曰。

今日小邦之危。非小邦一國之憂。實爲東三省將來之大患。（中略）國政日非。賄賂公行。差除官職。非閔族之親戚。卽以財進者。王妃干政。倒行逆施。縱蒙中朝曲庇之恩。不逾數年。必難以長保。若下嚴旨不准王妃干政。特派大臣留駐王京。綜核大小事務。支持國政。則民心庶幾得安。今各國視線。集於小邦。稍有躊躇。顧小失大。否則三韓一區。必非中朝所有。在昔高麗。曾有如今日之事。元朝特降嚴旨於大臣吳祈而拘致之。流於西安。況今日之時勢。遠非前時之比哉。

李鴻章非如大院君之盲目無識者流。故對於上述之策。屏不見用。然袁世凱放歸大院君之計。實獲鴻章之心。乃歸大院君於韓。以兵衞之而行。韓人亦頗不懌云。

●俄國之覬覦朝鮮● 俄國前由北京條約。獲得沿海州一帶地方。一八六〇年後。領地遂與朝鮮相連接。然此時尚無經略半島之意。一八九二年。曾充駐華公使館書記官之韋貝。C. Waepen 被任爲駐韓公使。俄國之經營半島。遂進一步。無他。卽陸路通商條約締結之要求是也。該條約之主眼。第一。圖們江之兩岸百韓里一帶地方。俄韓兩國人民。准其自由貿易。第二。朝鮮政府於他處商場外。特將距圖們江二百韓里之富寧地方。援他處商場之例。開爲俄國商場。以供俄人貿易及居住之用。此草案所載。沿圖們江一帶以至富寧。悉入於俄國勢力。在韓廷曾不若是之愚。然草約之成。穆麟德實爲之盡力。宜乎其立約之苛。而損失之大也。韋貝任爲公使。自必據約以相要求。然不幸適有巨文島之事件發生。當一八八五年。中央亞細亞之英俄關係。瀕於危機。阿富汗斯坦。將爲兩大國角逐之場。而英國政府欲握東方關門之鎖鑰。務使俄人不能出對洲之海峽。是年四月十五日。下令於其東洋艦隊。命占領巨文島。然俄國詎能默視。而獨立抵抗。勢亦有所不逮。乃以英國占領該島之違法。清廷不應承認。來相詰責。且照會清廷言。俄國倘至不得已時。亦將占領該島之一部。然清廷此時對於俄國。殊表滿足。竟欣然承認俄國之照會。同時又有一風說。謂中英之間。先已有密約成立。清廷旣承認俄國照會。乃命其駐歐洲公使曾紀澤。對於英國政府。以半抗半認之照會行之。而英國東洋艦隊司令官亦報告英政府。力言占領巨文島得不償失。故其結果。仍由英廷通告清廷。言英國退出巨文島後。無論如何。俄國亦不得占領朝鮮土地。

至翌年二月。英國國旗。遂不再見於該島。而韋貝之政策。因此亦未能奏績。閱一年。仍向韓廷開議追加條約問題。韓廷不得已。命趙秉式爲全權委員。於一八九四年八月。成約。翌年十日。開慶興爲商場。是爲俄韓邊界通商條約。唯前草約之中。俄人占利過優之點。則曾經李鴻章之修改。如草約所載開放圖們江兩岸百韓里之土地一條。改爲開慶興府一所爲商場是也。草約中「特爲俄人允准」等句。其後盡削除之。是不獨鴻章之抗議。亦由於英國之掣肘。而俄國南下之勢。至此又進一步。烏拉幾密爾所著 Russia on the Pacific 一書。起於俄韓交涉。迄於中日戰事。言之甚詳。今錄其一節於下。

愛琿條約既成。莫拉維哀夫卽下令占領浦鹽斯德港。及薄石西耶德灣。至是俄韓始接壤。時爲一八六〇年。當此之時。朝鮮內政紊亂。朋黨相鬩。在在皆可爲干涉之口實。而半島之南部。又多不凍良港。可爲將來海軍之根據地。何以四十年間。俄國向東亞南下之勢。竟寂然無所聞也。（中略）俄國至與朝鮮接壤二十餘年。其間對於半島。曾無何種之經營。當時韓民避地方官之虐政。及內亂饑饉。棄故國而入俄領者。其數不知凡幾。俄國曾不能乘此時機。以植勢力於半島。其與朝鮮開國際關係。反在日美意等國之後。（中略）俄國在此時期。對於朝鮮之態度。恰與自尼布楚條約以來至北京條約成立之時。百五十餘年間。對於壤地相接之中國之態度相同。故觀於當時對於淸廷之態度。及前述對於朝鮮之態度。則俄國尚不能列於霸國。利用其地位而與世界爭雄長也。當中日戰爭時。清廷聲言朝鮮爲其附庸。而日本則以實力經營。握朝鮮於手中。俄國對之。一若無關係者。甚至日本保證朝鮮躋於獨立國之林。俄國竟表示滿足。曾不少加以抗議。及日本之政策不振。尋起王妃事件。俄國之勢力。始充滿於韓廷。他日併呑半島之根基。至是始肇其緒。然韓廷之衰微。達於極點。朋黨軋轢相繼。對韓經營之困難。實在於此。日本前此已費多數之代價。以買得其經驗。俄國不鑒其前車。竟使日本視俄國爲不共戴天之仇。而俄國猶悍然不顧。惟以操縱朋黨爲得計。幸此時山東敎案發生。德國占領膠州灣。俄國至是始乃獲得素所希望之不凍港之機會。（中略）其後俄國遂占領旅順。對於朝鮮半島。不啻暫時拋棄。日俄間所積惡感。因是亦漸消。至最近兩帝國間。復訂條約於解決一切困難問題。尤爲有力。惟兩帝國國民之感情。殊相背馳。輓近以來。兩帝國更擴張軍備。不遺餘力。以防他日不可避之事變。蓋條約之力。雖可以決困難問題。惟此背馳之感情。欲融和而調劑之。恐非朞年三月間事也。

第八十三章　革新及革命

同治中興後漢人之位置　髮亂既平。大勢悉歸於漢人。而曾國藩、左宗棠、李鴻章等。尚不自覺。寧得謂之智者。彼等被妬嫉。被中傷之事實。前已述其梗概。其中負中興重望之曾國藩。暮年據兩江總督之重地。亦專以避嫌疑爲計。曾無建中興大業之雄圖。據吾人所聞。曾於晚年。託於道家之卑弱生涯。講明哲保身之道。遇事謙遜。不敢斷行其胸中之所學。亦可憐矣。次於曾者爲左宗棠。伊犂事件。曾建赫赫之功。然所謂同治中興。彼實一籌未展。次於左者爲李鴻章。李誠不如曾。驕不如左。而二人既死。中興之元勳。惟李一人。又承曾之後。而爲直隸總督。威望薰灼於中外。然中興之業。殊不足觀。迹彼一生之設施。不過繼承曾左而已。蓋當時漢人對於北京朝廷。服從甚恭謹。不知漢人等何所憚忌。不肯取北京政府而代之以號令四方也。凡百改革之政。因此一事。遂不能見諸實行。日使伊藤博文評李鴻章在天津之位置曰。李鴻章苟有異圖。則北京咄嗟可辦。而李竟不敢發。寧不令人詫異。副島種臣亦曾向李切言撲滅太平黨之失計。無如李終不納也。惜哉。

國防經營之窳敗　同治中興。滿人曾無何等之建白。而漢人之代表。如曾左李者。其設施猶有可觀。彼等設施之先著。卽經營國防是也。茲引東邦協會報告三十三號所載陂志特烈夫之著於下。

中國人對於歐羅巴人之大體關係。槪言之。始而蔑視。繼而嫌忌。自經鴉片戰爭。北京陷落。及東京戰爭之後。中國人始漸知歐羅巴之實力。故其待遇歐人。亦稍善。當時中國人之意。以爲中國男兒蒙此恥辱。受此羈絆。怨恨實不忍言。故欲臥薪嘗膽。以雪洗之。惟勢無可乘。只有飲恨而已。顧志慮如此深遠。雖一時屈服於歐人。斷無終立於下風之理。故今則孜孜以謀改良進步。欲以爭雄長於世界。蓋上述之戰爭。不啻示中國人以剴切之實例。中國人設一旦對於歐羅巴人注意不怠。積久必爲歐羅巴諸國之大患。現在中國之國勢。雖遜於歐洲。然觀其最要之首圖。則在輸入歐洲兵事上之進步於本國。考其進步。誠可驚歎。自一八七五年以來。中國政府已創設機器局八所。一天津。二上海。三廣東。四蘭州。五福州。六哈密。七吉林。八蕪湖。此外小銃製造所。重要各府莫不有之。（下略）

清廷此時不僅陸軍之設施也。又編制南北兩洋艦隊。一八七五年以後中國稍得掛於歐洲人眼角者。實以此。惜此種經營。徒流於浮誇。遂不免爲識者所嘲笑。一八八六年上海機器局鑄成四十普脫之安士特倫礮十二尊。九吋口徑之礮五十尊。而吉林之兵器局。一日能出彈藥三萬粒。進步之大。令人驚愕。惟於募兵之制度如何。軍人之精神如何。兵糧如何。訓練如何。凡此重要問題。悉不措意。約言之。只知擴張兵備。而內政不能同時整理。其成績之不良。宜也。惡足以禦外侮哉。

西太后之攬大權　同治帝殂落。皇后殉帝。其事前已言之。或曰皇后之殉死。時已有孕云。然同治帝無嗣子。已成事實。故東西兩太后。（尤以西太后爲主）乃以道光帝第七子醇親王奕譞之第二子載湉。爲咸豐帝之承繼子。以嗣大統。此一八七五年一月事也。清朝一代皇帝之無子者。以同治帝爲始。承繼子又出於一時之不得已。故載湉入嗣。以次第而論。恐不得爲公平之處置。其第一理由則違背乾隆朝所定之皇室典範是也。何則同治帝諱載淳。則次帝不當求之載字之輩行。而當求之溥字之輩行也。其第二理由則爲同治帝之次帝者。自當繼承同治帝。而西太后則推載湉爲其夫咸豐帝之繼承者。是實出於愛憎之私而不顧體統者也。蓋同治帝雖爲太后之實子。但不爲太后所悅。大婚之後。母子間尤分離。如鴻溝。西太后以帝爲不孝之子。故不願其有後耳。進而言之。太后欲鞏固自己之位置。故求之妹夫醇親王家。而可以應選之稚兒適有載字輩者。遂以爲咸豐帝之承繼子耳。光緒五年。死諫之吳可讀之遺疏有曰。兩宮皇太后一誤再誤。爲文宗立子。而不爲大行皇帝(穆宗)立嗣。既不爲大行皇帝立嗣。則今日嗣皇帝所承之大統。乃奉我兩宮皇太后之命而受之文宗者。而非受之於大行皇帝。然則將來大統之歸。於承繼子。自不待言。臣以爲不然。今日雖無異議。而將來之紛紜難測。是言也實彈劾皇太后之擅行繼承也。此其弊至一八九八年之政變。而事實乃不可掩矣。一八八七年。光緒帝年齡已達十六歲。西太后之撤簾。要亦一時之休息耳。其擅攬大權之志。仍未戢也。

下關條約之締結 清廷對於朝鮮半島。勵行其屬邦主義。一八九三年至九四年。以鎭撫朝鮮內地之東學黨爲名。李鴻章出兵於朝鮮。冀欲實現其屬邦主義。然以有天津條約之故。乃知照日本曰。中國之屬邦朝鮮有內亂。朝鮮政府之力。不能鎭壓。今應其請求。發兵剿之。此保護屬邦之舊例也。日本以此知照爲不滿足。復答曰。貴國出兵朝鮮。已知悉矣。以朝鮮爲屬邦。敝國所不能承認也。於是日本以保護居留之官民爲名。派遣混成旅團。自仁川進至京城。清兵屯於牙山。日兵屯於京城。形勢甚急。東學黨爲之解散。而兵禍仍不弭。七月二十五日。日兵受韓國政府之請託。破清兵於牙山。同時清海軍礟擊日本軍艦於豐島冲。日本宣布開戰。其詔勅曰。

我國啟誘朝鮮。使之爲獨立國。而清廷每稱朝鮮爲屬邦。陰干涉其內政。適有內亂。便以救拯屬邦爲言。出兵朝鮮。即依朕明治十五年之條約。出兵備變。更欲免朝鮮永遠之禍亂。保將來之治安。以維持東洋全局之和平。先告清廷以協同從事。清廷託辭拒之。我於是勸朝鮮。革其秕政。內固治安之基。外全獨立之權。朝鮮業已肯諾。而清廷終百方妨礙之。託辭左右。藉緩時機。以整水陸之兵備。一旦兵備告成。直以武力達其慾望。派遣大兵於韓土。擊我軍艦於韓海。可知清廷之所圖謀者。使朝鮮治安之責。無所歸。我國所欲提攜朝鮮於獨立國之地位。及表示此意思之條約。均付諸蒙晦之列。以損傷我國之權利及利益。而使東洋永久之平和。不能擔保。熟察其所爲。實不外欲犧牲平和。以遂其非望。事既如此。朕雖始終願以平和表示帝國之光榮。而要亦不得不宣戰也。

日本乃水陸並進。陸軍先破清廷之大兵於平壤。進渡鴨綠江。取九連、鳳凰、諸城。一枝隊自大孤山上陸。陷金州、大連、旅順。占領遼東半島。其出山東之榮城灣上陸者。一舉而占領威海衛。海軍更擁護此等兵站線。卽於海洋島附近、及劉公島邊。破滅北洋艦隊。日軍意氣益壯。更欲進衝北京。此時清廷氣衰力盡。意欲媾和。由美國告知和意於日本。日本諾焉。然清廷派遣之張蔭桓、邵友濂兩人。無全權大使之權能。故爲日本所拒絕。廷國不得已。任李鴻章爲全權大臣。日本以伊藤博文、陸奧宗光兩人爲全權。會見於日本之下關。締結和約。但此和約上日本所主張之割讓遼東半島一事。則以俄、德、法三國之干涉而放棄。仍還中國。日本於是屏除中國在朝鮮之勢力。南割台灣。且開放中國內地之數港云。

睡獅之中國　因中日戰役失敗。李鴻章遂失勢。一八九六年五月。李鴻章請至俄都。賀俄皇尼古拉二世之加冕。時年七十五。東方大偉人之名。久喧傳於歐美。至是出聘歐洲各國。君相亦忘其爲戰敗國之老宰相。所到之處。無不歡迎。歸國之後。出爲兩廣總督。而前此在直隸總督任上時之新式事業。亦從此而有退步之傾向。而歐洲人之觀察中國。亦從此而洞見眞相。蓋前此歐洲人以中國爲不可思議之國。或以爲有何等之實力。一八九五年與日本一戰。以極大之國而敗於至小之日本。於是共知中國國防之薄弱。卽中國人亦方知前此李鴻章之練海軍與洋務。未免虛誇。二十年前。曾紀澤曾對歐洲人曰。中國一睡獅也。

至此而歐洲人乃始知睡獅之聲價矣。

德國之割據膠州灣　一八九七年十一月一日。山東省兗州府法國天主教會之德國教士二人名曰希克司與齊克來者。爲暴徒所斃。而其原因則山東巡撫李秉衡轉任至四川其未出發以前。曾煽動暴徒故也。報至柏林。德帝大怒。十七日先派軍艦數艘占領山東省東岸之膠州灣。同時派亨利親王至北京。要求重大之賠償。而北京德國公使之談判。先是已開始。如李秉衡之免官。教堂之建築費。山東鐵道敷設權。鑛山採掘權等。均在討論之中。及親王到北京。則提出租借膠州地九十九年之要求。清廷大爲驚愕。雖咎其無理。而無實力與之爭衡。一八九八年三月六日。此條約遂由李鴻章、翁同龢與全權公使轟哈肯締結之。前者中日戰爭時。清廷依俄、德、法三國之力。而遼東半島得不割讓。當時張之洞曾言與其割地於日本。無寧割地於歐洲。至此日而其言驗矣。

廣學會之北京遊說　李鴻章失勢。漢人已不能握有力之政權。先是同治十一年以降。由曾國藩、李鴻章之獻策。派遣留學歐美學生數十人。歸國之後。多在李之幕府。故得利用其地位。以嘗試其革新之事業。今則各歸鄉里。而此文明之知識。遂向各地方而傳播。其革新之種子。遂激發而成一種之民論。約而言之。李之幕府。實一政府。凡百政治。皆發源於此間。彼一旦失勢。於是由滿洲朝廷直接與漢人開交涉。而大局一變。此時在上海之外人。乃對於民間風氣之革新而樂爲助力。其最著者則廣學會也。廣學會者。一八八八年。在中國之英美宣敎士及學士及領事等集合而組織於上海者也。其中知名之士。以林樂知、丁韙良、慕維廉、艾約瑟、李佳白爲最著。其目的在啟發中國之文化。輔翊中國之自强。其最初之手段。在翻譯新書發行雜誌。以力除中國人自驕自慢之風。如泰西新史攬要、文學興國策、治國要務、自西徂東、列國變通興盛記、萬國公報等。皆有喚醒中國之價值。而林樂知所著之中東戰紀本末。尤有功。此則中國人所不得不感謝者也。廣學會知中東戰後中國漸有覺悟。乃派李提摩太於北京。週旋於名公鉅卿之間。講善後之策。當時推李提摩太爲官書局敎習。李固辭。其言曰。官書局敎習之地位。雖亦屬敎導中國人士。然所成就。不過數十百人。其效甚寡。不如爲廣學會盡力。擴大其規模。以培養將來中華之人才。贊助智德之發達也。而翰林院學士文廷式等所首倡之强學會。要亦受廣學會之勸說而起。於是內之則工部尚書孫家鼐。外之則湖廣總督張之洞。協力贊助。而上海支部之强學會會員黃紹基、汪康年、屠守仁、黃遵憲、康有爲、張謇、陳三立、岑春煊、陳寶琛等。皆有所盡力焉。

强學會之發展　强學會稍稍發展。而廣東廣西之人。又早組織桂學會。以康有爲爲領袖。康有爲率其高弟梁啟超等。往復上海北京間。氣勢頗盛。桂學會雖爲一八九五年所創立。然距此數年前。已講究政治革新之事。一八八八年。曾上變法急務之奏。康有爲乃乘此潮流而大逞其生平之懷抱。而在朝廷上保而助之者。則孫家鼐也。強學會在北京既漸盛。御史楊崇伊上疏彈劾。以爲開處士橫議之風。光緒帝下旨審問。北京之強學會遂被封。然孫家鼐又向光緒帝力陳其善。而強學會之事業又擴張。上海分設之支局。一變而爲時務報館。梁啟超爲之主筆。時梁僅二十三歲。善屬文。議論明鬯。故不一年而變法自強之思想四方勃興。學會遂一時流行。各地簇起。桂林有聖學會。長沙有湘學會。蘇州有蘇學會。北京有集學會、格致學會。陝西有陝西學會。武昌有質學會。其餘算學會、農務會、天足會、不纏足會、禁煙會等次第起。是等諸會。雖曰組織有強弱。規模有大小。要皆各地有志之士發憤而成者也。於是一般之傾向漸次蟬脫學會之性質。一變而成爲政社矣。一八九八年三月。湖廣總督張之洞著勸學篇一書。冀以調和激烈之思想。一時流傳頗廣云。

重要之著書　此時重要之著書。如康有爲之孔教論。嚴復所譯之天演論。當首屈一指。自曾國藩時代所創始之譯書事業。雖有化學、物理、醫學、法律各種類。然不足以喚起當時之人心。至此二書出而思想界一變。天演論發揮適種生存弱肉強食之說。四方讀書之子。爭購此新著。卻當一八九六年中東戰爭之後。人人胸中抱一眇者不忘視跛者不忘履之觀念。若以近代中國之革新爲起端於一八九五年之候。則天演論者。正溯此思潮之源頭而注以活水者也。孔教論之著者。卽桂學會領袖之康有爲。康之學術淵源於廣東南海之朱九江。朱九江者。南海之先輩也。以經世實用爲本領。好研究歷史制度。但九江專主程朱。問及陸王。而康則尊信公羊。康之公羊學說。實出於其師四川資州之廖平。廖平之學說。又出於湖南之王闓運。然自吾觀之。康之尊信公羊。乃爲其自己變法自强之張本。不過假此以立論耳。蓋公羊學乃清末學界之最流行者。所謂登高一呼。則衆山皆響也。康所著之孔子改制考。以爲孔子之位置。等於王者。其所筆削之春秋。卽孔子之憲法。其微言大義。散見於公羊傳、穀梁傳、春秋繁露、各書。并謂中國亦當如西洋之以耶穌降生爲紀元。而用孔子降生爲紀元。康有爲者。殆隱然孔教之馬丁路德其人也。其論著又得梁啓超、譚嗣同、等提倡之。風靡一世。然反對者之論。亦隨之而起。

保國會之組織　新學研究與變法自强。二者并爲一談。各地各學會。皆以此爲宗旨。其氣燄蓬蓬勃勃。有一日千里之勢。而湖南本爲最頑固之地。昔同治時。曾國荃坐汽船回鄉。爲鄉里所痛罵。而此日之湖南。則爲新學最盛之地。南學會、湘學會。勃然而起。非但開港場鄰近之地方爲然也。而中央之北京。亦當張之洞著勸學篇之時。康梁諸人。更組織保國會。保國會之章程。則曰因國地日蹙。國權日削。國民日困。欲振救之。故遵光緒帝二十一年閏五月之上諭。以保全此三者爲目的。其宣言書之主要。曰保國家之政權及土地。曰保民種民族之自主自立。曰保孔教之不失。曰講內治革新變法之宜。曰講外交之原因結果。曰仰體朝旨以講經濟之學而助有司之治。於四月十七日。北京城南之粵東會館。開第一回大會。席上有康有爲之演說。越數日。開第二回大會於松筠菴。當其時。北京爲會試之期。各省應試上京之舉人。其數八千有餘。然第一回之來會者。僅百二十七名。第二回之來會者。不過十二名。彼等會試之舉人。果何故而不敢入保國會乎。無亦不信任康梁之徒乎。然年少氣銳之光緒帝。則於此年六月。引見康梁。聽其言論焉。但有一事不可不注意者。則該會之所謂保國保種。一經推究。漸覺漢人之所謂保種者。其所擁戴之滿洲朝廷。實不同種。殊與保國之說相矛盾。此亦其破綻也。

三合會及哥老會　太平黨占領南京之時。三合會之別働隊匕首黨。占據上海。以太平黨不與之聯絡。忽被驅逐。其事已記之於前。自此之後。彼等向福建廣東。稍有活動。然大多數則去母國而至海外。其中勢力最著者。則爲海峽殖民地。其地之各頭目。抗政廳之壓迫。互相庇保罪犯。互相扶助貧病及死生。總而言之。三合會者。以反清復明爲目的者也。中國移民之發展。卽彼等會員之發展也。於是三合會之勢力。自菲列賓而暹羅、印度、澳洲、太平洋沿岸。無不發展。一九〇〇年。其頭目鄭某與興中會之首領相約。於廣東之惠州。實行革命。於是始爲世人所注意。然三合會向海外而發展。而哥老會則向揚子江流域而發展。哥老會亦稱哥弟會。其成立在乾隆年間。同治初年。曾國藩兄弟撤湘勇之時。其久在行間之兵士。不願爲賣劍買牛之生涯。而轉投入哥老會者亦不少。一八八一年。彼等之一派。有在揚子江下流者。與鎮江之稅關吏梅森相結託。其向外國購買武器。而梅森更推薦六名之外人。爲之參贊。密謀由香港購得多數之武器。方輸送至鎮江。不幸事機敗露。哥老會之首領被縛者甚多。哥老會原皆不逞之徒。初不必有一定之目的。特至清末。則與革命黨相結交。於是又帶有革命之色彩矣。

興中會之組織　廣東更有可注意之事。則興中會之首領孫文是也。孫文香山人。早年入香港之博濟醫院。從英人康德利學醫。業成之後。開醫院於澳門。施醫於貧民。頗得士民之信用。而葡萄牙醫生忌之。澳門政廳乃發布法令。凡無歐洲修學之文憑者。不得在澳門行醫。先是孫文本糾合同志。鼓吹革命主義。至是乃慨然拋醫業。歸廣東。與陸皓東、楊飛鴻等創立興中會。時一八九三年也。彼大致與三合會聯絡。中東戰役起。乘機密購武器彈藥。募兵於汕頭、西河、香港三處。旣而中國戰敗。李鴻章至日本議和。孫文欲一舉而奪廣東省城。不幸於舉事之前夜。陰謀敗露。同志數人俱就擒。孫文獨逃入澳門。更自香港至日本之橫濱。斷髮變服。經布哇航美國。轉至倫敦。某日孫文在街上散步。忽遇一中國人。問曰。足下非中國人乎。孫答曰。然。我廣東人也。其人曰。我亦廣東人也。盍過我寓所一談乎。及至則一大廈。是卽清廷公使館也。其人卽偵探也。孫文於是被囚。時孫之舊師康德利歸倫敦。聞之極力營救。此事遂成中英外交問題。英首相沙士勃雷與清廷公使交涉。卒放宥之。而孫逸仙之名大著。爰乃去英國再至日本。

開國進取之上諭 光緒帝見國運之日否。社稷之日危。欲乾綱獨運。以一追康熙乾隆盛時之景運。而激烈派之言論。至詆之爲癡兒。是實不然。帝目擊中東戰後之失敗。膠州灣之割讓。憂心不能自禁。一八九八年六月。發上諭。明示大小臣工及一般士民以開國進取之大方針。其論文如下。

數年以來。中外臣工之講究時務者。多主變法自強。近來屢降詔書。開特科。裁冗兵。改武科。新設大小學堂。皆經再三審定。籌之至熟。而後施行。然我國風氣尚未大開。國中之議論。尚未統一。或託老成憂國之言。以舊章爲必應墨守。以新法爲必當屏斥。衆喙喋喋。往往虛言無補。試問今日時局如此。國勢如此。兵則不練。財則有限。士無實學。工無良師。強弱相形。貧富懸隔如此。豈眞能制梃以撻堅甲利兵哉。惟國是不定。則號令不行。極其流弊。必至門戶紛爭。互相水火。徒蹈宋明之積習。毫無裨益。反有大害。抑以中國之大經大法論之。五帝三王不相沿襲。譬之冬裘夏葛。勢不兩存。茲特明白宣示。嗣後中外大小諸臣。自王公以下。至於士庶。各宜努力向上。發憤爲雄。以聖賢道義之學。植其根本。又須擇西洋學科之切於時務者。實力講求。以救空疏迂闊之弊。尚其專心致志。精益求精。勿徒襲其皮毛。勿競騰其口舌。總之化無用爲有用。以造成通經濟變兼備之才。京師大學堂爲各行省之倡。尤應首先革新。以爲標準。
發此上諭後。卽召見康有爲、梁啓超、譚嗣同、黃遵憲、張元濟、諸人。康有爲見帝時。具陳改革之意見。奏對大爲稱旨。以特旨任康有爲爲總理衙門章京。康專爲帝主持譯述歐美日本書籍、或編輯等之事務。旋卽下上諭。廢八股。總之康有爲所以動光緒帝者。在其第五回之上書。大意如下。
在今日列强角逐競爭之中。圖中國保全自存之策。無他。惟在變法自强耳。抑此事自中東戰後。談時務者異口同聲。倡之旣久。然徒騰諸口舌。終未見諸實事。日言變法。日談自强。而其法未曾變。其弱日益甚者。何也。君臣隔絕。互不相通。在朝大臣。皆咸豐同治以前之舊學。狃其舊說。爲耳目所蔽。以自苟安。故聞用新法者。則瞋目而斥之。有談變政變法以自强者。則掩耳而避之。公卿士庶。偸生苟活。以待歐洲列强之奴隸。此近數年中國之實況也。中國衰弱如此。其極然。尙有三策。
第一策（上）　取法俄日兩國。以定國是。
第二策（中）　大集羣才。謀變政改革之事。
第三策（下）　聽任地方督撫。各省各自謀革新。

第一策卽發憤而法彼得大帝。行非常之大革新。且學明治維新之規畫。以改革國政也。且曰凡此三策。能行其上則可以自强。能行其中猶可以轉弱而爲强。僅行下策。亦不至於卽亡。惟皇上擇而行之。

而康有爲謁見之際。所開陳之要領如左。

其一　統籌全局以圖變法。

其二　皇帝親御乾淸門。集羣臣大誓衆庶。以示斷行新政之決心。

其三　倣日本之例。開制度局於宮廷內。選天下之通才而任用之。任以全局規畫之事。

光緒帝之幽囚　革新之聲。國內瀰漫。同時守舊派之反對的激烈運動。亦隨之而起。皇帝見康有爲時有言曰。我不忍爲亡國之君。若不與我以大權。我寧遜位。則可知光緒帝之熱心改革矣。然而帝之親政。已十餘年。而尙云大權不在握。則豈非可怪之事歟。無他。退政而居於頤和園之西太后。抱其無窮之慾望。今不異昔。尙思再爲翊坤宮裏之人。雖夢寐亦不忘也。光緒帝政治上之位置。不過一傀儡。康有爲諸人。對此傀儡而要求以種種之難問題。此其所以僨也。此年九月。光緒帝攜改革意見書。親見太后於頤和園。欲得其許可。太后勃然震怒。以帝爲躁急輕佻。紊亂祖法。面叱其誤謬。帝大懼。退還宮。憂憤之餘。終夜不寐。急召楊銳。親授衣帶密詔於康有爲等。命其救駕。事爲太后所知。九月二十一日。太后召見帝於頤和園。卽監禁之。於北海之瀛臺。西太后又垂簾聽政。而革新黨之一派逮捕處死。羅織不少。康梁等數人走日本得不死。譚嗣同就戮時慨然曰中國數千年來未聞因變法而流血者。有之請自嗣同始。

革新頓挫之原因　於是守舊黨得意時代又至矣。此次革新派之失敗實由不識北京政局之情形。而其意見又不爲一般識者所歡迎。試舉一例。康梁革新之第一手段卽爲廢止八股。此急遽之措置。適足召全國士子嗟怨之聲。其他如一般文敎之刷新。吏治之淸肅。新聞言論之洞開。譯書局之保護。淫祀之破毀。冗官之淘汰。固無一而非善政。然枝枝節節。於統籌大局之事。既無何等之設施。亦不表示其意見。西太后之所謂躁急輕佻者。或亦不免也。當時日本人之議論。曾評彼等之設施。謂儼如學校內講堂上一場之演講而已。而當時朝廷之多數大臣。或冷眼以觀之。或借端以阻撓之。或虛與委蛇以搪塞之。至於各省之總督、巡撫、布政使、按察使。更無論矣。當時以朝廷之實權。不在宮廷而在頤和園。帝之上諭雖如何之雷厲風行。彼等直視之若無覩耳。而康有爲之孔子改制考。尤多反對。御史文悌曾上疏彈劾。以爲學術之詭譎。至不足信。其實淸末之思想界。上公羊學已達於絕巔之地位。不如別求生面。以饜天下學者之心。此則康有爲之知其一而不知其二者也。且其保國會之宗旨。雖有保敎之語。然所保者乃孔敎。而道佛兩敎則棄之如遺。是亦思慮之不齊也。雖然。自是以後、滿洲朝廷。前歌後舞。以爲守舊派之勝利。充其極端。此北方拳禍之所由起也。且守舊勝利之意見。亦不過北京一帶之地方則然。而南方所播種之革新分子。則潛滋暗長。且因康梁蹉跌之故。或轉而與革命黨通聲息。此革命之所以告成功。而清之所以退位也。

對於革新諸派之評論　一八九五年以降。各地簇出之學會。既漸次帶有政社之色彩。而其懷抱則自分兩派。一派卽依康有爲之政見。以保國保敎保種爲標榜。其實並不欲保存愛親覺羅氏之社稷。以實際而論。寧取明末清初時代黃宗羲之學說。以潤飾其政見之根本主義。此其大較也。其一派卽張之洞之革新策也。張之勸學篇一書。因身居督撫之地位。其議論自不得不輔翊朝家。故要求國民之同心。鼓吹忠君之精神。勸學篇中薄賦、寬民、救災、惠工等十五節。皆演述清朝歷代卓越之仁政。斯生育於其惠政之下之人民。安得不以忠愛之心。致之於其君上乎。此又一派也。其實自嘉慶朝以來。亞政纍纍。人民亦未必以張之洞之言爲然。卽彼康有爲挾其保國保種之政見。思利用滿洲政府。而卒至失敗者。其事亦人人之所共見也。勸學篇出版後。廣東之何啓、胡禮垣兩人。共著辨惑一篇。以爲張之志固足嘉。而張之識見則大謬。此書不廢。將與十年前曾紀澤之中國先睡後醒論。同爲誤人。何胡二人之意。以爲與其言中國革新。不如言國民革新。決不能以革新之事。而僅恃一徽弱之朝廷也。二人尙有新政始基、新政論議等卓越之著作。先是。張之洞屢次保舉之於北京朝廷。均以年老不仕爲言。則其操守之堅卓。又有可以共信者矣。

義和團之猖獗。 河南山東交界之地。有一種結會。稱曰義和拳。其起原蓋在嘉慶初。是等之人習拳法。修道術。其體有神靈附之。云能避洋人之彈丸。一八九九年以降。彼等見中國人民。排外熱極其劇烈。乃以扶清滅洋爲標榜。其首領姓張。及一九〇〇年一月。英國宣教師於山東旅行中。爲義和團所殺害。於是禍亂告始。教民之被殺害者。日見其多。清朝政府受外國公使之要求。責備或撤換地方官。或發兵鎭撫。皆無效。而其勢益增盛。直蔓延於直隷省。四月。又發上諭。嚴禁人民之入義和團。仍無效。團匪乃於保定府之三村。大行掠虐殺天主教徒六十一名。且毀英國教堂。而雲南之英法宣教師。亦有危險之報告。至最早知其形勢之將大發展者。爲法國公使。法國公使曾於各國公使會議時。報告大亂之將起。北京外國人身命之可危。意國公使以爲然。俄國公使則不之信。而德國公使則言清朝之國家。已將瓦解。決不能信賴清朝政府。而望其平定匪亂。此等協議之結果。乃由英國公使馬克拿特面謁慶親王。然滿廷惶惑。不知所爲。此月二十八日。各國公使限定一國三十名。因使三百十七名之水兵入京。以爲防衛。六月之初。北京靜謐。一時破壞之鐵道。亦復舊。避難於公使館內之各國宣教師及家族。亦歸家。然所謂團匪者。亦終不彈壓。

端王之用事　咸豐帝之次子。有曰端郡王載漪者。庇護義和團。形勢益惡。然此其間有宜特別注意之事在焉。端王於皇位繼承上久抱不平。彼爲光緒帝父醇親王之長兄。順序則已當先承大統。否則亦當以己之子上繼帝位。西太后乃以妹夫之子爲承繼。此端王所嗟怨者也。及義和團大起。彼乃思援之以攫權勢。西太后亦卽以端王之子溥儁立爲光緒帝之大阿哥。（皇儲之意）而端王乃居總理衙門之首班。六月一日。義和團於北京西南四十英里地之拱辰。撲殺英國宣敎師數名。二日。歐洲人三十三名。將由保定逃天津。途中爲團匪所襲擊。幸自天津赴援之可薩克兵一團相遇激戰。乃退去。此爲義和團與外國兵最初之衝突。由是義和團兇燄日張。斷電線。毀鐵橋。九日。西太后乃決用甘肅總兵董福祥。以實行攘夷。

清廷要求各國公使之退京　西太后既主張攘夷。則團匪之猖獗。如火燎原。不可嚮邇也。亦何足怪。不論爲官。不論爲民。凡居於北方者。無不爲團匪所感染。團匪之所忌斥者。不特洋人洋敎已也。凡有涉乎洋者。卽日用雜貨之末。無不受彼等之排擊。以吾人所目見者而論。嘗在紫竹林地方。見一中國人曾戴外國製之眼鏡。忽來義和團之一兵卒。突然以劍打落其眼鏡。則其如醉如狂之態度。亦可想見矣。六月十日。由英國公使之電招。而提督西毛亞率英、美、奧、意、及日本之聯合兵約七百餘人。出發天津。總理衙門以無庸進兵爲辭。勸各公使退兵。各公使不允。是日也。西山之英公使別莊被燒。日本公使之書記生杉山被董福祥之兵所殺。十四日。西毛亞所統率之聯合兵。行至天津與北京之中途朗坊地方。不得前進。清朝政府決議派官兵拒聯軍。而公使館之哨兵亦屢被襲擊。越四日。總理衙門派二三大臣至英公使館。詰問聯軍攻拔大沽礮臺之無理。且曰『吾人接得此報。大爲驚異。我清廷與各國之間。素來親交曾無間斷。今各國突然有如此之行爲。是故意破壞平和。而表示其有對敵行爲之意也。今京都之內。義和團之勢正盛。人民亦甚爲激昂。諸君及家族及隨員等。均在此公使館。倘有危險。清朝政府殊難與以有效之保證。故總理衙門要求諸君於二十四時間。率公使館護衞兵出發。爲保意外之事。尤望諸君對於該衞兵。爲適當之監督。安然而至天津。當是時。二十日午前。各公使尙未接到大沽陷落之報。尙欲以二十四時間退去時候過速。提出抗議。德國公使開脫爾男爵。正欲前往談判。詎於途中爲團匪所戕殺。清朝政府乃決意攻擊公使館。午後四時。銃火開始。爾後凡有八週間之攻圍云。

西太后之蒙塵　七月二日。總稅務司赫德以密使報告曰『外國人被圍於英使館。事情絕望。萬急。』然列國之救援軍。尙遲遲不到者。何哉。則以彼等之主張寧犧牲京津間被圍之少數同胞。而藉此以逞其國家的野心也。八月十五日。聯軍苦戰之後。入北京。救出公使館之難民。西太后與光緒帝出北京。至山西之太原。十月。至西安。倉皇遁走。自招之禍。備嘗艱苦。寧不可憐。胡延所著之長安宮詞。其記事如下。

京師七月之變。兩聖乘車至沙河岑春煊以師迎之。隨扈而西。有材官林泰清者。短小精悍。膂力過人。步行扈駕。不離跬步。潰兵亂民有來犯者。輒手刃之。日恆殺數十人。在長安行宮。爲余言曰。聖駕出居庸關時。匪黨四出。槍彈如雨。兩聖共乘一車。皇上坐車內。慈聖坐轅上。以蔽焉。皇上固請易位。泰清亦跪而請之。慈聖泫然曰。皇帝關係重大。何可臨鋒鏑耶。予老矣。無妨也。嗚呼。患難之際。慈孝益彰。泰清言至此。涕泗交下。鬚髯奮張。延聞之。幾痛哭失聲也。

胡延所記又云。近支王公之隨扈者。惟貝子溥倫一人。兩宮侍女不及十人。其給銀則由糧臺支給之。每日膳費不過三四十金。西安之百工皆劣。貂皮又遠不能致。皇上冬日猶御絨簷之秋帽。岑春煊徧覓豐貂不得。僅得儌貂幕之。北京王大臣所貢獻者。皆食物常品。惟穆宗某妃獻太后履襪數色。胡延尙記內監之話一段如下。

內監高四年六十八。自言昔隷宮中樂部。爲生脚旋改隷後宮給事。庚申之變。曾侍慈安皇太后幸熱河。後復隷乾清宮。每夕挑燈至直廬。叩以舊事。頗能道始末。又自言歷事三朝。兩度播遷。衰病侵尋。思歸至切。回憶五十年前圓明園中。紅氍毹上。綠鬢簪花。不知是眞是夢。言次悽惋欲絕。無異上陽宮人說天寶遺事也。

第八十四章　宣統帝退位

俄國之占領滿洲　義和團事件。至一九〇一年九月。漸見歸結。然中國與各國之議定書。於俄國之滿洲軍事行動。未及防範。實大失策也。俄國之欲吞滿洲。由來已久。中東戰後。俄公使賈西尼。曾說李鴻章。欲得該地之利權。及鐵道敷設之優先權。及締結巴普洛夫條約。則租借旅順、大連二港二十五年。又得築東清鐵道。連接至旅順大連等。及團匪事起。俄國又置滿洲於軍事占領之下。其占領之理由。則以一九〇〇年七月。中國官兵。襲愛琿對岸之普拉哥西恩斯科。殺俄人數名。俄國直進兵。至八月。取營口。卽於其地之道臺衙門。揭俄國國旗焉。俄國之本意。實欲越巴普洛夫條約範圍之外。而占領東三省一帶。日本公使。曾欲將此問題。納入媾和事件中。不幸而其事不成。殊爲遺憾。而俄國之巧妙外交政策。則對於公使館襲擊之事。輕其條件。以見好於清廷。而獨於普拉哥西恩斯科事件。則單獨對於清廷。爲立於交戰者之地位。以實行其滿洲之占領。

日俄戰爭及影響　北京媾和談判。尙未訂結。而中俄密約。已暗中進行。是亦列國之不注意也。密約之內容。果屬如何之分量。雖一時不可得而知。然俄國以滿洲之撤兵爲名。而欲將其權利。擴充於滿洲或蒙古全地。則亦無容疑者也。密約屢屢撤回。屢屢提議。李鴻章又力欲恢復其過去之失敗。及將約款上奏。不蒙諭旨之允可。於是憂勞萬狀。其結果遂於北京賢良寺之寓所咯血而薨逝時一九〇一年十月也。李鴻章既薨逝。密約破棄之訓電自行在而下。雖然俄國豈以清廷恫喝之虛聲而遂撤兵哉。東清鐵道於翌年忽已全部竣工。軍隊之輸送。愈益容易。俄國之野心漸次蔓延於鴨綠江各地。且將進而奪朝鮮半島。於是進逼中國之外。一面又進逼日本。日俄交惡一九〇四年至次年。日俄兩國遂交戰。日本戰勝。滿洲問題解決。清廷於此時。亦並無何等之策畫。唯唯諾諾。一任諸人。惟有一事可言者。則以日本之小國而能戰勝大國。一般以為立憲之效果。而清廷立憲問題起矣。

・・・・・・蒙古問題之發生　俄國於滿洲方面既被抑制。而其對於清廷之壓力乃折而入於西北。於是內外蒙古又起轇轕矣。先是清朝政府以蒙古積弱之餘。不足為邊防。故改其從來使漢人與蒙古隔絕之策畫。而專使漢人選蒙古之沃地。從事於移住及開墾。其理由則以為於蒙古王公之債務償還。極有便宜也。政府又設墾務局、辦荒局等之諸機關。獎勵實邊政策。其效果則內蒙古先見於時。乃展開直隸及東三省之行政區域於北方。據吾人之批評。雖不必以此政策為政府之善於設施。然清末之實邊問題。斷為漢人顯著之發展。似不謬也。一九〇六年。岑春煊等上奏。謂熱河、察哈爾、烏里雅蘇臺、庫倫、科布多、阿爾泰、西藏各地。可設與內地相同之行省。各地之將軍大臣。改稱巡撫。加陸軍部侍郎銜。防備邊疆。一舉兩得云云。政府從其言。豫備整理。增設府縣。一九〇七年。理藩院尚書肅親王巡視蒙古。其如何之報告及解釋。雖不得而聞知。然清末之籌蒙事業。於此得一進步。可度而知耳。抑此時蒙古王公中。如喀喇沁王者。雖云贊成開放。然漢人入居其地。形格勢禁。爲蒙古人之所不便。或亦不免反對。俄人靜待時機。思有以離間而利用之。亦兼以歐洲問題繁多。姑緩其壓迫蒙古之手段。及一九一二年。乘中國革命內地混亂之機會。乃又與庫倫格根之政府。施其得意之活動矣。

考察憲政大臣之派遣　憲法發布國會開設等語。直如一種之福音。爲全國上下所歡迎。阻撓新政之西太后。知大勢所迫。無可如何。一九〇五年（光緒三十一年）七月。命載澤、戴鴻慈、徐世昌、紹英、端方五人。爲考察政治大臣。出遊日、英、美、法、德、奧、意、俄、比、九國。考察其政治。五大臣將出發。於北京之停車場。革命黨有投炸彈者。載澤、紹英二人傷焉。出洋考察之舉。一時中止。後以端方之上奏。乃以李盛鐸、尙其亨二人。代徐、紹二人。而五大臣出發。先至日本。即送書於北京朝廷。甚稱揚日本之立憲政治。以爲日本所行之憲法。乃參考歐洲之憲政。幾經切磋。而後有如此之完全緻密。暗寓中國立憲。不可不學日本之意。又盛稱日本之義務教育。謂爲日本所以强盛之原因。而同時又有清廷駐在外國之各公使。聯名上奏。謂立憲乃君主與人民共利之事。且又論地方自治之必要。集會言論出版之不可不自由。最後又述海外各國之大勢。與清廷危險之理由。當此之時。求宗社之安全。與國祚之無窮。非立憲不可。此一九〇六年四月事也。及至七八月之交。出洋考察之大臣。先後歸國。端方以爲宜效日本維新之例。先宣布六條之誓文。載澤則以爲欲防革命之危機。舍立憲無他道。而滿人之對於立憲。恐有不利。而抱杞憂者。實爲陋劣之極云云。於是清廷之意遂動。

立•憲•預•備•之•上•諭　以上之報告。頗制勝於御前會議。一九〇六年九月。遂發表立憲豫備之上諭。此論文關係至大。錄如下。

我朝開國以來。列聖相承。謨烈昭垂。因時損益。無不爲憲典。現在各國交通。政治法度。皆有彼此相因之勢。而我國之政令。積久相仍。日處阽危。憂患迫切。非廣求知識。更訂法制。則上無以承祖宗締造之心。下無以慰臣庶治平之望。是以前派大臣。分赴各國考查政治。現載澤等回國陳奏。皆謂國勢之不振。實因上下相睽。內外隔閡。官不知所以保民。民不知所以衞國。而各國之所以富強者。實因共遵憲法。取決公論。軍民一體。呼吸相通。博採衆長。明定權限。以籌備財用。經畫政務。無不公之黎庶。又兼各國相師。變通盡利。政通民和。所以有由來也。時至今日。惟有及時詳晰甄核。仿行憲政。大權統之朝廷。庶政公之輿論。以立國家萬年有道之基。耳但目前規制未備。民智未開。若操切從事。徒飾空文。何以對國民而昭大信。故廓清積弊。明定責成。必自官制入手。亟應先將官制分別議定。次第更張。並將各項法律詳愼釐訂。而又廣興教育。清理財政。整頓武備。普設巡警。紳民明晰國政。以豫備立憲之基礎。內外臣工。切實振興。以力求立憲之成效。待數年之後。規模粗具。查看情形。參用各國之成法。妥議立憲實行之期限。再行宣布天下。視進步之遲速。定期限之遠近。著各省將軍督撫。曉諭士庶人等。發憤爲學。各明忠君愛國之義。與合羣進化之理。勿以私見害公益。勿以小忿敗大謀。尊崇秩序。保守和平。以豫備立憲國民之資格。有厚望焉。將此通諭知之。

政府乃公布新官制。翌年又派達壽、于式枚、汪大燮、於日、英、德三國。以考察憲政。開設資政院。以爲中央議會之基礎。開設諮議局。以爲地方議會之基礎。憲法之豫備。已略略完成矣。

憲法大綱之發布 然民間頗切望國會開設之日期。西太后之胸中。終不釋然。以爲立憲者。要不過漢人政治之謂耳。要不過滿洲朝廷之滅亡耳。會達壽自日本歸。極力解釋。始於一九〇八年八月。發布立憲之諭文。而憲法大綱。亦同時發布。如下。

憲法之大綱。(細目由憲法起草之際定之)

謹按君主立憲政體。君上有統治國家之大權。凡立法行政司法。皆歸總攬。而議院協贊立法。政府輔弼行政。法院遵守司法。上自朝廷。下至臣庶。均守欽定之憲法。以期遵奉於永遠。不許踰越。

君上之大權。

一大清皇帝統治大清帝國。萬世一系。永永遵戴。
一君上神聖尊嚴不可侵犯。
一欽定頒行法律及發交議案之權。（凡法律雖經議院之議決。而未奉詔令未曾批准頒布者不得施行）
一議院召集開閉延期及解散之權。（解散之時。卽由國民再選擧新議員。被解散之舊議員與一般之臣民無異。若有抗違之時。量其情狀。以相當之法律處罰）
一設官制祿及黜陟百官之權。（用人之權。君上握之。大臣輔弼之。議院不得干與）
一統率陸軍及編定軍制之權。（君上調遣全國之軍隊。制定常備兵額。得以全權執行之。凡一切軍事。皆非議院所得干預）
一宣戰媾和訂立條約派遣使臣及認受使臣之權。（國交之事。君上親裁之。不俟議院之議決）
一宣告戒嚴之權。（緊急之時。得以詔令限制臣民之自由）
一爵賞及恩赦之權。（恩典自君上出之。非臣下所得擅專）
一總攬司法權。委任審判衙門。遵欽定法律行之。不以詔令隨時更改。（司法權君上操之。審判官本由君上之委任。代行司法。不以詔令隨時更改者。案件關係至重。故必以欽定法律爲準則。以免紛歧也。）
一發命令及使發命令之權（但既定之法律。非經議院之協贊及欽定。則不得以命令改廢之。法律爲實行君上司法權之用。命令爲君上實行政權之用。兩權分立。故不以命令改廢法律。）
一議院閉會中。有緊急事件時。得發代法律之詔令。並得以詔令措置必要之財用。但於次年度之會期。須經議院之協議。
一皇室經費。君上判定常額。由國庫提支。議院不得置議。
一皇室之大典。督率皇族及特命大臣議定之。議院不得干涉。
臣民之權利義務。
一臣民中合法律命令所定之資格者。得爲文武官吏及議員。
一臣民非據法律。不得逮捕監禁處罰。
一臣民得請司法官審判其呈訴案件。
一臣民專於法律所定之審判衙門。爲限而受審判。
一臣民之財產及居住。無故不得侵擾。
一臣民據法律之所定。有納稅兵役之義務。

一臣民現納之賦稅。不以新定之法律變更時。悉照從前之數納付

一臣民有遵守國家法律之義務。

逐年設備事業。應俟辦理完竣。由此年起算至九年之後。開設議院。然而狂熱之民論。果以如此之猶豫期間爲滿足耶。又萬世一系云云者。果又爲民論之所許耶。越二月。光緒帝與西太后先後殂落。乃以帝弟醇親王之長子溥儀。爲同治帝之承繼子而卽位。時年六歲。明年改元宣統焉。

袁世凱之放逐　光緒帝之死。在西太后前一日。其時民間不無揣測之辭。然光緒帝之賦稟頗不强健。實一虛弱之質。一八九八年政變以來。雖曰在位。不過廢帝而已。帝有寵姬曰珍妃。帝奉太后奔西安時。妃不得從行。投井而死。或曰妃之投井。宦官崔某王某實下石焉。帝雖知之而不能置之於法。及帝病。二人侍左右。帝欲去此二人。太后問故。則俛首良久曰。我見此人便爾作惡。帝自政變後。或居於頤和園之玉瀾堂。或居於宮城海子之瀛臺。瀛臺四面皆水。設浮橋。帝行過後。卽撤去以爲常。帝常獨居。自珍妃之亡。始無家室之樂。宦官待帝甚薄。據傳說。帝在宮中欲設電燈而不能得。欲設電話而不能得。窗簾累歲不換。簾之下端。已如犬牙之交錯。內務府大臣方注全力於太后。熟視之而若無覩。帝實淒涼而過此三十四年之生涯耳。不亦可憐也哉。又或曰。帝死後。張之洞擬謚號曰景。擬廟號曰德宗。侍郎

寶熙欲以孝宗爲廟號。張曰不然。此中自有難言之隱在也。遂不從。聞帝在頤和園時。嘗望見明景泰帝之陵。問左右。左右答曰景泰也。帝卽命南書房之翰林進景泰事略。帝覽畢。淒然者久之。曰我卽異日之景泰也。因命內監修景泰陵。曰勿爲皇太后所知。若知之則可託言汝輩之作功德也。而德宗死時。有最大之一事。則攝政之醇親王於宣統帝卽位之初。免去軍機大臣袁世凱是也。袁既被逐。乃出都門。歸隱於其鄉里。據當時傳聞。則攝政王欲置之於死云。

財政之窘迫　衰亡期之初期。卽道光咸豐兩朝混亂之財政。吾人以不得詳語之機會爲憾。同治末至光緒初。瘡痍漸愈。而財政又不得驟然膨脹。然每年尚有些少之餘裕。得設七八百萬兩至一千三百萬兩之預備金。中東戰爭（一八九五年）之前三年。上海英總領事都米生之報告。謂平均歲入合計八千八百九十七萬九千兩。歲出八千八百七十九萬七千兩。中東戰後至團匪事變。約六年間。前二年因賠償日本兵費。更負二億五千萬兩之義務。後四年則因外國要求鐵道敷設、土地租借、鑛山開掘等之權利。且創立學校。興練新軍。增設電信鐵道。內外之經費。甚爲膨脹。故財政頓告窮乏。支出常超過於收入。不得不募集內外債。以拾補其缺漏。然戶部亦不將年年收支之狀況布告國內。計前後六年間。曾有一回布告。而謬誤亦不少。茲據帕嘉氏搜羅各種報告之結果。歲出入合計一億零一百五十六萬七千兩之譜。自拳匪亂後至光緒三十二年六箇年間。國內雖疲弊而經費頗膨脹。財政之困難。遠過於前期。因拳匪之亂。而北中國一帶邑里之蕭條固不俟論。而列國又要求四億五千萬兩之賠償金。自一九〇一年起、至一九四〇年止之四十年間。每年須解本利一千九百萬兩至三千三百萬兩之鉅額。先是政府以收支不抵之故。每年尚募集六七百萬兩之公債、或義捐金。今則收入大減。支出大增。財務當局者又大費躊躇。乃節減政費以期收入之增加。然支出之超過收入者。仍有一千二三百萬兩之數也。一九〇一年三月赫德所調製之歲計收支概算。凡歲入合計八千八百二十萬兩。歲支一億零一百十二萬兩。內外爾後國家平和。雖無大事。國力似漸次恢復。特以政務擴大。而財政終不能順調。或行加稅或創新稅。尚告不足。乃至公許賭博。發行富籤。搜括官吏中飽之陋規。策亦可謂窮矣。而支出之超過收入。年甚一年。每年終有三千餘萬兩之缺額。光緒三十二年中央改革官制。政府編製預算。以提出於議會。各省派監理官以清理財政。彼等清理各省財政二年。至宣統二年始查出光緒三十四年之歲出入。以報告於中央政府。故政府於宣統三年所提出於資政院之豫算。原本於清理官之報告。頗爲可信。該提出之原案。歲入二億九千餘萬兩。歲出三億五千萬兩。歲入不足額五千四百萬兩云。

武漢之革命　西太后殂落之時。揣測者以爲清朝最大之危機。而當時竟於全局毫無影響。世人皆自疑其揣測之差。然形勢究因此變動。故攝政王遂有宣統五年開國會之公約。此則比之於前而又縮減三年矣。自古幼主。最爲禍國。攝政王先配置宗室親貴於要路。以强其威望。又欲掌中央集權之實力與兵權之統一。然徒與革命黨以口實。而革命之運動。又自此而發展。革命黨自北京停車場拋擲炸彈以來。表面視之。似無蹤跡。其實黨員尚進行不已。攝政王府左右。屢埋炸彈。黨員亦有被捕者。廣東地方革命黨又暗殺提督。襲擊總督衙門。乃漸漸向長江地方發展。無端而於四川鐵道國有之反對運動。遂爲爆發之媒介。政府欲鎭撫之。命端方帶湖北兵一營向四川進發。民論以爲壓迫。騷亂愈形激烈。先是四川之人。未必有革命之思想。革命黨從而煽動之。亦未必有效果。何則。四川人實共祀光緒帝之靈位。以爲先帝若在。決無如此之暴政。此乃宣統三年六七月間之形勢也。十月十日。湖北武昌之兵士。與總督、統制、起衝突。潛伏於對岸之革命黨員。卽暗結此等不平之兵士。擁陸軍協統黎元洪爲叛兵首領。一舉而占領武昌。黎元洪以革命宣言書。通告漢口列國之領事。而當湖北省城占領後。湖南之長沙。亦落於革命黨之手。四川之暴徒。又相呼應。由是革命軍之勢日盛一日。揚子江一帶無論矣。自沿海地方諸省。遠至雲南、貴州地方。無不起應。政府急召集資政院。籌議方法。其多數之主張。則曰須宗室親貴不問政治。制定憲法。須求人民協贊。須解黨禁。然卽依其所言。亦不足以挽革命之潮流。會灤州之第二十鎭統制張紹曾與資政院相聯絡。為國政改革之提案。以威嚇政府。政府益怖。

退位之上諭　武昌兵變後不數日。卽有袁世凱起用之議。而革命黨亦早向袁說明。如公倘起而用事。請為我等之首領。袁世凱於今已三年不鳴。三年不飛矣。彼曾裝一著蓑笠釣寒江之老漁夫。為一攝影。以紹介於世上。彼又以別墅前某水之橋名。定名為圭塘。唱和詩以公之於世。養壽園中一詩人容菴者。卽失勢之袁世凱之眞面目也。其詩有曰。昨夜聽春雨。披蓑踏翠苔。人來花已謝。借問為誰開。袁之苦心。不亦可見哉。當是時。袁先提出條件。要求北京朝廷之同意。十一月十三日。乃威儀堂堂而入京。袁既入京。於是攝政王退位。攝政王退位者。皇帝退位之前提也。北京朝廷由袁世凱組織新內閣。此時官革兩軍。頗有衝突。卒由唐紹儀、伍廷芳之議和。一九一二年二月十二日。清廷由皇太后下懿旨。有退位之諭文。愛親覺羅氏二百九十六年之社稷遂亡。諭文分三項。茲錄其第一項如左。

朕奉隆裕皇太后之懿旨。曩者民軍起事。各省響應。國內沸騰。生靈塗炭。特命袁世凱派委員與民軍代表討論大局。議公決政體之事。兩月以來。尚無確實辦法。南北犄角。互相支持。商賈失業。兵士露野。徒以國體一日不決。生民一日不安。今全國人心傾向共和。南部中部各省。既倡義於前。北方諸省。亦主張於後。人心所嚮。天命可知。朕又何忍因一人之利害。拂億兆人民之希望乎。茲特外觀大勢。內審輿論。將皇帝統治權公之大衆。定全國爲共和立憲政體。近治內亂。遠協古政。天下之公議也。袁世凱曩經資政院之選舉。爲總理大臣。方當新舊代謝之際。宜爲南北統一之計。卽以袁世凱全權組織臨時共和政府。與民軍協商統一辦法。以期人民之安堵。海內之泰平。卽合滿漢蒙回藏五族。保全領土。成一大中華民國。朕既退隱。悠游歲月。永受國民之優禮。親見良政之恢興。豈不懿與。

據此諭文而觀。則新創之中華民國。卽所以承繼清朝。而臨時共和政府。實由全權袁世凱組織者也。但吾人有宜注意者。此民國。倘非革命黨之號召而創造。則清廷之意旨。豈願特許其承繼者哉。此雖不過形式上之事。然此解釋。不能不於將來有影響也。宣統帝既退位。離去政權。然尊號如故。民國待以各國君主之禮。其歲費由民國供給之。其資產則由民國保護之。皆有約。其文如下。

今因大清皇帝宣布贊成共和國體。中華民國。於大清皇帝辭退之後。優待條件如左。

第一款　大清皇帝辭位之後。尊號仍存不廢。中華民國以待各外國君主之禮相待。

第二款　大清皇帝辭位之後。歲用四百萬兩。俟改鑄新幣後。改爲四百萬圓。此款由中華民國撥用。

第三款　大清皇帝辭位之後。暫居宮禁。日後移居頤和園。侍衛人等。照常留用。

第四款　大清皇帝辭位之後。其宗廟陵寢。永遠奉祀。由中華民國酌設衛兵。妥愼保護。

第五款 德宗崇陵未完工程。如制妥修。其奉安典禮。仍如舊制。所有實用經費。均由中華民國支出。

第六款 以前宮內所用各項執事人員。可照常留用。惟以後不得再招閹人。

第七款 大清皇帝辭位之後。其原有之私產。由中華民國特別保護。

第八款 原有之禁衞軍。歸中華民國陸軍部編制。額數俸餉。仍如其舊。

清朝全史終

附錄一

太平黨之揚子江日記

英國人令利曾作太平黨之參謀。既而著一書。名曰太平天國。此日記即從此書鈔譯而出者也。彼書於一八六六年。即同治五年。出版於英京。其時距太平天國之滅亡尚不滿三載也。據著者之自序。略如下。

此書以中國太平大革命之主將等之訓令。爲主要材料。加之余不憚冒險。凡四年之間。因贊襄軍務。及與太平黨交際而得之事實。亦附記之。

此革命全史之大綱。（甲）基督教上。（乙）政治上軍事上及社會上之組織。（丙）總首長洪秀全及主將之精確敍述。（丁）事件之起原經過現況。及英國一般之利害得失。并及於中國三億六千萬人福利之關係影響。（戊）英國政府所執之對中國政策之評論。（己）對於奉基督教廢偶像教背叛滿洲政府之太平黨之交涉。及對抗

余當起稿之時。余對於受暴虐之良民。不禁有同情之感。且於英國近數年來對於亞洲弱國之外交政策。實太惡劣。頗思藉此書以糾正之。

某記者之言。可證之如下。曰英國政府之政策。足以破壞世界最善之保安者。不一而足。

又英國之行動足以使文明國憤怒而半開國恐怖者亦不一而足且蔑視歐洲人之國際法及條例而於亞洲之海上或陸上恣行掠奪而數年之間所設定之兇暴惡制地球之上永留英國對於弱國之痕迹焉。

某記者之言余頗以爲然余故披瀝此可驚可異之中國革命全史幷舉英國强制干涉中國之事爲精確之說述焉巴瑪斯統所主張之干涉他國內務之政策及英國干涉之結果與余得結識太平黨之好機會此等之內容英國國民尚未深知余故草此書俾國民知其顚末是亦余之義務與。

余於是歎英國所爲之無謂也而英國國民大都猶以爲政府之一種政策而不知政府之限於自足流於苟且可咎之處甚多也余惟望英國將來更有進步更有善良之結果故詳述國民之犯罪以舉其證故又凡於英淸最後交戰之不法有所警告我國民者凡此諸人均附以小傳。

三十年來歐洲列强所標榜之保全萬國平和所謂『無論何國不得干涉他國之內情但戰爭原因之成立時則不在此限』此唯一之主義不免有矛盾處置之處則夫國際法與條約其存在之不可恃亦可知也。

英國之武裝干涉由來久矣如尼柔蘭西班牙、土耳其、阿富汗、等國內之事件如與中國三回之戰爭。如與緬甸、波斯、日本之戰爭。如對於亞森提、希臘、暹羅、巴西之强行之表示。吾人實驚歎英國之違背國際法眞義。何其不落人後也。然其屢屢以强力對於交戰國或不正之行爲。或欺詐之手段。平心而論。決不能云無罪。特以此等事與本書無關。茲姑不論。本書所論者有二點。（甲）對於太平黨之無宣言之戰爭。（乙）其政策及於一般之影響是也。

就甲而言。如因英國干涉而喚起劇烈之破壞。如對於近世亞洲最初之基督敎。以銃礮刀劍爲利用。如英國並無關係。而對於宗敎政治之國民大革命。行其强制。及行此强制之干涉。因而終始皆出於不義不法之舉動。皆是也。

就乙而言。則三十年來。英國干涉前述諸國之結果。已可考察而見。然今時英國國民。尙有不明瞭之二箇現象。茲就名著『干涉與無干涉』之第四節二百七十頁所論。引之如下。

（一）暴力之支配。爲眞正道德之對敵。所不能勝。今日地球上亙四大洲。已可確證其實例。

（二）英國所有之尊敬信用。業已墮地。執政者已失其德行之威權。此德行之喪失。與吾國國民生命之喪失。恰有相當之力。故抑制此非行不法之政府。實爲適當之事。

此言也。可謂大膽之良心論者矣。抑上所云云。亦干涉太平黨行爲之自然結果也。蓋此干涉云者。惟圖英國國民利益之增進。與商行爲之擴張。而正義公道國際法之原理。則置之不問矣。

蠶食也。侵伐也。凡依不法之手段而建設之大國。無論其國民之實力如何偉大。而究之內鬨一作。卽同以不法之手段而其國分裂而滅亡。此亦世界史上所可證者也。假如便宜行事。惟一時之利益通商之擴張爲主。苟可以爲我利我慾者。則公道名譽悉放棄而不顧。此種政策。究可非議。吾輩之所信者。普天之下。英國遵守正義公道恆久不變之原理。以常保其高貴之地位也。雖曰國民將來最終之運命。今日不能豫定。然豫定之者。究在我國民。自我觀之。運命云者。不過一賞功罰罪之一定法則耳。是故愛國者。雖爲國家謀利益。然惟利益之是圖。置犯罪於不顧。則與盜賊何異耶。

此書之重要部分。在增多讀者關於中國之知識。其最要者。卽太平黨關係範圍內有興味之人民之品性習慣及位置是也。余故與旅行談冒險談相合。取談話體之形式。而重要關係之目的。則專述太平黨之歷史而已。

今者中國之內。匪徒尙各處蜂起。假使如太平黨之目的。得撲滅滿洲人之壓制。則四百餘州之大原野。可得開放。而爲歐人之商業場。又得開發此最大國。而爲基督敎國。此其機會也。世有知者。倘不河漢余言。一八六六年二月三日著者識於倫敦。

第一段

吾人所乘碇泊於上海之船。將往漢口。思之誠爲便利。此番經過南京。自當與守城者相交通。就我而論。亦一觀察形勢之好機會。且李忠王所委我之任務。藉此一辦。亦最敏最良之辦法也。於是豫備行李各物。裝儲煤炭。拔錨起程。而進溯此『大海之子』之揚子江。航行之初。恰遇非常之霧氣。漸離江口。江口頗廣闊。若其間無崇明島。則左右彌望。皆不見陸。當此時。經過非常之困難。乃於夜間抵狼山。卽下錨焉。暴風猛烈。從大海方面吹來。此夜吾人之心曲。頗爲恐怖。深恐錨鎖被拔。漂流至海岸。及至翌晨。則錨已被曳至一海里之遠矣。

江口附近兩岸。田畝頗高。鬱鬱蒼蒼。一望彌綠。此江岸依自然力之法則。漸加漸高。故望之如同森林。青青河畔。足供眺望。乃此地方之特殊風景也。北岸狼山山邊。南岸福山山邊。洲渚甚多。島嶼錯出。航行之際。最爲危險。所謂狼山難過者。水路至狼山方面。爲極銳之曲折。雖極堅好之船。往往葬送於此。有汽船曰開脫者。竣工之後。初次落水。卽遭險於此處。以方沿海岸而走。適遇怒潮。轉瞬顚覆。深沈水底。船員旅客之死者極多。幷貴重之貨與金幣。亦付汪洋矣。

抑此處不特淺洲小渚易於觸礁之危險已也。更有海盜與盜賊。見於記載者不少焉。此等之賊。時而爲叛徒。時而爲漁夫。時又離海岸而爲乘船之大海賊。且又時而爲政府黨之戰船。此等乘員。爲政府之軍隊與海客所組織。常爲殘忍之掠奪。余游揚子江時。歐人之五六商船。有被掠奪者。又船員亦有被殺者。此等事已習見不鮮。總之在此航行中而不爲此等海賊所襲者。殆絕無之事也。

自狠山百五十哩而至鎭江。其間風景無大差異。但見水流濴洄。泥沙淤積。爲一片之低地。然殊令人想象其地種植之繁富。覺可耕之地。尙沈埋於簇葉之下。蓋卽樹木之種類觀之。色色形形。已可驚矣。

行至某處。忽値天然秀麗之景。森林翠竹。圍繞左右。引人入勝。及閒步其中。乃知其確爲堡砦之結搆。然其間有小河。其直通城壁者。又有花木夾蔭之小路。皆隱現於垂柳間。尙有一處。樹葉密布如網。於其空隙之處。展眺麗景。現一小湖。湖水澄清。湖畔果樹盈畝。又其一邊。灌木名花。蔓籐細繞。望之如茵如縟。洵可賞美。如此別有天地之安樂窩。以我奔走風塵之勞人。突然遇此。實意外矣。

鎭江當水流湍急之處。有一島。名曰金山。島之南端。望之似可藉蒸汽船之力。迴航而過。詎溯洄從之。於理想大相反背。及於島之北端。試之則通行無阻。并河岸與其搆造。亦瞭如指掌。乃恍然於此島之所以名也。
金山之秀美。如畫如繪。殆於水中直立。有四百呎之高。自岸至頂。種種植物。色色改觀。其間有中國重要之古寺在焉。寺內偶像甚多。凡中國宗教史上所有之鬼也佛也。無不備其肖像。而除此可驚之事外。尚有各種野獸之模倣動物園。特以中國動物學家所知者爲限耳。是處可愛之僧人甚多。彼等之一生。以事心經營此島爲事。島上之樹木花卉。皆彼等之手澤也。彼等以爲大千世界。實有一大魚背負之。欲此大魚之馴擾。必常常打擊大鼓。以使之聞其聲。否則大魚一動。必起地震。彼等曾云。大鼓之音一寂。則菩薩魚不得聞大鼓之音。而地動不可止矣。
鎭江有政府黨之外國傭兵一隊。此乃爲保護海關稅者也。溯其起原。則因鴉片戰役。中國賠償英國之金額。以此項收入爲保證也。
曾於鎭江上流數哩之島上。試行鹿獵。然余所獵獲之鹿。有牙大而如豚者。又水面上野鴨小鴨之類頗多。狙擊而歸。頗足佐膳也。

第二段

鎭江上流殆十八哩相近之地。有一絕大之市鹽場。其地在北岸。名爲儀徵。蓋一大市也。其對岸當時已爲太平軍之勢力範圍。鎭江附近之諸山。已盡歸太平軍之占領。當時以余在鎭江不久。故未曾與彼等太平黨行交際之禮焉。儀徵乃爲內地市鹽之中心。由大海航來幾艘之艇。各至此地。卸其裝載品。積之於岸。而售於遠處之商人。其餘剩者。則置之江船。復溯揚子江而去。以爲常云。

此市鹽之利。爲政府之獨占事業。政府卻藉此以收法外之利益焉。余於是頗痛恨英國政府之失策也。若英國舍棄其鴉片戰爭之事。而注意於市鹽。或以市鹽之故。而與中國開戰爭。則打破中國政府之專賣。豈非與中國人民以大利益乎。況以英國論。亦豈非有大利益乎。何至如鴉片戰爭之失墜其名譽乎。

在儀徵地方計之。鹽之需要。普通平均與米相等。一斛（百三十磅）大約值三兩。（英貨一磅）各溯江而上。輸至距離數百哩之地方。則加以雜質。鹽品大劣。猶每每增過二倍之價額。而如斯最大消費日用不可缺之貨物。作爲貿易禁制品。由政府專賣。無怪密賣之私鹽。日盛而莫能禁也。且歐洲人亦有從事於此者。多數之祕密商人。賣鹽而私儲之。或以汽船。或以帆船。（普通爲半中國式半歐洲式之船）行此違法之貿易焉。

過儀徵之後。於靈巖山之近郊。與太平軍相會。靈巖山之形勢。稍稍跨入內地。此處之江。與對岸恰成一曲。於此一曲之處。太平軍頗重視之。築有穩固屏蔽之礮臺。其所謂大礮者。雖曰劣等。然而以當時之中國人而能造此。亦可謂難得者矣。江幅至此甚狹。僅半哩許。其南岸則有突立二百呎之絕壁。此亦在太平軍勢力之中。有事之秋。實非常之要地也。此處兩岸皆爲太平黨之領地。吾等居此頗覺安固。絕無意外之虞云。

復從鎭江上流地方進行。沿途大山甚多。突兀於眼前。頗呈峭險之觀。而別有高大之連山。雖得望見。然以其尙在較遠之內地。故遙揣之。知其山麓爲江流所遮蔽者正多也。然從大體而觀。山勢起伏不一。最有奇趣。而靈巖山附近丘陵最多之地。其地質之色。似含金質。一望而知。後余偕卡里佛尼亞（舊金山）之老鑛工。共加察看。老鑛工亦言金質甚多。惜余不得親見其開採也。則俟之異日而已。

第三段

余在南京時。適英國船生大爾亦抵此。生大爾者。英國政府之代表。其乘員與太平軍頗見親睦。其實太平軍之黨與。往往羣集於生大爾。有操小舟而賣食品者。又有一人曾來吾船。欲留吾等爲貿易之事。然此事誠爲吾等所希望。且外國商人絲茶之貿易。誠有賴於太平軍。尙有可慮者。則以英國政府。前由公使葉爾景所定之天津條約。不得與太平軍通商。吾等若漫應太平軍之要求。與之通商。是明明破棄中國滿洲皇帝之條約。將以此理由而被捕於生大爾船中之英國代表者之手矣。

爰於此處。購數隻之雞與數箇之卵。向漢口出發。

過南京上流四十哩。則爲東柱西柱之地。二者皆爲宏大之巖塊。殆有一千呎之高。巉巖矗立於江中。而皆爲太平軍之所有。其頂上築堡砦。其麓則建有强固之礮臺。距河口三百八十哩許。有一東流之地。去此地時。天氣不佳。不得不以避難之目的而碇泊數日。如此荒遠之地。暴風狂吹。水波直沸。小舟殊不能抵抗其威猛。況加以江流湍急。其危險更不可名言乎。

吾等幸而尋得之僻地。已有爲暴風所阻而避難之船先在焉。蓋巡航此間之英國大帆船也。其水夫皆爲中國人。所有者及監理者則爲中國人。碇泊三日。汔可小安。吾等投錨之地。於避難最爲妥適。不覺水波暴動之險。每日非吾等往遊大帆船。卽大帆船中人來遊吾船云。

吾等約同志。於岸上出獵數次。其處雉雞甚多。每獵輒有所得而歸。此地大抵自然之丘陵起伏。其間而矮低之叢木生於其上。望之如佛頭之靑。吾等每於農家之屋旁。擊捕雉雞。據此處之鄉人言。雉雞巢窠。卽在家屋之四圍。而夜間捕雉。尤爲得手云。而大帆船中人有曾遊舊金山及新金山者。云『土牛』邊之小山。富於金鑛。且云揚子江流域之各地。皆產金也。彼等曾於某處。親見極大之標本。其地約在安慶下流二十哩云。吾頗思一檢察『土牛』之土質。然天氣已晴。卽刻出發。不及顧矣。

九江數哩之地。有奇妙之巖。稱曰小姑。巖之底部周圍。約有數百碼。在離江之北岸三十尋之處。聳然高立可四五百呎頂上有佛堂有偶像欲登其頂須從僧侶輩所設之高梯拾級而上其後復過此處。則聞同船之中國人曰歐洲人之登此巖者從無一人生還者也是處乃中國神靈保護之地。而『異國之鬼』。最所嫌惡故如此也其排外之思想如此

約二三時間可達九江之處。爲鄱陽湖之入口。江身尙廣。清澄之湖水與混泥之江水相挾而流頗爲異觀。心神一爽。吾汽船鼓勇而入進湖內一哩許。覺此湖之景象備極莊嚴。遙見彼方有靑翠一髮高入於天之絕壁。映於水面亦有裂縫直落水底又往往兩裂縫之間橫挺多節之大木。枝幹老潔下蔭短林。亦復繁茂尙有小山之間幾多谷地爲中國貴族之避暑地。幽雅之屋。位置適宜。至於西岸山脈之高者。頂爲雲包冠雪不脫。尤爲異景。乃中國詩家小說家之好材料好題目也

吾到九江。九江正混亂之時。因政府黨之軍隊。正以殺洋鬼子爲主義。卽不殺之。亦必逐之。故歐洲人之居住者。悉被禁抑而離開居留地。之英國軍艦及大商船皆爲保護居留民之準備。吾方抵此。卽從領事之命令。謂宜擇可避可拒之處投錨。然是夜卻安然而過。無所驚怖也。先是政府黨之軍隊。業已襲擊領事館一次。是夜復來。但不過將前此未擊之玻璨板。再行擊碎。揚其餘波而已。前數日之間。此等暴徒。早於居留地肆行攻掠。商人之建築物。領

事館等。殆悉被荼毒。居留民不得已而自衞。執銃禦敵。斃其數人。一時乃退去。此地之中國官吏皆以巧言謝罪。謂兵士不聽約束。無可如何云云。其實彼等實暗煽兵士。爲此反對歐洲人之舉動者也。

第四段

九江與漢口之間。江景最爲壯大。常見峭山大峰。有一千呎以上之高。中有一處。名曰雞頭者。實宏大之巖崖也。卓立波中。其勢翼然。過此而進。則無數毿毿之鳥。爲輪聲船影所驚動。倏從巖罅之巢內飛舞而出。盤旋空中。成一圓渦。羣作鳴聲。强聒入耳。而同時忽發怪聲。有如鳶鳴。良由古巖多穴。激成反響也。偶於雞頭巖附近。放小銃一次。則自崖中飛出之鳥。其數不知億萬。空氣爲之玄黑。叫噪萬狀。耳爲之聾。輒作奇語。以爲全中國之鳥。皆在於此矣。由斯以往。更爲壯麗。有烹品山（罅裂山）者。高山之間。洪水暗流。眞不可思議之奇景也。附近諸山野。茶薇芾多數之石灰坑。開鑿於山腹。山脈遠在江外。而由山至江之一片土地。頗適耕種。小山之坂。簇葉繁蕪。低平而下。遙空一塔。卓然天際。階級隱約可數。其不知年代之古物耶。其記念之彫刻物耶。其自古有名之市鎭耶。令人神往不置也。徘徊遠眺。村落散布。或隱或現。而江流峭岸。獵夫所搆之葭葦假屋。小巧奇詭。到處皆是。突出水面。以覗野獲。又稻田千頃。時見農夫灌漑其間。頗極辛劬。時而燦燦朝陽。青青太空。撲人眉宇。蕩我心胸。

不知何年巨靈擘成此山。而所謂「海之子」者。乃於此而成一曲也。舟行所過。島嶼瀠洄。稻葉披離。蒹葭蒼蒼。迎風飄拂。有如羽冠。白水翻波。輕打船腹。中國素稱爲豐饒之大平原。我今此次揚子江之旅行。乃始見世界所未有之好山水也。

雖然。此地之風景誠美矣。而惜乎其爲敵國也。吾之經過揚子江也。所受於政府黨之苦惱侮辱。亦正不少。吾於是又憾英國政府之政略。不助太平軍而助政府黨。以使吾旅行之苦之至於斯極也。

既而吾舟爲避潮起見。乃不得不傍岸。然又恐被人襲擊。乃裝小銃獵銃以待。

第五段

九江之混亂。可謂甚矣。至漢口則混亂更甚。將欲徘徊街市。非聯合四五人以武裝而出不可。英國領事金哥爾與地方二三官吏。曾對於英國領事館及居留地。非常注意。然金哥爾與其護衛之水兵。往往爲暴徒及普通人民所襲擊。金哥爾不得已。乃連放銃彈而退走云。而暴徒猶遍貼布告。殺盡洋人云云。以相脅。未幾。知縣亦有告示。曉諭兵士。大意以爲此等外國洋鬼。且俟太平軍滅亡之後。煩諸壯士之力。一舉而驅逐之。而目前姑少安毋躁也。

某日之晚。大街閒步。忽一暴徒自狹巷出。怒目相向。時余正以外套搭於臂上。故臂上雖受其短刀之擊。幸得不傷。急取手鎗以爲豫備。及暴徒向余再擊。則彼腕上已中余之彈丸矣。

多數之暴徒蜂擁而至。見彼已受傷。且知余有兵器。始一鬨而散。然歐洲人如余之得免於難者甚少。往往遭慘殺。其後一年之間。仍復如此。卽鄧脫公司之利脫耳氏無故遇害。又該公司之船數艘。亦被暴徒奪去。而中國官吏猶復挑起人民排外之惡感。廣貼告示。以爲被英國所捕去之暴徒。悉駢結而燒殺也。吾於漢口周圍二十五哩之地方。處處皆旅行之。所到。而發見一種公例。則距官兵及官吏所在地較遠者。其住民必親近我歐洲人是也。無論休憩。無論飲食。任至何村落。或住宿其家。往往受懇切之招待。據吾之見。則以爲厚意多情。世界上無復有過於中國人者也。然自爲官吏之浮言所挑動。則現象一變。彼等舉動。遂有半嫌半疑之風。則豈非政府之誣說與嚴酷之命令。其效力有以致之與。據彼嚴酷之命令。則歐洲人萬不能與開化之中國人受同等之尊敬待遇。彼之意以爲駕馭夷狄。理固然也。然則吾等外國人。尙有希冀乎。

夷狄卽禽獸也。不得以待中國之法待之也。以如此萬古不易之大格言。駕馭夷狄。推其實際。不過欺夷狄云耳。中國歷代君主。本此主義。故對於夷狄用亂世之法也。以惡政駕馭夷狄。天經地義之至當者也。

中國法律之所以蔑視歐洲人者。卽本此主義耳。故謀殺故殺以外。有所謂誤殺者。獨至歐洲人。則不付審問。卽刻執行死刑矣。前香港監督帶威曾有言如左。

中國官吏視外國人如俘虜。毫無假借。故彼等盡心盡力。須有數多之規則條例。無不置外國人於最下等。以爲可輕可嫌之物。明白張示。初不諱言。而中國人民善遇外國人之心理。爲之破壞。故通商之初期。廣東所發表之逐年布告。指摘外國人有覬覦非分之心。嚴禁人民。不得與外國人交通也。

縱令吾英國人民。未嘗由滿洲人之手而處以死刑。縱令此次戰爭以前。歐洲人未嘗公然受侮辱受攻擊。然滿洲政府之本心。終欲使其人民反對歐洲人。盡力以妨礙歐洲人貿易交際之自由也。然滿洲人對於歐洲人。如斯其痛心而疾首者何也。則一可研究之問題也。彼滿洲人者。非不知通商之利人。惟利益獨占之慾望過熾。實出於其統治天下惟我獨尊之一念。故雖如外人通商之利。及與外人交際可收爲壓服叛徒之援助。亦寧避之而忌之也。抑彼滿洲人者殆逆料中國之民。與歐洲人交際。卽彼滿洲人衰落之起因與。何則。無論何種之人民。開化進步之後。未有不擧其野蠻專制之羅網。決裂而破毀者也。故彼滿洲人者。雖欲與吾外國人通商。而至於相互之交際。則以爲大不便之事也。故藉令太平黨叛亂之事。得吾等外國軍隊之援助。得奏成功。無庸顧忌。然以交際而論。終以爲危險之事。與其有之。不如無有也。

第六段

余在漢口。又去汽船而爲新造大帆船之船長。然當此船內部裝置未齊之際。余又住於江岸之矮屋。余於此時適罹熱病。此病乃在中國之歐洲人中最流行者。病勢頗重焉。某夜正在調理之中。身體頗覺不安。忽然覺有火燒物之氣息。急視之則濃煙簇簇侵入寢室。一種木料燃燒之聲。劈拍震耳。吾急自牀一躍而出。略披衣服出門一觀。則鄰室已火燒矣。須臾火延吾室。吾僕方啟後門。欲將吾之財產救出。而暴徒已蜂擁而入。不論精粗美惡。大肆擄掠。吾身雖病。然尚拔刀以追暴徒。恰於門外五六步之地。以刀刺一暴徒。卒以手腕無力。不能致重傷。刀僅一滑而過。而暴徒手中之物。無從奪回。急迫之際。幸有鄰近居住之歐人。來援助焉。吾以爲財產器具。非爲火燒。卽爲盜掠。不意由彼等之援助。尙得保留云。此火何自而起乎。蓋政府黨之兵士所放火。而吾之鄰家亦一歐洲人也。彼等嫌惡「外國鬼子。』至於極點。故有此舉。彼意以爲今日者鬼子之命運休矣。

斯時有友人爲吾購備日常品。吾乃移住於大帆船。水夫則希臘人。水夫長則馬來人。豫備供中國人之乘載。比至九江。下流潮力頗劇。一小時間可行三四哩。然忽爲無謂之淹留。因九江與鄱陽湖口之間。有一大島。而水路鄉導之中國人。以爲此普通水路須繞島之側面而行。詎船底陷入水底。不得動。費無數之心力。始測量而得一極淺水之水路。此則江畔漁夫之力也。彼以長線之端繫錢。測水而導船出險。乃歎老於長江航行之水路鄉導。瞢然無用。竟不如一漁夫也。

及出險。則舵已損壞。乃至一村。名曰張家口者。下錨於此。求工匠修繕之。經一週間而舵乃完好如初。於是復揚帆前進。

第七段

南京上流百五十哩。卽安慶。下流五十哩。大通之地。吾於此間。又有三日之碇泊。此地又爲主要之鹽市場。由儀徵而來之鹽。一切聚集於此。而後再分配於各地。大通之地風景頗佳。森林之中。遙見小山。吾嘗與水夫等上岸遊獵。陟彼小山之巓。左顧右盼。樅木短短而叢生。而較短之槲。亦復雜於其間。小樹之林。更有小樹。頗爲異觀。吾等信足閒步。驚雉突起於道旁。遂擊捕十二三隻。繞山而過。眼界豁然。野生之花。點綴於灌木間。瞻其下方。湖沼幾點。如鏡。而山麓之巖。尤饒秀美之姿。此時矯首遐思。倘得有清冷之泉水一沃心胸。當更快美。數十武之後。而澄泓者已現於眼前矣。爰乃藉草而坐。手掬寒泉。漱齒之餘。沁入心腹。野生之木蘭花。芬芳四射。中國稱爲花國。若論馨烈。當推此種。旣而款步下山。野鳥撲朔。不知名稱而似野鴨者。尤多擊其七羽。乃還船中。自是以後。此山此泉此花此鳥。無日不繞我魂夢也。此處村落。荒苦不堪言狀。因無論政府黨與太平黨。此處皆爲必爭之地。其破壞之遺跡。則大都政府黨兵士蹂躪之所爲也。太平黨兵士之蹂躪。焚燬寺院。瓦礫無餘。此其遺跡所在而是而政府黨兵士之蹂躪。則父老痛哭而談。以爲奸淫婦人。恣意殺戮。慘無人道。太平軍之暴行。不過強人民爲其運輸糧食。若凌辱婦女。則往往處以死刑。罪人之首。高揭於犯事之地。尤記太平軍之名將所謂英王者。訓其部下。不得妄取民間一物也。政府黨之兵士。不及遠矣。

第八段

南京附近城砦之守禦頗嚴。然以與忠王同伴故。頗爲安順。無事而過。當時盛傳狼山一帶江口一帶。海賊猖獗。言之色怖。余至鎭江。覺傳述容或過實。然亦未可疏忽。因約與歐洲人之船二艘。結伴同行。以向上海。其一艘爲法蘭西式之帆船。而一艘則亞美利式之中國艦也。

自鎭江而下。吾等三船同行。是夜見前面有英國國旗之大帆船。距離約半哩許。月光所照。隱約可辨。吾乃取望遠鏡望之。則見其發有危險之信號。於是追近此船。則遙聞傳話曰『來我船中。我將碇泊』吾知其有變故矣。

吾乃乘舢板上彼船。命令水夫就近彼船下錨。吾突見甲板之上。有迎接我之二歐洲人。在然皆武裝。吾愈知其必有變故。因解開手鎗之袋。由其船門而進。則見中國人甚多。萬目集注於我一人之身。而此等之人。皆其勢洶洶。若臨大敵者然。

吾方登梯。欲自船欄而上。忽有一中國人自上而下。拓其兩手。向我直撲。有拋我於船外之勢。幸我素受水兵之訓練。故雖遭此極危難之地位。尙能抵禦。是時急以吾膝緊抵船側之梯。斜屈吾之頭與肩。乘彼搏我之勢。先摑其腰部。卽利用彼之力勢。突捽其身從我之頭上淵然一聲而落於水中。但聞怪叫一聲。隨揚子江混混之流而去矣。是不過二秒間之事也吾乃急出袋中之手鎗。奮勇而進。而數多之中國人亦蜂擁而至。適見一中國人爲槍桿所擊。中其頭部。忽聞彈聲一發。則以旋條鎗之故。聲銳而尖。衆人退走。方見有二歐洲人。追逐彼等。而此彈者乃此二人所發無疑也

此船之船長因解鞘出海軍刀授我。幷言曰。『可擒其首魁手鎖足械。送至上海。』言猶未已。而惡魔之羣衆跳躍喧叫。或舞竹鎗。或揮短刀。向我而來。吾於是時略一躊躇。吾此手鎗發射耶。抑不發射耶。彼等無火器。吾以手鎗脅之。或足以降服之耶。不意彼等之中有一人者。握巨大之手鎗。向吾及船長而發射。轟然作聲。硝煙迷目。吾方自驚。不知被擊與否。而彼羣衆者勢益兇猛。幸船長毫不驚恐。以彈丸遍饗羣衆。而吾乃恍然於吾身之幸未受傷也時直奔吾前而撲吾之暴徒凡六人。各揮鎗而突進。吾急以海軍刀左右旋舞。差得抵拒。然.吾左手實握手鎗。吾倉卒已自忘。吾此時見彼中一人所握之巨大手鎗。吾始恍然自悟。吾何不以手鎗殺此獠。然又有一人者。以鎗衝吾之胸。吾不及執刀返避。因棄刀而猛握此刺

我之鎗欛卽同時以手鎗還擊。彼乃棄鎗而遁。吾復轉戰於甲板之上。吾用手鎗。彼用短刀。不分勝負。彼以左手執短刀以與吾戰。爲吾之右手所緊按而不得脫。而吾之左手又爲彼之右手所緊握而不得脫。

斯時有數多之中國人。持鎗向吾。吾倘無助。必爲所殺。然水夫等起而助吾。各持劍相撐拒。往往斃敵人。而吾之頭上卒被敵人所擊傷目爲之眩。吾右手所緊按之敵人之左手卽乘間一扭而脫去。適有助我者曳彼而走。彼之左手亦於是時釋吾右手。但吾右手之手鎗則被彼奪去。彼卽以手鎗向我射擊。幸不中。但吾髮已焦。而彼亦爲助吾者之劍所斃。轉壓於吾之身上。吾身欲動而不能。助吾者復力曳之。吾始得起立云。

按以上爲英人令利日記之一節。原著者止譯至此。非全文也。令利爲太平軍之參謀。且以外國人述中國事。容有偏執之辭。稻葉原著旣有是篇。譯而存之。亦足以資博聞也。譯者附識。

附錄二

國際年大事表

正德十一年(1516)　葡萄牙人比里特爾羅始至中國。

正德十二年(1517)　葡萄牙人闍特里特率商船始到上川島。
正德十二年(1517)(及以後)　葡萄牙人馬司加林哈到福建海岸。
嘉靖二十四年(1545)　葡萄牙人被殺戮於寧波。
嘉靖二十八年(1549)　葡萄牙人被殺戮於泉州。
嘉靖三十一年(1552)　聖弗蘭蘇爾死於上川島。
嘉靖三十六年(1557)　葡萄牙人居留于澳門。
隆慶元年(1567)　俄國大使彼得羅夫與亞力息夫始到北京。
萬歷元年(1573)　中國人於澳門之周圍造城壁。
萬歷三年(1575)　西班牙人始到廣東。
萬歷三十一年(1603)　西班牙人殺馬尼拉之中國人。
萬歷三十二年(1604)　荷蘭船始到廣東。
萬歷四十七年(1619)　俄國大使彼德林到北京。
天啓二年(1622)　哩夜孫率荷蘭人攻擊澳門不能奏功因向澎湖島。
天啓四年(1624)　荷蘭人放棄澎湖島而占領臺灣。
崇禎十年(1637)　威特指揮之下英人始到廣東。

崇禎十二年(1639)	西班牙人殺馬尼拉之中國人。
順治十二年(1655)	俄國大使彼廓夫到北京。
	荷蘭大使過野與敵乍到北京。
順治十七年(1660)	法人始派遣船隻到廣東。
康熙元年(1662)	荷蘭人被驅逐於臺灣。
康熙三年(1664)	荷蘭大使夫隆到北京。
康熙六年(1667)	葡萄牙大使到北京。
康熙九年(1670)	英人於廈門及臺灣開始通商。
康熙二十四年(1685)	上諭許國內諸港與外人通商。
康熙二十八年(1689)	英人通商於廣東。俄人果魯囫及波拉速夫與清廷結尼布楚條約。
康熙三十三年(1693)	俄國大使伊德司到北京。
康熙四十一年(1702)	廣東外國貿易始設有官商。(買賣經手人)
康熙四十四年(1705)	羅馬教皇使臣次爾囊到北京。
康熙五十四年(1715)	英國東印度會社設置商館於廣東。

康熙五十九年(1720) 羅馬教皇使臣麥速巴巴到北京。俄國大使衣斯緬羅夫到北京。公行（廣東外國協商組合）設置之始。

雍正二年(1724) 天主教之教士被逐於中國。

雍正五年(1727) 葡國大使美士洛到北京。俄人締結恰克圖國境條約。

雍正六年(1728) 廣東於輸入輸出兩稅外徵集附加稅。法國設立商館於廣東。

雍正七年(1729) 禁止鴉片之命令始出

雍正十一年(1733) 中國大使始至俄京。

乾隆元年(1736) 廣東附加稅因大赦而免除。

乾隆十八年(1753) 葡國大使到北京。

乾隆十九年(1754) 廣東設商人保護制。

乾隆二十年(1755) 外國協商組合員與外人交易之事加以限制。

乾隆二十二年(1757) 廣東爲外國貿易之唯一市場。

乾隆二十五年(1760) 英國公使欲修正廣東通商條件無效。

乾隆二十七年(1762) 荷蘭設置商館於廣東。

乾隆三十三年(1768)　俄國公使克洛撲脫夫締結恰克圖之追加假條約。
乾隆三十六年(1771)　廣東外國協商組合解散。
乾隆四十五年(1780)　在廣東殺害荷蘭人之法人處刑。
乾隆四十七年(1782)　償還外人之負債廣東外國協商組合再建設。
乾隆四十九年(1784)　美國船始到廣東立提哈夫號船之水夫殺害中國人處刑。
乾隆五十七年(1792)　俄公使蓋印恰克圖之通商條約。
乾隆五十八年(1793)　英國大使馬加特尼到北京。
乾隆六十年(1795)　荷蘭大使迪琛及汪普蘭到北京。
嘉慶元年(1796)　禁止吸食鴉片之勅令出。
嘉慶五年(1800)　禁止鴉片輸入之勅令出。
嘉慶七年(1802)　英國軍隊占領澳門因此中國人有異議。
嘉慶十一年(1806)　禁止廣東之俄船通商。
嘉慶十二年(1807)　納布通號船水夫殺中國人毛里孫到廣東。
嘉慶十三年(1808)　英人占領澳門以中國之抗議而退。
嘉慶十九年(1814)　清國捕獲英船脫里斯號美船漢打號　毛里孫字典出版。

嘉慶二十一年(1816) 英國大使阿姆哈斯到北京。 英艦强航虎門之水路。
道光元年(1821) 美船哀米利號之水夫脫拉諾華殺害中國人處刑。
道光九年(1829) 因外國通商組合員增加不償付其負債。
道光十一年(1831) 英人東印度會社獨占權廢止因命英人指定一首領以爲代表。
凌辱英國商館之英國王肖像。
道光十三年(A.D 1833) 晉斯於中國官憲之邸署有暴行。
八月西峨拉夫始發行月刊之支那雜誌。
道光十四年(A.D 1834) 三月廿二日英國始積載免稅船及免稅茶而去廣東。
四月廿二日 東印度會社之通商獨占停止。
七月十五日 拿皮樓到澳門。
七月廿五日 拿皮樓到廣東。
七月廿六日 拿皮樓致書總督其書送至市門。
八月一日 毛里孫死於廣東。
八月十八日 總督命拿皮樓還澳門。
九月二日 總督禁止英人通商然後宣言絕交。

道光十四年(1834)　九月廿一日　拿皮樓去廣東
十月十一日　拿皮樓死於澳門帶威爲總務長。
道光十五年(1835)　一月十九日　魯濱孫爲總務長。
二月一日　第三總務長却布典葉利我妥送書之際於市門爲暴徒所襲。
四月十一日　與西班牙、墨西哥、玻利非亞、秘魯、智利、諸國規定金幣之兌換額。
八月二十日　汽船却典號由阿巴敦到廣東。
十一月廿五日　在澳門之總務長官廳移於伶仃島。
道光十六年(1836)　六月　許乃濟有建白書以鴉片貿易爲適法。
九月　總督及知縣贊成此提案。
十月　朱鰫及許球有反對建白書。
十一月廿三日　以鴉片貿易之嫌命數多之外國商人等退出廣東。
十二月十四日　却布典葉利我妥爲總務長卽由外國通商組合員之手。提出請願書以報告於總督。

十二月廿二日　總督先批評總務長之稱號。命其居住澳門。以待朝旨。
十二月廿八日　葉利我妥答以默從命令之意。

道光十七年(1837)　三月二十日　許可葉利我妥入廣東。
四月十二日　總務長等到廣東。
四月廿二日　葉利我妥要求總督之命令書類。直接授受。請勿由外國通商組合員之轉遞。
四月廿五日　總督不允。葉利我妥默從之。
六月十二日　巴馬斯統命葉利我妥宜排除外國通商組合員之媒介而直接交涉。又所謂請願云云之文字不得使用。（是等訓令書類以十一月廿一日受領）
八月四日　七日、九月十八日、十九日、廿九日、總督及知縣。仍均由外國通商組合員之手傳命令於葉利我妥。其大意曰凡伶仃、急水門、金星門、其他廣東外不論何處。一切碇泊之船速卽解纜而去。
十一月十七日　葉利我妥答曰。余之權力。在制御廣東適法通商之人。及通商之船若並無不適法者余不能强迫。

十一月廿一日　六月十二日之訓令書到與總督交通之途絕。

十二月二日　葉利我妥去廣東退居澳門。

道光十八年(1838)　四月　高塞賓因與鴉片秘密買賣有關係被絞殺於澳門。

七月廿五日　葉利我妥得許可再入廣東。

七月廿八日　斯克耳船孟買號被礮擊泊於虎門堡壘之側。蓋恐提督滅妥蘭或其部下及水夫或婦人等在其船中故也。

道光十九年(1838)　八月五日　提督滅妥蘭對於孟買號礮擊之事有抗議中國人否認焉。

十二月三日　於外國商館之前監押其鴉片使之不得買賣以故通商沈滯。

十二月十二日　於外國商館之前行中國鴉片商之處刑。

十二月廿三日　葉利我妥請求再交通。

道光十九年(1839)　一月一日　廣東通商再開始。

一月七日　廣東有禁吸鴉片之命令。

二月廿七日　中國鴉片商人於外國商館之前處絞刑。於是外國旗皆取下表示反對。
三月　十　日　欽差大臣林則徐到廣東。
三月十八日　命外國商人等將鴉片繳出。且命其寫立與將來行動有關之約束證書。
三月十九日　禁止外國商人等擅去廣東。實行監禁。
三月廿七日　葉利我妥要求英國所有鴉片之讓與。
五月廿一日　鴉片之繳出終了。
五月廿四日　英國民去廣東。
六月　五　日　葉利我妥命英人禁止通商。
七月　七　日　林維喜在香港與英人某水夫爭嚷之後被殺。
八月廿五日　英人被放逐於澳門。
八月卅一日　林則徐召集村民使爲武裝以待事變。
九月十二日　西班牙船必爾別號船被燒於澳門。
十一月三日　海軍活動於穿鼻。於是戰爭開始。

十一月廿六日　英人之通商永久禁止。

道光二十年(1840)　六月廿八日　廣東河封鎖。

六月三十日　葉利我妥提督及葉利我妥太尉向北進航。

七月　五　日　占領舟山島之定海縣。

八月十五日　英國全權大使等到白河。

八月三十日　與直隸總督琦善會見。

九月十五日　全權大使等去白河。

十一月六日　浙江地方布告休戰。

十一月廿九日　葉利我妥提督冒病因歸英國。

道光二十一年(1841)　一月七日　占領穿鼻及大虎頭兩礮臺之後遂休戰。

一月二十日　葉利我妥大尉與琦善締結假條約。

一月三十日　此條約爲中國政府所否認。

二月廿三日　戰爭再起。

二月廿五日　以償金與英軍。

二月廿六日　虎門礮臺占領。

三月二十日　休戰及通商開始。
四月三十日　一月廿日之假條約、英國政府亦否認。
五月廿一日　廣東再起戰爭。
五月廿七日　假條約蓋印中國贖回廣州。
六月　七　日　布告香港爲自由港。
六月十四日　許香港土地買賣。
八月　十　日　全權大使璞鼎查到。
八月廿六日　廈門占領。
十月　一　日　定海占領。
十月十日至十三日　定海、寧波占領。

道光二十二年(1842)　二月十六日　香港宣言爲自由港。定海亦同。
二月廿七日　英國政務廳移於香港。
五月十八日　奪取乍浦。又滿洲守備兵被損害者不少。
六月十六日　奪取吳淞礮臺。
六月十九日　上海占領。

七月廿一日　奪取鎭江。滿洲守兵絕滅。

八月九日　全權大使等到南京。

八月廿九日　南京條約成。

道光二十三年(1843)　六月廿六日　條約批准交換。布告香港之讓與。

七月廿二日　公布通商之一般規則。

十月八日　虎門之追加條約亦蓋印。

十一月十七日　開放上海與外國通商。

道光二十四年(1844)　七月三日　淸美條約蓋印。

十月廿四日　黃埔之淸法條約蓋印。

十二月廿八日　基督敎信敎自由之詔勅出。

道光二十五年(1845)　七月廿五日　許比利時人通商。

道光二十六年(1846)　一月十六日　耆英許民衆之請拒比利時人之來廣東。

四月四日　假條約在虎門蓋印。

七月八日　廣東暴徒起。

道光二十七年(1847)　三月七日　移住民始由外國船來廈門。

三月十二日　外國人在佛山爲暴徒所襲。
三月二十日　與瑞典那威所結之條約蓋印。
三月廿三日　英人引渡厦門之海賊於耆英。
四月　三　日　英國軍隊奪取廣東。
四月　六　日　契約協定之出入廣東之權利二年間延期。
十二月五日　英人六名被虐殺於廣東。

道光二十八年(1848)　三月八日　英人三名於青浦爲暴徒所襲。

道光二十九年(1849)　三月五日　中國稅關吏自澳門被逐。
四月　六　日　廣東市出入之權利被拒。
四月廿五日　知事亞厤拉揚言如中國人去澳門者沒收其所有財產。
八月廿二日　知事亞厤拉爲中國兵所暗殺。
八月廿四日　朋亨氏對於出入權被拒之抗議。
九月至十月　英國海軍破壞海賊船八十一隻。

道光三十年(1850)　一月十六日　知事亞厤拉之首級由總督之命令而還附。
六月　朋亨氏之抗議在大沽被排斥。

咸豐元年(1851)　五月廿九日　與俄國結條約在愛琿蓋印。
八月廿七日　太平軍陷永安州（廣西）。
咸豐二年(1852)　四月七日　太平軍突然由永安州起。
九月十八日　太平軍攻圍長沙至十一月三十日解圍。
十一月廿一日　廈門移住民起騷亂。
咸豐三年(1853)　一月十二日　武昌爲太平軍所占。
三月十九日　南京陷。滿洲守備兵被虐殺。
五月　太平軍北進。
五月十八日　叛徒陷廈門。
七月五日　黃河改道。
九月七日　三合會占領上海。
十月廿八日　北進之太平軍至獨流。（天津）
咸豐三年(1853)　十一月十一日　叛徒占領福州。
咸豐四年(1854)　二月　北進之太平軍自獨流退敗。
三月六日　上海美國斯克耳船之水夫多數被逐。

咸豐五年(1855)
四月四日 Muddy Flat (上海)之戰。
七月 叛徒占領廣東諸地。
九月至十月 條約修正之事不成。
十月十五日 外國公使等在大沽受薄待。
十二月六日 上海之三合會爲法人所攻擊。
二月十七日 上海市被三合會之蹂躪甚劇。
三月 北進之太平軍由臨清州退卻。

咸豐六年(1856)
二月廿九日 法國宣教師倘布度倫被虐殺於廣西。
六月 廣東有揭帖仇視外人。
七月 美國公使欲修正條約不成。
十月八日 廣東英國阿羅號船水夫等受辱。
十月廿三日至廿九日 英軍攻擊廣東。
十二月十五日 廣東商館爲數多中國人所破壞。

咸豐七年(1857)
三月 上海通貨改圓爲兩。
六月一日佛山(廣東)之戰。

六月廿六日　寧波有羅斜型之葡萄牙護送船數艘為中國人所破壞。
七月二日　葉爾景到香港。
八月七日　英人封鎖廣東河十二月十二日法人亦行之。
十月十六日　果羅男爵到香港。
十二月廿九日　同盟軍占領廣東市。

咸豐八年(1858)

一月四日　總督葉名琛被捕後送至加爾格達。
一月九日　命委員共同管理廣東。
二月六日　外國公使等四人之書翰同時送至蘇州。
四月二十日　外國公使等到大沽。
五月二十日　大沽堡壘同盟軍占領之。
五月廿九日　與俄國所結之愛琿條約蓋印。
六月十三日　與俄國所結之天津條約蓋印。
六月十八日　與美國所結之條約蓋印。
六月廿六日　與英國所結之條約蓋印。
六月廿七日　與法國所結之條約蓋印。

十月　太平軍又自南京而起。

十一月八日　通商規則葉爾景蓋印後十一月廿四日果羅男爵蓋印。

咸豐九年(1859)　五月　與俄國所結之條約批准交換於北京。

六月二十日　布羅斯氏、特蔔珥蔔隆氏及瓦德氏在大沽。

六月廿五日　大沽堡壘嚴拒公使等之通行。

七月廿八日　美國公使到北京。

八月十六日　與美國所結之條約批准於北塘交換。

咸豐十年(1860)　三月八日　英法兩公使送最後之通牒於北京。

三月十九日　太平軍占領杭州殺傷甚多。

四月五日　清廷拒最後之通牒。

五月三日　太平軍再占鎮江。

六月二日　太平軍占領蘇州始組織常勝軍以抵禦太平軍。

七月九日　葉爾景到大連灣。

七月十日　果羅男爵到芝罘。

八月一日　同盟軍於北塘上陸。

八月十二日　同盟軍敗蒙古騎兵於新河。
八月十八日　同盟軍於上海市禦太平軍之襲擊。
八月廿一日　太平軍退出上海同盟軍取大沽堡壘。
八月廿五日　同盟軍占領天津。
九月十四日　與清人協定講和條件於通州。
九月十八日　於張家灣遭要擊巴夏禮等爲捕虜。
九月廿一日　僧格林沁敗於八里橋恭親王任命爲全權大使。
十月六日　法軍占領圓明園行掠奪。
十月十三日　北京降於同盟軍。
十月十八日　圓明園宮殿葉爾景燒之。
十月廿四日　與英國之北京假條約蓋印千八百五十八年之條約批准交換。
十月廿五日　與法國之關係亦如上。
十一月十四日　與俄國所結之北京假條約蓋印。

本表道光十三年以下所揭之月日皆太陽曆。

中華史地叢書

清朝全史

作　　者／稻葉君山　著作（原名：稻葉岩吉）
　　　　　但　　燾　譯訂
主　　編／劉郁君
美術編輯／中華書局編輯部

出 版 者／中華書局
發 行 人／張敏君
行銷經理／王新君
地　　址／11494 臺北市內湖區舊宗路二段181巷8號5樓
客服專線／02-8797-8396　　　傳　　真／02-8797-8909
網　　址／www.chunghwabook.com.tw
匯款帳號／兆豐國際商業銀行　東內湖分行
　　　　　067-09-036932　中華書局股份有限公司

法律顧問／安侯法律事務所
印刷公司／維中科技有限公司
出版日期／2015年07月臺六版
版本備註／據1985年4月臺五版復刻重製
定　　價／NTD 1,805

國家圖書館出版品預行編目（CIP）資料

清朝全史 / 稻葉君山著；但燾譯. — 臺六版.
—臺北市 : 中華書局, 2015.07印刷
冊；　公分—（中華史地叢書）
ISBN 978-957-43-0244-4(精裝)

1.文化史-中國-清

627.8　　　　90000307

NO.G0026Q
ISBN 978-957-43-0244-4（精裝）